과로사, 뇌출혈, 심근경색, 자살 등 과로성 재해의 이론 및 실무서

과로성 재해와 산재보상

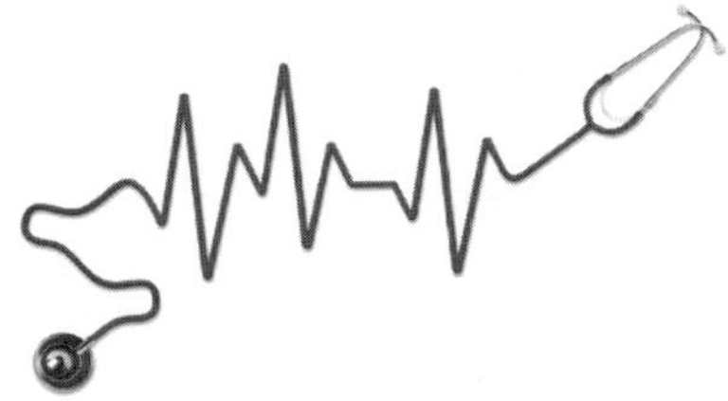

법학박사/공인노무사 **이 희 자**

(주)중앙경제

과로성 재해와 산재보상

초판인쇄 | 2014년 5월 16일
초판발행 | 2014년 5월 30일

지은이 | 이희자
펴낸이 | 김희성
펴낸곳 | (주)중앙경제
편집·디자인 | 한지희

주소 | 서울시 중구 다산로 11길 19(신당2동 355-8) 백석빌딩 신관 4층
전화 | 02-2231-7293
팩스 | 02-2235-5344
홈페이지 | www.elabor.co.kr

출판등록 | 80. 6. 21 제 2-66호

ISBN | 978-89-7017-311-5 (93330)
정가 | 28,000원

〈과로사, 뇌출혈, 심근경색, 자살 등 과로성 재해의 이론 및 실무서〉

과로성 재해와 산재보상

법학박사/공인노무사 이 희 자

(주)중앙경제

머리말

오늘날 정보통신의 발전과 자동화 기술의 도입은 근로자들에게 점차 고도의 기술을 요구하고 있고, 세계화 추세와 경제위기에 맞물려 이루어진 구조조정 등으로 인한 치열한 생존경쟁은 근로자들을 과로와 스트레스로 내몰고 있는 상황이다.

더욱이 OECD 회원국들 중 가장 장시간 근로하는 우리나라 근로자들에 있어서 생체리듬에 역행하는 격일제 · 교대제 근무, 열악한 작업환경, 목표달성을 위한 업무의 과중이나 스트레스는 뇌출혈, 뇌경색, 심근경색, 그리고 돌연사 등 뇌 · 심혈관계 질환으로 대표되는 과로성 재해를 발생시키고 있다.

특히 연공서열을 파괴한 능력주의 인사관리제도의 채택 등은 근로자들의 경쟁을 더욱 심화시키고, 현대사회의 고도화된 산업구조는 점점 강도 높은 긴장을 요구하고 있어 근로자들은 노동과정에서 발생하는 스트레스로 인해 정신건강마저 위협받고 자살에 이르기까지 한다.

이러한 과로성 재해는 업무상 과로뿐만 아니라 근로자 개인의 체질과 기초질환 및 기존질병과도 중요한 영향관계를 가지고 있고, 흡연 · 음주 · 식습관 · 운동부족 등 근로자의 기호나 생활습관과도 많은 상관관계를 지니고 있어, 과로성 재해의 원인 제공이 업무상 생활영역인지 사적 생활영역인지 분명하게 구분할 수 없다는 특징을 지니고 있다. 따라서 과로성 재해를 어떠한 기준에서 업무상 재해로 인정하여야 할 것인지는 어려운 문제이다.

그리고 과로성 재해는 그 특성상 업무를 수행하지 않는 휴식 중이나 자택에서 수면중인 경우에도 발생하기도 하는데, 이러한 경우 발병 시점이나 장소가 업무수행 중 또는 사업장이 아니라는 이유로 업무상 재해로 인정될 수 없다는 입장을 보이는 사용자와 피재근로자 사이에 다툼이 발생하기도 한다.

그럼에도 불구하고 우리나라에서 과로성 재해에 관한 이론과 실무를 다룬 서적은 거의 없다고 해도 과언이 아니다. 저자는 이러한 실정을 감안하여 저자의 박사학위논문 "산업재해보상보험법상 업무상 재해의 인정기준에 관한 연구 -과로성 재해를 중심으로-"를 바탕으로 학문적 이론을 정리하였다.

그리고 실무적인 사항으로는 산업재해보상보험법령 및 고용노동부 고시로 정하고 있는 뇌혈관 질병과 심장질병의 인정기준을 구체적으로 살펴보고, 2000년부터 최근까지의 대법원 판례 판단기준을 검토하였으며, 부록에도 2000년부터 최근까지의 근로복지공단 심사결정 사례와 산업재해보상보험재심사위원회의 재심사 재결 사례 등 실무에 필요한 최근 자료를 총망라해 실었다. 또한 최초 보상신청 절차부터 행정소송 단계까지 보상절차도 소개하여, 명실공히 과로성 재해의 이론과 실무를 겸비한 저서가 되도록 하였다.

아무쪼록 본서가 과로성 재해로 고통 받는 근로자나 유족에게 도움이 되는 자료가 되고, 공인노무사와 변호사 등 전문가나 기업체 실무자 또는 학생에게 실무나 이론적인 면에서 도움이 되길 바란다.

본서의 미비점에 대해서는 계속적인 보완을 해 나갈 것을 약속드리며, 본서의 출간을 위해 협조해 주신 (주)중앙경제 사장님과 편집부 여러분께 감사드린다.

2014년 3월
저자 이 희 자

Contents

제1장 산재보상제도의 개관

제1절 산재보상제도의 의의 ····· 17
Ⅰ. 산업재해의 개념 ····· 17
Ⅱ. 산재보상제도의 생성과정 ····· 19
1. 과실책임으로서의 배상책임 ····· 19
2. 과실책임완화로서의 사용자책임 ····· 20
3. 무과실책임으로서의 재해보상 ····· 22
Ⅲ. 산재보상제도의 입법례 ····· 24
1. ILO의 협약과 권고 ····· 24
2. 독 일 ····· 26
3. 프랑스 ····· 29
4. 영 국 ····· 31
5. 미 국 ····· 33
6. 일 본 ····· 38
7. 중 국 ····· 41
제2절 우리나라의 산재보상제도 ····· 46
Ⅰ. 근로기준법상 재해보상제도 ····· 46
1. 재해보상제도의 도입 ····· 46
2. 재해보상제도의 내용 ····· 49
Ⅱ. 산재보험법상 산재보험제도 ····· 50
1. 산재보험제도의 변천 ····· 50
2. 산재보험제도의 내용 ····· 59
Ⅲ. 재해보상제도와 산재보험제도의 관계 ····· 60
1. 의 의 ····· 61
2. 보상의 종류와 그 내용 ····· 63
3. 재해보상과 산재보험의 조정 ····· 65

Ⅳ. 산재보상제도의 법적 성질 ········ 66
1. 재해보상제도의 법적 성질 ········ 66
2. 산재보험제도의 법적 성질 ········ 67
3. 산재보상제도의 법적 성질의 변천 ········ 79
제3절 사회보장제도로서의 산재보험제도 ········ 82
Ⅰ. 생존권 보장과 사회보장권 ········ 82
Ⅱ. 사회보험으로서의 산재보험 ········ 87
Ⅲ. 다른 사회보험이나 배상과의 관계 ········ 91
1. 다른 사회보험과의 조정 ········ 91
2. 손해배상과의 조정 ········ 95
3. 다른 특별법과의 차이 ········ 101

제2장 업무상 재해의 요건과 인정기준

제1절 업무상 재해의 의의 ········ 109
Ⅰ. 업무의 개념 ········ 109
Ⅱ. 산재보험법상 '업무상'의 의미 ········ 112
1. 의 의 ········ 112
2. 근로기준법상 '업무상'과의 차이 ········ 113
3. 소 결 ········ 115
제2절 업무상 재해의 요건 ········ 117
Ⅰ. 요건의 의미 ········ 117
Ⅱ. 업무수행성 ········ 120
Ⅲ. 업무기인성 ········ 122
1. 업무기인성의 의의 ········ 122
2. 업무기인성의 내용 ········ 124
Ⅳ. 업무수행성과 업무기인성의 관계 ········ 140
Ⅴ. 입증책임 ········ 142
제3절 업무상 재해의 인정기준 ········ 145
Ⅰ. 의 의 ········ 145
Ⅱ. 업무상 사고의 인정기준 ········ 146
1. 사업주의 지배 · 관리하에서 업무에 종사하고 있는 경우 ········ 147

2. 사업주의 지배 · 관리하에 있지만 업무에 종사하고 있지 않은 경우 ··· 147
3. 사업주의 지배하에 있지만 관리를 떠나 업무에 종사하고 있는 경우 ··· 150
4. 그 밖의 경우 ··· 151
Ⅲ. 업무상 질병의 인정기준 ··· 152
1. 직업성 질병 ··· 152
2. 사고성 질병 ··· 154
3. 과로성 질병 ··· 155

제3장 과로성 재해의 업무상 재해 인정기준

제1절 과로성 재해 ··· 159
Ⅰ. 과로성 재해의 의의 ··· 159
1. 과로의 정의 ··· 159
2. 과로성 재해의 개념 ··· 161
3. 과로성 재해의 특징 ··· 163
4. 과로성 재해의 원인 ··· 165
Ⅱ. 과로성 재해와 건강배려의무 ··· 169
1. 건강배려의무의 의의 ··· 169
2. 건강배려의무의 내용 ··· 173
3. 건강배려의무의 위반 ··· 176
4. 소 결 ··· 178
제2절 과로성 재해에 대한 외국의 인정기준 ··· 180
Ⅰ. 일본의 뇌 · 심혈관 질병 인정기준 ··· 180
1. 연 혁 ··· 181
2. 뇌 · 심혈관 질병 인정기준 ··· 181
Ⅱ. 대만의 급성순환기계 질병 진단인정기준 ··· 183
1. 진단인정기준의 기본원칙 ··· 183
2. 진단인정기준의 내용 ··· 184
Ⅲ. 미국에서의 심장질병 ··· 186
1. 의 의 ··· 186
2. 심장질병의 업무상 인정 ··· 187
3. 심장질병에 대한 산재보상비의 분배 ··· 189
Ⅳ. 독일에서의 돌연사 ··· 190

제3절 과로성 재해에 대한 법령상의 인정기준 ····· 192
Ⅰ. 인정기준의 변천 ····· 192
Ⅱ. 인정기준과 고용노동부 고시 ····· 195
1. 인정기준 ····· 195
2. 고용노동부 고시 ····· 196
3. 인정기준 등의 효력 ····· 197
4. 인정기준 등의 검토 ····· 199
5. 소 결 ····· 204

제4장 과로성 재해에 대한 판례의 판단기준

제1절 질병의 유형별 판단 ····· 209
Ⅰ. 뇌 · 심혈관 질병 ····· 209
1. 뇌출혈(뇌실질내출혈, 지주막하출혈) ····· 210
2. 뇌경색 ····· 214
3. 심근경색 ····· 217
4. 돌연사(사인미상 포함) ····· 222
5. 그 밖의 뇌 · 심장질병 ····· 228
Ⅱ. 간질환 ····· 230
1. 간 암 ····· 231
2. 간경화 ····· 233
3. 그 밖의 간질환 ····· 236
Ⅲ. 각종 암 ····· 237
1. 백혈병 ····· 237
2. 위 암 ····· 238
3. 기타 암 ····· 239
Ⅳ. 기타 신체질환 ····· 241
Ⅴ. 정신질환과 자살 ····· 245
제2절 상당인과관계 인정의 유형별 판단 ····· 249
Ⅰ. 상당인과관계의 인정유형 ····· 249
1. 발병촉진을 중시하는 입장 ····· 249
2. 과중부하를 중시하는 입장 ····· 251
Ⅱ. 구체적인 판단기준 ····· 252

1. 상당인과관계를 인정한 판단기준 ···· 252
2. 상당인과관계를 부인한 판단기준 ···· 256

제3절 판례상 판단기준의 검토 ···· 260

Ⅰ. 발병촉진설과 과중부하설의 병존 ···· 260
Ⅱ. 입증의 기본원칙과 판단기준의 상충 ···· 261
1. 기본원칙 ···· 261
2. 사인이 불분명한 재해 ···· 262
3. 간질환 ···· 263
4. 과로 등이 발병 · 악화의 원인이라는 의학적 근거가 없는 질병 ···· 265
5. 현대의학상 발병 · 악화의 원인이 밝혀지지 아니한 질병 ···· 266
Ⅲ. 형평성에 어긋나는 판단기준 ···· 267
1. 공무상 재해 판단기준과의 형평성 ···· 267
2. 신체질환과 정신질환 판단기준의 형평성 ···· 267
Ⅳ. 그 밖의 사항 ···· 269
Ⅴ. 소 결 ···· 269

제5장 과로성 재해에서의 상당인과관계 판단

제1절 상당인과관계 ···· 275

Ⅰ. 상당인과관계의 의의 ···· 275
1. 상당인과관계의 개념 ···· 275
2. 상당성의 의미 ···· 277
Ⅱ. 상당인과관계의 인정유형 ···· 279
1. 공동원인설 ···· 279
2. 상대적 유력원인설 ···· 281
3. 소 결 ···· 282

제2절 상당인과관계에서의 업무 과중성 판단 ···· 284

Ⅰ. 판단의 기준 근로자 ···· 284
1. 본인기준설 ···· 284
2. 동료기준설 ···· 285
Ⅱ. 판단의 대상 기간 ···· 286
Ⅲ. 판단의 비교 업무 ···· 287

제3절 그 밖의 고려사항 ········ 290
Ⅰ. 치료기회의 상실 ········ 290
Ⅱ. 건강배려의무 위반 ········ 292
Ⅲ. 근로기준법 등의 위반 ········ 293
Ⅳ. 소 결 ········ 295
제4절 입증책임 ········ 296

제6장 정신질환 · 자살과 상당인과관계

제1절 정신질환 ········ 301
Ⅰ. 의 의 ········ 301
Ⅱ. 원인으로서 과로 · 스트레스 ········ 302
Ⅲ. 업무상 재해로의 법적근거 ········ 304
Ⅳ. 외국의 인정기준 ········ 305
1. 일 본 ········ 305
2. 미 국 ········ 307
Ⅴ. 상당인과관계의 판단 ········ 308
1. 판단유형 ········ 308
2. 판단방식 ········ 310
3. 판단기준 ········ 311
제2절 자 살 ········ 315
Ⅰ. 의 의 ········ 315
Ⅱ. 업무상 재해로의 법적근거 ········ 316
Ⅲ. 외국의 인정기준 ········ 317
1. 일 본 ········ 317
2. 독 일 ········ 319
Ⅳ. 상당인과관계의 판단 ········ 320
1. 판단유형 ········ 320
2. 판단방식 ········ 322
3. 판례상 판단기준 ········ 326
4. 산재보험법 시행령 제36조 관련 ········ 330
Ⅴ. 소 결 ········ 331

제7장 과로성 재해의 보상절차

제1절 보상신청과 재해조사 ········ 335

Ⅰ. 보상신청 ········ 335
Ⅱ. 원처분기관의 재해조사 ········ 337
1. 재해발생경위 ········ 337
2. 의학적 자료 ········ 337
3. 일상생활 ········ 337
4. 일반적 업무내용 ········ 337
Ⅲ. 업무상 과중부하의 판단 ········ 338
1. 돌발적 사건 또는 급격한 업무환경 변화(급성 과로) ········ 338
2. 단기간 동안 업무상 부담(단기 과로) ········ 339
3. 만성적인 과중한 업무(만성 과로) ········ 341
Ⅳ. 업무상 부담 요인의 조사 및 판정 ········ 345
1. 조사 원칙 ········ 345
2. 업무상 부담요인 확인 ········ 345
3. 의학적 자문 및 심의의뢰 ········ 346

제2절 심사 청구와 재심사 청구 ········ 348

Ⅰ. 심사 청구 ········ 348
1. 심사 청구인 ········ 348
2. 심사 청구의 기간 ········ 349
3. 심사 청구의 방법 ········ 349
4. 심사 청구에 대한 심리 ········ 350
5. 결과 통지 ········ 350
Ⅱ. 재심사 청구 ········ 352
1. 재심사 청구인 ········ 352
2. 재심사 청구의 기간 ········ 352
3. 재심사 위원회의 구성과 운영 ········ 352
4. 재심사 심리 ········ 353
5. 소위원회의 구성 등 ········ 353
6. 재심사의 결정 ········ 354

제3절 행정소송 ········ 357

Ⅰ. 행정소송의 의의 ········ 357

Ⅱ. 행정소송의 당사자 ······ 358
1. 원 고 ······ 358
2. 피 고 ······ 358
Ⅲ. 행정소송의 제기 ······ 359
1. 소의 제기기간 ······ 359
2. 재판관할 ······ 360
3. 소장의 접수 ······ 360
Ⅳ. 법원의 심리 ······ 362
1. 변론기일 지정 ······ 362
2. 증거조사 ······ 362
Ⅴ. 변론종결 및 판결 선고 ······ 364
1. 변론종결 ······ 364
2. 판결 선고 ······ 364

〈부록 1〉 심사 결정 사례 ······ 365
〈부록 2〉 재심사 재결 사례 ······ 395
참고문헌 ······ 443

제1장

산재보상제도의 개관

제1절 산재보상제도의 의의

제2절 우리나라의 산재보상제도

제3절 사회보장제도로서의 산재보험제도

제1절 산재보상제도의 의의

산업재해는 근로자의 노동생활에 내재되어 있는 본질적 직업위험이자 피재근로자와 그 유족에게는 치명적인 생활위험이기 때문에 그에 따른 적절한 보호가 이루어져야 한다. 여기에서는 먼저 산업재해의 개념을 검토한 후 산재보상의 법리를 파악하기 위해 산재보상제도의 생성과정을 살펴본다.

Ⅰ. 산업재해의 개념

신분사회였던 봉건사회에서 자본주의사회로 이행하면서 노동의 성질은 사용자의 지휘명령하에서 일하는 종속노동이 되었고, 동시에 자본에 의한 무제한의 이윤추구가 생산의 목적이 되었기 때문에 장시간 · 과밀노동이 많아지게 되었다. 또 생산방식도 종래의 수공업에서 대형의 복잡한 기계를 사용하고 위험한 원재료 · 화학물질을 대량으로 이용하는 근대공업으로 변화하였다.

이러한 가운데 근로자의 생명과 건강을 해칠 가능성이 급격하게 증대되었는데, 이러한 맥락에서 산업재해[1]는 근로자나 사용자의 주의 · 부주의라고 하는 주관적 양태를 벗어나 근대 생산기구나 과정에 내포되어 있는 위험이 현재화한 것이라고 할 수 있다. 따라서 산업재해 발생의 위험은 불가피한 사회현상이라고 할 수 있다.

산업재해는 근대사회에 이르러 비로소 자유로운 인간 상호간의 노동관계가 계약을 통하여 맺어지고, 피재근로자가 노동과정에서 발생한 산업재해에 대하여 사용자에게 손해배상을 청구할 수 있게 되어 법적인 문제성을 지닌 것으로 인식되었다.

그러므로 산업재해라는 개념은 근대사회 경제체제하에서 비로소 성립된 역사적인 개념이라 할 것으로, 산업사회의 발전에 따른 생산방식의 복잡화에 수

1) 사업장의 근로자에게 발생하는 재해에 대한 표현은 각국마다 다양한 용어로 사용되고 있으나 이 책에서는 '산업재해' 라는 용어로 통일하여 사용하고자 한다.

반해 산업재해도 점점 복잡다양화하고 다면적으로 되어 왔다.

먼저 「산업안전보건법」[2] 제2조 제1호에서는 산업재해에 대해 "근로자가 업무에 관계되는 건설물 · 설비 · 원재료 · 가스 · 증기 · 분진 등에 의하거나 작업 또는 그 밖의 업무로 인하여 사망 또는 부상하거나 질병에 걸리는 것을 말한다"고 정의하고 있는데, 이는 근로자의 안전과 보건을 유지 · 증진하기 위한 예방으로서의 산업재해에 관한 규정이다.

그리고 「산업재해보상보험법」(이하 '산재보험법' 이라 한다)[3] 제5조 제1호는 업무상의 재해를 "업무상의 사유에 따른 근로자의 부상 · 질병 · 장해 또는 사망을 말한다"고 규정하여, 산재보험법상 보상 대상이 되는 업무상 재해, 즉 산업재해를 정의하고 있다.[4]

이와 같이 산업재해는 노동과정에서 생기는 현상이고, 이러한 노동과정을 만들어 내는 노동관계는 기본적으로 근로계약을 매개로 한다. 그리고 근로자는 임금노동 이외에는 생활수단을 갖지 못하고, 기업은 근로자 없이는 생산활동을 할 수 없으며, 노동관계를 성립시키는 노사의 합의는 사실상 사회적으로 강제되고 있는 것이다.

따라서 위험을 내포하는 기업조직체로서 근로자를 종속적으로 지배 내지 조직화하는 사용자는, 노동관계에서 발생하는 산업재해로 근로자의 생활기반이 파괴될 때에 종속적 노동관계의 지배자로서 근로자의 생활유지에 대한 사회적 책임을 부담해야 한다.

또 기업을 운영하여 이윤을 얻고 있는 사용자가 기업에 객관적으로 존재하는 위험이 현실화하여 재해가 발생한 이상, 그 재해로 근로자가 입은 손해를 보상하는 것이 공평의 관점에서도 당연하다고 할 것이다. 그리고 사용자는 산

---

2) 2013.6.12 법률 제11882호.

3) 2012.12.18 법률 제11569호.

4) 우리나라의 산재보상에 해당하는 프로그램은 국가마다 상이한 명칭으로 나타나고 있는데, 대체적인 경향을 볼 때 주로 영국과 미국을 중심으로 하는 영어권 국가들은 근로자보상제도(workers' compensation)라는 용어로 지칭되는 반면, 유럽의 대륙권 국가들은 산업재해(industrial injuries) 또는 고용재해 프로그램(employment injuries programs)이라는 용어를 사용한다(이인재 외 3인, 『사회보장론』, 나남출판, 2002, 225쪽).

업재해의 최적회피자로서 재해의 예방차원에서도 보상책임을 부여하는 것이 타당하다.

Ⅱ. 산재보상제도의 생성과정

산업재해로부터 근로자를 구제하기 위한 제도는 역사적으로 변천 · 발전되어 왔다. 이하에서는 산재보상제도의 생성과정에 큰 줄기를 이룬 영국과 독일의 경우를 중심으로 살펴보기로 한다.

1. 과실책임으로서의 배상책임

산업재해가 자본주의사회의 중요한 사회문제로 등장한 것은 19세기 후반으로, 산업혁명에 의하여 생산수단이 기계화되고 다수의 근로자들이 공장제 기업에 집중화 · 조직화됨에 따라 각종 산업재해가 급격하게 증가하였기 때문이다. 그러나 자본주의사회의 초기에는 재해를 입은 근로자에 대한 적절한 법적 구제 조치가 없었기 때문에 이로 인한 문제는 점차 자본주의사회의 사회문제로 대두하게 되었다.

산업재해 발생 시 사용자의 근로자에 대한 책임은 영미의 「보통법」(common law) 법리나 대륙법계 제국의 근대사법 특히 민법의 이론에 따라 규율되어 왔다. 따라서 산재보상은 과실책임주의를 기초로 하는 민법상의 손해배상 방식에 의존하였고 주로 불법행위의 법리가 널리 활용되어 왔다.[5)]

영미에서 산업재해에 대한 사용자의 책임은 보통법의 법리에 따라 과실개념에 입각하고 있었는데, '의무 위반 없으면 과실 없고, 과실 없으면 책임이 없다' 는 것이 사용자책임에 관한 기본원칙으로 작용되고 있었다.

여기에서의 사용자의 의무란 사용자는 자기가 고용하는 근로자로 하여금 손상을 입지 않도록 할 주의의무가 있다는 것을 말하는 것이고, 이 주의의무도 결코 절대적인 것이 아니며 통상의 능력과 사려있는 사람이 지시함에 있어 기울이고 있을 정도의 주의, 즉 상당 주의(care due or ordinary reasonable precaution)의

---

5) 김형배, 『근로기준법』, 박영사, 2001, 538쪽.

정도이면 충분한 것으로 되어 있었다.

그리하여 사용자가 이러한 주의의무를 위반하거나 해태하면 과실을 범한 것으로 인정되어 배상책임의 원인을 형성하게 되었으나, 주의의무 위반 내지 해태는 재해 발생의 직접원인이 되어야만 인정되는 것이었다.[6)]

더욱이 위험인수(acceptance or assumption of the risk), 공동고용(common employment), 혹은 기여과실(contributory negligence)이라고 하는 사용자 측의 항변(defences)도 인정하고 있었다.

따라서 재해를 입은 근로자가 보상받기 위해서는 우선 사용자가 주의의무를 위반하였고 그것이 직접원인이 되어 손해를 입었다는 것을 법정에서 증명하여야만 되었으며,[7)] 사용자의 항변사유가 인정되지 않아야 하는 것이었다. 그러므로 사실상 산업재해에 대한 사용자의 책임은 거의 면제되는 것과 다름이 없었다.

한편, 영미법에서의 보통법 원리와 대비되는 것은 대륙법계 제국의 근대사법전 특히 민법전이다. 근대사법이 시민사회법 질서의 기초법으로 형성되었을 때 노동관계도 당연히 이 원리에 의해 규율되어야 할 대상으로 되었다. 그래서 산업재해는 민법의 입장에서 부상 · 사망이라고 하는 피해를 둘러싼 사인간의 법률관계로서 파악되었다. 따라서 산업재해는 전형적으로 불법행위 규정의 적용문제가 되었고 노동 관계상의 문제라고 하는 관점은 고려되지 않았다.

결국 산업재해가 발생하였을 때 사용자에게 과실이 인정되지 않는 한 배상책임이 없었기에, 실제 사용자에게 과실이 있었더라도 배상을 청구하는 피재근로자가 사용자의 과실을 입증하지 않으면 패소할 수밖에 없었다.

2. 과실책임완화로서의 사용자책임

산업재해에 대한 과실책임주의의 불합리한 점들을 해결하고 민법상의 과실

---

6) 김진웅, "현행 노동재해보상제도의 구조와 법적 성격", 『노동법과 노동정책』, 탄은 김진웅박사 화갑기념논문집 편찬위원회, 1985, 335쪽.

7) Steven Babitsky / James Mangraviti, Litigating Stress Cases in Workers' Compensation, John Wiley & Sons, 1993, p.12.

책임의 원리에서 해방시켜 무과실책임이론[8]을 바탕으로 피재근로자를 보호하고자 한 입법이 1871년 독일의 「제국배상책임법」(Reichshaftpflichtgesetz)과 1880년 영국의 「사용자책임법」(Employer' s Liability Act)이다.

먼저 독일의 1871년 제국배상책임법은 사용자의 무과실책임을 규정하였다. 이러한 의미에서 독일의 제국배상책임법은 재해보상법에 대한 접근이 영국에 비해 앞섰다고 할 수 있다.

이 법은 철도, 광산 및 그와 관련된 공장을 적용대상으로 하고, 적용사업의 사용자는 근로자의 사망 또는 부상에 대해 완전한 손해배상의무를 지도록 하였다. 그리고 철도에 있어서는 불가항력 또는 피재근로자의 과실이 입증된 경우에만 배상의 의무를 면하도록 하였다. 그러나 광산 및 그와 관련된 사업에 있어서는 피재근로자가 사용자 또는 감독자의 과실을 입증할 수 있는 경우에 배상청구권이 인정되었다.[9]

그런데 이 법에 의해서도 피재근로자가 승소한 사건은 비교적 소수에 머물렀고, 소송절차는 많은 시간을 필요로 하여 피재근로자에게 만족을 주지 못하였다. 정부는 이 문제에 관한 조사보고서를 1882년에 발표하면서 산재보험에 관한 제도를 제안하였다. 이 제도는 사업장에서 발생하는 일체의 재해에 대하여 사용자나 피재근로자의 과실 유무 또는 업무자체의 위험성 유무에 관계없이 보상을 해 주도록 되어 있었다. 이 보고서의 결의에 따라 제정된 것이 독일의 재해보험법이다.[10]

---

8) 자본주의 사회에서 위험원들이 증가함에 따라 가해자에게 과실이 없더라도 손해가 발생하였다면 손해배상책임을 지우는 이론으로서 그 근거는 다음과 같다. ① 위험책임설 : 타인의 법익을 침해할 위험성이 있는 시설이나 위험원을 지배하는 자는 그로부터 발생한 손해에 대해 배상책임을 져야 한다는 견해 ② 보상책임설 : 기업 등이 이익을 얻는 과정에서 타인에게 손해를 주었다면 그 이익에서 손해를 배상하는 것이 공평하다는 견해 ③ 원인책임설 : 손해의 원인을 발생시킨 자가 그로부터 생긴 손해를 배상하여야 한다는 견해 ④ 구체적 공평책임설 : 손해를 가해자와 피해자의 일방에만 부담시키지 않고 구체적 사정에 따라 공평하게 부담시키는 것이 타당하다는 견해이다(권순한, 『민법 Ⅱ』, fides 도서출판, 2006, 797쪽).

9) 荒木誠之, 『労災補償法の研究 -法理と制度の展開-』, 總合勞働研究所, 1981, 15쪽.

10) 신 홍, “산업재해보상보험제도에 관한 법제도적 비교연구”, 『노동법의 제 문제』, 가산 김치선박사 화갑기념논문집 편찬위원회, 1983, 199~200쪽.

한편, 영국의 사용자책임법은 보통법을 수정할 목적으로 제정된 것으로서 그 수정내용의 요지는 보통법에서의 공동고용 법리를 철폐하는 것이었다. 1880년 이전까지는 동료 근로자의 과실로 발생한 재해의 배상청구가 인정되지 않았다. 그러나 1860년대부터 급증한 탄광재해와 1870년대부터 급증한 철도사고를 계기로 보통법의 공동고용 원칙은 노동계로부터 강한 저항을 받게 되었고, 이와 같은 사정이 작용하여 1880년에 이르러 동료 근로자의 과실에 의한 재해에 대해서도 사용자의 과실책임을 인정하게 된 것이다.

또한 판례상으로도 제정법에 따라 부여하고 있는 안전의무를 사용자가 위반한 경우에는 해당 제정법 자체를 근거로 손해배상청구가 가능하다고 하는 입장을 취하여, 실질적으로 사용자의 과실을 입증할 필요가 없게 된 측면도 있었다.

그러나 사용자책임법이 제정된 후에도 재해배상청구권을 포기하는 특약은 보통법상의 면책계약에서 여전히 유효한 것으로 다루어졌고, 이 포기의 의사는 묵시의 경우에도 적용되어 많은 경우 묵시적 의사표시가 있는 것으로 보았다. 그리하여 면책특약의 제한만으로는 재해방지의 효과를 거둘 수 없었고, 과실책임의 원리를 사용자책임의 기초로 한다는 자체에 의문을 갖게 되었다.[11)]

결국 노동운동과 산업재해의 증가 등으로 보통법상의 판례에도 서서히 배상청구를 인정하는 경향이 나타나게 되었는데, 이들 판례는 공동고용의 법리를 제한하고 위험인수를 부정하며 또 무과실배상책임으로의 이행을 시사하는 소위 절대책임(absolute liability) 또는 엄격책임(strict liability)이라는 법리를 확립하게 되었다.

3. 무과실책임으로서의 재해보상

피재근로자의 구제를 용이하게 하고 한편으로는 사용자의 부담을 경감시킬 목적으로 하는 새로운 구제제도를 모색하게 되었다. 그리하여 독일에서는 1884년에 사회보험 방식인 「재해보험법」(Unfallversicherungsgesetz)을 제정

---

11) 김진웅, 앞의 글, 339~340쪽.

하였고,[12] 영국에서는 1897년에 직접보상 방식인 「근로자보상법」(Workers' Compensation Act : WCA)을 제정하였는데,[13] 이것이 오늘날 산재보상제도의 시초를 이루게 되었다. 그리고 이 두 법은 보상입법의 두 가지 유형, 즉 사회보험방식과 직접보상 방식의 기초가 되었다.

먼저 독일의 재해보험법은 1884년 세계 최초로 산재보험제도를 창설하였던 것이어서, 그 후 각국의 보상입법에 큰 영향을 미쳤다. 다른 나라의 입법이 처음에 사용자의 직접보상제를 정하고 머지않아 이것을 책임보험으로 결합시켜 최후에 포괄적인 재해보상보험으로 이행하는 것으로서의 발전단계를 거치었으나, 독일에서는 산재보상법의 초기 단계에서 현재에 이르기까지 일관해서 산재보험제도를 유지해 왔다. 그런 의미에서 독일에서는 제도적으로 진보하였던 현대적인 산재보상제도를 처음부터 채택한 최초의 국가가 되었다.[14]

한편, 1898년에 시행된 영국의 근로자보상법의 가장 중요한 특징은 보통법상의 면책특약을 원칙적으로 무효로 한다는 것과 산업재해에 대한 배상책임에서 과실개념을 버렸다는 것이다. 또 이 법은 특정한 근로자 또는 위험에 대해 사용자가 안전을 보장해야 할 입장에 있다고 하는 새로운 원칙을 적용하였는데, 이는 당시의 법률제도에서는 획기적이라고 평가될 정도의 것이었다.

이러한 입법은 증대되어 가는 산업재해의 대부분이 피할 수 없는 것이며, 산업재해가 기업의 영리활동에 수반되는 현상인 이상, 기업 활동에 의해서 이익을 얻고 있는 사용자가 당연히 손해의 보상을 행하고 근로자를 보호해야 한다는 사고방식의 결과였다.

이 법에서는 고용의 과정에서 고용에 기인하여 생긴 사고에 의한 부상 · 사망이나 일정한 직업병에 대해 사용자는 근로자에게 당연히 일정액의 보상을 해야 하는 것으로 규정하였다. 이 새로운 보상제도의 주요한 특징은 무과실책임과 배상액의 정액화라고 할 수 있다.

---

12) Jürgen Nehls, SGB Ⅶ Gesetzliche Unfallversicherung (3. Aufl.), Beck-Texteimdtv, 2001, S.7.

13) Joseph W. Little / Thomas A. Eaton / Gary R. Smith, Cases and Materials on Workers' Compensation (5th ed.), Thomson West, 2004, p.55.

14) Steven Babitsky / James Mangraviti, op. cit., p.11.

결국 유럽에서는 산업재해에서 근로자를 구제하기 위해 19세기 말엽부터 20세기 초까지에 걸쳐 종래의 손해배상법에 있는 고전적인 과실원리를 대신하는 직업위험(occupational risk)의 법리[15)]에 따른 산재보상제도를 창설하였던 것이다.

Ⅲ. 산재보상제도의 입법례

19세기 말 유럽 제국에서 개별기업에 대한 직업위험의 법리에 따라 무과실보상책임을 과함으로써 출발하였던 산재보상제도는 2차에 걸친 세계대전을 겪으면서 비약적인 발전을 하였다. 또 일부에서는 업무상의 사유로 인한 인신손해와 그 이외의 사유로 인한 것을 구별하지 않고 동일하게 보상의 대상으로 하는 제도까지 출현하였다.[16)]

특히 1980년대에 들어서 산재보상법제는 세계의 여러 나라에서 다양한 제도로 발전·전개되었고, 그 구체적인 모습은 국가에 따라 상이하다. 이하에서는 선진각국의 산재보상법제 전개과정과 그 특징을 살펴본다.

1. ILO의 협약과 권고

1919년 제1차 세계대전 이후 베르사유 평화조약의 조건으로 설립된 국제노동기구(International Labour Organization : ILO)[17)]가 산업재해에 대하여 다룬 첫 번째 협약은 1921년에 채택된 농업 근로자의 산업재해를 보호 대상으로 하는 제12호이다.[18)] 이후 1925년에 채택된 협약 제17호와 제18호는 다양한 직업을 가진 근로자들에게 적용하고 질병과 직업병에 관한 최소의 기준을 정하였으며,

---

15) 직업위험의 법리란 위험한 직업에서 타인을 사용하는 자는 그 위험이 현실화하여 자기가 고용한 자가 피해를 입은 경우에는 그 경제적 손실을 보상해야 한다는 것이다(窪田準人, "勞災補償責任の法的性質", ジュリスト『勞働法の爭點』, 有斐閣, 1990, 254쪽).

16) 保原喜志夫, "勞災補償責任の法的性質", 『現代勞働法講座』 12 勞働災害·安全衛生, 總合勞働硏究所, 1983, 260~261쪽에서 뉴질랜드와 네덜란드는 업무상·외를 구별하지 않고 있다고 한다.

17) 국제노동기구에 우리나라는 1991년 152번째로 가입하였다.

18) C. Arthur Williams, Jr., An International Comparison of Workers' Compensation, Kluwer Academic Publishers, 1991, p.32.

1934년의 협약 제42호는 직업병에 관한 기준을 수정하였다.[19]

이후 산업재해에 대한 협약 및 권고는 제2차 세계대전 이후에 채택된 것이 많은데, 그 이유는 제2차 세계대전 이후 ILO가 산재보상 문제에 관하여 적극적인 자세로 사회보장의 관점에서 이전의 협약과 권고를 재검토하게 되었기 때문이다.

먼저 ILO의 산업재해에 관한 기본방향은 1944년의 「소득보장에 관한 권고」(Recommendation concerning Income Security : 제67호)에서 찾을 수 있는데, "산업재해란 일시적 또는 영구적 장해나 사망에 이르게 하는 업무에 기인한 외상성 상해 혹은 질병으로, 피재근로자의 고의나 계획적인 비위행위로 야기된 것이 아닌 것을 말한다"라고 정하고 있다(제16조).[20]

그리고 1952년에 「사회보장의 최저기준에 관한 협약」(Social Security [Minimum Standards] Convention : 제102호)이 공포되었고, 이후 보다 체계적인 국제기준으로 기존의 근로자 보상 협약을 대체한 1964년의 「업무상 재해 급여에 관한 협약」(Employment Injury Benefits Convention : 제121호)이 있다.[21]

이 협약은 제2차 세계대전 이전의 재해보상을 포함한 사회보험에 관한 ILO의 조치가 사회보장 사상에 기초한 제도의 전개 및 보급에 따라 더 이상 충분하지 않다는 점과 기술혁신의 단계에서 발생하는 산업재해에 대비할 필요성에서 나온 것이라는 평가를 받고 있다.

그리고 이 협약은 업무상 재해 급여에 관한 국가의 법령은 공사(公私)부문의 수습근로자를 포함한 모든 피용자, 그리고 부양자의 사망에 대해서는 소정계층의 수급권자를 보호해야 한다고 규정되어 있다. 다만, 사용자의 사업 이외의 목적으로 임시 고용된 자, 가내근로자, 사용자의 작업과 관련해 사용자와 동거하는 가족구성원 등에 대하여는 적용을 제외할 수 있다(제4조).[22]

이 협약은 통근재해(Commuting Accident)를 포함하는 '산업재해'의 정의를 법

19) C. Arthur Williams, Jr., op. cit., p.32.
20) 출처 http://www.ilo.org
21) 한국 ILO 협회, 『국제노동』, 통권 제106호, 2006, 26쪽.
22) 출처 http://www.ilo.org

령에 정하여야 한다. 다만, 통근재해가 업무상 재해보상제도 이외의 사회보장제도의 대상이 되고, 그 사회보장제도가 통근재해에 대하여 이 협약에 의하여 요구되는 급여와 동등하거나 그 이상의 급여를 전체적으로 지급하고 있는 경우에는 통근에 관계된 사고는 '산업재해'의 정의에 포함시키지 아니할 수 있다(제7조)고 규정되어 있다.

그리고 소정의 조건하에서 적어도 협약에서 열거한 질병을 포함하여 직업병의 목록을 법령으로 정하되, 협약에서 열거한 질병을 통괄할 정도로 충분한 포괄적인 직업병의 일반적 정의를 법령으로 규정하며, 직업병의 일반적인 정의로 보충 또는 예시되지 아니하거나 소정의 조건과는 상이한 조건에서 발생하는 질병을 기타의 규정으로 보충할 수 있도록 하였다(제8조).

급여의 범위는 업무상 재해에 기인하는 경우로서 ① 병적상태, ② 병적상태로 인해 소득이 중단되거나 근로불능으로 국내법령에서 정하는 경우, ③ 경제능력의 완전상실 또는 소정의 정도를 초과하는 경제능력의 일부 상실로서 영구적이 될 우려가 있거나 그에 상당하는 신체적 기능의 상실, ④ 부양자의 사망으로 인해 소정의 수급권자가 입는 부양의 상실이다(제6조). 이러한 사고에 대해서는 의료와 관련한 급여, 현금급여가 지급되도록 해야 한다.

한편, 협약체결일에 권고 제121호도 동시에 채택하였는데, 적용대상 근로자는 최저기준을 적용받지 않는 거의 모든 근로자가 포함되고, 수습근로자, 자원봉사자, 공적활동인 자, 심지어 죄수까지도 그 적용대상으로 하고 있다.[23]

2. 독 일

독일은 1884년에 현대적인 근로자보상제도를 채택한 최초의 국가로서,[24] 대부분의 선진국에서 전형적인 모델로 삼고 있는 재해보험법은 처음에는 광업, 제조업, 운송과 같은 위험한 업종에 적용되었다. 따라서 해당업종에 종사하는 근로자는 업무상 발생한 재해에 대해 산재보험 조합으로부터 보상을 받을 수 있었고, 보상을 받은 근로자는 일정의 예외적인 경우를 제외하고는 사

23) C. Arthur Williams, Jr., op. cit., p.41.
24) Steven Babitsky James Mangraviti, op. cit., p.11.

용자에 대한 민사상의 손해배상청구권 일체를 잃게 되었다.

이후 1911년에 질병보험, 재해보험, 일반근로자의 폐질, 노령보험을 포함한 대법전으로 「제국보험법」(Reichsversicherungsordungs : RVO)이 제정되었는데, 이 가운데 산재보험법은 제3편에 공업산재보험, 농업산재보험, 해상산재보험의 3부문으로 편성되었고, 적용대상 범위의 확대로 주요 산업이 대부분 적용받게 되었다.[25)]

그런데 1920년부터 1923년에 이르는 격심한 인플레이션으로 독일의 사회보험제도는 파탄에 직면하게 되었다. 그 후 경제가 안정되어 사회보험제도가 재정비되었고, 산재보험법도 1925년에 중요한 개정이 있었다.

즉, 현물급여를 도입하는 등 급여기준을 크게 상향하였고 최초로 통근재해를 경영재해로 인정하였다. 그리고 직업병령을 공포하고 11가지의 직업병을 산재보험의 보상대상으로 추가하였다.

이후 제2차 세계대전 발발 시까지는 나치정권하에서 행정기구의 변경을 제외하고는 별다른 수정 없이 시행되었는데, 산재보험법은 피재근로자의 사고발생에 고의가 없는 한 업무상 발생한 재해에 대하여 적용되었다.

그리고 1942년의 개정에서 피용자라면 누구나 산재보험의 대상으로 하였고, 1963년에는 다른 사회보험과 같이 경제사회 구조의 변화에 맞춰 새로운 산재보험법으로 전면 개정되었다.[26)]

1970년대 신설된 사회법으로 1911년에 제정된 제국보험법을 점차 대체하였고, 1996년에 「산재보험법의 사회법으로서의 편입을 위한 법」(Unfallversicherungs Einordnungsgesetz : UVEG)이 제정되어, 1997년 1월 1일 시행된 사회법 제7권에 산재보험법이 종합되었다.[27)]

그리고 독일은 「사회법」(Sozialgesetzbuch : SGB) 제7권에서 보험사고를 업무상

---

25) Joseph W. Little / Thomas A. Eaton / Gary R. Smith, Cases and Materials on Workers' Compensation, (5th ed.), p.55.

26) 김치선 · 이상덕 · 이상희, 『산업재해보상보험법제와 법리의 제고』, 한국노사발전연구원, 1995, 23~25쪽.

27) 문성현, "주요 선진국 산재보험제도의 동향", 『산재보험의 과거, 현재 그리고 미래』, 근로복지공단, 2004, 210~211쪽.

사고[28]와 직업병으로 구분하고, 제8조에서 업무상 사고란 '이 법에 따른 보호를 받을 수 있는 행위(피보험활동)로 인한 피보험자의 사고로서 외부로부터 신체에 영향을 미쳐 건강손상이나 사망에 이르게 하는 시간적으로 한정된 사고'를 말한다고 규정하고 있다.[29] 그리고 직업병이란 '원칙적으로 법령에서 열거한 소정의 질병과 피보험자들이 이 법에 따라 보험급여를 받을 수 있는 상태를 말한다'고 정의하고, 피보험행위의 하나로 '피보험행위와 관련된 장소로 가거나 그로부터 되돌아오는 직접적인 통행로의 이용 등을 포함한다'고 규정하고 있다.[30]

독일의 산재보험제도는 다음 세 가지의 과제 수행을 목표로 지향하고 있다(사회법 제7권 제1조). 첫째, 모든 적절한 수단을 동원하여 산업재해, 직업병 및 노동과 관련된 건강상의 위험을 예방한다. 둘째, 산업재해 또는 직업병 발생 후 모든 적절한 수단을 동원하여 피보험자의 건강과 능력을 회복시키도록 한다. 셋째, 피보험자 또는 유가족에게 금전보상을 행한다. 여기에서 주목되는 것은 예방대상을 '산업재해', '직업병' 만이 아니라 '노동과 관련한 건강상의 위험'에까지 확대하고 있는 것으로, 이는 국제적인 동향에 따른 것이다. 그리고 직업병은 원칙적으로 직업병 시행령(BK-VO)에서 목록에 의한 열거주의를 채용하여 64가지의 직업병을 규정하고 있다.[31]

독일의 산재보험제도는 산재예방, 재활 및 보상기능이 동일기관에 의해 수행되는 특징을 가지고 있다.[32] 최근 연방정부는 산재보험제도를 개혁하고자 조직·급여개혁의 초안을 내놓았는데, 산재보험 조합의 수를 크게 줄이고 서

---

28) Bernd Baron von Maydell / Franz Ruland(Hrsg.), Sozialrechtshandbuch(SRH) (3. Aufl.), Nomos Verlagsgesellschaft, 2003, S.924에서 업무상 사고는 좁은 의미의 업무상 사고와 출퇴근 사고, 작업도구 사고로 구분된다고 한다.

29) Edgar Franke / Thomas Molkentin, Sozialgesetzbuch Ⅶ (2. Aufl.), Nomos, 2007, S.119.

30) Peter Becker, Gesezliche Unfallversicherung (1. Aufl.), Deutscher Taschenbuch Verlag, 2004, S.29 ff. 참고 ; Jochem Schmitt, SGB Ⅶ(Gesetzliche Unfallversicherung) (3. Aufl.), Verlag C. H. Beck, 2008, S.2 ff..

31) 문성현, 앞의 글, 212쪽.

32) 한국사회보험연구소, 『산재보험 급여체계의 합리적 개선방안에 관한 연구』, 노동부, 2005, 47쪽.

로 다른 산재보험 · 조합간 통합을 추진하는 내용이다.[33] 그리고 현재의 연금 계산방식을 변경하여 구체적인 수입손실에 따른 개별연금과 무형의 손실에 따른 비교적 낮은 수준의 총액이 지급될 예정이다.

3. 프랑스

프랑스의 산재보상제도는 산업혁명 이후 근대산업의 발전에 따른 산업재해의 증가와 전통적인 민사책임법에서는 충분한 구제가 이루어지지 않아서 피재근로자를 구제하고자 산재보험 방식으로 제정된 1898년 4월 9일의 법률을 근원으로 하고 있다.[34]

초기 산재보험제도에서는 보상의 대상으로 사고가 반드시 발생된 것을 요건으로 하였으나, 1919년에는 직업병에도 적용하도록 명시적으로 확대하였다.[35]

이와 같은 산재보험의 입법화는 프랑스로서는 최초의 중요한 사회입법으로 프랑스의 제반 사회보험제도가 1930년에 일반적으로 도입된 것에 비해 30여년 앞서 이루어진 것이고, 이는 '노동권의 보장'이 사회보장의 기초이자 출발점이라는 프랑스 사회의 기본이념을 확인할 수 있는 역사적 사실이다.[36]

1945년 프랑스 해방 등에 터 잡은 민주적인 사상이 고조되고 있을 즈음에 프랑스 정부는 사회보장 계획을 세웠고, 산재보험제도를 다른 사회보험제도, 가족수당제도 등과 함께 통일적인 사회보장제도의 일환으로 사회보장법에 편입하였다.[37]

현행 프랑스 사회보장법 L.411-1조에는 "어떤 장소에서나, 어떤 직책으로든 한 명 또는 여러 명의 사업주나 기업의 장(chefs d' entreprise)을 위해 임금을 받고 일하는 모든 자에게 업무수행 시 또는 업무수행 사실로 인해 발생한 재

---

33) Prof. Dr. Wolfhard Kohte, "독일 산재보험과 실업보험의 변화와 노동조합의 역할", 『사회보험 발전과 노동조합의 역할』, 한국노동연구원, 2007, 90쪽.

34) 문성현, 앞의 글, 222쪽.

35) Peter S. Barth with H. Allan Hunt, Workers' Compensation and Work-Related Illnesses and Disease, Mit Press, 1982, p.200.

36) 윤조덕 외 8명, 『비정규직 근로자 산재보험 적용실태와 특수형태 근로종사자에 대한 적용확대』, 한국노동연구원, 2004, 398쪽.

37) 김치선 외 2명, 앞의 책, 43쪽.

해는 그 원인이 무엇이든 업무상 재해로 간주된다"고 규정되어 있다. 그리고 재해란 "업무 중에 신체의 상해를 유발하는 외부로부터의 돌발적이고 격렬한 작용이라는 법적 특징을 가진다"라고 규정되어 있다.[38)]

특히 피재근로자에게 사고발생 후 만 하루 이상의 근로중단을 초래한 재해를 '근로중단 산업재해'라고 정의하고 있다. 재해에 대한 신고의 접수, 산업재해 인정여부의 결정, 산재보상 등을 담당하고 있는 의료보험공단 전국본부의 근로자 의료보험부에서 모든 산업재해 관련 통계에 사용되고 있는 개념이 바로 '근로중단 산업재해'이다. 그리고 산재보험제도의 적용대상이 되는 직업적 위험의 범위에 전통적인 의미의 '산업재해' 뿐만 아니라 '직업병'[39)]과 '통근재해'도 포함하고 있다.

프랑스 산재보험제도의 특징은 첫째, 무과실책임주의에 입각한 보험방식을 채택하고 있고, 둘째, 산업재해로 인한 손실 전체에 대한 총액보상이 아니라 정액보상으로 하고 있으며, 셋째, 산재보상에 따른 민사상 손해보상책임을 면제하도록 되어 있다.[40)] 그리고 넷째, 산재보험 구조가 전국적 단일구조이고, 다섯째, 산재보험 운영 유형은 공적사회 보험형에 속하며, 여섯째, 산재보험 행정체계의 측면에서는 전체의 사회보험에 통합되어 있는 형태이지만 수급요건, 급여의 종류 및 수준, 산업재해, 직업병 및 통근재해에 대한 별도의 법과 제도를 가지고 있다는 점을 고려할 때 분리강제 산재보험형에 속한다고 볼 수 있다.[41)]

한편, 업무상 과로성 재해와 관련된 규정을 살펴보면 "심장마비 등 업무와 관련된 혈관계 및 기타 상해는 재해의 개념에 적합한 돌발성이라는 성격을 부여할 수 있는 직접적인 사고는 아니다. 따라서 업무와 관련된 특별한 노력의 결과로 인하여 기존 상태의 치명적 악화가 발생된 경우, 즉 근로자에게 맡겨

---

38) 근로복지공단, 『프랑스 사회보장법전』, 산재보험편, 2004, 329~330쪽.

39) 근로자가 고용되어 있는 동안 64가지 열거된 목록에 없는 직업병이 발생하여 업무상이라고 주장할 때에는 업무에서 위험에 노출되었다는 것을 사용자 또는 노동조사관으로부터 확인을 받아야 한다(Peter S. Barth with H. Allan Hunt, op. cit., pp.202~203).

40) 박찬임 외 3명, 『주요국의 통근재해보상제도 연구』, 한국노동연구원, 2004, 111~112쪽.

41) 윤조덕 외 8명, 앞의 책, 399~400쪽.

진 업무수행과 직접적 관련이 있다고 인정되는 때에 책임이 있다"고 정하고 있다(L.411-1조 1의 제44항).

그리고 자살과 관련하여서는 "업무에 직접 원인이 없는 동기에 의하여 업무 장소 및 시간에 발생한 근로자의 자살시도는 업무상 재해로 인정되지 아니 한다"고 규정(제29항)하고 있으나, 근로조건의 악화 또는 업무와 관련한 정신적 괴롭힘으로 인한 근로자의 자살은 업무상 재해로 인정하고 있다(제36항). 그러므로 업무상 과로성 자살에 대해서는 우리나라에 비하여 폭 넓게 인정하고 있는 것으로 보인다.

4. 영 국

영국에서의 산재보상제도는 보통법의 결점을 고치기 위한 몇 차례의 입법적인 시도 실패 후, 1897년 의회에서 근로자보상법을 채택함으로써 성립하게 되었다.[42] 이 법은 보상의 요건으로 '고용의 과정에서 고용에 기인하여 생긴 사고에 의한 신체상해(personal injury by accident arising out of and in the course of employment)' 라는 중요한 문구를 낳았다.[43]

처음에는 보상의 대상이 사고에 의한 것뿐이었고 직업병은 그 대상으로 되지 않았으나, 1906년 및 1923년의 근로자보상법에 의해 약간의 질병과 직업병에 대해서도 보상하게 되었다.

이후 1946년에 국민보험법(National Insurance Act : NIA)을 제정하고, 산재보상제도를 사회보장 체계내로 편입시켜 국민보험법 아래에서 필요한 급여를 행하도록 하였다. 다만, 산재보험제도는 사회보험의 성격을 가지면서도 국민보험제도와는 다른 성격을 가지는 독자성을 여전히 유지하고 있었다. 그런데 1975년 사회보장법(Social Security Act : SSA)이 제정되면서 산재보험제도를 사회보장 체계에 완전히 통합하였기 때문에 산재보험 급여의 독자성은 점차 잃게

42) Joseph W. Little / Thomas A. Eaton / Gary R. Smith, Cases and Materials on Workers' Compensation (5th ed.), p.55.

43) Jack B. Hood / Benjamin A. Hardy, Jr. / Harold S. Lewis, Jr., Workers' Compensation and Employee Protection Laws in a Nutshell (4th ed.), Tomson West, 2005, p.6.

되었다.[44)]

영국의 사회보장은 '국민보험제도' 와 '공적부조제도' 부분으로 이루어져 있는데, 전자가 주된 지위에 있고, 후자는 전자를 보충하는 지위에 있다. 국민보험제도는 갹출제로 운영하고 의무교육 종료연령을 넘는 자 모두에게 가입의무를 지우고 있다. 이에 따라 피보험자는 퇴직연령급여, 실업급여, 질병급여, 전쟁연금급여 및 산재보험급여 등을 받는다. 피보험자의 자격에 따라 4가지로 분류하는데,[45)] 이중 산재보상을 받을 수 있는 것은 제1종의 피용자로서 보험료는 피용자 및 사용자로부터 갹출한다.

산재보험의 급여는 근로자가 업무에 기인하고 업무수행 중에 발생한 사고로 입은 인신손해 및 직업병에 대하여 지급한다(SSA. 제50조 제1항). 따라서 통상 업무기인성 및 업무수행성 두 가지를 요건으로 한다고 해석하고 있지만, 업무수행 중에 발생한 사고라면 그것을 뒤엎을 수 있는 특별한 사정이 없는 한 업무기인성이 추정된다(제50조 제3항).

그리고 사고가 아닌 일정한 근로에 종사하여 입은 질병에 대하여는 직업병으로 인정함으로써 급여의 대상으로 삼고 있고, 직업병으로 알려진 산업질병 70가지[46)]의 질병 목록을 작성하여 그 목록에 기재되어 있는 질병만을 보상의 대상으로 하는 제한열거 방식을 채택하고 있다.[47)]

그리고 질병이 신체적 또는 정신적 능력의 손실이라고 결정될 때에만 보상하는데, 여기에서 '능력의 손실' 이란 정상적인 삶을 즐길 수 있는 능력의 일부 손상으로 파악한다. 이때 질병에 관한 판단은 피재근로자와 같은 나이, 성별을 가진 정상적인 건강한 사람과 비교함으로써 평가한다.[48)]

---

44) 박찬임 외 3명, 앞의 책, 156.

45) 건설업 등에서 하청계약에 의해 일을 하고 있는 독립자영업자(self-employed)는 제2종 보험료를 납부하고, 제3종 보험료는 임의의 보험료이며, 제4종 보험료는 고소득 자영업자의 보험료이다.

46) 김승택, 『사회안전망체계의 국제비교연구(Ⅰ) -영국-』, 한국노동연구원, 2002, 35쪽.

47) 근로자가 질병에 대한 보상을 청구하기 위해서는 3가지 조건을 충족하여야 하는데, ⓐ 질병이 목록에 있어야 하고, ⓑ 개인은 특정된 업무의 하나에서 보험대상이 되는 일에 종사해 왔어야 하며, ⓒ 질병이 업무의 특성 때문이어야 한다(Peter S. Barth with H. Allan Hunt, op. cit., p.194).

48) Peter S. Barth with H. Allan Hunt, op. cit., p.196.

한편, 통근과정 중의 재해에 관하여는 "사용자가 교통기관의 운행에 관여하고 있는 경우" 등 극히 한정된 범위 이외에는 업무상 재해로 인정하지 않고 있다.[49)]

현행 산재보상제도 아래에서는 산재가 발생한 경우 산재보상과 함께 민사상 손해배상을 청구할 수 있도록 되어 있어, 산재보상 시 손해배상을 할 수 없도록 되어 있는 프랑스, 독일, 미국의 제도와 다르고, 우리나라 및 일본과 유사하다고 볼 수 있다. 그러나 영국의 산재보상제도는 사회보장 체계내로 완전히 통합되어 있기 때문에 우리나라 및 일본과는 다르다고 할 것이다.

5. 미 국

미국을 농업경제에서 산업경제로 변화시킨 산업혁명은 업무와 관련한 재해로 사망하거나 부상 입은 근로자수의 비약적인 증가를 야기하였다. 그러한 상황하에서 종전에 적용해 오던 보통법과 연방사용자책임법(Federal Employers' Liability Act : FELA)[50)]의 한계가 드러나자[51)] 각각의 주(州)정부는 증가하는 산업재해의 문제를 해결하기 위해 근로자보상법의 입법을 검토하기 시작하였다. 그리고 한편으로는 1897년에 제정된 영국의 근로자보상법 영향도 강하게 받고 있었다.

그리하여 미국은 근로자보상제도를 1900년대 초에 처음으로 도입하였다.[52)]

---

49) 박찬임 외 3명, 앞의 책, 163쪽에서 통근 시에 자신이 운전하는 자가용차 혹은 오토바이, 자전거 등으로 인한 통근도상에서의 사고는 통근재해의 대상이 되지 않으나, 외판원이나 세일즈 등의 경우에는 고용계약의 이행으로 자가용차 등을 타고 통근하기 때문에 업무수행성을 인정하고 있다고 한다.

50) 이 법은 직장에서의 부상을 분리된 대상으로 하여 불법행위법을 대체하는 최초의 포괄적인 법령이었고 1908년에 제정되었다(Joseph W. Little / Thomas A. Eaton / Gary R. Smith, Cases and Materials on Workers' Compensation (5th ed.), p.22).

51) George E. Rejda, Social Insurance and Economic Security(5th ed.), Prentice Hall, 1994, pp.305~306 ; FELA는 보통법에 있어서 몇 가지 중요한 불법행위 원칙사항을 수정하였으나 무과실 보상시스템이 아니어서 보상책임이 사용자 과실에 대한 입증에 달려 있었다(Joseph W. Little / Thomas A. Eaton / Gary R. Smith, Cases and Materials on Workers' Compensati.on (5th ed.), p.23).

52) Steven Babitsky / James Mangraviti, op. cit., p.13.

1902년 제정한 「메릴랜드법」(Maryland Cooperative Law)은 소송에 의하지 않고 사용자의 무과실책임에 의한 미국 최초의 근로자보상법으로 통과되었으나, 권력분립의 원칙에 위배된다고 하여 위헌선고를 받았다.[53)]

1909년 몬타나주는 석탄산업의 근로자들을 위해 고안된 미국 최초의 강제적용방식의 「광산근로자보상법」(Miners' Compensation Act, Mont. Laws)을 제정하였으나, 보상과 배상이라는 이중책임의 가능성이 있다는 이유로 위헌선고를 받았다.[54)]

이후 뉴욕주에서 「1910년법」(Labour Laws of 1910)이 제정되었다. 이 법은 영국의 근로자보상법을 참고로 한 것으로서 '업무에 기인하여 또 업무수행 중에 발생한 사고에 의한 상병' 에 대해 사용자의 무과실책임에 기초한 보상을 사용자에게 의무화하였다. 그러나 사용자의 무과실책임은 보통법상 법리적 근거가 없는 것이고 사용자의 자유 및 재산을 주헌법에 위반하여 박탈하는 것이라는 이유로 이 또한 위헌판결을 받았다.[55)]

이에 뉴욕주는 근로자보상에 관한 법을 제정하기 위해 주헌법을 개정하였고,

---

53) Jack B. Hood / Benjamin A. Hardy, Jr. / Harold S. Lewis, Jr., Workers' Compensation and Employee Protection Laws in a Nutshell (4th ed.), p.7에서 이 법은 단지 근로자가 사망한 경우에만 적용하여 제한된 수의 근로자에게만 보상되었는데, 1904년의 Franklin v. United Railways and Electric Co. 사건에서 당사자로부터 배심재판을 받을 권리를 빼앗은 채 개최되었고, 행정부하에 있는 보험장관이 사법기능을 수행하여 권력분립의 원칙에 위배된다는 이유로 위헌선고가 되었다고 한다.

54) Jack B. Hood / Benjamin A. Hardy, Jr. / Harold S. Lewis, Jr., Workers' Compensation and Employee Protection Laws in a Nutshell (4th ed.), p.8에서 사용자와 근로자는 주기금에 기부할 것이 요구되었고, 피재근로자나 유족은 법에 따라 고소하거나 기금에서 보상받을 것을 선택할 수 있었는데, 1911년 Cunningham v. Northwestern Improvement Co. 사건에서 사용자에게 법의 평등한 보호가 부인되고 이중책임의 가능성이 있다고 하여 위헌판결이 되었다고 한다.

55) Wainwright Commission에서 헌법적 견지로 두 가지 법령을 제안하였는데, 하나는 특별히 위험한 고용과 관련되었을 때 사용자와 근로자에 대한 것이었고, 다른 법령은 특히 위험한 업무범위 밖에서의 고용과 관련된 임의적 법령이었다. 1910년에 강제적이고 임의적인 법령이 통과되었는데, 임의법은 사용자의 무관심을 받았고, 강제법은 1911년의 Ives v. South Buffaio Railway 사건에서 위헌으로 선고되었다고 한다(Jack B. Hood / Benjamin A. Hardy, Jr. / Harold S. Lewis, Jr., Workers' Compensation and Employee Protection Laws in a Nutshell (4th ed.), p.9.

이후 1913년에 제정된 근로자보상법은 피혁, 봉제공장, 채석장 등을 포함한 42가지 직종에 대해 강제적용방식을 채택하였는데, 합헌으로 판결받았다.[56)]

그리하여 미국의 근로자보상제도는 1911년부터 제정되기 시작해 1963년 하와이주를 마지막으로 51개(워싱턴 D.C 포함)의 모든 주가 근로자보상법을 갖추게 되었고, 이를 중심으로 운영되어 왔다.

도입초기 산재보상제도가 연방근로자, 해안 및 항만근로자, 각 주별 근로자보상법의 3가지 체계로 도입되었기 때문에 현재 운영되는 산재보험제도도 일반근로자를 대상으로 하는 각 주별 근로자보상제도, 공무원에게 적용하는 연방근로자 보상제도, 해안 및 항만근로자를 위한 보상제도로 분리되어 있다.

미국의 근로자보상법은 미국에서 발전한 최초의 사회보험 방식이나,[57)] 각 주별 산재보험제도, 연방근로자 산재보험제도, 해안 및 항만근로자 산재보험제도는 각기 적용기준, 급여수준, 관리운영 체계상의 차이가 있고, 각각의 독특성을 유지하며 발전해 왔다. 따라서 동일한 산업재해를 당한 근로자라 하더라도 그 근로자가 받을 수 있는 산재보험의 성격이 무엇이며, 어느 주에 살고 있는지에 따라 실제로 받을 수 있는 보상의 절차, 내용, 급여의 수준이 달라진다. 이는 포괄적 사회보험 형태를 취하고 있는 대부분의 다른 나라들과 달리 보험에 의해 사적으로 기금이 충당되는 제도이기 때문이다.[58)]

먼저 1908년 제정되고 1916년 현행법으로 개정된 「연방근로자보상법」(Federal Employees' Compensation Act : FECA)은 모든 연방근로자와 그 유족에게 '의무수행 중에 입은 개인적 부상(personal injury sustained while in the performance of duty)' 에서 비롯된 장해나 사망에 대해 보상할 것을 규정하고 있다. 그러나 연

56) 1917년 그 강제입법은 아이오와(Iowa)주의 선택적 입법형태 및 워싱턴(Washington)주의 배타적 주기금 입법형태 등과 함께 연방대법원에 의하여 합헌으로 판결되었고, 이후 산재보상제도는 다른 어느 법 분야보다도 급속히 미국 내에서 확산되고 발전하여 왔다(오종한, "미국 산재보상제도의 역사적 전개와 현황", 『노동법 연구』, 제4호, 서울대학교 노동법연구회, 1994, 184~185쪽).

57) Price V. Fishback / Shawn Everett Kantor, A Prelude to the Welfare State : The Origins of Workers' Compensation, The University of Chicago Press, 2000, p.197.

58) 김소영, "미국의 근로자 재해보상제도의 보상책임 구조와 업무상 재해의 요건", 『노동법학』제18호, 2004, 196쪽.

방근로자가 연방근로자보상법에 의하여 재해보상을 받은 경우에는 정부를 상대로 하는 다른 모든 청구는 일체 인정되지 않는다.

그리고 1927년에 제정된 「해안 및 항만근로자 보상법」(Longshore and Harbor Workers' Compensation Act : LHWCA)은 1972년과 1984년에 대폭적인 개정을 거쳐 현재는 선장과 승무원을 제외한 모든 부두 및 항만근로자를 위한 근로자보상법으로 기능하고 있다.[59)]

한편, 1969년 「연방탄광 보건안전법」(Federal Coal Mine Health and Safety Act)의 제정에 의해 진폐증에 걸렸거나 그로 인해 사망한 근로자를 위한 보상 프로그램이 실시되었는데, 이는 특정 직업병의 보상을 연방법이 최초로 인정한 것이다.

현재 뉴저지와 텍사스주를 제외[60)]한 미국의 모든 주에서 산재보험제도에의 가입을 법으로 의무화하고 있다. 이들 주에서는 자영업자, 소규모 사업의 동업자, 기업의 임원, 농민 등을 제외한 거의 모든 고용주는 산재보험제도에 가입하여야 한다. 고용주가 가입할 수 있는 보험의 종류에는 크게 주정부 산재보험 기구에의 가입, 민영보험 회사에의 산재보험 가입, 자가보험(self-insurance) 운영의 세 가지이나, 실제 시행에서는 하나만이 독점적으로 실시될 수 있으며, 두세 가지 방안이 동시에 실시될 수도 있다.[61)]

미국의 51주 근로자보상법[62)] 중에서 가장 주목할 만한 법률은 플로리다주의 근로자보상법이다. 1979년 플로리다주 의회는 과도한 보상과 적체된 소송

---

59) LHWCA는 1972년 개정 시 선장이나 승무원을 제외한 해안근로자, 항구근로자, 선박수리원, 조선근로자 또는 선박해체원 등 해사업무에 종사하는 모든 사람에게 적용되도록 인적범위가 확대되었다(Victoria L.C. Holstein, "The Overlap Preclusion Trap Between the Jones Act and the Longshore and Harbor Workers' Compensation Act", Tulane Law Review, Vol. 76 No. 3, 2002, p.789).

60) Richard J. Butler, "미국의 근로자 산재보상제도", 『21세기 산재보험 발전방향』, 노동부 · 한국노동연구원, 2002, 65쪽에서 뉴저지주에서는 근로자 산재보상제도를 선택하지 않은 사업주가 거의 없는 반면, 텍사스주의 경우 40%에 달하는 사업주(대부분 소규모 사업주)가 산재보상제도를 선택하지 않았다고 한다.

61) 박찬임 외 3명, 앞의 책, 177쪽.

62) 미국은 50개주의 근로자보상법들과 워싱턴 특별행정주의 근로자보상법들에 의거하여 지급하고 있다(김호경, 『산재보험과 사회안전망』, 한국노동연구원, 2002, 66쪽).

의 문제점을 보완하기 위해 근로자보상개혁법(Workers' Compensation Reform Act : WCRA)을 제정하였고,[63] 이 법은 다른 주의 입법에 지대한 영향을 끼쳤다.

미국은 주별로 산재보상 프로그램을 가지고 있는 국가 중 하나로서 매우 다양한 체계를 가지고 있고, 실질적으로 강제적용방식이며 산재보상청구권과 손해배상청구권의 경합을 인정하지 않는다는 점에 특색이 있다.[64]

산재보상의 대상이 되기 위해서는 일반적으로 그 재해가 '고용과정에서(in the course of employment)' 또한 '고용에서 발생하는(arising out of employment)' 것이 요구된다.[65] 전자의 요건은 이른바 업무수행성이고 후자의 요건은 업무기인성이라고 할 것이다. 그런데 플로리다주는 '업무에 기인하여'를 재정의함으로써 그 개념을 확장하였는데, 그것은 직업원인과 관련되는 것이고, 부상이나 사망이 작업 중이거나 고용의 범위 내라면 부상이나 사망의 주요한 기여원인이라고 하였다. 그리고 업무가 둘 또는 그 이상 사이에서 주요한 기여원인이 되기 위해서는, 직장에서의 사고가 어떤 다른 원인보다 더 기여할 것을 요구하였다.[66]

한편, 근로자가 자택을 나와 사업장에 도달하기 전과 근로자가 사업장을 떠나 자택으로 돌아갈 때까지 입은 통근재해는 원칙적으로 업무상 재해로 인정하고 있지 않다. 통근도상의 재해는 사용자가 제공한 교통수단을 이용하거나 특별한 임무를 위한 출근 등의 예외적인 사정이 없는 한 '고용과정'으로 보고 있지 않기 때문이다.[67]

---

63) Jack B. Hood / Benjamin A. Hardy, Jr. / Harold S. Lewis, Jr., Workers' Compensation and Employee Protection Laws in a Nutshell (4th ed.), p.10~11.

64) 따라서 산재보상 혜택은 과실과 관계없이 지급되나 근로자가 사용자를 불법행위로 제소하기 위한 권리는 포기하도록 강요받았다(Steven Babitsky / James Mangraviti, Litigating Stress Cases in Workers' Compensation, op. cit., p.13) ; Joseph W. Little / Thomas A. Eaton / Gary R. Smith, Cases and Materials on Workers' Compensation (5th ed.), p.145.

65) Joseph W. Little / Thomas A. Eaton / Gary R. Smith, Cases and Materials on Workers' Compensation (5th ed.), p.146.

66) Joseph W. Little / Thomas A. Eaton / Gary R. Smith, Cases and Materials on Workers' Compensation (5th ed.), p.206.

67) 이승길, 『미국의 노동법제』, 한국경영자총협회, 2005, 290쪽.

결론적으로 미국은 근로자보상법과 그 체계가 기초로 하고 있는 무과실책임 원칙의 존재를 정당화하기 위해 법적·경제적 이론인 직업적 위험이론, 최소의 사회적 비용이론, 사회적 타협이론을 사용하였다.[68]

연방의 근로자보상법과 주의 근로자보상법 사이에 차이가 존재하고 있고, 각각의 근로자보상법이 독자성을 유지하며 산업재해를 입은 근로자들을 위해 보상법의 운영과 급여체계를 운영하고 있어, 동일한 산업재해를 입은 근로자들 상호간에도 보상절차와 급여수준이 근로자들이 가입한 보험에 따라 상이하게 지급되고 있는 것이다.

6. 일 본

일본에서의 노동재해보상(이하 '노재보상'이라 한다)은[69] 우선 관영사업부터 시작되었다. 당시 메이지(明治) 정부는 공업육성책의 일환으로 재해를 입은 노동자에게 구휼할 것을 정하였는데, 민간노동자에 대한 사용자의 재해부조제도는 1905년 「광업법」에서 시작되었다.[70]

이후 1907년 「관리직공부조령」에는 '업무'를 행한다든지 '업무상'이라고 하는 용어가 사용되었고, 1911년 「공장법」에 "직공 자신의 중대한 과실로 업무상 부상하거나 질병에 이환 또는 사망한 때에는 공업주가 칙령에서 정한 바에 따라 본인 또는 그 유족에게 부조해야 한다"라고 규정되어 있었다.[71]

노재보상에 관한 공적보험제도의 도입이라고 할 수 있는 것은 공장과 광산을 대상으로 해 1922년에 공포된 「건강보험법」이 최초이다. 다만, 당시의 건강보험법은 업무상 재해만을 대상으로 한 것이 아니라, 업무와 관계없이 피보험자의 상병을 대상으로 하였다. 급여되는 내용도 요양, 상병수당금, 이장료 및 분만비로 재해의 보상전체에 미치는 것이 아니었다. 따라서 재해보상만을

68) George E. Rejda, op. cit., pp.310~311.

69) 일본은 우리나라의 산업재해보상보험법에 대응하는 법으로 '노동자재해보상보험법'이 있고 산업재해를 '노동재해'라는 용어로 사용하고 있다. 따라서 여기에서는 '노재보상' '노재보험' '노동자' 등 가급적 일본에서 사용되는 용어를 그대로 사용하고자 한다.

70) 西村健一郎, 『社會保障法』, 有斐閣, 2005, 325~326쪽.

71) 井上 浩, 『勞災補償法詳說』, 經營書院, 2008, 12쪽.

목적으로 한 것은 1931년 「노동자재해 부조책임보험법」이 최초이며,[72] 이때 「노동자재해부조법」도 함께 제정되었다.

노동자재해 부조책임보험법에서는 노동자재해부조법, 공장법 또는 광업법에 기한 부조책임을 보험화해야 한다고 하며, 노재보험과 다른 재해보상을 행한 사업주가 보험금 수취인으로 되어 있었다. 1941년에는 「노동자연금보험법」이 공포되었고 1944년에 일부 개정되었으며 업무재해에 의한 장해연금, 장해수당금 및 유족연금이 증액되었다.[73]

일본에서 근대적으로 정비된 노재보상제도가 출현한 것은 제2차 세계대전 후인 1947년에 제정된 「노동기준법」 및 「노동자재해보상보험법」(이하 '노재보험법' 이라고 한다)에 있어서이다.[74] 노동기준법은 그 적용범위를 대부분의 사업으로 정하고, 노동자의 업무상 부상, 질병, 장해 또는 사망에 대한 사용자의 보상의무를 정하여 요양보상, 휴업보상, 장해보상, 유족보상, 장의비의 급여를 규정하였다.[75]

노동기준법의 제정당시 업무상의 부상, 질병, 폐질 또는 사망에 대해 신속하면서 적정한 보호를 위해 사용자만의 보험료 갹출에 의해 운영되는 노재보험법도 동시에 제정되었다. 이것은 전쟁 이전의 광업법, 공장법, 노동자재해부조법에 나뉘어 있던 사용자의 보상책임을 일체화한 것뿐만 아니라 보상대상을 대부분 사업의 노동자로 확대하였고, 게다가 건강보험이나 후생연금보험 등 다른 사회보험에서 벗어나 재해보상만을 보험화한 것이었다.[76]

이후 노동기준법은 재해보상과 관련해 개정이 거의 없었던 데 반하여 노재보험법은 수차의 개정이 있었다. 이러한 개정 가운데에서 중요한 것은 1960년 장해보상의 일부에 연금제가 도입됨과 동시에 상병이 치유되지 않은 경우에는 장기보상제도가 신설되고, 1965년에는 중소사업주 등 노동자가 아닌 자의 특별가입제도가 마련되었다는 점이다.

---

72) 井上 浩, 『勞災補償法詳說』, 13~14쪽.
73) 井上 浩, 『勞災補償法詳說』, 13쪽.
74) 西谷 敏 · 萬井隆令, 『勞働法 2 −個別的 勞働關係法−』, 法律文化社, 2005, 304쪽.
75) 山口浩一郎, 『勞災補償の諸問題』, 信山社, 2008, 5쪽.
76) 山口浩一郎, 앞의 책, 5~6쪽.

그리고 1969년에는 일부의 잠정적인 임의적용사업을 제외하고 근로자 1명이라도 사용하고 있는 사업은 전부 당연적용사업으로 함과 동시에 고용보험의 보험료와 노재보험의 보험료 징수를 일원화하였다.

노재보험법은 적용범위의 면에서 노동자를 사용하는 전 사업으로의 노재보험 적용확대, 소규모사업주 등의 특별가입제도, 게다가 속지주의 원칙에 따라 노재보험법의 적용이 배제되고 있는 해외파견자에 대한 특별가입제도의 도입 등을 중요한 내용으로서 들 수 있다.[77] 또한 2007년 개정에서는 2010년부터 선원보험법의 적용자에게도 노재보험법을 적용하는 것으로 되었다.[78]

그리고 급여의 면에서는 상병보상연금의 신설, 유족보상 및 1급 내지 7급까지의 장해보상의 연금화, 슬라이드제의 채용, 급여기초일액의 최저액보장 설정, 일시금 제도의 도입 등을 들 수 있다. 또한 1986년에는 연금인 보험급여와 관련한 급여기초일액에 부여하는 연령계층별의 최저한도액 및 최고한도액이 설정되었는데, 이 연령계층별의 최저한도액 및 최고한도액은 1990년의 개정에 의해 장기요양자의 휴업보상급여 등에 대해서도 설정되었다.[79]

그리고 종래 통근도상의 재해는 원칙적으로 업무상 재해가 아닌 것으로 취급되어 왔으나, 1973년 통근사정의 악화에 따른 동 재해의 증가로 통근도상 재해에 대해서도 업무재해와 같이 보상하는 제도가 노재보험법에 규정되었다.[80] 통근재해는 사용자의 지배관리 밖에서 발생한 것이기 때문에 사용자에게 보상책임을 지우는 것이 적당하지 않지만, 업무와의 관련성을 중시하는 사회적 공평의 견지에서 이에 대한 보험료를 사용자가 부담하게 된 것이다.[81]

1995년에는 법 개정으로 새로운 개호보상 급여가 정해지고, 2000년에는 정기건강진단의 결과 뇌 · 심장질환과 관련되는 일정한 항목에 이상소견이 있다고 판단되는 노동자에 대해서는 뇌 · 심장질환의 발생을 예방하기 위한 '2차

---

77) 西村健一郎, 『社會保障法』, 326쪽.
78) 井上 浩, 『勞災補償法詳說』, 14~15쪽.
79) 西村健一郎, 『社會保障法』, 326~327쪽.
80) 菅野和夫, 『勞働法』, 弘文堂, 2013, 447쪽.
81) 田中清定, 『勞働基準法』, 勞働法令協會, 2006, 312쪽.

건강진단 등 급여' 가 창설되었다.[82]

한편, 현행 노재보험법은 보상대상이 되는 업무재해를 "노동자의 업무상의 부상, 질병, 장해 또는 사망"이라고 규정하고 있다(제7조). 여기에서 '업무상' 이란 노동기준법상의 개념과 일반적으로 같은 것으로 이해되고 있지만, 노재보험의 업무상은 사용자의 개별적 책임의 범위를 넘어 사업주에 공동으로 부담시키는 것이 상당한 것 같은 노동자의 노무수행에 정형적으로 수반하는 위험에 미친다고 보고 있다.[83]

그리고 노동기준법은 제8장(재해보상)에서 업무상 재해를 입은 노동자 또는 그 유족에 대한 사용자의 재해보상책임을 부여하고 있지만,[84] 노재보험법이 원칙적으로 모든 사업에 당연적용되고 노재보험에서 급여가 행해지는 경우에는 사용자는 재해보상책임을 면하는 것으로 되어 있으므로, 노동기준법에 의한 직접보상은 실제로 이루어지지 않고 있다.[85]

노재보험법은 제정당시 노동기준법상의 재해보상과 동일내용 · 동일수준으로 규정되었고,[86] 보험급여에 의한 사용자의 재해보상책임이 면책되기 때문에 노재보험은 노동기준법상 재해보상의 책임보험적 역할을 하고 있다는 견해[87]가 일반적이었다. 그러나 노재보험법이 수차에 걸쳐 개정되면서 국고보조의 도입(1965년), 노동복지사업의 창설(1976년) 등 사용자의 보상책임과는 직접적 관계를 갖지 않는 제도가 차례로 도입돼, 노재보험법이 노동기준법으로부터 현저하게 독립성을 띠게 되었다.[88]

7. 중 국

중국의 산재보험제도는 공상보험제도라고 하며, 노동자가 공상을 당해 잠정

---

82) 西村健一郎, 『社會保障法』, 327쪽.
83) 菅野和夫, 앞의 책, 451쪽.
84) 西谷 敏 · 萬井隆令, 앞의 책, 304쪽.
85) 田中淸定, 앞의 책, 311쪽.
86) 西村健一郎, 『社會保障法』, 326쪽.
87) 荒木誠之, 『社會保障法讀本』, 有斐閣, 2002, 116쪽.
88) 西谷 敏 · 萬井隆令, 앞의 책, 304~305쪽.

적 이나 영구적으로 노동능력을 상실하면 그 일실수입에 대한 보상과 의료간호, 생활배려 조치를 주된 내용으로 한다. 노동자의 직업상해를 보호하기 위해 시행한 공상보험은 중국 정부에서 종래부터 중시하여 온 영역이다.[89)]

건국초기에 처음 마련된 중국의 공상보험제도는 1951년 2월 26일 정무원(政務院)에서 반포하고 1953년 1월 2일에 개정한 「중화인민공화국 노동보험조례」가 있다. 여기에는 주로 양로보험, 의료보험, 공상보험, 출산보험 등의 내용이 포함되었으며, 처음으로 중국의 보험체계를 확립하였다. 그 중 공상보험에 관해서는 상세한 규정을 두었고, 40여 년 동안 일부 내용만 조정하다가 1996년 8월 12일에 노동부에서 「기업직원 공상보험 시행방법」(이하 '시행방법' 이라 한다)을 공포하면서 전면적인 개정이 되었다.[90)]

중국은 1980년대 중반부터의 개혁개방 이후 계획경제체제에서 시장경제체제로 전환하는 과정에서 공상보험제도도 개혁하기 시작하였다. 그리하여 중요한 공상보험제도를 마련하고 고용주가 노동자를 위해 보험료를 지불하는 것으로 공상보험기금을 형성하게 하였으며, 공상으로 인한 사망과 직업병에 걸린 노동자에 대해 보상을 행하도록 하였다. 2003년에는 「공상보험조례」를 반포[91)]하여 2004년 1월 1일부터 시행하고 있다.[92)]

직업병과 관련해서는 1957년 2월 28일 위생부에서 제정 · 공포한 「직업병 범위와 직업병 환자의 처리에 관한 방법규정」을 통해 처음으로 직업병을 공상보험의 보상범위에 포함시켰으며, 노동자의 건강을 해치고 직업성이 강한 중독, 진폐, 피부병 등 14가지의 질병을 직업병 범위에 포함시켰다.[93)]

그 후 1987년 11월 5일 위생부, 노동부, 재정부, 전국총공회는 「직업병 범위와 직업병 환자 처리방법에 관한 규정」을 공포하고, 1988년 1월 1일부터 시행하였다. 여기에는 직업성 중독, 진폐, 물리적 원인으로 인한 직업병, 직업

89) 田小宝等, 『中国社会保障』, 五洲传播出版社, 2006, 56쪽.
90) 王东进, 『中国社会保障制度的改革与发展』, 法律出版社, 2001, 179쪽.
91) 2003.4.27. 国务院令 第375号.
92) 田小宝等, 앞의 책, 56~57쪽.
93) 郭成伟 · 王广彬, 『公平良善之法律规制-中国社会保障法制度探究』, 中国法制出版社, 2003, 223쪽.

성 전염병, 직업성피부병, 직업성 눈병, 직업성 이비인후병, 직업성 종양 기타 직업병 등 9가지 유형의 질병을 직업병의 범위에 포함시켰다.[94]

공상보험제도가 제정된 초기에는 공상보험 혜택을 받을 수 있는 자가 국유기업의 노동자에 한정되었지만, 현재의 공상보험은 모든 노동자를 포함하고 있다. 공상보험조례는 중국 내의 각종기업, 노동자를 고용한 개인 상공업자는 모두 공상보험에 가입하여야 하는 것으로 규정하고 있다. 이 조례에서 가리키는 기업은 중국 내 모든 형태의 기업을 포함한다.[95]

따라서 공상보험의 적용범위에는 주요한 국영, 공사합영(公私合營), 사영 및 합작기업이 경영하는 공장, 광산 및 철도, 운수, 우정통신 업무 등을 포함한다. 적용 대상에는 위의 기업직원을 포함할 뿐만 아니라 실습생, 임시직원과 수습노동자도 포함된다.[96]

애초 공상의 대상은 노동자가 생산이나 업무 중에 업무환경, 근무조건 불량 등의 원인으로 발생한 의외의 사고로 입은 상해를 가리켰지만, 후에 직업병으로 인한 상해로까지 확대하였다. 따라서 공상은 직원이 생산이나 업무 중에 의외의 사고로 입은 상해, 장애, 사망 혹은 직업성 질병을 가리킨다.[97]

여기에서 의외의 사고란 종사하는 업무 혹은 작업의 시간 · 장소와 일정한 관련성이 있어야 하고, 직업병은 종사하는 작업의 환경, 접촉하는 유해물질의 양 · 시간과 관련이 있어야 한다. 중국 정부는 노동자의 합법적인 권익을 보호하고 공상을 입은 노동자의 기본생활을 보장하기 위하여 공상의 범위를 점차 확대하였다. 예를 들면 직업병, 업무상의 돌발적인 질병, 전쟁으로 장애가 된 군인이 기업에 취직한 후 상처가 재발된 경우 등을 모두 공상으로 취급한다.[98]

공상인정을 규정하고 있는 공상보험조례 제3장 제14조(공상의 유형)는 ① 업무

---

94) 王东进, 앞의 책, 180~181쪽.

95) 중국은 소유제 구조에 따라 국유기업, 집단소유제기업, 사영기업, 국외기업으로 나눌 수 있고, 지역에 따라 도시 · 향진기업(鄕鎭企業), 국외기업 등으로 나누며, 기업의 구조에 따라 회사, 조합 그리고 개인기업으로 나뉘어진다(田小宝等, 앞의 책, 58쪽).

96) 王东进, 앞의 책, 179쪽.

97) 郭成伟 · 王广彬, 앞의 책, 215쪽.

98) 田小宝等, 앞의 책, 62쪽.

시간과 사업장 내에서 업무로 사고가 발생하여 상해를 입은 경우, ② 업무시간 전후에 사업장 내에서 업무와 관련한 준비 혹은 마무리 작업을 하던 중 사고가 발생하여 상해를 입은 경우, ③ 업무시간과 사업장 내에서 업무직책을 이행하는 과정에서 폭력 등 의외의 상해를 입은 경우, ④ 직업병에 걸린 경우, ⑤ 외근시간에 업무원인으로 인해 상해를 입었거나 사고가 발생하여 생사가 불명한 경우, ⑥ 출퇴근 도중에 교통사고를 당한 경우, ⑦ 법률, 행정법규에 규정되어 기타 공상으로 인정하여야 하는 경우이다.[99]

그리고 제15조(공상으로 간주하는 경우)에서 ① 업무시간과 사업장 내에서 돌발질병으로 인해 사망하거나 48시간 이내에 긴급구조를 하였지만 사망한 경우, ② 재난방지 등 국가이익과 공공이익을 수호하다가 상해를 입은 경우, ③ 직원이 퇴역군인인 경우로 전쟁이나 공공이익을 위해 부상을 당하고 장애인으로 판정되었으며 이미 혁명군인 장애인증을 받았으나 현 직장에서 상처가 재발한 경우에는 공상으로 인정해야 한다고 정하고 있다.[100]

한편, 시행방법 제8조에서는 직원에게 다음의 상황이 발생하여 부상을 입거나 장애 또는 사망한 경우에는 공상으로 인정한다고 하며 10호에 걸쳐 열거하고 있다.[101] 다만, 제9조에서 직원에게 다음의 상황이 발생하여 부상을 입거나

---

99) 工伤办案常用手册编写组,『工伤办案常用手册』, 中国法制出版社, 2006, 3쪽.

100) 그러나 제16조(공상에 포함되지 않는 경우)에 의해 ① 범죄 혹은 치안관리 조례를 위반하여 사상한 경우, ② 음주로 인하여 사상한 경우, ③ 자해하거나 자살한 경우에는 공상으로 인정되지 아니한다(工伤办案常用手册编写组, 앞의 책, 3~4쪽).

101) ① 회사의 일상적인 생산업무 혹은 회사의 책임자가 임시로 지시한 임무를 수행함에 돌발상황이 발생하거나 비록 회사 책임자의 지시가 없었지만 회사의 중대한 이익에 관련되는 업무에 참여한 경우, ② 회사 책임자의 배치 혹은 동의를 거쳐 회사와 관련이 있는 과학실험, 발명창조와 기술개발 업무에 참여한 경우, ③ 생산업무 환경에서 직업과 관련된 유해성 요인으로 직업병에 걸린 경우, ④ 생산업무 시간과 장소 내에서 불안한 요소로 의외의 상해를 입은 경우, 그리고 업무원인으로 돌발질병을 초래하였거나 사망 혹은 첫 번째 구급치료를 받은 후 노동능력을 모두 상실한 경우, ⑤ 임무수행 중 신체손해를 입은 경우, ⑥ 긴급구조, 재해방지, 인명구조 등 국가 · 사회와 공공이익을 위한 활동에 참여한 경우, ⑦ 공적인 원인이나 전쟁으로 장애인이 된 군인이 제대하여 기업에 취직한 후 상처가 재발한 경우, ⑧ 공적사유로 출장하였을 때 업무원인으로 교통사고 혹은 외외사고를 당해 상해나 실종된 경우, 혹은 돌발성질병으로 사망하였거나 첫 번째 구급치료를 받은 후 노동능력을 모두 상실한 경우, ⑨ 규정된 출퇴근 시간과 반드시 지나가야 하는 도로에서 본인의 무과실이거나 본인의 주요한 과실이 아닌 도로교통 사고가

장애 또는 사망한 경우에는 공상으로 인정하지 않는다고 6호에 걸쳐 열거하고 있다.[102)]

공상신청 후 공상으로 인정되면 공상대우를 행하게 되는데,[103)] 대우로는 다음과 같이 공상의료대우, 장애대우, 사망대우가 있다.[104)]

먼저 '상해'에 대한 보험이다. 노동자가 생산과정에서 불의의 사고를 당해 장기(臟器) 혹은 생리기능이 상해를 입은 경우로 장기의 손상과 직업병을 포함한다. 그리고 상해는 잠정적 · 부분적인 노동능력의 상실로서, 공상보험은 공상치료기간 동안 의료급여와 잠정적 상해보조금을 지급한다.

다음으로 '장애'에 대한 보험이다. 이는 노동자가 공상을 입었거나 직업병에 걸린 경우에 비록 치료를 거쳤지만 완전히 회복하지 못하여 신체와 지력이 일부분 또는 전부 상실된 경우에 지급한다. 장애대우에는 장애보조금, 간병료, 보조기구비, 전지(轉地)정착 보조비, 1회성 장애보조금이 있다.

마지막으로 '사망' 보험이다. 노동자가 업무로 인해 사망한 후 그가 부양하던 유족에게 물질적 도움을 주는 것으로서 장례보조금, 부양친족 위자료, 1회성 공상사망 보조금이 지급된다.

그리고 공상예방과 공상재활은 공상보험제도의 중요한 내용으로 공상과 직업병의 예방사업을 적극적으로 진행하고 있다. 또 직업재활사업을 추진하여 공상재활, 심리재활, 직업훈련, 취업지도를 하는 등 공상을 입은 노동자가 공상으로 인한 신체와 심리장애를 극복하고 건강과 직업능력을 회복하여 직장에 다시 돌아갈 수 있도록 도와주고 있다.[105)]

발생한 경우, ⑩ 법률, 법규가 규정한 기타 경우이다(黄乐平,『最新工伤处理操作实务-工伤职工权益保护指南』, 法律出版社, 2004, 15~16쪽).

102) ① 범죄 혹은 위법한 경우, ② 자살 혹은 자해, ③ 구타, ④ 주정, ⑤ 고의로 법규를 위반한 경우, ⑥ 법률, 법규가 규정한 기타 경우이다(黄乐平, 앞의 책, 17쪽).

103) 기업은 공상사고가 발생한 날 혹은 직업병 진단을 받은 날로부터 15일 이내에 당해 노동행정 부서에 공상보고서를 제출하여야 하고, 공상을 입은 노동자나 그 친족은 공상사고 발생일 혹은 직업병 진단을 받은 일로부터 15일 이내에 당해 노동행정 부서에 공상보험 대우를 신청하여야 한다(郭成伟,『中国社会保障法学』, 中国法制出版社° 2001, 299~300쪽).

104) 田小宝等, 앞의 책, 64~67쪽 참고 ; 郭成伟 · 王广彬, 앞의 책, 218쪽.

105) 田小宝等, 앞의 책, 68~69쪽.

제2절 우리나라의 산재보상제도

산업재해는 노동관계에 내재하는 위험이 현실화한 것으로서 피재근로자와 그 유족의 생존을 위협하는 재해이다. 따라서 산업재해는 사전에 예방하는 것이 중요하지만, 재해 발생 시 피재근로자 측의 생존권을 보장하기 위하여 사후구제제도로서 산재보상제도가 확립되어야 하는 것도 매우 중요한 것이다. 우리나라의 산재보상제도는 근로기준법에서 피재근로자에 대한 사용자의 직접보상책임을 규정한 재해보상제도와 산재보험법에서 국가에 의한 사회보험방식을 규정한 산재보험제도가 있다.

Ⅰ. 근로기준법상 재해보상제도

1. 재해보상제도의 도입[106)]

가. 일제시대

우리나라는 1800년대 말 외국에 문호가 개방된 이후 광업과 소규모 제조업을 중심으로 산업화가 진행되는 과정에서 산업재해가 자주 발생하였다. 그리하여 재해를 당한 근로자에 대한 보상 문제가 거론되기 시작하였는데, 그 당시에는 고용주가 어떻게 얼마만큼 도와줄 것인가를 미리 정하였기 때문에 재해를 당한 근로자는 고용주에게 의지할 수밖에 없었다.

이후 일제 식민지 치하에서 조선인 근로자들의 산업재해에 대한 구제는 고용주(대부분 일본인)의 구휼 · 부조 외에는 별다른 방도가 없었으나, 당시의 지배적 산업으로서 산업재해율이 높았던 광업 근로자에 대해서는 약간의 제도적인 관심을 표명한 사례가 있다. 즉, 1915년에 제정된 「조선광업령」에서 "조선총

106) 재해보상제도의 도입과 후술하는 산재보험제도의 변천에 관한 내용은 노동부에서 발간한 『산재보험 40년사』 (2004년)와 『2011년도 산재보험 사업연보』 (2012년)를 주로 참고하였다.

독은 광업권자로 하여금 광부의 보호취체에 대한 규정은 인가를 받도록 할 수 있다"라는 규정이 그것이다.

그런데 일반 근로자에 대하여는 이러한 규정조차 찾아볼 수 없었으며, 다만 일본인이 다수 종사하는 공공부문인 전매, 체신, 철도 등에 대해서만 1922년도부터 정부의 보조금이 따르는 공제제도로서 산업재해에 대한 부조사항이 포함되었을 뿐이다.

이후 1938년 조선광업령의 개정에 따라 광업권자는 조선총독이 정하는 바에 따라 광부의 업무상 부상, 질병, 폐질 또는 사망에 대해 수급권자에게 부조해야 한다는 조항이 신설된 「조선광부 부조규칙」이 시행되었다.

이 부조규칙은 광부를 상시 50명 이상 사용하여 하루 10시간 이상 작업을 행하는 광산에서 광부가 업무상 재해를 입었을 때는 광업권자는 자기 비용으로 치료비, 휴업부조료, 장해부조료, 유족부조료와 장제비를 지급하도록 하였는데, 이것이 일제하에서 일반 근로자를 대상으로 하는 유일한 부조제도였다.

나. 해방 이후

해방 후 미군정시대에는 자유민주주의에 바탕을 둔 자본주의가 도입되면서 산업재해에 대한 재해보상은 노사간의 단체협약에 의존하게 되었다. 구체적으로 1946년 미군정청은 군정법령 제97호 「노동문제에 관한 공공정책 공포 및 노동부 설치」를 공포하였고, 제1조 정책선포의 '다' 목에서 "고용주와 노동조합 간에 합의된 노임, 근로시간 및 기타 고용조건을 명기한 평화협정을 장려할 것"이라고 규정하여, 재해보상에 대해 기타 고용조건의 하나로서 단체협약에 정하도록 장려하였다.[107)]

그런데 이 법령은 미조직 사업체 특히 중소 · 영세기업체에 속한 근로자의 보상 문제에 대해서는 한계가 있었다. 하지만 당시의 상황에서 노동조합이 체결한 단체협약을 통한 재해보상은 그 자체만으로도 큰 의의가 있었고, 이는 이후의 산업사회에 대해서 적지 않은 영향을 주었다.

---

107) 오선균, "산재보험법 40년 법제사", 『산재보험의 과거, 현재 그리고 미래』, 근로복지공단, 2004, 246쪽.

정부수립 이후 1948년의 건국헌법은 제17조에서 "근로조건의 기준은 법률로서 정한다"라고 규정하고, 제18조에서는 근로자의 근로 3권을 보장하여 근로자의 생존권 보장을 기조로 하는 노동법 이념이 등장하였다. 그리하여 단체협약에 의한 산재보상제도로서 1949년에 갹출금 선납주의에 의한 재해보상기금 설치를 내용으로 하는 후생협약이 부산부두 노동조합과 부산하역협회 사이에 체결되었고, 이에 근거하여 부산부두노동자 후생협회가 설립되었다. 그리고 그 기금에서 산업재해를 당한 부산의 부두 근로자들에게 산재보상을 실시하는 등 근로자의 산업재해에 대한 보상은 주로 노사간의 단체협약을 통하여 해결되었다.[108]

1953년 비로소 근로기준법이 제정 · 공포되었는데, 이 법은 제8장에서 근로자의 업무상 재해에 대해 사용자의 무과실책임의 기초 위에서 개별 사용자의 책임제도를 확립하였다. 같은 법은 평균임금을 기초로 산정한 정형 · 정률의 금액을 지급하도록 하였으며, 그 수혜대상도 비조직 근로자에게까지 확대시켰다.

특히 이 법은 정부 수립 후 5년 만에 처음으로 제정된 근로자에 대한 종합적인 보호입법으로서, 사용자는 업무상 재해에 대해 일정한 보상을 하도록 규정하였다. 이 보상의무는 사용자의 단순한 은혜나 구휼이 아니고 법률상의 의무인 것이며, 이를 위반할 때에는 벌칙이 적용되었다.

그리고 보상의 주된 내용은 근로자가 업무상 재해를 입었을 경우에 사용자는 요양비, 평균임금의 50%에 해당하는 휴업보상, 신체장해 시에는 장해등급(1급-10급)에 따라 평균임금의 50-1,000일분의 장해보상, 재해로 사망한 경우 평균임금 1,000일분의 유족보상 및 90일분의 장의비를 지급하는 것이었다.

이러한 재해보상 규정은 1953년 근로기준법이 제정된 이래 20년 가까이 개정 없이 적용되어 왔는데, 산재보험법이 1970년 제1차 개정을 통하여 급여수준을 인상하여 재해보상액과의 차이가 발생하자, 보상수준을 맞추기 위하여 근로기준법상 재해보상 규정을 1974년에 제1차로 개정하였다. 그 이후 2008년에 기본적인 주된 내용은 그대로 두고 시행령에 위임할 사항을 신설하는 등

108) 김유성, 『한국사회보장법론』, 법문사, 2002, 296쪽.

전체적으로 조금씩 개정하여 오늘에 이르고 있다.[109)]

2. 재해보상제도의 내용

근로기준법은 헌법 제32조 제3항 "근로조건의 기준은 인간의 존엄성을 보장하도록 법률로 정한다"는 규정이 구체화된 법률이다. 그리고 근로기준법 제78조 이하에는 근로자가 업무상 부상 · 질병에 걸리거나 사망하는 경우 재해에 따라 각각 요양보상 · 휴업보상 · 장해보상 · 유족보상 · 장의비를 피재근로자의 평균임금을 기초로 산정하여 피재근로자 또는 그 유족에게 정형 · 정률의 금액을 보상하도록 정하고 있고, 그 이행을 담보하기 위하여 벌칙규정을 두고 있다.

그러나 근로자가 중대한 과실로 업무상 부상 또는 질병에 걸리고, 사용자가 그 과실에 대하여 노동위원회의 인정을 받으면 휴업보상이나 장해보상을 하지 않아도 된다(법 제81조). 이 경우에도 유족보상과 장의비 및 요양보상에 대하여는 사용자의 책임이 면제되지 않는다.

그리고 이 법은 요양보상을 받는 근로자가 요양을 시작한 지 2년이 지나도 부상 또는 질병이 완치되지 않는 경우, 사용자는 근로자에게 평균임금의 1,340일분의 일시보상을 행하여 그 후의 근로기준법에 따른 모든 보상책임을 면한다고 규정하여(법 제84조), 장기간의 요양 근로자에 대한 사용자의 해고 등 근로기준법상 면책할 수 있는 보상액 기준을 정하고 있다.

이러한 근로기준법상의 모든 보상책임은 노동력 보전의 견지에서 최저근로조건의 일환이고, 그의 규범적 근거는 노동권이며 보상제도는 그 구체화라고 할 것이다. 그리고 이 같은 보상은 산업재해를 기업에 내재하는 위험이 현실화된 것으로 보고, 조업에 의해 이익을 얻는 기업이 산업재해에 대한 책임을 부담해야 한다는 무과실책임의 원칙에 입각하고 있다.

따라서 근로기준법상의 재해보상제도의 특색은 다음과 같다. 첫째, 업무상의 재해에 대해서는 사용자가 무과실책임을 부담한다. 둘째, 업무상의 재해에 대해 사용자가 부담하는 보상의 목적은 훼손한 노동력의 회복과 재해 전의 생

---

109) 2008.3.21 법률 제8960호.

활수준의 유지에 있다. 셋째, 보상의 범위는 피재근로자가 실제로 입었던 실손해의 전부배상이 아니고 평균임금을 기초로 산정하는 정률보상이다. 넷째, 보상의 이행은 사용자의 임의적인 이행에만 맡기는 것이 아니라 업무상 재해의 인정 그 밖에 보상의 실시와 관련하여 이의가 있을 시 노동부장관에게 심사 또는 중재를 청구할 수 있다. 다섯째, 재해보상의 책임은 공법상의 의무로서 감독기관에 의한 행정적 감독을 받고 위반 시 벌칙으로 강제된다는 점에서 사법상의 의무인 손해배상책임과는 다르고, 공법상의 의무라는 점에서 재해보상책임의 사회적 성격이 나타난다. 여섯째, 민법상의 손해배상과의 관계에서는 민사책임을 배제하지 않아서 산업재해에 대해 손해배상책임을 추급할 여지가 남아 있다.[110)]

Ⅱ. 산재보험법상 산재보험제도

1. 산재보험제도의 변천

가. 산재보험법의 제정

노동관계를 규정하는 근로기준법에 재해보상을 규정한 것은 획기적인 것이었으나 사업주가 보상을 제대로 하지 않는 경우가 많았고, 대형사고가 나면 복구비, 보상비 등으로 기업이 도산하는 사례가 있어 실제 재해보상이 제대로 이루어지지 않았다. 이러한 문제 때문에 재해가 발생할 경우, 사업주는 일시적인 비용부담을 덜고 근로자는 확실한 보상을 받을 수 있도록 사업주가 연대하여 책임을 분담하는 보험제도의 도입이 필요하게 되었다.[111)]

우리나라의 경우 1963년 1월 5일 정부가 국민을 위한 사회보장제도로서 의료보험과 산재보험을 발전시킬 것을 공포하였고, 보건사회부 산하의 사회보험심의위원회에서 전문 30조로 된 산재보험법 초안을 만들어 1963년 11월 5일 국가재건최고회의에서 의결함으로써, 1964년 7월 1일부터 사회보험으로서

110) 임종률, 『노동법』, 박영사, 2013, 460쪽 ; 김유성, 『노동법 Ⅰ』, 법문사, 2005, 221쪽 ; 이병태, 『최신 노동법』, 중앙경제, 2007, 893쪽.

111) 고용노동부, 『2011년도 산재보험 사업연보』, 2012, 4쪽.

산재보험을 시행하게 되었다.

산재보험제도가 실시됨으로써 우리나라에서는 사회보험제도가 최초로 도입되었다. 산재보험법은 제1조에서 '사회보장에 관한 법률 및 근로기준법'을 이 법의 근거법률로 규정하여, 산재보험법은 사회보장의 일환과 재해보상의 책임보험으로서 행해지게 되었다.

산재보험법 제정 당시 법의 목적은 근로기준법에서 정한 재해보상을 담보하는 산재보험사업을 행하는 것이었고, 보상수준도 근로기준법에서 정하는 정도였다.

산재보험법 제정 당시의 체제와 그 주요내용은 다음과 같다. 우선 강제적인 사회보험의 형태를 채택하여 보건사회부장관이 이를 관장하도록 하였고, 적용범위는 근로기준법의 적용을 받는 광업과 제조업으로 하고 초년도인 1964년에는 500명 이상의 사업장에만 우선 적용하였으며, 산재보험료는 사용자의 전액부담 원칙을 채택하되 실적요율주의를 취하여 사업주의 공평부담을 도모하였다. 보험급여는 요양 · 휴업 · 장해 · 유족급여 및 장의비와 일시급여의 6종으로 하였으며, 산재보험심의위원회를 두어 보험사업의 중요정책을 심의하게 하였다.[112)]

나. 1970년대 개정

이후 1970년에 제1차 개정[113)]을 통하여 보험사업의 관장 주체를 보건사회부 장관으로부터 노동청장으로 변경하고 금융업, 증권업, 보험업만을 적용대상 업종에서 제외하였다. 또 사망의 추정규정을 신설하고, 요양 · 휴업급여 부지급의 한계일수를 7일 이내로 단축하였으며, 장해급여 지급대상을 확대하고 지급기준을 인상하였다. 이 밖에 장해 · 유족급여를 수급권자 선택에 따라 일

---

112) 김유성, 『한국사회보장법론』, 296쪽 ; 오선균, "산재보험법 40년 법제사", 248쪽.

113) 1970.12.31 법률 제2271호로, 법률안의 주요 제안 이유는 첫째, 업무상 재해를 입은 근로자에 대한 재해보상의 신속 · 공정을 보장하는 동시에 사업주의 위험부담을 경감시키려는 산재보험의 근본이념에 따라 보험급여 사유를 확대한다. 둘째, 장해급여와 유족급여에 대하여는 일시보상 외에 연금제도를 도입하고, 장해등급을 세분화하여 근로자 보호 정책의 장기적인 발전 기초를 마련한다는 것이었다(노동부, 『산재보험 40년사』, 2004, 70~71쪽).

시금 또는 연금 지급이 가능하도록 하였고, 유족특별급여가 신설되었다.

그리고 1973년 제2차 개정[114]에서는 근로자가 요양 중 정당한 지시 위배로 부상이 악화되었을 때에는 보험급여 지급을 제한할 수 있고, 보험급여를 받는 자가 신고 등의 의무를 이행하지 아니한 때에는 보험급여를 일시 중지할 수 있으며, 적용제외 사업에서 금융업, 증권업, 보험업을 삭제하여 다른 산업과 같이 대통령령으로 법의 적용여부를 규정하도록 하였다.

1976년 제3차 개정[115]에서는 일시급여 산정 시 평균임금을 증감하고, 피재근로자 또는 사업주의 중대한 과실로 인한 재해 발생 시에는 보험급여 지급을 제한하되, 보험가입자부터 보험급여를 징수할 수 있는 근거를 마련하고, 보험급여 청구 및 보험료의 징수에 관한 소멸시효 기간을 2년에서 3년으로 연장하였다.

1977년 제4차 개정[116]의 주요내용은 모든 보험급여에 임금변동 순응률제 적용, 최저보상기준제도를 도입해 저임금 근로자의 보험급여 수준 향상, 보험료의 보고 · 납부기간을 60일로 연장, 장해보상연금의 급여수준 인상, 근로자의 중대한 과실에 대한 보험급여 지급제한 규정의 삭제 등이었고, 1981년 4월 8일 정부조직법 개정(법률 제3422호)에 따라 '보건사회부령이 노동부령'으로, '노동청이 노동부'로 개정되었다.

다. 1980년대 개정

그리고 1981년 제5차 개정[117]에서는 장해연금의 선급 및 차액일시금의 지

---

114) 1973.3.13 법률 제2607호로, 법률안의 주요 제안 이유는 산재보험사업에 있어 기업의 부담을 경감시켜 편의를 도모하고 근로자의 요양관리와 보험급여의 적정성을 제고하려는 것이었다(노동부, 『산재보험 40년사』, 94쪽).

115) 1976.12.22 법률 제2912호로, 법률안의 주요 제안 이유는 산재보험의 업무처리 기준을 명백히 하여 사업주와 근로자의 편의를 도모하고 보험사업의 효율적인 운영을 기하기 위한 것이었다(노동부, 『산재보험 40년사』, 99~100쪽).

116) 1977.12.19 법률 제3026호로, 법률안의 주요 제안 이유는 보험급여 수준을 향상시켜 근로자 및 그 유족의 생계를 보호하고, 보험급여 지급사무를 금융기관에 위탁하여 수급권자의 편의를 도모하며, 보험료율 산정기간을 단축함으로써 사업주의 재해예방 노력을 강화하고자 하는 것이었다(노동부, 『산재보험 40년사』, 107쪽).

117) 1981.12.17 법률 제3467호로, 법률안의 주요 제안 이유는 요양 및 휴업급여와 장해급여의 범

급제도 가 신설되고, 요양 · 휴업급여의 지급제한 기간을 7일 이내에서 3일 이내로 단축하는 한편, 장해등급의 제4급 내지 제7급 해당자에게도 연금을 지급할 수 있도록 하였다.

1982년 제6차 개정[118]에서는 2 이상의 건설공사를 하나의 사업으로 일괄적용하고, 진폐 근로자의 평균임금 산정 시 특례를 인정하였으며, 상병보상연금제도를 도입해 2년 이상의 장기간 요양자에게 상병보상연금을 지급하되 상병보상연금 수령 후 3년의 경과 시에는 근로기준법상 일시보상을 지급한 것으로 본다고 규정하였다. 또 유족특별급여의 지급요건을 완화하고 지급액의 계산방법을 개선하였으며, 장해특별급여제도를 신설하였다.

1983년 제7차 개정[119]에서는 사업주의 고의 · 과실에 대한 보험급여 징수제도를 폐지하고, 보험료 등 징수금의 위탁징수제도를 개선하여 기업의 편의를 도모하였으며, 보험료의 초과납부액을 반환 · 충당하는 경우에 이자 지급기산일을 합리적으로 조정하였다.

또 1986년 제8차 개정[120]에서는 보험사무조합에 비영리법인을 추가하여 보험사무운영의 활성화를 도모하고, 보험료율 결정 시 과거 3년간의 재해율에서

위를 확대하고, 일시금보다는 연금을 선택하도록 유도하기 위하여 연금의 선급 및 차액일시금의 지급제도를 신설하여 장해연금 수준을 인상함으로써 피재근로자의 생계보호와 장기적 생활안정을 기하려는 것이었다(노동부, 『산재보험 40년사』, 115쪽).

118) 1982.12.31 법률 제3631호로, 법률안의 주요 제안 이유는 폐질 근로자를 특별히 보호하기 위하여 장기요양을 요하는 폐질 근로자에 대한 상병보상연금제도를 신설하고, 산업재해에 대한 민사상의 손해배상을 신속히 해결하기 위하여 장해특별급여제도를 신설하며, 건설공사의 보험사무 절차를 간소화하려는 것이었다(노동부, 『산재보험 40년사』, 121~122쪽).

119) 1983.12.31 법률 제3713호로, 법률안의 주요 제안 이유는 산업재해 예방조치의 하나로서 재해 발생 원인이 사업주의 고의 또는 중대한 과실로 인한 경우에 노동부 장관이 근로자에게 지급한 보험급여의 일부를 당해 사업주로부터 징수하던 제도를 폐지하여 사업주에 대한 부담을 완화하고, 보험가입 대상 사업장의 증가에 따른 징수업무의 간소화 등을 통하여 산재보험제도의 내실화를 도모하려는 것이었다(노동부, 『산재보험 40년사』, 128쪽).

120) 1986.5.9 법률 제3818호로, 법률안의 주요 제안 이유는 산재보험료율의 결정방식을 개선하여 보험재정의 안정을 꾀하는 한편, 재해 발생의 빈도에 따라 사업장별 보험료 조정률의 폭을 확대하여 사업주의 재해예방 의욕을 높이고, 보험료 체납에 대한 연체금 부담률을 대통령령으로 정하도록 하여 은행 이자율의 변동에 따라 탄력적으로 이를 경감 조정할 수 있도록 하며, 피재근로자와 그 유족의 복지증진을 위한 사업의 범위를 확대하려는 것이었다(노동부, 『산재보험 40년사』, 134~135쪽).

연금 등 보험급여에 필요한 금액도 감안하여 보험재정의 건전화를 꾀하였다. 또 사업장별 보험료율 증감 폭을 30%에서 40%로 확대하여 사업주의 재해예방 의욕을 높였으며, 개산보험료 분할납부 시 공제율을 10%에서 5%로 하향조정하여 보험재정의 충실화를 꾀하도록 변경하였다. 그리고 피재근로자의 유족자녀에 대한 장학사업 등 근로복지사업을 확대하였고, 가벼운 의무위반 행위에 대한 벌칙을 벌금에서 과태료로 전환하였다.

이후 1989년 제9차 개정[121]에서 산재보험법의 적용범위를 모든 사업으로 확대하여 영세사업주도 보험에 가입할 수 있도록 하였고, 동종사업은 일괄적용할 수 있도록 하였다. 그리고 휴업급여의 수준을 평균임금의 60%에서 70%로 상향조정하고, 노동력 완전 상실자에게 장해급여를 일시금 또는 연금 중 선택하도록 하던 것을 장해보상연금만으로 지급하되, 연금의 최초 4년분까지 선급이 가능하도록 하였다. 이 밖에도 유족급여의 일시금을 1,000일분에서 1,300일분으로, 장의비는 90일분에서 120일분으로 각각 상향조정하였다. 또 장해보상일시금은 10%를 상향하되 장해보상연금 · 상병보상연금액은 각각 5% 상향조정하였으며, 2 이상의 사업주가 하나의 사업을 분할하여 행하다가 다른 사업주의 소속 근로자 행위로 재해가 발생한 경우에는 노동부장관이 손해배상청구권을 대위할 수 없도록 하였다.

라. 1990년대 개정

그리고 1993년 제10차 개정[122]은 동일한 사업주가 같은 종류의 사업을 2 이상 행할 시 법의 일괄적용, 임의가입 사업장의 보험관계 성립일 변경, 상병보상연금 수급자에 대한 최저보상기준의 적용제외, 요양급여의 산정기준 및

---

121) 1989.4.1 법률 제4111호로, 모든 사업에 소요되는 비용을 국고에서 지원할 수 있도록 하여 보험재정의 건전성을 확보할 수 있는 제도적 장치를 마련하고, 보험급여를 현실에 맞게 상향 조정하여 피재근로자 및 그 유족에 대한 보호를 강화하려는 것이었다(노동부, 『산재보험 40년사』, 146쪽).

122) 1993.12.27 법률 제4641호로, 법률안의 주요 제안 이유는 건설재해를 효율적으로 예방하기 위하여 건설공사의 재해 발생 정도에 따라 보험료를 차등 부과하고, 법인세법상의 결산 확정일을 고려하여 보험료 납부기한을 연장해 사업주의 부담을 완화하는 등 현행 제도의 운영상 나타난 일부 미비점을 개선 · 완화하려는 것이었다(노동부, 『산재보험 40년사』, 153쪽).

요양보상 관계의 변경, 장해 또는 유족보상연금 차액일시금의 산정방식 변경, 상병보상연금의 지급 확대, 개산보험료 및 확정보험료의 보고 · 납부기간을 60일 이내에서 70일 이내로 연장, 건설공사의 재해 발생 정도에 따라 보험료의 차등부과 및 보험급여 청구에 있어 사업주의 조력의무를 그 내용으로 하였다.

특히 1994년의 제11차 개정[123]은 정부가 직접 관리 · 운영하던 산재보험에 관한 일선업무를 외부에 위탁하는 내용을 담았다. 이에 따라 근로복지공사를 비수익적 성격을 가진 근로복지공단으로 개편하여 산재보험 업무의 전문성과 효율성을 확보하고, 「산업재해보상보험 특별회계법」과 「산업재해보상보험 업무 및 심사에 관한 법률」을 통합 · 정비함으로써 산재보험 업무의 효율화를 촉진하였다.[124]

그리고 1997년에 제12차 개정[125]에서는 현장 실습생과 해외에 진출한 근로자에게도 산재보험의 적용을 확대하여 사회보험으로서의 기능을 강화하고, 연체금 징수와 연금 지급방법 등 그동안 시행과정에서 나타난 미비점을 보완하였다. 이 밖에도 제12차 개정에서는 심사 및 재심사 기간을 60일에서 90일로 연장하고 보험료율의 특례에서 증감폭을 40%에서 50%로 확대하였으며, 연체금 징수의 상한제를 도입하였다.

1999년 제13차 개정[126]은 정부출연 · 위탁기관 경영혁신 추진계획에 따라 산재보험 업무를 수행하고 있는 근로복지공단의 이사 중 상임이사를 감축하기 위한 개정이었다.

또 1999년 제14차 개정[127]에서는 보험급여액이 피재근로자 사이에 상대적으로 많은 격차를 보이고 있으므로 보험급여의 최고보상기준제도를 도입해 급여수준의 형평성을 제고하여 산재보험의 소득재분배 기능을 강화하였다. 그리고 65세 이상 고령자의 휴업급여 · 상병보상연금을 5% 감액하는 제도를 도입

---

123) 1994.12.22 법률 제4826호.
124) 김유성, 『한국사회보장법론』, 297쪽.
125) 1997.8.28 법률 제5396호.
126) 1999.2.8 법률 제5881호.
127) 1999.12.31 법률 제6100호.

하였으며, 유족급여는 연금으로 지급하도록 의무화하고 대신 반액일시금제도를 도입하였다. 또 장의비 최고 · 최저금액제도를 도입하고, 간병급여를 신설하였다.[128)]

마. 2000년대 개정

그리고 2000년 7월 1일부터 상시 근로자를 1명 이상 사용하는 사업장에도 산재보험을 적용할 수 있는 근거를 마련하였고,[129)] 사실상 근로에 종사함으로써 근로자와 같이 재해의 위험에 노출된 중 · 소기업 사업주를 보호하기 위하여 2001년 7월 1일부터는 중 · 소기업 사업주에 대한 특례제도를 신설하였다. 그리하여 일부 적용예외 사업장을 제외하고는 사실상 모든 사업장이 산재보험이라는 사회안전망에 포섭되었다.

또한 제14차 개정은 노동능력이 일반 근로자보다 낮다고 판단되고 취업활동이 거의 이루어지지 않는다고 인정되는 65세 이상의 고령자에 대해 2001년부터 휴업급여의 5%를 감액하여 평균임금의 65%를 지급하도록 하여 근로자의 노동능력에 상응하는 휴업급여가 지급될 수 있도록 하였다. 그리고 그동안 행정소송 등에서 업무상 재해의 인정기준과 관련하여 법적 근거가 없다는 이유로 근로자의 패소율이 증대하였는데, 법적 기속력을 강화하고 업무상 재해의 인정과 관련한 행정의 신뢰성을 제고하기 위하여 "업무상 재해 인정기준에 관하여는 노동부령으로 정한다"는 근거규정을 법률에 두었다.[130)]

이후 2003년 제15차 개정[131)]은 산재보험과 고용보험의 보험료를 통합징수하기 위한 「고용보험 및 산업재해보상보험의 보험료 징수 등에 관한 법률」(이하 '보험료 징수법'이라 한다)의 제정과 관련하여, 산재보험법에서 규정하고 있는 산재보험의 성립, 소멸 및 보험료 징수 등에 관한 규정을 삭제하는 등 관련규정

---

128) 고용노동부, 『2011년도 산재보험 사업연보』, 9쪽.
129) 산재보험법은 농업 · 임업(벌목업 제외) · 어업 · 수렵업 등 일부 업종을 제외한 모든 업종에서 상시 근로자 1명 이상 사업장으로 확대 적용하고, 건설공사는 총공사금액이 2,000만원 이상으로 규정하였다(노동부, 『2007년도 산재보험사업연보』, 2008, 7쪽).
130) 노동부, 『산재보험 40년사』, 224~225쪽.
131) 2003.12.31 법률 제7049호.

을 정비하였다.

그리고 2004년 제16차 개정[132]은 근로자를 사용하지 아니하는 중 · 소기업 사업주도 산재보험에 임의 가입할 수 있도록 하였고,[133] 산재보험 및 예방기금 지출예산 총액의 100분의 5 이상을 산업안전보건법에 의한 재해예방 사업의 용도로 계상하였던 것을 100분의 8 이상으로 계상하도록 하는 등 당시 제도의 운영과정에서 나타난 일부 미비점을 개선 · 보완하였다.

2005년부터는 여객 · 화물운송 사업에 종사하는 자영업자를 중 · 소기업 사업주로 간주함으로써 산재보험의 혜택을 받을 수 있게 하였고, 농업 · 임업(벌목업 제외) · 어업 · 수렵업 중 법인에 대해서는 5명 미만 사업장까지 산재보험법의 적용을 확대하였으며, 건설면허를 가지고 있는 사업장이 시공하는 모든 건설공사에 대하여도 산재보험법을 확대 적용하였다.

이후 2007년 4월에 제17차 전부개정[134]을 거쳐, 같은 해 12월에 제18차의 전부개정[135]이 있었다. 제18차 개정 시 평균임금은 일률적으로 매년 전체 근로자의 임금 평균액의 변동률에 따라 증감하되, 근로자의 연령이 60세에 도달한 이후에는 소비자물가의 변동률에 따라 증감하도록 하고, 최고보상기준 금액은 전체 근로자의 임금 평균액의 1.8배, 최저보상기준 금액은 전체근로자의 임금 평균액의 2분의 1 수준으로 개선하였다. 또 그동안 업무상 재해 개념에 대하여 지나치게 포괄적으로 정하고 있어 포괄위임의 논란이 있었던 업무상 재해 인정기준을 업무상 사고와 업무상 질병으로 구분하여 명시함으로써

---

132) 2004.1.29 법률 제7155호.

133) 노동부, 『산재보험 40년사』, 249쪽에서 근로자를 사용하지 않는 자영업자도 산재보험에 임의가입할 수 있는 법적근거를 마련한 것은, 중소기업 사업주의 경우 사실상 근로에 종사하는 경우가 많은 점을 감안하여 특례규정으로 근로자를 사용하는 사업주만(50명 미만 근로자를 사용하는 사업주만 해당) 산재보험 임의가입이 가능하도록 되어 있었으나, 근로자를 사용하지 않은 자영업자는 중소기업 사업주보다 경제력이 상대적으로 취약하다는 점과 재해위험에 더 노출될 수 있다는 점을 감안하여 가입을 허용하게 되었다고 한다.

134) 2007.4.11 법률 제8373호로, 개정이유는 법 문장의 용어 등이 어려워 이해하기 힘든 경우가 많고 문장구조도 어문 규범에 맞지 않아 국민의 일상적인 언어생활과 거리가 있다는 지적에 따라, 법적 간결성 · 함축성과 조화를 이루는 범위에서 법 문장의 표기를 한글화하고 어려운 용어를 쉬운 우리말로 풀어쓰며 복잡한 문장은 체계를 정리하여 쉽고 간결하게 다듬는 것이었다.

135) 전부개정 2007.12.14 법률 제8694호.

업무상 재해의 인정기준을 둘러싼 논란을 해소코자 하였다. 특히 근로자와 유사하게 노무를 제공하고 있는 보험설계사 등의 특수형태근로종사자에게도 산재보험을 확대 적용하였다. 그 밖에도 부분휴업급여제도의 도입, 저소득 근로자 휴업급여 수준의 상향 조정, 장해등급 재판정제도 도입, 직업재활급여제도의 신설, 간병급여 지급대상 확대 등이 있다.

이후에도 2009년 제19차 일부개정[136]이 있었고, 같은 해 제20차 일부개정[137]이 있었다.

바. 2010년대 개정

2010년에 제21차 일부개정[138]이 있은 후, 같은 해 제22차 일부개정[139] 시 진폐에 대한 보상금의 종류를 진폐보상연금 및 진폐유족연금으로 변경하고, 보험급여 등을 부당하게 지급받은 자를 신고한 사람에 대한 포상금 지급 근거를 마련하였다.

2012년 제23차 일부개정[140]에서 성차별적 요소를 없애기 위해 유족보상연금 수급자격자의 범위에서 남자배우자에 대한 연령제한을 삭제하고, 유족의 생활안정을 도모하기 위해 자녀 또는 손자녀 등에 대한 유족보상연금 수급자격자 연령범위를 18세 미만에서 19세 미만까지로 연장하여, 현재에 이르고 있다.

이상의 23차[141]에 걸친 변천사를 보면 산재보험법은 제정된 이래 50년 동안

---

136) 2009.1.7 법률 제9338호. 그동안의 양벌규정이 책임주의 원칙에 위배될 소지가 있어 이를 해소하고자 법인 또는 개인이 그 위반행위를 방지하기 위해 해당업무에 관해 상당한 주의와 감독을 게을리 하지 아니한 경우에는 처벌을 면할 수 있도록 하였다.

137) 2009.10.9 법률 제9794호. 산업재해의 예방과 보상체계를 종합적으로 심의할 수 있도록 산업재해보상보험심의위원회를 산업안전보건법의 산업안전보건정책심의위원회와 통합하여 산업재해보상보험및예방심의위원회로 변경하는 것이 주된 내용이다.

138) 2010.1.27 법률 제9988호. 공기업 선진화 방안에 따라 한국산재의료원을 근로복지공단과 통합하도록 하는 내용이다.

139) 2010.5.20 법률 제10305호. 진폐근로자에게 휴업급여와 상병보상연금을 지급하지 않고 요양여부와 관계없이 기초연금을 포함한 진폐보상연금을 지급하는 것으로 변경하여 진폐근로자 간 보상의 형평성을 높이고자 하였다.

140) 2012.12.18 법률 제11569호.

141) 타법에 의한 개정은 포함하지 아니하였다.

주로 적용범위 확대, 보험급여의 종류 확대, 보상수준의 향상 및 체계 개선을 중심으로 발전하여 왔다고 할 수 있다.

2. 산재보험제도의 내용

오늘날의 산재보상제도는 사회보장제도의 하나인 사회보험으로 통합되고 있는 것이 국제적인 경향이고, 산재보험제도가 산재보상제도의 실질적인 핵심을 이루고 있다. 따라서 업무상 재해에 대한 보상은 주로 산재보험법에 의한 보험급여를 통하여 실현된다.

이러한 산재보험법의 중요한 목적은 산재보험사업을 시행하여 근로자의 업무상 재해를 신속 · 공정하게 보상하고, 피재근로자의 재활 및 사회복귀를 촉진하기 위하여 필요한 보험시설을 설치 · 운영하는 데 있다. 그리고 이러한 산재보험사업은 고용노동부장관이 관장하되, 근로복지공단이 고용노동부장관의 위탁을 받아 보험사업을 수행하고 있다.

산재보험법은 근로자를 사용하는 모든 사업 또는 사업장에 적용한다. 다만, 위험률 · 규모 및 장소 등을 고려하여 가구내 고용활동, 상시 근로자 1명 미만의 사업, 농업 · 임업(벌목업 제외) · 어업 및 수렵업 중 법인이 아닌 자의 사업으로서 상시 근로자 수가 5명 미만인 사업, 주택건설사업자 등이 아닌 자가 시공하는 총공사금액 2천만원 미만인 공사 등에는 적용하지 아니한다.

그리고 산재보험법 적용을 받는 사업의 사업주는 당연히 산재보험의 보험가입자가 되고, 사업주일지라도 50명 미만의 근로자를 사용하는 중 · 소기업 사업주이거나 근로자를 사용하지 아니하고 화물자동차 운송사업 등을 하는 사람은 근로복지공단의 승인을 얻어 자기 또는 유족을 위하여 산재보험에 가입할 수 있다. 이와 같이 산재보험은 당연가입을 원칙으로 하면서 임의가입을 예외적으로 허용하고 있다.

특히 업무상의 재해로부터 보호할 필요성이 인정되면서도 산재보험법의 당연적용이 곤란한 해외파견자, 현장실습생, 중 · 소기업 사업주, 특수형태근로종사자, 자활급여 수급자에 대해서는 특례적용을 통하여 당연적용에 준하는 보호를 하고 있다.

근로복지공단은 산재보험 사업에 드는 비용을 충당하기 위하여 보험가입자로부터 산재보험료를 징수하고, 국가는 회계연도마다 예산의 범위에서 보험사업의 사무집행에 드는 비용을 국가의 일반회계에서 부담하여야 하며, 보험사업에 드는 비용의 일부를 지원할 수 있다.

산재보험법상의 보험급여는 근로기준법에서 정한 보상의 종류와 대체로 동일하나 보상수준 내지 보상범위는 근로기준법보다 높다. 그리고 산재보험법은 요양급여를 받는 근로자가 요양을 시작한 지 2년이 지났으나 폐질 등급이 3급 이상인 경우에는 휴업급여 대신 상병보상연금을 지급하도록 규정하여, 폐질로 사업에 복귀하여 근로할 가능성이 희박한 피재근로자에게는 특별한 보상규정을 두고 있다.

또 산재보험법은 사업주의 고의 · 과실로 발생한 업무상 재해로 근로자가 3급 이상의 장해등급에 해당하는 장해를 입거나 사망한 경우에 사업주가 수급권자와 합의하면, 민사상 손해배상청구에 갈음하여 장해 · 유족특별급여를 지급할 수 있는 규정을 두고 있다.

산재보험법은 보험급여 산정 시에 평균임금의 최저한도액 및 최고한도액을 도입하고, 장의비의 최저보상액 및 최고보상액을 설정하고 있다. 이는 보험급여의 최저한도를 보장하고 저소득 근로자와 고소득 근로자 사이에 보험급여의 현격한 차이를 줄임으로써 보험급여 수준의 형평성을 제고하며 소득재분배 기능을 높이기 위한 것이다.[142)]

Ⅲ. 재해보상제도와 산재보험제도의 관계

업무상 재해에 대해 근로기준법은 근로조건의 하나로서 사용자에게 직접보상책임을 규정하고 있다. 한편, 산재보험법은 사업주를 당연 적용 보험가입자로 하여 근로복지공단을 통하여 보험급여를 지급하도록 규정하고 있기 때문에

142) 헌재 2004.11.25, 2002헌바52. 피재근로자의 평균임금이 높은 경우 보험급여를 제한하기 위하여 최고보상기준금액을 규정한 산재보험법 제38조 제6항과 장의비의 최고금액을 규정한 제45조가 재산권을 침해하지 않고 평등원칙 및 포괄위임금지 원칙에 위반하지 않는다고 판단하였다.

양자의 관계가 문제시된다.

1. 의 의

근로기준법상의 재해보상제도는 생산조직이 기계화하고 대규모화하여 빈번히 발생하는 재해를 구제하기 위한 것으로 기업과 재해 사이의 인과관계를 인정하고 사용자에게 근로자들의 재해에 대한 직접적인 보상책임을 규정하고 있다.[143)]

그러나 근로기준법이 재해보상을 사용자의 의무로 규정하고 있더라도 실제로 특정 재해가 발생하였을 때 사용자가 재해보상의 책임을 다할 현실적 능력이나 의욕이 부족하면 근로자는 보상을 받기 어렵게 된다. 따라서 피재근로자의 생존권 보장의 관점에서 사용자의 무자력 등에 의한 구제불능을 방지하고 신속·확실한 보상에 의한 구제를 도모하기 위하여 산재보험법이 제정되었다.

산재보험법은 산재보상을 책임보험의 성격을 갖는 사회보험으로 행하여 사업주가 과중한 부담 없이 피재근로자나 그 유족을 보호할 수 있도록 하는 한편, 대규모의 재해로 인한 기업의 경제적 부담을 덜 수 있게 하였다. 즉, 개별 사용자의 재해보상책임에 대한 위험을 분산시키고 근로자에 대한 보상을 신속·공정하게 이행하기 위하여 '총자본의 연대책임에 의한 총노동력의 보호'라는 이념 아래 사회보험 방식으로 그 책임을 실현하고 있는 것이다.[144)]

그런데 근로기준법의 재해보상에 관한 규정은 제정된 이후 지금까지 거의 변경이 없었으나, 산재보험법은 그동안 수차례의 개정을 거쳤다. 이러한 과정에서 산재보험법은 급여내용이 확충되고, 장해급여, 유족급여, 상병보상에 대한 연금제가 도입되어 단기성 급여에서 연금위주의 장기성 급여로 급여의 성격도 변화하였다.

그 밖에 산재보험법에는 사회복귀시설의 설치, 직업재활급여 제도의 신설, 장해자에 대한 간병급여와 후유증상 진료급여 도입, 중·소기업 사업주의 특

143) 임종률, 앞의 책, 460쪽 ; 김형배, 『노동법』, 박영사, 2007, 438쪽.

144) 박종희, 『출퇴근 재해의 업무상재해 인정관련 입법론적 개선방안에 관한 연구』, 노동부, 2005, 55쪽.

별가입 허용, 특수형태근로종사자에 대한 적용확대, 저소득 근로자의 휴업급여 수준의 상향, 피재근로자의 자녀에 대한 장학사업 등 근로기준법상 재해보상제도와 구별되는 사회보험의 성격이 강하게 나타나고 있다.

근로기준법상의 재해보상이나 산재보험법상의 보험급여는 근로자의 업무상 재해에 대한 보상을 행하고 평균임금을 기준으로 한 정형 · 정률의 보상을 행한다는 점에서는 동일하나,[145] 양자는 다음과 같은 차이점이 있다.

먼저 근로기준법상 재해보상제도의 경우에는, 개별 사용자의 무과실책임을 원칙으로 하되 예외적으로 근로자에게 중대한 과실이 있고 사용자가 그 과실에 대하여 노동위원회의 인정을 받은 경우에는 휴업보상 또는 장해보상을 행하지 아니할 수 있다. 그리고 이 법은 보상종류로 요양 · 휴업 · 장해 · 유족보상과 장의비를 명시하고 있고, 보상 확보를 위하여 행정감독 및 벌칙규정을 두고 있다.

한편, 산재보험제도는 피재근로자에게 보험급여를 지급하기 위하여 근로기준법상에는 존재하지 않는 보험시설 설치 등에 대해 규정하고 있고, 장기간의 요양 급여자에 대하여는 휴업급여의 대체적 성격인 상병보상연금 규정을 설정하여 보다 높은 수준의 보험급여 지급을 명시하고 있다. 또 민법에 의한 손해배상청구에 갈음하여 장해 · 유족특별급여 규정을 두고 있으며, 급여수준이 근로기준법상의 휴업 · 장해 · 유족보상 및 장의비에 비하여 상대적으로 높다. 이 밖에도 산재보험법은 중한 장해 상태나 유족급여에 대해서는 연금제도의 규정을 두고 있다는 점 등에서 근로기준법상의 재해보상제도와 다르다.

또 근로기준법에 의한 재해보상제도에서는 피재근로자와 그를 사용하는 사용자가 노동관계의 당사자로서 보상관계에서도 보상의 주체가 되지만, 산재보험법에서는 노동관계의 당사자가 아닌 국가가 보상주체로서 보상관계 당사자의 일방이 된다.

그리고 보상비용과 관련하여 근로기준법상 재해보상제도는 기업책임의 원

---

145) 산재보상에서 손해의 전액을 전보하지 않는 것은 근로자 측의 과실에 상당하는 부분을 근로자 측에 전가시키고, 근로자의 근로의욕 감퇴 예방 및 사고억제 인센티브와 관련이 있으며, 기업부담의 경감을 꾀하는 측면이 있다(保原喜志夫, "勞災補償責任の法的性質", 285쪽 참고).

칙에 따라 개별 사용자가 전적으로 비용을 부담하고 있으나, 산재보험제도의 경우에는 보험료의 부과라는 형식으로 적용사업의 모든 사용자에게 비용을 분담시키고 있으므로, 산업재해 전체에 대해 기업이 총체적으로 연대하여 그 책임을 분담한다고 볼 수 있다.

또 적용범위를 살펴보면 산재보험법 제5조에 의해 산재보험법상의 근로자는 근로기준법상의 근로자와 동일한 개념이다. 그리고 산재보험법이 적용되는 사업장은 같은 법 제6조에 의해 근로자를 사용하는 모든 사업 또는 사업장이고, 근로기준법 의 경우 제8장 재해보상에 관한 사항은 근로기준법 제11조 제2항 및 시행령 제7조에 따라 정한 별표 1에 따라 상시 4명 이하 사업장에도 적용대상이 되므로, 결국 두 법은 적용사업장 면에서도 동일하게 된다.

다만, 산재보험법은 위험률 · 규모 및 장소 등을 고려하여 일부 사업에 대하여 그 적용을 제외하고 있으나, 특수형태근로종사자에 대해서는 산재보험에 가입의무를 규정하고 있고, 「국민기초생활 보장법」상의 자활급여 수급자에 대해서도 산재보험법을 적용하고 있으며, 50명 미만의 중 · 소기업 사업주는 자신과 그 유족을 위하여 산재보험에 임의 가입할 수 있도록 규정하고 있으므로, 산재보험법상의 가입대상 범위가 근로기준법의 재해보상 규정의 적용범위에 비해 넓다고 할 수 있다.[146)]

2. 보상의 종류와 그 내용

근로기준법에는 요양보상, 휴업보상, 장해보상, 유족보상, 장의비의 다섯 종류의 보상을 정하고 있으나, 산재보험법에서는 이들에 상당하는 보험급여에 더하여 상병보상연금 및 간병급여, 직업재활급여 등을 명시하고 있다.

근로자가 업무상 상병에 걸린 경우에는 근로기준법에서는 요양보상을 하도록 규정하고 있는데, 요양의 범위는 진찰, 약제 또는 진료 재료와 의지 그 밖

146) 대판 2006.9.22, 2006두12180. 법인등기부에 회사의 대표이사로 등재되어 있다고 하더라도 실질에 있어 사주의 지휘 · 감독 아래 담당 직무를 수행하는 것이라면 명목상의 대표이사에 불과하다고 하여, 근로기준법상 근로자로 보기 어려운 대표이사에 대해서도 산재보험법상 보험급여 청구권을 인정하였다.

의 보조기 지급, 처치 · 수술, 입원, 간병, 이송 등으로, 산재보험법에 따른 재활치료 외에는 범위가 대동소이하다. 다만, 산재보험법에서는 상병이 3일 이내의 요양으로 치유될 수 있으면 요양급여를 지급하지 않는다.

그리고 업무상 상병으로 취업하지 못한 기간에 대해 근로기준법에서는 평균임금의 60%를 휴업보상 하도록 규정하고 있으나, 산재보험법에서는 이를 평균임금의 70%에 상당하는 금액으로 정하고 있다. 그 밖에 산재보험법에는 근로자가 요양기간 중 일정기간 또는 단시간 취업을 하는 경우에는 그 취업한 날 또는 취업한 시간에 해당하는 그 근로자의 평균임금에서 그 취업한 날 또는 취업한 시간에 대한 임금을 뺀 금액의 100분의 90에 상당하는 금액을 지급할 수 있는 부분휴업급여가 있고, 저소득 근로자와 고령자에 대한 휴업급여는 따로 정하고 있다.

또 상병이 완치된 후 장해가 잔존하는 경우에 받을 수 있는 장해보상은 근로기준법의 경우 1급은 평균임금의 1,340일분이고 14급은 50일분이나, 산재보험의 경우에는 1급이 1,474일분이고 14급이 55일분으로서 산재보험법의 보상수준이 근로기준법의 장해보상에 비해 높다. 그리고 근로기준법상 장해보상의 경우에는 일시금 보상이 원칙이나 산재보험법에서는 장해등급 1급~3급의 경우에는 연금지급을 원칙으로 하고, 4급~7급의 경우에는 일시금과 연금 중에서 수급권자가 선택하도록 정하고 있다.

근로자가 업무상 사망한 경우에 근로기준법은 평균임금 1,000일분의 유족보상을 행하도록 규정하고 있으나, 산재보험법은 기본금액에 근로자가 사망 당시 생계를 같이 하고 있던 유족에 대한 가산금액을 포함한 연금지급을 원칙적으로 하되, 일시금으로 유족보상을 할 경우에는 평균임금의 1,300일분으로 정하고 있다.

그리고 근로기준법에서는 근로자가 사망한 후 지체 없이 평균임금 90일분의 장의비를 지급하도록 규정하고 있으나, 산재보험법에서는 평균임금의 120일분에 상당하는 금액의 범위에서 실제 드는 비용을 지급하도록 규정하고 있으므로, 두 법은 장의비 면에서도 약간의 차이가 있다.

한편, 산재보험법에서는 요양급여를 받는 근로자가 요양을 시작한 지 2년이 지난 날 이후에도 상병이 치유되지 아니한 상태이고, 폐질의 정도가 3급 이상인 경우에는 상병보상연금을 지급하도록 규정하고 있는데, 이는 근로기준법에 없는 보험급여이다.

그 뿐만 아니라 산재보험법은 요양급여를 받은 자 중 치유 후 의학적으로 상시 또는 수시로 간병이 필요한 자에게 간병급여를 지급하도록 규정하고 있으며, 장해급여를 받은 자 중 취업을 위해 직업훈련을 받는 자에게는 직업훈련수당을, 업무상의 재해가 발생할 당시의 사업장에 복귀한 장해급여자에 대해서는 직장복귀지원금 을 지급하도록 하는 등의 직업재활급여가 있어서, 근로기준법상 정함이 없는 급여나 수당도 상당하다고 할 것이다.

결국 산재보험법의 경우는 보험급여가 연금화되어 있고 노동복지사업도 있으며, 또 전체적으로 볼 때 근로기준법상의 재해보상을 상회하는 급여가 행해지고 있어 근로기준법의 재해보상은 산재보험 급여에 의해 거의 대체되고 있다. 따라서 오늘날 산재보상은 실질적으로 산재보험법에 의해 이행되고 있다고 할 수 있다.

3. 재해보상과 산재보험의 조정

근로기준법 제87조는 "보상을 받게 될 자가 동일한 사유에 대하여 민법이나 그 밖의 법령에 따라 이 법의 재해보상에 상당한 금품을 받으면 그 가액의 한도에서 사용자는 보상의 책임을 면한다"고 규정하고 있고, 산재보험법 제80조 제1항에서도 "수급권자가 이 법에 따라 보험급여를 받았거나 받을 수 있으면 보험가입자는 동일한 사유에 대하여 근로기준법에 따른 재해보상책임이 면제된다"고 규정하고 있다.[147)]

따라서 피재근로자가 산재보험급여 수급권을 갖는 경우 산재보험법에서 보험급여를 받으면 사용자의 근로기준법상 재해보상책임은 면제된다. 그런데 산

---

147) 이것은 사용자가 '동일한 사유'에 대하여 이중의 부담을 할 필요가 없고 또한 피재근로자 측도 이중이득을 취할 수 없다는 취지에서 비롯된 것으로, 보험급여의 상호보완성 및 기능적 중복성이 인정된다는 것을 그 기초 원리로 하고 있기 때문에 산재보험법에 의하여 상당한 보상이 행하여지지 않은 경우에 사용자는 그 부족한 부분에 대하여 책임을 져야 한다(김유성, 『한국사회보장법론』, 331쪽).

재보험의 급여수준이 높으므로 근로자는 우선 산재보험에 따라 보험급여청구권을 행사하게 될 것이어서, 산재보험의 보험급여는 재해보상책임을 면책하는 책임보험으로서의 기능을 하고 있다고 할 것이다.

결국 보험가입자인 사업주는 동일한 재해에 대해 근로기준법에 따른 재해보상 책임을 면하게 되므로, 그 범위에서 사업주에 대한 근로기준법상의 재해보상 규정은 무의미하게 된다. 다만, 근로기준법상의 재해보상이 의미가 있다고 볼 수 있는 것은 3일 이내의 요양이나 휴업에 대해서 보상을 하는 경우이다.

한편, 근로자가 산재보험법에 따른 최고보상기준을 적용받은 결과 근로기준법에 의한 재해보상액에 미치지 못하는 보험급여를 받거나 장의비를 지급받는 경우도 생각해 볼 수 있으나, 산재보험법 제80조 제1항은 동일한 사유에 대해 근로기준법에 따른 재해보상책임이 면제된다고 규정하고 있다.

Ⅳ. 산재보상제도의 법적 성질

1. 재해보상제도의 법적 성질

근로기준법상 피재근로자와 그 유족에 대한 사용자의 재해보상책임의 법적 성질에 대해서는 다양한 입장이 있다. 대별하면 재해보상의 책임을 피재근로자에 대한 손실전보로 파악하는 견해와 피재근로자와 그 유족의 생활보장에 중점을 두어 이해하는 견해로 나뉜다.[148)]

전자는 손실전보설로서 개인책임 원리에 입각한 불법행위 이론의 질적 발전 단계에서의 손해보상 이론으로 구성하는 견해이다. 후자는 생활보장설로서 피재근로자와 그 유족의 생활보장의 목적과 기능에 착안하여 생존권 보장이론으로 구성하는 견해이다.[149)]

먼저 손실전보설은 종속노동이라는 사용자의 지배 영역하에서 위험이 현실화하여 산업재해가 발생하고 근로자가 희생되는 경우에 사용자가 그 책임을 부담하는 것이 공평의 관점에서 옳다는 견해이다. 그리고 이 견해는 평균임금

---

148) 이병태, 앞의 책, 894쪽.

149) 岡村親宜, 『労災補償・賠償の理論と實務』, エイデル研究所, 1992, 152쪽.

의 며칠분이라고 하는 사전에 정한 정률의 재해보상은 손해배상과는 현저하게 다른 것이며, 따라서 재해보상책임은 노동력의 훼손 · 멸실의 정도에 따라 그 사회적 가치의 손실을 전보하는 것으로, 무과실 손해배상책임론에 노동법적 수정을 가한 것이라고 한다.[150)]

반면, 생활보장설은 손실전보설을 비판하는 입장에서 대두된 것으로 재해보상을 생존권에서 유래하거나 그러한 측면을 중시하는 생활보장제도로 보는 견해이다. 이 견해는 재해보상은 곧 생활보장이고 보상책임은 생존권 보장의무라고 파악한다.[151)]

근로기준법은 산업재해의 유형에 따라 그 보상액을 획일적으로 정하고 있으므로 사회보장적 성격보다는 손실전보의 성격이 짙다고 보아 손실전보설이 통설의 입장이라고 한다.[152)]

그런데 이 두 가지의 학설은 손실의 전보를 공평 또는 기업 위험에 대한 책임으로 보느냐, 아니면 종속관계에서의 생존권의 보장책임으로 보느냐의 차이에 지나지 않는다는 주장도 있다.[153)] 하지만 실제상으로는 학설의 입장 차이에 따라 재해보상 책임의 요건인 '업무상'의 인정기준이나 재해보상과 손해배상의 조정 등 중요문제를 둘러싸고 논쟁이 되고 있다.[154)]

2. 산재보험제도의 법적 성질

산재보험법상 산재보험의 법적 성질을 파악함에 있어서 보상의 당사자와 보상내용 및 보상비용 부담의 귀속관계는 중요한 요소가 된다.[155)]

산재보상제도의 법적 성질에 대해 예전부터 일본에서는 여러 견해가 주장되

---

150) 山口浩一郎, 앞의 책, 8쪽.
151) 山口浩一郎, 앞의 책, 8쪽.
152) 이병태, 앞의 책, 894쪽.
153) 김유성, 『한국사회보장법론』, 294쪽.
154) 西谷 敏 · 萬井隆令, 앞의 책, 305쪽 ; 岡村親宜, 『勞災補償 · 賠償の理論と實務』, 165쪽.
155) 이와 관련하여 보상의 내용이 적정한지, 보상의 실시가 신속 · 확실하고 효율적으로 실시되고 있는지가 문제되고, 이 밖에 재원을 어떻게 조달하는지도 중요한 문제이며, 그러한 보상을 어떻게 산재의 예방 · 억제와 연결해야 할 것인지 또는 연결할 수 있는지가 필수적인 검토과제가 될 것이라는 견해도 있다(保原喜志夫, "勞災補償責任の法的性質", 266쪽).

어 왔고, 이는 우리나라에도 직접적인 영향을 미쳤다. 일본에서는 산재보험의 법적 성질에 대해 크게 구분하여 손실전보설과 생활보장설의 두 입장이 대립하여 왔다.[156] 이하에서는 주로 일본의 학설을 참고하여 산재보험의 법적 성질에 대해 살펴보고자 한다.

가. 손실전보설

손실전보설은 산재보상의 목적을 노동력 훼손에 의한 손실전보로 보고 사용자가 무과실 · 배타적 보상책임을 지는 명확한 근거를 중시하는 입장이다.[157] 산재보험의 급여가 다른 사회보험의 급여와 비교하여 높은 수준에 있다는 것은 적지 않은 보험급여가 손해전보적 성격을 갖고 있기 때문이라고 한다.[158] 이 견해는 다시 산재보험 급여의 성격을 당사자가 근로기준법상 개인으로서 부담하는 재해보상책임에 대한 책임보험으로 이해하는 책임보험설과 사용자의 집단화에 따른 보호 확대의 필요에서 노동법상의 제도로 이해하는 집단책임설로 나누어진다.[159]

(1) 책임보험설

책임보험설은 연혁적으로 볼 때 산재보험법이 근로기준법상 사용자의 부담인 재해보상의무의 이행 확보를 위하여 제정된 것은 산재보험법의 목적 규정에 비추어 분명하다. 따라서 처음 산재보험법이 제정되었을 때에는 근로기준법의 보상내용과 거의 일치하였으므로 그 한도에서 산재보험법을 근로기준상 재해보상의 책임보험이라고 하는 것이 합리적이라고 한다.[160]

이 견해에 대해서는 다음과 같은 비판이 있다. 우선 산재보험법이 수차례의 개정을 통하여 근로기준법의 보상기준을 상회하게 되었고, 상병보상연금의 신

156) 水野 勝, "勞災補償制度の理論的課題 −補償と豫防の統一的把握の視點から−", 『日本勞働法學會誌』第76号, 總合勞働硏究所, 1990, 9쪽.

157) 水野 勝, "勞災補償制度の理論的課題 −補償と豫防の統一的把握の視點から−", 9쪽.

158) 西村健一郎, 『社會保障法』, 328쪽.

159) 水野 勝, "勞災補償制度の理論的課題 −補償と豫防の統一的把握の視點から−", 10쪽.

160) 有泉 亨, "勞災補償と勞災保險", 勞働基準法と勞働政策 『日本勞働法學會誌』第36号, 總合勞働硏究所, 1970, 22쪽 이하.

설, 1급~3급 장해급여의 연금화, 국고부담 등 근로기준법과 상이한 내용이 규정되었다. 이로써 산재보험법은 사용자의 배타적 부담으로서 일시금 형식으로 지불하는 근로기준법상의 재해보상과는 거리가 있게 된 것이고, 이미 책임보험의 논리에서는 인식할 수 없는 거리가 양자 사이에 생겼다고 하는 것이다.[161)]

이후 역시 손실전보설의 입장에서 파악하되, 책임보험의 논리를 초월하여 보상을 확대하고자 산재보상책임을 노동법상의 제도로서 파악하는 집단책임설이 주장되었다.[162)]

(2) 집단책임설

집단책임설에 의하면 산재보험법은 보험제도를 이용하여 집단으로서의 사용자 책임의 확대 · 철저를 꾀하고, 피재근로자가 입은 인신손해에 대하여 완전한 전보를 실현하며, 그를 통해 피재근로자 생활의 확보를 도모하기 위한 제도라고 한다. 그 결과 슬라이드 연금의 부여, 사회복귀 시설의 설치 등 개별적인 사용자책임의 확대로서는 대응하기 어려운 보상도 가능하게 된다고 한다.[163)]

따라서 집단책임설은 산재보험이 단지 사용자의 책임을 보험화하고 위험을 분산시키는 것에 그치는 것이 아니라, 개별적 사용자책임에 의해서는 보상하지 않는 것에 대해서도 사용자의 책임을 집단화함으로써 보상할 수 있도록 하는 것이 산재보험이라고 한다.

이 견해는 집단적 책임의 근거를 사용자 자본의 일체성에서 구한다. 즉, 산재보험은 보험가입자인 사용자 전원이 공동으로 부담하는 보상인 점을 제외하면, 근로기준법상의 재해보상과 특별히 다른 근거를 갖는 것은 아니라는 것이다.[164)]

그런데 이 견해는 손실전보설을 유지하면서 책임보험설의 한계를 극복하고

---

161) 水野 勝, “勞災補償制度の理論的課題 −補償と豫防の統一的把握の視點から−”, 10~11쪽.

162) 水野 勝, “勞災補償制度の理論的課題 −補償と豫防の統一的把握の視點から−”, 11쪽.

163) 西村健一郎, “勞災保險の社會保障化と勞災補償 · 民事責任”, 『日本勞働法學會紙』第40号, 總合勞働硏究所, 1972, 54쪽 이하.

164) 山口浩一郎, 앞의 책, 14쪽.

보상의 확대를 지향하는 보상이론이라는 점에서 주목되나, 그 귀결이 손실전보의 논리를 기초로 파악하는 것인지는 의문이라는 비판이 존재한다.

가령 집단책임설은 사회복귀 시설을 집단화에 의해 보상되는 완전한 전보에 포함시키고 있는데, 손실전보의 논리도 현상회복을 배척하는 것은 아니어서 사회복귀를 손실전보의 관점에서 파악할 수 있다. 그런데 그 시설의 설치는 손실전보의 범위를 벗어나 근로자 복지사업에 속한다고 볼 것으로서 그 기초는 생활보장의 논리에 의할 수밖에 없는 것이다. 또 하나는 산재보험의 가장 중요한 특질인 연금화를 집단책임설은 충분하게 설명하고 있지 않다는 것이다.[165)]

그리고 집단책임설이 산재보험을 '사용자의 책임을 집단화하는 것'이라고 파악하지만, 결국 산재보험은 기업의 '상호연대'의 제도임에 그치고, '사회보험'으로서의 존재 의의는 잃게 되며, 인신손해를 보다 완전한 전보로 실현하고 그를 통하여 피재근로자의 생활안정을 꾀한다고 하는 산재보험제도의 목적은 얻을 수 없게 된다고 한다.[166)]

나. 생활보장설

생활보장설은 산재보험의 본질을 노동력 훼손의 결과로 초래된 생존위협의 제거에서 구하여 피재근로자와 그 유족의 생활보장을 중시하는 입장으로 손실전보설에 대치되는 견해이다.

이 견해는 산재보상제도의 중심이 근로기준법에서 산재보험법으로 실질적으로 이동하였으며, 강제보험 방식과 적용확대로 인해 1명 기업 등 근로자 이외의 자에게도 산재보험법이 적용되는 점, 그 밖에 장해급여 · 유족급여에 대한 연금제도의 도입, 장해특별급여 · 유족특별급여의 시행 및 상병보상연금제의 설정, 근로자의 사회복귀 촉진, 피재근로자와 그 유족을 위한 원호 및 재해예방 사업, 보상급여 내용에 근로자에 대한 생활 의존관계에 있는 가족관계를 반영(가령, 유족연금)시킨 점 등은 손실전보의 논리를 벗어난 것으로서 산재보험

165) 水野 勝, "勞災補償制度の理論的課題 −補償と豫防の統一的把握の視點から−", 12쪽.
166) 近藤昭雄, "勞災保險の社會保障化と認定基準", 『日本勞働法學會誌』第76号, 總合勞働研究所, 1990, 76쪽.

법이 근로자의 생활보장을 위하여 마련된 제도라고 보는 입장이다.[167)]

그러나 일본에서는 이 견해에 속하면서도 생존권 원리와 손실전보성을 어느 정도 고려하는지에 따라 두 가지 입장이 존재한다. 하나는 산재보험이 생활보장을 목적으로 하는 제도로 전화(轉化)하였다고 보는 단일목적설이고, 다른 하나는 산재보험이 손실전보와 생활보장의 목적을 병유(併有)한다고 보는 입장인 복합성설이다.[168)]

(1) 단일목적설

단일목적설은 산재보험이 사회보장화에 따라 책임보험의 원리에서 생존권 이념에 기초한 피재근로자의 생활보장을 제1의 사명으로 하는 국가의 제도로서 전화하였다고 보는 입장이다. 그 결과 국가는 책임보험의 경우 보다 실질적 · 직접적으로 피재근로자의 생활보호자로서 등장하고, 국가 대(對) 피재근로자의 관계가 가장 중요한 관계로서 전면에 나타난다고 한다.

그리하여 국가 대 사용자 및 사용자 대 근로자의 관계는 부차적이고 2차적인 것으로 후퇴하게 된다. 따라서 이론상으로 산재보험의 보상은 사용자책임의 성립여부와 직접적인 관련성을 갖지 않게 되어 사용자에게 책임이 없는 보상인 연금화나 통근재해의 보상도 가능하다는 것이다.[169)]

이 견해는 국고부담의 도입이나 보상의 연금화 등 사용자책임의 범위를 벗어난 보상의 특질을 근거로 하는 하나의 체계구성의 방향으로 볼 수 있다. 그러나 보상의 범위와 내용이 확대되었더라도 보상에서 가장 기본적 특질을 규정하는 '업무상' 요건에 하등 변경이 없는 것을 생각하면, 사용자책임의 원칙이 사회보장의 체계로 전부 해소되었다고 보는 것은 곤란하다는 비판이 있다.[170)]

---

167) 김형배, 『근로기준법』, 539~540쪽 ; 김유성, 『한국사회보장법론』, 293쪽에서 오늘날 사회입법은 단순히 근로조건의 보호라는 한계를 넘어 피재근로자의 생활보장을 그 목적으로 명확히 하여 사회보장법으로서의 특질을 보다 뚜렷하게 갖추고 있다고 한다.

168) 水野 勝, "勞災補償制度の理論的課題 −補償と豫防の統一的把握の視點から−", 13쪽.

169) 高藤 昭, "勞災補償における社會保障原理", 『社會勞働硏究』第17卷 第1 · 2号, 1971, 14~15쪽 이하.

170) 佐藤 進, "勞災事故と補償制度の保障化の課題", 有泉亨先生古稀記念『勞働法の解釋理論』, 有斐閣, 1976, 286쪽에서 산재보험이 사회보험의 내실화로서 직업적 위험이론에서 사회적 위험이론으로 내딛는 중에 있는 전개를 보이고 있다고 하여도, 사회보장제도로 보는 국가부양책임

(2) 복합성설

복합성설은 산재보험을 단일의 목적 내지 성격에 의해 파악하는 것이 곤란하다는 것으로서 손실보상과 생활보장의 복합성을 인정하는 견지에 있다.[171)] 그런데 이러한 입장에서도 견해는 다양하게 나뉘고 있다.

우선 산재보험은 손실전보와 생활보장의 두 가지 측면을 갖고 있어서 양자택일의 것이 아닌데도 대다수의 학설은 어느 하나의 면을 강조하고 있는 데 불과하다고 한다. 그러한 의미에서 산재보험은 노동관계적 특질에서 노동력의 훼손에 대한 보상의 측면과 생활위협의 제거에 따른 사회보장적 성격에서 생활보장의 측면을 아울러 갖는다고 한다.[172)]

따라서 산재보험법은 노동법적인 성질과 사회보장법적인 성질을 겸비하고 있다고 해야 할 것이며, 두 개의 법 영역 경계선상에 존재하는 것으로 보아야 한다는 것이다.

이 입장은 산재보험법이 급여의 기술적 측면에서는 사회보장법에 속하는 다른 입법과 공통의 요소가 많다고 할 수 있지만, 산재보험법은 노동법 · 사회보장법으로서의 성격 이외에 인신손해보상법으로서의 측면도 갖고 있기 때문에, 산재보험법의 연구에는 인신손해보상법의 법 원리나 이에 속한 제 입법과의 비교연구도 필요하다고 본다.[173)]

그리고 보상책임의 체계적 위치를 강조하는 견해는 사회보장에서 산재보험의 노동관계적 특질에 기인하는 상대적 독자성을 강조한다. 이 견해는 산재보험을 소득보장급여로서 파악한다고 하더라도 산재보험이 갖는 '보상' 성을 부정할 수는 없다고 한다. 즉, '보상' 성에 내재하는 생활 '보장' 성을 자각적으로 파악하기 때문에 산재보험을 사회보장법으로 자리매김할 의의가 있는 것이고, '보상' 성을 전부 무시한다면 이미 산재보험이라는 제도 그 자체도 소멸할 수

에 산재사고의 개별적 또는 집단적인 사용자책임 원칙을 전면적으로 해소하고 있다는 의미는 아니라고 한다.

171) 水野 勝, "勞災補償制度の理論的課題 −補償と豫防の統一的把握の視點から−", 15쪽.

172) 保原喜志夫, "勞災補償責任の法的性質", 282쪽.

173) 保原喜志夫, "勞災補償責任の法的性質", 286쪽.

밖에는 없다고 한다.[174)]

또 다른 견해로서 보상책임의 복합성을 노동법적 성격과 사회보장법적 성격의 중첩으로 파악하는 것이 있다.[175)] 이 입장은 산재보험법은 기본적으로 사용자가 근로기준법상 부담하고 있는 재해보상책임을 책임보험화한 것이고, 사용자가 갹출하는 보험료를 재원으로 업무상 재해에 대해 손실전보를 행하는 것이 제1의 성격이지만, 그와 동시에 적용대상, 급여, 관리운영 등의 점에서는 피재근로자에 대한 국가의 생활보장책임이 나타나고 있으며 그것이 산재보험법의 제2의 성격이 된다는 견해이다.

이 견해는 산재보험에 두 가지 책임, 두 가지 급여, 이종의 수급권자가 존재하고, 산재보험법은 그 기본에 있어 근로기준법상 재해보상의 책임보험이되, 부가적으로 국가에 의한 사회보장으로서의 특질을 중첩적으로 갖고 있다는 입장이다.[176)]

이는 산재보험의 성격에 보상의 복합성을 중첩적으로 파악하여 개별 사용자의 근로계약상 의무에 상응하는 보상범위의 명확화를 지향하는 것으로 주목된다. 하지만 이 견해는 사회보장법적 규정의 급여에 속하는 연금급여도 부분적으로 개별 사용자의 의무로 인정되는 한도에서 노동법적 성격이 인정되는지, 또는 그것만으로도 전면적으로 사회보장법적 내용으로 인정되는지, 만일 그렇지 않다면 그 중첩은 어느 정도인지가 분명치 않다는 비판이 있다.[177)]

다. 사회보장화론

일본에서 산재보험이 ‘사회보장화’ 한다는 견해가 주장되고 있다. 이것은 산재보험법의 발전을 어떻게 평가할 것인지와 관련되는 문제이다. 이 점에서는 우리나라의 산재보험법이 일본과 거의 흡사하게 발전하고 있으므로 일본의 사회보장화론을 소개하고자 한다.

---

174) 荒木誠之, 『勞災補償法の研究 −法理と制度の展開−』, 267~268쪽.

175) 桑原昌宏, 『勞働災害と日本の勞働法』, 法律文化社, 1971, 247쪽 이하.

176) 桑原昌宏, “災害補償法論”, 『勞働法の基本問題』 沼田稱次郎先生還暦紀念 (下巻), 總合勞働研究所, 1974, 599~601쪽.

177) 水野 勝, “勞災補償制度の理論的課題 −補償と豫防の統一的把握の視點から−”, 16~17쪽.

이 견해에 의하면 산재보험은 피재근로자의 생활보장을 우선시하는 국가의 사회보장제도로서 파악한다.[178] 즉, 산재보험은 단순한 노동보험이 아니라 사회보장화하고 있거나 사회보장화해야 할 것이라고 본다.

구체적으로는 ① 보상의 내용으로 손실전보로서의 금전적 급여뿐만 아니라 노동복지 사업에 해당하는 피재근로자의 사회복귀를 위한 시설설치나 재해의 예방을 위한 조치가 있는 점, ② 보상형태로서 급여기초일액의 제도 도입에 따라 최저보상제를 설정하고, 장해급여와 유족급여의 지급형태가 대폭으로 연금화되었으며, 유족보상에는 가족 수에 따른 가산이 설계되어 생활수요에 맞춘 보상이 행해지는 점, ③ 재원 관계에서도 국고부담이 도입되어 국가의 적극적 관여가 있는 점 등에서, 현행의 산재보험법은 생활보장이라고 하는 사회보장의 원리가 들어 있고 그 이상으로 사회보장화하고 있다는 것이다.[179]

이러한 사회보장화론은 특히 1960년대 후반 이래 산재보험법 제도가 그 적용범위나 보상내용을 급속하게 확충하였던 것에서 이를 법의 본질적인 변화로 보는 점에 특징이 있다. 이러한 제도의 변모는 사용자책임의 강화로서는 설명할 수 없고, 국가가 주체가 되어 책임을 진다는 의미에서 사회보장화로의 길을 가고 있다는 것이다.[180]

그러나 이러한 사회보장화론에 대해 집단적 책임론은 다음의 네 가지 점에서 비판을 제기한다. ① 사회보장화론은 산재보상을 국가의 국민에 대한 생활보장의무 일반에서 파악하고 산재보험과 사용자책임과의 관련을 단절함으로써 산업재해에 대한 사용자의 책임을 애매하게 한다. ② 사회보장화론은 국가에 대해 재해의 실질적 보상자로서의 지위를 부여하면서 국고부담을 적극적으로 파악하지만, 업무상 재해인 이상 사용자에게 보상의무를 과하는 방식이 타당하다. ③ 사회보장화의 징표로서 지적되고 있는 급여의 연금화, 슬라이드화, 급여기초일액의 최저보장제 등도 손실전보에 따른 적정하고 합리적인 수

178) 西村健一郎, "労災補償責任の法的性質", Jurist『勞働法の爭點』, 有斐閣, 2004, 236쪽.
179) 山口浩一郎, 앞의 책, 11~13쪽.
180) 品田充儀, "労災保険法の法的性格とその將來像", 『新時代の勞働契約法理論』, 信山社, 2003, 512 · 531쪽.

단으로 이해하면 충분하다. ④ 사회보장으로의 발전적 해소론에서 주장하는 '동일한 뉴스에는 동일한 보장' 이라는 평등대우의 이념은 의료 등의 현물급여에는 타당하지만, 산재보상은 국가적 최소한을 보장하는 사회보장과는 그 목적이 다르므로 양자를 동일화하는 것은 옳지 않다.[181)]

그리고 사회보장화론은 법의 원리를 해명하고 그 존재를 객관적으로 평가 · 분석하여 법의 장래상을 그려낸다고 하기보다는 근로자 보호에 대한 방책을 이끌어내기 위한 논리를 구하는 방향이라고 할 수 있다. 따라서 급격한 시대의 변화 가운데서 이미 그러한 전제는 환상이라는 것이 명확하게 되어 왔다는 비판이 있다.[182)]

그러므로 새로운 유형의 재해가 등장함에 따라 현재 산재보상의 기본적 구조인 '업무상' 의 구별이 기술적으로 불가능하게 되거나, 재해의 사회현상에서 사용자책임의 기준인 '업무상' 의 구별이 의미가 없게 될 때, 또는 산업위험 이외의 각종의 사회적 위험이 일반화되거나 각자의 의식이 변화하여 산업재해만의 특별취급이 국민의 보편적 정서에 어긋나게 될 때에는, '사용자=최적손해회피자' 의 원칙이 무너진 것을 의미하여 사회보장론도 합리성을 주장할 수 있을 것이라고 한다.[183)]

그런데 우리나라의 경우 산재보험법에 연금제도, 특례가입 · 적용, 최고 · 최저 보상기준 금액 설정, 노동복지 사업, 국고의 일부 보조제도 등이 도입됨에 따라 산재보상제도가 한 단계 사회보장화한 것은 부정할 수 없다. 또 생존권 원리에 기초한 사회보장 또는 사회복지의 진전과 함께 산재보상이 사회보장화하는 것은 필연적 조류라고 할 수 있을 것이다. 따라서 이러한 점에서 장래 산재보험의 성질을 어떻게 이해해야 할 것인지, 특히 산재보험과 사회보장과의 관계를 어떻게 이해해야 할 것인지가 문제가 된다고 할 수 있을 것이다.[184)]

한편, 현대 산재보험법에 따른 산재보상의 전면적 사회보장화는 산재발생의

---

181) 山口浩一郎, 앞의 책, 13~14쪽.
182) 品田充儀, "勞災保險法の法的性格とその將來像", 529쪽.
183) 山口浩一郎, 앞의 책, 19쪽.
184) 窪田準人, "勞災補償責任の法的性質", 255쪽.

억제에 도움이 되지 않을 뿐만 아니라, 보상액 내지 보상률의 국가에 대한 전보는 국가 재정 부담 면에서 보아도 바람직하지 않다. 또 산재보상에서 개별 기업의 책임을 묻는 경우에는 보상 확정에 이를 때까지 기술적 측면에서 많은 곤란을 수반하는데, 산재보험제도는 그런 의미에서는 적절한 수단이라고 할 수 있지만 그것만으로 100%의 손실전보 내지 생활보장이 가능하다고 기대하는 것은 곤란하다.

결국 피재근로자의 생활을 보장하기 위해서 어디까지 보상액 내지 보상률을 높이고 그 보험료 부담을 누구에게 지울 것인지, 생활보장과 손실전보와의 조화를 어떻게 꾀할 것인지, 그리고 그 경우 사고발생을 회피하고 억제시키는데 어떠한 효과가 있는지 등을 종합적으로 검토하여, 공평하면서도 사회정의에 합당한 법의 존재방식을 검토해야 할 것이다.[185]

라. 소 결

산재보상책임은 우선 인간 존중의 입장에서 산업재해의 발생을 미연에 방지할 필요성과 관계가 있는 것이므로, 사고발생 억제와의 관계에서 사고발생의 원인자가 누구인지가 중요하다. 다음으로 산재보상제도의 목적을 노동력 훼손에 대한 손실전보로 보는지, 혹은 근로자의 생활보장으로 보는지에 따라 보상액 내지 보상률이 문제가 되며, 그것은 동시에 보상비용의 부담자와도 관계가 있다. 또한 산업재해의 피해자가 근로자라고 하는 점을 고려하면 신속한 구제라는 측면도 무시할 수 없는 요소일 것이다.

이와 같이 산재보상의 본질과 그 제도의 존재방식은 단순한 것이 아니며, 궁극적으로는 어떠한 제도 또는 방법이 산업재해의 억제에 효과적이고 피재근로자의 구제에 적합한지가 산재보상제도의 법적성질을 논할 때 반드시 필요한 전제이다.

먼저 사고발생을 미연에 방지해야 할 주체는 노동의 위험이 잠재하는 기업에서 근로자를 그의 지배하에 두어 사용하는 사용자이고, 산업재해는 그 근로제공 과정에서 발생하는 것이기 때문에 사용자가 보험료를 지불하는 근거가

---

185) 窪田準人, "勞災補償責任の法的性質", 255쪽.

되고 있다. 이는 산업재해의 원인이 되는 활동을 행하는 자가 그 재해의 비용을 부담하는 것이 공평하다고 하는 국민 일반의 정의감에 합치하는 것으로 생각된다.

더욱이 산재보험제도는 현대 산업사회에서 생산조직을 기계화하고 대규모화함으로써 빈번히 발생하는 산업재해에서 구제하기 위해, 기업과 산업재해 사이의 인과관계를 인정하고 사회보험 방식에 의하여 보험급여를 행하는 것이므로 그 본질적인 성격이 업무상 재해를 입은 근로자의 생존권 확보에 있는 것이다.[186)]

산재보험의 법적 성질과 관련하여 판례[187)]는 "산재보험법에 의한 보험급여는 사용자가 근로기준법에 의하여 보상하여야 할 근로자의 업무상 재해로 인한 손해를 국가가 보험자의 입장에서 근로자에게 직접 전보하는 성질을 가지고 있는 것으로서 보험급여의 사유와 종류, 급여액의 산정기준이 재해보상과 동일하거나 유사하고, 손실전보라는 기능의 동일성을 근거로 하여 상호조정규정을 두고 있는 점에서 근로자의 생활보장적 성격 외에 근로기준법에 따른 사용자의 재해보상에 대하여는 책임보험적 성질도 가지고 있다"고 하였다.

그리고 이러한 책임보험적 성질에는 동료 근로자의 가해행위로 업무상 재해를 입은 경우에 그 동료 근로자는 보험가입자인 사업주와 함께 직 · 간접으로 피재근로자와 산재보험 관계를 갖는 자로서 '제3자'에서 제외되므로,[188)] 산재보험은 타인을 위한 책임보험적 기능도 수행하고 있다고 할 것이다.

1963년 제정된 우리나라의 산재보험법은 초기에 그 보상의 내용 및 방법이 재해보상과 거의 동일하고 재원도 오로지 사용자 부담에만 의존하도록 되어 있어 사용자의 보상책임에 대한 책임보험적 성격이 강하였다.

---

186) 헌재 2005.11.24, 2004헌바97.

187) 대판 1994.5.24, 93다38826.

188) 대판 2004.12.24, 2003다33691. 동료 근로자에 의한 가해행위로 인하여 다른 근로자가 재해를 입어 그 재해가 업무상 재해로 인정되는 경우에 있어서 그러한 가해행위는 마치 사업장 내 기계 · 기구 등의 위험과 같이 사업장이 갖는 하나의 위험이라고 볼 수 있으므로, 그 위험이 현실화하여 발생한 업무상 재해에 대하여는 근로복지공단이 궁극적인 보상책임을 져야 한다고 보는 것이 산재보험의 사회보험적 또는 책임보험적 성격에 부합한다고 하였다.

그러나 그 후 근로기준법상의 재해보상 규정은 거의 변경이 없었는 데 반하여, 산재보험법은 수차의 개정을 거쳐 급여내용을 확충하고 연금제를 도입하였으며, 산재보험법의 당연적용이 곤란한 현장실습생, 특수형태근로종사자 등에 대해 적용을 확대하였고, 최저 보상기준 금액을 설정하여 사회적 최저한을 보장하였다. 그 밖에 사무집행비를 국가가 부담하고 중과실 재해에 대한 급여제한 규정을 삭제함으로써 재해보상과 산재보험 사이에는 상당한 차이가 생기게 되었다. 따라서 산재보험은 근로자의 생활보장적 성격을 더욱 강하게 갖게 되었다고 할 수 있다.

한편, 산업재해가 발생하였을 경우 산재보험에 의하여 보상이 실현되지만, 근로기준법상 재해보상 규정은 그대로 존속하고 있어 양자가 중복되는 범위에서 산재보험은 재해보상에 대한 책임보험적 성격도 갖고 있다고 할 수 있다.[189] 더욱이 한편으로 산재보험은 보험제도를 이용하여 사용자의 책임을 집단화하고 위험을 분산시키고 있으므로, 전술한 생활보장설의 복합성설이 타당하다고 할 것이다.

또 산재보험을 건강보험, 국민연금과 구별하여 업무상 재해의 보상제도로서 유지하고 있는 것은 산업재해라는 노동관계상의 위험에 대해서는 사용자의 책임으로 보상하는 것이 공평 · 타당하다고 일반적으로 생각되기 때문이다.

또한 산재보험은 비용에 있어서 약간의 국고보조가 있지만, 실질적으로는 거의 사용자가 부담하는 보험료에 의지하고 있다. 산재보험의 급여가 다른 사회보험의 급여와 비교하여 높은 수준에 있다는 것도 산재보험의 보험급여가 손해전보적 성격을 갖고 있는 것과 무관하지 않다. 이러한 점에서 산재보험은 사회보장제도에 포섭되고 있다고 하여도 노동관계상의 위험에 대한 보상책임으로서의 독자적인 의의는 유지되고 있는 것이다.[190]

---

189) 산재보험법이 사용자에 의한 재해보상제도를 기초로 발전해 왔고 국고로부터 지원을 받고 있으며 사업주가 납입하는 보험료에 의해 거의 운영될 뿐만 아니라, 사업의 종류에 따라 보험료율이 달라지는 것은 책임보험의 요소가 강하게 남아 있는 것이다(福田晧一, “業務起因性の認定と相當因果關係說についての一考察”, 『判例タイムズ 』第714号, 判例タイムズ社, 1990, 27~28쪽).

190) 西村健一郎, 『社會保障法』, 327~328쪽에서 비교법적으로 보면 폴란드처럼 산재보상제도 자

더욱이 기능적으로 보더라도 산재보험은 산재보상에 대한 사용자의 책임으로서의 역할을 다하고 있다. 결국 오늘날의 산재보험은 제도적으로는 사회보장의 법적 구조에 포섭되어 있지만, 일반적인 사회보험과 손해배상의 중간에 위치하는 보상시스템으로서 근로기준법의 재해보상과도 구별되는 독자적인 법체계를 형성함에 이르고 있다 할 것이다.

3. 산재보상제도의 법적 성질의 변천

근로기준법 제정 후 10년이 경과한 1963년에 이르러서야 "근로자의 업무상의 재해를 신속하게 보상하고 이에 필요한 보험시설을 설치 · 운영"(제1조)하기 위하여 산재보험법이 제정되었다.

이 법에 의하면 근로기준법의 적용을 받는 사업의 사업주는 정부가 관장하는 산재보험제도에 당연히 가입해야 하고, 보험재정은 보험가입자의 보험료에 의해서 충당하도록 되어 있으며, 그 밖에 적용범위, 보상사유, 보상내용 등 보상관계의 모든 내용은 근로기준법상의 그것과 대동소이하였다.

그리고 산재보험에 의한 보험급여는 사용자의 재해보상책임을 면해 주는 면책효과를 갖고 있기 때문에, 산재보험법의 법적 성질은 근로기준법상 개별 사용자의 보상책임을 담보하기 위해 제정된 책임보험법이었다.

이러한 책임보험으로서의 산재보험은 근로기준법에서 정한 재해보상의 권리 · 의무를 이행할 수단이라고 하는 의미를 갖고 있었다. 따라서 재해보상에 대하여는 근로기준법이 실체법이고 산재보험법은 절차법의 지위에 있었기에 산재보험법은 근로기준법에 종속하고 있다고 볼 수도 있었다.

그러나 수차에 걸친 개정에 의해 산재보험법은 근로기준법에서 이탈하여 독자적인 요소를 갖추게 되었는데, 이는 산재보험의 급여종류가 확충되고 급여수준 등에서 근로기준법상의 재해보상을 상회하도록 되었기 때문이다.

그리고 자영업자를 포함하여 적용범위가 확대되고 상병보상연금이 도입되었으며, 복지사업이 확대되는 등 산재보험의 '홀로걷기'가 이루어졌다. 이 중

체를 없앤 국가도 있으며, 영국처럼 장기적인 노동 불능에 대한 장해급여를 없애고 산재보상 독자의 급여를 단계적으로 폐지하여 일반의 사회보장 급여에 통합한 국가도 있다고 한다.

에서도 중요한 것은 산재보험법이 전면적으로 적용된 결과 근로기준법과 산재보험법의 관계는 실체법과 절차법이라고 하는 주종 관계가 아니라, 마치 민법의 고용규정과 근로기준법처럼 일반법과 특별법이라고 하는 병행관계가 되었다는 점이다.

특히 산재보험법은 근로기준법에서는 사용자에게 의무를 부여하지 않는 근로자의 복지에 필요한 시설 설치 등의 규정이 있어 엄밀한 의미에서 책임보험과는 다른 점을 갖고 있고, 산재보험에서 보장되는 급여도 현금 위주의 급여에서 직업재활에 대한 관심으로 확장되는 추세이며, 급여의 성격도 단기성 급여에서 연금 위주의 장기성 급여로 변화해 가고 있다.

또한 산재보험은 다른 사회보험, 즉 국민연금, 건강보험, 고용보험과 달리 재원조달이 전적으로 사용자에 의해서만 이루어진다. 따라서 산재보험제도는 보험가입자와 보험수혜자의 불일치가 나타나며, 보험수혜자의 보험능력이 중요시되지 않는다는 특징이 있다. 또 보험료 징수 등의 모든 보험관리에 있어 개별 근로자를 기반으로 관리하기보다는 사업장 단위로 관리가 이루어지는 등 산재보험이 건강보험, 국민연금 등 다른 사회보험과 다른 점이 있음은 부정할 수 없다.

그리고 산재보험은 전체 사용자의 공동비용 부담에 의해 운영되어 보상에 있어서 개별 사용자의 책임범위에 머무르지 않고 보상이 행해진다. 이러한 의미에서 현행의 산재보험은 근로자에 대한 사용자의 집단적 책임을 전제로 산업위험에서 유래하는 재해, 그 밖의 사고에 대해 손실보상은 물론 관련서비스까지 포함하여 종합적인 보상을 행하는 노동보험의 하나라고 할 것이다.

결론적으로 산재보상제도는 산재보험제도에 의해서 보다 완전한 것으로 된다 할 것인데, 산재보험제도는 개별 사용자의 무과실책임과 다수 사용자의 공동책임의 분담 및 국고의 참여라는 측면에서 사회보험을 근간으로 하고 있다. 이는 산재보험의 사회적 성격에 해당한다.[191] 이처럼 산재보상제도는 애초 손실보상의 책임보험적 성격은 약화되고, 사회보험의 방식으로 피재근로자와 그

191) 김형배, 『근로기준법』, 539~540쪽.

유족을 생활위험에서 구제하는 사회보장제도로서의 성격이 강해져서, 생활보장적인 성격을 띠는 방향으로 변천되었다고 할 수 있다.[192)]

---

192) 菅野和夫, 앞의 책, 445~446쪽.

제3절 사회보장제도로서의 산재보험제도

오늘날 국가는 적극적으로 국민의 복리를 증진시키는 사회복지국가이며, 국가의 적극적 배려를 요청하는 기본권은 생존권적 기본권이다. 따라서 과거 자유권적 기본권이 국민 기본권의 중핵을 이루고 있었을 때와는 달리 국가는 생존의 위협을 받고 있는 사회적 · 경제적 약자를 위해서 적극적인 시책을 취하지 않으면 안 되게 되었다.[193)]

그리하여 산재보험법은 노동과정에서 발생한 재해로 인한 근로자나 그 유족의 생존위협에 대하여 강제적용 방식과 연금제도 등으로 보상하고 있다. 이러한 산재보험은 다수 사용자의 책임의 분담 및 국고의 참여라는 측면에서 사회보험을 근간으로 하고 있으며, 이러한 맥락에서 사회보장제도 내에서 검토될 수 있다. 이하에서는 생존권 확보를 위해 구체적 수단이 되는 사회보장권과 그 실체적 권리를 실현하기 위한 사회보험으로서의 산재보험을 살펴본 후 다른 사회보험 및 손해배상과의 조정에 대해 검토하고자 한다.

Ⅰ. 생존권 보장과 사회보장권

산업재해는 근로자 자신의 생명 · 신체 · 건강뿐만 아니라 그 유족의 생활을 위협한다는 점에서 생존권 침해라 할 수 있다. 따라서 피재근로자와 그 유족의 생존권을 확보하기 위해서는 산재보험법의 역할이 중요하고, 산재보험제도도 근로자의 생존권 확보에 그 본질이 있다고 할 것이다.[194)]

헌법[195)]은 제34조 제1항에서 “모든 국민은 인간다운 생활을 할 권리를 가진다”고 규정하여 생존권의 이념과 근거를 제시하고 있다. 여기에서 생존권의 핵심인 인간다운 생활을 할 권리란 ‘인간의 존엄성에 상응하는 건강하고 문화

193) 김형배, 『노동법』, 126쪽.
194) 김형배, 『노동법』, 439쪽.
195) 전부개정 1987.10.29 헌법 제10호.

적인 생활을 영위할 권리' 이고,[196] '물질적인 궁핍으로부터의 해방' 을 그 주된 내용으로 하는 물질적인 최저 생활권을 말한다.[197]

따라서 생존권이란 헌법의 기본권 질서 내에서 최고의 가치라고 볼 수 있는 '인간으로서의 존엄성과 가치'(헌법 제10조)에 상응하는 '최소한의 물질적인 생활' 의 유지에 필요한 급여를 요구할 수 있는 권리이며,[198] 우리 헌법은 이를 기본권으로 보장하고 있다.

즉, 헌법질서의 최고 가치는 인간의 존엄으로서 생존권은 인간의 존엄성을 보장하기 위한 수단이며,[199] 인간의 존엄은 생존권의 이념적 토대라 할 수 있다. 그러므로 인간의 인격적 자율성과 사회보장법의 기본원리 내지 기본이념인 사회적 연대성의 조화로운 실현은 바로 헌법 제10조가 추구하는 국가의 궁극적인 실현목표라고 할 수 있다. 따라서 인간 존엄성의 존중은 결국 사회보장의 목표라고 할 수 있다.

이러한 생존권의 법 원리는 시민사회의 법 원리인 자유권 사상을 수정함으로써 국민의 생존권 확보를 국가의 법적의무로 인식하고, 이에 대한 국가의 책임을 직접적으로 규정한 것이라고 할 수 있다. 그런데 생존권적 기본권의 법적 성격에 대해서는 추상적 권리설을 취하는 것이 일반적인 견해이다.[200]

---

196) 권영성, 『헌법학원론』, 법문사, 2007, 640쪽.

197) 허 영, 『한국헌법론』, 박영사, 2007, 517쪽.

198) 헌재 1995.7.21, 93헌가14. 기본권은 직접 그 이상의 급여를 내용으로 하는 구체적인 권리를 발생케 한다고는 볼 수 없고, 이에 따른 구체적 권리는 국가가 재정형편 등 여러 가지 상황들을 종합적으로 감안하여 법률을 통하여 구체화할 때 비로소 인정되는 법률적 권리라고 하였다.

199) 인간의 존엄의 보장은 인간을 국가적 강제로부터 해방시키는 것으로만 충분하지 않고 국가의 배려의무가 필요하다(김승조, 「생존권에 관한 연구」, 고려대학교 박사학위논문, 1990, 13~14쪽).

200) 이상윤, "우리나라 사회보장법의 법적체계 및 주요내용", 『법제연구』 제7호, 한국법제연구원, 1994, 47쪽 참고 ; 헌법 제34조의 인간다운 생활을 할 권리나 국가의 사회보장 · 사회복지 증진의무 등의 성질에 비추어 볼 때, 국가가 어떠한 내용의 산재보험제도를 어떠한 범위에서 어떠한 방법으로 시행할 것인가는 입법자의 재량영역에 속하는 문제라 할 것이고, 근로자에게 인정되는 보험수급권도 그와 같은 입법재량권의 행사에 따라 제정되는 산재보험법에 의하여 비로소 구체화되는 법률상의 권리라고 볼 것인데, 처음부터 적용제외 사업에 종사함으로써 위 법 소정의 수급자격을 갖추지 못한 근로자로서는 헌법상의 인간다운 생활을 할 권리나 산재보험법에 기한 권리를 내세워 국가에 대하여 적용대상 사업 획정과 관련한 적극적 행위를 요구할

그리고 생존권은 인간의 생존 또는 생활에 필요한 여러 가지 조건의 확보를 요구할 수 있는 권리이고, 생존권 중에서도 인간다운 생활을 할 권리는 가장 근원이 되는 기본적인 권리이며, 또 사회보장을 받을 권리는 인간다운 생활을 보장하기 위한 구체적 수단이 되는 권리이다. 따라서 사회보장을 받을 권리는 인간다운 생활을 할 권리에서 파생된 권리이며, 그것은 동시에 인간다운 생활을 할 권리를 구체적으로 보장하는 권리인 것이다.[201)]

결국 사회보장 내지 사회보장법의 기본이념이 국민 기본권의 하나인 생존권 보장을 추구하는 데 있다는 것은 오늘날 국내외를 불문하고 이론의 여지가 없는 공통된 견해라고 할 것이다.[202)]

그리고 헌법은 인간다운 생활보장의 일환으로 제34조 제2항에서 "국가는 사회보장 · 사회복지의 증진에 노력할 의무를 진다"고 명시하여, 사회보장 등에 대한 국가의 의무를 규정하고 있다. 또 제3항에서는 여자의 복지와 권익의 향상을 위한 노력을, 제4항에서는 노인과 청소년의 복지향상을 위한 정책의 실시의무를, 제5항에서는 신체장애자 등 생활능력이 없는 국민에 대한 국가적 보호를, 제6항에서는 재해를 예방하고 그 위험으로부터 국민을 보호할 노력의무를 규정하여 사회보장에 관한 구체적이고 직접적인 규정을 두고 있다.

따라서 우리 헌법은 인간의 존엄성을 실현하기 위하여 사회적 기본권을 보장하고 있고, 사회보장은 특히 사회적 기본권에서 국민의 권리 또는 국가적 의무로 구체화되고 있다고 할 수 있다.[203)]

그리고 이러한 헌법적 이념에 따라 사회보장기본법[204)] 제2조에서도 "사회보장은 모든 국민이 다양한 사회적 위험으로부터 벗어나 행복하고 인간다운 생활을 향유할 수 있도록 자립을 지원하며, 사회참여 · 자아실현에 필요한 제도와 여건을 조성하여" 사회통합과 행복한 복지사회를 실현하는 것을 기본이념

지위에 있다고 볼 수 없다(헌재 2003.7.24, 2002헌바51).

201) 김유성, 『한국사회보장법론』, 96쪽.

202) 김유성, 『한국사회보장법론』, 33쪽 ; 加藤智章 · 菊池聲實 · 倉田 聰 · 前田雅子, 앞의 책, 62쪽.

203) 이재명, "사회보장을 받을 권리에 관한 연구", 『헌법학연구』, 제11권 제2호, 한국헌법학회, 2005, 388~390쪽.

204) 2013.3.23 법률 제11690호.

으로 정하고 있다.

한편, 국제노동기구는 1984년 보고서에서 '사회보장은 국민이 노령, 장해, 실업, 질병 등에 직면하였을 때, 일정수준의 소득을 보장하고 의료혜택 및 육아양육 보조비 등의 혜택을 제공하는 법에 근거한 프로그램'이라고 한다.[205] 궁극적으로 사회보장은 현대사회에서 스스로 자신의 생활을 유지하지 못하는 소외계층 등에 대해 인간다운 생활을 보장하는 수단이라 할 수 있는 것이다.[206]

또 사회보장을 받을 권리, 즉 사회보장권(Recht auf soziale Sicherheit)이라 함은 출산, 양육, 실업, 노령, 장애, 질병, 빈곤 및 사망 등의 사회적 위험으로 인해 보호가 필요한 상태에 있는 개인이 인간의 존엄에 상응하는 인간다운 생활을 영위하기 위하여 국가에 일정 내용의 급여 등의 보호를 요구할 수 있는 권리를 말한다. 그러므로 인간다운 생활권과 사회보장권은 목적과 수단의 관계이고, 사회보장권은 인간다운 생활권을 보장하는 다양한 수단 내지 방법 중의 하나로 볼 수 있을 것이다.[207]

이러한 사회보장권은 실체적 권리인 사회보장청구권과 절차적 권리로 나눌 수 있다. 사회보장청구권은 개인이 해당 사회보장 법률에 의하여 현실적인 사회보장급여를 청구할 수 있는 실체적이고 구체적 권리를 말한다. 이러한 사회보장청구권에는 사회보장법 체계와 관련하여 네 가지 유형의 청구권인 사회보험청구권 또는 사회보험수급권, 공적부조청구권, 사회보상청구권, 사회복지청구권으로 구성된다.[208]

그리고 사회보장을 받을 권리를 적정하게 실현하는 데 있어서는 헌법 제11조 제1항의 '법 앞의 평등'도 고려하여야 할 것이다.[209] 이는 사회보장법 자체

---

205) http://www.ilo.org

206) 이헌석, "사회보장수급권과 사회보장청구권", 『공법연구』, 제26호, 한국공법학회, 1998, 231쪽.

207) 민경식, "현대국가에 있어서의 사회보장권의 보호", 『공법연구』, 제20호, 한국공법학회, 1992, 48~50쪽.

208) 민경식, 앞의 글, 54~56쪽.

209) 加藤智章 · 菊池馨實 · 倉田 聡 · 前田雅子, 앞의 책, 46~48쪽에서 사회보장의 권리는 헌법상 재산권 보장과 관련하여 두 가지 측면에서 문제가 되는데, 하나는 사회보장수급권의 재산권적 성격을 둘러싼 문제로서 사회보장수급에 대한 헌법상의 재산권 보장이 어느 정도 미치는가 하는 문제이고, 다른 하나는 사회보험료 등의 비용부담을 둘러싼 문제로서 사회보험에의 가입강

가 실질적 평등의 달성을 목적으로 하는 법체계라고 할 수 있기 때문이다.

또 사회보장청구권 중 사회보험의 가장 궁극적인 목적은 사회적 위험에 대한 적절한 보상이며 이것은 급여의 제공에 의해 구체적으로 실현되는데,[210] 이 중 산재보험제도는 노동과정에서 발생한 노동력 훼손의 결과 피재근로자와 그 유족의 생존권이 위태롭게 되므로 보험급여를 행하는 것이다.

산재보상제도는 원래 근로자에 대한 은혜적인 부조제도로부터 발전한 것이지만, 오늘날에는 근로자의 인간다운 생활을 확보하기 위한 권리로서 결정되기에 이르렀다. 그러한 의미에서도 산재보험제도는 근로자의 생존권 확보에 그 본질적 성질이 있다고 할 것이다.

헌법재판소[211]도 "산재보험법의 기본이념은 산업재해를 당한 근로자와 그 가족의 생존권을 보장하는 데 있고 산재보험 수급권은 이러한 헌법상의 생존권적 기본권에 근거하여 산재보험법에 의하여 구체화된 것"이라고 하였다. 그리고 판례[212]도 "산재보험법에 의한 요양제도가 손해의 공평한 분담을 목적으로 하는 손해배상과 달리 사회보장제도의 하나로 실시된다"고 판시하고 있으므로, 산재보험은 생존권적 기본권에 근거한 사회보장제도라고 할 수 있다.

한편, 근로기준법 제23조(해고 등의 제한) 제2항에서 '사용자는 근로자가 업무상 부상 또는 질병의 요양을 위하여 휴업한 기간과 그 후 30일 동안은 해고하지 못한다'고 규정하고 있다. 이는 정상적으로 노동력을 제공할 수 없는 피재근로자의 노동향유 기회를 박탈하는 것을 금지하고 사회보장권의 실효를 위해 일정한 제한을 가하는 것으로서, 피재근로자의 노동 향유권 보장의 일환이라 할 것이다.[213]

결론적으로 사회보장의 궁극적인 목표는 모든 국민의 인간다운 생활의 보장을 통한 인간의 존엄성 실현에 있는 것이다. 따라서 사회보장권을 실현하기

제와 보험료의 강제징수가 재산권 침해가 되는 것이 아닌가 하는 점이라고 한다.

210) 김진수 · 박수경, "사회보험의 중복급여체제 개선방안에 관한 연구", 『사회보장연구』, 제19권 제2호, 한국사회보장학회, 2003, 36쪽.

211) 헌재 2005.11.24, 2004헌바97.

212) 대판 2001.9.17, 2001두4757.

213) 이흥재, 「해고제한에 관한 연구」, 서울대학교 박사학위논문, 1988, 131~133쪽.

위한 급여수준은 일반적으로 사회보장권의 주체인 개인이 인간다운 생활을 영위할 수 있을 정도의 수준이라 할 것이고, 인간다운 생활이란 일반적으로 인격의 고유한 주체인 인간이 그 존엄과 가치를 유지하며, 나아가 인격을 자유로이 발현할 수 있는 생활이라고 할 것이다. 그리고 이러한 생활수준은 항상 불변하는 것이 아니라 시대에 따라 변천하고 그 시대의 경제 · 사회 상태에 따라 다르게 나타나는 것이라고 할 수 있다.

Ⅱ. 사회보험으로서의 산재보험

사회적 위험에서 보호하기 위한 사회보험은 경제적 약자에게 그 생활을 위협할 만한 상해 · 사망 기타 일시적으로 많은 재산상의 부담을 지게 하는 사고가 발생한 때, 그 위험을 국가적인 보험기술을 통하여 대량적으로 분산시킴으로써 장래의 생활을 보장하기 위한 사회보장 작용이다. 대부분의 입법례가 사회보험을 사회보장제도의 중핵으로 삼고 있다.[214] 사회보장기본법 제3조 제2호에는 "사회보험이라 함은 국민에게 발생하는 사회적 위험을 보험의 방식으로 대처함으로써 국민의 건강과 소득을 보장하는 제도를 말한다"고 규정하고 있다.

이러한 사회보험은 사회적 조정과 보험의 원리를 바탕으로 하고 있으며, 기본적인 사상은 사회연대성에 근거하고 있다. 여기에서의 사회연대성은 사회채무로서 국민에게 부과되는데, 이는 상호의존과 상호부조의 원리로 있는 자와 없는 자 사이에 기여금과 급여액에서 조정이 이루어져야만 사회연대성이 실현될 수 있다.[215]

또 사회보험은 소득재분배 기능도 할 수 있기 때문에 사보험과는 달리 사회적인 조정이 필요하다. 따라서 국가가 이러한 사회적 조정을 하게 되며, 사회보험은 사회보장의 기본원리 중의 하나인 보험의 원리를 이용하여 사회적 조정을 한다는 일반적 특징이 있다.

---

214) 민경식, 앞의 글, 54쪽.
215) 이달휴, "사회보험의 원리", 『복지행정논총』, 제10집, 한국복지행정학회, 2000, 283쪽.

그리고 사회보험은 자율적 가입과 계약에 의한 권리를 보장하는 사보험과는 달리 그 가입이 강제되고 법적인 의무라는 측면에서 공적 보험으로서의 특성을 가지고 있다.[216] 또 보험운영에 필요한 재원이 주로 수혜대상자의 기여금(산재보험의 경우는 제외)과 사용자의 부담금으로 충당된다는 점, 갹출과 위험발생률 관계의 단절, 소득 · 자산비례 갹출의 도입, 보험급여액과 갹출액의 비례관계 단절, 보험재정에 있어서 부과방식을 적용하는 점 등[217] 사보험과는 기본원리, 위험전가의 방법, 일반적 목적 및 보험기술 등에서 많은 차이를 지니고 있다.[218]

오늘날 사회보험은 현대사회의 대표적인 위험영역에 따라 노령과 질병에 대해 노후보장을 위한 연금보험, 질병의 치료나 재활을 위한 의료보험, 근로자들의 산업재해에 대비한 산재보험, 근로자의 실업에 대비한 고용보험으로 나눌 수 있다.

우리나라는 1963년 산재보험법의 제정을 시작으로 현재에는 4대 보험을 모두 갖추고 있다.[219] 이들은 모두 헌법상의 인간다운 생활을 할 권리가 법률에 의해 사회보험청구권의 형태로 구체화된 것으로 볼 수 있으며, 그 결과 국민은 사회적 위험이 발생하였을 때 국가에 대하여 보험급여를 청구할 권리가 있는 것이다.

이러한 사회보험은 원래 노동보험을 중심으로 하여 발전해 온 제도이고 오늘날에도 노동보험이 그 주류를 형성하고 있는데, 이는 사회보험이 노동보험

---

216) 국민연금법 제75조, 제79조에 대한 위헌확인사건에서, 강제가입과 소득재분배 효과를 전제로 한 연금 보험료의 강제징수에 관한 국민연금법 규정이 조세법률주의나 재산권보장 원칙에 위배되지 아니하고, 강제가입에 관한 국민연금법 규정이 행복추구권을 침해하지 않으며, 헌법상의 시장경제 질서에 위반하지 아니한다고 결정하였다(헌재 2001.2.22, 99헌마365).

217) 이달휴, “산업재해보상보험법에서의 보험관계의 특질과 보험료”, 『중앙법학』, 제8집 제3호, 중앙법학회, 2006, 369쪽.

218) 홍완식, 『사회보험료 관련 입법에 있어서 헌법원칙의 적용에 관한 연구』, 한국법제연구원, 2005, 48쪽.

219) 1963년 제정되었으나 1977년에 개정되어 500명 이상 사업장에 대한 강제가입제도가 실효성을 발휘한 건강보험법, 1986년 제정되고 1988년부터 시행된 국민연금법, 1993년 제정되고 1995년부터 시행된 고용보험법이 있다.

과 같은 원리와 목적에 입각한 제도이면서 다만 대상영역을 근로자에게만 한정하지 않고 전 국민에게까지 확장 · 발전시킨 것이기 때문이다.[220)]

여기에서의 노동보험은 노동능력이나 노동기회를 상실한 근로자들의 생활안정과 노동력의 회복 등을 목적으로 하여 운영되는 공공적인 보험프로그램이라고 할 수 있는데, 이 중에서 산업재해에 대한 보상 프로그램인 산재보험은 대부분의 국가에서 가장 오래된 사회보험이다.

산업재해는 기본적으로 노동관계상에서 발생하는 위험이므로 사용자의 근로자에 대한 배려 혹은 사용자 간의 연대가 산재보험의 이념적 기초가 된다.[221)] 그러나 산재보험이 다른 사회보험과 구별되는 독특한 특성은 보험가입자와 급여수급자가 일치하지 않는다는 것으로서, 산재보험 급여의 수급대상이 산업재해를 당한 개별 근로자임에도 불구하고 보험가입자로 보험료를 부담하는 사람은 그를 고용하고 있는 사업주라는 점이다.

이는 산업재해가 노동관계에 기반을 둔 특유한 생활위험이기 때문에 제1차적인 생활보장책임을 자본에게 부과하는 취지이고, 산업재해라고 하는 노동관계상의 위험에 대해서는 사용자의 책임으로 보상하는 것이 공평 · 타당하다고 생각되기 때문이며, 산재보험이 산업재해에 대한 사업주책임(employer' s liability)을 사회보험화한 것이기 때문이다.

그리고 산업재해는 노동과정에서 업무상 발생한 재해로서 고용관계에서 발생하는 위험인 데 대하여, 건강보험 및 국민연금이 보호하는 위험은 우연하거나 자연스러운 계기에 의하여 발생한다는 점이다. 즉, 업무수행의 결과 발생하는 이익이 사용자에게 귀속되고, 이와 관련하여 업무환경을 지배하는 사용자와의 관계가 잠재적으로 존재하기 때문에 산재보험은 노동관계를 규범적 환경으로 한다는 구조적인 특성이 있는 것이다.[222)]

이러한 산재보험제도는 우리나라 최초의 사회보험제도로서 다른 사회보험

---

220) 김유성, 『한국사회보장법론』, 30쪽.

221) 소기업 사용자에 대한 대기업 사용자의 경비원조 관계인 사용자 연대성과 사용자의 근로자에 대한 연대성(노사 연대성)이 나타나고 있다(이달휴, "산업재해보상보험법에서의 보험관계의 특질과 보험료", 369쪽).

222) 전광석, "산재보험의 법적 성격과 역할", 『연세법학연구』, 연세법학회, 2005, 162~166쪽.

제도보다 먼저 도입되었다. 이는 다른 사회보험에는 순수한 복지적 성격이 상대적으로 많이 내포되어 있어서 경제적 효율성을 우선시한 당시의 풍토에서 도입이 지체되었지만, 산재보험은 산업화를 추진하는 데 적극적인 기여를 할 수 있는 제도로 인식된 것에 기인한 것으로 보인다.

그리고 산업화 진행과정에서 발생한 현실적 문제를 해결하기 위해 산재보험제도를 도입한 선진국과 달리 우리나라는 본격적인 산업화가 진행되기 이전에 산재보험제도가 도입되었다. 이러한 사실은 산업화 추진과정에서 필연적으로 발생하게 될 산업재해가 노사관계, 기업의 재정 및 근로자 복지에 미치는 부정적 영향을 예방하기 위하여 이 제도가 도입되었음을 보여준다.[223)]

산재보험은 사회보장으로서 사회보험의 성격을 가지기 때문에 국가의 역할이 중요하다. 이는 산재보험법에서의 국가의 지위는 단순히 법 기술적으로 표현된 보상관계의 당사자에 그치지 않고, 사업주가 부담하는 자본의 보상책임을 사회연대 이념을 매개로 한 보험원리를 통하여 피재근로자의 생활보장을 책임지는 주체로서 나타나기 때문이다. 따라서 국가는 피재근로자의 생활보장을 포괄적인 사회보장체계에 흡수 · 통합하려는 주체라고 할 수 있다.

결론적으로 현대의 산재보험은 사회보장의 이념이나 정책의 영향을 받아 제도적으로 이와 결합하고 있다. 그러나 산재보험은 산업재해 본래의 노동관계적 구조와 성격을 기초로 한 방식을 유지하고 있고, 산업재해가 일반 상병과는 구별되기 때문에 산재보험은 사회보장체계 내에서 독자적인 존재의의를 갖는다고 할 것이다.[224)]

---

223) 김상호, 『21세기를 대비한 한국과 독일의 산재보험제도』, Friedrich Ebert Stiftung, 1999, 1~2쪽.

224) 산재보험법은 근로기준법의 재해보상에 대한 책임보험의 성격도 지니고 있고 산재보험 재원은 사업주에게만 의존하고 있으므로, 사회의 일반적인 위험에 대한 국가의 보장인 사회보험과는 성격이 다르다고 할 것이다.

Ⅲ. 다른 사회보험이나 배상과의 관계

산재보험은 부상 · 질병 · 장해 · 사망이라는 보험사고에 대해 피재근로자와 그 유족의 생활보장을 위해 보험급여를 행한다는 점에서 건강보험 · 국민연금 등의 사회보험과 공통점이 있지만, 근로자에 대한 사업주의 보상책임을 전제로 업무상 재해에 대해서만 행한다는 점에서 다른 사회보험과 구별된다. 또한 산재보험은 일정범위에서 근로자가 입은 손실을 전보한다는 측면에서 손해배상과 공통점이 있지만, 과실책임에 근거한 손해액을 전부 배상하는 것이 아니라 무과실책임에 의해 정률 · 정액보상을 한다는 점에서 손해배상과 다르다.[225)]

이러한 산재보험은 사업주가 급여의 비용 전액을 부담하고, 다른 사회보험에 비하여 보험급여가 상대적으로 높으며, 보험급여액에 상당하는 사업주의 손해배상 면책 등을 특징으로 하는데, 이하에서는 산재보험과 다른 사회보험 또는 손해배상과의 조정에 대해 살펴본다.

1. 다른 사회보험과의 조정

가. 의 의

산업재해가 개별기업의 노동관계에서 발생한다고 하여도 산재보상책임은 개별기업의 책임에서 자본전체의 사회적 책임으로 전화하였다. 이와 같이 산재보험 관계가 단지 개별적인 사용자와 근로자의 관계에 그치지 않고 총자본과 전체 근로자의 관계로 구성되고, 더 나아가 산재보상이 근로자에 대한 생활보장의 이념에까지 결부될 경우 국가도 근로자의 생존권 보장과 관계가 있게 된다. 이런 점에서 산재보험과 다른 사회보험과의 관계를 어떻게 파악하고 조정해야 할 것인지가 문제된다.

산재보험법 제80조 제3항은 "수급권자가 동일한 사유로 민법이나 그 밖의 법령에 따라 이 법의 보험급여에 상당한 금품을 받으면 공단은 그 받은 금품

---

225) 오선균, "개정 산재보험법의 내용과 쟁점 및 평가", 『산업재해보상보험법의 쟁점과 실무』, 노동법이론실무학회, 2008, 5~6쪽.

을 대통령령이 정하는 방법에 따라 환산한 금액의 한도 안에서 이 법에 따른 보험급여를 지급하지 아니 한다"고 규정하여 중복급여를 금지하고 있다.

사회보험에 있어 중복급여의 발생은 단순히 수급자가 여러 가지 급여를 동시에 받게 되는 것이 문제가 아니라, 한쪽에서는 과잉보장이 발생하지만 다른 한편에서는 최저생계비에도 미치지 못하는 과소보장이 일어나 급여의 적정성이 문제시 된다는 것이다. 이러한 문제점의 근본적인 원인은 우리나라에 사회보험이 도입되고 발전하는 과정에서 상호간의 조화가 고려되지 못한 데서 찾을 수 있다고 할 것이다.

산재보험과 중복급여가 발생할 수 있는 경우로는 국민연금, 건강보험, 고용보험과 자동차보험이 있는데, 이 중 문제가 되는 경우는 국민연금과 건강보험이므로 이하에서는 이들에 대해서만 살펴본다.

나. 국민연금

국민연금은 피보험자가 노령이나 장애로 인하여 소득이 감소되거나 상실된 경우 또는 피보험자가 사망한 경우에 그 사회적 위험으로부터 보호하기 위한 사회보험의 한 영역으로 국민일반을 대상으로 하고 있다.

개인이 노령으로 인하여 일을 할 수 없게 되거나 심신의 장애로 노동 불능의 상태가 된 경우에는 소득능력이 상실된다. 이러한 경우 그 회복이 곤란하거나 불가능한 상태가 장기간 계속되기 마련이므로 연금급여의 방식을 통해 장기적이고 안정적인 소득보장을 할 필요가 있는 것이다.

사회보험 중에서도 장기보험에 속하는 국민연금은 보험의 원리를 이용한 사회보험이므로 사보험과는 달리 가입이 강제되고 보험료율과 연금지급에 대한 내용이 법률로 정하여진 공적연금제도이다. 국민연금은 국가의 책임하에 운영되고 있으며, 1988년에 처음 시행되어 오늘에 이르고 있다.

국민연금법[226] 제113조에는 '장애연금 또는 유족연금의 수급권자가 근로기준법 또는 산재보험법에 따른 장해급여나 유족급여를 받을 수 있는 경우에는 장애연금액이나 유족연금액은 그 2분의 1에 해당하는 금액을 지급한다' 고 하

---

226) 2014.1.14 법률 제12242호.

여 연금에 있어서 중복급여의 조정규정을 두고 있다. 따라서 산재보험에서 급여를 지급하는 경우에 국민연금은 연금의 1/2에 해당하는 금액만 지급되므로 현재 급여조정은 국민연금을 통해 일률적으로 이루어지고 있다.

그런데 산재보험법 제80조 제3항에서도 '수급권자가 동일한 사유로 다른 법령에 따라 이 법의 보험급여에 상당한 금품을 받으면 공단은 그 받은 금품의 한도 안에서 보험급여를 지급하지 아니 한다'고 규정하여, 수급권자가 먼저 국민연금의 장애·유족연금을 받은 때에는 근로복지공단은 급여를 제한할 수 있음을 밝히고 있다.

그러나 산업재해가 발생한 후 수급권자가 동일한 사유로 국민연금에서 일부의 금품을 받았음에도 산재보험에서 전액을 지급하여 중복급여의 사유 발생 시 조정하지 않는 실무상의 문제가 있다.

그리고 산재보험법상의 휴업급여 및 상병보상연금은 업무상 상병으로 경제활동을 할 수 없는 요양기간의 소득상실에 대한 보전으로서 연령에 제한 없이 지급된다.[227] 따라서 일정연령 이후에는 국민연금의 노후보장을 위한 노령연금과 중복되나 이에 대한 병급 조정 규정이 없어 중복급여에 대한 조정은 제대로 이루어지지 않고 있는 것으로 보인다.

결론적으로 산재보험과 국민연금 사이에 상호연계가 제대로 이루어지지 못하여 위험의 분산이 적절하게 이루어지지 않고 있는데, 이는 한편에는 과잉보장이 발생하고 다른 한편에는 과소보장이 생기는 결과를 초래하여 적정수준의 보장이라는 사회보험 취지에 어긋나는 것으로 생각된다.

다. 건강보험

의료보장의 중심적 역할을 수행하는 건강보험제도는 국민의 질병·부상에 대한 예방·진단·치료·재활과 출산·사망 및 건강증진에 대하여 보험급여를 실시함으로써 국민보건을 향상시키고 사회보장을 증진함을 목적으로 하고 있다. 건강보험 제도는 보험의 원리를 이용하여 의료비의 지출 부담을 건강보

---

227) 다만, 산재보험법 제55조에 의하여 휴업급여를 받는 근로자가 61세가 되면 그 이후의 휴업급여는 별도의 산정방식에 따라 연령별로 차감 지급된다.

험 가입자 모두에게 분산시켜 국민생활의 안정을 도모하기 위한 사회보험이다.

건강보험은 1977년 500명 이상 대규모 사업장을 대상으로 처음 시작되어 2000년 7월 전 국민 건강보험으로 통합되었고, 일부 의료급여 수급자를 제외한 모든 국민이 건강보험의 대상이 된다. 건강보험료는 원칙적으로 소득수준에 따라 부과되고 건강보험 대상자가 의료기관을 이용할 경우 환자본인 부담을 제외한 진료비가 의료기관에 지불된다.

건강보험의 경우에는 국민건강보험법[228] 제53조 제1항 제4호에서 "업무 또는 공무로 생긴 질병 · 부상 · 재해로 다른 법령에 따른 보험급여나 보상(報償) 또는 보상(補償)을 받게 되는 경우"에는 보험급여를 하지 아니한다는 규정에 따라 중복급여의 문제가 발생하지 않는다. 따라서 질병과 부상 기타 재해의 사회적 위험 중 업무상 재해는 산재보험만의 부담으로 하고 있다.

우리나라 건강보험에는 외국제도에서 흔한 상병수당제도나 소득보전제도가 없기 때문에 사회보험 간의 중복급여 문제가 크게 대두되고 있지는 않다. 하지만 업무상 재해는 사회적 위험의 현실화로서 건강보험과 동일한 사유에 의해 발생할 수 있는데, 왜 산재보험만이 그 위험을 부담하여야 하는가라는 의문이 있다.[229]

산재보험법 제80조 제3항은 '민법이나 그 밖의 법령'까지 포함하고 있으므로 문리적 해석으로는 산재보험법과 국민건강보험법 사이의 조정이 가능할 수도 있다. 그러나 건강보험의 경우에는 현물급여가 원칙이고, 대체로 피재근로자에게 직접 금품을 제공하는 것이 아니므로 상병이 현실화하여도 산재보험법 제80조 제3항이 적용될 여지는 거의 없다고 할 것이다.

한편, 건강보험과 산재보험은 사회보험으로서 공통된 성격을 가지지만, 산재보험법에서의 보험사고는 '업무상'의 것에 국한하는 데 반하여 건강보험에 의한 사고는 '업무외'의 것을 대상으로 한다는 차이가 있다. 또 산재보험은 주로 '근로자 본인'의 재해가 보험급여 지급사유에 해당되나 건강보험은 '가입자 및 피부양자'의 재해 등을 대상으로 하며, 산재보험이 책임보험의 성격

---

228) 2013.5.22 법률 제11787호.
229) 한국사회보험연구소, 앞의 책, 473쪽.

때문에 보험료 전액을 사업주가 부담하는 것과 달리 건강보험은 보험가입자가 일부를 부담(직장가입자)하고 있다는 점에 차이가 있다.

이 밖에도 건강보험은 보험가입자 및 피부양자의 상병에 대한 치료와 출산 및 건강증진에 대하여 직접 의료서비스를 행하는 반면, 산재보험은 출산 등에 관련된 급여는 없지만 급여액이 건강보험에 비하여 상대적으로 높은 수준을 유지한다는 점도 두 보험의 차이라고 할 수 있다.

2. 손해배상과의 조정

업무상 재해를 입은 근로자나 그 유족은 산재보험법에 의한 보상을 받을 수 있고 나아가 민법에 의한 손해배상청구권을 행사할 수 있다. 산재보험법에 의한 보험급여는 사회보험에 의한 것이기는 하나, 보상의 일면에서 피재근로자의 손해를 전보하는 기능이 있으므로 민법상의 배상제도와도 관계가 있다고 할 것이다. 이것은 산재보험의 파생적인 측면으로서 산재보험청구권과 손해배상청구권과의 상호조정에 해당되는 문제이다.

가. 손해배상책임의 근거

산재보험법에서 규정한 보상의 범위를 넘어 근로자가 산업재해에 대한 배상을 청구하려면 현행법상으로는 민법에 의한 손해배상을 청구할 수밖에 없는데, 배상책임의 법적 근거를 어디에서 구해야 할 것인지가 문제된다.

산업재해의 민사책임을 불법행위로 구성하면 사용자에게 산업재해 발생에 대한 과실이 있어야 하고, 또 과실이 있었다고 하여도 피재근로자 측에서 그 과실을 입증하지 않으면 안 된다.

이 경우 과실책임이라는 것은 주의하면 회피 가능한 손해발생에 대해서만 타당하기 때문에, 주의하여도 회피할 수 없는 손해에 대해서는 아예 불법행위의 책임을 추급할 수 없게 된다.

그리고 과실책임주의의 본래 기능은 근대사회에서 개인이나 기업 활동의 자유를 보장하기 위하여 이들에게 경제활동의 예측가능성 · 회피가능성을 부여하려던 것이었다. 그런데 산업재해에는 기업 활동 중에 주의하면 회피가 가능한 위험과 주의하여도 회피할 수 없는 위험이 있는 것이다. 따라서 후자에 대해서는 사회적으로 허용된 위험으로 과실책임의 대상이 되지 않는다고 볼 수 있는 문제점이 있게 된다.[230)]

그리하여 산업재해에 대한 민사책임의 법적 근거를 채무불이행책임으로 보고 안전배려의무[231)]에서 구하는 견해가 제2차 세계 대전 이전부터 존재하여 왔다. 여기에서의 안전배려의무란 근로자가 근로제공을 위해 설치된 장소, 설비 혹은 기구 등을 사용하거나 사용자의 지휘하에 근로를 제공하는 과정에서 사용자는 근로자의 생명 및 신체 등을 위험으로부터 보호해야 할 의무를 말한다.[232)]

그리고 그 이론적 근거에 대해 학설은, ① 신의칙상 고용계약의 부수적 의무로 이해하는 견해,[233)] ② 신의칙상의 의무이지만 노동법 원리에 입각한 근로계약상의 부수적 의무로 이해하는 견해,[234)] ③ 근로자에 대한 근로계약상의 본질적 의무로 이해하는 견해[235)] 등으로 나뉘어져 있다.

---

230) 窪田準人, "勞災補償の本質", 窪田準人教授還暦記念論文集, 『勞働災害補償法論』, 法律文化社, 1985, 11쪽.

231) 산업재해에 있어 계약불이행 책임의 근거로 건강배려의무를 생각할 수도 있겠으나 여기에서는 일반적으로 많이 사용하는 안전배려의무를 기준으로 기술한다. 한편, 건강배려의무에 관해서는 후술하는 제3장 제1절 Ⅱ에서 구체적으로 설명한다 ; 우리나라에서 부르는 배려의무 또는 안전배려의무는 일본에서 안전보호의무나 안전보증의무 · 안전확보의무 등으로 불린다(岡村親宜, 『過勞死 · 過勞自殺の理論と實務 -勞災補償と民事責任-』, 旬報社, 2002, 242~243쪽 ; 窪田準人, "勞災補償の本質", 17쪽).

232) 임종률, 앞의 책, 340쪽 ; 法務省訟務局內勞災訴訟實務硏究會 編, 『新 · 勞災訴訟の實務解說』, 商事法務硏究會, 1998, 166쪽.

233) 窪田準人, "勞災補償の本質", 13쪽에서 민법에서 신의칙 규정을 두고 있을 뿐 독일 민법(제618조)과 같이 사용자의 근로자에 대한 생명 · 건강에 대한 보호의무를 정한 규정은 존재하지 않으나, 사용자가 제공하는 설비, 기구 등의 제반시설로부터 발생하는 위험이 근로자에게 미치지 않도록 보호해야 할 의무를 진다는 것은 신의칙상 당연한 것이라고 할 수 있다고 한다. 따라서 이는 신의칙상 고용계약의 부수적 의무로 본 것이라고 이해된다.

234) 임종률, 앞의 책, 340쪽 ; 김형배, 『노동법』, 281 · 459쪽에서 안전배려의무를 근로계약상의 부수적 의무 또는 신의칙상의 부수적 의무로 표현하고 있다. 이를 종합하면 신의칙상 근로계약상의 부수적 의무로 보는 견해를 취한 것으로 이해된다.

235) 사업주는 근로자의 근로제공에 대해 임금지급의무와 안전배려의무라고 하는 두 가지의 이행의무를 부담하고 있다고 이해하는 것이 상당하며, 안전배려의무는 법률관계의 단순한 부수의무가 아닌 본질적인 의무라고 이해하는 것이 상당하다(岡村親宜, 『過勞死 · 過勞自殺の理論と實務 -勞災補償と民事責任-』, 236~237쪽.

판례[236]는 "사용자는 근로자가 근로를 제공하는 과정에서 생명 · 신체 · 건강을 해치는 일이 없도록 물적 환경을 정비하고 필요한 조치를 강구할 보호의무를 부담한다"고 하고, 이러한 보호의무를 '근로계약상 부수적 의무'로 판시하였다.[237] 이러한 판례의 경향은 안전배려의무를 신의칙상 의무인 동시에 노동법 원리에 입각한 근로계약상의 부수적 의무로 이해하고 있는 것으로 보인다.

근로제공은 근로자가 자신의 안전과 불가분의 일체를 이루는 노동력을 사용자의 지배하에 두는 것이므로 안전배려의무는 당사자 사이에 약정이 없더라도 근로자가 사용자의 사업장에 편입됨으로써 당연히 발생하는 의무라고 할 것이다.

또 안전배려의무에는 사용자가 근로자의 안전과 건강을 침해하지 않을 소극적 의무뿐만 아니라, 예상되는 작업시설의 위험으로부터 근로자를 안전하게 보호하기 위해 적절한 조치를 강구해야 할 적극적인 의무도 포함된다고 할 것이다.[238]

따라서 사용자의 근로계약상 주된 채무는 임금지급 채무이지만 재해와 관련하여 채무불이행상의 문제가 되는 것은 사용자의 지시 · 감독하에서 업무를 수행하는 근로자에 대한 배려의무 또는 보호의무라고 할 수 있다. 그러므로 사용자가 안전배려의무를 위반하여 근로자에게 재해를 발생시킨 경우에는 적극적 채권침해에 따른 책임을 져야 하는 것이다.[239]

피재근로자가 안전배려의무 위반을 이유로 사용자에게 손해배상책임을 지우기 위해서는 손해의 원인이 된 사실이 사용자의 안전배려의무의 범위 내에 속한다는 것을 입증해야 한다. 반면, 사용자가 그 책임을 면하기 위해서는 안전배려의무가 존재하지 않는다는 사실, 또는 안전배려의무에 따른 제반조치를 모두 이행하였다는 사실, 발생한 재해가 근로자 자신의 귀책사유이거나 불가항력과 같은 사유에 의하여 발생하였다는 사실 등을 입증해야 할 것이다.[240]

---

236) 대판 2002.11.26, 2000다7301.
237) 대판 2006.9.28, 2004다44506.
238) 임종률, 앞의 책, 340쪽.
239) 김형배, 『근로기준법』, 595쪽.
240) 김형배, 『노동법』, 459~460쪽.

최근 판례[241]는 파견근로 관계에서 사용사업주는 그 지배·관리 영역에서 발생하는 생명·신체의 위험과 관련해 파견근로자에 대하여 계약상 의무로서 보호의무 또는 안전배려의무를 부담하고 이에 관한 묵시적인 의사의 합치가 있다고 할 것이므로, 파견근로자는 사용사업주에 대해 보호의무 또는 안전배려의무의 위반을 원인으로 하는 손해배상을 청구할 수 있다고 판시하였다.

그리고 안전배려의무는 근로계약상의 의무이므로 근로자가 사용자의 지배·관리하에서 벗어난 경우에는 안전배려의무도 존속하지 않게 되고, 재해가 업무관련성 없이[242] 근로제공과 무관하게 발생한 때에는 채무불이행 책임이 아니라 불법행위 책임을 지게 된다고 할 것이다.

한편, 사용자는 안전사고에 따른 업무상 재해의 경우 사용자가 손해배상책임을 당연히 부담하는 것으로 이해하고 피재근로자 측과 그 책임에 대해 합의하려고 노력하지만, 과로성 재해의 경우에는 손해배상책임을 인정하지 않으려 하는 것이 현실이다.

사용자는 근로계약상 기본적으로 근로자의 생명·신체·건강을 보호해야 할 안전배려의무 내지 건강배려의무를 지고 있다. 따라서 근로자에 대해 정기적으로 건강진단을 실시하고, 그 결과 근로자의 건강을 유지하기 위한 조치가 필요한 경우 작업 전환, 근로시간의 단축 등의 적절한 조치를 취해야 한다. 만약 이러한 조치를 취하지 않아서 과로성 재해가 발병·악화되었다면 사용자의 의무위반에 대해 손해배상책임이 발생된다고 할 것이다.

나. 손해배상액과의 조정

피재근로자나 그 유족은 산재보험법에 의한 보험급여를 수령한 후 사용자의 안전배려의무 위반을 이유로 민사에 의한 손해배상을 청구할 수 있는데, 이러한 경우에 산재보험 급여액과 민법상의 손해배상액을 조정하는 방식에는 여러 유형이 있다. 첫째로 산업재해의 경우에는 원칙적으로 손해배상청구권을 배제

241) 대판 2013.11.28, 2011다60247.

242) 대판 2006.9.28, 2004다44506. 회사차량으로 배달 업무를 담당하던 피용자의 전복·화재 사고와 피용자의 업무 사이에 관련성이 없다는 이유로 사용자의 보호의무 위반으로 인한 손해배상책임을 부정하였다.

하는 방식(독일, 프랑스), 둘째로 양자 중 일방을 선택하는 방식(미국 일부 주법), 셋째로 양 청구권의 병립을 인정하고 상호 조정하는 방식(영국, 일본) 등이 있다.[243)]

현실적으로 산재보상도 배상으로서의 기능을 갖고 있으며, 특히 산재보험은 사용자의 손실보상에 대한 책임보험으로서의 성격도 지니고 있으므로, 보상책임은 손해의 전보와 모순되는 것이 아니라 오히려 표리의 관계에 있다고 할 수 있다. 또한 보상과 배상의 성질의 차이를 강조하고 이론상 보완관계를 부정하면, 사용자가 보상책임과 배상책임을 동시에 지게 되어 이는 사용자에게 너무 가혹하게 된다. 따라서 이중으로 손해의 전보를 피하기 위해서도 상호조정은 있어야 될 것이다.[244)] 그리하여 우리나라는 양 청구권의 병존을 인정하고 이를 상호 조정하는 셋째의 방식을 취하고 있다.

산재보험법은 제80조 제2항에서 "수급권자가 동일한 사유에 대하여 이 법에 따른 보험급여를 받으면 보험가입자는 그 금액의 한도 안에서 민법이나 그 밖의 법령에 따른 손해배상의 책임이 면제된다"고 규정하고 있다. 그리고 산재보험법은 같은 조 제3항에서 '수급권자가 동일한 사유로 민법 등의 법령에 따라 이 법의 보험급여에 상당한 금품을 받으면 그 금액의 한도 안에서 이 법에 따른 보험급여를 지급하지 아니 한다' 고 규정하여, 산재보험과 손해배상을 상호 조정하는 방식을 택하고 있는 것이다.

다만, 책임의 본질과 법적 성격을 전혀 달리하는 산재보험수급권과 손해배상청구권을 조정하는 것이므로 수급권자가 먼저 산재보험법에 따라 현실적으로 보험급여를 받은 경우에 한한다고 해야 할 것이다.[245)]

그리고 공제의 대상이 되는 것은 '동일한 사유' 에 의한 것으로 단순히 동일

243) 김유성, 『한국사회보장법론』, 331~332쪽.

244) 이학춘, "업무상 재해의 구제제도에 관한 연구", 『한국법학논문총서』, 노동법 제1권, 일신, 2001, 252쪽.

245) 헌재 2005.11.24, 2004헌바97. 산재보험제도의 본질적인 성격은 업무상 재해를 입은 근로자의 생존권의 확보에 있는 데 반하여, 손해배상제도는 과실책임주의를 근간으로 하는 개인주의적 · 자연주의적인 근대시민법 원리의 손해배상 이론을 그 전제로 하고 있으므로, 피재근로자가 동일한 산업재해로 입은 손실 또는 손해에 대하여 이중으로 전보를 받더라도 산재보험수급권과 손해배상청구권이 정하는 책임의 범위 내에서 국가와 사용자가 스스로 책임을 부담하는 것일 뿐, 그 조정과정으로서 공제절차가 필연적으로 요청되는 것은 아니라고 한다.

한 재해를 원인으로 하여 지급받은 것만을 의미하는 것이 아니다. 즉, 보험급여의 대상이 되는 손해와 민법상 손해배상의 대상인 손해가 동일한 성질의 것이어야 하고, 공제되는 범위는 상호보완 관계에 있는 보험급여에 한정되어야 할 것이다.[246)]

가령 산재보험법에 의한 휴업급여의 범위에서 손해배상책임이 면제되더라도 면제되는 책임은 휴업기간 중의 일실이익의 한도일 뿐이다. 또 다른 경우로 피재근로자의 유족이 유족급여를 받았을 때 피재근로자의 일실이익은 동일한 사유에 해당되기 때문에 그 금액의 한도 내에서 사용자의 손해배상책임은 면제된다. 그러나 그 유족의 정신적 손해에 대한 배상인 위자료는 동일한 사유에 해당되지 아니하고 보험급여의 범위에도 속하지 아니하므로 손해배상액에서 공제대상이 될 수 없게 된다.

그러므로 피재근로자 측이 손해배상을 청구할 때 산재보험법에서 보호하지 않는 정신적인 손해나 장해보상일시금 또는 유족보상일시금을 초과하는 부분이 주로 손해배상액의 대상이 될 것이다.

이 밖에 보험급여를 수령한 후 민법상의 손해배상청구권을 포기한다는 내용의 합의가 있는 경우에 이는 유효하다고 할 것이고, 다만 그 합의의 내용이 사회질서에 위반하거나 불공정하면 무효가 될 것이다.[247)]

또한 산재보험법은 보험가입자의 고의 · 과실로 발생한 업무상 재해로 근로자가 1급 내지 3급에 해당하는 장해를 입거나 사망한 경우에는 당사자 사이의 합의로 수급권자가 민법에 의한 손해배상청구를 갈음하여 장해특별급여 또는 유족특별급여를 청구하면 보험급여를 지급할 수 있는 규정을 두고 있다. 이 제도의 도입 취지는 피재근로자와 사업주 사이에 민사소송이 야기될 경우 당사자는 소송수행에 따른 인력, 시간, 소송비용 등을 부담하여야 되므로 이로 인한 분쟁을 신속하고 원활하게 해결토록 하는 데 있다.

그리고 유족 · 장해특별급여는 일정한 기준에 의해 산정된 금액에서 유족보상일시금 또는 장해보상일시금을 공제한 금액인데, 기본적으로 손해배상의 범

---

246) 대판 2002.6.17, 2002다23123.

247) 임종률, 앞의 책, 479쪽.

위가 산재보험법에 의한 특별급여액보다 넓어 민사상의 손해배상책임을 물을 가능성을 그대로 두고 있기 때문에, 이러한 특별급여제도가 제대로 기능하지 못하고 있다.[248)]

3. 다른 특별법과의 차이

사업장에서 발생한 재해의 보상은 그 적용대상인 근로자를 기준으로 3가지 유형으로 구분할 수 있다. 먼저 일반근로자의 '업무상' 재해는 근로기준법 및 산재보험법에 의해 보상되고, 공무원의 '공무상' 재해와 사립학교 교직원의 '직무상' 재해는 「공무원연금법」과 「사립학교교직원 연금법」에 의해 보상된다. 그리고 선원의 보상은 「선원법」에 의하여 보상되고 있다.

그런데 사립학교교직원 연금법은 급여의 종류, 급여의 사유, 급여액 및 급여의 제한 등에 관한 사항에 대해 공무원연금법의 해당 규정을 각각 준용하고 있으므로, 여기에서는 공무원연금법과 선원법을 중심으로 살펴보고자 한다.

가. 공무원연금법

공무원의 퇴직 또는 사망과 공무로 인한 부상 · 질병 · 장애에 대하여 적절한 급여를 지급함으로써, 공무원 및 그 유족의 생활안정과 복리향상에 이바지함을 목적으로 하는 공무원연금법[249)]은 공무상 재해에 대해 단기급여와 장기급여로 구분하여 지급하고 있다.

즉, 공무원의 공무로 인한 질병 · 부상과 재해에 대해서는 단기급여로서 공무상 요양비, 공무상 요양일시금, 재해부조금을 지급하고, 공무원의 장애나 사망에 대하여는 장기급여로서 장해급여, 유족급여를 지급하도록 규정하고 있다.

그리고 공무원은 폐질의 등급에 제한 없이 장해연금 또는 장해보상금을 자유로이 선택할 수 있다. 이는 일반근로자에게 적용되는 산재보험법에서 정해진 장해 등급에 따라 연금 또는 일시금으로 선택이 아닌 강제 지급하고 있는

248) 전광석, 앞의 글, 182쪽 ; 그 뿐만 아니라 장해 · 유족특별급여 규정이 적용되기 위해서는 사업주가 고의 · 과실 책임을 스스로 인정해야 하기 때문에 현재 이 조항은 실제적으로 사문화되어 있다고 볼 수 있다.

249) 2013.7.16 법률 제11894호.

것에 비하여 선택폭이 넓게 보장되고 있는 것이다.[250)]

또 공무원이 통상적인 경로와 방법에 의해 출퇴근하는 중 발생한 교통사고 등으로 인하여 부상 또는 사망한 경우에는 공무상 재해로 인정하고 있다. 그러나 일반근로자의 통근재해는 "사업주가 제공한 교통수단이나 그에 준하는 교통수단을 이용하는 등 사업주의 지배관리 하에서 출퇴근 중 발생한 사고"에 대해서만 업무상 재해로 인정하고 있다.[251)]

그리고 공무원연금법은 공무수행 중 또는 공무에 준하는 행위 중 불가피한 사유없이 「교통사고처리 특례법」을 위반하여 사고가 발생하거나 음주 또는 안전수칙의 현저한 위반으로 사고가 발생한 경우 등에는 '중대한 과실'로 보고, 장해연금 · 장해보상금 또는 유족보상금의 1/2을 감액하여 지급하고 있다.[252)]

그러나 산재보험법은 근로자가 정당한 이유 없이 요양에 관한 지시를 위반하여 상병 또는 장해 상태를 악화시키거나 치유를 방해한 경우에 휴업급여 또는 상병보상연금의 20일분에 상당하는 금액을 지급하지 않는 정도이다.

그리고 공무원의 수급권에 대한 소멸시효기간은 단기급여인 경우에는 3년이고 장기급여인 경우에는 5년으로 규정되어 있으나, 일반근로자의 산재보험 수급권의 소멸시효기간은 3년이다. 이는 급여 수급권의 소멸시효기간에 있어서 일반근로자와 공무원간에 부당한 차별을 가하고 있는 것으로서 급여 수급권 보장의 불평등을 노정하고 있는 것이다.

한편, 공무원연금 등 공적직역 연금제도는 업무상 재해에 대한 재해보험의 성격과 함께 노후보장을 위한 연금성격을 동시에 갖고 있으며, 사업주로서 정부의 갹출이 높다는 측면에서 은급의 성격이 강하다고 할 수 있다.

---

250) 산재보험법은 장해등급 제1급에서 3급까지는 장해보상연금을 지급하고, 4급에서 7급까지는 장해보상연금과 장해보상일시금 중에서 임의로 선택할 수 있지만 제8급에서 제14급까지는 장해보상일시금만 받도록 제한하고 있다(법 제57조, 별표 2).

251) 통근재해에 관해 좀더 자세한 것은 제2장 제3절 Ⅱ-2.

252) 공무원연금법은 공무수행에 따른 과로와 부주의한 음식물 섭취, 개선이 필요한 생활습관이 경합되거나 기타 요양에 관한 지시 위반으로 인하여 질병이 발생 · 악화된 경우에도 중과실 적용하여 보험급여액을 감액하는 조항이 있었으나 2008.10.15 개정 시 삭제되었다.

나. 선원법

육상근로자와 달리 선원은 근로제공의 장소뿐만 아니라 생활의 장소로 대부분을 생활하는 선박에 장기간 승선해야 하고, 항상 움직이는 작업장에서 근무해야 한다. 또 파도 · 폭풍 · 폭우 등 열악한 자연환경과 싸워야 하고, 침몰 · 좌초 · 충돌 등 해상 고유의 위험한 근무환경에 항상 노출되어 해상 근무 그 자체가 상당한 위험에 놓여 있다.[253] 따라서 선원의 재해율은 육상근로자에 비해 매우 높다.[254]

특히 선원의 승선근로는 24시간 내내 배를 벗어날 수 없는 공간적인 제약과 공동생활을 유지하기 위한 일정의 규율에 구속되어 있으므로 업무에서 야기되는 스트레스도 많다. 게다가 기후 및 시차의 변화, 선박의 흔들림으로 인한 수면부족까지 겹치면 매일의 피로회복은 불완전할 수밖에 없기 때문에,[255] 과로성 재해에 더욱 노출되어 있다고 할 수 있다.

선원의 재해보상에 관하여는 해상근로의 특수성을 감안하여 선원법[256] 제10장에서 구체적으로 규정하고 있는데, 선박소유자는 선원법에 정한 재해보상을 완전히 이행할 수 있도록 보험에 가입하도록 정하고 있다. 이 때 보험은 선원을 고용한 선박소유자가 그 선원을 피보험자로 하여 가입하여야 하고, 그 보험에는 「한국해운조합법」 및 「수산업협동조합법」에 의한 공제를 포함하는 것으로 되어 있다.

그리고 선원법에서는 선박소유자가 선원이 직무상 상병에 걸린 때에는 상병이 치유될 때까지 요양을 시키거나 요양비를 지급하도록 정하고 있다. 먼저 직무상 상병으로 인한 요양기간 중에는 4개월의 범위에서 매월 1회 통상임금

253) 김성환, 「선원의 재해보상제도에 관한 연구」, 한국해양대학교 박사학위논문, 2002, 1쪽.

254) 방동식 · 이윤철, "선원 재해보상제도의 개선방안에 관한 연구", 『해사법연구』, 제19권 제2호, 한국해사법학회, 2007, 108쪽에서 육상근로자와 비교해 보면 선원의 재해율이 약 5배, 사망률이 약 8배 정도 높다고 한다.

255) 유명윤, "선원법의 문제점과 개선방안에 관한 연구", 『노동법학』, 제14호, 한국노동법학회, 2002, 8쪽에서 선원의 배안에서의 휴식시간은 진정한 의미에서의 휴식이라기보다는 다음 근무 혹은 수시적 긴급업무에 대비하는 대기시간이라고 할 수 있어 휴식과 주휴일, 유급휴가에 대한 특별한 법적보호가 필요하다고 한다.

256) 2013.3.23 법률 제11690호.

에 상당하는 금액의 상병보상을 행하여야 하나, 4개월이 지나도 치유되지 아니하는 경우에는 치유될 때까지 매월 1회 통상임금의 100분의 70에 상당하는 금액의 상병보상을 행하여야 한다. 또한 직무상 상병이 치유된 후에도 신체에 장해가 남는 경우에는 산재보험법이 정하는 장해등급에 따라 장해보상을 행하도록 규정하고 있다. 선원이 직무상 사망한 경우에는 승선 평균임금의 1,300일분에 상당하는 유족보상을 행하도록 규정하고 있어, 선원의 직무상 재해에 대해서는 산재보험법의 보상범위 및 그 수준과 거의 동일하다고 할 수 있다.

그러나 선원법은 선원이 승무 중(기항지에서의 상륙기간, 승하선에 수반되는 여행기간을 포함) 직무 외의 원인에 의한 상병인 경우에는 3월의 범위 내에서 요양비를 지급하고, 승선 중 직무외 사망인 경우에는 1,000일분의 유족보상을 행하도록 규정하고 있다. 또 선박소유자는 직무상 · 외를 불문하고 선원이 사망한 경우에는 120일분의 장제비를 지급하도록 정하여, 육상근로자에게 적용되는 산재보험과 달리 직무외 재해에 대해서도 일정한 보상을 행하고 있다.

그리고 선원법의 특징으로는 선원이 해상에서 행방불명이 된 경우에 행방불명기간이 1월을 경과하면 피부양자에게 유족보상과 장제비를 지급하도록 규정하고 있고, 선원이 승선 중 해양사고로 인하여 소지품을 잃은 경우에는 소지품유실보상을 규정하고 있다는 것이다.

또 요양비 · 보상 또는 장제비의 지급을 받을 권리가 있는 자가 그 재해보상을 받을 수 있는 동일한 사유로 인하여 민법 그 밖의 법령에 의하여 이 법에 의한 재해보상에 상당하는 급여를 받은 경우에는 선박소유자는 그 가액의 범위 안에서 이 법에 의한 재해보상의 책임을 면한다고 규정하고 있다. 그리고 직무상의 상병 또는 사망의 인정, 요양의 방법, 재해보상금액의 결정 등에 관하여 이의가 있는 자는 해양수산관청의 심사와 조정을 청구할 수 있도록 정하고 있으며, 그 밖에도 선원노동위원회의 심사와 중재, 보험가입의무 및 벌칙의 적용을 규정하고 있다.

한편, 육상근로자의 경우에는 사회보험인 산재보험에 의하여 산재보상이 실현되고 있지만, 선원법에서는 선원재해 보상의 실효성 확보를 위해 선박 소유자에게 보험가입을 강제하고 있다.[257] 따라서 보험에 가입하였다고 하더라도 선박 소유자의 약관의무 위반이나 보험료 납입 연체 등 보험자의 면책사유에 해당되면 보험금을 지급받지 못하는 사례가 있어,[258] 선원재해보상은 사회보험화한 육상근로자의 재해보상제도에 비해 미흡하다고 할 것이다.

---

257) 한편, 어업에 종사하는 어선원의 재해보상에 대해서는 2004년에 제정된 「어선원 및 어선 재해보상보험법」에서 규정하고 있다.

258) 전영우, "현행 선원 재해보상제도의 한계와 그 개선을 위한 국제적 동향", 『해사법연구』 제13권 제1호, 한국해사법학회, 2001, 91쪽에서 선박이 억류, 난파, 좌초, 침몰되거나 선박소유자가 파산 또는 지불불능 상태에 빠진 결과 선원이 무보험 상태가 된 경우에는 동 재해가 무방비 상태로 되거나 선원이 해외에 유기되어 상당한 기간 본국으로 귀환되지 못하는 사례가 발생함으로써 국제적인 사회문제로 부각되고 있다고 한다.

제2장

업무상 재해의 요건과 인정기준

제1절 업무상 재해의 의의
제2절 업무상 재해의 요건
제3절 업무상 재해의 인정기준

산재보험법상의 보험급여는 업무상 재해만을 대상으로 하고 있으므로 피재근로자나 그 유족이 산재보험법에 의한 보험급여를 받기 위해서는 해당 재해가 업무상 재해로 인정되어야 한다. 따라서 근로자의 부상·질병·신체장해 또는 사망이 '업무상' 재해인지의 판단은 피재근로자 측의 생활보장 여부와 직결되는 중대한 이해관계를 갖는다.[1)]

그리하여 산재보험법은 제5조 제1호에서 "업무상 재해란 업무상의 사유에 따른 근로자의 부상·질병·장해 또는 사망을 말한다"고 규정하고, 같은 법 제37조에서 업무상 재해의 인정기준을 정하여 업무상 재해의 판단근거를 두고 있다.

이하에서는 제1절에서 위의 업무상 재해의 정의 규정을 중심으로 업무상 재해의 의의를 살펴보고, 제2절에서 업무상 재해의 요건을 업무수행성과 업무기인성으로 구분하여 살펴본 후 제3절에서 법령에서 명문화하고 있는 업무상 재해의 인정기준을 살펴본다.

제1절 업무상 재해의 의의

산재보험법 제5조 제1호에서 업무상 재해를 업무상 사유에 따른 재해로 규정하고 있고, 같은 법 제37조 제1항의 업무상 재해의 인정기준에서는 업무와 재해 사이에 상당인과관계가 있어야 할 것을 요구하고 있으므로, '업무'의 개념과 '업무상'의 의미가 중요하다고 할 것이다.

Ⅰ. 업무의 개념

근로자가 입은 재해가 '업무상' 인지를 구별할 실익은 업무상 재해에 대해서

1) 업무상 재해 여부의 판단은 보상책임의 유무와 급여내용을 결정하는 것이므로 노동관계 당사자 쌍방과 근로복지공단에게 중요한 문제이다. 이는 업무상 재해로 인정 시에는 피재근로자와 그 유족은 다른 사회보험에 비하여 상대적으로 높은 수준의 보험급여를 산재보험에 의하여 받을 수 있고, 근로기준법 제23조 제2항에 의해 업무상 재해로 요양 중인 기간과 그 후 30일간은 원칙적으로 해고가 금지되는 등 피재근로자의 생존권과 직결된다고 할 수 있기 때문이다.

만 사용자에게 보상책임을 부과하기 때문이다. 따라서 사용자에게 보상의 법적책임을 돌리는 것이 타당하다고 여겨지는 재해가 업무상 재해라 할 것이고, 사용자에게 보상책임을 부과하는 판단의 중요한 요소로서 담당 업무의 내용과 범위가 관련된다고 할 것이다.

따라서 여기에서의 '업무' 란 사람이 그 사회적 지위에서 계속적으로 종사하는 일이라고 할 수 있는 일반적 의미의 업무를 말하는 것이 아니며, 산재보상의 권리 · 의무 관계를 발생시키는 상병 등에 대해 원인으로 될 수 있는 것이어야 한다.

그러므로 '업무' 란 산재보험법의 적용범위 내에 있는 사업의 운영과 관련있는 업무이어야 하고, 그 업무에 해당 근로자가 종사하는 것이어야 한다. 따라서 업무의 범위는 해당 근로자가 업무에 종사하는 행위의 범위로서 업무행위의 범위라고 할 수 있다.

이때 업무라고 하는 개념은 사용종속관계, 즉 특정의 사용자와 근로자 사이에 근로계약을 매개로 하고, 그 계약 체결의 본지에 따라 근로를 제공하며 그 대가로서 임금을 받는다고 하는 관계에서 성립한다고 할 것이다.

따라서 근로자의 업무는 원칙적으로 근로계약에 의하여 발생하게 되며, 그 내용과 범위도 근로계약에서 합의한 바에 따라 나타나게 된다. 그리고 근로계약의 주된 핵심은 근로자의 근로제공과 그에 대한 대가의 지급에 있으므로, 결국 업무란 근로계약에 의하여 근로자가 사용자에게 제공하기로 약정된 근로제공과 관련된 활동을 의미하는 것으로 이해할 수 있을 것이다.[2)]

그런데 이와 같이 '업무' 의 의미를 한정하는 경우에 문제가 되는 것은 어떠한 근로조건하에서 노동력을 제공하는 것이 근로계약의 본지에 따른 근로제공인지이다. 이와 관련하여 첫째로 근로장소가 문제가 되고, 둘째로는 결정적으로 근로시간이 중요하다. 이는 사용자의 노동통제 아래에 있는 장소 및 시간에

---

2) 박종희, 『출퇴근 재해의 업무상 재해 인정관련 입법론적 개선방안에 관한 연구』, 노동부, 2005, 54쪽에서 업무의 내용은 근로계약 체결 시에 구체적으로 정하여져야 하는 것이기는 하나 통상 사용자에게 그러한 업무내용을 구체적으로 결정할 수 있는 형성권을 부여하는 것이 일반적이므로, 업무의 속성에는 사용자의 지시권에 따라 수행하는 노무제공의 관념이 포함되어 있는 것으로 볼 수 있다고 한다.

발생한 산업재해의 경우, 노동과정에 있는 근로의 장(場)에서 발생한 것이므로 문자 그대로 전형적인 산업재해의 보상대상에 해당하는 것이기 때문이다.

그리고 재해 발생의 원인으로 되는 업무에는 통상 해당 근로자의 본래 담당 업무인지 아니면 업무가 해당 사업의 운영에 관계있는 업무인지가 문제된다. 이는 사업주의 특별한 업무명령에 의해 근로자 본래의 담당업무 이상으로 업무가 확장되는 경우가 적지 않기 때문이다.

또 사업주의 특별한 업무명령이 아니더라도 해당 근로자의 업무는 담당업무에 부수하는 행위로 어느 정도 확장되는 경우가 적지 않다. 가령 해당 업무를 담당하는 근로자로서 당연 또는 통상 행하는 것이 예정되거나 혹은 예상되는 것(합리적 행위), 해당 근로자의 담당업무 수행상 필요한 것으로 보이는 것(필요행위), 업무와 관련한 돌발적 사정 혹은 긴급한 사정으로 행해지는 것(긴급행위, 긴급업무), 근로시간의 전후에서 업무에 부수하여 행해지는 것(준비행위 또는 마무리행위) 등이다. 또 해당 업무에 종사하는 근로자로서 업무수행을 할 때에 통상 있을 수 있는 행위 또는 피할 수 없는 행위(생리적 행위, 반사적 행위)도 있다. 그 밖에 어느 쪽에도 직접적으로 해당하지 않지만 역시 업무에 통상 수반한다고 보아야 할 행위도 있을 것이다.

판례[3]도 "업무상의 재해란 근로자와 사업주 사이의 근로계약에 터 잡아 사업주의 지배·관리하에서 해당 업무의 수행 또는 그에 수반되는 통상적인 활동을 하는 과정에서 이러한 업무에 기인하여 발생한 재해를 말한다"고 판시하고 있으므로, 근로계약에 기초해 사업주의 지배관리 하에서 수반되는 통상적인 활동은 업무의 범위에 포함된다.[4]

따라서 '업무'의 개념은 '사업주의 지배·관리'의 존재를 기준으로 판단

3) 대판 2007.9.28, 2005도12572 전원합의체 ; 대판 2007.6.1, 2005두517 ; 대판 2006.10.13, 2006두7669 등.

4) 이에 대하여, 재해 발생이 사용자의 지배영역 밖이라 할지라도 업무상 불가피한 경우 내지는 업무상 밀접 불가분의 행위일 경우에는 업무상 재해로 인정하는 것이 산재보험제도의 취지에 합당할 것이므로 판례의 입장인 '사용자의 지배관리성'을 기준으로 할 것이 아니라, '업무 불가피성' 내지는 '업무상 밀접 불가분성'으로 그 기준을 전환하는 것이 사회보장법 원리의 구현에 더욱 충실할 것이라는 견해(이흥재, "업무상 재해의 인정기준에 관한 판례의 경향 -판례요지의 쟁점별 정리를 중심으로-", 『법학』, 통권 제111호, 서울대학교 법학연구소, 1999, 203쪽)가 있다.

하게 되는데, 여기에서의 지배 · 관리는 사용자가 근로자의 행동을 구체적으로 결정하고 지시할 수 있는 정도의 협의의 지배관리가 아니라, 근로계약상의 의무 또는 사용자의 지시에 따른 의무를 이행하기 위하여 처하게 되는 '시간적 · 장소적 선택의 자유가 박탈된 상태' 와 같은 광의의 지배관리를 말한다고 할 것이다.[5)]

결론적으로 산재보상책임은 사용종속하의 근로자가 근로를 제공하는 과정에서 기업에 내재하는 각종 위험의 현실화로 입은 상병 등에 대한 사용자의 무과실책임이므로, 그 책임의 범위는 근로자의 상병 등이 업무에 내재하는 위험이 현실화할 수 있는 범위여야 할 것이다.

그러므로 산재보험의 대상으로서의 '업무' 란 구체적으로 해당 근로자 본래의 업무에 한정되는 것이 아니라, 본래의 업무에 부수하는 행위, 작업 전후의 준비 및 마무리 행위, 작업시간 중 생리적 필요행위, 천재지변 또는 돌발사고시의 긴급대피 · 구조 등 반사적 행위, 그 밖에 업무수행과 관련한 필요 · 합리적 행위도 포함된다고 할 것이다. 이때 구체적인 업무의 범위는 일반적으로 업무수행성의 범위와 일치한다고 할 수 있을 것이다.

Ⅱ. 산재보험법상 '업무상'의 의미

1. 의 의

산재보험법은 보험급여 사유인 업무상 재해를 '업무상의 사유' 에 따른 재해로 정의하고 있어 무엇이 '업무상' 인지가 중요하다. 업무상 재해에서의 '업무상' 의 해석은 산재보상제도의 법적 성격을 어떻게 파악하느냐와 밀접하게 관련되는 것이므로, 궁극적으로는 산재보험법의 목적과 성격 등에 비추어 판단하여야 할 것이다.

여기에서 '업무상 사유에 따른 재해' 는 업무가 원인이 된 재해라고 할 것이고, '업무상 사유' 라 함은 업무와 관련된 재해를 발생하게 한 사유를 말한다

5) 유성재, "산재보험법제의 현황과 과제 -업무의 개념과 인과관계를 중심으로-", 『법제연구』통권 제27호, 한국법제연구원, 2004, 105쪽.

고 할 수 있으므로, '업무상'의 개념에서 업무관련성이 중요한 의미가 된다.[6)]

또 여기에서 업무관련성의 의미는 장소적인 관점을 넘어 관념적 내지 시간적 관점에서의 관련행위를 의미하는 것으로서, 직접적인 업무수행이라든가 사용자의 시설관리 책임이 미치는 장소적 공간이라는 관점뿐만 아니라 시간적으로 업무 그 자체를 수행하기 전후에 수반되는 관련 행위들을 포함하는 것으로 이해된다.

또한 근로자가 행하는 행위의 목적성도 고려하여 판단해야 할 것으로, 외형적으로는 업무와 연계되어 있는 것처럼 보이더라도 그 행위의 목적성이 업무수행과 관련성이 없다면 그러한 행위는 업무관련성이 성립되지 않을 것이다.[7)] 그런데 사람의 행위는 어떤 단일한 목적성 하에서만 이루어지는 것이 아니므로, 업무와 개인의 복수목적이 혼재되어 있을 경우에는 행위목적의 본질성이라는 측면에서 업무 관련성 여부를 판단해야 할 것이다.

2. 근로기준법상 '업무상'과의 차이

근로기준법 제78조 이하에서 사용자는 근로자가 업무상 부상 또는 질병에 걸리거나 사망한 경우에 보상해야 한다는 규정을 두고 있으므로, 산재보험법상의 '업무상' 의미가 근로기준법상 '업무상' 의미와 동일한지에 대한 의문이 있다.

산재보험법과 근로기준법에 의한 보상이 모두 사용자책임에 따라 보상한다고 하는 점에서 원리적으로 다르지 않다는 것을 주된 이유로 양자의 '업무상'의

---

6) 엄밀하게 보면 업무관련성은 업무기인성과 그 의미가 같지 않은데 업무기인성은 업무관련성의 한(보다 강한, 또는 보다 확실한) 부분으로서의 의미를 가질 뿐이다. 업무기인성은 업무가 재해의 주된 또는 기본적 원인이 된 것을 말하는 것으로서 업무관련성은 있으나 업무기인성이 없는 재해의 경우도 얼마든지 있을 수 있다는 견해(이영희, 『노동법』, 법문사, 2001, 561~563쪽)가 있다 ; 그러나 실제에서 양자를 명확히 구분하는 것은 쉽지 않을 뿐만 아니라, 산재보험법은 업무와 재해 사이에 상당인과관계가 있을 것을 요구하고 있어 업무관련성이나 업무기인성은 결국 상당인과관계 유무로 귀결되는 것이므로 구별실익도 거의 없을 것으로 생각된다.

7) 박종희, "통근도상의 재해에 관한 제 문제 -업무상 재해 인정여부를 중심으로-", 특별소송실무연구회 편, 『특별법연구』, 제8권, 박영사, 2006, 162쪽에서 예를 들면 근로자가 출장 중에 사고를 입은 경우라 하더라도 그러한 사고를 유발한 근로자의 행위가 출장을 기화로 개인적인 용무를 보던 중에 발생한 것이라면 업무와의 관련성이라는 목적성을 결여한 것으로 볼 수 있을 것이라고 한다.

의미는 동일한 것이라고 보는 견해가 많다.[8] 그러나 그동안 '업무상' 이라고 인정되는 범위가 확대되어 왔는데, 이는 '업무상' 의 의미가 산재보상제도의 법적 성격의 변화에 따라 미묘하게 변화되어 왔다는 것을 보여주는 것이다.

즉, 초기의 보상입법인 근로기준법상 재해보상제도 하에서는 불법행위책임이나 계약책임의 논리가 노동관계에 투영되어 업무상 재해의 범위가 구체화되었고, 근로자에 대한 재해보상을 근로조건 보호의 일환으로 인정하여 왔다.

그러나 근로자 재해보상의 법 · 제도가 생존권 보장의 법체계와 강하게 결합하고, 피재근로자와 그 유족의 생활보장이 보상의 중심에 놓이면서 보상책임의 내용과 범위는 이 생활보장의 원리로부터 재검토를 하게 되었다.[9]

따라서 사용자의 개인적 책임이라는 성격이 강했던 재해보상을 기업의 사회적 책임의 관점에서 파악하게 되었고, 개인으로서의 사용자보다는 자본주의 경제하의 기업이 유기적으로 관련을 맺으면서 경쟁관계에 있는 기업에서 발생되는 재해에 대하여도 전체로서 보상을 책임지게 된 것이다.

이 단계에서 업무상 재해의 범위는 귀책사유가 있는 사용자의 개인적 책임을 전제로 하였던 이전의 것과 동일하다고 할 수 없으며, 한층 유연하고 광범위한 것이 되었다. 보상책임의 사회화가 필연적으로 업무상 재해의 사회적 확장을 가져온 것이다.[10]

그리고 근로기준법상의 재해보상은 근로자에게 발생한 손해라는 위험을 누구에게 귀속시키고 때로는 벌칙을 부과하여 개별적으로 부담시키는 것이 타당한가의 문제이지만, 산재보험법에 의한 '업무상' 의 범위는 사용자가 비용을 부담하는 사회보험의 시스템을 사용하여 보상하는 것이 상당한가라는 견지에

---

8) 西村健一郎, 『労災補償と損害賠償』, 一粒社, 1988, 13쪽 ; 保原喜志夫 · 山口浩一郎 · 西村健一郎, 『労災保険 · 安全衛生のすべて』, 有斐閣, 1998, 147쪽 ; 厚生労働省労働基準局 編, 『業務災害及び通勤災害認定の理論と實際 (上)』, 労務行政研究所, 2001, 94쪽.

9) 荒木誠之, 『労災補償法の研究 –法理と制度の展開–』, 總合労働研究所, 1981, 142~143쪽.

10) 荒木誠之, 『労災補償法の研究 –法理と制度の展開–』, 143쪽에서 개인으로서의 사용자에게는 귀책이 곤란한 경우라도 총체로서의 기업에는 귀책이 용이하고 합리적이라면 그것은 업무상 재해로 인정될 수 있다. 현대 산재보험법의 대상이 되는 업무상 재해는 총체로서의 기업에 의한 보상의 형태로 생활보장의 책임을 부과하는 것이 합리적이라고 이해되는 재해라고 한다.

서 확정되어야 한다.[11)]

따라서 산재보험의 '업무상'의 의미는 사용자의 개별적 책임의 범위(해당 업무에 내재하는 위험)를 넘어 업무수행에 정형적으로 수반하는 위험까지 포괄하는 것이며,[12)] 개별 사용자의 지배하에 있지 않거나 개별기업에 내재 혹은 부수하지 않은 위험에 따른 재해가 노동관계 일반과 불가분으로 결합한 재해인 경우에도 산재보상에 포함할 수 있는 것이다.[13)] 이는 전 기업을 조직에 가입시켜 기업총체가 사회적 책임에서 피재근로자와 그 유족의 생활보장을 꾀함에 따라 사회보장적 견지에서의 보상요건의 완화가 해석상 가능하게 되었기 때문이다.[14)]

판례[15)]에서도 "업무상 재해에 해당하는지의 여부를 판단함에 있어서 사망할 당시의 사업장에서 수행한 업무뿐만 아니라 사망 전에 근무하였던 사업장에서 수행한 업무도 모두 포함시켜 판단의 자료로 삼아야 한다"고 판시하여, 재해 당시 개별 사용자의 책임이라고 할 수 없는 부분까지도 위험범위에 포함하고 있다.

3. 소 결

산재보험법 제5조 제1호에서 정한 업무상 재해는 보험급여의 지급사유로서 중요한 개념이고, 업무상 재해는 업무상 사유에 따른 재해이므로 업무상 사유가 무엇인지가 중요하다고 할 것이다. 그런데 산재보험법은 업무상 사유에 대해서는 정함이 없고 단지 같은 법 제37조에서 업무상 재해의 인정기준을 명시하고 있을 뿐이므로, '업무상'의 개념은 산재보험법의 목적과 성격 등에 비추어 판단하여야 할 것이다.

---

11) 下井隆史, 『勞働基準法』, 有斐閣法學叢書, 2007, 450쪽.
12) 菅野和夫, 『勞働法』, 弘文堂, 2013, 451쪽.
13) 荒木誠之, 『勞災補償法の研究 -法理と制度の展開-』, 145쪽에서 일례로 복수의 기업에서 근무한 근로자의 직업성 질병 등에서 찾을 수 있는데, 이러한 경우에는 발병 당시 사용자의 책임을 추궁해도 소용이 없다. 이들 재해는 이전의 직접보상제하에서는 업무수행성 또는 업무기인성이 없어 보상의 대상으로 인정되지 않았기 때문이라고 한다.
14) 西村健一郎 · 岩村正彦 · 菊池馨實, 『社會保障法』, 有斐閣, 2005, 270쪽.
15) 대판 1999.4.23, 97누16459.

그리고 산재보험법상의 업무상 재해가 근로기준법상의 업무상 재해에 비해 폭넓게 인정되는 것으로 볼 수 있다. 그 근거로는 근로기준법상의 '업무상' 재해는 문언 상으로 아무런 변함이 없었는 데 반하여 산재보험법상 업무상 재해에 대한 정의규정은 '업무상 사유'로 변경되었다는 점, 산재보험법이 제정 당시에는 근로기준법상의 재해보상책임을 실효성 있게 담보하기 위한 책임보험의 성격에 머물렀으나 수차의 개정으로 사회보장화되고 있는 점, 근로기준법상의 재해보상이 피재근로자에 대한 손실보상적인 면이 크나 산재보험은 피재근로자와 그 유족의 생활보장 성격이 강하다는 점, 산재보험이 개별기업에 내재하는 위험이 아닌 재해로서 종속노동관계 일반에까지 사회보험에 의하여 보상한다는 점, 그리고 종전 산재보험법 제9조 제1항 및 제2항에 따르면 산재보험법에 의한 보험급여는 근로기준법에 규정된 재해보상 사유가 발생할 때에 수급권자의 청구에 의하여 지급하도록 되어 있었으나 삭제된 점,[16] 산재보험법 제37조 제1항에서 '업무와 관련하여 발생한 사고 및 질병'을 업무상 재해로 인정하고 있는 점 등을 들 수 있다.

16) 1999.12.31 법률 제6100호로 제14차 개정 시에 삭제하였고, 산재보험법이 근로기준법의 특별법임을 부각하기 위하여 급여지급의 사유는 해당급여 조항에서 별도로 규정하였다.

제2절 업무상 재해의 요건

산재보험법은 업무상 재해에 대해 '업무상 사유에 따른 근로자의 부상 등'이라고 정의하고 있고, 판례에서도 업무상 재해란 업무수행 중 그 업무에 기인하여 발생한 재해라고 판시하고 있다. 따라서 업무상 재해는 업무수행성과 업무기인성을 요건으로 한다고 볼 수 있으므로, 이하에서는 업무수행성과 업무기인성에 대해 구체적으로 살펴보고자 한다.

Ⅰ. 요건의 의미

업무상 재해의 요건을 생각할 때 우선 산업재해라고 하는 노동관계의 특수한 사회현상에 대해 파악하지 않으면 안 될 것이다. 산업재해를 그 전형적인 형태에 대해 살펴보면 두 가지의 조건이 결합되어 발생하는데, 하나는 근로자가 사용자의 지휘명령하에서 근로에 종사하고 있는 것이고, 다른 하나는 근로자가 편입되어 있는 기업에 내재하고 있는 위험성이다.

따라서 근로자를 자기의 지휘명령하에 둔다고 하는 의미에서, 또 재해위험이 기업시설에 내재하고 있다고 하는 의미에서 사용자는 피재근로자에 대한 보상책임을 갖는 것이다. 전자의 상태를 가리켜 업무수행성이라고 하고, 전자와 후자의 결합 또는 후자에 중점을 둔 개념을 업무기인성이라고 한다.[17)]

그러므로 업무상 재해의 요건으로 업무수행성과 업무기인성이라는 두 가지 요소를 생각할 수 있는데, 이들 두 요소가 각기 별개이며 서로 동등하고 병존적인지, 아니면 양자는 동등하지 않으며 이들 중 어느 하나가 더 주된 기준인지, 또는 양자 중 어느 하나만 갖추어도 업무상 재해는 성립하는 것인지의 문제가 있다. 이는 업무상 재해의 본질을 어떻게 파악할 것인가라는 법 인식의 문제인 동시에 한편으로는 업무상 재해의 범위를 어떻게 정할 것인가라는 법

---

17) 荒木誠之, 『勞災補償法の研究 －法理と制度の展開－』, 144~145쪽.

정책의 문제이기도 한 것이다.[18)]

1963년 11월 5일에 공포한 산재보험법 제3조 제1항에서는 "이 법에서 업무상의 재해라 함은 업무수행 중 업무에 기인하여 발생한 재해를 말한다"고 규정하여, 영국과 일본의 예에 따라 업무수행성과 업무기인성이라는 2 요건주의를 채택하였다.[19)] 그리하여 재해가 업무상 재해로 인정받기 위해서는 그 재해가 업무수행 중에 발생한 재해여야 함과 동시에 업무에 기인하여 발생한 재해여야 한다는 것으로 이해되었다.[20)]

그러나 1981년 12월 17일 제5차 산재보험법 개정 시에 일본의 「노동자재해보상보험법」(이하 '노재보험법'이라 한다)과 같이 "업무상 사유에 의한 근로자의 부상 · 질병 · 신체장해 또는 사망"을 업무상 재해라고 하여 포괄적인 개념으로 정의하였고,[21)] 이후 2007년 12월 14일 제19차 개정 시에 "업무상 사유에 따른 근로자의 부상 · 질병 · 장해 또는 사망을 말한다"로 변경되었다.

따라서 업무상 재해의 개념이 '업무상 사유'에 따른 재해로 변경되었음에도 업무상 재해로 인정받기 위해서는 두 가지의 요건을 다 갖추어야 하느냐와

---

18) 이영희, 앞의 책, 559~560쪽.

19) 노동부, 『산재보험 40년사』, 2004, 661~662쪽 ; 그 원형은 일찍이 영국 근로자보상법 이래의 'arising out of and in the course the employment'라고 하는 규정에서 찾을 수 있다(荒木誠之, 『勞災補償法の研究 -法理と制度の展開-』, 144쪽).

20) 박종희, "통근도상의 재해", 『산재보험의 과거, 현재 그리고 미래』, 근로복지공단, 2004, 54쪽 ; 임종률, 『노동법』, 박영사, 2013, 463쪽.

21) 일본의 현행 노재보험법은 제1조(목적) 제1항에서 "업무상의 사유 또는 통근에 의한 노동자의 부상 · 질병 · 장해 · 사망 등에 대하여 신속 · 공정한 보호를 하기 위해 필요한 보험급여를 행한다"고 규정하고, 노동기준법은 제8장 재해보상에서 노동자가 업무상 부상 또는 질병에 걸리거나 사망한 경우에 사용자가 보상을 행할 것을 정하고 있다(菅野和夫, 앞의 책, 446~449쪽) ; 한편, 일본에는 우리나라의 산재보험법에 상응하는 법으로 '노동자재해보상보험법'이 있고 근로기준법에 상응하는 법으로서 '노동기준법'이 있는데, 법령의 명칭은 고유명사라고 볼 수 있으므로 원래 명칭을 존중해 '노재보험법' 또는 '노동기준법'으로 표기하고자 한다.

관련하여 해석상 차이가 있다.[22] 판례[23]는 "업무상의 재해란 업무의 수행 또는 그에 수반되는 통상적인 활동을 하는 과정에서 이러한 업무에 기인하여 발생한 재해를 말한다"고 하고, "업무상의 사유에 의한 재해로 인정받기 위해서는 당해 재해가 업무수행 중의 재해이어야 함은 물론이고 업무에 기인하여 발생한 것"이라고 하여,[24] 여전히 업무수행성과 업무기인성이라는 2 요건주의에 입각하고 있는 듯하다.

다만, 업무상 질병의 판단에 있어서는 "업무상 재해라 함은 근로자가 업무수행 중 그 업무에 기인하여 발생한 재해를 말하므로 업무와 재해 발생 사이에 상당인과관계가 있어야 한다"고 판시하여,[25] 분명하지는 않으나 질병의 경우에는 업무기인성만을 요건으로 하고 있는 것이 아닌가 싶다.

결론적으로 '업무상'의 개념을 협의로 엄격하게 해석한다면 상병 등이 '업무수행 중에 업무에 기인하여 발생한 것'이라야 하지만, 산재보험법에서 '업무상의 사유'로 포괄적으로 규정한 만큼 반드시 두 가지 요건을 다 갖출 필요는 없다고 해석된다. 그렇다고 하여 그 중 하나의 요건만을 갖추면 '업무상의 사유'라고 인정하는 것도 언제나 타당한 것은 아니고,[26] 각종 업무의 실태와 기업운영의 구체적 내용 및 산재보험의 생활보장적 성격을 고려하여,[27] '업무상'의 개념을 융통성 있게 탄력적으로 해석해야 한다는 것이 지배적인 견해로 보인다.[28]

---

22) 노동부, 『산재보험 40년사』, 662쪽에서 노동부는 '업무상 사유에 의한 상병 등'이라는 규정하에서도 업무수행성과 업무기인성이 충족되어야 업무상 재해로 인정할 수 있다. 다만, 업무기인성만 충족되면 업무수행성은 당연히 성립되는 것이므로 업무수행성을 굳이 분리해서 생각할 필요가 없는 경우도 있으나, 업무기인성의 판단이 어려운 사례도 많을 것이므로 업무수행성은 업무기인성의 성립여부를 판단하기 위한 전제조건으로서 중요한 의미를 지니는 것으로 이해하여야 할 것이라고 한다.

23) 대판 2007.9.28, 2005도12572 전원합의체 ; 대판 2007.6.1, 2005두517 등.

24) 대판 2006.10.13, 2006두7669 ; 대판 2003.8.22, 2002두9803 등.

25) 대판 2007.6.1, 2005두517.

26) 김형배, 『노동법』, 박영사, 2007, 440쪽.

27) 김유성, 『한국사회보장법론』, 법문사, 2002, 305쪽.

28) 이흥재, "업무상 재해의 인정기준에 관한 판례의 경향 -판례요지의 쟁점별 정리를 중심으로-", 182쪽 ; 김형배, 『노동법』, 442쪽 ; 김유성, 『노동법 Ⅰ』, 법문사, 2005, 223쪽.

Ⅱ. 업무수행성

업무상 재해로 인정받기 위해서는 그 원인이 해당 노동관계하에 있는 것을 조건으로 하여 발생할 것을 필요로 한다. 여기에서 노동관계라고 하는 것은 근로계약을 기초로 하여 사용자와 근로자 사이에 형성된 지배종속관계라고 할 것이다. 따라서 업무수행성이란 근로자의 구체적인 업무수행행위 혹은 시간적 · 장소적 상태를 가리키는 것이 아니라, 근로자가 근로계약에 기초하여 사용자의 지배하에 있는 상태를 가리키는 관계개념이라고 할 것이다.[29)]

그러므로 업무수행성이라 함은 '구체적인 업무의 수행 중'이라는 좁은 의미가 아니라 '근로자가 사업주의 지배 내지 관리하에 있는 가운데'라고 하는 의미이다.[30)] 따라서 업무수행 중의 재해라고 하는 것은 반드시 사용자의 직접적인 지휘 · 명령에 의한 것에만 국한되는 것이 아니라, 사용자의 지휘 · 명령하에서 그 직무에 부수해서 기대되는 행위 또는 사고로 인하여 생긴 재해도 포함된다.

그런 의미에서 법률상 위법한 행위나 다른 근로자와의 사이에서 우발적으로 발생한 현상을 형식적으로 판단하여 업무상 재해에서 당연히 제외할 것은 아니며, 업무수행을 본래의 직무수행만을 가리키는 것으로 좁게 해석해서도 안 된다고 할 것이다.

산재보험법 제37조 제1항은 이와 관련하여 근로자가 근로계약에 의한 업무나 그에 따르는 행위를 하던 중 발생한 사고뿐만 아니라, 사업주가 제공한 시설물 등을 이용하던 중 그 시설물 등의 결함이나 관리소홀로 발생한 사고, 휴게시간 중 사업주의 지배관리하에 있다고 볼 수 있는 행위로 발생한 사고, 그 밖에 업무와 관련하여 발생한 사고 등에 대해서도 업무상 재해로 규정하고 있다.

판례[31)] 또한 "업무수행성은 사용자의 지배 또는 관리하에 이루어지는 해당 근로자의 업무수행 및 그에 수반하는 통상적인 활동과정에서 재해의 원인이 발생한 것을 의미하는 것으로서, 정규 근무시간 외의 행동이 업무를 위한 준

---

29) 荒木誠之, 『勞災補償法の研究 –法理と制度の展開–』, 148쪽.
30) 菅野和夫, 앞의 책, 452쪽.
31) 대판 2006.10.13, 2006두7669.

비작업 또는 본래의 업무의 마무리 등으로 업무에 통상 부수하거나 업무의 성질상 당연히 부수하는 것"에 대해서 업무수행성을 인정하고 있다. 그리고 이 경우 "지배 · 관리란 사용자의 지시와 감독을 받는 상태를 말하나 사용자의 지배 · 관리하에 있는 이상 사용자의 일부 지시를 위반하거나 작업에서 일부 법규에 반하였다고 하여 업무수행성이 부정되지는 아니 한다"고 하였다.[32)]

일반적으로 업무수행성이 인정되는 형태는 다음과 같이 세 가지로 구분할 수 있을 것이다. ① 사업주의 지배 · 관리하에서 업무에 종사하고 있는 경우로서 근로자가 회사에서 자신의 업무를 행하고 있을 때 또는 화장실에 가거나 물을 마시는 등 생리적 필요행위를 하거나 업무준비 · 뒷정리 등 작업에 수반되는 필요적 부수행위를 할 때, ② 사업주의 지배 · 관리하에 있지만 업무에 종사하고 있지 않는 경우로서 사업주가 관리하고 있는 시설의 결함이나 사업주의 시설관리 소홀로 인하여 발생한 때 또는 휴게시간 중에 사업장 내에서 사회통념상 인정되는 행위로 재해가 발생한 때 혹은 사업주가 출 · 퇴근용으로 제공한 교통수단의 이용 중 발생한 때나 행사에 참여 중일 때, ③ 사업주의 지배하에 있지만 그 관리를 떠나 업무에 종사하고 있는 경우로서 근로자가 사업주의 지시로 출장이나 출 · 퇴근 중에 업무를 수행하고 있을 때 또는 외근 근로자가 업무를 수행하거나 필요한 행위를 할 때 등이다.

그리고 위와 같이 업무수행성이 인정되는 재해에 대하여는 다음과 같이 업무기인성이 판단될 수 있을 것이다. 첫째, 업무수행성이 인정되는 작업 중의 재해에 대해서는 원칙적으로 업무기인성이 인정되지만 본인의 사적 일탈행위, 자해행위 등에 의한 경우에는 업무기인성이 부인된다.[33)] 둘째, 업무수행성이 인정되지 않는 휴게시간 중의 재해에 대해서는 사업장 시설의 불비 · 흠결에 의한 경우 등 사업주의 지배 · 관리하에 있다고 볼 수 있는 경우에 업무기인성이 인정된다. 셋째, 업무수행성이 인정되는 사업장외 근로나 출장 중의 재해에 대해서는 위험에 새롭게 노출되는 범위가 넓기 때문에 업무기인성은 폭넓

---

32) 대판 2001.7.27, 2000두5562.

33) 대판 2006.10.13, 2006두7669.업무장소에서 업무시간 내에 발생한 사고라도 비업무적 활동 때문에 생긴 사고라면 업무상 재해에 해당되지 않는다.

게 인정된다.

결국 업무수행성이 인정된다고 하여 항상 업무상 재해가 성립되는 것은 아니라고 할 것이다. 이는 재해가 업무수행 중에 발생하였더라도 그 업무와의 기인성이 없을 경우에는 이를 업무상 재해라고 할 수 없기 때문인데, 이 업무수행성이라는 요소는 사고의 경우에 있어서 특히 유용성이 높은 판단기준이 된다고 할 것이다.

Ⅲ. 업무기인성

1. 업무기인성의 의의

근로자는 근로계약에 의해 일정시간 사용자의 지휘명령하에 구속되어 있다. 따라서 근로자가 그 지휘명령하에서 근로하고 있는 과정에서 입은 재해가 업무에 내재하거나 부수하는 위험이 현실화한 것이라고 볼 수 있는 경우,[34] 그 위험에 대한 책임은 근로자를 그 지휘명령하에서 구속하고 있던 사용자가 부담하는 것이 사회적 형평에 합치한다.

산재보상은 이와 같이 업무위험 내지 기업위험에 대해 사용자의 무과실책임을 근거로 하고 있고, 이 경우 근로자가 사용자의 지휘명령하에 구속되어 있는 사이에 그로 인해 발생하여 일정한 인과관계를 갖는 재해만이 보상의 대상으로 되어야 하는 것이다.[35]

이에 대해 업무기인성을 문제 삼지 않고 사용자의 지휘명령하에서 발생한 모든 재해에 대해 사용자의 부담으로 책임져야 할 것이라면, 업무 중에 생길 수 있는 근로자의 자의적인 행위, 사적인 행위 또는 업무일탈적인 행위에 의해 스스로 자초한 것과 같은 재해 등도 전부 사용자가 보상하여야 할 것이 되

---

34) 산재보상으로 책임져야 할 위험범위를 어떻게 확정하는가에 대해 ① 근인이론(proximate cause), ② 고유의 위험이론(peculiar risk), ③ 위험증가의 이론(increased risk), ④ 현실의 위험이론(actual risk), ⑤ 지위부수적 위험의 이론(positional risk)이 있다(Jack B. Hood / Benjamin A. Hardy, Jr. / Harold S. Lewis, Jr., Workers' Compensation and Employee Protection Laws in a Nutshell (4th ed.), Thomson West, 2005, pp.58~60).

35) 西村健一郎, 『社會保障法』, 有斐閣, 2005, 339~340쪽.

고, 그것은 오히려 사회적 형평에 반하는 것이 된다. 이와 같이 근로자에게 생긴 상병이나 사망이 업무상의 사유에 의한 것이라고 인정되기 위해서는 사용자가 근로자에게 종사시키고 있던 업무와 상병 등의 사이에 일정한 인과적 관계가 존재해야 하며, 이 인과관계를 업무기인성이라고 하는 것이다.[36]

그리하여 업무기인성이란 업무 또는 업무행위를 포함하여 "근로자가 근로계약에 따라 사업주의 지배하에 있는 것에 수반하는 위험이 현실화한 것과 경험법칙상 인정되는 것"이라고 할 수 있다.[37] 판례[38]도 "재해가 업무에 내재하는 위험의 현실화로 발생한 것"을 업무기인성이라 보고 있고, 업무기인성을 업무상 재해의 요건으로 삼고 있다.

그리고 산재보상이 손실전보의 한 형태라고 생각하면, 불법행위 내지 채무불이행과 손해 사이에 인과관계가 존재하는 것이 손해배상의 요건이 되는 것과 마찬가지로, 산재보상의 경우에도 업무와 상병 등의 사이에 인과관계가 존재해야 하는 것은 당연하다고 할 수 있다.

따라서 산재보상의 권리 · 의무가 발생하기 위해서는 업무와 상병 등의 사이에 일정한 인과관계가 존재하지 않으면 안 된다고 할 것인데, 여기에서의 인과관계는 일반사회 관계에 있어서 손해의 전보를 목적으로 하는 것이 아니라 노동관계를 장(場)으로 성립하는 인과관계인 것에 그 특질이 있다.[39] 그러므로 업무상 상병 등의 요건을 이루는 업무기인성이 단지 업무와의 인과관계 일반을 이루는 데 지나지 않는다고 하는 것만으로는 안 된다.

산재보상법과 같이 무과실책임주의 하에서는 민법 등의 과실책임주의의 경우와 달리 결과 발생에 불가결한 조건이 되었던 모든 사정이 예견가능성과 상관없이 인과관계 판단의 기초가 된다. 따라서 만일 업무기인성이 단지 업무와

---

36) 保原喜志夫 · 山口浩一郎 · 西村健一郎, 앞의 책, 147~148쪽.

37) 菅野和夫, 앞의 책, 452쪽 ; 河野順一, 『勞働災害 · 通勤災害認定の理論と實際』, 中央經濟社, 2007, 5쪽.

38) 대구지법 2002.10.18, 2002구합2309. 현대의학상 그 발병 및 악화의 원인 등이 반드시 업무에 내재하는 위험이 현실화된 것으로 볼 수 없는 경우까지 곧바로 그 인과관계가 있다고 추단하기는 어렵다. ; 대전고법 2006.7.20, 2005누2351. 업무상 과로 · 스트레스가 인정되지 아니하여 업무에 내재하는 위험이 현실화된 것으로 볼 수 없다.

39) 清汀 寬 · 良永彌太郎, 『社會保障法』, 中央經濟社, 2005, 134쪽.

의 인과관계 일반을 의미하는 데 지나지 않는다고 한다면, 업무기인성의 외연을 잃어 '업무상'을 구별할 합리적 기준이 성립하지 않게 될 염려가 있는 것이다.[40]

결국 이러한 업무기인성은 업무와 상병 등의 사이에 존재하는 일정한 인과관계를 표현하는 개념이지만, 그 내용은 업무상 개념의 의의 및 산재보상법의 법적 성질을 어떻게 파악하느냐에 따라 결정된다고 할 수 있다.

따라서 산재보상제도의 본질을 손실보상으로 본다면 업무에 기인한다는 요건을 엄격하게 해석하지 않을 수 없는 것이고, 생활보장으로 본다면 생존권 확보를 위하여 장래 근로자의 생활을 어느 정도 사용자측에 보장시키는 것이 합리적인가의 문제가 되어 업무상의 범위를 확대하는 데 중점을 두게 될 것이다.[41]

2. 업무기인성의 내용

업무기인성에 있어 중요한 것은 그 한계와 범위를 어떻게 정할 것인가이다. 이는 업무기인성의 정도에 관한 문제이기도 한데, 업무기인성을 넓게 파악하는 경우에는 업무와 조금이라도 관련성이 있는 재해를 모두 업무상 재해로 인정할 수 있을 것이다.

더욱이 대부분의 상병 발생에는 복수의 원인이 관여하고 있고 또 업무상의 원인과 업무 외의 원인이 동시에 존재하고 있다. 이러한 경우 업무상의 원인이 어느 정도 기여하고 있어야 업무상 재해로 인정할 수 있는지가 문제가 된다.

가. 학설의 소개

업무기인성은 산재보상에 있어 업무와 재해 사이의 인과관계를 인정하는 기술상의 문제로 이와 관련하여 일본에서는 견해가 다양한데,[42] 이하에서는 우

---

40) 厚生勞働省勞働基準局 編, 『業務災害及び通勤災害認定の理論と實際 (上)』, 94쪽에서 가령 어떤 근로자가 업무에 종사하게 되면 많든 적든 육체적 · 정신적으로 피로하게 되는 것이 통상인데, '일로 피로하였기 때문에 질환에 걸렸다' 라고 하여 곧바로 그 질병에 업무기인성이 있다고 한다면 업무상 질병의 범위는 제한이 없게 될 것이라고 한다.

41) 김유성, 『한국사회보장법론』, 303~304쪽.

42) 일본에서는 산재보상의 본질을 노동기준법에서 정한 사용자 보상책임의 담보에 있다고 보는 상당인과관계설, 근로자의 보호와 그 유족의 생활보장에서 구하는 보호법적 인과관계설(합리적 관

리나라의 학설과 일본의 학설을 종합하여 소개하고자 한다.

(1) 기회원인설

업무와 상병 등의 사이에 '업무에 종사하고 있지 않았다면 해당 상병은 생기지 않았을 것'이라는 조건관계가 있으며, 해당 상병이 근로자가 사용자의 지배하에 있었던 것을 기회로 하여 발생하였을 경우 사용자의 지배하에 있었던 것이 해당 상병에 대한 기회원인이 되므로, 해당 상병과 업무 사이에 인과관계가 인정되어야 한다는 견해라고 한다.[43]

이에 대하여 상병의 발생에 적극적인 역할을 하지 못하는 단순한 기회원인을 인과관계의 내용으로 보는 것은 적합하지 않다는 비판이 있다. 가령 과로성 재해와 같이 업무에 종사하고 있지 않았더라도 발생하였을 상병 등이 우연히 해당 근로자가 사용자의 지배하에 있을 때 발생한 경우에는 업무기인성을 인정할 수 없다고 한다.[44]

(2) 조건설

인과관계를 단순히 논리적으로 이해하여 행위와 결과 사이에 논리적인 조건관계만 있으면 업무기인성이 인정된다는 견해로서, 그 업무에 종사하지 않았더라면 상병이 발생하지 않았을 것이라는 조건관계가 있으면 된다는 견해라고 한다.[45] 즉, 어떤 조건이 없었다면 결과가 발생하지 않았을 것이라고 할 때, 그 조건은 결과 발생에 대한 원인이 되며 그 조건과 결과 사이에는 인과관계가 있다고 보는 것이다.

이 견해는 업무수행 중에 발생한 재해는 일단 그 업무가 하나의 원인이 되었다고 볼 수 있으므로 모두 업무기인성이 있는 것으로 간주될 뿐만 아니라, 업무수행 중이 아닌 경우에 발생한 재해도 내용에 따라서는 업무기인성이 있는 것

련성설, 업무 관련성설), 그와 별도의 단체법리에 기초한 손해보상의 원리에 의한 해결을 구하는 상관적 판단설로 구분하기도 한다(法務省訟務局內勞災訴訟實務研究會 編, 『新・勞災訴訟の實務解說』, 商事法務研究會, 1998, 152쪽).

43) 한용식, 『근로기준법』, 형설출판사, 1983, 277쪽.

44) 김형배, 『근로기준법』, 박영사, 2001, 543쪽.

45) 이병태, 『최신 노동법』, 중앙경제, 2007, 898쪽.

으로 다루어질 수 있어, 업무기인성을 매우 적극적으로 인정하는 관점이다.[46)]

그렇지만 재해가 업무와의 사이에 조건관계에 있다는 것은 업무가 재해 등에 관계를 가지는 동등한 가치의 모든 조건관계의 하나인 것을 의미하는 데 불과하므로, 그것만으로 산재보상법상의 효과를 인정하기에는 부족하다는 비판이 있다.[47)]

결국 조건설과 같이 재해 발생의 모든 조건을 동등하게 본다는 것은 가치평가를 포기하는 것이 되고, 이 경우 결과 발생에 대한 원인이 되는 조건의 범위가 매우 광범위하게 된다는 문제가 있다. 따라서 조건설은 민법, 사회법에서 결과에 대한 원인을 규명하는 인과관계 이론으로는 부적합하므로 가능한 그 원인이 되는 조건의 범위를 제한하는 이론이 발달하게 되었다.

(3) 중요조건설

중요조건설(Theorie der wesentlichen Bedingung)은 어느 조건이 결과에 대하여 원인이 되기 위해서는 그 조건이 다른 조건들과 비교하여 볼 때, 결과에 대하여 갖는 특별한 내적 관계로 인하여 결과 발생에 중요하게 기여한 조건이 되어야 한다는 견해이다. 여기에서 '중요조건'이란 결과 발생의 원인이 되는 여러 조건들 중에서 결과 발생에 대하여 인과관계가 있다고 인정하는 조건으로 '다른 어떤 조건보다도 결과 발생에 중요한 작용을 한 조건'을 의미한다.[48)]

이 견해는 전술한 조건설과 달리 모든 조건을 동일한 가치가 있는 것으로 보고 있지 않으며, 상당인과관계설과 같이 어떤 조건과 결과 발생 사이의 관계를 일반적 · 경험적 관점에서 판단하지도 않는다.

이 견해는 결과 발생에 기여한 조건들 중 '법적 관점에서 보아' 결과 발생에 중요하게 작용한 조건만으로 결정한다는 점에서 상당인과관계설과 같이 법적인과관계론에 속하나, 상당인과관계설과 중요조건설은 그 조건을 귀책 또는 귀속시키는 '기준'이 다르다. 상당인과관계설은 '상당성'을 기준으로 하여 그 조건을 결과 발생에 귀책시키지만 중요조건설은 '중요성'을 기준으로 하여

---

46) 이영희, 앞의 책, 561쪽.
47) 한용식, 앞의 책, 278쪽.
48) 이상광, "통근 길의 재해", 『인권과 정의』, 제188호, 대한변호사협회, 1992, 118쪽.

그 조건을 결과 발생에 귀속시킨다는 데 차이가 있다.[49)]

산재보험법을 세계 최초로 제정하여 시행하고 있는 독일에서는 법 제정 이래 산재보험법상의 인과관계를 중요조건설에 따라 판단하는 것이 통설과 판례의 태도이고,[50)] 산재보상법을 일찍부터 제정하여 시행하고 있는 오스트리아에서도 통설과 판례가 독일과 같은 태도라고 한다.[51)]

(4) 최유력원인설

이 견해는 재해에 미친 여러 원인 중 가장 유력한 원인을 기준으로 업무기인성을 판단하여야 된다는 것으로서, 여러 조건 가운데서 결과 발생에 필연적인 것 또는 최유력한 것을 선택하고 이것이 원인이 되어 재해의 결과가 발생하여야 업무기인성이 인정된다는 입장이라고 한다.[52)] 따라서 이 견해는 업무기인성을 매우 소극적으로 인정하는 관점이라고 할 수 있다.

일반적으로 재해 등의 발생에 대해서는 많은 원인과 조건이 경합하고 있으며, 원인이나 조건이 하나 밖에 존재하지 않는 경우는 현실적으로 있을 수 없으므로 그 재해에 미친 각 인과관계에 대한 경중을 평가하여 업무기인성을 판단한다는 것은 매우 어렵다고 할 것이다. 따라서 가장 유력한 원인을 판단하는 것 자체가 현실적으로 곤란하다는 점 때문에 업무기인성의 판단기준으로는 적합하지 못하다는 비판이 있다.[53)]

---

49) 중요조건설 또는 본질적 조건설은 특히 피보험행위와 외부적 사고 사이의 인과관계에서 의미가 있다(Jürgen Nehls, SGB Ⅶ Gesetzliche Unfallversicherung (3. Aufl.), Beck-Texteimdtv, 2001, S.20) ; Jochem Schmitt, a.a.O., S.95에서는 책임을 충족하는 인과관계의 판단을 위해서는 책임의 원인이 되는 인과관계의 판단에서와 같이 중요조건설이 적용된다고 한다.

50) 이상광, "산재보상보험법의 인과관계에 관한 고찰 -상당인과관계설과 중요조건설을 중심으로-", 『사회법연구』제1호, 한국사회법학회, 2003, 20~21쪽에서 또한 중요조건설은 과거 독일제국 보험청에 의하여 정립된 것이고 제2차 세계대전 후 독일연방 사회법원에 의해서 계수되었으며, 오스트리아의 행정법원 및 최고법원에서도 사용해 온 개념이라고 한다.

51) 오스트리아는 1887년에 독일과 유사한 근로자 보상법을 제정하였다(Jack B. Hood / Benjamin A. Hardy, Jr. / Harold S. Lewis, Jr., Workers' Compensation and Employee Protection Laws in a Nutshell (4th ed.), p.6).

52) 이병태, 앞의 책, 898쪽.

53) 김형배, 『근로기준법』, 543쪽.

(5) 상당인과관계설

상당인과관계설은 일반적인 경험과 지식에 비추어 그러한 업무를 수행하지 않았다면 그러한 재해가 발생하지 않았을 것이라고 인정되거나, 그러한 업무에 종사한다면 그와 같은 재해가 발생할 것이라고 할 수 있는 경우에 인정되는 관계를 말하는 것으로서, 우리나라의 다수설[54]과 법령[55] 및 판례[56]의 입장이다.

한편, 일본에서도 상당인과관계설이란 재해가 업무에 내재 또는 통상 수반하는 재해의 현실화로 인정된다고 하는 의미에서 업무와 재해 사이에 밀접한 관계의 존재가 필요하다고 하는 견해라고 한다.[57] 여기에서의 인과관계는 상병의 원인이 되는 일정의 명확한 사실 내지 사상에 매개된 인과관계를 의미하고, '상병의 발생에 불가결한 조건이 되었던 일체의 사정을 기초로서 업무와 상병 등' 사이에 '경험법칙상 상당한 인과관계가 있는 것' 을 의미한다.[58]

따라서 업무기인성이라고 하는 것은 업무와 상병 등 사이에 상당인과관계가 있다는 의미로서, 업무와 상병 등의 사이에 단순한 조건관계가 있는 것만으로는 충분하지 않고, 업무가 상병 등의 기회적 원인에 지나지 않을 때에는 부정되지만 최유력 원인일 필요는 없으며, 상대적으로 유력한 원인이라는 사실 등이 경험법칙상 인정되면 충분하다고 한다.[59]

---

54) 임종률, 앞의 책, 464쪽 ; 김형배, 『근로기준법』, 543쪽 ; 이병태, 앞의 책, 898쪽 등.

55) 산재보험법 제37조에서 업무상 재해의 인정기준을 정하고 있는데, 제1항 단서에서 "업무와 재해 사이에 상당인과관계가 없는 경우에는 그러하지 아니하다"고 규정하여 업무와 재해 간의 상당인과관계를 업무상 재해의 요건으로 명시하고 있다.

56) 대판 2008.1.31, 2006두8204 ; 대판 2007.6.1, 2005두517 ; 대판 2007.4.12, 2006두4912 등. 업무상 재해라 함은 근로자가 업무수행 중 그 업무에 기인하여 발생한 재해를 말하므로 업무와 재해 발생 사이에 상당인과관계가 있어야 한다.

57) 이러한 입장의 전형으로 보이는 일본의 후생노동성 노동기준국의 견해에 따르면, 산재보상은 역사적으로 무과실손해배상책임으로 형성되어 왔던 것이어서 재해보상도 '손실전보의 한 형태' 밖에 안 된다고 하며 그 본질을 손실전보로 파악하고, 민사책임의 귀속 구조의 유추에서 업무상 재해란 '업무와 상병에 의한 손해의 사이에 일정한 인과관계' 가 존재할 것이 필요하다고 한다(厚生勞働省勞働基準局 編, 『業務災害及び通勤認定の理論と實際 (上)』, 71쪽).

58) 厚生勞働省勞働基準局 編, 『業務災害及び通勤認定の理論と實際 (上)』, 80쪽 이하.

59) 下井隆史, 『勞働基準法』, 451쪽 ; 西村健一郎, "業務上 · 外認定基準", 『現代勞働法講座』 12 勞

이 견해는 산재보험의 본질을 노동기준법에서 정한 사용자의 산재보상책임의 담보에 있는 것이라고 하는 견지에서 업무와 상병 등의 사이에 상당인과관계가 있어야 한다는 것으로, 업무와 상병 등의 사이에 조건관계가 있는 것을 전제로 양자의 사이에 법적으로 보아 산재보상을 인정하는 것이 상당하다고 하는 관계가 있을 것을 필요로 한다는 견해이다.[60)]

또 이 견해는 재해의 위험을 내포하는 기업에서 근로자에게 근로를 제공시켜 이익을 얻고 있는 사용자는 그 위험이 현실화하여 근로자에게 상병 등이 초래된 경우에는, 그 발생에 대해 고의 또는 과실이 없을지라도 위험을 부담하여 전보의 책임을 져야 한다는 기업위험설에 입각하고 있다.

그리고 이 견해에서는 결과 발생의 조건이 되는 사정에 대한 당사자의 예견가능성이나 재해의 위험에 대한 결과방지 가능성은 인과관계의 판단에 전혀 문제가 되지 않고, 당해 상황에 있는 순 객관적인 결과의 태기 가능성(개연성)만이 문제가 된다.[61)] 즉, 산재보상은 무과실책임이므로 민법이나 형법의 인과관계에 있어서 중요시되는 '예측가능성'의 유무나 그 과실책임 또는 유책성은 인과관계의 존부에 하등 영향을 주지 않는다.

그 결과 인과관계의 존부를 판단함에 있어서는 상병 등의 발생에 불가결한 조건이 되었던 모든 사정을 기초로 경험법칙상 업무와 상병 등의 관계가 상당한 관계있는지만 문제된다.[62)]

상당인과관계설을 주장하는 이유는 다음 두 가지 면에서 파악한다. 첫째로 산재보상책임이 노동관계에 속한 위험에 기인한 재해로서 사생활영역의 위험과 구별할 표지가 필요하다는 것이고, 둘째로 산재보상책임이 노재보험법 등을 통하여 사용자 측만의 부담으로 이루어지고 있다는 것이다.[63)]

働災害・安全衛生, 總合勞働研究所, 1983, 152쪽.

60) 法務省訟務局內勞災訴訟實務硏究會 編, 앞의 책, 151쪽.

61) 西村健一郎, "勞災補償責任の法的性質", Jurist『勞働法の爭點』, 有斐閣, 2004, 237쪽.

62) 淸汀 寬・良永彌太郎, 앞의 책, 135쪽.

63) 水野 勝, "業務上外の認定基準", ジュリスト『勞働法の爭點』, 有斐閣, 1990, 260쪽 ; 西村健一郎, "業務上・外認定基準", 156~157쪽.

이 견해는 오늘날 일본에서도 학계의 다수설이고,[64] 판례의 지배적 입장이며[65] 행정해석의 견해이다.[66] 그러나 상당인과관계설에서는 업무와 재해 사이의 일반적 · 정형적 관련성이 중시되고, 노동관계에서 발생한 상병 등의 개별적인 특유한 사정이 경시되어 그 인정이 엄격해지는 등 피재근로자와 그 유족의 보호라고 하는 법 목적에 어긋나게 되는 것은 부인할 수 없다. 특히 산재보상책임이 실 손해액과 차단된 정률 · 정액보상, 신속한 행정구제, 양도 · 압류금지 등 생활보장의 특성을 가졌을 뿐만 아니라, 노재보험법의 계속된 개정을 통하여 연금급여의 확대 도입 등 개별자본의 책임의 논리를 넘는 보상책임의 변화를 고려할 때, 상당인과관계설은 보상의 목적을 손실전보에서 구한다는 점에서 보상과 배상의 성격 차이를 간과하고 귀책의 논리에 얽매인 인과관계론이란 비판이 있다.[67]

(6) 보호법적 인과관계설

일본에서 주장된 견해로 산업재해가 자본주의적 노동관계에서 발생하는 불가피한 재해여서 극단적으로는 노동안전위생법[68]상의 위해방지의무를 전부 준수하여도 여전히 완전하게 위험을 회피할 수는 없는 것이다. 따라서 결과에 대한 원인을 주었던 자로서의 행위책임자를 결하게 되어 행위주체에 돌아갈 책임의 범위를 확정하는 법리로서의 상당인과관계론은 적용의 합리성을 갖지 않는다고 한다. 이 입장에 속하는 견해는 인정의 기술적 수준에 착안하여 다음 두 가지로 나누어진다.[69]

---

64) 西村健一郎, 『社會保障法』, 358쪽 ; 保原喜志夫 · 山口浩一郎 · 西村健一郎, 앞의 책, 192쪽 ; 水島郁子, “業務上疾病と業務起因性”, 『重要判例解說』 Jurist 第1291号, 2005, 231쪽 이하.

65) 青木宗也 編, 『勞働災害 · 職業病』勞動判例大系 第8卷, 勞働旬報社, 1992, 6쪽 ; 河野順一, 앞의 책, 9~10쪽.

66) 厚生勞働省勞働基準局 勞災補償部補償課 編著, 『わかりやすい業務上疾病の認定』, 勞務行政, 2004, 27쪽.

67) 水野 勝, “競合的原因と過勞死の認定に關する理論的主要問題”, 『勞働法律旬報』, 第1358号, 勞働旬報社, 1995, 18~19쪽.

68) 일본의 ‘노동안전위생법’ 은 우리나라의 ‘산업안전보건법’ 에 대응하는 법이라고 할 수 있다.

69) 水野 勝, “業務上外の認定基準”, 261쪽.

① **합리적 관련성설**

'업무상' 인가는 단순한 '업무관련성' 이 아니라 '어떻게' 업무와 관련성이 있는 경우에 업무상이라고 할 수 있는가의 문제이기 때문에 업무상 재해란 업무와 상병의 사이에 합리적 관련성이 있는 것을 의미한다. 그리고 해당 근로자의 부상 · 질병 또는 사망이 업무상인가의 합리적 관련성의 존부는 "근로자 보호의 견지에서 산재보상의 법적구제를 하는 것이 합리적인가 하는 실질적 판단에서 합목적적이고 종합적으로 판단해야 한다"는 견해이다.[70)]

이 견해는 보상제도의 성격을 생활보장으로 파악하면 보상 범위의 법리를 손해배상제도의 법리에서 전용할 근거는 없게 되고, 본래 어떤 법 · 제도에 있어 어떠한 범위의 것이 당해 제도의 보호의 대상으로 되는가는 그 법 · 제도의 목적에 비추어 결정하여야 한다는 입장이다.

따라서 산재보상제도의 목적에 비추어 보면 보상 대상을 업무에 통상 수반하는 위험이 현실화한 상병 등에 한정할 근거는 없고, 업무에 통상 수반하지 않을지라도 업무에 의한 위험이 현실화한 상병 등은 모두 보상의 대상으로 하는 것이 적절하다고 한다.[71)]

또 손해배상법리와의 차이를 명확히 하고 집단으로서의 사용자책임에서 근로자와 그 유족의 생존권을 보장한다고 하는 노재보험법의 목적에 따른 이론이 요청된다. 따라서 어떤 상병 등을 '업무상' 이라고 할 것인지는 상병 등과 노동관계상의 여러 가지 사정의 연관성을 종합적으로 고려하고, 집단으로서의 사용자의 연대책임에서 근로자와 그 유족의 생활보장을 행하는 것이 합리적인가 하는 판단에 귀착된다고 한다. 그러므로 종합적으로 고려할 때에 상병 등을 노동관계상 위험의 발현으로서 인정할 수 있으면 '업무상' 이 된다고 할 수 있고, 합리적인가의 판단이 최종적으로 '의심스러운 경우에는 근로자 보호를 위해' 라고 하는 이념에 따라 보상을 행해야 한다는 것이다. 이와 같은 견지에서 업무기인성의 내용은 상당인과관계가 아니라 합리적 관련성이라고 규정할

---

70) 岡村親宜, 『勞災補償 · 賠償の理論と實務』, エイデル研究所, 1992, 154쪽.
71) 岡村親宜, 『過勞死 · 過勞自殺の理論と實務 –勞災補償と民事責任–』, 旬報社, 2002, 244쪽.

수 있어야 한다는 것이다.[72)]

그리고 산재보상을 종속노동관계를 근거로 한 생활보장제도로 보는 입장에서 업무상 질병의 인정과 관련하여서는 "업무상의 인정은 노동관계와의 관련성을 고려하고 전체 기업의 연대책임하에서 생활보장을 행하는 것이 적당한지를 판단하면 충분하다. 따라서 업무상 질병에 대해 엄격한 의학적 인과관계를 요구하는 것은 노재보험법의 사회보장체계 내에서의 위치로 보아 합리적이라고 할 수 없는 것"이라고 한다.[73)]

이 견해는 사용자의 안전배려의무 위반으로 채무불이행책임이 성립할 경우에는 보상제도의 목적에 비추어 보통 합리적 관련성이 인정되어 '업무상' 으로 인정된다고 본다.[74)] 그리고 질병의 경우에는 어디까지나 법률판단이고 의학판정은 아니며, '당해 업무에 종사하였기 때문에 당해 질병에 걸렸다는 것이 추정' 되면 업무와의 '합리적 관련성' 이 있으므로 '업무상' 으로 인정된다는 것이다.[75)]

따라서 우선 '현저' 하다든가 '급격' 하다는 요건에 대해서는 그것이 소인이나 기초질환 등의 자연적 발전과정과 구별하기 위한 인정기술상의 단서로서 의의는 있다고 하더라도, 반드시 현저한 촉진이라든가 급격한 악화가 인정되어야 하는 근거는 없고, 기본적으로는 발병의 촉진이나 악화가 인정되면 충분하다는 것이다. 그리고 업무가 상대적으로 유력한 원인이 되었다는 요건에 대해서는 애당초 그 입증과 판단이 곤란할 뿐만 아니라, 그 법적근거도 산재보상의 성격에서 보아 의문이라고 한다.[76)]

결국 소인이나 기초질환 등이 존재하고 있었던 경우, ① 내인을 가진 개인에게 업무가 과중 · 유해하지 않았는지, ② 발병 그 자체는 내인의 발현이므로 업무기인성이 부인되더라도 그 후 발병의 촉진 · 악화에 대해 특수한 환경이나

---

72) 良永弥太郎, "職業病の認定", 『現代勞働法講座』, 12 勞働災害 · 安全衛生, 總合勞働硏究所, 1983, 202쪽.

73) 荒木誠之, 『勞災補償法の硏究 −法理と制度の展開−』, 163~164쪽.

74) 岡村親宣, 『過勞死 · 過勞自殺の理論と實務 −勞災補償と民事責任−』, 245쪽.

75) 岡村親宣, 『過勞死と勞災補償』, 勞働旬報社, 1991, 78쪽.

76) 良永弥太郎, "職業病の認定", 220쪽.

불량한 조건, 업무의 계속 또는 사용자의 적절한 사후조치의 해태가 신속하고 적절한 치료기회를 박탈하지 않았는지, ③ 내인을 가진 근로자에 대해 사용자가 적절한 건강관리상의 배려를 행하였는지 등이 종합적으로 고려될 필요가 있다고 한다. 또 내인 그것 자체에 업무기인성이 인정되는 경우도 있을 수 있어서, 그 내인에 의한 발병이나 악화가 업무 이외의 원인에 의한다고 하는 특단의 사정이 인정되지 않는 한 업무기인성이 인정되어야 할 것이라고 한다.[77]

합리적 관련성설은 그 입론이 보상책임의 생활보장 목적과 배상책임과의 이질성을 기초로 하고 있다는 점에서 업무관련성설과 공통점이 있지만, 업무관련성설보다 위험원인의 범위는 다소 좁고 한정적이라고 하는 차이를 보이고 있다.[78]

그런데 합리적 관련성설은 그 판단의 기준이 되는 업무와 상병 사이의 '합리적 관련성'의 의미가 자의적으로 판단될 염려가 있을 뿐만 아니라, 업무상의 범위를 넓게 해석하는 결과 해당 상병이 단지 사용자의 지배하에 있던 것을 기회로 하여 발생한 경우도 업무상 재해로 포함될 수 있다. 따라서 보험급여의 재원 대부분이 사용자가 부담하는 산재보험료에 의해 조달되는 현행 제도하에서는 사용자에게 과대한 부담을 강제하는 것이 되어 부당하다고 할 수 있고 곧바로 채택할 수 없다는 비판이 있다.[79]

② 업무관련성설

이 견해는 산재보상책임의 본질이 피재근로자와 그 유족의 생활보장에 있다는 점과 보상책임과 배상책임의 성격 차이에 착안하여 업무상 재해란 문자 그대로 업무와 상병 등의 관련성을 인정할 수 있는 재해이고, 상당인과관계는 필요하지 않다는 입장이다.[80]

이 견해는 노재보험법이 우선 '업무상' 재해라고 규정하여 업무에 관련하는 재해를 넓게 포섭하는 취지로 나타내고 있는데, 여기에서 '업무상'이라고 하

---

77) 良永弥太郎, "職業病の認定", 220~221쪽.

78) 水野 勝, "保険事故", 窪田準人教授還暦記念論文集, 『勞働災害補償法論』, 法律文化社, 1985, 169쪽.

79) 化歌山勞基署長-岡トレーラー運轉手急性心不全死 事件, 大阪高判 1990.5.29.

80) 水野 勝, "保險事故", 168쪽.

는 것은 단지 업무에 '기인하여' 라고 하는 것보다 넓은 개념이며, 노재보험법상의 '업무상 사유' 란 업무관련성이 재해를 매개로 하는 관련성을 의미하는데 그쳐, 이것을 상당인과관계를 요구하는 취지로 해석할 근거가 될 수 없다는 입장이다.[81)]

그리고 노재보험법은 피재근로자와 그 유족의 생존권 보장의 견지에서 근로자의 업무와 관련된 재해를 폭넓게 보상대상으로 하는 인정태도를 요구하고 있고, 그 관련성도 배상과는 이질적인 보상의 목적과 성격에서 보아 넓게 종속노동관계에 속한 개별기업의 근로자로서의 행동이나 상태에 작용한 위험이 한 원인으로 되어 구체화한 재해이면 충분하다는 것이다.[82)]

여기에서 업무관련성은 재해의 위험원인에 매개된 업무와 상병 사이의 공간적 관련성과 시간적 관련성이라는 이중의 관련성을 의미한다. 전자는 종속노동관계에 속한 근로자로서의 행동이나 상태에 재해의 위험이 작용하거나 작용하였다고 추정되는 업무와 재해 위험 사이의 관련성을 의미하고, 후자는 전자에서 작용한 재해의 위험이 시간의 흐름 가운데서 재해로서 현실화하거나 현실화하였다고 추정되는 재해의 위험과 재해 사이의 관련성을 의미한다.[83)]

이 중 공간적 관련성은 개별기업의 근로자로서 종속노동관계에 규정된 행동이나 상태 때문에 입게 된 재해의 위험원인을 파악하고, 그것에 보상책임의 합리적 기초가 있다고 하는 점에서 제1차적 인정기준이라고 할 수 있다.[84)] 이 경우 관련성의 판단은 단순한 사실판단이 아니라 보호법의 목적에 따른 법적 판단이다.

후자인 시간적 관련성은 인정기준으로서 적극적 기능을 갖지 않고 공간적 관련성이 인정되면 원칙적으로 그 존재가 인정된다. 시간적 관련성은 단지 재해의 위험이 상병의 현실화한 조건으로 작용하지 않았던 것이 경험칙 또는 의학상으로 명확히 증명된 경우에 예외적으로 업무관련성을 조각하는 기능을 담

81) 水野 勝 · 岡村親宜 · 畠中信夫, 『勞災 · 職業病 · 通勤災害 －補償法制と企業責任－』, 總合勞働研究所, 1979, 103쪽.

82) 水野 勝 · 岡村親宜 · 畠中信夫, 앞의 책, 103쪽.

83) 水野 勝, "業務上外の認定基準", 261쪽.

84) 水野 勝, "保險事故", 168쪽.

당하는 데 지나지 않는다.[85)]

이 견해에서 작용한 재해의 원인에는 업무에 내재하거나 통상 수반되는 위험은 물론 우발적 위험도 해당된다. 다만, 사생활 영역에서 가까운 장래에 입을 개연성이 있는 위험이 우연히 종속상태에 놓여 발현한 것에 지나지 않는 기회원인의 경우에는 제외된다. 또 재해의 원인 내지 위험이 유일절대의 것일 필요는 없고 상대적으로 유력할 것임을 필요로 하지도 않는다고 한다.[86)]

(7) 상관적 판단설

이 견해는 업무상 재해 인정의 2 요건주의에 의문을 갖는 것으로서, 산재보상을 위험분배 내지 책임분배의 원리에 기초한 결과 '업무상'의 인정은 업무수행성과 업무기인성의 상관관계에 의해 판단되며, 일방의 요건이 충족되고 있는 경우에 다른 요건은 극히 경미하여도 좋으며 경우에 따라서는 전혀 없어도 좋다는 견해[87)]로 유력하게 주장되고 있다.[88)]

이 견해는 오늘날 불법행위의 법리가 개인법리의 틀을 벗어나 단체법리 중에서 손해분배의 기능을 담당하고 있는 것을 근거로 하여 보상책임을 손해분배의 원리에 의한 것으로 보아 인정기준의 완화를 꾀하고 있는 것이다. 그 결과 '휴게 및 식사시간 중의 재해' 외에 유발탄 등에 의한 우발적인 사고도 업무수행성의 요건을 충족하는 한 업무상 재해로 인정한다.

이는 산재보상의 성격에 관한 고려가 크게 작용하고 있는 것으로, 사용자의 보상책임을 손해배상과 동일한 성격으로 파악하는 입장에서는 업무에 기인한다고 하는 요건을 엄격하게 해석하는 것이 되어 사용자의 책임을 인정하기가 어려웠다.

이에 반해 사용자의 보상책임을 손해의 분배로 보는 입장은 해당 재해를 사용자와 근로자 중 누구에게 부담시킬 것인지에 대해 모든 사정을 고려하여 결정하게 된다. 따라서 이 경우 업무에 기인한다고 하는 것은 중요한 요소이지

---

85) 水野 勝, "保險事故", 168쪽.
86) 水野 勝, "保險事故", 168쪽.
87) 有泉 亨, 『勞働基準法』, 法律學全集 47, 1990, 440~442쪽.
88) 下井隆史, 『勞働基準法』, 451쪽 ; 菅野和夫, 앞의 책, 452쪽.

만 필수적인 요건은 아닌 것이 된다.[89)]

이 견해는 산재보상의 본질을 둘러싼 손실전보설(상당인과관계설)과 생활보장설(합리적 관련성설, 업무관련성설)과의 대립을 단체법리에 기초한 손해분배의 원리를 통해 해소하고, 아울러 업무기인성의 인정 완화를 꾀하고 있는 것이다.[90)]

그런데 이 견해는 사고성의 재해에 관해서는 인정이 상당히 탄력적이나, 질병의 경우에 어떻게 업무기인성이 완화되는지에 대해서는 분명하게 밝히고 있지 않다는 비판을 받고 있다.[91)]

나. 상당인과관계설에 대한 비판론

(1) 우리나라에서의 비판론

산재보험법상의 급여는 인과성의 원리에 따라 일정한 법정원인을 요건으로 하는 인과적 사회급여이고,[92)] 산재보험법에 의한 보험급여 수준은 다른 사회급여에 비하여 현저히 높다. 따라서 산재보험법에 의한 보험급여의 지급요건으로 업무행위와 재해 사이의 인과관계가 있는지 여부는 매우 중요한 법적 문제이다. 이와 관련하여 현행 산재보험법은 상당인과관계설을 채용하고 있다.

그런데 우리나라의 산재보상체계는 손실보상에서 생활보장으로 중심이 이동하였고, 현행 산재보험법이 수차의 개정에 따라 급여내용이나 급여수준이 상향됨으로써 근로기준법상의 책임보험에서 벗어나 생활보장으로 이행되었다고 할 수 있다. 또 사회법 기본원리의 역사적 추세가 인과성 원리에서 합목적성 원리로 발전해 가고 있는 상황에서, 상당인과관계설이 산재보험법상의 인

---

89) 有泉 亨, 앞의 책, 440~442쪽.

90) 法務省訟務局內勞災訴訟實務硏究會 編, 앞의 책, 152쪽.

91) 水野 勝, "業務上外の認定基準", 261쪽.

92) 이상광, 『사회법』, 박영사, 2002, 548쪽에서 인과적 사회법관계의 기초를 이루는 '인과성의 원리'와 합목적적 사회법관계의 기초를 이루고 있는 '합목적성의 원리'는 사회급여 전반을 지배하고 있는 중요한 기본원리인데, 대체로 사회급여를 지급함에 있어서 사회급여의 지급사유가 법정의 특정원인에 의하여 발생할 것을 요구할 때 그것을 '인과성의 원리'라 하고, 사회급여 지급사유가 법정의 특정원인에 인하여 발생할 것으로 요구하지 않고 오직 사회급여 지급사유가 발생한 사람의 사회적 보호라는 관점에서 사회급여를 지급하거나 또는 급여수준을 결정할 때 그것을 '합목적성의 원리'라고 한다.

과관계를 파악하는 이론으로 타당한지에 대해서는 의문이 있다.[93)]

특히 상당인과관계설은 민법에서 발달된 인과관계 이론으로서, 행위자(채무자·가해자)와 피해자라는 대립되는 두 법률 당사자 사이에 존재하는 행위와 손해 사이의 인과관계 평가에 있어 피해자에게 발생한 손해를 행위자에게 책임을 묻는 귀책이론으로의 기능을 가지고 있다.

그러나 산재보험법상의 법률관계는 민법에서와 같이 행위자와 피해자의 대립되는 법률관계 구조를 갖지 않고, 사회적 위험에서 위험공동체인 근로자를 보호하는 법률관계로서 손해배상의 관념뿐만 아니라 사회보장의 원리가 지배하고 있기 때문에 민법과는 다른 것이다.

또한 원래 상당인과관계설에 있어서 '상당성'의 평가는 과거로 돌아가서 사회일반인의 통상경험의 관점과 예견가능성을 기준으로 하므로 추상적·일반적 측면을 중시하나, 산재보험법에서 인과관계의 평가는 구체적·개별적 측면을 중요시한다는 점도 서로 다르다.[94)] 따라서 산재보험법의 법률관계에 민법의 법률관계 속에서 발달한 인과관계이론인 상당인과관계설을 적용하는 것은 적합하지 않다.

그리고 상당인과관계설은 오늘날 민법분야에 있어서도 사회적·경제적 사정에 비추어 적합한 것이 아니라는 이유로 비판의 대상이 되고 있고,[95)] 형법분야에서도 그동안은 통설이었으나 현재에는 지지자가 별로 없다고 한다.[96)]

(2) 일본에서의 비판론

일본에서는 산재보상의 지배적 법리인 상당인과관계설을 정면으로 비판하

---

93) 이상광, 앞의 책, 549쪽.

94) 이상광, "산재보상보험법의 인과관계에 관한 고찰 -상당인과관계설과 중요조건설을 중심으로-", 33쪽.

95) 김형배, 『채권총론』, 박영사, 1999, 254~255쪽에서 상당인과관계설은 완전배상의 원칙을 기초로 하고 있는데, 위험책임과 같은 무과실책임이 확대되어 위험을 분산시키기 위한 책임제도가 발전되었고 책임보험제도가 촉진되었다. 이와 같은 사정은 손해의 객관화와 정형화를 유도하게 되었고 이는 완전배상의 원칙에 대해서도 반성을 촉구하는 계기를 마련하였다고 한다.

96) 그동안 상당인과관계설은 형사판례의 기본입장이었고 학설상으로도 압도적인 통설이었으나, 현재에는 별로 지지자를 볼 수 없다(이용식, "상당인과관계설의 이론적 의미와 한계", 『서울대학교 법학』, 통권 제128호, 서울대학교 법학연구소, 2003, 201쪽).

는 학설이 오래전부터 전개되어 왔다.[97] 일례로 窪田準人은 "업무상인가의 판단은 업무와 재해 사이의 인과관계에 중심을 두기보다는 산업재해에 대해 어디까지 자본의 생활보장책임을 과하는 것이 합리적인가 하는 점에 두어야 할 것이다"라는 비판을 제기하였다.[98]

또 水野 勝은 '업무상'을 인과관계적 파악으로부터 철저히 단절하고 '업무관련성'으로 파악하였는데, "업무상 개념을 업무관련으로 해석하고 업무관련성이 인정되는 경우에는 재해의 원인과 재해와의 관련성이 명확하게 부정되지 않는 한 업무상이라고 인정해야 할 것"이라고 주장하였다.[99] 이와 같은 견해는 노동력 훼손에 따른 근로자의 생존권 보장을 주장하는 생활보장설의 입장에서 상당인과관계설을 비판한 것이다.

특히 상당인과관계설에 대해 비판을 주도한 岡村親宣은 다음과 같이 주장하였다. 어떠한 법적 요건이 있는 경우에 그 법률제도의 보호를 받는지는 그 법률제도의 목적에 비추어 결정되어야 할 문제이다. 손해배상제도에 있어서 상당인과관계설이 적용되고 있는 것은 사회에 발생한 손해의 공평한 분담이라는 손해배상제도의 목적에 비추어, 불법행위 또는 채무불이행과 관련한 손해 중 상당인과관계가 있는 손해에 한정하여 전보시키는 것이 그 제도의 목적에 가장 적합하기 때문이다.

그러나 산재보상제도는 손해의 전보 그 자체를 목적으로 하는 것이 아니라 피재근로자와 그 유족에 대해 '근로자가 인간다운 가치 있는 생활을 영위하기 위해 필요를 충족시킬 만한' 조건을 확보하는 것을 목적으로 하기 때문에, 손해배상에서의 상당인과관계설을 전용하여 업무와 관련성 있는 부상 · 장해 · 질병 · 사망 중에서 상당인과관계가 있는 것에 한정하는 것은 보상 대상을 지나치게 제한하는 것이어서 제도의 목적에 적합하다고 할 수 없다는 것이다.[100]

---

97) 岡村親宣, 『勞災補償 · 賠償の理論と實務』, 153쪽.

98) 窪田準人, "災害補償の今後の問題", 『現代勞働問題講座』, 有斐閣, 1966, 303쪽(岡村親宣, 『勞災補償 · 賠償の理論と實務』, 154쪽에서 재인용).

99) 水野 勝, "業務上外認定基準の構造とその問題點", 『季刊勞働法』第82号, 總合勞働硏究所, 1971, 19쪽(岡村親宣, 『過勞死と勞災補償』, 74쪽에서 재인용)

100) 岡村親宣, 『過勞死と勞災補償』, 75쪽.

그 후 良永弥太郎은 적어도 산재보상제도가 피재근로자와 그 유족의 생존권에 기초한 손실전보 내지 생활보장을 목적으로 한 노동법 또는 사회보장체계 내에서 독자적인 법제도인 점, 특히 오늘날의 산재보상에서는 노재보험법이 노동기준법상의 '재해보상'의 한계를 넘어 노재보험법을 중심으로 전개되고 있는 점, 사용자의 보상책임이 개별적인 것에서 집단적인 것으로 전화한 것에 대한 인식이 정착되고 있는 점 등에 비추어, 손해배상법리에서 큰 영향을 받은 상당인과관계론의 재검토가 요청되고 노재보험법만의 독자적인 인정이론이 필요하다고 하였다.[101)]

다. 상당인과관계설의 검토

우리나라와 일본은 업무상의 부상 · 질병 · 신체장해 또는 사망에 대해 과거부터 지금까지 상당인과관계설을 채용하여 왔다. 원래 무과실책임주의의 제도하에서 상당인과관계설이 얼마나 적합한지 의문이 있지만, 실제적으로 '업무상' 인정에서는 조건설에 한없이 다가갈 가능성이 있기 때문에 그 인정에 있어 명확한 지표가 필요하다고 할 것이다.

산재보상법과 같은 무과실책임주의 하에서는 민법 등의 과실책임주의의 경우와 달리 결과 발생에 불가결한 조건이 되었던 모든 사정이 그 예측가능성과 관계없이 인과관계 판단의 기초가 된다. 따라서 업무기인성이 단지 업무와의 인과관계 일반을 의미하는 것에 지나지 않는다고 하면, 업무기인성은 그 외연을 잃게 되고 업무상을 구별하는 합리적 기준이 성립하지 않게 될 우려가 있다. 그러므로 업무기인성은 업무와의 단순한 인과관계 일반을 의미하는 것이 아니고, 일정의 명확한 사유에 의해 매개된 인과관계라고 생각하지 않으면 안 된다고 할 것이다.[102)]

그리고 산재보상책임의 법적 근거를 '위험책임의 법리'에서 구하는 이상 그 책임이 인정되기 위해서는 근로자의 상병 등이 업무에 내재하는 위험의 현실화라고 볼 수 있어야 한다. 따라서 산재보험제도의 취지로 볼 때, 업무기인성

---

101) 良永弥太郎, "職業病の認定", 201쪽.
102) 田中清定, "勞災補償における業務災害の制度的枠組 −いわゆる過勞死問題と關連して−", 『日本勞働研究雜誌』, The Japan Institute of Labour, 1990, 9쪽.

인정에서의 상당인과관계는 근로자의 상병 등이 업무에 내재하는 위험의 현실화라고 인정되는 관계에 있을 것을 의미하는 것이 된다.

더욱이 산재보험의 재원은 일반적인 사회보험과는 달리 대부분이 사용자가 부담하게 된다. 그러므로 산재보험제도는 사용자단체의 자원으로 기업위험의 현실화로 발생한 상병 등에 따른 손실을 전보하거나 피재근로자와 그 유족의 생활보장을 위해 행해지는 것이라고 할 수 있다. 따라서 산재보상은 노동관계에 내재하거나 부수하는 위험을 사용자의 부담으로 보상하는 것으로서 보상기준에서 일정한 합리성이 필요하고, 이때 상당인과관계설과 같이 해석하는 것이 타당하다고 할 것이다.

또한 산재보상이 오로지 사용자의 책임 내지 부담으로 행해지는 것을 고려하면, 근로자가 노동관계의 장(場)에 있을 때 발생한 모든 상병이 아니라 노동관계와 상당인과관계가 있는 상병에 대해 보상하는 것이 합리성을 갖는다고 할 수 있는 것이다. 여기에서 업무와 단순히 조건적인 관계밖에 갖지 않는 재해까지 보상의 범위에 포함한다면 근로자의 사생활 영역에 있는 위험과 경계가 모호해지게 되고, 노동관계에 내재하거나 부수하는 위험을 특히 산재보상에 의해 보상한다고 하는 제도의 취지에 적합하지 않게 되는 것이다.

결국 상당인과관계설은 종래부터 채용되어 왔고 다수설의 지위를 점하고 있는 견해로서, 산재보상제도가 생존권 원리에 의한 생활보장의 일환으로 자리매김하고 있는 오늘날에 있어서도 여전히 그 유용성이 인정된다고 할 것이다.

Ⅳ. 업무수행성과 업무기인성의 관계

산재보상제도에서 '업무상' 판단이 필요한 이유는 근로자에게 발생한 업무상 재해에 대해 사용자의 비용부담으로 과실의 유무를 묻지 않고 보상하는 제도이기 때문이다. 그리고 이러한 산재보상은 근로자가 기업에 내재하는 위험의 현실화로서 상병 등에 걸린 경우에 사용자가 그에 따른 비용을 부담해야 할 것이라고 파악한다.

따라서 '업무상' 인가의 여부는 재해가 해당 업무에 포함되어 있는 위험의 현실화라고 할 수 있는가에 의해 결정되고, 그것은 결국 업무기인성의 유무에 의해 판단된다고 할 것이다. 즉, 업무상 재해의 판단에서 기본적 요건은 업무기인성으로 업무에 기인하였는지가 중요한 문제이고, 업무수행 중에 재해가 발생하였는지는 중요한 의미를 갖지 못한다는 것이다. 그러므로 업무기인성의 관점에서는 업무를 수행하지 않는 상태에서 발생한 재해도 당연히 보상의 대상이 될 수 있으므로 업무기인성이 업무수행성보다 그 범위가 훨씬 넓다고 할 수 있다.[103)]

특히 직업병이나 과로성 재해 등의 업무상 질병은 업무수행 중이 아닌 사업장 밖이나 업무시간 외 심지어 자택에서 휴일에 발생하기도 하는데, 이와 같이 사용자의 지배 내지 관리를 벗어난 사생활 영역에서 발생한 재해도 업무상 재해로 인정되는 경우가 존재하므로, 업무수행성은 모든 재해에 필요한 기준이라고는 할 수 없는 것이다.

판례[104)]도 “업무상 과로 등이 업무상 재해의 원인이 된 이상 발병 장소가 사업장 밖이었고, 업무수행 중 발병한 것이 아니라고 할지라도 업무상의 재해로 보아야 한다”고 하여, 과로성 재해인 경우에는 업무수행성이 없어도 업무상 재해로 인정하고 있다.

반면에 사고와 그에 따른 장해 · 사망의 경우에 있어서는 업무수행성의 유무가 ‘업무상’ 인정에 있어 제1차적 기준으로 되어 중요한 의미를 갖는다고 할 것이다.[105)] 따라서 업무수행성이 인정되지 않는 경우에는 업무기인성이 있을 수 없고, 업무상 재해라는 판정은 성립할 수 없다. 즉, 이러한 경우에는 업무수행성이 인정될 때에야 비로소 업무기인성의 유무가 문제되는 것이다.

결국 사고의 경우에는 돌발적인 사고에 따른 것이기 때문에 업무수행성이 중요한 의미를 갖지만, 질병의 경우에는 업무상 유해요인이 서서히 인체에 축

103) 이영희, 앞의 책, 560쪽.

104) 대판 2002.5.28, 2002두1014.

105) 김형배, 『노동법』, 443쪽 ; 김유성, 『한국사회보장법론』, 306쪽에서 업무수행성의 유무가 업무상의 제1차적 인정기준이 된다고 한다. 그러나 업무상 부상 등 사고성 재해에 한하여 업무수행성을 제1차적 인정기준으로 보는 것은 타당하지만, 과로성 재해 등 업무상 질병의 경우에는 업무기인성이 제1차적 판단기준이 되어야 할 것으로 생각한다.

적되어 어느 순간에 자각증상으로 나타나는 것이므로 업무수행성은 중요하지 않고 업무기인성의 유무가 결정적인 근거가 된다.

결론적으로 업무상 질병의 인정에 있어서는 업무수행 중에 발병할 것을 요건으로 하는 것은 무의미하여 업무수행성은 거의 문제되지 않으나, 질병이 업무에서 유래한 것이라는 업무기인성이야말로 중요한 요건이 된다. 이에 반하여 업무상 사고의 인정에 있어서는 근로자가 업무수행 중에 부상한 것 등에 중점이 있으므로 사고의 원인이 사용자나 피재근로자 자신의 행위 또는 부작위에 있는지와 관계없이 업무수행성이 주로 문제가 되는 것이다.

따라서 재해가 '업무상' 인지는 질병이라면 업무기인성이, 사고라면 업무수행성이 중요한 판단기준이 되며, 재해의 유형에 따라 일방의 요건이 충족되고 있는 경우에는 다른 요건은 극히 경미하여도 좋고, 경우에 따라서는 전혀 없어도 업무상 재해로 인정될 수 있는 것이다.

Ⅴ. 입증책임

산재보험법에도 입증책임에 관한 일반원칙이 지배하므로 업무상 재해의 입증에 있어서도 권리를 주장하는 자가 그 근거가 되는 사실을 입증하여야 하고, 그것을 부인하는 자가 그 권리의 부존재나 박탈 또는 상실 등의 근거가 되는 사실에 관하여 입증하여야 한다.

따라서 업무상 재해에 대한 보험급여의 지급요건으로 산재적용 사업장의 근로자였던 것, 업무상의 부상 · 질병 · 장해 또는 사망인 것, 각 급여 고유의 요건에 대하여 입증이 필요하다고 할 것이다. 그리고 여기에서 '업무상' 해당성은 업무수행성과 업무기인성의 문제로서 이들은 산재보험의 각 급여에 공통하는 일반적 요건의 하나이다.

먼저 업무수행성 여부의 판단은 규범적 가치이며 법적 문제이지만 그 판단은 사실의 근거 위에서 행해져야 한다. 업무수행성 여부의 판단은 특히 근로자의 행위에 업무와 자기 개인을 위한 행위가 혼합되어 있을 때에는 구분하기가 용이하지 않은 측면이 있다. 이때 업무수행성의 근거가 되는 사실의 입증

정도는 '확실성에 접근할 정도의 개연성'과 같이 엄격하다고 할 것이다.[106)]

그리고 피재근로자나 유족은 재해가 업무관련성이 있다는 점에서 피재근로자 개인의 위험영역에 속한 것이 아니라 업무와 재해 사이에 인과관계가 있다는 사실, 즉 업무기인성을 입증하여야 한다.

여기에서 인과관계의 입증정도는 개연성이라고 할 수 있는데, 이와 같이 산재보험법에서 인과관계의 입증정도를 경감시키고 있는 것은 인과관계의 확실성을 입증하는 일이 매우 어렵기 때문이다. 즉, 입증정도를 그와 같이 경감시키지 않으면 대부분의 보험급여 청구가 거부될 수 있기 때문이다. 그러나 이처럼 입증정도가 경감되는 것은 인과관계 자체에 한하며, 사고 발생 또는 사망, 부상, 질병 등 인과관계의 구성부분이 되는 연결고리에 관한 사실 여부는 입증의 정도가 더 높게 요구된다고 할 수 있다.[107)]

한편, 사고의 경우에는 일반적으로 업무수행성이 인정되는 대부분의 재해가 업무상 재해로 판단되고, 업무수행성이 인정되는 재해 중에서 업무기인성이 부인되는 재해는 특수한 경우에 해당하는 것이 보통이다. 따라서 업무기인성은 업무수행성에 의하여 추정된다고 할 수 있다. 그러므로 업무기인성을 부인하기 위해서는 반증사유가 존재해야 하고, 이에 대한 입증책임은 근로복지공단이 부담해야 할 것이다.[108)] 그런데 과로성 재해 등 업무상 질병에 있어서는 업무와 질병 사이의 인과관계만을 입증하면 될 것이다.

그리고 문제가 되는 것은 어느 정도의 입증이 업무와 상병 등의 사이에 인정되면 인과관계가 있다고 인정되는가이다. 판례는 업무와 질병 사이의 인과관계는 의학적 · 자연과학적으로 명백히 입증하여야 하는 것은 아니고, 제반 사정을 고려할 때 인과관계가 '추단'되는 경우에도 그 입증이 있다고 보고 있다.[109)] 또 입증 방법에 대해서는 직접증거에 의하여 증명되어야 하는 것은 아

---

106) 이상광, "산재보상보험법의 인과관계에 관한 고찰 –상당인과관계설과 중요조건설을 중심으로–", 31쪽.

107) 이상광, "산재보상보험법의 인과관계에 관한 고찰 –상당인과관계설과 중요조건설을 중심으로–", 31~32쪽.

108) 김형배, 『노동법』, 442~443쪽.

109) 대판 2001.4.13, 2000두9922.

니고 제반 간접사실에 의하여 입증하면 족하다고 판시하였다.[110)]

결론적으로 사용자가 집단적 또는 총체로서 보상책임을 지는 산재보험에서의 인과관계 증명은 산재보험제도의 목적에 비추어 손해배상제도의 상당인과관계보다는 완화된 증명으로 충분하다고 해야 할 것이다. 따라서 특정한 사실이 특정한 결과 발생을 초래한 관계를 시인할 수 있는 고도의 개연성은 불필요하고, 경험법칙상 모든 증거를 검토하여 개연성이 증명되면 충분하다고 해석하는 것이 타당하다고 보아야 한다. 이와 같이 이해하지 않으면 손해배상제도와 구별되는 산재보험제도의 목적에 어긋나는 결과를 초래하기 때문이다.[111)]

---

110) 대판 2008.1.31, 2006두8204 ; 대판 2007.6.1, 2005두517 ; 대판 2006.3.9, 2005두13841 등.

111) 참고로 일본의 판례는 소송상의 인과관계의 입증은 일점의 의혹도 허락되지 않는 자연과학적 증명이 아니라, 경험칙에 비추어 모든 증거를 종합 검토하여 특정한 사실이 특정한 결과 발생을 초래한 관계를 시인할 수 있는 고도의 개연성을 증명하는 것이고, 그 판정은 통상인이 의심을 갖지 않을 정도로 진실성의 확신을 가질 수 있는 것을 필요로 함과 동시에 그것으로 족하다고 판시하고 있으므로, 취소소송에 있어서도 동일하게 업무와 상병의 사이에 '고도의 개연성'이 입증될 것을 필요로 한다고 보는 것이 통설 · 실무의 입장이라고 한다(西森みゆき, "業務起因性 −業務起因性の立證責任−", 林 豊 · 山川隆一 編, 『勞働關係訴訟法 Ⅱ』, 青林書院, 2005, 254~255쪽).

제3절 업무상 재해의 인정기준

산재보험법 제37조에서는 업무상 재해의 인정기준을 규정하고, 제1항에서 업무상 사고와 업무상 질병으로 대별하여 해당하는 사고와 질병을 열거하고 있다. 산재보험법은 전자에 대해서는 업무수행성과 업무기인성을 요건으로 하고, 후자에 대해서는 업무기인성의 범위를 정하고 있는 것으로 보인다. 이하에서는 제37조의 인정기준에 대한 의의를 살펴본 후 업무상 사고에 있어서의 인정기준과 업무상 질병에서의 인정기준을 차례로 살펴본다.

Ⅰ. 의 의

산재보험법 제37조 제1항에서 "근로자가 다음 각 호의 어느 하나에 해당하는 사유로 부상 · 질병 또는 장해가 발생하거나 사망하면 업무상의 재해로 본다"고 규정하고, 제1호에서 '업무상 사고'에 해당하는 사고를 열거하였으며 제2호에서 '업무상 질병'에 해당하는 질병을 또한 열거하고 있다.

여기서 이 규정이 제한적 열거규정인지 아니면 예시적 열거규정인지에 대해 견해의 대립이 있을 수 있다. 이에 대해서는 산재보험법상 모든 보험급여의 지급사유가 '업무상의 사유'라는 개념을 사용하고 있고, 업무상 재해의 인정기준에서도 '그 밖에 업무와 관련하여 발생한 사고 또는 질병'이라는 포괄규정을 두고 있는 점, 또 업무상 사유에 해당하는 기준을 현실적으로 모두 열거할 수 없다는 점과 업무상 재해는 근로자를 보호하기 위하여 제정된 산재보험법의 목적 · 취지 등에 비추어 판단해야 한다는 점 등에 비추어 예시적 열거규정이라고 해야 할 것이다.

그리고 업무상 재해는 기본적으로 산재보험법 제5조 제1호의 정의규정에 따라 '업무상의 사유에 따른 재해'이므로 업무수행성과 업무기인성의 내용인 상당인과관계의 유무에 의하여 판단되어야 할 사항이다. 따라서 산재보험법 제37조 제1항의 각호에 직접적으로 해당되지 않더라도 업무상 사유에 따른 재해에 해당하면 업무상 재해로서 보험급여의 지급대상이 된다 할 것이다. 또 이 규정과 이 규정으로부터 위임받은 하위 법령에서 열거하지 아니한 상병에 대해서도 업무상 재해로 인정할 수 있을 것이다.

한편, 같은 법 제37조는 제1항에서 업무상 사고와 업무상 질병을 열거하면서 제3항에서 "업무상 재해의 구체적인 인정기준은 대통령령으로 정한다"고 규정하고 있다. 따라서 대통령령으로 위임될 내용의 대강을 알 수 있도록 한 상태에서 업무상 재해의 구체적인 인정기준을 시행령에 위임함으로써 행정입법의 합법성의 근거를 마련하였다고 할 수 있다.

그리고 산재보험법은 제37조 제1항 단서에서 업무와 재해 사이에 상당인과관계가 있을 것을 요구하고 있다. 이 규정은 그동안 같은 법 시행규칙 및 판례에서 채택하고 있던 업무상 재해의 요건인 상당인과관계를 명확히 하기 위해 명시한 것이라고 생각된다. 다만, 법적 구속력 있는 법률에서 명문화하였다는 데 그 의미가 있다고 할 것이다. 결국 업무수행성이 있는 사고라도 업무와 재해 사이에 상당인과관계가 있어야 할 것이고, 특히 업무상 질병의 경우에는 상당인과관계의 유무가 결정적으로 중요한 판단기준이 된다.

또 같은 법 제37조 제2항에서 "근로자의 고의 · 자해행위나 범죄행위 또는 그것이 원인이 되어 발생한 부상 · 질병 · 장해 또는 사망은 업무상의 재해로 보지 아니 한다"고 규정하고 있는데, 이로써 제37조는 업무상 재해 인정기준의 적극적 요건으로 상당인과관계를 규정하고 소극적 요건으로 고의 · 자해행위 등을 배제하고 있다 할 것이다.

Ⅱ. 업무상 사고의 인정기준

산재보험법 제37조 제1항 제1호는 업무상 사고를 유형별로 열거한 후 포괄규정을 두고 있고, 같은 법 시행령[112] 제27조 이하에서는 업무상 사고의 유형에 따른 구체적인 인정기준을 정하고 있다. 이하에서는 업무상 사고를 사업주의 지배 · 관리하에서 업무에 종사하고 있는 경우, 사업주의 지배 · 관리하에

112) 2013.6.28 대통령령 제24651호.

있지만 업무에 종사하고 있지 않은 경우, 사업주의 지배하에 있지만 관리를 떠나 업무에 종사하고 있는 경우, 그 밖의 경우로 구분하여 살펴본다.

1. 사업주의 지배 · 관리하에서 업무에 종사하고 있는 경우

사업주의 지배 · 관리하에서 업무에 종사하고 있는 경우의 업무상 사고에는 근로자가 근로계약에 따른 업무나 그에 따르는 행위를 하던 중 발생한 사고가 있다(법 제37조 제1항 제1호 가목). 구체적으로는 근로계약에 따른 업무수행 행위, 업무수행 과정에서 하는 용변 등 생리적 필요행위 또는 업무를 준비하거나 마무리하는 행위 등 업무에 따른 필요적 부수행위 등이 있다(시행령 제27조 제1항).

먼저 사업장 내에서 업무 종사 중에 생긴 재해는 통상 작업용구, 기기, 시설이나 작업환경 또는 근로자 자신의 과실 등의 이유로 작업의 과정에서 생기는 것이다. 이는 업무에 기인한 것으로 추정되기 때문에 업무이탈 행위나 자의적 행위 등의 특별한 사정이 없는 한 업무상 재해로 인정된다.

그리고 근로 중의 근로자가 용변 등을 위해 일시적으로 작업을 중단하는 경우 이러한 행위는 엄밀하게 업무행위라고는 할 수 없지만 업무에 필요한 행위로 볼 수 있고, 또 근로자가 업무수행 과정의 전후에 준비 내지 마무리 과정을 부수적으로 행하는 것이 통상이므로, 이러한 행위들의 경우에도 재해가 발생한 때에는 특별한 사정이 없는 한 업무상 재해로 인정하는 것이다.

2. 사업주의 지배 · 관리하에 있지만 업무에 종사하고 있지 않은 경우

(1) 사업주의 지배 · 관리하에 있지만 업무에 종사하고 있지 않은 경우의 업무상 사고에는 사업주가 제공한 시설물 등을 이용하던 중 그 시설물 등의 결함이나 관리소홀로 발생한 사고(법 제37조 제1항 제1호 나목), 사업주가 제공한 교통수단이나 그에 준하는 교통수단을 이용하는 등 사업주의 지배 · 관리하에서 출퇴근 중 발생한 사고(다목), 사업주가 주관하거나 사업주의 지시에 따라 참여한 행사나 행사준비 중에 발생한 사고(라목), 휴게시간 중 사업주의 지배 · 관리하에 있다고 볼 수 있는 행위로 발생한 사고(마목) 등이 있다.

먼저 사업주가 제공한 시설물, 장비 또는 차량 등의 결함이나 사업주의 관리소홀로 발생한 사고는 업무상 사고로 보지만, 사업주가 제공한 시설물 등을 사업주의 구체적인 지시를 위반하여 이용한 행위로 발생한 사고 등은 업무상 사고로 보지 아니한다(시행령 제28조). 여기에서 사업주가 제공한 시설의 결함 또는 사업주의 관리 소홀에는 '근로자에게 시설물을 임차하여 제공한 경우' 도 해당된다.[113)]

(2) 그리고 출퇴근용으로 제공하거나 이용한 교통수단의 관리 또는 이용권이 근로자 측의 전속적 권한에 속하지 아니하였을 것으로 인정될 경우에 그 이용 중 재해는 업무상 사고로 본다(시행령 제29조). 그런데 출퇴근의 경우 업무수행을 위해 필요 불가피한 행위이지만 사업주의 지배 · 관리하에 있지 아니한 상태이고, 사적인 행위와 업무상 행위의 속성을 중첩적으로 지니고 있으므로 업무상 사고로 인정할 수 있는지가 문제된다.[114)]

이와 관련하여 판례[115)]는 "근로자의 출퇴근 과정이 근로의 제공이라는 업무와 밀접 불가분의 관계에 있다 하더라도 일반적으로 출퇴근 방법과 경로의 선택이 근로자에게 유보되어 있어 통상 사업주의 지배 · 관리하에 있다고 할 수 없다"고 하여, 일반 근로자의 출퇴근 중 재해에 대해서는 원칙적으로 업무상 재해로 인정하고 있지 않다.

그러나 공무원의 출퇴근 중 재해는「공무원연금법」시행규칙[116)] 제14조에서 '공무원이 통상적인 경로와 방법에 따라 출 · 퇴근하던 중 발생한 교통사고 등으로 부상을 입거나 사망한 경우에는 공무상 재해로 본다' 고 규정하고 있어,

---

113) 서울행법 2006.8.8, 2005구합34701. 사업주가 근로자에게 시설물을 임차하여 제공한 것이라고 하더라도 사업주로서는 해당 시설물을 미리 점검하여 그것이 안전성을 갖추지 못한 상태에 있을 경우 시설물의 관리주체에게 시정을 요구하고, 만일 그 시설물의 관리주체가 이에 응하지 아니할 경우에는 안전한 다른 시설을 마련하여 근로자에게 제공할 의무가 있으므로, 사업주가 이러한 주의의무를 게을리 하였다면 '사업주가 관리하고 있는 시설의 결함 또는 사업주의 시설관리 소홀' 에 해당하는 것으로 해석하여야 한다고 판시하였다.

114) 김형배, 『노동법』, 445쪽.

115) 대판 2007.9.28, 2005두12572 전원합의체. 다수의견으로 산재보험법에서 정한 '업무상의 재해' 란 근로자와 사업주 사이의 근로계약에 터 잡아 사업주의 지배 · 관리하에서 당해 근로업무의 수행 또는 그에 수반되는 통상적인 활동을 하는 과정에서 이러한 업무에 기인하여 발생한 재해를 말한다. 그런데 비록 근로자의 출퇴근이 근로의 제공이라는 업무와 밀접 불가분의 관계에 있다 하더라도, 일반적으로 출퇴근 방법과 경로의 선택이 근로자에게 유보되어 있어 통상 사업주의 지배 · 관리하에 있다고 할 수 없다고 하였다.

116) 2012.3.9 행정안전부령 제287호.

공무원과 일반 근로자의 출퇴근 행위에 본질적인 차이가 없음에도 상이하게 규정하여 형평성과 구체적 타당성이 의문시되고 있다.[117)]

판례[118)]는 "공무원연금법상의 경우는 공무원이 상당한 액의 기여금을 불입하게 되는데 비하여 산업재해는 그와 같은 근로자의 부담이 없는 점 등 그 성질을 같이 하는 것이 아니므로 재해기준을 다르게 하는 것이 헌법상의 평등의 원칙에 위배되지 않는다"고 판시하였다. 이는 공무원이 기여금을 부담하고 있다는 이유로 공무원에게 일반 근로자에 비하여 특별한 보호를 하는 것이고, 일반 근로자에 대해서는 사실상 신분에 의한 차별을 행하는 것으로 산재보험법의 사회보장적 성격에 맞지 않는다고 할 것이다.[119)]

그리고 산재보험법은 회사에서 제공한 차량 등의 이용 중 발생한 출퇴근 중의 재해에 대해서만 업무상 재해로 인정하고 있는데, 이는 통근버스조차도 이용할 수 없는 열악한 근로환경에 처한 근로자에게 그 보호의 필요성이 더 큼에도 불구하고 오히려 출퇴근 중 재해의 보상을 받을 수 없게 되는 모순적인 결과를 초래한다.[120)]이 역시 출퇴근 시에 교통수단조차 제공받지 못한 영세한 중소기업의 근로자에 대한 사실상의 차별이 된다고 할 것이다.[121)]

(3) 또 운동경기 · 야유회 · 등산대회 등 각종 행사에 근로자가 참가하는 것이 사회통념상 노무관리나 사업운영상 필요하다고 인정되는 경우로서, 사업주가 행사참가시간을 근무시간으로 인정한 경우 또는 참가지시를 하거나 사전승인을 한 경우에 근로자가 그 행사에 참가하여 발생한 사고는 업무상 사고로 규정하고 있다(시행령 제30조).

---

117) 박종희, "통근도상의 재해", 38~39쪽.

118) 대판 2007.10.26, 2007두6991.

119) 우리나라와 산재보상제도가 유사한 일본의 경우에도 산재보험료는 사업주만이 부담하고 있으나, 일본에서는 1973년에 일반 근로자의 출퇴근 중 재해에 대해 보상을 행하는 제도가 노재보험법에 규정되었다(菅野和夫, 앞의 책, 447쪽).

120) 이흥재, "사회보험수급권의 범위에 관한 소고 -보장의 불평등에 대한 비판적 검토-", 『법학』 제31권 제3 · 4호, 서울대학교 법학연구소, 1990, 239쪽.

121) 헌재 1993.9.27, 93헌마45. 사업주가 제공한 교통수단을 이용한 경우에만 업무상 재해로 인정한다고 하여 곧 합리적 이유가 없는 차별이어서 평등의 원칙에 반하는 것이라고 보기 어렵다고 하였다.

이에 대해 판례[122]는 "업무상 재해로 인정하려면 그 행사나 모임의 주최자, 목적, 내용, 참가인원과 그 강제성 여부, 운영방법, 비용부담 등의 사정들에 비추어 사회통념상 그 행사나 모임의 전반적인 과정이 사용자의 지배나 관리를 받는 상태에 있어야 할 것"이라고 판시하였다.

(4) 휴게시간은 근로자에게 자유로운 행동이 보장된 시간으로 통상 근로자는 사업주의 지배 · 관리하에 있다고 할 수 없으나, 휴게시간 중의 근로자의 행위는 휴게시간 종료 후의 근로제공과 관련되어 있으므로 그 행위가 해당 근로자의 본래의 업무행위 또는 그 업무의 준비행위 내지는 정리행위, 사회통념상 그에 수반되는 것으로 인정되는 생리적 행위 또는 합리적 행위, 필요적 행위라는 등 그 행위 과정이 사업주의 지배 · 관리하에 있다고 볼 수 있는 경우에 업무상 재해로 인정된다.[123]

그리고 휴게시간 중의 재해는 휴게시간 종료 후 업무에 복귀하는지가 중요한 것으로서 비록 사업장 내의 사고라 할지라도 조퇴 허락을 받은 이후의 사고는 업무 외의 재해가 된다.[124] 따라서 휴게시간 중의 재해는 사업장 내외를 불문하고 그 행위 과정이 사업주의 지배 · 관리하에 있다고 볼 수 있는가에 달려 있는 것이다.[125]

3. 사업주의 지배하에 있지만 관리를 떠나 업무에 종사하고 있는 경우

사업주의 지배하에 있지만 관리를 떠나 업무에 종사하고 있는 경우로는 근로자가 사업주의 지시를 받아 사업장 밖에서 업무를 수행하던 중 발생한 사고, 출장 중의 사고가 있다. 다만, 사업주의 구체적 지시를 위반한 행위, 근로자의 사적 행위 또는 정상적인 출장경로를 벗어났을 때에는 업무외 사고로 본다(시행령 제27조 제2항).

일반적으로 출장 중의 재해는 출장과정 전반에 대해 사용자의 지배하에 있

---

122) 대판 2007.5.10, 2007두3695.
123) 대판 2004.12.24, 2004두6549.
124) 대판 2008.5.29, 2007두3077.
125) 대판 2004.12.10, 2004두10562. 점심시간을 이용하여 자택에서 식사 후 귀사하던 중 발생한 교통사고에 대해 그 과정이 사업주의 지배 · 관리하에 있다고 하여 업무상 재해로 인정하였다.

는 것으로 보고 업무상 재해로 인정하고 있는데, 이는 근로자가 사업장을 떠나 출장 중일 경우에는 그 용무의 이행여부나 방법 등에 있어 포괄적으로 사업주에게 책임을 지고 있다 할 것이어서 특별한 사정이 없는 한 출장과정 전반에 대하여 사업주의 지배하에 있다고 보기 때문이다.[126)]

4. 그 밖의 경우

전술한 업무상 사고의 유형 외에 포괄규정에 의하여 그 밖에 업무와 관련하여 발생한 사고로 재해가 발생한 경우에도 업무상의 재해로 인정된다. 사회통념상 근로자가 사업장 내에서 할 수 있다고 인정되는 행위를 하던 중 태풍·홍수·지진·눈사태 등의 천재지변이나 돌발적인 사태로 발생한 사고는 업무상 사고로 본다(시행령 제31조). 이는 태풍 등의 자연현상이 그 자체로서는 업무와 무관한 것이나, 사업장 내에서 특별히 사적행위나 업무이탈행위를 하던 중이 아니라면 업무상 재해로 인정하고 있는 것이다.

그리고 업무상 상병으로 요양 중인 근로자에게 요양급여와 관련하여 발생한 의료사고나 요양 중인 산재보험 의료기관 내에서 업무상 상병과 관련하여 발생한 사고에 대해서는 업무상 사고로 보고 있다(시행령 제32조). 이 경우 '업무상'으로 인정되는지는 당초의 업무상 상병과 그 요양 중에 입은 재해의 사이에 상당인과관계가 있는지에 따라 결정된다.

또 제3자의 행위로 근로자에게 사고가 발생한 경우에 그 근로자가 담당한 업무가 사회통념상 제3자의 가해행위를 유발할 수 있는 성질의 업무라고 인정되면 그 사고는 업무상 사고로 본다(시행령 제33조). 즉, 타인으로부터 입은 폭행·상해도 업무와 관련이 있다고 보이는 경우에는 직장에서의 인간관계 또는 제3자와의 직무상의 관계에서 생기는 '업무위험'의 일종으로 보아 업무와 상당인과관계를 갖는 것으로 보는 것이다.

그렇지만 업무에 관련이 있는 것처럼 보이더라도 가해자·피해자 사이의 사적인 관계(원한 등)에 기인하고 있다고 판단되는 경우나 피재근로자가 직무상의 한도를 넘어 상대방을 자극하고 도발시킨 경우에는 업무에 기인하였다고 볼

126) 대판 2006.3.24, 2005두5185.

수 없게 된다.[127)]

Ⅲ. 업무상 질병의 인정기준

산재보험법 제37조 제1항 제2호에서 업무상 질병을 업무수행 과정에서 물리적 인자, 화학물질, 분진, 병원체, 신체에 부담을 주는 업무 등 근로자의 건강에 장해를 일으킬 수 있는 요인을 취급하거나 그에 노출되어 발생한 질병(가목), 업무상 부상이 원인이 되어 발생한 질병(나목), 그 밖에 업무와 관련하여 발생한 질병(다목)으로 구분하고, 같은 법 시행령 제34조에서 그에 대한 구체적인 인정기준을 정하고 있다. 업무상 질병은 발생 양태에 따라 직업성 질병, 사고성 질병 및 과로성 질병으로 구분할 수 있으므로 이하에서는 이에 대해 차례로 살펴보고자 한다.

1. 직업성 질병

직업성 질병이란 건강에 유해한 작업환경 · 작업양태에서 장기간 근로를 행하는 경우에 생기는 질병이다. 산재보험법 제37조는 제1항 제2호 가목에서 대체로 직업성 질병으로 볼 수 있는 '업무수행 과정에서 물리적 인자, 화학물질, 분진, 병원체 등 근로자의 건강에 장해를 일으킬 수 있는 요인을 취급하거나 그에 노출되어 발생한 질병'을 업무상 질병으로 열거하고, 제3항에서 "업무상의 재해의 구체적인 인정기준은 대통령령으로 정한다"고 규정하고 있다.

산재보험법 시행령 제34조 ① 근로자가 「근로기준법 시행령」제44조 제1항 및 같은 법 시행령 별표 5의 업무상 질병의 범위에 속하는 질병에 걸린 경우 다음 각 호의 요건 모두에 해당하면 법 제37조 제1항 제2호 가목에 따른 업무상 질병으로 본다. 1. 근로자가 업무수행 과정에서 유해 · 위험요인을 취급하거나 유해 · 위험요인에 노출된 경력이 있을 것 2. 유해 · 위험요인을 취급하거나 유해 · 위험요인에 노출되는 업무시간, 그 업무에 종사한 기간 및 업무환경 등에 비추어 볼 때 근로자의 질병을 유발할 수 있다고 인정될 것 3. 근로자가 유해 · 위험요인에 노출되거나 유해 · 위험요인을 취급한 것이 원인이 되어 그 질병이 발생하였다고 의학적으로 인정될 것

127) 대판 2008.8.21, 2008두7953.

그리고 근로기준법 시행령[128] 제44조 제1항에서 "업무상 질병과 요양의 범위는 별표 5와 같다"고 규정하고, 별표 5에서 업무상 질병의 범위를 정하고 있다. 특히 직업성 질병에 대해 구체적으로 열거하고 있다.

【별표 5】 업무상 질병과 요양의 범위[129] (제44조 제1항 관련) 1. 업무상 질병의 범위 가. 업무상 부상으로 인한 질병 나. 물리적 요인으로 인한 질병 다. 화학적 요인으로 인한 질병 라. 생물학적 요인으로 인한 질병 마. 직업성 암 바. 무리한 힘을 가해야 하는 업무로 인한 내장탈장, 영상표시단말기(VDT) 취급 등 부적절한 자세를 유지하거나 반복 동작이 많은 업무 등 근골격계에 부담을 주는 업무로 인한 근골격계 질병 사. 업무상 과로 등으로 인한 뇌혈관질병 또는 심장질병 아. 업무와 관련하여 정신적 충격을 유발할 수 있는 사건으로 인한 외상후스트레스장애 자. 가목에서 아목까지 규정된 질병 이외에 「산업재해보상보험법」 제8조에 따른 산업재해보상보험및예방심의위원회의 심의를 거쳐 고용노동부장관이 지정하는 질병 차. 그 밖에 가목에서 자목까지에서 규정한 질병 외에 업무로 인한 것이 명확한 질병

이는 질병자체가 업무와의 인과관계 내지 관련성 유무의 판단이 곤란하므로, 특정한 업무와 질병 사이의 인과관계가 의학적 식견 내지 경험법칙상 정형화할 수 있는 것에 대해서 목록을 작성한 것이다. 그리하여 피재근로자의 입증부담을 경감하고 '업무상' 인정업무를 신속 · 공평하게 하며 일관성 있는 적용을 도모하고 있다.

다만, 의학적 식견 내지 경험법칙에 비추어 업무와 질병 사이의 인과관계가 아직 정형화하기 어렵다고 인정되는 질병에 대해서는 목록에 구체적으로 명시하고 있지 않으므로, 업무상 질병으로 인정되기 위해서는 위 별표 5의 자목 "산업재해보상보험및예방심의위원회의 심의를 거쳐 고용노동부장관이 지정하는 질병"에 해당되거나, 차목 '그 밖에 업무로 인한 것이 명확한 질병' (이하 '포

128) 2013.6.28 대통령령 제24652호.

129) 2013.6.28. 개정 시 업무상 질병의 인정범위가 산업구조 및 작업환경의 변화에 따라 새롭게 제기된 유해요인을 제대로 반영하지 못하고, 1954년 제정 후 일부조항에 대한 부분개정만 이루어져 유해요인 및 질병명이 현재 통용되고 있는 용어와 일치하지 않는 경우도 있어, 직업성 암을 유발하는 요인 10종류를 포함하여 14종류의 유해요인을 추가로 규정하여 업무상 질병의 범위를 확대하고, 유해요인별 특성에 따라 분류체계를 재구성하였다.

괄규정' 이라 한다)에 해당되어야 한다.[130)]

한편, 산재보험법 시행령 제34조 제3항에서 "제1항 및 제2항에 따른 업무상 질병에 대한 구체적인 인정기준은 별표 3과 같다' 고 규정하고, 별표 3에서는 '업무상 질병에 대한 구체적인 인정기준' 을 정하고 있다.

【별표 3】 업무상 질병에 대한 구체적인 인정기준 (제34 제3항 관련)
1. 뇌혈관질병 또는 심장질병
2. 근골격계 질병
3. 호흡기계 질병
4. 신경정신계 질병
5. 림프조혈기계 질병
6. 피부 질병
7. 눈 또는 귀 질병
8. 간 질병
9. 감염성 질병
10. 직업성 암
11. 급성 중독 등 화학적 요인에 의한 질병
12. 물리적 요인에 의한 질병
13. 그 밖에 근로자의 질병과 업무와의 상당인과관계가 인정되는 경우에는 해당 질병을 업무상 질병으로 본다.

따라서 직업성 질병이 업무상 질병으로 인정되기 위해서는 먼저 산재보험법 시행령 제34조 제1항의 각호 요건 모두를 갖추고, 같은 법 시행령 별표 3의 구체적인 인정기준에 비추어 근로기준법 시행령 별표 5에 의한 업무상 질병의 범위에 해당되어야 한다.

2. 사고성 질병

산재보험법 제37조 제1항 제2호 나목에서는 업무상 부상이 원인이 되어 발생한 질병을 업무상 질병으로 규정하고, 같은 법 시행령 제34조 제2항에서 구

---

130) 우리나라는 업무상 질병 인정에 있어 개괄적, 일반적 정의규정을 두어 구체적으로 문제가 된 질병이 그 정의 규정에 해당하는가의 여부를 판정하는 방식인 개괄주의와 관계법령 또는 관계법령의 별표로서 업종별 내지 직업별로 질병을 지정하여 그에 해당하는 질병에 한정하여 보상하는 열거주의를 취하여 혼합주의 방식을 채택해, 근로자 측의 입증부담을 경감하고 새로운 직업병의 발생에도 신속하게 대응하며 그 범위를 넓게 파악할 수 있는 장점이 있다(노동부, 『뇌 · 심혈관계 질환에 대한 업무상 재해 인정기준 개선방안』, 2005, 32~33쪽).

체적인 인정기준을 정하고 있다.

> 산재보험법 시행령 제34조 ② 업무상 부상을 입은 근로자에게 발생한 질병이 다음 각 호의 요건에 모두 해당하면 법 제37조 제1항 제2호 나목에 따른 업무상 질병으로 본다.
> 1. 업무상 부상과 질병 사이의 인과관계가 의학적으로 인정될 것
> 2. 기초질환 또는 기존질병이 자연발생적으로 나타난 증상이 아닐 것

이는 사고성 질병에 대해 규정한 것으로, 사고의 원인이 되는 사실이 돌발적으로 발생하고 그 사실의 직접적인 결과로서 사상이나 질병이 발생한 때에는 업무상 질병으로 인정하고 있는 것이다. 사고성 질병은 사고의 발생 상황을 시간적 · 장소적으로 분명하게 알 수 있으므로 업무상 재해의 인정여부는 크게 문제되지 않는다.[131] 따라서 사고성 질병은 업무수행성을 인정받으면 특별한 사정이 없는 한 업무상 재해로 인정받는다고 할 수 있다.

그런데 여기에서 사고성 질병은 업무상 사유에 의한 부상이 원인이 되어 발생한 질병뿐만 아니라 그 부상 때문에 발생한 속발성 질병, 그 밖에 당초 부상과의 사이에 상당인과관계가 있는 질병까지 말하는 것이다. 그러므로 이러한 질병의 경우에는 업무상 원인으로 발병하였음이 의학적으로 인정되어야 한다.[132]

결국 사고성 질병의 경우에도 먼저 산재보험법 시행령 제34조 제2항의 각호 요건을 모두 갖추고, 같은 법 시행령 별표 3의 인정기준에 부합될 때 업무상 재해로 인정되는 것이다.

3. 과로성 질병

과로성 질병은 뇌 · 심혈관 질병과 정신장해로 크게 구분할 수 있는데, 직업성 질병이나 사고성 질병과 달리 과로성 질병의 인정기준에 대해서는 산재보험법에서 직접적으로 명시하고 있지 않다.

따라서 산재보험법 제37조 제1항의 제2호에서 정하고 있는 업무상 질병에 대한 인정기준 중 가목의 '업무수행 과정에서 신체에 부담을 주는 업무 등 근

131) 김형배, 『노동법』, 450쪽.
132) 김수복, 『산업재해보상보험법』, 중앙경제, 2006, 121쪽.

로자의 건강에 장해를 일으키는 요인을 취급하거나 그에 노출되어 발생한 질병' 또는 다목의 '그 밖에 업무와 관련하여 발생한 질병' 에 해당하는 경우에 업무상 질병으로 인정될 수 있을 것이다.

먼저 뇌 · 심혈관 질병이 업무상 질병으로 인정되기 위해서는 산재보험법 시행령 제34조 제1항에 따라 전술한 직업성 질병과 동일하게 근로자가 업무수행 과정에서 유해 · 위험요인을 취급하거나 노출된 경력이 있고, 취급 · 노출된 업무시간 등이 질병을 유발할 정도여야 하며, 취급 · 노출과 질병 사이의 인과관계가 의학적으로 인정되어야 한다.

또한 근로기준법 시행령 제44조 제1항 및 그와 관련한 별표 5의 업무상 질병의 범위에 해당되어야 할 것인데, 별표 5의 사목에서 "업무상 과로 등으로 인한 뇌혈관질병 또는 심장질병"을 정하고, 아목에서 "업무와 관련하여 정신적 충격을 유발할 수 있는 사건으로 인한 외상후스트레스장애"를 규정하고 있다.

한편, 산재보험법 시행령은 별표 3의 인정기준 제1호에서 '뇌혈관질병 또는 심장질병' 에 대해 구체적인 인정기준을 정하고 있으므로, 뇌 · 심혈관 질병이 업무상 질병으로 인정되기 위해서는 산재보험법 시행령 제34조 제1항에 의한 요건 모두를 갖추고, 뇌 · 심혈관 질병의 업무상 질병 인정기준에 부합하여야 근로기준법 시행령 별표 5의 사목에 해당된다고 보아 업무상 재해로 인정될 수 있다.

그리고 정신장해는 그 발병 원인이 업무수행 과정에서 유해 · 위험 요인을 취급하거나 그에 노출되어 발생한 질병이라고 볼 수 있는 경우, 산재보험법 시행령 별표 3의 업무상 질병의 인정기준에서 정신장해에 관한 구체적인 기준이 없으므로 산재보험법 제34조 제1항의 요건을 모두 갖추어 근로기준법 시행령 별표 5의 아목에 해당되거나 차목 '그 밖에 업무로 인한 것이 명확한 질병' 에 해당될 때 업무상 질병으로 인정될 수 있을 것이다.

제3장

과로성 재해의 업무상 재해 인정기준

제1절 과로성 재해
제2절 과로성 재해에 대한 외국의 인정기준
제3절 과로성 재해에 대한 법령상의 인정기준

과로성 재해는 일반 직업병과 달리 과로가 발병 · 악화의 직접원인이 아닌 유발인자이고, 대부분이 단일의 원인에 의해 발생하는 것이 아니라 근로자의 기초질환이나 생활습관과 관련성을 갖고 발생한다. 따라서 과로성 재해는 사적 생활영역과 노동관계 영역의 양자에 걸쳐 존재하기 때문에 업무상 재해 여부를 판단하는 것이 매우 어렵다. 그리하여 산재보험법은 의학적 병리기전이 일부 밝혀진 뇌 · 심혈관 질병에 대해서는 법령상 인정기준을 두고 있다.

이하에서는 제1절에서 과로성 재해에 관한 일반적인 사항을 뇌 · 심혈관 질병을 중심으로 검토한다. 그리고 제2절에서 과로성 재해에 대한 외국의 인정기준을 살펴본 후, 제3절에서 과로성 재해에 대한 우리나라의 법령상 인정기준을 살펴보고자 한다.

제1절 과로성 재해

오늘날 과로성 재해는 점차 증가하는 추세로서 피재근로자 측은 물론이고 사회적으로 그 피해의 정도가 심각하다고 할 수 있다. 이하에서는 이러한 과로성 재해의 개념과 특징을 검토하고 그 원인을 살펴본 후, 과로성 재해에 대한 사업장 예방차원에서의 건강배려의무를 고찰해 보고자 한다.

Ⅰ. 과로성 재해의 의의

1. 과로의 정의

과로는 과중한 노동이라는 광범위한 개념적 용어로서 피로에서 회복하지 못하고 피로가 축적되는 상태와 정신적인 스트레스를 포함하는 포괄적인 의미를 지니고 있다.[1)] 여기에서 피로란 계속된 작업이나 운동 등으로 심신기능이 지치고 저하되어 있는 상태로서 수면과 영양을 보급하면 정상상태로 회복될

1) 연세대학교 의과대학 뇌 연구소, 『뇌 및 심장질환의 업무상 질병 인정기준』, 1993, 18쪽.

수 있는 생리적 현상을 말한다.[2] 피로는 질병의 발생을 알리는 증상으로도 정의되며, 지속적인 피로는 환자들이 의사들에게 가장 빈번히 호소하는 비특이적 증상이다.[3] 피로누적은 장시간 지속될 때 신체기능을 저하시킴으로써 혈관질환을 발생시킬 수 있고, 다른 요소와 결합하여 뇌졸중이나 관상동맥 질환을 유발할 수 있다.[4]

일반적으로 과로는 급성과로와 만성과로로 구분할 수 있는데, 급성과로는 정상적인 신체기능을 가진 근로자에게는 특별히 질병을 야기하지 않는 것으로 알려져 있다. 그러나 심장에 기존질병이 있는 경우에는 급성과로가 새로운 질병을 발생시킬 수 있으며 기존질병을 악화시킬 수도 있다. 급성과로는 돌발성을 지닌 것으로 일상적인 작업에서 갑자기 과도한 육체적 과로 및 정신적 스트레스를 주는 작업이나 상황으로 보기도 한다.[5]

급성과로가 질병을 야기하는 경우로 두 가지 유형이 존재한다. 그 하나는 뇌경색이나 심근경색과 같이 근로자가 한창 작업을 하는 중에는 발생하지 않으나 과로를 한 후 혈압이 떨어진 상태에서 발생하는 것이다. 이러한 경우는 취침 중 또는 음주 후 목욕하는 중에 많이 발생하는데, 이는 급성 과로 뒤에 조절능력이 파괴되면서 일어나는 현상이다. 두 번째 유형은 뇌출혈과 같은 경우로서 과도한 작업으로 흥분된 상태에서 혈압이 갑자기 상승하면서 출혈이 발생하는 것이다.

이에 대해 만성과로는 만성적으로 근로자에게 부하가 가중되는 경우를 의미한다. 이러한 만성과로에는 기존질병의 악화에 영향을 미치는 경우가 있고, 신체에 생리적 변화를 가져와 오랜 기간에 걸쳐 신체의 각 부위에 병적인 상태를 가져오는 경우가 있다. 특히 만성적인 긴장이나 근육노동 · 교대근무 · 장시간 노동에서 오는 스트레스는 생리적 변화를 야기하며 순환기 계통에 이

---

2) 한국산업안전공단, 『과로와 질병』, 2004, 4쪽.

3) 장세진 등, “피로와 의료이용, 업무상 사고 및 질병결근”, 『대한산업의학회지』, 제17권 제4호, 대한산업의학회, 2005, 319쪽.

4) Fumio Kobayashi, “Job Stress and Stroke and Coronary Heart Disease”, Japan Medical Association Jour-nal, Vol. 47 No. 5, 2004, p.223.

5) 백도명, 『현행 업무상 질병 인정기준의 적정성에 관한 연구』, 서울대학교 보건대학원, 1996, 68쪽.

상증상을 야기시킬 수 있다.[6)]

한편, 업무상 과로는 육체적인 과로인 '과중한 업무'와 정신적인 과로라고 할 수 있는 '직무 스트레스'로 구분되는데,[7)] 이러한 과중한 업무와 직무 스트레스는 직업적 유해인자로서 주로 뇌 · 심혈관 질병을 유발한다.

의학적으로 질병을 유발할 수 있는 업무상 과로의 정도를 계량적으로 측정하기는 상당히 어렵고, 특정한 업무량이나 근로시간이 모든 사람에게 동일한 질병을 유발하는 것은 아니기 때문에, 각각의 경우마다 근무현황이나 노동강도를 검토 · 분석하여 과로와 질병 사이의 인과관계를 규명하기는 극히 어렵다. 그러나 통상적으로 과로는 질병을 유발시키거나 악화시키는 것으로 알려져 있고, 실제로 과로가 신체의 건강상태에 장애를 일으키는 것은 의학적으로 규명되어 있다.[8)]

2. 과로성 재해의 개념

과로성 재해를 흔히 과로사라는 용어로 부르고 있는데,[9)] 과로사라는 용어는 의학적 · 법률적 용어가 아니며, 일본의 신문 등에서 다루기 시작한 사회적 용어이다.[10)] 과로사라는 용어는 1978년 제51차 일본의 산업위생학회에서 우

---

6) 백도명, 앞의 책, 70쪽에서 만성적인 과로를 일으켜 신체에 영향을 미치는 요인은 개인적인 요인과 직업상의 요인으로 나누어 볼 수 있다. 개인적 요인들로는 A형 성격, 과도한 육체활동 등을 들 수 있으며, 직업적 요인들로는 직업 스트레스에 해당하는 업무량, 업무재량권, 직무상 협조 결여 등이 대표적인 것이다. 이 밖에 지속적으로 생리적인 변화를 야기하는 업무형태인 불규칙적인 야간작업을 포함한 교대근무 등이 있을 수 있다고 한다.

7) 판례는 주로 '과로나 스트레스'라고 하여 과로와 스트레스를 구별하여 표현하고 있으나(대판 2008.6.26, 2007두21488 ; 대판 2008.1.31, 2006두8204 등), 이 책에서는 (직무)스트레스가 곧 정신적 과로라고 생각되므로 '과로'라는 개념에 모두 포함하여 사용하되, 판례를 인용하거나 구별하는 것이 필요한 경우에는 '스트레스'라는 용어를 사용하고자 한다.

8) 이관형, "과로와 스트레스의 관련 질환과 위험요인", 『안전보건』통권 제86호, 1996, 80쪽.

9) 일반적으로 과로사란 용어로 과로로 인한 재해를 총칭하고 있으나 이 책에서는 과로로 인한 사망과 질병 등을 포함하는 개념이 재해이므로 과로성 재해라는 용어로 사용하고자 한다.

10) 스트레스 질환 노재연구회(대표 上畑鐵之丞)가 1988년 6월 18일에 실시한 「과로사 110번」 전국전화상담의 활동에 의해 과로사는 세계 제2의 경제대국이 된 일본 사회의 문제뿐만 아니라 세계적으로 'Karoshi' 또는 'death from overwork'로 알려졌다고 한다(岡村親宜, "過勞死 · 過勞自殺救濟の勞災補償法理", 『季刊勞働法』第209号, 勞働開發硏究會, 2005, 51쪽).

에하타(上畑鐵之丞)가 17명의 산재신청 사례를 보고하면서 처음 사용하였고,[11] 1982년 3명의 의사가 저술한 '과로사(かろうし)' 라는 책이 출간되면서 일반적으로 사용되었다. 그리고 이후 'Karoshi' 라는 용어로 국제적으로 통용되기 시작하였다.[12]

우에하타는 과로사에 대해 '과중한 노동부하가 유인이 되어 고혈압과 동맥경화 등 원래 있었던 기초질환을 악화시켜 뇌출혈 · 지주막하출혈 · 뇌경색 등의 뇌혈관질병이나 심근경색 등의 허혈성질환, 급성심부전을 발병시켜 영구적인 노동 불능이나 사망에 이르게 된 상태' 라고 하였다.[13] 그리고 우에하타는 이 용어가 뇌혈관질병이나 심장질병 등 순환기계 질환에 대해 업무상 질병으로 인정받기 위한 활동 중에서 사용된 용어라고 하였다.[14]

따라서 과로성 재해란 '근로자가 업무와 관련하여 과로가 원인이 되어 피로가 누적됨으로써 질병이 발생 · 악화하거나 생명유지 기능이 파괴되어 발생한 사망' 이라고 정의할 수 있을 것이다. 즉, 과로성 재해란 주로 업무에 의한 과중한 부하가 유인이 되어 뇌혈관이나 심장 등에 있었던 기초질환[15] 또는 기존

---

11) 1974년 大阪朝日 신문인쇄공의 지주막하출혈 사건에 관한 산재보험 심사위원회 재결이나 1978년 제빵 공장 야간 근로자의 심장사 사건에 관한 판결 등에서 업무로 인한 과로와 순환기질환 악화와의 관련을 명확하게 인정하는 판단이 나타났다. 이에 대해 우에하타(上畑鐵之丞) 교수는 이러한 순환기질환의 산재신청 사례를 당초에는 급성사나 급성순환기장해 혹은 돌연사 등으로 불렀지만 1978년 일본산업위생학회 총회에서 17가지 순환기질환의 발병사례를 보고하며 처음으로 과로사라는 용어를 사용하였다(上畑鐵之丞, 『過勞死の硏究』, 日本プランニンダセンター, 1993, 17~18쪽).

12) 이 용어가 전 세계적으로 알려졌는데 최근에는 새로운 용어로서 'Karojisatsu(과로자살)' 이 과로에서 기인하는 자살로 인정받기 위해 사용되고 있다(Masahiko Okudaira, "Karoshi(death from overwork) from a Medical Point of View", Japan Medical Association Journal, Vol. 47 No. 5, 2004, p.206).

13) Testsunojo Ueahta, A Medical Study of Karoshi, Karoshi 國際版, 1990, 98~102쪽 ; 일본에서 과로사는 '장시간 노동과 과밀한 노동에 의한 뇌심혈관 질환' 을 주로 지칭하지만 최근에는 과중노동이나 정신적, 심리적 스트레스에 의한 자살이나 천식의 중증발작 사망도 과로사로 인정되고 있어 그 개념이 넓어지고 있다(石嵜信憲, 『健康管理等の法律實務』, 中央經濟社, 2006, 134쪽).

14) 上畑鐵之丞, 앞의 책, 17쪽.

15) '기초질환' 이란 문제되는 질병에 선행되어 계속적으로 존재하고 그 질병의 발병에 기초가 되는 병적 상태를 일컫는 것으로서, 고혈압 · 고지혈증 · 당뇨 등을 말한다(한국산업안전공단, 『작업

질병[16]을 악화시켜 뇌출혈 · 지주막하출혈 · 뇌경색 등의 뇌혈관질병이나 심근경색 · 협심증 등 심장질병의 발병에 의한 노동 장애 또는 사망을 말한다.

한편, 산재보험법은 시행령 제34조 제3항과 관련한 인정기준 제1호에서 뇌혈관 질환과 심장질병에 대한 업무상 질병의 인정기준으로 '육체적 · 정신적 과로' 또는 '육체적 · 정신적 부담'이라는 용어를 사용하고 있다. 이런 점에서 산재보험법상 과로성 재해란 과중한 업무가 육체적 · 정신적 과로나 부담을 유발하여 뇌실질내출혈 · 지주막하출혈 · 뇌경색의 뇌혈관질병이나 심근경색증 · 해리성 대동맥류의 심장질병을 유발하여 노동 장애나 사망에 이른 상태를 일컫는 것이라고도 할 수 있을 것이다.

3. 과로성 재해의 특징

이러한 과로성 재해는 노동관계에 내재하는 위험의 발현으로서의 성격을 지니고 있다는 점에 기본적인 특징이 있어서, 외부적 원인이 작용한 사고성 재해나 특정 업무의 유해인자와 관련성이 밝혀진 직업병 및 그로 인한 사망과는 구분된다.[17] 과로성 재해의 구체적인 특징은 다음과 같다.

첫째, 과로성 재해는 어떤 특정한 직종이나 업무에만 발생하는 것이 아니라 지극히 광범위하게 모든 직종의 근로자에게 발생하는 것으로, 피로의 축적이 있는 모든 업종 · 직종 · 직위에 걸쳐 발생할 수 있다.

둘째, 종래의 직업병은 특정한 위험 · 유해물질에의 노출 또는 특별히 건강에 유해한 작업기구의 사용이나 작업환경에 의해 발생하여 주로 현장근로자에게 집중적으로 발생하는 경향이 있었지만, 과로성 재해는 유해 · 위험한 작업환경과 관계없이 발생하므로 사무 · 관리직이나 전문직에서도 빈발하고 있다.

관련 뇌 · 심혈관 질환의 발병위험도 평가 및 사후관리』, 2005, 7쪽).

16) '기존질병'이란 문제되는 질병이 악화되기 이전에 이미 치료되었거나 지속적으로 조절되고 있는 상태를 일컫는 것으로서, 뇌혈관이나 심장질병의 경우 기존에 치료 조절되고 있는 뇌출혈 · 협심증 등이 이에 해당한다(박정선, "과로에 의한 뇌심혈관 질환의 판정", 『1999년도 제22차 춘계학술대회 초록집』, 대한산업의학회, 1999, 59쪽).

17) 이흥재, "과로사의 인정기준에 관한 판례의 경향", 『법학』, 통권 제117호, 서울대학교 법학연구소, 2001, 164쪽에서 과로사를 사고성 재해로서의 돌연사나 직업병으로서의 사망과 구분하고, 이들 요소와 결합된 '중첩적 제3의 유형'인 업무상 재해로 보기도 한다.

셋째, 과로성 재해는 대체로 고혈압 · 당뇨 등의 기초질환이 있는 근로자에게 장시간 · 야간근로, 교대근무 그 밖의 직무 스트레스가 겹쳐서 발생하는 것이므로 피재근로자의 연령이 중고령이고 대부분이 남성이다. 그러나 최근에는 여성이나 20~30대의 젊은 연령층에서도 드물지 않게 발생하고 있다.[18)]

넷째, 과로성 재해는 피재근로자인 근로자 개인의 체질 · 성격 · 생활습관 등 개인적인 요인을 포함한 복합적인 인자가 관여하고, 병적 소인[19)]에 따른 구체적 · 주관적인 차별성과 기존질병의 관련성이 중요한 영향을 미치게 되어 과로의 원인제공이 업무상 영역인지 사적 생활영역인지 분명하게 구분하기 어렵다.[20)]

다섯째, 과로성 재해는 현대사회의 노무관리 방식과도 밀접한 관련이 있다. 즉, 기업의 구조조정, 연봉 · 승진 등에서의 연공서열 파괴, 능력주의 채택 등 경쟁원리에 입각한 강도 높은 노무관리 방식은 과로성 재해를 유발하는 큰 요인이 되고 있다.

마지막으로 과로성 재해의 경우에는 사고성 재해와 달리 대체로 돌발적이지 않고 장기간에 걸친 경과를 통해 발병하는 것이어서 발병을 시간적 · 장소적으로 특정하기 어렵고, 만일 특정 한다고 하더라도 그것은 법적으로 큰 의미를 갖지 않는다.

이러한 과로성 재해가 법률적 의의를 갖는 것은 과로로 인한 질병 · 사망이 산재보험법상 보상대상이 되는 업무상 재해로 인정될 수 있느냐 하는 문제이기 때문이다.

---

18) 이는 여성의 경제활동 참가의 증가와 젊은 세대의 서구식 식습관 및 30대의 직장에서의 중추적 역할 등과 관련이 깊은 것으로 생각된다.

19) 소인이란 유전적 · 체질적으로 어떤 특별한 질병에 걸리기 쉬운 상태를 말하는 것으로, 동일한 작업환경 아래에서 개인적 소인에 따라 특별한 질병이 발생하거나 악화되기도 한다.

20) 이흥재, "과로사의 인정기준에 관한 판례의 경향", 164쪽.

뇌 · 심혈관 질병의 위험요인[21]

기초질환	과거력 또는 가족력	생활습관 요인	작업관련 요인
• 고혈압 • 고지혈증 • 동맥경화 • 당뇨병 • 뇌동맥류 • 협심증 • 부정맥 • 심장질병	• 뇌경색 • 뇌출혈 • 심근경색 • 협심증 • 기타 뇌 · 심혈관 질병	• 흡연 • 음주 • 운동부족 • 비만	• 스트레스 • 과로 : 교대제 근무, 야간근무, 장시간 근로 등 • 물리적 요인 : 고열, 한랭, 소음 등 • 화학적 요인 : 일산화탄소, 이황화탄소(CS2), 니트로글리세린 등

4. 과로성 재해의 원인

과로성 재해를 유발할 수 있는 업무 관련 요인으로는 여러 가지가 있는데, 첫째는 근로의 형태로서 업무를 수행하는 방식에 기초하는 것이고, 둘째는 업무내용에 대한 직무 스트레스이며, 셋째는 환경과 관련되는 것이라고 할 수 있다. 그리고 조직문화 등 사회 · 심리적 요인도 원인으로 작용한다.[22]

가. 근로형태

근로형태에 의한 것으로서는 장시간 근로, 불규칙한 근무, 출장이 잦은 업무, 교대제 · 야간근로가 있다.

먼저 장시간 근로는 다음과 같은 이유로 뇌혈관질병과 허혈성 심장질병, 혈압의 상승 등을 일으키는 요인으로 추정되고 있다. 첫째로 수면시간의 부족으로 인한 피로의 축적, 둘째로 감소된 휴게 · 휴식시간이나 여가활동 시간의 제한, 셋째로 장시간 근로에 따른 피로로 저하된 심리 · 생리기능을 고무하고 업무가 요구하는 일정 수준을 유지하기 위한 스트레스의 증가, 넷째로 일과 관련된 스트레스 요인에 노출된 시간의 증가 등이 있다.[23]

---

21) 근로복지공단, 『뇌혈관질병 · 심장질병 조사 및 판정지침』, 2013, 4쪽.

22) Fumio Kobayashi, op. cit., p.223.

23) Shigeyuki Nishimura, "Work and Ischemic Heart Disease", Japan Medical Association Journal, Vol. 47 No. 5, 2004, p.219에서 1일 3~4시간의 수면에서 혈압과 심장병 발생률이 현저하게 증가된 것이 관찰되었고, 수면시간이 4시간 이하의 사람은 7~7.9시간 수면의 사람과 비교하여 허혈성 심장질병에 의한 사망률이 2.08배 높다는 보고가 있다. 또 장기간에 걸쳐 1일 4

연구결과에 따르면, 1일에 11시간 이상 근로(1개월에 대략 60시간의 초과근로)하는 남자 근로자는 1일 7~9시간 근로하는 근로자보다 급성심근경색의 위험이 2.44배 더 높았다.[24] 또 장시간 근로는 흡연과 음주 등의 생활습관을 유발하며, 주 50시간을 초과하는 근로는 심혈관계 질환을 포함하여 건강에 부정적인 영향을 준다는 보고도 있다.[25]

그리고 불규칙한 근로시간은 수면과 각성리듬을 방해하여 일상생활의 리듬을 저하시키는 원인이 되는데,[26] 근로시간이 불규칙적이어서 시업 시각이 3시간 이상 변화할 때에는 근로시간의 변화가 1시간 이내일 때에 비하여 심근경색의 위험이 2.53배 더 높아진다는 연구결과가 있다.[27]

또 교대제 근무는 산업현장에서 생체리듬을 교란시키는 가장 흔한 요인 중의 하나인데, Tenkanen 등은 헬싱키 심장연구의 일환으로 1,806명을 6년간 코호트 추적 조사한 결과 근무 직종과 관계없이 교대근무는 주간 근무에 비해 관상동맥 질환의 발생을 1.4배 정도 높이고, 특히 생산직의 2교대 근무에서는 관상동맥 질환을 1.9배 더 발생시킨다고 하였다.[28] 이러한 교대제 근무는 교대 근로시간 · 빈도, 야간 근로시간 길이, 근로간격 등에 따라 건강 악화에 미치는 영향이 다르다.[29]

~6시간 이하의 수면부족 상태가 있는 경우 뇌 · 심장질병의 발병률이나 사망률을 높인다고 한다.

24) Fumio Kobayashi, op. cit., p.223.

25) 고려대학교, 『근골격계 질환 및 뇌심혈관계 질환 등 작업관련성 질환 예방의무 규제순응도 조사연구』, 노동부, 2005, 30쪽.

26) Shigeyuki Nishimura, op. cit., p.219.

27) Fumio Kobayashi, op. cit., p.224.

28) Leena Tenkanen et al., "Shift work, occupation and coronary heart disease over 6 years of follow-up in the Helsinki Heart Study", Scand J work Environ Health, vol. 23, 1997, pp.257~265.

29) Shigeyuki Nishimura, op. cit., p.219.

근무시간과 뇌 · 심혈관 질병의 발병 위험도 관계[30)]

관련 요인	결 과	연구방법 비교
하루 노동시간	• 하루 11시간 이상 근무하는 경우, 7~9시간 근무하는 사람에 비해 심근경색 2.94배	환자대조군 연구, 연령, 직업 보정
발생 한 달 전 주당 근무시간	• 60시간 이상 시 심근경색 1.9배	음주, 흡연, 비만, 고혈압, 당뇨, 고지혈증, 작업형태 등 보정
휴일	• 월 2일 미만 시 심근경색 2.9배	
초과근무	• 주 5시간 이상 초과 근무하는 사람은 5년 이내 사망할 가능성이 2배	연령, 결혼상태, 흡연, 음주, 질병력 등 보정

나. 직무 스트레스

직무 스트레스는 '직무요건이 근로자의 능력(capabilities)이나 자원(resources) 또는 바람(needs)과 일치하지 않을 때 생기는 유해한 신체적 · 정서적 반응'이라고 정의할 수 있다.[31)]

Karasek과 그 동료에 의해 제안된 직무긴장 모델은 높은 수준의 정신적 긴장, 낮은 직무결정 범위 그리고 사회나 직무에서의 낮은 지원을 특징으로 들고 있는데, 연구결과는 대체적으로 '높은 요구, 낮은 자율성, 낮은 지원' 업무에서 스트레스가 많아지고 허혈성 심장질병 발병에 관련한 위험이 증가되는 것을 보여 주고 있다.[32)]

또 Siegrist 등이 제시한 모형에서는 높은 업무 부담에 비해 적절한 보상이 주어지지 않는 부적절한 균형이 스트레스를 유발하는 중요한 요인으로 파악하고 있다. 특히 직업 안정성이 낮거나 승진될 가능성이 낮은 상황에서 높은 업무 노력을 하고 있는 근로자들이 심혈관계 질환의 위험도가 3~4배 높은 것으

30) 연세대학교, 『뇌심혈관계 질환 과로기준에 관한 연구』, 2008, 85쪽.

31) 한국산업안전공단, 『직무 스트레스 평가관리』, 2005, 1~2쪽.

32) Robert Karasek / Töres Theorell, Healthy Work, Stress, Productivity, and the Reconstruction of Working Life, Basic Books, 1990, pp.156~157 ; Shigeyuki Nishimura, op. cit., p.220.

로 나타나고 있다.[33)]

그리고 직무 스트레스는 정신건강에도 악영향을 미쳐 직무 스트레스가 증가하면 불쾌한 정서의 영향으로 대인관계에서 불화를 겪게 되고, 우울증의 빈도가 4배 정도 증가될 뿐만 아니라 심하면 공황장애가 일어날 수도 있다.[34)]

특히 서비스업에 종사하는 근로자의 감정노동이 직무 스트레스 원인이 되어 우울증 등 심리적 건강에 악영향을 미치고, 나아가 감정의 억제와 감정 표현의 행동이 자율신경계의 활동성을 증가시켜 고혈압이나 심장병을 야기한다는 견해도 있다.[35)]

다. 업무환경

업무환경에 의한 요인으로 온도, 소음, 시차 등이 있다. 먼저 기온이 낮은 환경에서의 근로는 뇌·심장질병을 유발하거나 악화시키는데, 온도가 10°C 하강하면 관상동맥 질환이 13%, 관상동맥 질환에 의한 사망이 11%, 관상동맥 질환의 재발이 26% 각각 증가하는 것이 보고되고 있다.[36)]

그리고 소음은 고혈압에 대한 상대위험을 1.2~1.4배로 증가시키고 있고, 소음과 허혈성 심장질병과의 관련성을 인정한 연구결과도 있다. 또 민간 조종사와 그 이외의 대조군을 비교 검토하면 조종사들에게는 좌심실 비대나 수축기 혈압의 상승, 혈청 콜레스테롤의 증가 등이 관찰되는데, 이는 시차에 의한 수면장애와 관련이 있는 것으로 추측되고 있다.[37)]

라. 조직문화

조직문화가 작업관련 스트레스에 영향을 미치는지를 연구한 결과, 특정한 조직문화가 특정의 작업관련 스트레스에 영향을 미치고 있고, 일부 조직문화는

---

33) Johannes Siegrist et al., "Low Status Control, High Effort at Work and Ischemic Heart Disease : Prospective Evidence from Blue-collar Men", Soc Sci Med, Vol. 31 No. 10, 1990, pp.1127~1134.

34) 한국산업안전공단, 『직무 스트레스 평가관리』, 4~6쪽.

35) 정진주, "여성 근로자의 직무 스트레스와 감정노동", 『안전보건 연구동향』, 제5권 제8호, 산업안전보건연구원, 2011, 29~30쪽.

36) Fumio Kobayashi, op. cit., p.224.

37) Fumio Kobayashi, op. cit., p.224.

여러 가지의 작업관련 스트레스에 동일하게 영향을 미치는 것으로 나타났다.

즉, 조직문화를 보여주는 다양한 하위의 범주 중에서 성취분위기는 동료나 상사 또는 부서간 갈등, 다른 사람들에 대한 의사결정의 영향력 정도, 동료나 상사들과의 직장 밖에서의 회합정도, 역할 갈등 등에 영향을 미치는 것으로 나타났다. 그리고 긍정적인 조직문화는 직무 스트레스 요인을 감소시키는 반면에 정신건강 수준을 높여주는 것으로 나타났다.[38)]

Ⅱ. 과로성 재해와 건강배려의무

오늘날에는 근로형태나 업무내용의 변화, 정신적 노동의 증가, 노동밀도의 고도화에 따라 종래와는 다른 건강장해가 발생되거나 생명을 위협하는 요인이 기업 내에 존재하여 과로성 재해를 증가시키고 있다.

그런데 그동안 건강은 개인적인 문제로 건강관리는 근로자 자신이 해야 하는 것으로 인식되어 왔다. 그러나 과로성 재해를 예방하고자 하는 관점에서는 근로자 자신의 건강관리도 중요하지만, 사업장에서의 조직적이고 체계적인 보건관리도 매우 중요한 과제가 된다. 따라서 여기에서는 사용자의 근로자에 대한 건강관리의무라고 할 수 있는 건강배려의무를 살펴보고자 한다. 다만, 건강배려의무에 대해 우리나라에서는 학설이나 판례가 아직 부족하기 때문에 앞으로 우리나라에서도 적용이 가능하다고 생각되는 일본의 학설 · 판례를 중심으로 살펴보고자 한다.

1. 건강배려의무의 의의

사용자는 자신의 지배하에 있는 근로자의 신체 · 건강 · 생명 등에 대하여 적절한 보호조치를 강구하여야 한다. 이는 오늘날 노동관계가 사용자의 주된 급여의무뿐만 아니라 이에 부수하는 의무까지를 부담하게 되는 중층적 구조로 파악되는 결과, 근로계약상의 부수적 의무로서 안전배려의무가 인정되고 있는 것이다.[39)]

---

38) 윤현숙 · 조영채, “대학병원 간호사의 직무 스트레스 및 사회 심리적 요인과 정신건강과의 관련성”, 『예방의학회지』, 제40권 제5호, 대한예방의학회, 2007, 361쪽.

39) 임종률, 『노동법』, 박영사, 2013, 477쪽 ; 김형배, 『노동법』, 박영사, 2007, 281쪽 ; 대판

그러므로 사용자는 생산설비 · 기계 · 원료 등과 같은 물건에 대해서 뿐만 아니라, 노무관리상 발생할 수 있는 위험으로부터 근로자의 법익을 보호하기 위한 제반조치를 강구하여야 한다. 그런데 종래 안전배려의무와 관련하여 고찰의 대상이 된 산업재해는 대부분이 사고성 재해와 관련되는 것이었고, 산업재해에서의 일부를 이루는 질병에 관해서는 별로 논의의 대상이 되지 않았다.

물론 사고와 질병이 배려의무론의 양상에서 본질적인 차이가 있다고 할 수는 없겠지만, 주로 사고에 관하여 정립된 종래의 해석 방식이 질병의 경우에도 타당한지 또는 별개로 설정할 필요가 있는지에 대해서는 고찰할 필요가 있다고 할 것이다.

가. 건강배려의무의 개념

근로자에 대한 사용자의 책임은 종래 업무에 기인한 부상 · 사망 등의 사고성 산업재해에 대한 것이었고, 안전배려의무도 이를 대상영역으로 하고 있다고 할 수 있다. 그렇다면 업무기인성이 없는 근로자의 일반적인 건강장해 특히 뇌 · 심혈관 질병에 대하여는 사용자에게 배려의무가 없는지가 문제된다.

우리나라에서는 건강배려의무에 관해 실정법상 직접적인 명문 규정은 없고, 학설이나 판례에 있어서도 건강배려의무에 대한 직접적인 별도의 설명은 없으나 일반적으로 안전배려의무에 포함하고 있는 것으로 보인다.[40]

반면, 일본에서는 근로자에 대해 지휘 · 명령권을 갖는 사용자가 그 관리 · 지배하에 있는 근로자의 생명과 일반적 건강을 배려해야 할 건강배려의무를 근로계약의 부수적 의무로서 부담해야 한다는 것이 안전배려의무와 같이 소위 판례법으로서[41] 형성되어 왔다.[42]

2002.11.26, 2000다7301.

40) 임종률, 앞의 책, 340쪽에서 '안전배려의무'란 사용자가 사업시설 · 기계 등의 위험으로부터 근로자의 생명 · 신체의 안전과 건강을 보호할 의무를 말한다고 하였으므로, 건강배려의무를 포함하고 있는 것으로 이해된다.

41) 일본에서 안전배려의무의 법리는 판례(自衛隊八戸車輛整備工場事件, 最三小判 1975.2.25. 民集 第29巻 第2号, 143쪽)에 의해 확립되었다(松尾政太, "定期健康診斷における醫師の注意義務と使用者の健康配慮義務", 『季刊勞働法』第189号, 總合勞働硏究所, 1999, 101쪽).

42) 松尾政太, 『使用者の健康配慮義務』, 芸林書房, 1998, 18~19쪽에서는 일본에서 건강배려의무

즉, 건강배려의무는 근로계약상의 신의칙 의무의 일환으로서, 근로자에 대한 건강관리의무에 기초하여 근로자의 기초질환이나 발병하고 있는 질병의 내용과 정도에 따라 개별적 · 구체적으로 특정업무를 경감하여 주거나 면제하여 주고, 근로환경을 정비하여 근로자의 건강에 관한 일정한 배려를 행한다는 것이다. 따라서 건강배려의무는 상당히 광범위하면서도 고도의 의무에 속한다.[43)]

우리나라는 오늘날 공법적 성질을 가진 산업안전보건법(이하 '산안법' 이라 한다)에서 사용자에게 근로자의 건강진단 실시나 근로자의 신체적 피로와 정신적 스트레스 등으로 인한 건강장해 예방 등 근로자의 보건유지 · 증진에 관련한 다양한 의무를 부과하고 있다. 이와 같이 산안법이 사용자에게 근로자의 건강과 관련한 많은 의무규정을 두고 있는 것은 근로계약상 부수적 의무로서 근로자의 건강에 관한 사용자의 배려의무를 구체화하고 있는 것이라고 할 수 있다.

나. 안전배려의무와의 구별

건강배려의무와 안전배려의무의 관계에 대해서는 견해가 다양하다. 우선 건강배려의무는 안전배려의무의 일부로 안전배려의무의 건강관리 면에 한하는 것이라고 보는 견해,[44)] 산안법에 의한 건강관리의무란 민사상의 안전배려의무의 하위개념이고 그 건강관리의 구체적 내용으로서 건강배려의무가 있다는 견해[45)]가 있다.

그리고 사용자에게는 모든 근로자에게 적정한 근로조건을 설정하고 건강진단을 실시하여 그 결과에 따라 근로자를 적정한 부서에 배치해야 할 의무가 있지만(안전배려의무의 이행), 그 밖에는 근로자의 신청이 있을 때에만 근로자의 건강을 배려하여 업무에 적정 배치할 필요가 있고(건강배려의무), 그 이상의 건강배려는 사용자에게 특히 요구되고 있는 것은 아니라는 견해[46)]도 있다.

의 개념을 사용하여 판시한 최초의 판례는 HIV 감염자 해고사건이라고 한다.

43) 岩出 誠, "健康配慮義務を踏まえた勞働者の處遇 · 休職 · 解雇", 日本勞働法學會 編, 『勞働者の健康と補償 · 賠償』, 法律文化社, 2007, 51~52쪽.

44) 安西 愈, "企業の健康配慮義務と勞働者の自己保健義務", 『季刊勞働法』第124号, 總合勞働硏究所, 1982, 19~23쪽.

45) 岩出 誠, "健康配慮義務を踏まえた勞働者の處遇 · 休職 · 解雇", 51쪽.

46) 水島郁子, "ホワイトカラー勞働者と使用者の健康配慮義務", 『日本勞働硏究雜誌』第492号,

산안법은 제5조 제1항 제2호에서 “근로자의 신체적 피로와 정신적 스트레스 등을 줄일 수 있는 쾌적한 작업환경을 조성하고 근로조건을 개선할 것”으로 규정하고 있다.[47)]

이는 사용자에게 법령으로 부과되어 있는 건강관리의무 내지 악화방지조치의무라고 할 것이고, 이 의무를 건강배려의무라고 할 수 있을 것이다. 건강관리의무 내지 악화방지조치의무는 산업재해 예방과 안전배려의무의 관계와 같이 법령에서 정하는 최저한도의 내용을 이루는 것이라고 할 수 있다.

그리고 건강배려의무는 ① 업무기인성이 있는 위험에서의 근로자의 보호, ② 직접적인 업무기인성이 없는 근로자의 육체적 · 정신적 소인 내지 기초질환의 발병 · 악화의 방지를 포함하는 건강 자체의 보호로, 성질이 다른 두 가지의 보호 목적이 병존하고 있다고 할 수 있다.[48)]

여기에서 ① 업무기인성이 있는 위험에서의 보호를 목적으로 하고 있는 경우 건강배려의무는 안전배려의무와 동일한 성질 및 효력의 의무이고, 양자는 단어의 차이에 불과하다. 따라서 사용자에게 안전배려의무 또는 건강배려의무 위반의 채무불이행이 되기 위해서는 근로 장소의 지정, 설비 · 기구의 공급 또는 근로제공 과정에서 근로자의 생명 · 건강에 대한 위험이 내재하고 그것이 현재화된 것으로 인정될 필요가 있다. 그리고 인정되는 경우에 근로자가 입은 생명 · 건강의 피해는 업무기인성에 따른 것으로서 근로계약상의 신의칙을 근거로 사용자에게 손해배상책임을 부담시킬 수 있는 것이다.[49)]

건강배려의무를 안전배려의무와 법 개념상 구별할 의의가 있는 것은 건강배려의무를 ②와 같이 업무상의 요인에 직접적으로 관련 없는 근로자의 건강자체

2001, 34쪽.

47) 이와 관련하여 「산업안전보건기준에 관한 규칙」, 제669조(직무 스트레스에 의한 건강장해 예방조치)에서, 사업주는 근로자가 장시간 근로, 야간작업을 포함한 교대작업, 차량운전(전업(專業)으로 하는 경우에만 해당한다) 및 정밀기계 조작작업 등 신체적 피로와 정신적 스트레스 등이 높은 작업을 하는 경우에 법 제5조 제1항에 따라 직무스트레스로 인한 건강장해 예방을 위하여 일정한 조치 의무를 부과하고 있다.

48) 渡邊 章, “健康配慮義務に関する一考察”, 花見忠先生古稀記念論集, 『勞働関係法の國際的潮流』, 信山社, 2000, 78쪽.

49) 渡邊 章, 앞의 글, 77~78쪽.

를 보호하기 위하여 사용자에게 부과하는 조치의무 내지 배려의무로 이해하는 경우이다. 이와 같이 이해할 때 안전배려의무와 건강배려의무를 각각 보호영역의 차이에 착안하여 구별하는 것이 가능하고, 구별의 실익이 있게 된다.[50)]

결국 건강배려의무의 개념이나 범위에 대해 견해가 분분하지만, 건강배려의무는 업무기인성이 있는 위험에서의 보호뿐만 아니라, 직접적인 업무기인성이 없는 기초질환이나 기존질병의 발병 · 악화 등에 대해서도 손해배상법리를 넘어 근로자의 건강유지를 위해 보다 넓게 인정되는 포괄적인 의무라고 할 것이다.

2. 건강배려의무의 내용

사용자의 건강배려의무가 근로자의 건강전반에 걸쳐 있는지 또는 사용자는 근로자의 건강상태를 어느 정도 파악하고 이에 대해 어떠한 배려를 해야 하는지에 대한 내용은 매우 중요한 문제이다.

사용자가 부담하는 건강배려의무는 전술한 바와 같이 근로자의 건강을 관리할 의무인 건강관리의무와 건강상태의 악화를 알았던 경우에 그 악화를 방지할 의무인 악화방지조치의무 두 가지로 구분할 수 있다.

가. 건강관리의무

근로가 건강에 주는 영향은 근로자 개개인의 개별적인 사정과 관계를 갖고 있기 때문에 일반 근로자를 대상으로 하는 안전 확보 조치인 적정근로조건 조치의무의 이행만으로는 사용자가 그 의무를 다하는 것이 아니다. 따라서 사용자는 해당 근로자의 건강상태에 비추어 건강을 해치는 일이 없도록 적정한 근로조건을 정비해야 할 의무를 지고 있고, 그 의무를 다하기 위한 전제로서 근로자의 건강상태를 파악할 필요가 있다.[51)]

더욱이 사업장에는 근로자 자신의 힘으로는 제거할 수 없는 건강장해 요인 및 스트레스 요인 등이 존재하고 있기 때문에 근로자의 건강을 유지 · 증진하

50) 渡邊 章, 앞의 글, 78쪽.
51) 望月浩一郎, “過勞死と安全配慮義務の履行請求”, 日本勞働法學會 編, 『パートと均等待遇協約の擴張適用過勞死』, 總合勞働硏究所, 1997, 183쪽.

기 위해서는 근로자 자신의 노력과 더불어 사용자가 행하는 건강관리의 적극적인 추진이 필요하다고 할 것이다.

그리하여 산안법은 일정규모 이상의 사업주에 대하여 근로자의 건강관리를 위한 보건관리체제를 갖추도록 하고, 근로자의 건강보호·유지를 위해서 정기적으로 건강진단을 실시하며, 근로자의 건강을 보호하기 위해 필요하다고 인정할 때에는 특정 근로자에 대한 임시건강진단을 실시하도록 하는 등 건강진단 실시의무를 부과하고 있다. 그리고 근로자가 스스로 건강을 지킬 수 있도록 하기 위해서 사용자는 근로자에 대해 건강진단의 결과를 알려 줄 의무가 있다.

이러한 건강관리의무는 개별 근로자의 건강상태를 묻지 않고 이행해야 할 일반적 건강관리의무와 근로자의 개별사정을 고려한 후 이행해야 할 개별적 건강관리의무로 나누어 볼 수 있다.[52)]

일반적 건강관리의무는 전 근로자를 대상으로 정기적으로 건강상태를 파악해야 할 의무이다. 사용자가 이러한 의무를 부담하는 영역은 근로의 제공에 의해 발병·악화될 위험성이 있는 질병의 발견을 위해 필요한 범위이고, 이를 파악하기 위한 검사방법 등은 의료수준에 비추어 상당하다고 인정되는 것이어야 한다. 산안법과 같은 법 시행규칙은 연 1회의 정기건강진단과 유해업무 종사자에 대한 특수건강진단의 실시의무 등을 부여하고 있는데, 이들 규정은 일반적 건강관리의무의 최저기준을 나타내는 것이다.

그리고 개별적 건강관리의무는 해당 근로자의 건강상태에 따라 적절한 건강진단을 실시해야 할 의무이다. 개별적 건강관리의무는 일반적 건강진단에서 이상이 발견된 경우는 물론이고, 체력이 충분하게 회복하지 않은 채 복직할 때나 질병에 이환이나 치료 중에 있는 것을 알고 있을 때 또는 근로자의 언동 등에서 건강에 문제가 있는 것이 의심되는 경우에도 발생한다. 개별적 건강관리의무는 해당 근로자의 건강상태를 기초로 하나, 근로의 제공에 의해 발병·악화할 위험성이 있는 질병의 발견에 필요한 범위 내에서 부담하는 것이라는

52) 望月浩一郎, 앞의 글, 184쪽.

점은 일반적 건강관리의무와 동일하다.[53]

나. 악화방지조치의무

우리나라의 법제도는 건강진단의 결과를 통해 사용자가 근로자의 건강정보를 알 수 있고 그것을 알게 된 후에는 적절한 조치를 취하도록 되어 있다. 이러한 제도 하에서는 사용자가 건강진단의 실시 또는 실시 후에 취해야 할 적절한 조치를 태만히 하여 근로자의 질병 발견이 지연되거나 병세가 악화될 경우 건강배려의무 위반이 된다.

산안법은 사용자가 근로자의 건강상 이상상태를 알았을 경우에는 해당 근로자의 사정을 고려하여 작업장소의 변경, 작업의 전환, 근로시간의 단축 및 작업환경 측정의 실시, 시설 · 설비의 설치 또는 개선 기타 적절한 조치를 하여야 한다고 규정하고 있는데, 이는 건강배려의무 중 악화방지조치의무라 할 수 있다.[54]

특히 기초질환이나 기존질병이 있는 근로자에 대한 적정한 배치는 악화방지조치의무의 일환에 해당한다. 따라서 건강배려의무는 질병에 이환된 근로자가 업무의 경감이나 배치전환을 요구하는 경우 사용자가 그것에 응하여야 된다고 하는 논거로서 기능한다고 할 수 있다. 다만, 사용자에게 근로자 본인의 의사에 반하면서까지 적극적으로 조치를 취할 행위의무가 생기는 것은 아니라고 할 것이다.[55]

또 과로성 재해의 경우 사용자가 건강진단에 의해 근로자의 건강상 이상상태를 알고 있었다면 단지 정밀검사를 받도록 말한 것만으로는 배려의무를 다했다고 할 수 없다. 가령 근로자에게 정신적으로 우울증이 있는 경우에는 장

---

53) 望月浩一郎, 앞의 글, 184쪽.

54) 品田充儀, "使用者の健康配慮義務", Jurist『勞働法の爭點』, 有斐閣, 2004, 240쪽.

55) 대판 1988.4.12, 87다카1609. 근로자의 정기진단 결과 고혈압증에 이환되어 있다는 사실을 알게 된 사용자가 근로자에게 진단결과를 알려 주어 적절한 치료 내지 건강증진에 주의를 하도록 통보하는 한편, 당해 근로자로부터 당시 담당하고 있는 업무의 부담정도와 타 근무부서로의 전임 희망여부 등을 확인한 결과 근로자로부터 당시 담당업무에 만족하고 있다는 취지의 의사통고를 받아들여 종전 업무에 계속 근무하도록 한 것이라면 산안법 소정의 근로자의 건강유지에 필요한 조치를 하였다고 볼 것이라고 한다.

시간 또는 과중한 근로가 되지 않도록 배려해야 할 뿐만 아니라 심리 면에서의 영향도 충분히 고려해야 할 것이다. 따라서 사용자에게 부과된 근로자의 건강에 대한 악화방지조치의무는 상당히 구체적이면서 적극적인 내용을 수반하고 있다고 할 수 있다.[56)]

그리고 사용자의 악화방지조치의무는 질병 근로자에 대한 작업장소의 변경, 작업의 전환 등의 조치에 그치지 않고, 전염병과 정신병 또는 근로로 인하여 병세가 현저히 악화될 우려가 있는 질병에 감염된 자에 대해서는 의사의 진단에 따라 근로를 금지 · 제한하는 등 계속근로를 규제해야 할 의무도 포함된다.[57)]

이와 같이 근로자의 건강상태를 파악하고 그 결과에 따른 적절한 조치를 취하는 것은 산안법상의 법적 의무인 동시에 근로계약상의 부수적 의무로서 신의칙상 부담해야 할 건강배려의무의 내용인 것으로 이해된다. 따라서 건강진단을 행해야 할 대상자에게 건강진단을 행하지 않은 경우나 건강진단 결과에 대해 근로자에게 통지해야 할 의무를 해태한 경우 또는 건강의 이상상태를 알았으나 그에 따른 적절한 조치를 취하지 아니한 결과 병세가 악화된 경우에는 건강배려의무 위반이 될 것이다.

3. 건강배려의무의 위반

가. 손해배상책임의 발생

근로자가 과중한 노동에 종사해 뇌 · 심혈관 질병이 발생하거나 사망한 경우, 업무상 재해에 따른 보험급여의 청구 외에 건강배려의무 위반(채무불이행) 내지 주의의무 위반(불법행위)을 청구원인으로 하는 손해배상의 청구가 가능하다.

---

56) 品田充儀, "使用者の健康配慮義務", 240쪽.

57) 산안법 제45조 제1항에서 사업주는 "감염병, 정신병 또는 근로로 인하여 병세가 크게 악화될 우려가 있는 질병으로서 고용노동부령으로 정하는 질병에 걸린 자에게는 의사의 진단에 따라 근로를 금지하거나 제한하여야 한다"고 규정하고 있다. 그리고 같은 법 시행규칙 제116조에서 '정신분열증에 걸린 사람' 또는 '심장 등의 질환이 있는 사람으로서 근로에 의하여 병세가 악화될 우려가 있는 사람'에 대해서는 근로금지를 규정하고 있고, 같은 법 시행규칙 제117조에서는 '관상동맥경화증, 고혈압증, 그 밖의 혈액 또는 순환기계의 질병이 있는 근로자'나 '정신신경증 등이 있는 근로자' 등에 대해서는 고기압 업무에 종사시키지 못하도록 취업제한 규정을 두고 있다.

이러한 사안에 있어서는 우선 업무와 질병 사이에 상당인과관계의 유무가 문제가 되고, 그것이 인정되는 경우에 사용자의 안전배려의무 내지 주의의무 위반이 문제된다.

또 손해배상청구에 있어서 '뇌 · 심혈관 질병의 업무상질병 인정기준'에서 정하고 있는 근로시간을 초과한 장시간 노동 등으로 과중한 업무가 인정된다면, 뇌 · 심혈관 질병의 발생이 기초질환 등의 업무 외 사유에 의한 것을 수긍시키는 특단의 사정을 증명할 수 없는 한 업무와 발병 사이에 상당인과관계가 인정되고, 나아가 사용자가 업무를 경감시키거나 하는 조치를 게을리 한 것으로서 건강배려의무의 위반도 긍정된다고 할 것이다.

그리고 근로자가 과중한 업무나 심리적 부하가 높은 업무에 종사해 정신장해가 발병하거나 자살한 경우의 손해배상청구에 있어서도, 우선은 업무의 종사와 정신장해 발병(또는 자살)의 사이에 상당인과관계의 유무가 문제로 되고, 그것이 인정되는 경우에 사용자의 건강배려의무 내지 주의의무 위반 여부가 문제가 된다. 이러한 경우 업무에 의한 심리적 부하와 개인의 취약성의 관계가 문제로 되나, 장기간의 장시간 노동에 의한 피로의 축적 가운데 정신장해에 이환해 자살하였다고 볼 수 있다면, 업무경감을 태만히 한 것 등을 이유로 사용자의 건강배려의무 위반을 인정할 수 있을 것이다.[58)]

그런데 판례[59)]는 "근로기준법상의 연장 근로시간 상한선을 초과해 근무한 경우라도 근로자의 동의를 얻은 이상 특별한 사정이 없는 한 근로자의 과로로 인한 발병에 사용자 측의 과실이 있다고 단정할 수 없다"고 판시하여 손해배상책임을 부인한 사례가 있다.

---

58) 菅野和夫, 앞의 책. 471~472쪽.

59) 대판 1994.10.28, 94다33491 ; 서울고법 1992.9.16, 92나26262. 1일 15시간씩 월 20일을 근로하기로 임금협정이 맺어져 있는 회사에서 버스운전기사로 근무하던 근로자가 실제로는 1일 16시간씩 근로를 하였고 사망하기 3개월 동안 매월 300시간을 넘는 과중한 근로를 수행하였으며 사망 당일 1회 운행을 마치고 휴식을 하던 중 갑자기 사망한 사건에서, 업무상 재해로 인정된 것과는 별도로 사용자에게 불법행위책임을 인정할 수 없다고 하였다.

나. 손해배상책임의 경감

근로자의 뇌 · 심혈관 질병 사례에서 업무와 발병 또는 사망과의 상당인과관계가 인정되고 나아가 사용자의 건강배려의무 내지 주의의무 위반이 인정되는 경우, 근로자의 기초질환이 발병 · 사망의 공동원인으로 되어 사용자에게 손해의 전부를 배상시키는 것이 공평하지 않다고 볼 수 있는 경우에는, 손해배상액을 정함에 있어 민법 제396조의 과실상계의 규정을 유추적용해 근로자의 기초질환을 참작하는 것이 가능하다.

또한 근로자의 업무와 관련한 자살에 있어서도 근로자의 성격 · 심인성 요소(취약성)가 기여하고 있는 경우에는 동일하게 책임의 경감이 인정될 수 있다. 가령, 승진의 내정을 받은 근로자가 받아들일 자신이 없다고 고민해 우울상태가 되고, 결국 자살에 이른 경우 사용자로서 근로자의 정신면에서의 건강상태를 충분히 배려해 적절한 조치를 강구해야 할 의무를 위반하였으나, 본인의 성격 · 심인적 요소의 기여나 회사에 대한 정보제공의 부족을 고려해 과실상계 규정의 유추적용에 따라 손해액에서 경감할 수 있을 것이다.[60)]

4. 소 결

그동안의 판례가 다루어 온 안전배려의무는 인신손해가 발생한 후의 배상문제로서 사후적인 금전해결을 목적으로 하는 손해배상법리로 파악되어 왔다고 할 수 있다.

그러나 건강배려의무는 안전배려의무와 달리 사후적 구제인 손해배상법리에서 뿐만 아니라, 보다 넓게 근로자의 건강유지에 필요한 조치까지 포함하는 것이라고 이해된다.

따라서 근로계약상 또는 산안법상 사용자는 일반 근로자의 생명 · 건강을 위해 적절한 조치를 강구하고 질병의 발생 내지 그 악화를 방지해야 할 의무를 지고 있다. 뿐만 아니라 질병에 이환되고 있는 것이 판명되거나 그것이 예견되는 근로자에 대해서는 질병의 병세가 악화되지 않도록 질병의 성질 · 정도

---

60) 菅野化夫, 앞의 책, 472~473쪽.

에 따라 신속하게 근무 부서 또는 담당직무의 변경을 행하는 등 적절한 조치를 강구해야 함은 물론 경우에 따라서는 취업의 금지 또는 제한 등을 행할 배려의무를 진다고 할 것이다.

그런데 사용자의 건강배려의무를 강화하는 것은 손해배상소송 등 사후적 구제로서의 법리를 적용하는 데 있어서 근로자에게 유리하게 작용할 수도 있지만, 사용자에게 근로자의 건강 악화를 이유로 근로자의 의사에 합치하지 않는 배치전환 등을 촉진시킬 위험성이 있다.[61] 이것은 질병의 발생이나 악화의 예방차원에서 근로자에게 좋을 수도 있겠지만, 한편으로 허약한 심신을 가진 근로자나 중고령자에 대한 차별 등으로 연결될 가능성이 있다. 따라서 건강배려의무의 대상과 내용에 대해서는 그것이 미치는 파급효과를 감안하여 확정해 가는 것이 필요하다고 할 것이다.

한편, 사용자가 근로자에 대한 건강배려의무를 위반하여 근로자의 건강이 악화되는 등의 사정이 있다면 법원도 적극적으로 건강배려의무를 인정하여 사용자의 손해배상책임을 인정하여야 할 것이다. 그렇게 될 때에 비로소 사용자는 산업재해에 대한 최적회피자로서 예방노력을 다하게 될 것이다.

결론적으로 건강배려의무는 근로자의 건강에 관하여 적용되는 종합적인 의무이나, 사용자와 근로자 사이의 구체적 노동관계의 형태에 따라 그 내용도 달라질 수 있으므로, 사용자가 부담해야 할 근로자의 건강에 관한 배려의무의 범위는 복잡하면서도 곤란한 문제라고 할 것이다. 그리고 사업장에서의 안전을 배려할 책임은 제1차적으로 그 사업장을 제공하고 있는 사용자에 있다고 할 수 있지만, 근로자의 건강에 관하여는 우선 근로자 자신이 책임을 져야 할 것이어서 건강배려의무가 어떠한 단계까지 해태된 경우에 의무위반으로 논할 수 있는지에 대해서는 앞으로도 많은 연구가 필요할 것으로 생각된다.

---

61) 사용자가 부담해야 할 근로자에 대한 건강배려의무를 높게 설정하면 근로자의 프라이버시(privacy)를 침해할 가능성이 높아지고, 더욱이 그것이 사용자에게 높은 비용을 부담시킬 우려가 있다면 질병 위험이 높은 근로자는 노동시장에서 배제될 가능성이 높아질 것이다.

제2절 과로성 재해에 대한 외국의 인정기준

과로성 재해는 전 세계적으로 발생할 수 있지만 뇌졸중이나 심근경색증과 같은 뇌 · 심혈관 질병을 업무상 과로와 관련시켜 특별히 인정기준을 정해 업무상 질병으로 인정하고 있는 나라는 일본, 대만 그리고 우리나라뿐이다. 특히 일본에서는 우에하타가 과로사라는 용어를 사용하기 이전부터 뇌 · 심혈관 질환에 대한 인정기준을 정하여 시행하고 있다. 이하에서는 일본, 대만의 인정기준과 기타 외국의 법 · 제도를 차례로 살펴보고자 한다.[62)]

Ⅰ. 일본의 뇌 · 심혈관 질병 인정기준

일본은 우리나라와 마찬가지로 산재보험의 급여사유인 업무상 재해에 있어 비사고성 질병도 포함하고 있다. 그런데 비사고성 질병은 사고가 개재하기 때문에 비교적 명확히 업무기인성을 판단할 수 있는 사고성 질병과 달리, 업무에 종사하고 있던 시기와 발병시기가 다른 경우 동일한 질병에 대해 다양한 원인을 고려할 수 있기 때문에 업무기인성의 유무를 판단하는 것이 용이하지 않다.[63)]

그리하여 노동기준법 제75조 제2항 및 같은 법 시행규칙 제35조에 따라 비사고성 질병을 별표에서 목록을 정해 시행하고 있다. 즉, 별표 1의 2에서 예시열거방식으로 제9호까지 질병에 대해 열거하고 있는데, 제8호까지는 뇌 · 심장질병에 대해 규정되어 있지 않으므로 뇌 · 심장질병이 업무상 질병으로 인정되기 위해서는 제9호의 '기타 업무에 기인하는 것이 분명한 질병'으로 인정되는 것이 필요하다.

그리고 후생노동성은 통달[64)]에서 「뇌혈관질병 및 허혈성 심장질병 등의 인

62) 정신장해와 자살에 관한 외국의 인정기준은 제6장에서 후술하도록 한다.
63) 東京大學勞働法硏究會, 『註釋勞働基準法 (下)』, 有斐閣, 2003, 870쪽.
64) 우리나라의 '해석예규'에 해당된다.

정기준」을 정하여 실무기준으로 삼고 있는데, 이로써 업무에 의해 명확한 과중부하를 받아 발병한 뇌 · 심장질병은 노동기준법 시행규칙 별표 1의 2 제9호에 해당하는 질병으로 취급한다. 이 인정기준이 법 규범적 성격을 갖는 것이 아니라는 이유로 이에 대한 비판도 있지만, 구체적 사례가 축적되어 있고 영향력도 커서 이 인정기준을 파악하는 것이 중요하다.[65)]

1. 연 혁

일본의 뇌 · 심장질병에 관한 인정기준은 1961년에 제정되었다. 이후 1987년 통달에서 뇌 · 심장질병이 발병한 노동자가 발병 전 1주간에 있어서 업무와 관련한 이상한 사건 또는 특히 과중한 업무의 종사라고 하는 과중부하를 받은 것에 의해 뇌 · 심장질병이 기초질환의 자연적 경과를 넘어 현저하게 악화되거나 발병한 것으로 인정된다면 업무상의 질병으로 인정한다는 기준으로 개정되었다.

그러나 이 인정기준이 지나치게 엄격하여 원처분을 취소하는 판례가 다수 발생하게 되자 1995년의 통달에서 인정기준을 완화하고 발병 전 1주간보다 더 이전의 업무까지 적극적으로 고려하여 판단하도록 개정하였다. 그러나 새로운 인정기준에서도 그 인정범위가 여전히 지나치게 좁다는 시각이 판례 등에 있어서 계속 제기되고, 특히 장기간의 업무상 피로 축적에 따른 뇌 · 심장질병 재해를 적절히 보상할 수 없다는 비판이 있었다. 그리하여 후생노동성은 인정기준의 전면적인 재검토를 실시하게 되었고 2001년에 보다 완화된 새로운 인정기준을 마련하였다.[66)]

2. 뇌 · 심혈관 질병 인정기준

2001년에 개정된 신인정기준의 기본적인 판단방식은 뇌 · 심장질병은 원래 혈관질병 등이 장기간에 걸친 생활 가운데서 형성 · 진행하거나 악화하는 것이므로 자연경과를 따라 발병한다. 그러나 업무에 의해 명확한 과중부하가 가해

---

65) 西谷 敏 · 萬井隆令, 『勞働法 2 -個別的 勞働關係法-』, 法律文化社, 2005, 307쪽.

66) 2001.12.12. 기발 제1063호.

져 혈관병변 등이 자연경과를 넘어 현저히 악화되어 발병에 이르는 경우가 있다. 이러한 경우 발병과 근접한 시기의 부하 외에 장기간에 걸친 업무에 의한 피로의 축적도 고려해야 한다.

또 업무의 과중성 평가에 있어서는 노동시간, 근무형태, 작업환경, 정신적 긴장의 상태 등을 구체적이고 객관적으로 파악 · 검토해 종합적으로 판단할 필요가 있다.[67]

그리고 구체적인 부하요인으로 노동시간뿐만 아니라, 불규칙한 근무, 구속시간이 긴 근무, 출장이 잦은 업무, 교대제근무 · 야간근무, 작업환경(온도 · 소음 · 시차), 정신적 긴장을 수반하는 업무 등을 들고 있다.

또 대상 질병으로는 뇌내출혈, 지주막하출혈, 뇌경색, 고혈압성 뇌증, 심근경색, 협심증, 심정지(심장성 돌연사 포함), 해리성 대동맥류이다.

인정요건으로는 ① 발병 직전부터 전일까지의 사이에 발병상태를 시간적 · 장소적으로 명확히 할 수 있는 이상한 사건이 일어난 것(이상한 사건), ② 발병과 근접한 시기(발병 전 대략 1주간)에 과중한 업무에 종사한 것(단기간 과중업무), ③ 발병 전 장기간(대체로 6개월간)에 걸쳐 현저히 피로의 축적을 초래하는 과중한 업무에 취업한 것(장기간 과중업무)이 있어야 한다.[68]

이 중 하나의 업무상 과중부하로 발병한 뇌 · 심장질병은 업무상 질병으로 취급하게 된다. 현행 인정기준은 업무상 재해의 인정을 가져올 수 있는 업무상 과중부하의 요건을 '장기간의 과중업무'에까지 확대한 것에 가장 큰 특징이 있다.

특히 ③의 경우에는 주 40시간을 넘는 시간외근로의 시간 수에 따라 업무와 발병의 관련성이 평가되고 있다. 가령, 월 45시간을 넘어 길어지게 되면 관련성이 비례하여 서서히 강하게 되고, 발병 전의 1개월에 100시간 또는 발병 전 2~6개월에 월 80시간을 넘는 경우에는 관련성이 강하다고 판단한다.[69]

그리고 뇌 · 심장질병 발병 시 업무상 재해의 인정에서 누구를 기준으로 업

67) 山口浩一郎, 『勞災補償の諸問題』, 信山社, 2008, 174쪽
68) 菅野和夫, 『勞働法』, 弘文堂, 2013, 455~456쪽.
69) 中窪裕也 · 野田 進 · 和田 肇, 『勞働法の世界』, 有斐閣, 2007, 265쪽.

무의 과중성을 판단할 것인지도 중요한 논점이 되어 왔다. 1987년 기준은 '동료노동자 또는 동종노동자' 로서도 과중할 것을 기준으로 하였지만, 현행 인정기준은 '당해 노동자와 같은 정도의 연령, 경험 등을 가진 건강한 상태에 있는 자 이외에 기초질환을 갖고 있어도 일상 업무를 지장 없이 수행할 수 있는 자' 를 기준으로 하고 있다.[70)]

Ⅱ. 대만의 급성순환기계 질병 진단인정기준

대만의 「직업으로 인한 급성순환기계 질병의 진단인정기준」(이하 '진단인정기준' 이라 한다)은 1991년 제정되어 1993년 12월 31일 제2차 수정 반포되었다. 이후 과로로 인한 뇌 · 심혈관계 질환 사건이 빈발하자 근로자의 건강보호를 확대하기 위해 행정원 노공위원회는 2004년 12월 과로의 인정기준을 완화한 진단인정기준을 재차 수정하여 2005년 1월에 반포하였다.[71)]

1. 진단인정기준의 기본원칙

급성순환기계 질병은 뇌혈관계 질병 및 급성심장질병의 두 가지를 포함한다. 먼저 뇌혈관계 질병으로 뇌일혈, 뇌혈전, 뇌전색, 뇌경색, 지주막하출혈, 고혈압성 뇌병변을 말한다. 다음으로 급성심장질병으로는 심장성급사, 급성심근경색, 급성심장쇠갈(협심증), 대동맥박리를 말한다.

한편, 행정원 노공위원회가 1986년 2월 27일 수정 · 반포한 「노공보험 피보험자의 업무로 인한 상병의 심사준칙」 제21조는 '피보험자는 작업 중 또는 작업 장소에서 질병이 발생한 경우, 질병과 작업 사이에 상당인과관계가 있는 경우에는 직업병으로 본다' 고 규정하고 있다.

따라서 근로자가 급성순환기계 질병에 이환된 경우에는 작업장소로 인해 발생하였는지 및 작업과 상당인과관계가 있는지가 논쟁의 초점이 된다. 즉, 근로자가 종사한 작업이 질병을 발생시킨 강력한 원인이 되었는지가 판단의 중

---

70) 萱野和夫, 앞의 책, 456쪽.
71) http://www.cla.gov.tw

심이 된다.

만약 질병이 작업과 관계없이 발생하였거나 단지 기준시간 내 작업 중 발병한 경우에는 작업으로 인한 질병으로 인정되지 않는다. 가령 근로자가 원래 뇌심혈관계 질병을 앓고 있는 경우에는 병세가 자연히 악화될 수 있는 것이므로 작업할 때 발병하더라도 직업병을 인정할 수 없고, 단지 작업할 때 병이 돌발한 것뿐이다.

그러나 뇌심혈관계 질병에 걸리지 않은 자가 격렬한 작업으로 인해 뇌심혈관계 질병에 걸릴 수 있는 것에 대해서는 의학적인 증명이 충분하지 않아도 된다.

그리고 진단인정기준에서 '심상한 작업을 초과한 특수압력' 의 요인을 질병 인정의 기준으로 하고 있다. 즉, 작업을 뇌심혈관계 발병의 중요원인으로 인정할 수 있으려면 일정한 시간과 장소에서 명확한 '심상한 작업을 초과한 특수압력' 의 사실이 질병에 걸리는 매개로서 존재해야 한다.

질병의 특이성은 작업으로 인한 급성순환기계 질병의 인정에 있어서 매우 중요하다. 구체적으로 유해한 작업으로 인해 질병에 걸리는 경우에는 근로자가 유해물질에 폭로되어 위험성을 초래하는데 반해, 급성순환기계 질병은 어떠한 작업환경에서도 발생할 수 있기 때문에 위험작업의 특이성이 거의 없다.

그러므로 '직업으로 인해 급성순환기계 질병' 을 판정할 때에는 작업의 규칙과 급성순환기계 질병의 특이성을 고려해야 한다. 즉, '심상한 작업을 초과한 특수압력' 의 사실이 판정의 요건으로 갖추어지지 않으면 작업으로 인해 급성순환기계 질병에 걸린 것으로 인정되지 않는다.

2. 진단인정기준의 내용

가. '심상한 작업을 초과한 특수압력'의 존재

근로자가 발병 전에 작업과 관련있는 돌발적인 사건이 있어야 하고 그 사건에 대해 시간과 장소를 명확하게 할 수 있거나 특정한 작업시간 내에 특별히 강력한(질적 또는 양적) 작업으로 인해 정신적 · 육체적인 부담을 진 경우이다. 구체적으로는 아래의 요소를 포함한다.

① 사망 전에 24시간 동안 계속근로하거나 사망 전에 일주일 동안 매일 16시간이상 근로하는 경우

② 일주일에 48시간 또는 2주간에 84시간 초과의 시간을 시간외 근로시간으로 계산하여 발병 전 1~6개월 동안의 1개월 시간외 근무시간이 45시간을 초과할 경우

③ 발병일 전 1개월 동안의 시간외 근로시간이 100시간을 초과한 경우

근로시간은 뇌심혈관계 질병을 인정하는 한 가지 중요한 근거로서 위와 같은 양적고려가 필요할 뿐만 아니라, 작업내용에 의해 근로자가 겪는 정신적 · 심리적 부담을 결합한 질적사항도 고려함으로써 개괄적이고 종합적인 판단을 해야 한다. 그러므로 발병 전 정신적 긴장이 있는 경우나 발병과 상당히 밀접한 관련이 있는 근로형태도 고려해야 한다.

구체적으로는 불규칙한 근로형태, 시간외 근로시간의 길이, 잦은 출장, 교대근무 또는 야간근로, 이상온도 · 소음이나 시차 등의 근무환경이다. 여기에서 근로시간이란 출근카드에 출근시각을 체크하고 작업 준비 등 작업하기 위해 소모한 시간을 말한다.

또 '심상한 작업을 초과한 특수압력' 은 의학상으로 보면 발병의 원인으로 충분히 인정할 수 있어야 한다. 따라서 뇌졸중 등이 발병 시에는 의학상으로 직업과 관련되는 강력한 체력소모나 심한 경악, 공포 등의 정신적 긴장이 있는 경우에 직업병으로 인정한다.

나. 시간상의 상관

'심상한 작업을 초과한 특수압력' 으로부터 발병까지의 시간간격은 의학적으로 타당하다고 인정되어야 한다. 그리고 24시간 이내에 발병하면 특수압력은 평소근무 부담보다 분명히 초과한다는 객관적 증명을 할 수 있어야 한다.

즉, 뇌졸중 등의 발병 시 보통 발병 전 또는 최소한 발병 당시에 심상한 작업을 초과한 특수압력이 발병의 원인으로 인정될 수 있어야 한다. 그리고 질병이 늦게 발병한 경우에는 특수압력이 발생한 때부터 발병의 기간 내 두통, 오심, 현기증 등 과도적인 증세가 있어야 한다.

다. 특수압력의 강도에 대해 업무상 질병으로 인정할 때의 고려사항

① 질적 고려로서 근로자가 원래 종사하는 업무와 현저히 다른 종류의 업무 수행은 대체적으로 심각한 정신 또는 육체의 부담을 초래할 수 있다. 따라서 이러한 상황이 발생하였는지를 인정의 표준으로 삼을 수 있다. 가령 육체노동에 종사하지 않는 자가 돌발적인 상황으로 인해 강력한 육체노동에 종사하는 경우이다.

② 양적 고려로서 근로자가 원래 종사하는 업무보다 현저히 강력한 업무를 수행할 때는 대부분이 고도의 정신적 긴장과 체력의 부담을 겪는다. 따라서 이러한 상황이 발생하였는지를 인정의 표준으로 삼을 수 있는데, 평소의 업무보다 시간상 또는 수량상 극도로 증가한 경우 등이다.

③ 발병 전에 작업과 관련된 돌발적이고 이상한 의외사고의 발생과 이로 인해 심한 경악, 공포 등을 초래하여 질병이 발생하는 경우이다.

④ 발병 전의 피로근무로 인한 심신의 흥분이나 긴장의 누적이 발병 전 또는 발병 당시의 병세정도를 악화시키는 경우이다.

⑤ 원래 질병에 걸린 경우로서 특수압력으로 인해 질병의 자연발생이나 악화시킨 것이 아니라, 질병을 현저히 앞당겨 발작시키거나 질병을 급속히 악화시킨 경우이다.

⑥ 작업장소에서 질병을 발생시키는 특수압력을 질적 및 양적으로 고려하여 자신의 체질, 위험인자보다 50%를 초과하는 경우에 업무로 인한 급성순환기계 질병으로 인정한다.

Ⅲ. 미국에서의 심장질병

1. 의 의

미국의 산재보상법은 원칙적으로 주(州)의 제도로서 성립하고 있으므로 법 · 제도에 대한 인식에는 우리나라와 큰 차이가 있다. 먼저 우리나라는 일반적으로 피재근로자의 생활보장으로 산재보상제도를 파악하나, 미국에서는 노사간의 계약으로 파악하고 있다. 그리고 산업재해 사건의 민사소송을 원칙적으로

금지하고, 법 해석이나 개정하는 경우에도 산재보상은 근로자에 대한 사회보험이 아니고 또 그래서도 안 된다고 하는 생각이 지배적이다.

더욱이 산재보상의 보험료에 대해서도 사용자가 결과적으로 그 비용을 제품에 전가하기 때문에, 산업재해에 따른 비용은 소비자 나아가서는 사회전체가 인수하고 있는 것이라는 생각이 강하다. 따라서 산업재해의 감소를 포함하여 총비용의 효율적 운용이 특히 강조되고 있다.[72)]

심장질병에 대한 산재보상의 문제도 이러한 미국적 인식과 무관하지 않다. 즉, 보상은 어디까지나 업무상의 위험에 대해 당해 사용자가 부담해야 할 책임의 범위 내에서 이루어져야 하고, 그 비용도 관계 당사자에게 적정하게 분배되어야 한다는 입장이다.

현재 미국의 모든 주가 업무상 질병은 산재보상의 대상이 된다고 정하고 있다. 다만, 심장질병에 대해서는 각 주의 제정법상 반드시 보상의 대상으로 하고 있다고는 할 수 없다. 현재 비교적 상세한 직업병 규정을 가지고 있는 주는 예시열거의 방식에 의해 보상대상이 되는 질병을 열거해 두고, 그 이외는 포괄조항으로 질병의 보상대상 여부를 결정한다.

그런데 심장질병은 어떤 직업에 특유한 것이라고 할 수 없기 때문에 통상 열거되지 않고, 포괄조항도 보상대상이 되는 질병이란 '업무에 특유한 것' 또는 '일반적인 질병은 제외한다' 등으로 되어 있다. 따라서 보상의 대상이 되는 질병은 그 업무로 인해 일반 공중보다도 높은 정도로 이환될 위험성이 있을 것을 요구하고 있다.[73)]

2. 심장질병의 업무상 인정

근로자의 급성심장사 등 심장질병이 업무상 재해로서 산재보상을 받을 수 있기 위해서는 당해 질환이 각 주법에 정의된 업무상 재해에 해당되어야 한

72) Arthur Larson James B. Duke, Larson' s Workmen' s Compensation Desk Edition, Matthew Bender, 1983, p.10.

73) Jack B. Hood / Benjamin A. Hardy, Jr. / Harold S. Lewis, Jr., Workers' Compensation and Employee Protection Laws in a Nutshell (4th ed.), Thomson West, 2005, p.82.

다. 직장에서의 긴장이나 스트레스에 기인한 심장질병은 통상 직업병이라고 간주하지만 급성심장사의 경우에는 그 발생 상황에 따라 업무상 재해 여부를 판단한다.

일반적으로 각 주에 있어서의 업무상 인정은 다음과 같은 정의 규정의 개별적 해석에 맡겨져 있다. 즉, '업무에 기인하거나 수행 중 생긴 사고에 의한 신체 손상' 에 해당되는지의 여부이다.

따라서 근로자에게 발생한 심장질병이 업무에 기인하거나 수행 중 발생한 것이라는 증명이 필요하다. 업무기인성(arising out of employment)은 주로 인과관계에 관한 사항이고, 업무수행성(in the course of employment)은 신체손상 발생의 시간, 장소 그리고 상황을 문제로 하는 요건이지만, 이들은 그 적용 시 독립한 것이 아닌 업무관련성을 심사하기 위한 요소로 해석한다.

심장질병에 대한 업무기인성을 심사하는 경우에 가장 문제되는 것은 업무관련으로 발생된 질병 이전에 당해 근로자가 심장에 기초질환을 갖고 있는 경우이다. 대부분의 주에서는 기초질환의 악화도 업무상 질병으로 보고, 업무와 관련되는 스트레스나 과로가 당해 심장질병의 악화에 기여하고 있는 것을 입증하면 인과관계에 대한 요건이 충족된다고 본다.

그런데 실제로는 그 입증이 용이한 것이 아니어서 과로나 스트레스가 심장질병을 일으키는 실질적인 요인으로 입증하지 못하면 법적 인과관계를 인정받지 못하게 된다.

실질적인 요인이 되었는지의 판단에 대해 많은 주에서는 '업무가 현저히 기여하고 있는 경우' 라고 하는 표현을 사용하고 있지만, 몇 곳의 주에서는 근로자가 받은 스트레스나 과로가 고용의 장(場) 이외의 통상 생활에서보다 많으면 인정되고(Nebraska州, New Hampshire州 등), 또 몇 곳의 주에서는 피재근로자의 질병을 업무상의 것으로 추정하고 이 추정을 뒤엎기 위해 반증을 요한다고 하는 방법을 사용하고 있다(Hawaii州 등).[74)]

---

74) 上柳敏郎, "過勞死の業務上外判斷", 日本勞働法學會 編, 『パートと均等待遇協約の擴張適用 過勞死』, 總合勞働研究所, 1997, 208쪽.

3. 심장질병에 대한 산재보상비의 분배

심장질병에 대한 보상의 확대를 막는 첫 번째 장애요인은, 업무상의 인정이 용이해지면 사용자가 보험료 상승에 대한 우려로 심장에 기초질환을 가진 근로자를 채용하지 않게 될 수 있다는 것이다. 따라서 산업재해에 대한 비용을 어떻게 적절하게 각 당사자에게 배분할 것인가 하는 점이 중요한 문제로 귀착된다.

예전에는 미국에서 기초질환을 가진 근로자를 채용할 때, 기초질환과 관련된 업무상 질병이 발병해도 이를 이유로 보상신청을 하지 않는다고 하는 권리방기계약의 체결을 인정하는 주도 있었지만,[75] 현재에는 대부분의 주에서 이러한 계약은 무효로 해석되고 있다.

그 후 사용자와 피재근로자 쌍방이 납득할 수 있는 방법이 모색되었는데, 하나는 근로자에게 발생한 재해를 본인 생래의 기초질환 부분과 업무관련 부분으로 분리하여, 사용자는 후자의 것에 대해서만 보상책임을 진다고 하는 방법이다. 다만, 대부분의 주에서 '분리'란 어디까지나 근로자가 입은 신체상의 상해이고, 질병은 그 대상이 안 된다고 해석하고 있다.

반면에 몇 곳의 주에서는 심장질병에 있어서도 기초질환 부분과 업무와 관련한 부분으로 분리하고, 후자의 비율 부분에 대해서만 사용자에 보상책임을 부과하는 방법을 취한다. 이 규정을 가진 전형적인 주로는 캘리포니아주(California州)가 있다.[76]

그리고 이차적 상병기금(second injury fund)에 의해 보상하는 제도가 있는데, 이 제도는 근로자가 입었던 장해 또는 질병이 근로자 자신이 고용되기 이전의 손상에 기인하거나 부가된 경우에 사용자의 보상책임을 한정하는 한편, 근로자에 대해서는 사용자의 보험료 일부 적립으로 이루어진 특별기금에서 사용자에 의해 보상되지 않는 부분을 전보한다고 하는 제도이다. 사용자의 보상책임

---

75) 品田充儀, "アメリカにおける急性心臓死と勞災補償", 『季刊勞働法』, 第153号, 總合勞働硏究所, 1989, 54 · 59쪽에서 1977년 Tennessee州는 이러한 권리방기계약의 체결을 인정하고 있었다고 한다.

76) 品田充儀, "アメリカにおける急性心臓死と勞災補償", 55쪽.

부분과 고용 이전의 손상부분을 분리하는 점에서는 비율적 보상과 유사하지만, 근로자는 전액의 보상을 받을 수 있게 된다는 점에서 차이가 있다.

이 제도는 거의 모든 주에 존재하고 있지만 그 운용의 방식은 다양하다.[77] 또 이 방법도 비율적 보상의 경우와 같이 대부분의 경우 신체장애를 그 적용의 대상으로 하고 있다. 다만, 불과 2곳의 주(Arizona州, Ohio州)가 기초질환의 악화에 있어서도 기금의 적용을 행하고 있다. 따라서 이들 주에서는 근로자의 심장질병이 얼마간이라도 업무관련성이 있다고 인정되면 그 업무관련 부분은 사용자로부터 받고, 기초질환의 악화부분은 기금으로부터 보상받을 수 있는 것이다.

Ⅳ. 독일에서의 돌연사

독일은 우리나라와 비교해 근로시간이 현저히 짧아서 과로성 재해가 거의 발생하지 않는다고 할 수 있다. 독일에서는 잔업이 거의 없고, 1주 35시간에서 38시간이 일반적인 근로시간인데, 이는 현장 근로자의 최강 조직인 IG Metall 철강금속 노조가 35시간제의 협약(1995년에 전면실시)을 획득한 결과이다.[78]

독일에서는 산재보험에 관한 법이나 그것을 보충하는 보험자의 단체규약에서도 법문이 구체적이지 않으며, 단지 산업재해에 대한 법의 개념으로 '업무의 경우(bei dem Betrief)' 라고 하는 것밖에 없다. 그리고 약간 구체적인 것이 직업단체규약에 있지만 직업단체 BG 규약문언의 표현과 법률의 문언이 완전히 동일하지는 않아서 그를 둘러싼 견해가 일치하지 않는다.

독일에서 직업병이란 일정한 직업적 활동이나 노동임무의 수행에 따른 영향으로 발생된 질병이고, 직업병 목록에 규정되어 있다(AGB 221조). 그리고 직업

---

77) 品田充儀, "アメリカにおける急性心臓死と勞災補償", 56쪽에서 우선 사용자에게 전액의 보상을 시키고 구상한다고 하는 형태로서 기금에 의해 전보하는 방법, 최초부터 사용자의 책임 비율 이외의 부분을 기금에 의해 전보하는 방법, 그리고 어떤 일정기간 이상의 휴업 보상 등에 대해 그 반액을 부담하는 방법 등이 있다고 한다.

78) 宮島尙史, "ドイツにおける過勞死問題", 『勞働法律旬報』第1253号, 勞働旬報社, 1990, 17쪽에서 조합원이 약 200만명인 철강금속노조가 35시간 획득하여 고용창출, 실업방지와 실질적인 임금인상을 위해 대단히 큰 투쟁을 전개하였다고 한다.

병과 달리 업무와의 관련성이 질적으로 아직 직업병 목록에 게재할 만한 법적 수준에 달하고 있지 않는 질병에 대해서는 산재보험에 의한 보상대상이 기본적으로 안 된다고 본다. 따라서 보상의 대상으로 되는 것은 당연히 직업병으로서 목록에 게재된 것 및 일정한 요건을 만족하는 한정된 범위의 질병에 지나지 않게 된다.[79)]

그리고 독일의 경우에는 일찍이 공동원인설이 유력하여 지배적 견해로 되었는데, 이는 사회보험법이 가능하게 된 1911년부터이다. 특히 제1차 세계대전 후의 이른바 바이마르 시대에 학설과 판례에서 '업무가 없었더라면 질병이 일어나지 않았을 것' 이라고 하는, 인과관계론의 조건설에 가까운 공동원인설이 굳어졌다. 그렇지만 법률상 공동원인이라고 하는 명문의 규정이 있었던 것이 아니고, 지금까지도 법률상 그러한 규정은 없다.[80)]

또 독일에서는 근로자의 돌연사 등에 대해 업무상의 추정이 인정되고 있어서, 직업단체 BG의 측으로서는 추정을 뒤엎을 반증을 해야 한다. 이때 반증은 사적인 행동이 있었는지 또는 이미 지병이 있어 근로의 수행 중에 발병하였는지로, 가령 기회원인 등의 반증이 나온다면 산업재해의 추정이 뒤집히는 것이다.[81)]

---

79) 西村健一郎, "法的問題としての過勞死について", 『ジュリスト』, 第1197号, 有斐閣, 2001, 2쪽.
80) 宮島尙史, 앞의 글, 19~20쪽.
81) 宮島尙史, 앞의 글, 19쪽.

제3절 과로성 재해에 대한 법령상의 인정기준

일반적으로 산재보상에서는 과로와 관련이 있는 질환으로 뇌혈관질병 및 심장질병 이외에 간질환 등의 각종 신체질환, 암, 정신질환, 자살 등이 거론되기도 한다. 이와 관련해 산재보험법 시행령 제34조 제3항 관련한 별표 3의 제1호에서는 매년 대량으로 발생하는 사안을 신속 · 공평하게 처리하기 위해 의학전문가의 식견을 근거로 뇌 · 심혈관 질병에 대해서는 인정기준을 정하고 있다. 이하에서는 그동안 인정기준의 변천 과정을 살펴보고 현행 인정기준의 내용과 효력을 검토하고자 한다.

Ⅰ. 인정기준의 변천

우리나라의 뇌혈관질병 및 심장질병에 대한 업무상 질병 인정기준의 변천사는 일본과 매우 유사하다고 할 수 있다.[82] 뇌 · 심혈관 질병에 대한 최초의 인정기준은 1982년 8월 27일에 제정(노동부 예규 제71호)된 「업무상 재해 인정기준」 제3장 '업무상 질병'에서 정하고 있었다. 당시에는 '근로기준법 시행령에 따라 업무로 기인한 것이 명확한 것으로 뇌졸중, 급성심장사' 만이 과로성 재해의 대상이었고, '업무적 요인이 의학적으로 발병의 충분원인이고 재해와 발병까지의 시간적 간격이 의학상 타당하다' 고 인정되어야 업무상 질병으로 보았다.

그 후 1983년 10월 20일 제1차 개정(노동부 예규 제92호)에 의하여 '소인 또는 기초질환이 있는 근로자가 고용종속 및 지배관리하에서 업무와 관련하여 중추신경 및 순환기계 질환이 발병한 경우' 에는 업무상 질병으로 인정하게 되었다. 따라서 종전에는 업무기인성의 명확 여부에 따라 판단하였으나 업무와 관련한 때에는 업무상 재해로 인정토록 기준을 완화하였다. 그리고 업무와 관련

82) 일본에서는 우리나라의 '해석예규' 에 해당하는 통달로서 「뇌혈관질환 및 허혈성심장질환 등의 인정기준」을 1961년에 제정하여 시행하고 있고, 2001년에 개정된 신인정기준을 적용하고 있다.

하여 고혈압이 발병하였거나 기존질병이 촉발 또는 악화되었을 때에도 업무상 재해로 인정하였다.

그러다가 1989년 12월 5일 제2차 개정(노동부 예규 제167호)에서는 그동안 '업무와 관련하였음이 의학적으로 명백한 경우'에 한하여 업무상 질병으로 인정하였던 것을 '업무와 질병 간에 상당한 인과관계가 인정되는 경우'에 업무상 질병으로 인정하도록 개정하여 인과관계 요건을 완화하였다. 또 '업무수행 중 뇌실질내출혈이나 지주막하출혈이 발병한 경우 근로자의 소인 또는 기초질환이 자연발생적으로 악화되었다는 것이 의학적으로 명백하게 입증되지 않는 한 업무상 질병으로 인정'하기 시작하여, 뇌출혈의 경우 업무수행성의 개념이 '업무상' 판단기준으로 중요한 의미를 갖게 되었다.

그리고 1991년 11월 1일 제3차 개정(노동부예규 제205호)에서는 사업주 지배관리하에서 업무와 관련하여 중추신경 및 순환기계 질환이 발병하는 경우로서, 근로자의 업무이탈, 자해 또는 순수한 사적 행위로 발생한 질병이거나 질병의 성질로 보아 발생 또는 악화가 업무수행과 관련이 없다고 의학적으로 판단되는 질병을 제외하고는 업무상 질병으로 인정하였다.

그 후 1993년 5월 6일 제4차 전면 개정(노동부예규 제234호)에서 근로자가 뇌출혈, 지주막하출혈, 뇌경색, 고혈압성 뇌증, 1차성 심정지, 협심증, 심근경색증에 이환되거나 사망한 경우로 그 대상을 확대하였다. 그리고 인정요건으로는 근로자의 심신상태를 급격히 악화시킬 수 있는 업무를 수행하여 그 업무로 인해 발병하고, 나타난 증상이 자연발생적으로 악화될 수 있는 범위를 초과하여 발병하였다고 의학적으로 인정되어야 하였다. 또 업무수행 중에 발병하지 않은 경우에는 업무와 질병 사이에 시간적으로 관련이 있다고 의학적으로 인정되어야 하였다.

그러나 1994년 7월 21일 제5차 개정(노동부예규 제247호)에서는 '1차성 심정지'가 1년 만에 다시 대상 질병에서 제외되었고 만성적인 과로의 계량적 표현으로 '만성적 과로'에 대한 개념이 추가되었는데,[83] 전체적인 내용이 현행 인

83) 업무상 재해 인정기준 제12조 제3항 나목에서 "만성적인 과로란 근로자의 업무량과 업무시간이 발병 전 3일 이상 연속적으로 일상 업무보다 30% 이상 지속되었거나 발병 전 1주일 이내에 업

정기준과 가장 흡사하였다.

이후 1995년 4월 29일 산재보험법 시행규칙의 전면 개정 시 그동안 노동부 예규로 정하고 있던 '업무상 재해 인정기준'을 산재보험법 시행규칙 제3절의 '업무상 재해의 기본원칙'으로 편입하면서, 제39조 제1항에서 "업무상 질병 또는 업무상 질병으로 인한 사망에 대한 업무상 재해의 인정기준은 별표 1과 같다"고 하여 업무상 질병에 관한 인정기준을 시행규칙의 별표에서 정하게 되었다.

그리고 1996년 3월 19일 산재보험법 시행규칙 개정 시 '업무수행 중 뇌출혈이 발병 · 사망하는 경우 자연발생적으로 악화되었음이 의학적으로 명백하게 증명되지 아니하는 경우'에는 업무상 질병으로 인정하여, 판례 및 의학적 연구 결과의 경향을 반영한 '명백한 반증' 개념의 도입이 이루어졌다.

1999년 10월 7일 개정에서는 그동안 인정대상으로 열거한 질병에 '해리성 대동맥류'를 추가하여 인정 질병의 대상을 확대하였고, 2000년 7월 29일 개정에서는 자살에 대한 업무상 인정요건을 완화하여 자살에 있어서도 업무상 재해로 인정될 수 있는 여지를 두었다.[84]

그리고 2008년 6월 25일에는 그동안 산재보험법 시행규칙 별표 1에서 정하고 있던 업무상 재해 인정기준을 같은 법 시행령 별표 3에서 업무상 질병의 인정기준으로 변경하였다. 또 기존의 인정대상 질병 중 고혈압성 뇌증과 협심증과 같이 발병기저가 심하게 악화되기 전이어서 구체적으로 사건화되지 않는 질병에 대해서는 인정기준의 대상 질병에서 제외하였다. 이 밖에도 과로의 유형과 기준도 변경되고 만성적인 과로에 대해 계량화하였던 과로의 기준을 노동부 고시에서 정하도록 위임하는 등 광범위한 개정이 이루어져 2008년 7월 1일부터 시행되었다.

무량, 시간, 강도, 책임 및 작업환경 등이 일반인이 적응하기 어려운 정도로 바뀌었을 때를 말한다"고 규정하고 있다.

84) 산재보험법 시행규칙 제32조 단서에서 "업무상 스트레스로 인하여 정신과 치료를 받은 자 또는 업무상 재해로 인하여 요양 중인 자가 정신장해로 인하여 정상적인 인식능력이나 행위선택능력 또는 정신적 억제력이 현저히 저하된 상태에서 자살행위로 인하여 사상하였다는 의학적 소견이 있는 경우에는 그러하지 아니하다"고 정하여, 업무상 재해로 인정할 수 있는 규정을 신설하였다.

그런데 노동부 고시의 규정이 평소 장시간 근로가 일상화되어 근로시간 변화에 따른 특별한 요인이 없는 경우에는 업무상으로 인정받지 못하는 불합리한 면이 있었다. 이에 최근에 개정된 고용노동부[85] 고시에서 '만성적인 과중한 업무'의 해당 여부는 업무시간과 관련해 "발병 전 12주 동안 업무시간이 1주 평균 60시간(발병 전 4주 동안 1주 평균 64시간)을 초과하는 경우에는 업무와 발병과의 관련성이 강하다"는 것으로 기준이 명확히 되었고, 그 이외에 업무의 양, 교대제 및 야간근로 등을 종합 판단하도록 개정되어, 2013년 7월 1일부터 시행되고 있다.

Ⅱ. 인정기준과 고용노동부 고시

산재보험법 시행령 제34조 제3항과 관련한 별표 3에서는 제1호의 가목과 나목에서 뇌혈관질병 또는 심장질병과 관련하여 「업무상 질병에 대한 구체적인 인정기준」(이하 '인정기준'이라 한다)을 정하고 있다. 그리고 다목에서 업무상 질병 여부의 결정에 필요한 사항을 고용노동부 장관이 정하여 고시하도록 위임하고 있다. 이에 따라 돌발적인 재해, 단기간 동안의 업무상 부담 및 만성적인 과중한 업무의 기준에 대해서는 고용노동부 고시인 「뇌혈관질병 또는 심장질병 및 근골격계 질병의 업무상 질병 인정 여부 결정에 필요한 사항」(이하 '고용노동부 고시' 라 한다) 제1호에서 상세히 규정하고 있다.

1. 인정기준[86]

인정기준은 다음과 같이 업무상 과로와 관련하여 뇌혈관질병 또는 심장질병에 대해서만 명시하고 있다.

가. 다음 어느 하나에 해당하는 원인으로 뇌실질내출혈, 지주막하출혈, 뇌경색, 심근경색증, 해리성 대동맥류가 발병한 경우에는 업무상 질병으로 본다. 다만, 자연발생적으로 악화되어 발병한 경우에는 업무상 질병으로 보지 않는다.

---

85) 2010.6.4. 노동부 명칭을 고용노동부로 변경하는 정부조직법이 개정(법률 제10339호) 공포되었다.

86) 개정 2013.6.28.

(1) 업무와 관련한 돌발적이고 예측 곤란한 정도의 긴장 · 흥분 · 공포 · 놀람 등과 급격한 업무 환경의 변화로 뚜렷한 생리적 변화가 생긴 경우
(2) 업무의 양 · 시간 · 강도 · 책임 및 업무 환경의 변화 등으로 발병 전 단기간 동안 업무상 부담이 증가하여 뇌혈관 또는 심장혈관의 정상적인 기능에 뚜렷한 영향을 줄 수 있는 육체적 · 정신적인 과로를 유발한 경우
(3) 업무의 양 · 시간 · 강도 · 책임 및 업무 환경의 변화 등에 따른 만성적인 과중한 업무로 뇌혈관 또는 심장혈관의 정상적인 기능에 뚜렷한 영향을 줄 수 있는 육체적 · 정신적인 부담을 유발한 경우

나. 가목에 열거되지 않은 뇌혈관질병 또는 심장질병의 경우에도 그 질병의 유발 또는 악화가 업무와 상당한 인과관계가 있음이 시간적 · 의학적으로 명백하면 업무상 질병으로 본다.

다. 가목 및 나목에 따른 업무상 질병 인정 여부 결정에 필요한 사항은 고용노동부장관이 정하여 고시한다.

2. 고용노동부 고시[87)]

고용노동부 고시에서는 뇌혈관질병 또는 심장질병에 관한 과로의 유형을 세 가지로 구분하고 다음과 같이 구체적으로 정하고 있다.

1. 뇌혈관질병 또는 심장질병
가. 「산업재해보상보험법 시행령」(이하 "영"이라 한다) 별표 3 제1호 가목 (1)에서 "업무와 관련한 돌발적이고 예측 곤란한 정도의 긴장 · 흥분 · 공포 · 놀람 등과 급격한 업무 환경의 변화로 뚜렷한 생리적 변화가 생긴 경우"란 발병 전 24시간 이내에 업무와 관련된 돌발적이고 예측 곤란한 사건의 발생과 급격한 업무 환경의 변화로 뇌혈관 또는 심장혈관의 병변 등이 그 자연경과를 넘어 급격하고 뚜렷하게 악화된 경우를 말한다.
나. 영 별표 3 제1호 가목 (2)에서 "업무의 양 · 시간 · 강도 · 책임 및 업무 환경의 변화 등으로 발병 전 단기간 동안 업무상 부담이 증가하여 뇌혈관 또는 심장혈관의 정상적인 기능에 뚜렷한 영향을 줄 수 있는 육체적 · 정신적인 과로를 유발한 경우"란 발병 전 1주일 이내의 업무의 양이나 시간이 일상 업무보다 30퍼센트 이상 증가되거나 업무 강도 · 책임 및 업무 환경 등이 유사한 업무를 수행하는 동종의 근로자라도 적응하기 어려운 정도로 바뀐 경우를 말하며, 해당 근로자의 업무가 "단기간 동안 업무상 부담"에 해당하는지 여부는 업무의 양 · 시간 · 강도 · 책임, 휴일 · 휴가 등 휴무시간, 근무형태 · 업무환경의 변화 및 적응기간, 그 밖에 그 근로자의 연령, 성별, 건강상태 등을 종합하여 판단한다.

87) 2013.6.28 고용노동부 고시 제2013-32호로 「뇌혈관질병 또는 심장질병 및 근골격계 질병의 업무상 질병 인정 여부 결정에 필요한 사항」을 고시하였다.

다. 영 별표 3 제1호 가목 (3)에서 “업무의 양 · 시간 · 강도 · 책임 및 업무 환경의 변화 등에 따른 만성적인 과중한 업무로 뇌혈관 또는 심장혈관의 정상적인 기능에 뚜렷한 영향을 줄 수 있는 육체적 · 정신적인 부담을 유발한 경우”란 발병 전 3개월 이상 연속적으로 과중한 육체적 · 정신적 부담을 발생시켰다고 인정되는 업무적 요인이 객관적으로 확인되는 상태를 말한다. 이 경우 해당 근로자의 업무가 “만성적인 과중한 업무”에 해당하는지 여부는 업무의 양 · 시간 · 강도 · 책임, 휴일 · 휴가 등 휴무시간, 교대제 및 야간근로 등 근무형태, 정신적 긴장의 정도, 수면시간, 작업환경, 그 밖에 그 근로자의 연령, 성별, 건강상태 등을 종합하여 판단하되, 업무시간에 관하여는 다음의 사항을 고려한다.
1) 발병 전 12주 동안 업무시간이 1주 평균 60시간(발병 전 4주 동안 1주 평균 64시간)을 초과하는 경우에는 업무와 발병과의 관련성이 강하다.
2) 발병 전 12주 동안 업무시간이 1주 평균 60시간(발병 전 4주 동안 1주 평균 64시간)을 초과하지 않는 경우라도 업무시간이 길어질수록 업무와 발병과의 관련성이 서서히 증가하며, 야간근무(야간근무를 포함하는 교대근무도 해당)의 경우는 주간근무에 비하여 더 많은 육체적 · 정신적인 부담을 발생시킬 수 있다.

인정기준과 고용노동부 고시의 요약

기 간	기 준	유 형
발병 전 24 시간 이내	· 업무와 관련된 돌발적이고 예측곤란한 사건의 발생 · 급격한 업무환경의 변화로 뇌 · 심혈관의 병변 등이 급격히 악화된 경우	급성과로
발병 전 1 주일 이내	· 업무의 양이나 시간이 일상업무보다 30퍼센트 증가 · 업무강도 · 책임 및 업무환경 등이 유사업무를 수행하는 동종근로자라도 적응하기 어려운 정도로 바뀐 경우	단기과로
발병 전 3 개월 이상	· 업무의 양 · 시간 · 강도 · 책임, 휴일 · 휴가 등 휴무시간, 교대제 및 야간근로 등 근무형태, 정신적 긴장의 정도, 수면시간, 작업환경 등을 종합판단 · 업무시간은 12주 동안 업무시간이 1주 평균 60시간 초과하는 경우/발병 전 4주 동안 1주 평균 64시간을 초과하는 경우 등 · 60시간 초과하지 않는 경우라도 업무시간이 길어질수록 업무와의 관련성이 서서히 증가하며, 야간근무가 주간근무에 비해 더 많은 육체적 · 정신적 부담을 발생	만성과로
대상질병	뇌실질내출혈, 지주막하출혈, 뇌경색, 심근경색증, 해리성 대동맥류	

3. 인정기준 등[88]의 효력

산재보험법은 제37조 제1항에서 업무상 재해의 인정기준을 업무상 사고와 업무상 질병으로 구분하여 그 범위를 명시하고, 제3항에서 “업무상의 재해의 구체적인 인정기준은 대통령령으로 정한다”고 규정하고 있다. 그리고 그 위임

88) 뇌 · 심혈관 질병에 대한 업무상 질병의 구체적인 인정기준과 그와 관련한 고용노동부 고시를 합하여 ‘인정기준 등’으로 표기한다.

에 따라 산재보험법 시행령 제34조 제1항 및 제2항에서 업무상 질병의 인정기준을 비교적 구체적으로 정하면서, 제3항에서 "업무상 질병에 대한 구체적인 인정기준은 별표 3과 같다"고 명시하고 있다.

산재보험법은 업무상 재해의 유형 및 범위의 기본사항을 정하여 인정기준을 예측할 수 있는 상태에서 구체적인 업무상 재해의 인정기준을 시행령에 위임하였고, 시행령은 질병의 범위 및 요건을 비교적 구체적으로 정하면서 구체적인 업무상 질병의 인정기준을 별표 3으로 정하고 있는 것이다. 따라서 별표 3의 인정기준은 대외적으로 법원이나 일반국민을 기속하는 법적 효력이 있다고 할 것으로서, 종전 인정기준과 달리 업무상 재해의 인정에 있어서 중요한 해석기준으로 작용할 것이라고 생각한다.[89)]

또한 이 인정기준은 제1호 다목에서 "가목 및 나목에 따른 업무상 질병 여부의 결정에 필요한 사항은 고용노동부장관이 따로 고시한다"고 규정하였다. 이에 따라 관련된 고용노동부 고시에서는 제1호로 '뇌혈관질병 또는 심장질병'의 업무상 질병 인정 여부 결정에 필요한 사항을 과로의 유형별로 구체적인 기준을 정하고 있다.

그런데 이 고용노동부 고시는 행정기관 내부에서 그 권한의 행사를 지휘·감독하기 위하여 발하는 행정명령으로서 공법상의 법률관계 내부에 관한 준칙 등을 정하는 데 그치는지,[90)] 아니면 대외적으로 국민이나 법원을 구속하는 법규명령으로 볼 것인지에 대해서는 논란이 있을 수 있다.

산재보험법 시행령 별표 3의 인정기준 다목에서 '업무상 질병 여부의 결정에 필요한 사항'은 고용노동부장관이 고시하도록 위임하고 있으므로 고용노동부 고시가 법령에 근거를 둔 것이고, 규정의 체계나 취지에 비추어 상위법령의 위임의 한계를 벗어나거나 포괄위임에 의한 것이라고 할 수 없을 뿐만 아니라, 그 내용 또한 관련법령의 목적이나 근본취지에 명백히 어긋나는 것으

89) 대판 2004.12.24, 2004두6549. 산재보험법 시행규칙 제35조의 2는 업무상 재해의 요건으로 사업장 내에서 발생한 사고일 것을 요구하고 있으나 위 규정은 그 성질과 내용에 비추어 행정기관 내부의 사무처리 준칙을 규정한 것에 불과하다고 하였음에 비추어, 산재보험법 시행규칙 제39조 제1항 관련한 종전의 인정기준은 국민이나 법원을 기속하는 효력이 없다고 하였다.

90) 대판 1990.9.25, 90누2727 ; 서울고법 1996.3.14, 95구29538 등.

로는 보이지 아니한다.[91)]

따라서 법령의 위임에 따라 수임 행정기관인 고용노동부장관이 고시로 정한 과로에 관한 세부적인 기준은, 법령의 수권에 의하여 법령을 보충하는 사항이 되어 그 근거법령인 인정기준과 결합하여 대외적으로 국민의 권리 · 의무관계를 구속하는 법규명령으로서 효력을 가지는 것이라고 할 수 있다.[92)]

4. 인정기준 등의 검토

가. 돌발성 질병을 24시간 이내로 규정

현행 인정기준 제1호 가목은 뇌혈관질병 및 심장질병을 열거하면서 그 질병이 "업무와 관련한 돌발적이고 예측 곤란한 정도의 긴장 · 흥분 · 공포 · 놀람 등과 급격한 업무 환경의 변화로 뚜렷한 생리적 변화가 생긴 경우"를 원인으로 발병하면 업무상 질병으로 보고 있다. 그리고 고용노동부 고시 제1호 가목에서는 이러한 원인을 "발병 전 24시간 이내에 업무와 관련된 돌발적이고 예측 곤란한 사건의 발생과 급격한 업무 환경의 변화로 뇌혈관 또는 심장혈관의 병변 등이 그 자연경과를 넘어 급격하고 뚜렷하게 악화된 경우"로 정하고 있다.

이는 업무와 발병 사이의 인과관계가 업무의 양과 그 성격에 따라 차이가 크지만 시간적 관계도 중요한 것이므로 시간적 한정을 가한 것으로 보인다. 다만, '돌발 사태나 과중한 업무의 효과가 얼마 동안 지속되는지'라는 점은 객관적으로 규명하기가 쉽지 않으나, 대체로 돌발사태 발생 후 근로자가 안정상태로 돌아온 뒤 24시간 이상이 경과하여 발생한 질병에 대해서는 그 연관성을 부여하기가 어려울 것으로 추정된다는 의견[93)]에 따라 24시간 이내로 시간을 한정한 것으로 생각된다.

그리고 이 규정은 일상적인 업무에서 과도하게 육체적 · 정신적 스트레스를 주는 업무나 갑작스러운 상황으로 간주되는 급성과로에 의한 경우로 평소의

---

91) 대판 2004.4.9, 2003두1592 ; 대판 2003.9.26, 2003두2274 등.

92) 대판 2007.5.10, 2005도591.

93) 박용구, 앞의 글, 40쪽에서 그러나 한편으로는 돌발사태 발생 후 이로 인해 근로자의 정신적 부하가 지속되는 경우도 있으므로 당시의 상황에 대한 면밀한 검토가 필요할 것이라고 한다.

업무와 다른 급격한 심신의 부담을 중시하고 있는 것으로 보인다.

그러나 이 규정은 돌발적 사건에 대해 업무상 외연을 기술적으로 명확히 하기 위해 실무상 편의적으로 채용된 것이므로 돌발적 사건의 유무는 하나의 중요한 단서로서의 의의에 불과하다고 할 것이다. 따라서 돌발적 사건이 없었다고 해서 곧바로 업무상 재해가 아니라고 할 수는 없는 것으로, 비록 이러한 사건이 없었더라도 근로자에게 피로의 누적이 일정 한도를 초과하고 그것이 발병이나 악화의 원인이라면 업무상 재해로 인정해야 할 것이다.

나. 뚜렷한 생리적 변화가 생기거나 뚜렷한 영향을 줄 수 있는 과로일 것

인정기준 제1호의 가목은 (1)에서 급격한 업무환경의 변화 등으로 '뚜렷한' 생리적 변화가 생긴 경우, (2)에서 단기간 동안의 업무상 부담이 증가하여 뇌혈관 또는 심장혈관의 정상적인 기능에 '뚜렷한' 영향을 줄 수 있는 과로를 유발한 경우, (3)에서 만성적인 과중한 업무로 뇌혈관 또는 심장질병의 정상적인 기능에 '뚜렷한' 영향을 줄 수 있는 부담을 유발한 경우로 정하고, 이를 원인으로 과로성 질병이 발생되면 업무상 재해로 인정하고 있다.

그런데 과로성 재해의 발병 기저는 연령의 속성과 혈관병변 등의 개인요인, 생활요인 및 업무상의 요인이 결합하여 발생한다고 할 수 있으므로, 업무 등으로 인한 뚜렷한 생리적 변화나 뚜렷한 영향에 대해서만 업무상 질병으로 인정하는 것은 보호법의 취지에 비추어 문제가 있다고 할 것이다.

판례[94] 또한 "질병의 주된 발생 원인이 업무수행과 직접적인 관계가 없더라도 적어도 업무상의 과로나 스트레스가 질병의 주된 발생 원인에 겹쳐서 질병을 유발 또는 악화시켰다면 그 사이에 인과관계가 있다고 보아야 할 것"이라고 하였다.

따라서 판례는 업무가 질병의 유발 · 악화에 뚜렷한 영향을 주는 것을 기준으로 삼고 있지 않으나, 현행 인정기준은 업무과중의 평가에서 판례와 달리 '뚜렷한 영향' 등을 요구하고 있어, 업무상 질병의 판단에 있어 판례에 비하여 엄격한 기준을 제시하고 있는 것이다.

---

94) 대판 2007.4.12, 2006두4912.

결국 업무에 의한 과중부하로 혈관병변 등이 그 자연경과를 넘어서 악화되거나 뇌 · 심장 질병이 발병한 경우, 그 발병과 업무의 사이에 업무와 관련되는 상당인과관계가 있으면 업무상 재해로 인정되어야 할 것이다. 따라서 인정기준의 '뚜렷한' 이라는 문구는 삭제되어야 할 것이라고 생각한다.

다. 열거되지 아니한 뇌 · 심장 질병에 대해 업무와 상당인과관계 있음이 시간적 · 의학적으로 명백할 것

인정기준 제1호의 나목에서 "가목에 열거되지 아니한 뇌혈관질병 또는 심장질병의 경우에도 그 질병의 유발 또는 악화가 업무와 상당한 인과관계가 있음이 시간적 · 의학적으로 명백하면 업무상 질병으로 본다"고 규정하고 있다.

이는 발병원인의 규명이 곤란한 질병에 대해 더욱 엄격한 상당인과관계를 요구하고, 거의 의학적으로 발견이 불가능에 가까운 사실에 대해서는 의학적으로 명백한 증거를 요구하는 것으로서, 대부분의 과로성 재해를 보상의 범위 밖으로 몰아내는 것이라고 보여진다.

또 뇌 · 심혈관 질병 이외의 경우에는 산재보험법 시행령 제34조 제1항에 따라 근로기준법 시행령 별표 5의 제1호의 차목 "그 밖에 가목부터 자목까지에서 규정한 질병 외에 업무로 인한 것이 명확한 질병"에 해당되면 업무상 질병으로 인정된다. 따라서 인정기준에서 열거하지 않은 뇌 · 심혈관 질병에 대해 시간적 · 의학적인 인과관계의 명백함을 요구하는 것은 뇌 · 심혈관 질병이 아닌 다른 질병에 비하여 오히려 더 엄격한 시간적 · 의학적인 인과관계를 요구하는 것이 된다. 이는 과로와 비교적 관련이 높다고 인정되는 혈관질환이 다른 질병보다 엄격한 인정기준을 따르게 되어 오히려 업무상 질병으로 인정받기 어렵게 되는 불합리한 결과가 될 수 있는 것이다.

그리고 업무상 재해라는 판단을 할 때는 의학적인 지식을 필요로 하고 업무상 재해 인정이 의학상의 지식과 모순되지 않을 것이 요청되지만, 반드시 의학판정으로 그 원인이 과학적으로 엄격히 증명될 것을 필요로 하는 것은 아니라고 할 것이다. 판례[95]에서도 "인과관계는 반드시 의학적 · 자연과학적으로

95) 대판 2008.2.28, 2006두17956.

명백히 증명하여야 되는 것은 아니라"고 하였으므로, '의학적 명백' 이란 문구는 삭제가 필요하다고 생각한다.

라. 동종근로자라도 적응하기 어려운 정도로 바뀔 것

인정기준 제1호의 가목은 (2)에서 정한 '단기간 동안의 업무상 부담이 증가하여 뇌 · 심혈관의 정상적인 기능에 뚜렷한 영향을 줄 수 있는 과로를 유발한 경우' 를 원인으로 과로성 질병이 발생한 경우에는 업무상 질병으로 인정하고, 고용노동부 고시에서는 '단기간 동안의 업무상 부담' 의 기준으로 '1주일 이내의 업무강도 · 책임 및 업무환경 등이 유사한 업무를 수행하는 동종의 근로자라도 적응하기 어려운 정도로 바뀐 경우' 를 규정하고 있다.

여기에서 업무의 강도 · 책임 및 업무환경은 스트레스와 관련되는 사항이다. 그런데 스트레스는 주관적인 반응으로서 스트레스 원인이 있는 경우 누구나 다 그 영향을 받는 것은 아니고, 개인에 따라 영향이 있을 수도 있고 없을 수도 있다. 이와 같이 어느 한 사람에게 스트레스가 되지 않는 것도 다른 사람에게는 스트레스가 될 수 있다는 사실은 육체적 · 정신적 부하의 판정에 있어서 그 판단의 기준을 동종근로자로 해서는 안 된다는 것을 의미한다.[96)]

따라서 고용노동부 고시의 나목에서 "유사한 업무를 수행하는 동종의 근로자라도 적응하기 어려운 정도로 바뀐 경우"라는 규정은 타당하지 않다고 할 것으로, 해당 근로자의 신체능력이나 기존질병 유무 같은 점을 충분히 고려하는 방식으로 변경되어야 할 것이다.

한편, 판례[97)]는 "업무와 질병 간의 인과관계의 유무는 보통 평균인이 아니라 당해 근로자의 건강과 신체조건을 기준으로 판단해야 한다"고 하였으므로, 과중 부하 판단의 기준에서 고용노동부 고시와 판례의 입장이 상충되고 있어 실무상 혼란을 야기한다는 문제도 있다.

그리고 산재보험법 시행령 제34조 제4항에서 "공단은 근로자의 업무상 질병 또는 업무상 질병에 따른 사망의 인정 여부를 판정할 때에는 그 근로자의

---

96) 백도명, 앞의 책, 49쪽.

97) 대판 2007.4.12, 2006두4912 ; 대판 2006.3.9, 2005두13841 등.

성별, 연령, 건강정도 및 체질을 고려하여야 한다"고 규정하고 있다. 그러나 하위 규범인 고용노동부 고시에서 그와 관련한 기준을 '동종근로자'로 정하고 있어 비록 '고려'와 '기준'이라는 용어상의 차이는 있다고 하더라도 고용노동부 고시가 '기준'으로서 효력이 의문시된다.

마. 일상 업무보다 30퍼센트 이상 증가할 것

인정기준 제1호의 가목은 (2)에서 정한 '단기간 동안 업무상 부담이 증가하여 뇌·심혈관의 정상적인 기능에 뚜렷한 영향을 줄 수 있는 경우'를 원인으로 과로성 질병이 발병하면 업무상 질병으로 인정하고 있다. 그리고 고용노동부 고시는 '단기간 동안의 업무상 부담'에 관한 기준으로 "발병 전 1주일 이내 업무의 양이나 시간이 일상 업무보다 30% 이상 증가"될 것을 기준으로 정하고 있다.

그런데 단기간 동안의 업무상 부담의 증가 기준으로 '일상 업무'를 비교 대상으로 삼고 있어, 상시 장시간 근로 등에 종사하고 있는 근로자의 경우에는 이 기준에 해당되기 어렵다는 모순이 생길 수 있다.

그러므로 단기간 동안 업무상 부담의 비교 대상이 되는 '일상 업무'는 '통상의 소정 근로시간 내의 소정 업무내용을 말하는 것'이라고 할 것으로, 상태적인 시간외 근로가 행해지고 있는 경우에는 시간외 근로를 제외한 시간이 일상 업무라고 해야 할 것이다. 즉, 법정기준근로시간을 초과하여 시간외 근로가 이루어지면 그 길이에 따라 과로의 유무나 정도를 판단해야 할 것이다.

이는 업무의 과중성을 판단할 때 '통상의 소정 업무내용'을 기준으로 하면, 통상 업무가 과중한 경우에는 과중부하는 없었다고 판단될 우려가 있고, 그 결과 업무에 있어서의 개인차가 무시되어 보호법적 취지에 어긋나게 될 것이기 때문이다.

또한 이는 근로자가 질적으로 다른 노동밀도나 업무의 난이도에 따라 평소 업무가 심신의 과도한 부담을 수반하는 업무에 종사하는 경우 비록 소정 근로시간 동안만 업무를 수행하더라도 근로시간에 관계없이 그로 인한 과중부하는 클 수 있고, 건강에 유해한 업무가 상태적으로 이루어지고 있을 때에는 그 유해성이 간과될 위험성도 있다.

따라서 근로자의 업무수행이 일상적인 업무에 비해 과중하지 않아 이 기준을 충족하지 않았더라도, 일반 업무와 질적으로 현저하게 다른 업무에 종사한 경우로 심신의 부하 증대가 예상되는 경우에는, 업무의 과중성 판단 시에 전문의의 평가를 거쳐 과로성 재해로 인정해야 할 것이다.

바. 만성적인 과중한 업무로 업무시간 개념 도입

최근 개정된 고용노동부 고시 중 가장 눈에 띄는 부분이 만성적 과로의 기준이다. 즉, 고용노동부 고시에서 만성과로 판단 시 업무시간 개념을 구체적으로 도입하여, 판정의 객관성과 예측가능성을 높이게 되었다.

종전의 고용노동부 고시에서 '일상적인 업무에 비해 과중한 육체적 · 정신적 부담을 발생시켰다' 고 인정되는 경우에 만성적 과로로 인정하였다. 이는 장시간근로에 노출되어 있던 근로자는 오히려 과로로 인정받지 못하는 사례가 많아 더 이상 불합리한 결과가 발생하지 않도록 개선한 것으로 보인다.

가령, 택시 운전사와 같이 평소 근무시간이 길 뿐만 아니라 운전노동의 특수성에서 그 정신적 · 육체적 피로가 현저한 경우가 있다. 따라서 극도의 장시간 근로나 격심한 노동이 상태적으로 이루어지고 있는 업종 · 직종에서 재해가 발생하였을 때, 통상의 업무 과정에서 발병한 것이라고 하여 업무와의 인과관계를 부인하기에는 무리가 있었던 것이다.

그런데 만성적 과로의 기준으로 정한 업무시간은 발병 전 12주 동안 1주 평균 60시간(발병 전 4주 동안 1주 평균 64시간)으로 일본이나 대만의 인정기준과 매우 비슷하고, 단지 대상기간에서 6개월이 아닌 3개월이라는 점에서 다른 것으로 보인다.

5. 소 결

(1) 현행 인정기준과 고용노동부 고시는 과로성 재해의 유형을 발병 전 24시간 이내에 업무상 돌발적인 사건이 발생하거나 급격하게 업무환경이 변화된 경우, 1주일 이내의 단기간 동안 업무상 부담이 증가된 경우, 3개월 이상

의 만성적인 과중한 업무가 있는 경우로 구분 · 예시하여, 과로성 재해의 유형을 종전 인정기준에 비하여 좀 더 구체화하고 과로의 대상기간을 확장함으로써 피재근로자 측의 생활보장을 꾀한 것으로 이해된다.

그러나 인정기준은 열거되지 아니한 뇌 · 심혈관 질병의 발병 등에 대해서는 업무와 상당인과관계가 있음이 시간적 · 의학적으로 명백할 것을 요구하고 있다. 이는 현실적으로 의학적 입증이 어려운 뇌 · 심혈관 질병에 대해 더 명백한 의학적인 입증을 요구하는 것이 되어 사실상 열거되지 아니한 질병을 보호의 범주 밖으로 몰아내고 있는 것이다.

그리고 이러한 인정기준은 열거되지 않은 뇌 · 심혈관 질병에 대해 다른 질병보다 더 명백한 상당인과관계를 요구하는 것으로서, 이는 과로와 비교적 관련이 높은 혈관질환을 다른 질병에 비해 오히려 업무상 재해로 인정받기 어렵게 하는 불합리한 결과를 가져올 수 있는 것이다.

또 상당인과관계란 경험법칙에 비춘 법적평가이고, 그동안 판례에서도 "인과관계는 의학적으로 명백히 증명하여야 되는 것은 아니다"고 하였음에 비추어 '의학적 명백' 이란 문구는 삭제해야 할 것이다.

또한 인정기준은 업무와 관련하여 '뚜렷한' 생리적 변화가 생기거나, 뇌 · 심혈관 질병의 정상적인 기능에 '뚜렷한' 영향을 줄 수 있는 육체적 · 정신적 과로나 부담을 유발하여 과로성 질병이 발생한 때에는 이를 업무상 질병으로 보고 있다.

그런데 뇌 · 심혈관 질병은 소인 등의 개인요인과 생활습관 요인 및 업무상의 요인이 더하여져 발병 · 악화하는 것이고, 상당인과관계는 반드시 뚜렷한 생리적 변화나 영향을 줄 수 있는 정도이어야 하는 것은 아니라고 할 것이다. 또 이는 의학적 인과관계의 판단에 치중하는 것이고, 산재보험법의 목적인 피재근로자의 생활보장에도 어긋나는 것이 되므로 '뚜렷한' 이라고 하는 문구는 삭제되어야 할 것이다.

(2) 급성심장사 등 구체적인 질환으로 보기 어려우나 사후부검을 통해 다른 모든 가능한 사인이 배제되어 심장성 돌연사로 볼 수 있는 경우, 돌연사의 대

부분은 허혈성 심장질병이 차지하고 있으므로[98] 일본과 대만과 같이 인정기준의 대상 질병에 포함하여야 할 것이다.[99]

그리고 사회가 복잡해지고 경쟁적으로 되어감에 따라 점점 증가하고 있는 정신장해와 자살에 대해서도 구체적인 인정기준에 추가하여 규정하거나, 일본과 같이 별도의 판단지침을 정하여 과도한 스트레스나 정신적 충격에 따른 재해를 입법적으로 보호해야 할 것으로 생각한다.

일본과 대만의 인정기준 개요

구 분	일 본	대 만
발병 전 1일	• 발병상태를 시간적 · 장소적으로 명확하게 할 수 있는 이상한 사건이 있은 경우	• 24시간 연속근무
1주일간	• 일상근무와 비교해 과중한 신체적 · 정신적 부하를 발생시켰다고 객관적으로 인정되는 경우	• 1주일 동안 매일 16시간 이상 근무
대략 6개월간	• 시간외근로가 월 45시간 넘으면 관련성이 서서히 강하게 된다고 봄 • 시간외근로가 1개월에 100시간 넘는 경우 • 시간외근로가 6개월간 월당 80시간 넘는 경우	• 1개월간 시간외근로가 100시간 초과한 경우 • 2~6개월 동안 매월 시간외근로가 80시간 초과한 경우
대상질병	• 뇌출혈, 뇌경색, 고혈압성뇌증, 심근경색, 협심증, 심장성 돌연사, 해리성대동맥류	• 뇌일혈, 뇌출혈, 고혈압성뇌병변, 심장성급사, 심근경색, 협심증, 대동맥박리

98) 의약세계사 편, "예기치 않은 내인성 질환 돌연사", 『의약세계』, 제16권, 의학세계사, 2004, 67쪽에서 돌연사는 대개 심장에 구조적 이상이 있는 경우에 발생하고 특히 허혈성 심장질병이 대부분을 차지한다고 한다 ; 일본에서의 연구에 의하면, 24시간 이내의 돌연사와 허혈성 심장질병에 의한 사망에는 모두 발병 전의 스트레스가 관여하고 있는 예가 많고 그 차이는 없다고 한다(우에하타, "과로와 돌연사", 『작업관련 뇌혈관 및 심장질환에 관한 심포지엄』, 한국산업안전공단 산업보건연구원, 1997, 115쪽).

99) 일본의 경우 「뇌혈관질환 및 허혈성심질환 등의 인정기준」에서 심정지(심장성 돌연사 포함)를 대상 질병에 포함하고 있고, 대만의 「직업으로 인한 급성순환기계 질병의 진단인정기준」에서도 심장성급사를 대상 질병으로 규정하고 있다.

제4장

과로성 재해에 대한 판례의 판단기준

제1절 질병의 유형별 판단
제2절 상당인과관계 인정의 유형별 판단
제3절 판례상 판단기준의 검토

여러 가지의 과로성 재해에 대해 업무상 재해의 인정과 관련해서 판례가 어떠한 입장을 취하고 있는지 살펴볼 필요가 있다. 이 장에서는 과로성 재해에 대한 판례의 판단기준을 검토하기 위해 2000년 1월부터 2013년 12월까지의 대법원 판례를 그 범위로 한정하여 살펴보되, 먼저 질병의 유형에 따른 업무상 재해의 판단사례를 소개한 후, 상당인과관계의 인정유형에 따른 판단기준을 고찰하기로 한다. 그리고 마지막으로 판례의 판단기준이 어떤 문제점을 지니고 있는지를 검토하기로 한다.

제1절 질병의 유형별 판단

I. 뇌 · 심혈관 질병

과로로 인해 발생 · 악화되는 건강장해 중 비중이 큰 것은 뇌 · 심혈관계 장해로서 고혈압과 같은 기초질환이 과중한 업무로 급격히 악화되어 뇌혈관 또는 심혈관 질병으로 진행된다.[1] 뇌 · 심혈관 질병은 비교적 많은 연구를 통하여 과로와 인과관계가 입증된 질환이라고 할 수 있다.[2]

뇌 · 심혈관 질병에서 육체적 과로와 가장 밀접하게 관련된 질병은 뇌출혈 · 지주막하출혈 · 고혈압성 뇌증이고, 약간 관련이 있는 질병은 뇌경색 · 심근경색 · 협심증이다. 정신적 과로인 스트레스와 관련된 질병으로는 편두통 · 본태성 고혈압 · 신경성 안면마비 그 밖에 신경성 질환이 있다.[3]

여기에서는 뇌 · 심혈관 질병을 순간적인 과중부하로서 단시간의 격렬한 육체적 업무나 감정의 급격한 변화로 발생하는 뇌출혈, 만성적인 과로로서 과다한 업무에 의한 육체적 피로나 정신적 스트레스로 발생하는 뇌경색 및 심근경

---

1) 하은희, "과로사 및 뇌 · 심혈관 질환", 『산업보건과 직업병 예방』, 한국노동조합총연맹, 2003, 53~56쪽.

2) 조정진, "과로사 판례의 의학적 고찰과 과로와 관련된 질병에 대한 연구 동향", 『과로사 판정 행정처분의 문제점과 개선책』, 노동과 건강 연구회, 1998, 19쪽.

3) 연세대학교 의과대학 뇌 연구소, 『뇌 및 심장질환의 업무상 질병 인정기준』, 1993, 28쪽.

색으로 구분하여 검토한 후,[4] 돌연사와 그 밖의 뇌 · 심혈관 질병을 살펴본다.

1. 뇌출혈(뇌실질내출혈, 지주막하출혈)

뇌실질내출혈은 주로 혈압이 높은 근로자가 과로를 하거나 심한 충격을 받아 발생하는 경우가 많다. 따라서 뇌경색이 쉬고 있을 때나 자고난 뒤 발생하는 경우가 많은 데 비하여, 뇌실질내출혈 등은 한창 일하고 있는 도중에 갑자기 오는 경우가 많다.[5]

뇌실질내출혈과 관련된 기초질환으로는 고혈압, 당뇨병, 뇌혈관기형, 뇌동맥류 등이 있는데, 이러한 기초질환이 있는 환자에게 흥분 · 과로 · 심한 정신적 스트레스 · 경악 등은 순간적으로 혈압의 상승을 유발해 출혈을 일으킬 수 있는 촉진인자가 될 수 있다.[6]

그리고 지주막하출혈은 뇌를 둘러싸고 있는 지주막(거미줄 모양의 막) 아래에서 발생한 출혈로서 대부분 선천성 꽈리 뇌동맥류가 유인이 된다. 급격한 육체적 부담, 감정의 격변, 기후의 급변 등은 혈압상승을 초래하여 뇌동맥류의 파열에 의한 지주막하출혈을 야기한다.[7]

한편, 의사 소견서에 표기되고 있는 자발성 뇌출혈이란 고혈압성 뇌출혈, 뇌동맥류, 뇌동맥 기형, 모야모야병 등과 같은 질환 중에 뇌출혈을 일으킨 것을 말한다.

가. 상당인과관계를 인정한 사례

(1) 급격하게 변화된 작업환경에서 근무 중 발병한 경우

철근조립공이 공사현장에서 4시간 작업 후 두통을 호소하다가 현장 인근 숙

---

4) 김수근, 『뇌심혈관 질환 인정기준의 적용실태와 개선방안』, 한국경영자총협회 기업안전보건위원회, 2005, 127~128쪽.

5) 이관형, "과로와 스트레스의 관련 질환과 위험요인", 『안전보건』, 통권 제86호, 1996, 83쪽.

6) 그러나 이 촉진인자는 출혈이라는 명확한 결과가 있을 때는 촉진인자로 기여하였다는 인정을 받게 되나, 기초 · 기존질병이 없는 건강인이나 기초 · 기존질병이 있어도 촉진인자에 의하여 불현성 증상만 보이게 되는 경우에는 과로성 질병으로 인정되지 않는 경우가 많다(연세대학교 의과대학 뇌 연구소, 앞의 책, 27쪽).

7) 백도명, 『현행 업무상 질병 인정기준의 적정성에 관한 연구』, 서울대학교 보건대학원, 1996, 97쪽.

소에서 사망하였던 바, 다른 현장에서 수행한 업무도 모두 판단의 자료로 삼아야 하고, 급격하게 변화된 작업환경하에서 고혈압 등 기존질병을 보유한 근로자에게는 신체에 상당한 부담을 주는 터널공사 현장의 야간 철근 조립작업과 같은 과중한 업무와 스트레스가 기존질병을 자연적인 진행속도 이상으로 악화시킨 것으로 추단된다.[8)]

(2) 과로가 인정되는 근로자가 퇴근 후 숙소에서 사망한 경우

해외건축팀에서 사무보조업무를 수행하던 근로자가 퇴근 후 숙소에 사망하였던 바, 소속부서의 대폭적인 인원감축과 동료 직원의 휴가 등으로 업무량이 증가한데다 발병 직전 4일간 연속 초과근무한 점에 비추어, 뇌동맥류 등의 기존질병을 가지고 있었던 망인의 기준으로 볼 때 과로나 스트레스가 적지 않았다고 볼 수 있어 업무상 재해이다.[9)]

(3) 새벽까지 술자리를 갖다가 발병한 경우

광고대행사 직원이 신문기자를 만나 저녁식사와 술자리를 가진 것은 업무 중 하나인 언론사에 대한 홍보효과를 높이기 위한 업무의 일환이고, 술자리가 4시를 넘어서 계속되기는 하였지만 이는 근로자의 접대업무로서, 술에 취해 정확한 경위를 알 수 없더라도 뇌실내출혈은 업무수행 과정에서 일어난 업무상 재해이다.[10)]

(4) 고혈압이 있는 상태에서 힘든 작업을 수행한 경우

특별한 기술이 없는 조경 일용인부로서 고령에 식재할 나무의 굴취와 상·

---

8) 대판 2010.1.28, 2009두5794(원심파기, 서울고법 2009.3.26, 2008누27812. 망인이 공사현장에 채용되어 불과 4시간 정도밖에 일하지 않은 점, 약 30년간 건설현장에서 근무한 숙련된 철근조립공이라는 점 등에 비추어 보면, 업무상 과로나 급격한 작업환경의 변화에 따른 스트레스로 인하여 전조증상이 발현되었다고 추단하기 어렵다고 판단하였다).

9) 대판 2009.4.9, 2008두23764(원심파기, 서울고법 2008.12.3, 2008누13967. 망인의 업무량이 발병 당시 다소 증가한 것은 사실이나 그것이 망인의 신체에 극심한 스트레스로 작용하였다고 볼 수 없어 과로와 스트레스로 인해 발생하였다고 보기 어렵고, 오히려 망인이 가지고 있던 기존질병인 뇌동맥류가 자연경과적으로 악화되어 발생한 것이라고 추단될 뿐이므로, 상병으로 인한 사망과 업무 사이에 상당인과관계가 없다고 판시하였다).

10) 대판 2006.3.24, 2005두5185.

하차 등의 힘든 작업을 다른 인부들과 동일하게 하였던 점, 뇌출혈이 발병하기 전 외지에서 숙박을 하는 등으로 인하여 피곤이 누적되었던 점에 비추어, 업무상의 과로 · 스트레스가 고혈압을 자연적인 진행속도 이상으로 악화시켜 뇌출혈이 발병하였다.[11)]

(5) 감기가 있는 상태에서 과로가 겹쳐 현기증으로 넘어진 경우

감기증세가 있는 상태에서 평소에 누적되어 온 업무상 과로 또는 스트레스가 겹치는 바람에 현기증을 일으켜 퇴근 중 자전거와 함께 넘어짐으로써 외상성 뇌실질내출혈, 급성 경막외출혈이 발생되었다 할 것이므로, 업무와 상당인과관계가 있다고 봄이 상당하다.[12)]

(6) 유해한 작업환경과 과로 · 사적요인이 있는 경우

유해환경에서 근무하는 용접공이 발병 전 1주일 동안에 12시간의 연장근로를 한 점, 용접작업을 하는 과정에서 일산화탄소 등의 유해물질이 배출되는 점에 비추어, 근로자의 고혈압, 흡연, 고령 등 뇌동맥류 파열의 위험요인과 업무상 과로 및 용접과정에서 발생한 유해물질이 기존의 뇌동맥류를 자연적 진행경과 이상으로 급격히 악화시켰다.[13)]

(7) 고령에 과로와 추운 날씨에 노출된 경우

24시간 맞교대 근무하던 아파트 경비반장이 63세의 고령에 교대 근무로 말미암아 육체적으로 과로하고 실직의 염려 등으로 인하여 스트레스를 받는 한편, 사망 당일에도 최저기온 영하 7.7℃의 추운 날씨 속에 경비초소 순찰업무를 마치고 따뜻한 경비초소에 들어가는 바람에 심한 실내외 온도차에 노출됨으로써, 고혈압 증세가 자연적 경과 이상으로 급격히 악화되어 뇌실질내출혈을 일으킨 것으로 추정된다.[14)]

---

11) 대판 2004.10.15, 2004두7962.
12) 대판 2002.11.26, 2002두6811.
13) 대판 2002.5.28, 2002두1014.
14) 대판 2002.2. 26, 2001두8230.

(8) 업무상 치료과정에서 후유증 등에 대한 스트레스로 발병된 경우

일용직 택시기사가 업무수행 중 교통사고로 부상을 입고 치료하는 과정에서 평소 지병인 고혈압 증세가 악화되었고, 여기에 후유증이나 어려운 가정환경에 대한 정신적 스트레스가 더하여져 고혈압 증세가 더욱 악화되어 발생하게 된 뇌출혈로 사망에 이르게 된 것으로 추단할 수 있다.[15)]

나. 상당인과관계를 부인한 사례

(1) 부친의 장례를 치른 후 발병한 경우

기술연구소 생산부장이 발병 이전 5일간 부친의 사망으로 인하여 휴가를 내고 부친상 및 삼우제를 치른 점 등에 비추어 보면 업무상 과로하거나 과도한 스트레스를 받아 상병이 발생 또는 악화된 것이라고 보기는 어렵고, 오히려 부친의 사망에 따른 스트레스 등으로 인해 기존질병이 악화되어 뇌출혈이 발병한 것으로 추단할 수 있다.[16)]

(2) 과로가 없었고 뇌동맥류가 자연발생적으로 파열되었다고 본 경우

조합중앙회 지부에서 여신업무 등을 수행하던 근로자의 업무량 및 업무강도가 육체적으로 부담이 갈 정도로 과중한 것으로는 보이지 아니하며, 뇌동맥류는 특별한 원인이 없이도 자연 발생적으로 파열될 수도 있는 점 등에 비추어, 업무상 누적된 과로와 스트레스로 인하여 뇌동맥류가 파열되어 사망에 이른 것이라고 볼 수 없다.[17)]

(3) 상당한 과로는 인정되나 보직변경으로 해소되었을 것이라고 본 경우

은행원이 지점의 여신업무 책임자로 근무하면서 상당한 과로와 스트레스에

---

15) 대판 2005.5.13, 2004두14571(원심파기, 서울고법 2004.11.19, 2003누10192. 원고의 뇌출혈은 기왕증인 뇌동정맥 기형 또는 고혈압이 자연적인 경과에 의하여 악화되어 발생하였다고 보는 것이 상당하고, 망인이 업무상의 부상으로 치료를 받는 과정에서 심한 정신적 스트레스를 받음으로써 뇌출혈이 발병·악화되었다거나 또는 기존질병인 고혈압이 자연적인 진행속도 이상으로 급격히 악화되면서 뇌출혈을 일으켜 사망하였다는 점에 관하여는 이에 부합하는 듯한 판시증거들을 믿기 어려워 업무상 재해에 해당되지 않는다고 하였다).

16) 대판 2004.8.23, 2004두6334.

17) 대판 2002.3.29, 2001두9554.

시달려 왔다 하더라도, 발병 1달 반 정도 이전에 보직이 변경되어 당초 누적되었던 과로 등이 상당 부분 해소되었을 것으로 보이므로, 고혈압 등이 업무상 과로와 스트레스로 인하여 급격하게 악화된 나머지 상병에 이환된 것이라고 보기는 어렵다.[18)]

(4) 사업장 내에서 탁구 경기 직후에 발병한 경우

비록 근무시간 중에 사업주가 관리하는 사업장 내에서 업무수행 중에 발생하였다고 볼 수는 있으나, 전기 검침원이 당시 일상적인 전기계량기 검침업무를 오전 중에 모두 마치고 퇴근시간까지 남은 여유시간 중에 월드컵경기 시청과 탁구경기를 한 직후에 갑자기 쓰러진 것으로서, 재해가 업무에 기인하여 발생하였다고 보기는 어렵다.[19)]

2. 뇌경색

대부분의 뇌경색은 동맥경화증이나 심장질병과 같은 원질환이 있는 상태에서 발병하게 되며, 이러한 원질환이 업무와 관계되는 심장질병인 경우를 제외하면 업무와는 무관한 것으로 알려져 있다. 그러나 업무상의 돌발사태나 육체적 · 정신적으로 과중한 업무는 혈압을 상승시키고 혈류를 증가시켜, 뇌색전증의 발생을 증가시킬 수 있으며 뇌혈관의 수축을 유발할 가능성이 있다.[20)]

가. 상당인과관계를 인정한 사례

(1) 지속적인 과로와 열악한 작업환경이 복합적으로 작용한 경우

생산직 근로자가 발병 전 1주일 동안 71시간을 근무하여 근로기준법이 정한 기준을 77% 초과하는 등 업무량이 산재보험법 시행령 등에서 정한 업무상 질

---

18) 대판 2002.8.21, 2002두3720.

19) 대판 2005.7.28, 2005두4939.

20) 연세대학교 의과대학 뇌 연구소, 앞의 책, 46~47쪽에서 돌발사태란 극도의 긴장 · 흥분 · 놀람 등의 강한 정신적 부하를 유발하는 예상 곤란한 이상상태, 급격하게 강한 신체적 부하를 요구하는 예상 곤란한 이상사태, 급격하고 현저한 작업환경의 변화 특히 심한 탈수증을 유발할 수 있는 작업환경이나 극심한 온도의 변화 등을 말하고, 과중한 업무란 평상시의 업무와 비교하여 객관적으로 신체적 · 정신적 부하가 증가되었다고 인정되는 업무라고 한다.

병 인정기준에도 부합하고, 무더운 날씨에 열악한 작업환경에서 보호복을 착용하고 근로하던 중 발생한 탈진 등이 복합적으로 작용하여 발병하였거나 기존질병을 자연적인 진행경과 이상으로 가속시켜 발병하였으므로 업무상 재해이다.[21)]

(2) 기존질병이 있었으나 다른 근로자에 비해 과중한 업무를 수행한 경우

뇌경색을 유발하는 고호모시스테인혈증의 치료병력을 지니고 있는 상태에서, 발병일 전 4일간 연속으로 하루 10시간 이상의 작업을 하였고 야간작업까지 함으로써 다른 근로자에 비해 심한 피로와 스트레스를 받았을 것으로 보이므로, 자연적인 경과 이상으로 악화되어 유발된 것이라고 추단함이 상당하다.[22)]

(3) 격일제 근무와 업무 자체의 특성상 과로 · 스트레스가 인정되는 경우

운전업무를 수행하는 과정에서 장기간의 격일제 근무와 늘 긴장상태를 유지하여야 하는 영업용 택시 운전 업무 자체의 특수성으로 말미암아 육체적으로 피로가 누적되고 정신적으로도 과도한 스트레스를 받았을 것이므로, 이러한 업무상의 과로 및 스트레스가 적어도 이 사건 상병의 주된 발생 원인에 겹쳐서 이를 유발 또는 악화시켰다고 추단할 수 있다.[23)]

(4) 평소 과로하던 중 동료 근로자의 문상 후에 발병한 경우

전기기사가 회사의 전무로부터 문상과 하관에 참여할 것을 종용받은 점, 회사 대부분의 간부직원이 밤샘 문상을 하였던 점 등에 비추어, 상병은 평소 과중한 업무상의 책임에다 장례과정에서 육체적 · 정신적 스트레스가 가중되면서 근로자의 평소 허약한 체질이 악화되어 발생한 것으로 봄이 상당하다.[24)]

나. 상당인과관계를 부인한 사례

(1) 단순 업무이고 작업환경의 변화나 과로가 없었던 경우

1일 3교대 현장정리직으로 입사 이후 수년간 동일한 근무형태의 업무를 수

---

21) 대판 2010.12.9, 2010두15803.
22) 대판 2004.12.10, 2004두11213.
23) 대판 2004.1.28, 2003두13335.
24) 대판 2002.9.9, 2002두5528.

행하여 왔고, 업무내용도 공장주변의 환경정리와 같은 지극히 단순한 업무이며, 질병이 발생할 무렵에도 작업환경의 급격한 변화나 연장근로, 작업량의 증가가 없었고, 정신적 스트레스를 받을 만한 특별한 사정도 없었던 점에 비추어 볼 때 업무상 재해로 인정하기 어렵다.[25)]

(2) 고혈압이 있었음에도 음주 · 흡연을 계속한 경우

1일 2교대 택시기사가 7년 이상 1일 2교대제 운전기사로서 특별한 변화가 없었던 점, 이미 자신이 뇌경색의 가장 중한 위험인자인 고혈압 증세를 가지고 있음을 알고 있었음에도 지속적인 질병관리를 하지 않았고, 뇌경색의 위험인자인 음주와 흡연을 계속하였던 점에 비추어 보면, 업무상 과로 · 스트레스로 인하여 발병하였거나 악화되었다고 보기 어렵다.[26)]

(3) 고혈압 치료를 받아오던 중 발병 전일 만취상태로 귀가한 경우

2교대 택시 운전기사가 평소 고혈압 치료를 받아오던 중 재해 전일 유급휴가 사용 중에 만취상태로 23:00경 집에 돌아온 사실, 재해 직전 업무내용에 평소와 다른 변화가 없었던 점 등에 비추어 업무로 인하여 뇌경색이 발병하였다거나 급격하게 악화되어 뇌경색이 초래되었다고 인정하기 어렵다.[27)]

(4) 치료 과정에서의 스트레스가 2차 뇌경색의 발병에 공동원인이 되지 아니한 경우

일용직 토목공인 근로자가 1차 뇌경색으로 치료를 받던 중에도 고혈압, 고지혈증 등의 뇌경색 위험인자를 계속 보유하고 있었던 점 등을 종합하여 보면, 치료를 받던 과정에서 받은 육체적, 정신적 스트레스의 기여 정도가 미미하여 2차 뇌경색의 주된 발병 원인에 겹쳐서 질병을 유발시켰다거나 상당인과 관계가 있다고 할 만한 공동원인이 되었다고 할 수 없다.[28)]

(5) 24시간 격일제로 생체리듬에 역행하지만 단순노동에 종사한 경우

경비원으로서 업무가 비교적 단순하고 가벼운 육체노동에 해당하고, 비록

---

25) 대판 2004.10.27, 2004두8606.
26) 대판 2004.7.9, 2004두2639.
27) 대판 2001.3.27, 2000두7032.
28) 대판 2004.5.28, 2004두3311.

격일제로 다소 생체리듬에 역행하는 면이 있지만, 근로자가 수년간 동일한 근무형태의 업무를 계속해 오는 동안 자연스럽게 적응할 수 있었으리라고 보이므로 과로 등이 직접적으로 뇌경색을 발병시켰다고 볼 수 없다.[29)]

3. 심근경색

심근경색은 심장근육에 혈액을 공급하는 혈관이 막혀서 심장의 근육조직이 괴사하게 되는 질병을 말한다. 여기에서 '심근'이라 함은 심장의 근육이라는 뜻이며 '경색'이라는 말은 산소부족으로 심장의 조직이 죽어가는 것을 뜻한다. 산소부족은 심장에 산소를 공급하는 혈관인 관상동맥이 동맥경화로 좁아지거나 혈전이 생성되어 발생하는 경우가 많으며, 심근경색증이 일어나면 환자는 심한 가슴의 통증, 호흡곤란 등을 느끼게 된다.[30)] 업무와의 관계로는 지속적인 정서적 긴장상태 등을 들 수 있다. 대부분의 경우 원인이 되는 업무수행 직후에 발병되나, 업무 수행 후 발병되는 시간은 경우에 따라 다를 수 있다.[31)]

가. 상당인과관계를 인정한 사례

(1) 과로 · 스트레스가 있는 상태에서 마라톤 동호회에 참여 중 발병한 경우

채권관리팀장이 마라톤 동호회의 정기연습에 참여한 행위의 전반적인 과정이 사용자의 지배나 관리를 받는 상태에 있었다고 보아 업무수행성이 인정되고, 급성심근경색을 유발할 수 있는 기존질병을 가진 상태에서 재해 수개월 전부터 현저히 증가한 업무량과 실적에 대한 부담, 그리고 실적부진에 대한 상사의 계속되는 질책 등으로 육체적 과로와 정신적 스트레스가 누적되어 발병한 것으로 추단된다.[32)]

29) 대판 2001.7.27, 2001두3907.

30) 하은희, "과로사 및 뇌 · 심혈관 질환", 58쪽.

31) 연세대학교 의과대학 뇌 연구소, 앞의 책, 76쪽.

32) 대판 2009.5.14, 2009두58(원심파기, 대구고법 2008.12.5, 2008누526. 망인의 이 사건 연습은 사용자의 지배관리하에 있었다고 볼 수 없어 업무관련성이 없고, 망인의 업무상 과로 및 스트레스와 이 사건 재해 사이의 상당인과관계도 추단되지 않는다고 판단하였다).

(2) 등산 중 발병하였으나 발병 전일에 과로한 경우

교사의 상병이 업무수행 중 발생한 것이 아니고 휴가기간 중 등산을 하다가 발병한 사실은 있지만, 근로자가 밤늦게까지 신입생 모집에 관한 대책 회의를 마친 다음날에 상병이 발병한 점, 태조산 등반이 육체적으로 과중하다고 보이지 아니하는 점 등에 비추어 상당인과관계를 부정할 사정으로 삼기에는 부족하다.[33)]

(3) 같은 업종에 종사하는 근로자들의 통상적인 업무에 비해 과중한 경우

건설사 차장의 통상 근무시간이 비교적 장시간이고, 담당한 업무내용이 스트레스를 받았을 것으로 보이며, 재해 전날에도 부산까지 출장을 다녀와서 23:00경에 퇴근하였던 점 등은 같은 업종에 종사하는 근로자들의 통상적인 업무시간 및 업무내용에 비하여 과중한 업무를 계속하였다고 보인다.[34)]

(4) 종전보다 증가한 과중한 업무로 기존질병이 급격히 악화된 경우

전력공사 전기기사가 허혈성 심장질병 증세로 계속 치료를 받았으나 정상적으로 근무하여 왔던 점, 근로자의 업무가 정신적 · 육체적인 압박감이 상당한 업무이고 8개월 전부터는 업무량이 50% 가량 증가된 점에 비추어, 허혈성 심장질병이 통상의 자연적인 경과 이상으로 급격히 악화되어 심근경색증을 일으켰다고 추단된다.[35)]

(5) 야근은 없었으나 열악한 작업환경이 과로 · 스트레스를 가한 경우

개발과 주임이 발병 이전까지 건강에 별다른 이상이 없었고, 회사에서의 업무는 비록 야근할 정도는 아니었지만 결근 없이 계속되는 개발업무를 할 형편이었던 점, 작업장의 환경은 소음 · 분진 및 고열로 인하여 상당한 육체적인 피로와 정신적인 스트레스를 가하였으리라고 보이는 점에 비추어, 과로나 스트레스가 다른 유발인자와 함께 심근경색을 유발하였을 것으로 추단할 수 있다.[36)]

---

33) 대판 2004.7.14, 2005두4847.
34) 대판 2002.6.14, 2002두3287.
35) 대판 2002.1.26, 2001두8582.
36) 대판 2000.5.12, 99두11424.

(6) 과로와 감원 등으로 인한 스트레스가 있는 경우

만 46세의 중년여성으로서 근로자의 고혈압은 업무와 관련이 없다 하더라도, 업무의 과중으로 인한 과로와 감원 등으로 인한 스트레스가 고혈압을 자연적인 진행속도 이상으로 악화시켜 급성심근경색증을 유발하여 심장마비로 사망에 이르게 하였을 것으로 추단된다.[37]

(7) 열악한 작업환경에서의 과로와 흡연 등이 경합한 경우

금속공업사 생산과장으로 근무하던 중 상당한 고열, 소음 등의 작업환경 속에서 과로와 스트레스를 피할 수 없었고, 이것이 기존질병인 관상동맥 질환을 자연적 진행경과 이상으로 급속히 악화시키는 원인이 됨이 의학상 확인되는 이상, 음주 · 흡연 등 업무외의 사정과 경합하여 관상동맥 경화증으로 사망에 이르게 한 것으로 추단할 여지가 있더라도 업무와 인과관계가 인정된다.[38]

(8) 보직이 24시간 맞교대 근무형태로 바뀌어 과로가 인정된 경우

정비공으로 입사하여 근무하다가 개찰원으로 업무가 변경된 후 24시간 맞교대 근무형태에 따라 사망 시까지 6개월간 낮과 밤이 뒤바뀌는 생활을 하는 한편, 승객 및 운전사 등과 시비하는 일이 자주 발생하는 업무를 담당하게 되어 육체적 피로와 정신적 스트레스가 누적되어 심혈관계 질환이 발생한 것으로 추정된다.[39]

나. 상당인과관계를 부인한 사례

(1) 연휴 전 과로가 있었으나 휴무 후 발병한 경우

철근 판매공이 설 연휴 전 1주일 사이에 평소보다 다소 많은 양의 작업을 하였으나 재해일 이전 3일간 휴무를 하였기 때문에 충분한 휴식을 취하였을 것

---

37) 대판 2004.9.3, 2003두12912.

38) 대판 2001.10.12, 2001두3730(원심파기, 서울고법 2001.4.20, 2000누5731. 근로자의 음주습벽, 흡연, 가정불화 등의 사정과 업무내용에 비추어 업무상의 과로나 스트레스가 원인이 되어 관상동맥 질환이 자연적인 진행속도 이상으로 급격하게 악화되어 사망에 이르렀다고 볼 수 없다고 하였다).

39) 대판 2001.9.17, 2001두4757.

으로 보이므로, 근로자가 재해 당시 과로를 하였다거나 연휴 이전의 과로가 누적된 상태에서 다시 육체적으로 무리한 작업을 하다가 상병이 발생하였다고 보기는 어렵다.[40)]

(2) 불과 5일간 근무하여 과중한 정도에 이르지 아니한 경우

형틀목공이 입사 시부터 사망 시까지 불과 5일간 근무하였고, 그 기간 동안 업무내용이나 업무량에 별다른 변화가 없었으며 연장근무를 한 적도 없었던 점 등에 비추어, 업무가 통상의 정도를 넘어 특별히 과중한 정도에 이르렀다고 보이지 아니하여 급성심근경색증을 유발시킬 정도에 이른 것으로 인정하기에는 부족하다.[41)]

(3) 작업환경이 변화 후 상당기간이 경과하고 근로시간이 감소된 경우

용접공의 기술수당 삭감 사실을 안 때로부터 1개월 가까이 지난 점, 작업환경이 변화된 때로부터 약 2개월여 경과한 점, 사고가 발생할 때까지 주당 평균 근로시간이 계속하여 감소되고 있었던 점 등에 비추어, 과중한 업무로 인하여 누적된 피로나 스트레스가 질병의 발생 원인이 되었다고 보기는 어렵다.[42)]

(4) 발병 당시나 직전에 과중한 업무가 없는 경우

항공사 부조종사로서 기장을 보좌하여 고도의 집중력이 필요한 복잡하고 다양한 업무를 담당하여 왔지만, 근무시간에 비례하여 상당한 시간의 휴식을 보장받아 왔으므로, 발병당시나 그 직전에 육체적으로나 정신적으로 과중한 업무를 수행하였다고 보기 어려워 업무가 급성심근경색증을 유발하였다고 보기 어렵다.[43)]

---

40) 대판 2005.1.28, 2004두12636.

41) 대판 2001.3.12, 2000두9786.

42) 대판 2001.11.9, 2000두9823(원심파기, 부산고법 2000.10.27, 99누1861. 원고가 7개월 동안 14회의 주휴일 특별근무를 하고, 월 평균 40시간 가량의 연장근무를 하였으며, 다른 근로자에 비하여 원고의 연장근무시간이 많은 편이었던 사실, 기술수당 삭감으로 상당한 정신적 스트레스를 받게 된 사실, 재해 직전 주휴일을 포함하여 3일 동안 근무한 후 익일 심신의 피로를 이유로 월차휴가를 사용한 다음 익일 출근하여 체조와 조회 등을 마친 뒤 갑자기 쓰러진 사실에 비추어, 질병과 업무 사이에는 상당인과관계가 있다고 하였다).

43) 대판 2001.7.2, 2001두3082.

(5) 평소보다 업무량이 적은 상태에서 스스로 주사한 후 발병한 경우

흉부외과 과장으로서 사망할 무렵 사직에 따라 업무를 정리하면서 평소보다 업무량이 적었던 사실과 세파계 항생제인 야마테탄을 자신에게 주사한 후 과민성 쇼크에서 흔히 볼 수 있는 전형적인 증상이 나타났던 사실에 비추어, 과로와 허혈성 심장질병 및 과민성쇼크의 발생 사이의 인과관계를 인정할 수 없다.[44)]

(6) 계모임에서 족구경기 도중 쓰러진 경우

영업사원으로서 사적인 계모임을 하면서 3시간 가량 족구경기를 한 점, 이미 동맥경화의 주요원인인 콜레스테롤 과다로 인한 협심증 주의 진단을 받은 바 있었던 점 등에 비추어, 사회통념상 전반적인 과정이 사용자의 관리를 받는 상태 아래에 있었다거나 과도한 정신적인 스트레스 혹은 육체적인 과로로 인하여 발병한 것이라고 보기 어렵다.[45)]

(7) 경비원의 업무내용 등에 비추어 과로 · 스트레스가 인정되지 않는 경우

아파트 경비원의 업무내용, 근무형태, 건강상태 등에 비추어 보면 육체적 과로와 정신적 스트레스가 있었다고 보이지 아니하고, 사망원인이 된 급성심근경색 및 심실중격결손증은 기존질병인 관상동맥 질환의 자연적 경과로 발생하였을 가능성을 배제할 수 없는 점에 비추어, 업무상 과로 등이 기존질병인 관상동맥 질환을 자연적 경과 이상으로 급격히 악화시켰다고 추단할 수 없다.[46)]

(8) 업무가 동종 근로자나 종전의 업무에 비해 과도한 것이 아닌 경우

12시간 맞교대 근무하는 택시 운전사로서 고혈압과 동맥경화라는 기초질환을 가지고 있었지만, 같은 업종에 종사하는 근로자들의 통상적인 업무시간 및

---

44) 대판 2000.3.23, 2000두130(원심파기, 서울고법 1999.12.2, 99누9751. 과중한 업무로 인한 과로 상태에서 병원장과의 갈등으로 인한 스트레스에 시달려 온 것으로 보이고, 이러한 과로와 스트레스는 망인의 기존질병인 허혈성 심장질환을 악화시켰다고 할 것인 바, 사망은 이와 같이 심장질환이 악화된 상태에서 투여된 항생제 쇼크로 말미암아 발생한 심근경색 때문이라고 보이므로, 사망이 최종적으로는 항생제 쇼크로 유발되었다고 하더라도 업무상 과로 및 스트레스 사이에 인과관계가 있다고 하였다).

45) 대판 2004.7.22, 2004두5235.

46) 대판 2001.2.9, 2000두9434.

업무내용이나 종전의 업무에 비하여 특별히 질적으로나 양적으로 과도한 업무가 아니어서 사망과 업무상의 과로 및 스트레스 사이에 상당인과관계가 있다고 단정하기는 어렵다.[47)]

4. 돌연사(사인미상 포함)

돌연사는 평소에 건강하게 보이던 사람이나 별로 대수롭지 않은 약간의 증상을 보이던 사람이 갑자기 예기치 못한 가운데 사망하는 것을 말한다.[48)] 돌연사란 내인(內因)으로서 질병이 있는지를 모르는 상태에서 시간적으로 급하게 진행된 죽음이라는 점에서 광범위한 개념이다. 이는 외인(外因)이 개입되었을 개연성이 배제되지 않은 것이고, 사망원인이 임상적으로 불명확한 경우를 의미한다. 따라서 사망 당시에 사망의 원인이 되는 질병을 이미 인지하였거나 또는 부검을 통하여 사망의 원인을 알게 되는 내인성 급사와는 구분된다.[49)]

또한 돌연사의 한 유형으로서 청장년급사증후군은 10대 후반에서 40세 정도 사이의 청장년에게 사망할 만한 병력 없이 돌연히 사망하는 것으로 사후검사를 시행하였으나 사인이 될 만한 외인이나 내인을 입증할 수 없는 죽음을 말한다. 우리나라를 비롯한 동양인에게 많이 발생하며, 발병 유인으로는 취침 전의 과식, 수면부족, 과로, 과음, 꿈에 의한 자극 등을 들 수 있다.[50)]

---

47) 대판 2002.2.5, 2001두7725(원심파기, 서울고법 2001.8.22, 2001누832. 근로자가 10여 년간 계속하여 대기오염과 교통체증이 심한 서울시내에서 1일 10시간에 가까운 시간 동안 운전업무에 종사하고, 또한 매 근무 시 사납금을 채우고 나아가 수입금을 늘려야 한다는 압박감 속에서 무리한 운행을 하면서 피로와 정신적 스트레스가 누적되었을 것으로 보이므로 상당인과관계가 있다고 판단하였다).

48) 심장질병이 과로와 관련이 있는 것으로 밝혀지고 있는 관계로 돌연사와 과로사가 혼용되어 사용하기도 한다(하은희, "과로사 및 뇌 · 심혈관 질환", 53쪽) ; 이에 대하여 돌연사의 원인을 관상동맥 질환으로 단정하여 과로사로 인정하는 것은 과학적인 사실을 뛰어넘는 추론에 불과하다고 하여 과로사로 인정하지 않는 견해도 있다(최재욱, "과로에 대한 업무상 질병 판례의 의학적 고찰", 『근로복지』제113호, 근로복지공단, 1999, 21쪽).

49) 박종태, "돌연사에 대한 고찰", 『대한법의학회지』, 제30권 제2호, 대한법의학회, 2006, 231~234쪽에서는 돌연사가 시간적 의미의 '갑자기' 라는 사실과 원인적 의미의 '예기치 못한' 이라는 사실에 강한 의미를 부여하다 보니 비슷한 개념이지만 의학적 의미에서는 큰 차이가 있는 내인성 급사와 혼용하여 사용되는 경향이 있다고 한다.

50) 권일훈, "작업관련 뇌혈관 및 심장질환 –사법해부 및 사실조회에 비친 사례의 검토–", 『작업관

가. 상당인과관계를 인정한 사례

(1) 약 1달 전까지 육체적 · 정신적 과로와 스트레스가 인정되는 경우

통근버스 운전기사가 근무시간 중 퇴근차량 운행 준비를 하다가 회사 화장실 내에서 쓰러져 사망하였는데, 비의존성 당뇨병과 고지혈증, 심비대 등을 앓고 있던 망인이 재해 1달 전까지 지속되었던 과중한 업무로 인하여 과로하거나 스트레스를 받았다고 볼 여지가 충분하다고 인정되나 이 사건 재해 직전까지 그것이 상당 부분 해소되었을 것으로 본 것은 경험의 법칙에 위배되고 법리오해가 있다.[51]

(2) 입사한 지 두 달 남짓하나 과로 · 스트레스가 인정되는 경우

생산직 근로자가 연장근무를 마치고 통근버스로 퇴근하던 중 버스 안에서 발작을 일으켜 사망하였던 바, 업무내용이 입사한 지 두 달 남짓하여 적응하기 어려웠을 것이고, 사망 전 연속 4일간 4.5시간씩 연장근무를 수행하였으며, 재해발생 1~2일 전에는 업무과실로 상사로부터 질책을 받은 점 등에 비추어 업무상 과로와 스트레스가 기존질병인 부정맥 등과 겹쳐 심인성 급사에 이른 것으로 추단된다.[52]

(3) 장시간 근로 및 다른 부서와 마찰이 있은 경우

전열기구 제조업체의 품질관리부 근로자로서 음주량은 소주 1~2잔 정도였으며 하루 반 갑 정도의 흡연을 하였고 평소 특별한 질병 없이 생활을 한 사

련 뇌혈관 및 심장질환에 관한 심포지엄』, 한국산업안전공단 산업보건연구원, 1997, 70쪽.

51) 대판 2010.3.25, 2010두733(원심파기, 대구고법 2009.12.11, 2009누1014. 문화엑스포와 재해 사이의 간격이 약 1개월에 해당하므로 엑스포 행사기간 중 육체적 · 정신적 과로와 스트레스가 있었다고 하더라도 재해 직전까지 상당 부분 해소되었을 것으로 보는 것이 경험칙에 부합한다고 판단하였다).

52) 대판 2009.3.26, 2009두164(원심파기, 광주고법 2008.12.4, 2007누1674. 망인이 사망일까지 4일 연속하여 4.5시간의 연장근로는 하였으나 그 전 일요일은 휴무하고 토요일은 4시간의 근무만 하는 등 충분한 휴식을 한 후에 연장근로를 한 것이어서 그 정도만으로는 연장근로가 만성적으로 육체적 · 정신적 과로를 유발한 것으로 볼 수 없고, 상사로부터 질책을 받았으나 망인의 평소 성격에 비추어 심한 정신적 스트레스를 받았을 것이라고 인정하기 어려운 점 등에 비추어 업무와 상당인과관계를 인정할 수 없다고 판단하였다).

실, 하루 12시간이 넘는 긴 업무시간, 잦은 연장 · 야간근무, 타부서와의 마찰로 인한 스트레스 발생 등을 종합하면, 과로 및 스트레스로 인하여 기존의 동맥경화증이 급속히 악화되어 심장의 허혈성 변화를 일으켜 사망한 것으로 추정된다.[53)]

(4) 부검을 시행하지 아니하였으나 업무의 현저한 증가가 있은 경우

망인의 사체검안서에 사인이 미상으로 기재되어 있고 부검도 시행되지 아니하여 사인미상이라고 하더라도, 망인이 고혈압 등의 기존 질환을 가진 상태에서 사망 이전 3, 4개월부터 업무의 현저한 증가로 인하여 지속적인 육체적 과로 및 정신적 스트레스가 누적되었고, 이로 인하여 기존의 질환이 통상의 자연적 경과 이상으로 급격히 악화되면서 심근경색 또는 심장마비가 유발되었다고 추단할 수 있다.[54)]

(5) 본연의 업무 이외에 겸직으로 과중한 업무를 수행한 경우

사단법인 세우회의 총무과장으로서 본연의 업무와 상조과장의 일을 겸하게 되었고, 업무량의 증가로 인한 심근경색(의증)이 있었으나 사망 직전 3개월 동안 거의 매일 야근을 하는 등 육체적 과로와 그에 따른 정신적 스트레스를 받았던 점에 비추어, 과로와 스트레스로 인해 관상동맥 경화가 급격히 진행 내지 악화된 나머지 사망한 것으로 추단된다.[55)]

(6) 평소 행하지 않던 업무를 수행하고 회사와의 불화가 있었던 경우

폐기물 처리업체 공장장이 사망 직전 무렵에 거래처 인수업무, 가옥철거 현장에서의 노동일 등 평소 행하지 않던 업무를 갑자기 맡게 됨으로써 상당정도 과로를 한 것으로 보이고, 회사와의 불화로 인하여 스트레스도 받게 된 것으로 보이므로, 과로와 스트레스로 인하여 기존질병인 동맥경화 등이 급속히 악화되어 허혈성 심장질병에 의한 부정맥으로 사망에 이르렀다고 추단할 수 있다.[56)]

---

53) 대판 2004.3.11, 2003두15331.

54) 대판 2004.3.26, 2003두12844.

55) 대판 2002.8.23, 2002두158.

56) 대판 2001.6.1, 2000두10519(원심파기, 원심 서울고법 2000.11.23, 2000누7430. 망인은 심혈관계에 죽상동맥경화 등이 있었고, 과로와 스트레스는 심장질병을 악화시키는 요인으로 작용

(7) 같은 업종에 종사하는 근로자들에 비하여 과중한 업무를 수행한 경우

마을버스 운전기사가 1일 2교대로 근무시간이 비교적 긴 반면에 휴식시간이 짧고, 특히 사망한 달에는 휴무일이 하루뿐이었다는 점, 운행한 구간의 특성상 비교적 주의 집중과 긴장을 요하는 것으로 보이는 점, 같은 업종에 종사하는 근로자들의 통상적인 업무시간 및 업무내용에 비하여 과중한 업무를 계속하였다고 볼 여지가 있는 점 등을 고려할 때, 급성 돌연사는 업무상 재해에 해당한다.[57]

(8) 사망 전날 상당량의 음주를 하였으나 사망 직전에 과로한 경우

취침 도중 이른바 청장년급사증후군에 빠진 끝에 사망한 제관공의 작업반장인 근로자는 사망 직전 통상인이 감내하기 어려운 정도로 중한 과로 상태에 놓여 있었고, 사망하기 전날 동료들과 상당량의 음주를 하였으나 달리 특별한 질병이나 지병이 없었던 점을 고려할 때 과로 이외에 달리 그 사망의 유인이 되었다고 볼 특별한 사정이 없다.[58]

나. 상당인과관계를 부인한 사례

(1) 유해한 작업환경에서 근무하였지만 스스로 건강관리를 소홀히 한 경우

도장부서에서 근무하던 중 유기용제 중독에 의한 적혈구 감소증 진단을 받아 보직을 변경하고 계속적으로 치료를 받아 온 사실, 신체검사 결과 과도한 음주, 흡연 등으로 인하여 알코올성 간질환 증상을 보여 작업제한 조치를 받은 사실 등에 비추어, 돌연심장사가 업무상 과로나 유기용제 중독에 의하여 초래되었다거나 사망에 이른 것으로 볼 수 없다.[59]

할 수 있다고 알려져 있으나, 망인의 업무내용에 비추어 업무상의 과로나 스트레스가 원인이 되어 기존질병이 급격히 악화되어 사망에 이르렀다고 볼 수 없다고 하였다).

57) 대판 2001.4.13, 2000두9922(원심파기, 서울고법 2000.11.22, 2000누6215. 평소 망인은 건강상 특별한 이상 징후를 보인 일이 없었던 사실, 망인이 사망할 시점에 인접하여 업무내용에 급격한 변화가 없었고, 버스노선은 운전하기에 특별히 어려운 곳으로 보이지 않으며 근무여건상 망인에게 피로나 과도한 스트레스를 줄 만한 사정이 보이지 않아 업무상 재해에 해당되지 않는다고 하였다).

58) 대판 2000.10.6, 2000두4224.

59) 대판 2002.8.23, 2002두4129.

(2) 사망 당일 업무와 관계없이 밤늦은 시각까지 음주를 한 경우

직업전문학교의 부원장이 업무 성격상 어느 정도 스트레스를 받았을 것으로 보이기는 하나 수년간 같은 일을 맡으면서 업무에 적응하였으리라 보이고, 평소 심한 고혈압과 고지혈증을 가지고 있었음에도 스스로 건강을 돌보지 아니하고 사망 당일 업무와 관계없이 낮부터 밤늦은 시간까지 음주를 하던 중 사망한 점 등에 비추어, 과로와 스트레스가 기존의 고혈압 등을 자연경과 이상으로 급격히 악화시켜 돌연사 하였다고 단정하기는 어렵다.[60]

(3) 사망 직전 개인적으로 상가에서 밤을 새운 경우

1일 3교대 근무형태인 청원경찰의 실근무시간이 보통의 근로자에 비해 특별히 더 많다고 볼 수 없고, 근무형태가 다소 생체리듬에 역행하는 면이 있기는 하나 약 2년여에 걸쳐 상당히 적응하였으리라 보이고, 사망 직전 동료 근로자의 상가에서 밤을 새운 것은 개인적 사유라 보이므로, 과로와 과중한 스트레스로 인하여 야기된 급성 심장질병의 결과로 사망하였다고 인정하기 부족하다.[61]

(4) 젊고 건강하였지만 과로 · 스트레스가 없는 경우

자재 관리부 근로자가 허혈성 심장질병이 있었다고 단정하기는 어렵고, 사망 당시 비교적 건강한 27세의 남자였으며, 사망 전날 휴무하고 사망 당일에도 정시 퇴근하여 동료 근로자의 아들 돌잔치에까지 참석한 점 등에 비추어, 이러한 사정만으로는 기존질병을 급격히 악화시켜서 사망에 이르게 할 만한 업무상의 과로나 스트레스가 있었다고 보기 어렵다.[62]

---

60) 대판 2004.9.24, 2004두7030.

61) 대판 2002.2. 27, 2001두9578.

62) 대판 2003.8.22, 2002두9803(원심파기, 서울고법 2002.9.19, 2001누17779. 통상 월 3~4회 정도 연장근무를 하였고 월 2회 당직근무를 하였으며, 사망하기 15일전까지 출근소요시간 2시간 30분, 퇴근소요시간 3시간으로 인하여 업무상 과로나 스트레스가 퇴근 이후에도 계속 연장된 점, 사망 당일 몸살 및 감기증세로 건강이 좋지 않은 상태에서 월말결산 업무가 산적하여 출근한 후 밀린 전날의 업무까지 처리하는 등으로 사망 당일의 근무내용이나 근무강도가 심하였던 점 등에 비추어 보면, 이로 인한 과로나 스트레스가 원인이 되어 허혈성 심질환 등으로 급성심장사한 것이라고 판단하였다).

(5) 업무내용이나 업무량에 변화가 없었고 사인미상인 경우

노동조합 전임자가 사망 전 평소의 업무내용이 변경되거나 업무량이 급증하는 등 급격한 작업환경의 변화로 인한 업무상 스트레스를 받을 만한 사정을 찾아볼 수 없는 점과 정확한 사인이 밝혀지지 않은 점에 비추어, 노동조합 업무에서 온 과로나 스트레스가 알 수 없는 내적 질병을 악화·촉발시켜 사망에 이르게 한 것이라고 단정할 수 없다.[63)]

(6) 교통법규 위반에 따른 스트레스가 업무에 기인한 것으로 볼 수 없는 경우

1일 2교대 택시기사로 59세 연령의 고지혈증 증세를 가진 남성 흡연자가 교통사고로 인하여 벌금을 납입하고 운전면허 정지처분을 받아 승무하지 못함으로써 어느 정도 스트레스를 받았을 것이라고는 인정되나, 위 스트레스는 교통법규를 준수하지 않고 운전하다가 발생한 교통사고로 인한 것으로 스트레스를 업무에 기인한 것이라고 보기 어렵다.[64)]

(7) 비교적 과로는 있었으나 기존질병 등을 모르는 경우

생산과장에게 급성 심폐부전이 유발 또는 촉진될 만한 기존질병이나 건강상의 위험인자를 보유하고 있었다고 할 수 없고, 근로자가 통상 하루에 2시간 정도씩 연장근무를 하였다고 하더라도, 이것이 급성 심폐부전을 야기해 사망에 이르게 하였다고 보기 어려우므로 사망은 업무와 상당인과관계가 있다고 볼 수 없다.[65)]

(8) 업무과중도 의문인 상태에서 심장질병이 있었는지 알 수 없는 경우

반도체 장비회사의 기술팀 대리의 사망은 담당한 업무의 성격, 부하되는 노동의 정도, 근무기간, 나이(29세) 등을 감안하면 연장근무가 업무과중에 해당하거나 그로 인해 피로와 스트레스가 누적되었다고 볼 수 있는지 의문이고, 평소 별다른 질병이 없는 건강체인데다가 부검도 하지 않았으므로 심장질병을

---

63) 대판 2002.7.26, 2002두3331.
64) 대판 2002.12.27, 2002두8343.
65) 대판 2001.12.11, 2001두6074.

보유하고 있었다고 인정할 수도 없다.[66)]

5. 그 밖의 뇌 · 심장질병

가. 상당인과관계를 인정한 사례

(1) 과로 상태에서 통근버스를 따라잡기 위해 질주하다가 급성 심부전증이 발병한 경우

공장 지원팀 공무계 근로자로서 재해 발생 전일까지 매일 약 1-2시간의 연장근무를 하고 3개월 전부터는 평소보다 업무가 늘어난 점 등을 고려하면, 같은 업종에 종사하는 근로자들의 통상적인 업무시간 및 업무내용에 비하여 과중한 업무를 계속하였다고 볼 수 있고, 과로 등이 누적된 상태에서 통근버스에 탑승하기 위하여 질주한 행위가 유발원인이 되어 급성 심부전증 등으로 사망한 것이라고 추단할 수 있다.[67)]

(2) 발살바 효과로 인한 관상동맥 죽상경화증이 발병하였더라도 업무상 스트레스가 인정되는 경우

현장소장이 심장의 관상동맥 경화가 심한 상태에서 배변을 하다가 이른바 '발살바(Valsalva)효과' 로 인하여 사망하였는데, 사망시점이 현장소장실에서 부하직원과 업무에 관한 이야기를 나눈 후 얼마 지나지 않은 때이고, 그 장소가 현장사무실 내의 화장실로서 이는 업무를 수행하면서 받은 업무상 스트레스가 관상동맥의 죽상경화증을 유발하였거나 그 진행을 자연경과 이상으로 악화시켰다고 추단할 수 있다.[68)]

---

66) 대판 2003.12.26, 2003두8449(원심파기, 대전고법 2003.7.10, 2002누1708. 근로자가 반도체 장비 개조 · 개선 · 유지보수업무를 수행함에 있어 세심한 주의를 필요로 하는 업무가 많았고, 사망 전날에는 늦게 퇴근하는 등 연장 근로하는 경우가 많았으며 더러는 퇴근 후에도 집에서 회사업무를 보는 경우도 있고 일요일에도 출근하여 사망하기 전 9일간은 계속 근무하였다고 하여 업무상 재해로 인정하였다).

67) 대판 2003.11.14, 2003두5501(원심파기, 부산고법 2003.5.16, 2002누4204. 통근버스 탑승 이전에 탑승을 위해 질주할 것인지 여부는 망인의 선택에 달려 있다는 점에 비추어 볼 때, 망인이 자신의 나이와 신체상태를 고려하지 않은 채 통근버스에 타기 위하여 무리하게 질주한 행위가 작업의 사전준비행위에 해당하는 출근행위로서 사업주의 지배하에 있는 것이라고 볼 수 없다고 판단하였다).

68) 대판 2008.2.28, 2006두17956.

나. 상당인과관계를 부인한 사례

(1) 여러 가지 위험인자를 보유하고 있는 근로자에게 고혈압이 발병한 경우

철문 제조업체 선반공인 근로자는 고혈압 진단이나 치료를 받은 적은 없었으나 발병 당시 54세의 남자로서 1일 반 갑 정도의 흡연력과 가족력 등의 위험인자를 보유하고 있었고, 또 다른 위험인자인 뇌졸중 환자인 사실에 미루어 업무상 재해로 수긍하기 어렵다.[69)]

(2) 근무기간이 짧고 업무가 동료 근로자에 비해 과도하지 않은 상태에서 심실세동이 발병한 경우

60세의 고령인 콘크리트 타설공이 평소 고혈압이 있었고, 다소 쌀쌀한 날씨에 5일 연속으로 콘크리트 타설 작업을 하면서 어느 정도의 과로나 스트레스를 받았다고 하더라도 실제로 일을 한 것은 7일에 불과하며, 동료 근로자들의 통상적인 업무시간 및 업무내용에 비추어 과도하다고는 할 수 없는 점 등에 비추어, 과로나 스트레스로 인하여 심실세동으로 사망에 이르렀다고 보기는 어렵다.[70)]

(3) 연장근로나 휴일근로가 없는 상태에서 확장성 심근증이 발병한 경우

건축자재수리업체 근로자가 특별한 작업환경 변화 없이 계속 동일한 업무에 종사하였고, 상병을 입을 무렵 근무시간 외에 연장근로나 휴일근로를 한 적이 없으며, 근무시간의 작업량도 평소에 비해 많지 않았을 뿐만 아니라, 평소의 업무량도 동종업종의 근로자에 비하여 중하다고 보이지 아니하는 점, 확장성 심근병증에 대한 치료를 제대로 아니한 점 등에 비추어, 상당인과관계가 없다고 할 것이다.[71)]

---

69) 대판 2006.5.11, 2005두15304(원심파기, 서울고법 2005.10.14, 2004누6121. 원고의 업무내용 자체가 동료 근로자들과 비교하여 과중하다고 보기는 어려우나, 원고의 연령에 비추어 상대적으로 감당하기 벅찬 정도의 긴장감과 집중력이 요구되는 업무로서 원고가 그 업무를 수행하면서 상당한 과로와 스트레스를 받아 누적되었을 것으로 보이고, 이러한 과로와 스트레스가 원고에게 이 사건 상병을 일으켰거나 종전에 병적 상태에 이르지 않고 있던 고혈압을 자연적 경과 이상으로 악화시킨 것으로 추인되므로 업무상 재해에 해당된다고 판단하였다).

70) 대판 2004.12.10, 2004두10890.

71) 대판 2004.9.23, 2004두8279.

(4) 업무가 신체적 조건 등에 비추어 과중하지 않은 상태에서 심폐부전이 발병한 경우

아파트 경비원으로서 비교적 단순하고 가벼운 육체노동에 해당하는 경비업무이고, 업무내용과 업무량이 과중하다고 할 정도에 이르지 않으며 입사하기 전부터 고혈압과 당뇨가 있는데다가 음주와 흡연을 계속하였던 점 등에 비추어, 업무상의 과로나 스트레스가 기존질병인 협심증을 자연적인 진행경과 이상으로 급격히 악화시켜 심폐부전이 발병한 것으로 보기 어렵다.[72)]

(5) 근무기간이 짧은 상태에서 휴식시간에 선천성 심장질병이 발병한 경우

건설현장의 일용잡부인 근로자로 고용된 지 13일 밖에 되지 않은 점, 근무시간이 점심시간과 간식시간을 제외하면 1일 9시간 정도였으며 그 작업의 내용 역시 일정하고 단순하여 크게 부담이 되는 일이 아니었던 것으로 보이는 점, 점심식사 후 휴식을 취하던 중 갑자기 사망에 이르게 된 점 등에 비추어, 과로 또는 스트레스가 급성심장사나 기존의 선천성 심장질병을 급격히 악화시켰다고 보기 어렵다.[73)]

Ⅱ. 간질환

간질환은 염증발현의 시기와 지속기간에 따라 급성간염과 만성간염으로 분류된다. 급성간염은 일반적으로 1~2개월 이내에 회복되나 약 1% 정도에서는 다량의 간세포가 동시에 파괴됨에 따라 생명에 위험이 초래되는 전격성 간염(fulminant hep-atitis)으로 악화되고 있다. 급성간염이 회복되지 않고 간 조직 내에서의 염증반응이 6개월 이상 지속되는 경우에는 만성간염으로 정의하고 있다.

그리고 만성간염이 오랜 기간 지속되는 동안 간 조직 내에 콜라겐(collagen)이 침착되고 이로 인하여 간의 구조가 변형되어 혈류장애와 함께 간 조직 자체가 단단하게 굳어진 상태를 간경변증이라고 한다. 간경변증 상태에서는 비정상적인 간세포가 발생하기 쉬우며 이러한 과정에서 암세포가 출현하여 매우 빠른

---

72) 대판 2002.2.8, 2001두10479.

73) 대판 2001.10.15, 2001두5613.

속도로 성장하는 상태를 간암(hepatoma)이라 부른다.[74)]

1. 간 암

가. 상당인과관계를 인정한 사례

(1) 본인의 건강상태에 비추어 과중한 업무에 시달린 경우

방송국 TV 편성국 근로자가 B형 간염 항원 양성자임이 밝혀진 이후에도 인원의 충원 없이 컴퓨터 그래픽 작업 등을 혼자서 해 오는 등 건강상태에 비하여 과중한 업무에 시달려 오던 중 원발성 간종양 진단을 받아 사망에 이르렀다면, B형 간염에 감염된 상태에서 육체적 과로와 정신적 스트레스가 지속되어 B형 간염이 자연적인 진행속도 이상으로 악화되어 사망하였다고 본 것은 정당하다.[75)]

나. 상당인과관계를 부인한 사례

(1) 다소 과도한 업무와 스트레스에 시달렸으나 간염 요양 후 10년이 경과한 시점에서 간암이 발병한 경우

간암 발생 이전에 주터키 대사관에 근무하면서 상당한 정도의 과로를 하고, 특히 외교통상부 구주 2과로 복귀한 이후 대통령과 국무총리의 외국 순방행사를 준비하면서 다소 과도한 업무와 스트레스에 시달린 것으로 보이기는 하나, 만성 바이러스 간염으로 입원 · 치료를 받은 이후 10년이 경과한 시점에서 간암이 발병하였다면 만성 바이러스 간염의 자연적인 진행경과에서 크게 벗어났다고 보기 어렵다.[76)]

(2) 과로나 음주가 B형 간염을 급격히 악화시켰다고 볼 수 없는 경우

취재기자 및 광고영업팀장으로서 평소의 업무에 비하여 과도하게 증가되었다거나 업무환경이 급격히 변화되었다고 볼 자료가 없고, 접대성 술자리가 잦았다고는 하나 사망일로부터 약 3년 정도 이전이므로 과로 및 음주로 인하여

---

74) 이영석 등, 『간질환 관련 업무상 질병 인정기준』, 대한간학회, 2002, 18쪽.
75) 대판 2001.7.27, 2000두4538.
76) 대판 2009.1.15, 2007두23439.

만성 B형 간염이 자연적인 진행속도 이상으로 급격히 진행되어 간경변 및 간암으로 발병·악화되었다고는 보기 어렵다.[77)]

(3) 의학 소견상 과로나 스트레스가 간질환을 유발·악화시키지 않는 경우

건축설계 업무의 부장으로 맡은 주된 업무는 반도체 공장 설계업무이고, 관공서 업무 및 관계 업체와의 업무조정 등은 부수적 업무로서 이를 수행하는 과정에서 접대를 위하여 술을 마신 적은 있지만, 의학소견에 따르면 과로와 스트레스가 B형 간염, 간경변 및 간세포암을 유발 또는 악화시킨다는 의학적·과학적 증거는 없다.[78)]

(4) B형 간염 보균자의 음주가 기존질병을 악화시켰다고 보기 어려운 경우

정형외과의 원무과장으로서 직책상 거래처 직원들을 자주 접대하지 않을 수 없었다는 사실을 인정하더라도, 자신이 B형 간염 환자라는 사실을 알면서도 건강관리에 유의하지 아니하였고, 근로자의 음주행위가 업무상 불가피하였다고 하더라도 기존질병인 B형 간염을 자연경과 이상의 속도로 급격하게 악화시켰다고 보기 어렵다.[79)]

(5) 간기능 관리 소견을 받고도 음주 등으로 건강관리를 소홀히 한 경우

금융감독위원회 국장으로서 구체적이고 세부적인 업무를 직접 수행하지 아니하였던 점, 간기능 지수가 정상수치를 벗어난다는 건강진단을 받고서도 음주를 겸한 회식을 하는 등 음주를 즐겼던 점 등을 고려하면, 업무상의 과로 및 스트레스로 인하여 B형 간염이 자연적인 진행속도 이상으로 급격히 악화되어

---

77) 대판 2005.5.12, 2004두7849.

78) 대판 2005.5.13, 2004두14441(원심파기, 서울고법 2004.11.25, 2004누2419. 망인의 경우 평소 과중한 업무량에 따른 연장근무 또는 휴일근무 및 해외근무 등으로 제대로 쉬지 못한 채 육체적으로 과로하고 정신적인 스트레스를 심하게 받아오면서 업무로 인하여 술까지 마시게 됨으로써 B형 간염 및 간경변이 자연적인 진행속도 이상으로 급속히 악화되어 간세포암이 발생하여 사망하였다고 판단하였다).

79) 대판 2005.5.13, 2005두852(원심파기, 부산고법 2004.12.24, 2004누1797. 망인이 불가피한 업무상의 잦은 음주와 그 과정에서 누적된 육체적인 과로로 인하여 비업무상의 사유로 발생한 기존질병인 B형 간염이 자연적인 진행속도 이상으로 급격히 악화된 업무상 재해로 보았다).

간경변 및 간암을 발병 · 악화시켰다고 보기 어렵다.[80)]

(6) 업무상 잦은 음주로 알코올성 간경화에 이르렀다는 자료가 없는 경우

자금담당 부장이 업무수행 과정에서 이루어진 잦은 음주로 인하여 알코올성 간염을 앓게 되었는데, 그 인과관계를 추단하기 위해서는 먼저 망인이 알코올성 간염을 앓았다는 점 및 업무상 잦은 음주로 알코올성 간경화에 이르렀다는 점에 관한 보다 명백한 자료가 있어야 할 터인데 기록을 살펴보아도 그러한 자료를 찾기 어렵다.[81)]

(7) 근무환경은 열악하나 과중한 업무를 수행하지 아니한 경우

과로나 스트레스가 간경변이나 간암 발생의 직접적인 발병원인이 된다는 의학적 근거는 없고 B형간염의 악화요인은 될 수 있다고 알려져 있으나, 병원 시설관리원으로 근무 장소가 다소 열악한 환경이더라도 특별히 업무의 과중을 인정할 근거가 없어, 지병이 자연적 경과 이상으로 악화돼 사망에 이르렀다고 인정하기에 부족하다.[82)]

2. 간경화

가. 상당인과관계를 인정한 사례

(1) B형 간염 보균자로서 본인의 건강과 신체조건에 비추어 과중한 경우

공기업 출장소장으로서 업무내용이 보통 평균인에게는 과중한 것이 아니라고 하더라도 B형 간염 및 간경화 환자인 근로자의 건강과 신체조건으로 보아서는 쉽사리 피로를 느낄 수 있고, 이러한 피로가 누적되고 과도한 스트레스를 받음에 따라 간염과 간경화가 자연적인 진행속도 이상으로 급격하게 악화

---

80) 대판 2004.4.16, 2003두13878.

81) 대판 2003.4.22, 2002두12274(원심파기, 서울고법 2002.11.6, 2002누3098. 망인은 수년의 업무수행 과정에서 이루어진 잦은 음주로 인하여 알코올성 간염을 앓게 되었고, 여기에 자금난에 빠진 회사의 자금을 조달하는 과정에서 부담하게 된 과로와 스트레스로 인하여 간기능이 악화되어 간경화에 이르게 되었으며, 이와 같은 알콜성 간경화가 결국에는 간암으로까지 발전된 것으로 봄이 상당하여 업무상 재해라고 하였다).

82) 대판 2001.10.23, 2001두6142.

되어 사망에 이르렀다고 보아야 한다.[83)]

(2) 과로가 B형 간염을 자연적인 진행속도 이상으로 악화시킨 경우

과로가 간경변이나 간암의 독립한 발생원인이라고 단정할 수는 없다 하더라도 적어도 B형 간염을 간경변이나 간암으로 악화시키는 인자에 해당한다고 볼 여지가 있고, B형 간염에 감염된 상태에서 충분한 휴식을 취하지 못하고 계속 과로함으로써 B형 간염이 자연적인 진행속도 이상으로 악화되어 간경변이나 간암으로 사망에 이르게 되었다고 추단할 수 있다.[84)]

(3) 직무수행상의 과로 및 음주가 주된 원인과 겹쳐 급속히 악화시킨 경우

해양수산부 차관보로서 국제협상에서 국가를 대표해 직접 협상을 준비, 진행해야 하는 중차대한 임무를 수행하면서 과로와 스트레스가 누적되었고, 기존의 간질환으로 인한 건강관리상의 이유로 위 직책을 고사하였으나 적임자라는 이유로 맡게 되었으며, 간 질환자는 금주를 요하는데도 국제협상의 타결을 위해 밤늦게까지 폭음을 할 수밖에 없었던 점에 비추어, 직무수행상의 과로 및 음주가 간경변증의 주된 원인과 겹쳐서 자연적인 진행속도 이상으로 급속히 악화시켰다고 보인다.[85)]

나. 상당인과관계를 부인한 사례

(1) 치료과정에서 종전과 동일한 업무를 수행하지 아니한 경우

섬유회사 차장은 1991년 간염이 최초로 발견되었고 간경변증의 진단을 받은 이후 사망할 때까지 지속적으로 통원 및 입원 치료를 받아 왔는데, 치료를 받는 상황에서 계속해서 종전과 동일한 내용의 시간외 근로나 휴일근로를 하였다고 보기 어려운 점 등을 종합하여 볼 때, 과중한 업무를 수행하였다고 볼 만한 자료를 찾기 어렵다.[86)]

---

83) 대판 2002.5.17, 2002두1052.

84) 대판 2002.2. 22, 2001두9301.

85) 대판 2006.10.25, 2006누2987.

86) 대판 2003.10.10, 2002두6187(원심파기, 서울고법 2002.6.12, 2001누8492. 과로와 스트레스가 망인의 기존질병인 간염 또는 간경변증의 질환을 자연적인 진행경과 이상으로 급속히 악화

(2) 과로 등이 B형 간염을 급격히 악화시켰다고 추단할 자료가 없는 경우

은행원이 선암으로 사망하였으나 일반적으로 과로나 스트레스 자체가 만성 간염, 간경변 및 간세포암 등 간질환의 발생이나 악화요인으로 작용한다는 의학적 근거가 없고, 근로자에게 있어서 업무상 과로나 스트레스로 인해 B형 간염이 자연적인 진행경과와 다르게 진행되었다거나, B형 간염이 사망원인인 선암으로 급격하게 악화된 사실을 추단할 수 있을 만한 자료가 없다.[87)]

(3) 동료 또는 같은 업무에 종사하는 근로자에 비하여 과중한 업무를 수행하지 않은 경우

영업사원의 간경변에 의한 사망으로 과로나 스트레스가 기존질병인 만성 B형 간염을 정상적인 경우보다 더 악화시키는 요인으로 볼 만한 사정이 있다 하더라도, 달리 기록상 동료 또는 같은 업무에 종사하는 근로자에 비하여 업무시간 및 업무강도에 있어 과중한 업무를 하였다고 볼 만한 자료를 찾기 어렵다.[88)]

(4) 업무내용 등에 비추어 통상적인 업무를 크게 넘어서지 아니한 경우

과로와 스트레스는 B형 간염의 발생원인의 일부로 가능성이 제시되고 있고, B형 간염이 있는 상태에서 알코올 또는 과로와 스트레스는 간경변, 간암으로 악화되는 것을 가속시킬 가능성이 있는 것으로 받아들여지고 있으나, 운전경력과 업무내용 및 업무강도, 노선 등이 운전사의 통상적인 업무를 크게 넘어서는 것으로 볼 수 없어 B형 간염이 자연적인 진행속도를 넘어 악화되었다고

시키는 원인의 하나가 되는 것으로 의학적으로도 확인이 됨으로 망인의 사망과 업무 사이에는 상당인과관계가 있다고 하였다).

87) 대판 2005.5.27, 2004두11695.

88) 대판 2002.10.25, 2002두5566(원심파기, 서울고법 2002.5.17, 2000누12647. 망인이 영업업무를 담당하면서 주로 외근을 하는 관계로 육체적으로 부담이 크고, 수금업무 등과 관련하여 적지 않은 스트레스를 받아 왔으며, 더욱이 대형 공사 현장 10여 곳을 추가로 담당하게 됨으로 육체적 피로와 정신적 스트레스가 가중된 점, 과로나 스트레스는 간경변의 독립한 발생 원인으로 단정할 수는 없다 하더라도 적어도 피로와 스트레스가 누적됨으로 인하여 망인의 기존질병인 만성간염이 자연적인 진행경과 이상으로 급격히 악화되어 간경변으로 이어져 사망에까지 이르렀다고 추단할 수 있다고 하였다).

볼 수 없다.[89)]

(5) 업무가 다소 과중하였으나 계속 음주한 경우

알코올성 간경화는 지속적인 음주로 인하여 발생하는 질병인 점, 알코올성 간경화가 진행 중이었음에도 불구하고 가장 중요한 치료인 금주를 하지 아니한 채 오히려 회사의 지시를 위반하여 근무시간 중에도 음주할 정도로 계속 음주한 점 등에 비추어, 업무가 장시간의 육체적 노동으로 다소 중하였다고 하더라도 기존질병인 알코올성 간경화를 급격히 악화시킨 것으로는 보이지 아니한다.[90)]

(6) 다소 과중한 업무수행이 있었으나 입사 이전 중증의 기존질병이 있는 경우

영업담당 부사장인 근로자가 사망 직전에 회사 사정으로 인하여 다소 과중한 업무를 수행하였다고는 보이나, 입사 이전에 이미 중증의 간경변증에 이환된 상태이었던 것으로 보이는 점 등에 비추어, 다소 과중한 업무를 수행하였다고 하더라도 그로 말미암아 기존의 간경변증이 자연적인 경과 이상으로 급격히 악화되어 사망하게 되었다고 단정하기 어렵다.[91)]

3. 그 밖의 간질환

검토 대상기간의 대법원 판례에서는 그 밖의 간질환과 관련하여 업무상 재해로 인정한 판례를 찾을 수 없으므로, 업무상 재해를 부인한 사례만 소개하고자 한다.

가. 상당인과관계를 부인한 사례

(1) 과로가 전격성 간염의 발병이나 악화요인으로 작용한다는 의학적인 근거가 없는 경우

전자교환실장이 근무하는 동안 휴일근무와 야간작업을 하는 등 과중한 업무로 인하여 육체적인 과로와 정신적인 스트레스를 받은 사실은 어느 정도 인정

89) 대판 2002.4.26, 2002두745.
90) 대판 2002.2.15, 2001두10172.
91) 대판 2001.12.14, 2000두888.

되나, 육체적 과로나 정신적 스트레스 자체가 간질환의 발생이나 악화요인으로 작용한다는 의학적인 근거가 없어, 육체적인 과로와 정신적인 스트레스로 급성 전격성 간염이 발병되었거나 기존의 간염이 자연적인 경과속도 이상으로 악화되어 사망에 이른 것이라고 보기 어렵다.[92)]

(2) 과로만으로는 발생하기 어려운 재생 불량성 빈혈 등이 발병한 경우

EB바이러스는 환자의 전신상태가 매우 불량한 경우에는 급성 간염에서 전격성 간염으로 진행되기가 쉽지만, 의학적으로 단순히 업무상 과로와 스트레스만으로는 그와 같은 결과가 발생하기 어렵다고 알려져 있으므로, 중국 근무기간 중 업무상 과로나 스트레스를 겪었다 하더라도 업무와 재해 사이에 상당인과관계가 있다고 인정하기 어렵다.[93)]

Ⅲ. 각종 암

각종 암의 경우에도 검토 대상기간의 대법원 판례에서는 업무상 재해로 인정한 판례가 없으므로, 여기에서는 업무상 재해를 부인한 사례만 소개하고자 한다.

1. 백혈병

가. 상당인과관계를 부인한 사례

(1) 통상 같은 지위에서 같은 종류의 일을 하는 근로자에 비하여 과도하지 않은 경우

화학약품을 사용하는 피혁 가공회사 근로자의 근무경력, 근무시간, 작업내용, 작업환경 등에 비추어 볼 때, 통상 같은 지위에서 같은 종류의 일을 하는 근로자들에 비하여 특별히 질적으로나 양적으로 과도하여 피로가 누적되거나 정신적 긴장이나 압박감 등을 주었다고 할 수 없으므로, 업무로 인해 급성 골수성 백혈병이 발병하였다고 보기 어렵다.[94)]

---

92) 대판 2005.8.25, 2005두5079.
93) 대판 2001.7.13, 2000두9939.
94) 대판 2004.3.26, 2003두15324.

(2) 과로 등이 백혈병을 자연적인 진행속도 이상으로 급격히 악화시키지 않은 경우

방송사 TV 송출 기술부의 업무 특성상 그 수행과정에서 상당한 과로를 하고 스트레스를 받은 것으로 판단되나, 과로 및 스트레스로 인하여 백혈병이 자연적인 진행속도 이상으로 급격히 악화되거나 과로나 스트레스가 없었더라면 백혈병의 효과적인 치료가 가능하였을 것이라고 인정할 근거가 없다.[95)]

(3) 과로나 스트레스가 백혈병을 유발 · 악화시키지 않은 경우

백혈병이 과로나 스트레스로 발병하는 것은 아니며 절삭유에 노출되어 암이 유발될 수 있다고 하더라도 그 암은 호흡기 계통의 암이라는 점, 같은 업무를 수행하여 온 근로자 가운데 백혈병이 발병한 근로자가 없는 점 등을 종합하여 보면, 업무내용이나 근무환경 그 자체의 유해요인 또는 과로나 스트레스 등이 백혈병을 유발 · 악화시켰다고 보기 어렵다.[96)]

2. 위 암

가. 상당인과관계를 부인한 사례

(1) 과로 · 스트레스가 질병의 발생이나 악화 원인이라는 의학적 근거가 없는 경우

감리회사 전무의 사망원인인 위암은 현대의학상 그 발병 및 악화의 원인 등이 밝혀지지 아니한 질병으로, 과로 · 스트레스가 그 발생이나 악화의 원인으로 작용한다는 의학적인 근거가 없는 점 등에 비추어 볼 때, 업무수행 과정에서 과로 및 스트레스가 있었다고 하더라도 업무와 위암 사이에는 상당인과관계가 있다고 추단하기 어렵다.[97)]

(2) 과로가 있었을 것으로 짐작되나 과로가 위암을 발병 · 악화시킨다는 의학적 견해가 없는 경우

감정원의 감정평가 업무에 종사하던 근로자가 과로를 하였고 심한 정신적 스트레스를 받았을 것이라고 짐작할 수는 있지만, 이러한 과로와 스트레스가

95) 대판 2001.3.9, 2000두8806.
96) 대판 2003.10.9, 2003두6603.
97) 대판 2004.1.28, 2003두12592.

위암을 발병시키거나 악화시킬 수 있다는 의학적 견해가 없는 이상, 위암으로 인한 근로자의 사망을 업무상 과로와 스트레스로 말미암은 것이라고 추단할 수는 없다.[98)]

(3) 업무량 등이 통상적인 업무의 범위를 벗어나 과중한 정도가 아닌 경우

건설현장의 전기 담당자인 근로자는 연장근무가 잦고 근로여건이 다소 열악하여 식생활이 불규칙적이기는 하였지만, 업무내용과 업무량 및 강도가 통상 건설현장의 전기담당 책임자로서 수행하여야 할 일상적이고 통상적인 업무의 범위를 벗어나 심적으로 특별히 부담이 되거나 육체적으로 과중한 정도라고 보기 어렵다.[99)]

(4) 출장 및 거래처 접대가 잦은 편이나 일상적 업무를 크게 벗어나지 않은 경우

자동차 부품회사의 연구개발 부서장으로 연장근무를 하거나 출장 및 거래처 접대가 잦은 편이었으나, 그 업무내용과 업무량 및 강도가 부서장으로서 수행하여야 할 일상적이고 통상적인 업무의 범위를 크게 벗어나 심적으로 특별히 부담이 되거나 육체적으로 과중한 정도는 아니어서, 기존질병인 위염증세가 통상의 진행정도를 넘어 급격하게 악화되어 위암이 유발된 것이라고는 보기 어렵다.[100)]

3. 기타 암

가. 상당인과관계를 부인한 사례

(1) 과중한 업무를 수행하였으나 악성 뇌종양이 발병한 경우

보증보험 지점장으로 근무하면서 자주 연장근로를 하는 등 다소 과중한 업무를 수행하였다고 보이고, 1차 뇌종양 절제술을 시술받고 퇴원한 후 단기간 내에 업무에 복귀한 것이 육체적으로나 정신적으로 어느 정도 부담이 되었을

---

98) 대판 2005.6.30, 2004누15989.

99) 대판 2001.4.24, 99두12137(원심파기, 서울고법 1999.11.25, 99누5896. 제1심 판결을 인용하여 망인의 사망원인이 된 위암이 망인의 업무로 인한 과로와 스트레스 그리고 불규칙한 식사 등이 반복되는 과정에서 만성 미란성 위염, 만성 위축성 위염과 겹쳐 유발되었거나 자연적인 경과 이상으로 급격히 진행됨으로써 악화된 것이라고 추정되므로 업무상 재해라고 하였다).

100) 대판 2000.8.22, 2000두2556.

것으로 보이기는 하지만, 그에 따른 과로나 스트레스로 인하여 악성 뇌종양이 발병 또는 재발하였거나 자연적인 진행속도 이상으로 급격히 악화되었다고 볼 자료가 없다.[101)]

(2) 다소 과로는 있었으나 현대의학상 발병원인이 밝혀지지 아니한 대장암이 발병한 경우

필름 취급회사 경리차장으로 업무를 수행하는 과정에서 과로와 스트레스가 다소 누적된 사실은 인정되나, 대장암은 다른 암과 마찬가지로 현대의학상 확실한 발병원인이 밝혀지지 아니하여 대장암이 과로 또는 스트레스에 의하여 발생한다거나 과로 또는 스트레스에 의하여 대장암이 전이된다고 볼 근거가 없으며, 또한 과로와 스트레스가 대장암을 자연적인 진행속도 이상으로 급격히 악화시켰다고 인정할 근거도 없다.[102)]

(3) 유해물질에 노출된 상태에서 업무에 종사하였으나 폐암이 발병한 경우

청소 및 도장작업에 종사한 근로자가 16년 6개월 동안 분진 등에 노출된 상태에서 청소업무에 종사하였고, 1년 1개월 남짓 동안 신나 및 페인트 등에 노출된 상태에서 도장작업에 종사하였으나, 담당한 업무의 성격, 부하되는 노동의 정도, 근무시간, 근무환경 등에 비추어, 업무상 과로 및 스트레스 또는 작업장에서 발생한 분진 및 유독가스 등의 흡입으로 인하여 상병인 폐암이 발병한 것이라고 보기 어렵다.[103)]

(4) 과로는 인정되나 의학상 발병원인이 밝혀지지 않은 악성 림프종의 경우

버스 운전기사인 근로자가 어느 정도 과로를 하고 스트레스를 받았을 것으로 여겨지나, 의학상 과로와 스트레스가 악성 림프종의 발병원인이 되는 것으로 밝혀지지는 않았고, 배기가스를 일반인보다 많이 흡입할 수는 있으나 업무상 과로 및 스트레스 또는 유해한 배기가스로 인해 발병하였거나 급속하게 악화되었다고 보기도 어렵다.[104)]

---

101) 대판 2001.11.28, 2001두7572.
102) 대판 2000.11.14, 2000두6565.
103) 대판 2005.8.19, 2005두5062.
104) 대판 2005.7.29, 2005두5352.

Ⅳ. 기타 신체질환

가. 상당인과관계를 인정한 사례

(1) 극도의 과로가 면역기능을 저하시켜 급성 망막괴사증이 발병된 경우

헤르페스 바이러스는 아직까지 재활성화의 원인에 대하여 의학적 · 자연과학적으로 명확히 밝혀진 것은 아니지만, 생산라인의 작업반장으로서 시간외 근무와 주 · 야간에 걸치는 계속근무로 인하여 과로에 시달리고, 과로와 스트레스가 면역기능을 저하시키는 요인으로 작용하였을 것이므로, 급성 망막괴사증은 면역기능이 저하된 상태에서 몸속에 잠복하여 있는 헤르페스 바이러스가 재활성화되어 발생하였을 것으로 추단할 수 있다.[105)]

(2) 과로 및 작업환경이 기관지 천식을 악화시켜 급성 호흡부전으로 사망한 경우

공장장인 근로자가 사망하기 직전까지 약 40여일을 휴무 없이 매일 철야근무를 한 점, 과로와 정신적인 스트레스는 기존질병인 기관지천식을 악화시키는 요인이 될 수 있는 점 등에 비추어, 과중한 업무로 인한 누적된 피로와 정신적 스트레스 및 이산화탄소, 에탄올, 분진 등이 비산하는 작업환경이 기관지 천식을 자연적 경과이상으로 급격하게 악화시키는 요인으로 작용하여 급성 호흡부전으로 사망하게 되었다고 추단된다.[106)]

(3) 과중한 업무수행이 다른 유발인자와 함께 척수허혈성 경색증을 유발한 경우

대중음식점 주방장인 근로자가 1년 중 6일밖에 쉬지 못하면서 휴식시간을 제외하더라도 매일 10시간씩 2년 동안 고온 · 다습한 작업환경 속에서 위험한 주방기구를 다루었고, 주방의 운영을 책임지는 과정에서 육체적으로 과로하고 정신적으로도 과도한 스트레스를 받았다고 할 것이므로, 기존에 지니고 있던 흡연이나 당뇨 등 다른 유발인자와 함께 과로와 스트레스가 이 사건 질병의 원인이 된 동맥경화를 유발하여 발병시켰다고 추단할 수 있다.[107)]

---

105) 대판 2007.4.12, 2006두4912.
106) 대판 2002.7.12, 2002두3126.
107) 대판 2001.10.12, 2001두3723.

(4) 상당한 과로 등이 면역기능을 저하시켜 다발성 경화증을 유발한 경우

노조 위원장으로서 업무를 수행하면서 상당한 과로와 극도의 스트레스에 시달려 왔던 점, 상병이 의학적으로 아직 발병원인이 완전히 규명되지 못한 상태이지만 적어도 자가면역 기전의 이상이 원인이 될 수 있다는 견해가 상당히 설득력 있는 견해로 받아들여지는 점, 과로와 스트레스는 인체의 면역기능을 저하시키는 요인으로 작용할 수 있는 점 등을 종합하여 보면, 질병은 과로와 스트레스로 인하여 발병한 것으로 추단된다 할 것이다.[108)]

(5) 자신의 신체상태에 비추어 과중한 업무를 수행하여 신기능이 악화된 경우

근로자가 입사 이전부터 다낭신의 질환을 갖고 있었으나 정상적으로 근무를 하는데 지장이 없을 정도로 건강하였다는 점, 입사 후 얼마 지나지 않아 신기능이 악화되기 시작한 점, 잦은 지방출장 및 술 접대 등으로 인하여 자신의 신체상태에 비추어 과중한 업무를 처리하여 온 점, 과로 · 스트레스나 음주 등은 고혈압의 악화, 면역력 저하로 인한 요로 감염 등을 유발할 수 있고 이는 신기능의 악화를 초래할 수 있는 점 등에 비추어 상당인과관계가 있다.[109)]

나. 상당인과관계를 부인한 사례

(1) 입사 이듬해 사구체 신염을 진단받았으나 과로가 사구체 신염의 발병 원인이라는 자료가 없는 경우

근로자가 입사 시 건강에 별다른 이상이 없었고 이듬해 사구체 신염을 진단받았으나, 육체적 과로 등 물리적 요인이 사구체 신염의 원인일 수 있다는 자료는 확인되지 않았고, 현대의학상 그 발병 및 악화의 원인 등이 밝혀지지 아니한 질병에까지 곧바로 그 인과관계가 있다고 추단하기는 어렵다.[110)]

(2) 업무환경의 변화로 과로 등이 인정되나 발병 · 악화의 원인이 밝혀지지 않은 근위축성 측삭경화증이 발병한 경우

근로자가 채권회수 및 채권보전 업무의 합병으로 인한 업무환경의 변화로

---

108) 대판 2002.9.24, 2001두5934.
109) 대판 2004.2.27, 2002두4143.
110) 대판 2008.1.31, 2006두8204.

과로를 하고 스트레스를 받았다 하더라도, 근로자의 질병이 희귀한 질병으로서 그 발병 및 악화의 원인이 밝혀지지 아니한 채 막연히 과로나 스트레스가 간접적 원인의 하나가 될 수 있다는 의학적 소견이 있는 데에 그치는 경우에까지 상당인과관계가 있다고 추단할 수는 없다.[111)]

(3) 발병 무렵에 업무가 과중하였다거나 과로가 지루성 피부염의 원인이라는 자료가 없는 경우

버스기사인 근로자의 업무내용이 다른 버스회사나 유사한 다른 직종에 비하여 특별히 과중하다고 볼 수 없는 점, 특히 상병의 발병 무렵을 전후하여 또는 발병 전 6개월 이상의 기간 동안 종전에 비하여 업무가 과중하였다거나 과로나 스트레스가 지루성 피부염의 직접적인 원인이 된다는 것을 인정할 아무런 자료가 없는 점 등에 비추어, 상병이 과로나 스트레스로 말미암아 발병하였거나 자연경과 이상으로 악화되었다고 볼 수 없다.[112)]

(4) 발병 원인이 규명되지 못한 망막분지 정맥폐쇄가 발병한 경우

방송국 국장에게 발병한 망막분지 정맥폐쇄는 발생의 직접적이고 명확한 발병 원인이 규명되지 못한 상태로서, 발생 원인이 불명한 관계로 과로나 스트레스가 일시적으로 혈압을 상승시켜 위 질환을 유발할 수 있다고 추측하는 견해도 있으나, 과로나 스트레스가 이 사건 상병의 인과관계가 있는 발생 원인이라고는 바로 단정할 수 없다.[113)]

(5) 업무가 과중하지 않았고 발병 원인이 규명되지 않은 척수염에 걸린 경우

자동차 부품 제조회사의 노동조합 업무 전임자로서 업무가 통상적인 범위를 벗어나 특별히 과중한 것이었다고 보기 어려운 점, 노동조합 업무 수행과정에서 스트레스를 받았을 것으로 보이기는 하나 그것이 감당하기 어려울 정도의 과중한 것으로 보기는 어려운 점, 의학적으로 이 사건 질병의 발병원인이 제대로 규명되지 않은 상태인 점 등에 비추어, 업무상 과로나 스트레스의 누적

111) 대판 2004.4.28, 2004두1094.
112) 대판 2004.9.20, 2004두8576.
113) 대판 2004.4.27, 2004두2141.

으로 척수염에 이환된 것이라고 추단하기 어렵다.[114)]

(6) 다른 근로자에 비하여 과중하지 않고 현대 의학적으로 밝혀지지 않은 양극성 정동 장애가 발병한 경우

영업소에서 근무하던 근로자가 상사의 부정행위를 조사하는 과정에서 과로나 스트레스를 받았다는 것은 어느 정도 인정되나, 업무가 다른 직원들에 비하여 특별히 과중하였다고 보이지 아니하고, 상병의 정확한 발병원인은 현대 의학적으로 밝혀지지 않고 있으므로 업무상 과로나 스트레스로 인하여 이 사건 상병이 발병한 것이라고 보기는 어렵다.[115)]

(7) 과중한 업무수행이 없었고 만성 신부전증으로 진단된 경우

구조조정으로 인하여 조폐공사의 기술직 근로자의 작업량이 두 배로 증가하였다거나 업무량이나 작업강도가 더 높아졌다고 볼 수 없는 점, 평소 근무시간이 평균 8시간 정도에 지나지 않고 과중한 업무를 수행하여 왔다고 볼 수 없는 점, 신장의 이식수술을 받은 경우에는 신이식 거부반응이 발생할 가능성이 농후한 점에 비추어, 업무상 과로나 스트레스가 근로자의 만성 신부전증을 자연발생적 경과 이상으로 악화시켰다고 보기 어렵다.[116)]

(8) 과로가 없고 유해물질에도 노출되지 아니하였으나 만성 신부전증이 발병한 경우

감속기 제작공장 생산직 근로자가 초과근무와 야간근무를 장기간 계속한 바 있다 하더라도 업무상 과도한 스트레스나 과로가 있었다거나 작업환경이 열악하여 신장장해를 유발할 정도의 유해물질에 과다노출 되었다고 보기 어려우므로, 근로자의 고혈압과 신장질환은 과로나 스트레스, 작업환경 등으로 인한 것보다는 자연적인 경과에 따른 악화라고 봄이 상당하다.[117)]

(9) 현대의학상 업무뿐만 아니라 사적인 생활에 속하는 요인이 관여하는 척추관 협착증이 발병한 경우

막연히 과로나 스트레스가 일반적으로 질병의 발생·악화의 한 원인이 될 수

---

114) 대판 2005.8.19, 2005두4922.
115) 대판 2005.6.24, 2005두3905.
116) 대판 2003.8.20, 2003두5846.
117) 대판 2002.10.25, 2002두7296.

있다고 하여, 현대의학상 그 발병 및 악화의 원인 등에 업무에 관련된 것뿐만 아니라 사적인 생활에 속하는 요인이 관여하고 있어 그 업무에 내재하는 위험이 현실화된 것으로 볼 수 없는 경우까지 곧바로 그 인과관계가 있다고 추단하기는 어려우므로, 덤프트럭 기사의 척추관 협착증 등은 퇴행성으로 인한 질환이다.[118)]

Ⅴ. 정신질환과 자살

산업이 현대화하고 과다한 업무량과 복잡한 대인관계로 스트레스가 증가됨으로써 이로 인한 우울증 등 정신질환도 증가하고 있는 추세이다. 정신과적 산업재해(industrial psychiatric injury)에 해당되기 위해서는 첫째로 해당 근로자에게 정신과 전문의가 진단한 명백한 정신과적 질병이 존재하여야 한다. 그리고 둘째로 그 근로자가 작업과정에서 급성 손상이나 비일상적 스트레스를 경험해야 하며, 셋째로 그러한 사건 이후 정신과적 증상이 6개월 이내에 나타나야 한다. 마지막으로 이러한 환경과 관련된 손상이나 스트레스가 질병의 발생이나 경과에 악영향을 미치는 경우에 해당되어야 한다.[119)]

또한 업무로 인한 중압감과 스트레스로 인한 자살이 종종 발생하고 있는데, 자살은 정신질환 상태에서의 극심한 감정변화 및 현실생활에 대한 좌절과 고통을 겪었을 때 감행하는 것으로 나타나고 있다. 우울증과 주로 관련되는 자살은 스트레스성 작업조건과 관련성이 제시되고 있다.[120)]

검토 대상기간 중 대법원 판례에는 정신질환에 관한 것이 없으므로 여기에서는 자살에 대한 사례만 소개하고자 한다.

가. 상당인과관계를 인정한 사례

(1) 과거 우울증 병력이 있는 상태에서 업무상 과로와 스트레스가 있는 경우

건설회사 대리가 심한 항의와 욕설을 듣기로 하는 민원처리 업무를 수행해

118) 대판 2004.3.11, 2003두15041.

119) 우종민 · 김경미 · 김성아, “업무전환 후 직무 스트레스로 인한 정신과적 질환 증례”, 『대한산업의학회지』제15권 제2호, 대한산업의학회, 2003, 210쪽.

120) 한국산업안전공단, 『한국인 직무 스트레스 측정도구의 정확성 및 신뢰성 평가 연구』, 2005, 6쪽.

스트레스를 많이 받을 수밖에 없는 점, 남에게 싫은 소리를 못하는 여린 성격으로서 과거에도 민원업무로 인한 스트레스로 정신과 치료를 받은 점, 보직변경으로 다시 민원업무를 맡게 됨으로써 그 스트레스가 더욱 컸을 뿐만 아니라 다수의 입주프로젝트 진행 등 업무가 가중되면서 정신질환이 발병되고 두 차례에 걸쳐 사직의사를 표명하기 이른 점 등에 비추어 우울증 병력만으로 인과관계를 부정하기 어렵다.[121)]

(2) 정신병력이 없는 상태에서 외국생활과 과중한 업무에 따른 스트레스가 있는 경우

프로젝트 팀장이 프로젝트에 대한 심적 부담, 통관지연 등으로 인한 공기 손실 보전을 위한 연장근무, 외국의 특수사정 등으로 인하여 육체적 과로와 정신적 스트레스에 시달려 온 사실에 비추어, 외국생활과 과중한 업무에 따른 만성적이고 반복적인 스트레스로 인하여 일시적인 정신착란 상태에서 현실감을 상실한 채 뛰어내림으로써 사망에 이른 것으로 추정된다.[122)]

나. 상당인과관계를 부인한 사례

(1) 상당한 스트레스가 인정되나 업무로 인한 정신질환을 앓지 않은 경우

경영기획팀장이 동료직원들과 원활한 관계를 유지하지 못하였고, 사내에서 전보발령으로 입지가 모호해진 사정 등으로 상당한 정도의 정신적 압박감과 스트레스를 받았을 것으로 추인되나, 상황이 지속된 기간, 선택에 따라 사직할 수도 있었던 점을 종합하면, 업무로 받은 스트레스로 인해 정신병 등을 앓고 있었다거나 자살로 인한 사망과 업무 사이에 상당인과관계가 있다고 보기 어렵다.[123)]

(2) 상사와의 갈등으로 인한 스트레스가 충분히 감수하거나 극복할 수 있을 정도인 경우

연구원이 회사가 합병되면서 새로운 상사와의 갈등으로 자살하였는데, 근로

---

121) 대판 2011.6.9, 2011두3944(원심파기, 서울고법 2011.1.14, 2010누22681. 제1심 판결을 인용하여 업무로 인해 정신적 부담과 스트레스를 받아 우울증을 앓고 있었음을 인정하면서도 그것이 평균적인 근로자로서 감수·극복하기 어려울 정도의 과중한 업무상 스트레스로 인한 것으로 볼 수 없다고 판단하였다).

122) 대판 2001.3.23, 2000두10281.

123) 대판 2003.7.25, 2003두4492.

자가 회사업무로 인하여 스트레스를 받기는 하였지만 이는 사회 평균인으로서 충분히 감수하거나 극복할 수 있을 정도의 것으로 스스로 죽음을 택하여야 할 만한 사정이라고 볼 수 없고, 근로자의 자살은 나약한 성격으로 인한 것이기는 하나 자유로운 의지에 따른 것으로서 업무상 스트레스로 인하여 우울증 등에 빠져 그 상태에서 자살한 것이라고 보기 어렵다.[124)]

(3) 서울로 전보가 나지 않았더라도 충분히 감내할 수 있는 정도의 스트레스인 경우

금융기관의 지점장으로서 부실채권 관리는 IMF 당시 금융기관의 현안 사항으로 특별한 것으로 보이지 아니하고, 인사발령에서 서울로 전보가 나지 않았다 하여도 직장 내에서의 입장 등에 비추어 충분히 감내할 수 있는 정도의 스트레스라고 보이며, 심신상실 내지 정신착란의 상태 또는 정상적인 인식능력이나 행위선택능력 또는 정신적 억제력이 현저히 저하된 상태에 빠졌다고 볼 증거가 없다.[125)]

(4) 원치 않는 부서로 발령되어 좌절감을 보였으나 정신과 치료를 받은 적이 없는 경우

생산직 근로자가 동료 사원들의 집단 따돌림이나 직장 상사들로부터 불평등한 대우를 받았다고 여겼던 것으로 보이나, 동료사원들이 고의적으로 근로자를 따돌리거나 직장 상사들이 업무상 불평등한 대우를 하였다고 보기 어렵고, 자신이 원치 않는 부서로 발령이 나자 우울감 등의 증세를 보이다가 자살을 한 점, 사망 전 우울증 등의 정신장해로 정신과 치료를 받거나 치료약을 복용한 적이 없었던 점 등에 비추어 인과관계가 있다고 보기 어렵다.[126)]

(5) 정신분열 증세를 보인 적이 없었으나 이전에 가정불화로 자살소동이 있었던 경우

중공업 근로자의 업무상 상병이 상당기간 치료를 계속할 경우 완치가 가능한 상태였고 요양기간이 2개월이 채 넘지 않았던 점, 추간판 수핵탈출증은 심신상실 등을 증상으로 하는 질병이 아닌데다 입원기간 중 정신착란이나 분열증세를 보인 적이 없었던 점, 이전에도 가정불화 등으로 잦은 부부싸움 끝에

---

124) 대판 2003.10.24, 2003두7903.
125) 대판 2003.5.16, 2002두10476.
126) 대판 2004.3.11, 2004두60.

자살소동을 벌인 적이 있었던 점 등에 비추어 상병과 사망 사이에 인과관계가 있다고 보기는 어렵다.[127)]

(6) 업무상 스트레스가 어느 정도 인정되나 친구의 자살이 계기가 된 경우

한국전력공사의 순회점검팀장으로 근무하던 근로자가 업무와 관련하여 어느 정도의 정신적 부담과 스트레스를 받은 것으로 보이나, 업무의 내용이나 업무시간이 비슷한 경력을 가진 동종 업무에 종사하는 근로자들의 통상적인 업무내용 및 시간에 비해 질적으로나 양적으로 과도하여 극심한 우울증을 초래할 정도였다고 보기 어렵고, 당일 자살 무렵에 친구의 분신자살 소식이 자살을 감행하는 결정적인 계기로 작용하였을 가능성이 있다.[128)]

(7) 퇴직 후 자살로서 개인적 소인이 주요 원인이 된 경우

택시회사의 배차부장으로 근무하면서 배차인원 부족으로 어려움을 겪었고, 05:00에 출근하여 18:00까지 근무하는 등 업무량과 근무시간 면에서 다소 과도한 면은 있다 하더라도, 노출된 업무상 스트레스가 객관적으로 보아 평균인 입장에서 우울증을 유발하거나 심화시킬 정도의 극심한 스트레스라고 보이지 아니하고, 주요 원인은 내성적이면서 꼼꼼한 성격, 지나친 책임의식, 예민함 등 개인적 소인에 있는 것으로 보인다.[129)]

---

127) 대판 2000.6.13, 2000두2310.

128) 대판 2008.3.13, 2007두2029(원심파기, 서울고법 2006.12.21, 2005누29787. 근로자가 업무상 발생된 스트레스로 인하여 극심한 우울증의 상태에 있었고, 나아가 이로 인하여 정상적인 선택능력이나 정신적 억제력이 현저히 저하된 상태에서 자살충동을 이기지 못한 채 자살에 이르게 되었다고 추단함이 상당하므로, 자살에 내성적이거나 소극적인 성격이 기여한 것이 있다 하더라도 업무상 스트레스에 의하여 생겨난 우울증이 자살의 본질적 원인이라고 보이는 이상 이와 달리 볼 수 없다고 하였다).

129) 대판 2012.3.15, 2011두24644(원심파기, 부산고법 2011.9.21, 2011누174. 업무로 인한 지속적인 스트레스 외에 자살을 결심하게 할 만한 특별한 가정불화 등의 사유가 없었고, 가족 중에 우울증과 관련이 있는 질병을 가진 사람은 없었으며, 달리 유서가 발견되지 아니하는 등 발병 무렵의 정황으로 보아 퇴직 후에도 우울증이 지속되면서 정신병적 증상이 발현됨으로써 정상적인 인식능력 등이 현저히 저하된 상태에서 이루어진 것으로 보았다).

제2절 상당인과관계 인정의 유형별 판단

판례[130)]는 업무와 재해 사이에 상당인과관계가 있어야 하지만, 질병의 주된 발생 원인이 업무수행과 직접적인 관계가 없더라도 적어도 업무상의 과로나 스트레스가 질병의 주된 발생 원인에 겹쳐서 질병을 유발 또는 악화시켰다면 그 사이에 상당인과관계가 있다고 보아야 할 것이고, 또한 평소에 정상적인 근무가 가능한 기초질환이나 기존질병이 직무의 과중 등이 원인이 되어 자연적인 진행속도 이상으로 급격하게 악화된 때에도 상당인과관계가 있다고 판시하고 있다. 따라서 판례는 상당인과관계를 인정하는 유형으로 두 가지를 상정하고 업무상 과로의 정도를 달리 파악하고 있는 것으로 보인다.

이하에서는 상당인과관계를 인정하는 두 가지의 유형[131)]과 그에 따른 구체적인 판단기준을 살펴본 후, 두 유형에 따른 판단기준을 비교 검토해 본다.

Ⅰ. 상당인과관계의 인정유형

1. 발병촉진을 중시하는 입장

이 입장은 질병의 주된 발생 원인이 업무수행과 직접적인 관계가 없더라도 적어도 업무상의 과로나 스트레스가 질병의 주된 발생 원인에 겹쳐서 질병을

130) 대판 2008.2.28, 2006두17956 ; 대판 2007.4.12, 2006두4912 ; 대판 2006.3.9, 2005두13841 등.

131) 하급심 판례(서울행법 2001.9.17, 2000구13005)에서는 "공사현장에 배를 타고 들어오면서 배멀미를 하였다고 하나 그것이 돌발적이고 예측이 곤란한 정도의 긴장 · 흥분 · 공포 · 놀람 등과 급격한 작업환경의 변화로 현저한 생리적인 변화를 초래하였다고 볼 수는 없다"고 하였다. 이는 일상적인 작업에서 과도하게 육체적 · 정신적 스트레스를 주는 작업이나 갑작스러운 상황으로 간주되는 급성과로에 의한 경우로서, 평상의 업무와 다른 급격한 심신의 부담인 이상부하를 중시하는 입장이라고 할 수 있으나(水野 勝, "競合的原因と過勞死の認定に關する理論的主要問題", 『勞働法律旬報』第1358号, 勞働旬報社, 1995, 20쪽, 각주 13 참고), 그 인정사례가 매우 드물기 때문에 여기에서는 제외하기로 한다 ; 한편, 여기에서 소개되는 공동원인설과 상대적 유력원인설의 이론적 배경과 내용 등은 제5장 제1절에서 구체적으로 기술하도록 한다.

유발 또는 악화시켰다면 그 사이에 상당인과관계가 있다고 본다.

판례[132]는 "뇌경색의 주된 발병 원인에 겹쳐서 질병을 유발시켰다거나 2차 뇌경색 발생과의 사이에 상당인과관계가 있다고 할 만한 공동원인"이라고 하며 상당인과관계 유무를 판시하고 있다. 이 판례는 질병의 직접적이고 주된 원인이 따로 있고, 과로는 간접적 · 부수적 원인이라 하더라도 업무상 재해로 인정된다는 이른바 '공동원인설'의 입장에 있다고 할 것이다.[133]

이는 업무상 과로가 질병의 주된 발생 원인에 '겹쳐서 유발 또는 악화시킨 경우'에 인과관계를 인정하고 있는 것으로서, 생활보장의 법리에 근거하여 과로성 재해로 인정하는 것으로 보인다.[134]

그리고 이 견해는 업무의 수행이 기초질환을 유발 또는 악화시켜 사망의 시기를 앞당기는 등 그것이 기초질환과 공동원인이 되어 재해의 결과를 초래하였다고 인정되는 경우에는 특단의 사정이 없는 한 업무상 재해로 인정하는 입장으로 '발병촉진설'이라고도 한다.[135]

이러한 입장에서도 업무의 과중성이 중요한 것은 물론이지만, 과로를 악화의 원인 또는 발병촉진의 원인으로 확대하여 판단할 여지가 있기 때문에 과중부하설에 비하여 인과관계 인정에 탄력적이라고 할 수 있다. 다만, 이 입장에도 촉진정도가 '현저히'를 요건으로 하는 경우라면 실제상 과중부하설과 차이가 없게 된다고 할 수 있다.

결국 발병촉진설은 업무수행의 원인이 질병의 발병 · 악화의 촉진이라고 하는 인정범위가 확대된 가운데서 파악하고, 근로자의 업무내용, 작업환경, 노무 · 건강관리의 실상, 질병 발병 후의 기업의 대응 등을 포함하는 보호법의 목적에 따라 파악하는 경향이 있기 때문에, 과중부하설에 비해 상당인과관계가 넓게 인정된다고 할 수 있다.

판례에서 업무상 과로나 스트레스가 질병의 주된 발생 원인에 겹쳐서 유발

---

132) 대판 2004.5.28, 2004두3311.

133) 水野 勝, "競合的原因と過勞死の認定に關する理論的主要問題", 22쪽.

134) 이흥재, "과로사의 인정기준에 관한 판례의 경향", 『법학』, 통권 제117호, 서울대학교 법학연구소, 2001, 169쪽.

135) 青木宗也 編, 『勞働災害 · 職業病』勞動判例大系 第8卷, 勞働旬報社, 1992, 110~111쪽.

또는 악화시킨 경우, 과로가 겹친 경우, 과로가 경합한 경우, 과로가 공동원인이 된 경우, 과로 및 스트레스가 함께 작용한 경우, 과로가 자연적인 진행속도 이상으로 악화시킨 경우, 질병의 자연적 경과에 비하여 증상을 악화시키거나 시기를 앞당긴 경우라고 한 것은 발병촉진을 중시하는 입장에서 판단한 것으로 보인다.

2. 과중부하를 중시하는 입장

이 입장은 평소에 정상적인 근무가 가능한 기초질환이나 기존질병이 업무상 과로가 원인이 되어 '자연적인 진행속도 이상으로 급격히 악화된 경우' 에 상당인과관계를 인정하고 있는 것으로서, 이 경우에는 과로가 과중부하의 법리에 의하여 재해의 상대적 유력원인이 되어야만 업무상 재해로 인정한다.[136]

이러한 유형의 판례는 상당인과관계를 인정하기 위해서는 발병 당일의 이상부하가 반드시 필요한 것은 아니지만, 업무에 기인하는 과도한 육체적 부담이나 고도의 정신적 스트레스 등에 의해 근로자의 기초질환이 자연적 경과를 넘어 급격히 악화하여 사망 등의 결과를 초래하였다고 인정되어야 한다는 입장이다.[137]

따라서 업무가 가장 유력한 원인일 필요는 없고 상대적으로 유력한 원인이면 충분한데, 상대적으로 유력한 원인이 되는지는 '의학적 견해가 하나의 유력한 자료로서 질병의 발생에 관련하는 모든 사정을 고려하여 경험법칙상 해당 업무가 자연적 경과를 넘어 급격하거나 현저하게 질병을 발생시킬 위험이 높다고 인정할 수 있는가' 에 따라 판단한다. 일반적으로 이 입장은 '상대적 유력원인설' 이라고 부르고, 발병촉진설과 구별하기 위해 업무의 과중성을 중시하는 점에 착안하여 '과중부하설' 이라고도 부른다.[138]

그런데 이 견해의 '현저하거나 급격하게' 질병이 악화되었다는 요건은, 소인이나 기초질환 등의 자연적 진행과정과 구별하기 위한 인정기술상의 수단으로서 의의는 있다고 하더라도, 반드시 질병이 현저하게 촉진되거나 급격한 악

---

136) 이흥재, "과로사의 인정기준에 관한 판례의 경향", 169쪽.

137) 青木宗也 編, 앞의 책, 87~92쪽.

138) 水野 勝, "競合的原因と過勞死の認定に關する理論的主要問題", 22쪽.

화가 있어야 한다는 근거는 없기 때문에 기본적으로는 발병의 촉진이나 악화가 인정되면 충분하다고 해야 할 것이라는 비판을 받고 있다.[139)]

판례에서 평소에 정상적인 근무가 가능한 기초질환이나 기존질병이 업무상 과로가 원인이 되어 자연적인 진행속도 이상으로 급격히 또는 현저히 악화된 경우, 자연적인 경과 이상으로 가속시킨 경우, 업무가 유력한 원인이 된 경우, 과로가 직접적인 원인이 된 경우라고 한 것은 과중부하를 중시하는 입장에서 판단한 것으로 보인다.

Ⅱ. 구체적인 판단기준

1. 상당인과관계를 인정한 판단기준

가. 업무상 스트레스가 인정된 경우

현장소장이 공사현장에서 공사 진행 과정이 원활하지 못하여 상당기간 적지 않은 업무상 스트레스를 받았을 것으로 보이고, 스트레스는 교감신경을 자극하여 심근의 산소 요구량을 증가시키고 심근허혈을 악화시킬 수 있기 때문에, 업무상 스트레스가 관상동맥의 죽상경화증을 유발하였거나 그 진행을 자연경과 이상으로 악화시켰다고 추단할 수 있다.[140)]

나. 과로와 위험요인이 병존한 경우

(1) 과로에 감원 등이 있은 경우

근로자의 고혈압은 업무와 관련이 없다 하더라도, 업무의 과중으로 인한 과로와 감원 등으로 인한 스트레스가 고혈압을 자연적인 진행속도 이상으로 악화시켜 급성심근경색증을 유발하거나, 기존질병인 고혈압에 겹쳐 급성심근경색증을 유발하여 심장마비로 사망에 이르게 하였을 것으로 추단된다.[141)]

---

139) 良永弥太郎, “職業病の認定”, 『現代勞働法講座』, 12 勞働災害 · 安全衛生, 總合勞働研究所, 1983, 220쪽.

140) 대판 2008.2.28, 2006두17956.

141) 대판 2004.9.3, 2003두12912.

(2) 열악한 작업환경에서 과로한 경우

개발과 주임의 업무는 비록 야근을 하여야 할 정도는 아니었지만 하루도 결근 없이 계속되는 개발업무를 할 형편이었던 점, 더구나 작업을 하였던 작업장의 환경은 소음과 분진 및 고열로 인하여 상당한 육체적인 피로와 정신적인 스트레스를 가하였으리라고 보이는 점 등에 비추어, 작업으로 인한 과로나 스트레스가 다른 유발인자와 함께 심근경색을 유발하였을 것으로 넉넉히 추단할 수 있다.[142)]

다. 과로와 사적요인이 경합한 경우

(1) 사적으로 등산 중 발생한 경우

교사의 상병이 업무수행 중 발생한 것이 아니고 휴가기간 중 등산을 하다가 발병한 사실은 있지만, 근로자는 발병 전일까지 상당한 정도의 과로와 정신적 스트레스를 받았다고 할 것으로, 상병이 당뇨, 고지혈증, 흡연 등의 위험인자와 과로 및 스트레스가 함께 작용하여 발생된 것으로 추단할 수 있다.[143)]

(2) 퇴근 중 자전거와 함께 넘어진 경우

감기증세가 있는 상태에서 평소에 누적되어 온 업무상 과로 또는 스트레스가 겹치는 바람에 현기증을 일으켜 퇴근 중 자전거와 함께 넘어짐으로써 이 사건 외상성 뇌실질내출혈, 급성 경막외출혈이 발생되었다 할 것이므로, 업무와 상당인과관계가 있다고 봄이 상당하다.[144)]

라. 기존질병이 있는 상태에서 과로한 경우

(3) 뇌동맥류 등을 가지고 있던 상태에서 발병한 경우

해외건축팀에서 사무보조업무를 수행하던 근로자에게 소속부서의 대폭적인 인원감축과 동료 직원의 휴가 등으로 업무량이 증가한데다 발병 직전 4일간 연속 초과근무한 점에 비추어, 뇌동맥류 등의 기존질병을 가지고 있었던 기준으로

---

142) 대판 2000.5.12, 99두11424.
143) 대판 2004.7.14, 2005두4847.
144) 대판 2002.11.26, 2002두6811.

볼 때 과로나 스트레스가 적지 않았다고 볼 수 있고, 이로 인한 일시적인 뇌혈류 상승이 뇌동맥류 등의 기존질병에 겹쳐서 상병을 유발하였다고 추단된다.[145)]

(2) 고혈압이 있던 상태에서 발병한 경우

조경 일용인부가 고령으로 식재할 나무의 굴취와 상·하차 등의 힘든 작업을 다른 인부들과 동일하게 하였던 점, 뇌출혈이 발병하기 전 외지에서 숙박을 하는 등으로 인해 피곤이 누적되었던 것으로 보이는 점 등에 비추어, 업무상의 과로·스트레스가 기존질병인 고혈압을 자연적인 진행속도 이상으로 악화시켜 뇌출혈을 발생시켰다고 봄이 상당하다.[146)]

마. 업무 특성상 과로·스트레스가 인정되는 경우

택시기사로서 운전업무를 수행하는 과정에서 장기간의 격일제 근무와 늘 긴장상태를 유지하여야 하는 영업용 택시운전 업무 자체의 특수성으로 말미암아 육체적으로 피로가 누적되었을 뿐만 아니라 정신적으로도 과도한 스트레스를 받았고, 이러한 업무상의 과로 및 스트레스가 적어도 이 사건 상병의 주된 발생 원인에 겹쳐서 이를 유발 또는 악화시켰다고 추단할 수 있다.[147)]

바. 입사기간이 짧으나 과로·스트레스가 인정되는 경우

생산직 근로자가 연장근무를 마치고 통근버스로 퇴근하던 중 버스 안에서 발작을 일으켜 사망하였던 바, 업무내용이 입사한 지 두 달 남짓하여 적응하기 어려웠을 것으로 보이고, 사망 전 연속 4일간 4.5시간씩 연장근무를 수행하였으며, 재해발생 1~2일 전에는 업무과실로 상사로부터 질책을 받은 점 등에 비추어 업무상 과로와 스트레스가 기존질병인 부정맥 등과 겹쳐 심인성 급사에 이른 것으로 추단된다.[148)]

사. 다른 현장에서의 수행업무도 판단의 자료로 삼아 과중한 경우

철근조립공이 공사현장에서 4시간 작업 후 두통을 호소하다가 현장 인근 숙

---

145) 대판 2009.4.9, 2008두23764.
146) 대판 2004.10.15, 2004두7962.
147) 대판 2004.1.28, 2003두13335.
148) 대판 2009.3.26, 2009두164.

소에서 사망하였는데, 사망 이전에 다른 현장에서 수행한 업무도 모두 판단의 자료로 삼아야 하고, 급격하게 변화된 작업환경 아래에서 고혈압 등 기존질병을 보유한 근로자에게는 신체에 상당한 부담을 주는 야간 철근 조립작업과 같은 과중한 업무와 스트레스가 기존질병을 자연적인 진행속도 이상으로 악화시킨 것으로 추단된다.[149]

아. 약 1달 전까지 과로와 스트레스가 인정되는 경우

통근버스 운전기사가 근무시간 중 퇴근차량 운행 준비를 하다가 회사 화장실 내에서 쓰러져 사망하였는데, 비의존성 당뇨병과 고지혈증, 심비대 등을 앓고 있던 망인이 재해 1달 전까지 지속되었던 과중한 업무로 인하여 과로하거나 스트레스를 받았다고 볼 여지가 충분하다고 인정되고, 이 사건 재해 직전까지 과로가 상당 부분 해소되었을 것으로 본 것이 경험의 법칙에 위배되고 법리오해가 있다.[150]

자. 업무가 기존질병이 있는 근로자 본인에게 과중한 경우

(1) 뇌경색을 유발하는 기존질병이 있는 경우

뇌경색을 유발하는 고호모시스테인혈증의 기존질병 및 뇌경색으로 치료 병력을 지니고 있는 상태에서, 발병일 전 4일간은 연속으로 하루 10시간 이상의 작업을 하였고, 보일러 고장으로 일주일 이상 영하의 추위 속에서 잠을 자는 환경 속에서 야간작업까지 함으로써 심한 피로와 스트레스를 받았을 것으로 보이므로, 기존 뇌경색의 증상이 자연적인 경과 이상으로 악화되어 유발된 것이라고 추단된다.[151]

(2) B형 간염이 있는 경우

과로가 간경변이나 간암의 독립한 발생 원인이라고 단정할 수는 없다 하더라도 적어도 B형 간염을 간경변이나 간암으로 악화시키는 인자에 해당한다고

149) 대판 2010.1.28, 2009두5794.
150) 대판 2010.3.25, 2010두733.
151) 대판 2004.12.10, 2004두11213.

볼 여지가 있고, B형 간염에 감염된 상태에서 충분한 휴식을 취하지 못하고 계속 과로함으로써 B형 간염이 자연적인 진행속도 이상으로 악화되어 간경변, 간암으로 사망에 이르게 되었다고 추단할 수 있다.[152)]

차. 과로 및 음주가 주된 원인과 겹쳐 악화시킨 경우

해양수산부 차관보로서 국제협상에서 국가를 대표해 직접 협상을 진행해야 하는 중차대한 임무를 수행하면서 과로와 스트레스가 누적되었고, 기존의 간 질환으로 인한 건강관리상의 이유로 위 직책을 고사하였으나 적임자라는 이유로 맡게 되었으며, 간 질환자는 금주를 요하는데도 국제협상의 타결을 위해 밤늦게까지 폭음을 할 수밖에 없었던 점에 비추어, 직무수행상의 과로 및 음주가 간경변증의 주된 원인과 겹쳐서 자연적인 진행속도 이상으로 급속히 악화시켰다고 보인다.[153)]

2. 상당인과관계를 부인한 판단기준

가. 건강관리를 소홀히 한 경우

택시기사가 주간근무만을 하여 업무의 내용 · 양 · 근무형태 등에 특별한 변화가 없었던 점, 이미 자신이 뇌경색의 가장 중한 위험인자인 고혈압 증세를 가지고 있음을 알게 되었음에도 뇌경색의 위험인자인 음주와 흡연을 계속하였던 점에 비추어 보면, 업무상 과로 · 스트레스로 인하여 발병하였거나 기존의 고혈압이 자연적 경과 이상으로 악화되었다고 보기 어렵다.[154)]

나. 과로가 인정되지 않는 경우

(1) 근무기간이 짧은 경우

형틀목공이 입사 시부터 사망 시까지 불과 5일간 근무하였고, 관상동맥 경화증이 있는 사람은 언제라도 심근경색증이 유발될 수 있음에도 평소 그에 대

152) 대판 2002.2.22, 2001두9301.
153) 대판 2006.10.25, 2006누2987.
154) 대판 2004.7.9, 2004두2639.

한 정기적 치료를 전혀 받지 아니하여, 업무와 무관하게 기존질병이 자연경과 과정을 거쳐 악화된 것이라고 할 것이다.[155]

(2) 통상적인 업무를 넘어서지 아니한 경우

과로와 스트레스는 B형 간염의 발생원인의 일부로 가능성이 제시되고 있고, B형 간염이 있는 상태에서 알코올이나 과로 · 스트레스는 간경변, 간암으로 악화되는 것을 가속시킬 가능성이 있으나, 근로자의 업무내용 등이 운전사의 통상적인 업무를 크게 넘어서는 것으로 볼 수 없어 B형 간염이 자연적인 진행속도를 넘어 악화되어 간경변이나 간암을 초래하여 사망에 이른 것으로 볼 수 없다.[156]

(3) 비교대상이 없이 과로를 인정하지 않은 경우

과로나 스트레스가 간경변이나 간암 발생의 직접적인 발병원인이 된다는 의학적 근거는 없고 다만 B형 간염의 악화요인은 될 수 있다고 알려져 있는데, 병원 시설관리원으로서 특별히 업무의 과중을 인정할 근거가 없지만 근무 장소가 지하실로 다소 열악한 환경이라는 점을 참작하더라도, 그의 지병이 자연적 경과 이상으로 악화될 정도로 업무상의 과로나 스트레스 등을 받아 왔다고 할 수 없다.[157]

다. 사인미상인 경우

기술팀 사원의 업무가 과중하였는지 의문인 상태에서 평소 별다른 질병이 없는 건강체였다는 것인 데다가 사후에 부검을 하지 않아 과로 및 스트레스가 기존의 심장질병에 겹쳐 그 질환을 악화시켜 급사에 이르게 하였다고 추단하기 어렵고, 유족이 산재보험법에 의한 유족급여를 받고자 한다면 적어도 사인을 밝히기 위한 부검을 실시하도록 하는 등의 부담을 감수했어야만 하였다.[158]

라. 치료과정에서의 스트레스가 2차 뇌경색의 발병에 미미하게 기여한 경우

일용직인 근로자가 1차 뇌경색으로 치료를 받던 중에도 고혈압, 고지혈증

155) 대판 2001.3.12, 2000두9786.
156) 대판 2002.4.26, 2002두745.
157) 대판 2001.10.23, 2001두6142.
158) 대판 2003.12.26, 2003두8449.

등의 뇌경색의 위험인자를 계속 보유하고 있었던 점 등에 비추어, 근로자가 치료를 받던 과정에서 받은 육체적, 정신적 스트레스가 2차 뇌경색의 발생에 전혀 기여한 것이 없다고 할 수는 없겠지만 그 기여정도가 미미하여, 2차 뇌경색의 주된 발병원인에 겹쳐서 질병을 유발시켰다거나 2차 뇌경색의 발생과의 사이에 공동원인이 되었다고도 할 수 없다.[159)]

마. 사적인 위험인자가 다수인 경우

선반공의 고혈압이 업무상 재해로 인정되기 위해서는 과로나 스트레스가 고혈압을 일으키거나 종전에 병적 상태에 이르지 않고 있던 고혈압을 자연적 경과 이상으로 악화시켜야 할 것인데, 근로자는 고혈압 진단이나 치료를 받은 적은 없었으나 발병 당시 54세의 남자로서 1일 반 갑 정도의 흡연력과 가족력 등의 위험인자를 보유하고 있었고, 또 다른 위험인자인 뇌졸중 환자인 사실 등을 알 수 있어 업무상 재해로 수긍하기 어렵다.[160)]

바. 과로가 질병의 유발이나 악화원인이라는 의학적 근거가 없는 경우

(1) 전격성 간염

전자교환실장이 근무하는 동안 과중한 업무로 인하여 육체적인 과로와 정신적인 스트레스를 받은 사실은 어느 정도 인정되나, 육체적 과로나 정신적 스트레스 자체가 간질환의 발생이나 악화요인으로 작용한다는 의학적인 근거가 없으므로, 이로 인하여 급성전격성 간염이 발병되었거나 기존의 간염이 자연적인 경과속도 이상으로 악화되어 사망에 이른 것이라고 보기 어렵다.[161)]

(2) 근위축성 측삭경화증

근로자가 업무를 수행하는 기간 동안 과로를 하고 스트레스를 받았다 하더라도, 근로자의 질병이 희귀한 질병으로서 그 발병 및 악화의 원인이 밝혀지지 아니한 채 막연히 과로나 스트레스가 간접적 원인의 하나가 될 수 있다는

---

159) 대판 2004.5.28, 2004두3311.
160) 대판 2006.5.11, 2005두15304.
161) 대판 2005.8.25, 2005두5079.

의학적 소견이 있는 데에 그치는 경우에까지 곧바로 업무와 그 희귀질병의 발생 내지 악화 사이에 상당인과관계가 있다고 추단할 수는 없다.[162)]

(3) 지루성 피부염

버스기사인 근로자는 다른 버스회사나 유사한 다른 직종에 비하여 특별히 그 업무내용이 과중하다고 볼 수 없고, 무엇보다도 과로나 스트레스가 지루성 피부염의 직접적인 원인이 된다는 것을 인정할 아무런 자료가 없는 점 등에 비추어, 상병이 과로나 스트레스로 말미암아 발병하였다거나 자연경과 이상으로 악화되었다고는 보이지 않는다.[163)]

사. 현대의학상 발병이나 악화의 원인이 밝혀지지 아니한 질병의 경우

(1) 백혈병

백혈병이 과로나 스트레스로 발병하는 것은 아니며 또한 절삭유나 그의 사용 과정에서 발생하는 오일 미스트(oil mist) 등에 장기간 노출 또는 이를 흡입하였다고 볼 수도 없을 뿐만 아니라, 업무내용이나 근무환경 그 자체의 유해요인 또는 그 과정에서 입은 과로나 스트레스 등이 백혈병을 유발시켰다거나 그것을 자연경과 이상으로 악화시켰다고 보기 어렵다.[164)]

(2) 양극성 정동장애

영업소에서 근무하던 근로자가 상사의 부정행위를 조사하는 과정에서 과로나 스트레스를 받았다는 것은 어느 정도 인정되나, 상병의 정확한 발병원인은 현대 의학적으로 밝혀지지 않고 있으므로 업무상 과로나 스트레스로 인하여 이 사건 상병이 발병한 것이라거나 기존의 정신적 질병이 자연적인 경과 이상으로 악화되었다고 보기는 어렵다.[165)]

---

162) 대판 2004.4.28, 2004두1094.
163) 대판 2004.9.20, 2004두8576.
164) 대판 2003.10.9, 2003두6603.
165) 대판 2005.6.24, 2005두3905.

제3절 판례상 판단기준의 검토

판례는 상당인과관계의 판단에 있어서 업무와 관련되는 시점에서 발병까지의 경과를 보면서 다음과 같은 점들을 종합적으로 고려하고 있다. ① 통상의 업무 범위를 벗어나거나 본인의 건강과 신체조건에 비추어 업무가 과중하다고 할 수 있는지 여부, ② 질병의 발병 · 악화가 과로와 관련되는지 여부, ③ 사적인 위험요인이나 스스로 건강관리 소홀은 없었는지 유무, ④ 기초질환이나 기존질병이 있었는지 유무, ⑤ 기초 · 기존질병이 그 자연적 진행에 의해서 발병되었는지 아니면 업무상 과로가 그 자연적 경과를 넘어 기초 · 기존질병을 급격히 악화시켜 발병을 초래하였는지 여부 등이다. 그런데 판례의 판단기준에는 다음과 같은 문제점이 있다.

Ⅰ. 발병촉진설과 과중부하설의 병존

판례[166]는 "업무상의 재해라 함은 업무와 재해 사이에 상당인과관계가 있어야 하지만, 질병의 주된 발생 원인이 업무수행과 직접적인 관계가 없더라도 적어도 업무상의 과로나 스트레스가 그 주된 발생 원인에 겹쳐서 질병을 유발 또는 악화시켰다면 그 사이에 인과관계가 있다고 보아야 할 것이고, 또한 평소에 정상적인 근무가 가능한 기초질환이나 기존질병이 직무의 과중 등이 원인이 되어 자연적인 진행속도 이상으로 급격하게 악화된 경우에도 인과관계가 인정된다"고 하고 있다.

전자는 발병촉진을 중시하는 입장이고, 후자를 과중부하를 중시하는 입장이라고 한다는 것은 이미 전술한 바 있다. 이와 같이 판례는 기본적으로 두 입장을 모두 취할 수 있음을 전제하고 있다.

---

166) 대판 2008.2.28, 2006두17956 ; 대판 2007.4.12, 2006두4912 ; 대판 2006.3.9, 2005두13841 등.

그리고 구체적인 판단에서 판례[167]는 "상병이 휴가기간 중 등산을 하다가 발병한 사실은 있지만 흡연 등의 위험인자와 과로 및 스트레스가 함께 작용하여 발생된 것으로 추단된다"고 하여, 발병촉진설의 입장에서 판단한 경우가 있다.[168]

하지만 한편으로 "과중한 업무를 수행한 데 따른 과로와 스트레스로 인하여 기존질병이 통상의 자연적인 경과 이상으로 급격히 악화되어 심근경색증을 일으켰다고 추단된다"고 과중부하설의 입장에서도 판단하고 있는 것이다.[169]

따라서 판례는 사건에 따라 발병촉진 또는 과중부하를 중시하는 입장을 취하고 있고, 이는 판례가 어느 입장을 취하느냐에 따라 인과관계의 판단이 달라질 수 있는 것이다.[170] 다만, 뇌심혈관 질환의 경우 발병이 순간적이고 단기간의 업무상 사건에 의해 발병이 촉진될 수도 있고, 장기간의 과중부하에 의해 발병이 진행될 수 있는 측면이 있기는 하다.

Ⅱ. 입증의 기본원칙과 판단기준의 상충

1. 기본원칙

판례[171]는 상당인과관계의 입증 정도 및 방법에 관하여 "인과관계는 반드시 의학적 · 자연과학적으로 명백히 증명하여야 하는 것은 아니고 제반사정을 고려할 때 업무와 질병 사이에 상당인과관계가 있다고 추단되는 경우에도 그 증

---

167) 대판 2004.7.14, 2005두4847.

168) 하급심 판례(서울행법 2001.10.11, 2000구22764)에서는 가정사로 인한 스트레스와 졸업철을 대비한 업무의 대폭적인 증가로 인한 과로로 기존질병인 고혈압 등이 악화되어 두개강내출혈을 초래한 것으로 추단된다고 하였는데, 이와 같이 가정사로 인한 스트레스가 있을지라도 업무상 과로가 인정되는 경우에는 공동원인으로 보아 업무상 재해로 인정하고 있는 판례의 태도는 매우 전향적인 자세로 평가할 수 있을 것이다.

169) 대판 2002.1.26, 2001두8582.

170) 과로가 있으나 건강관리를 소홀히 한 경우에 있어서 과중부하를 중시하는 입장(상대적 유력원인설)에서는 인과관계를 부인하고 있는데, 발병촉진을 중시하는 입장을 취하는 경우라면 인과관계가 인정될 수도 있을 것이다.

171) 대판 2008.2.28, 2006두17956 ; 대판 2007.4.12, 2006두4912 ; 대판 2006.3.9, 2005두13841 등.

명이 있다고 보아야 한다"고 하여, 과로성 재해의 인과관계를 판단하는 일반기준을 제시하고 있다. 그리고 판례[172]는 "근로자의 취업 당시의 건강상태, 발병경위, 질병의 내용, 치료의 경과 등 제반사정을 고려하여야 한다"고 하여, 제반사정에 대해 예시하고 있다.

따라서 과로성 재해에 대한 상당인과관계의 입증은 직접증거에 의해 의학적으로 명백히 증명되어야 하는 것은 아니고, 피재근로자의 취업 당시의 건강상태, 기존질병의 유무, 종사한 업무의 성질 및 근무환경, 발병의 경위, 질병의 내용 등 간접사실에 의한 제반사정을 고려하여 상당인과관계가 추단되는 경우에도 인정하는 것이 판례의 기본원칙이다.

2. 사인이 불분명한 재해

판례[173]는 돌연사 · 청장년급사증후군 등 이른바 사인미상인 사건에서 "근로자의 사인이 불분명한 경우에는 업무에 기인한 사망으로 추정된다고 할 수 없다"고 하여 사인미상을 인과관계를 부인하는 판단기준으로 삼고 있다. 이는 인과관계의 정도 및 방법에 대해 의학적 · 자연과학적 명백한 증명이 필요하지 않고 제반 사실에 비추어 인과관계가 추단되면 입증이 있는 것으로 보는 기본원칙에 어긋나는 것이라고 생각한다.

특히 피재근로자가 돌연사 등으로 병원 도착 전에 사망하면 사체의 부검을 터부시하는 유교적 관습에 의하여 사인미상이 되고, 돌연사에 따른 사망은 대개 단시간에 이루어지므로 사망기전에 대한 정보가 불충분하거나 전혀 없는 경우가 많다. 또 부정맥과 같은 심장전도계의 장해에 의한 사망일 경우에는 부검에 의해서도 사망원인을 모를 수도 있다.[174]

그런데 돌연사, 청장년급사증후군, 사인불명 등 사인미상의 대부분은 급성심근경색일 가능성이 높다는 것이 의학계의 견해이므로,[175] 이에 준하여 업무

172) 대판 2000.5.12, 99두11424.
173) 대판 2003.12.26, 2003두8449.
174) 김양호, "과로 또는 스트레스에 의한 뇌혈관 질환 및 심장질환", 『근로복지』, 제121호, 근로복지공단, 1999, 16쪽.
175) 의약세계사 편, "예기치 않은 내인성 질환 돌연사", 『의약세계』, 제16권, 의학세계사, 2004,

와의 인과관계를 판단하는 것이 타당할 것으로 생각한다.

한편, 판례[176]는 "업무상 과로 이외에는 다른 급사의 이유가 없다"는 이유로 과중한 업무수행이 있는 경우에는 업무와 재해의 인과관계를 인정한 사례도 있다. 이와 같이 판례에 따라서는 판단기준의 역점을 불분명한 사인보다는 과로 여부에 두고 있는 것도 있다.

사인미상의 판례를 전체적으로 볼 때 과중한 업무수행이 있는 경우에는 대체적으로 업무상 재해로 인정하고 있으나, 업무상 과로가 인정되어도 사인이 미상이라는 이유로 인과관계를 부인한 사례도 있어 판례의 판단기준이 일관되지 않는 문제점이 있다. 따라서 향후 판례는 형평성 차원에서도 일관된 판단기준을 제시하고 적용해야 할 것이다.

3. 간질환

판례는 간질환에 대하여 2000년대 초반까지는 업무와의 인과관계를 지속적으로 인정하고 있었고, 특히 B형 간염에 이환된 것은 업무와 관련이 없다 하더라도 과로로 인해 자연적인 진행속도 이상으로 악화되는 경우에는 업무상 재해에 해당한다고 판시하였다.[177]

67쪽.

176) 대판 2000.10.6, 2000두4224.

177) 판례는 공기업 출장소장으로 근무하던 근로자가 간경화로 사망한 사건에서 "업무내용이 보통 평균인에게는 과중한 것이 아니라고 하더라도 B형 간염 등의 환자인 근로자의 건강과 신체조건으로 보아서는 쉽사리 피로를 느낄 수 있고, 이러한 피로가 누적되고 과중한 스트레스를 받음에 따라 간염과 간경화가 일반적인 자연적인 진행속도 이상으로 급격하게 악화되어 결국 사망에 이르렀다고 보아야 한다"(대판 2002.5.17, 2002두1052)고 하였고, B형 간염 보균자인 생산직 근로자의 사망에 대해서는 "과로가 간경변이나 간암의 독립한 발생 원인이라고 단정할 수는 없다 하더라도 적어도 B형 간염을 간경변이나 간암으로 악화시키는 인자에 해당한다고 볼 여지가 있으므로 업무시간, 업무량 및 업무강도에 비추어 과중한 것으로 보이고, B형 간염에 감염된 상태에서 충분한 휴식을 취하지 못하고 계속 과로함으로써 B형 간염이 자연적인 진행속도 이상으로 악화되어 간경변, 간암으로 사망에 이르게 되었다고 추단할 수 있다"(대판 2002.2. 22, 2001두9301)고 판단하였으며, B형 간염에 감염된 근로자가 과중한 업무에 종사하다가 원발성 간종양 진단을 받고 사망한 사건에서 "B형 간염에 감염된 것은 업무와 관련이 없다 하더라도 계속되는 근무로 인하여 육체적 과로와 정신적 스트레스가 지속되어 B형 간염이 자연적인 진행속도 이상으로 악화되어 사망하였으므로 업무상 재해에 해당한다"(대판

그런데 2002년 대한간학회가 근로복지공단의 용역을 받아 수행한 연구보고서[178]에서 “B형 간염이 진행되어 간경변증, 간암이 발생하는 것은 근본적으로 간염을 일으키는 B형 간염 바이러스에 감염되어 있기 때문이고, 업무상의 과로 · 스트레스 자체가 B형 간염, 간경변증, 간암을 발생시키거나 악화시킨다는 의학적인 근거는 없으며, 만성 B형 간염이 간경변증을 거쳐 간암으로 발전하는 것이 만성 B형 간염의 자연경과이다”라는 의학적 소견을 제시하였다.

이후 대법원은 이러한 대한간학회의 의학적 견해를 과로와 간질환 사이의 인과관계를 부인하는 판단기준으로 삼아 업무외 재해로 판단하고, 하급심이 업무상 재해로 인정한 사건에 대해서도 계속 이를 파기하고 있는 실정이다.[179] 이러한 대법원의 태도는 근로자의 건강상태 등 제반사정을 고려하여 인과관계가 추단되는 경우에도 상당인과관계를 인정하고 있는 스스로의 기본원칙에 어긋난다고 할 것이다.

또한 이는 과중한 업무수행이 인정되는 경우 과로 · 스트레스가 발병이나 악화의 원인이라는 의학적 근거가 없는 희귀병과 사인미상인 사건에 대해서도 때로는 상당인과관계를 인정하는 판례가 있음에도 불구하고, 유독 간질환에 대해서만 인과관계를 부인하는 것으로 다른 질병과의 형평성 면에서도 문제가 있다고 할 것이다.

더욱이 대한간학회의 연구보고서가 있기 전까지 판례는 의학적 소견에 따라 인과관계를 인정하기도 하였으나, 연구보고서 이후에 판단경향을 달리하는 것

2001.7.27, 2000두4538)고 판시하였다.

178) 이영석 등, 앞의 책, 32쪽에서 기존의 간질환이 업무와 관련되어 악화되었는지 여부를 판단하는 데 있어 기존의 간질환에 대한 전반적인 이해와 이에 대한 자연경과, 악화요인 등에 대한 이해가 필수적이다. 만성간염이란 간 조직 내에서 염증반응이 6개월 이상 지속됨에 따라 정상적 기능을 지닌 간세포의 수효가 감소된 상태이며 이러한 상태가 오랜 기간 동안 진행됨에 따라 간경변증이 발생한다. 간경변증 상태는 비정상적인 간세포가 발생되기 쉬운 상태로서 암세포가 발생되면 이는 빠른 속도로 성장하여 간암이 발생되기도 한다. 기존의 간질환 상태에서 간세포의 재생과정을 억제하는 요인뿐만 아니라 간세포가 그 이상 파괴 · 손상되는 모든 요인들이 악화요인으로 작용하게 된다. 그러나 과로나 스트레스에 의해서 간질환이 악화된다는 근거는 제시되지 않고 있다고 하였다.

179) 대판 2005.5.13, 2004두14441 ; 대판 2005.5.13, 2005두852 ; 대판 2005.6.9, 2004두14137 등.

은 발병 시기에 따라 같은 질병에 이환된 근로자 사이에서도 불공평한 결과를 가져오게 된 측면이 있다.

4. 과로 등이 발병 · 악화의 원인이라는 의학적 근거가 없는 질병

판례[180]는 "근로자가 과로를 하고 스트레스를 받았다고 하더라도 희귀한 질병으로서 그 발병 및 악화의 원인이 밝혀지지 아니한 채 막연히 과로나 스트레스가 간접적 원인의 하나가 될 수 있다는 의학적 소견이 있는 데 그치는 경우에까지 인과관계가 있다고 추단할 수 없다"고 하여, 과로와 질병의 의학적 인과관계가 밝혀지지 아니한 희귀병 등에 대해서는 인과관계를 부인하고 있다.

과로와 스트레스가 구체적으로 특정질병의 원인이 되었다는 점을 의학적으로 완벽하게 밝히는 것은 사실상 불가능에 가까운 점을 고려하면, 이러한 판례의 태도 역시 인과관계 입증의 기본원칙에 어긋나는 문제가 있다고 생각한다. 따라서 과중한 업무수행이 있고 과로와 질병 사이에 의학적으로 어느 정도 관계가 있으며 달리 업무 이외의 결정적인 사유가 없다면 상당인과관계를 인정해야 할 것이다.

그런데 한편으로 판례는 의학적으로 아직 발병원인이 완전히 규명되지 못한 질병에 대해서도 과로와 스트레스가 인체의 면역기능을 저하시키는 요인으로 작용할 수 있다는 점을 이유로 인과관계를 인정한 사례도 있다.[181] 이와 같이 과로와 질병 사이의 의학적 인과관계가 밝혀지지 않은 질병에 대해 판례마다 견해가 다른 것은 일관성의 결여로서 문제라고 할 것이다.

---

180) 대판 2004.4.28, 2004두1094.

181) 대판 2002.9.24, 2001두5934. 다발성 경화증 발병 사례에서 평소 노조 위원장으로 업무를 수행하면서 상당한 과로와 많은 스트레스에 시달려 왔고, 의학적으로 아직 질병의 발병원인이 완전히 규명되지 못한 상태이지만 적어도 자가면역기전의 이상이 그 원인이 될 수 있다는 견해가 상당히 설득력 있는 견해로 받아들여지고, 과로와 스트레스는 인체의 면역기능을 저하시키는 요인으로 작용할 수 있는 점에 비추어 과로와 스트레스로 인하여 발병한 것으로 추단된다고 하였다.

5. 현대의학상 발병 · 악화의 원인이 밝혀지지 아니한 질병

판례[182]는 인과관계를 부인하는 판단기준으로 "어느 정도 과로를 하고 스트레스를 받았을 것으로 여겨지나 현대의학상 그 발병 및 악화의 원인이 밝혀지지 아니한 질병에까지 그 인과관계가 있다고 추단하기는 어렵다"는 것을 들고 있다.

그리하여 현대의학상 발병 및 악화의 원인이 밝혀지지 아니한 백혈병, 폐암, 위암 등에 대해서는 업무상 과로나 스트레스가 인정되더라도 업무에 기인한 질병으로 인정하지 않는다는 것이 판례의 확고한 입장이다. 따라서 과중한 업무와 발병 · 악화 사이의 인과관계를 인정한 판례는 찾기 어렵다.

그런데 이러한 판례의 태도는 과로와 스트레스가 질병을 발생시키고 기존 질병을 급속히 악화시키는 한 원인이 될 수 있다는 의학상의 경험법칙에 입각한 일반주장과 배치되는 것이다. 또 이는 인과관계 판단에서 반드시 의학적 인과관계를 명백하게 요구하지 않는다는 판례의 기본원칙과 모순된다는 문제도 있다.

더욱이 과로와 스트레스가 원인이 될 수 있는 질병에 대해 현대의학상 발병 원인을 알 수 없다는 이유로 산재보험의 보호 범위 밖으로 내모는 것이 되고, 이는 현대의학으로 해명되지 않는 불가능한 입증을 사실상 피재근로자 측에 강요하는 것이 된다고 할 것이다.

그리고 산재보상제도에서 상당인과관계는 법적 평가로서의 인과관계이고 의학적 · 자연과학적 인과관계는 아니기 때문에, 현대의학에서 보아 인과관계가 존재할 가능성이 있고 다른 사정을 종합적으로 검토하여 업무가 질병의 원인이 되었다고 보이는 개연성이 증명된 때에는 상당인과관계를 인정해야 할 것이다.

182) 대판 2005.7.29, 2005두5352.

Ⅲ. 형평성에 어긋나는 판단기준

1. 공무상 재해 판단기준과의 형평성

판례 중 과중부하를 중시하는 입장은 비교적 과로나 스트레스가 인정된다고 하더라도 기초질환이나 기존질병이 있는 상태에서 치료를 소홀히 하거나 스스로 건강을 돌보지 아니한 경우에는 피재근로자의 건강관리 소홀로 악화되어 발병한 것으로 추단된다고 하여 업무와의 인과관계를 부인하고 있다.[183)]

그러나 공무원에 관한 사건에서는 "고혈압 치료를 중단하고 흡연을 하는 등 건강관리를 소홀히 함으로써 고혈압이 악화되어 대동맥박리를 일으킬 가능성을 갖고 있었으나 시간외 근무를 지속적으로 하는 등 과중한 업무를 수행함으로써 과로와 스트레스가 누적되어 기존의 고혈압을 자연적인 진행 경과 이상으로 급격히 악화시켰다"고 판시하여,[184)] 건강관리 소홀이 있었음에도 공무상 재해로 인정하였다.

게다가 B형 간염 질환의 경우 "일반적으로 과로와 스트레스가 간경변을 자연적인 진행경과 이상으로 악화시킨다는 명백한 의학적 증거가 없기는 하다"고 판시하면서, 공무상 과로와 음주로 인한 간경변으로의 악화로 인정하여 공무상 재해로 판단한 사례도 있다.[185)]

이는 일반 근로자에 대한 판단기준과 비교할 때 형평성을 결여한 것이다. 따라서 향후 판례는 일반 근로자에게도 근로자 스스로의 건강관리 소홀이 어느 정도 있다고 하더라도 업무와 질병 사이의 인과관계를 인정하는 방향으로 나아가야 할 것이다.

2. 신체질환과 정신질환 판단기준의 형평성

판례는 "업무와 질병과의 인과관계의 유무는 보통 평균인이 아니라 당해 근로자의 건강과 신체조건을 기준으로 판단한다"고 하여, 거의 일관적으로 해당

---

183) 대판 2004.9.24, 2004두7030 ; 대판 2002.2.15, 2001두10172 등.

184) 서울행법 2005.4.19, 2004구합19453.

185) 대판 2006.10.25, 2006누2987.

근로자의 건강과 신체조건을 일반적인 판단기준으로 삼고 있다.[186)]

기초질환이나 기존질병이 있는 근로자의 경우 건강한 일반 근로자나 사회 평균인에 비하여 과로에 취약한 상태라 할 수 있다. 따라서 과로의 부담주체인 피재근로자 본인의 건강과 신체조건을 기준으로 하는 이러한 판단기준은 근로자 보호 차원에서 인과관계를 완화 해석하고 있는 것으로 생각된다.

그런데 판례는 정신질환에 대해서는 "우울증이 평균적인 근로자로서 극복하기 어려울 정도로 과중한 업무상 스트레스로 인한 것이라고 하기 어렵다"고 판시하였다.[187)] 그리고 상사와의 갈등 등으로 자살한 사건에서는 "회사업무로 인하여 스트레스를 받기는 하였지만 이는 사회 평균인으로서 충분히 감수하거나 극복할 수 있을 정도의 것"이라고 하였다.[188)]

이와 같이 정신장해나 자살의 경우에 판례는 '평균적인 근로자'나 '사회 평균인'을 기준으로 하여 과중성의 판단기준을 일반적인 근로자에 두고 있다. 이러한 판례의 태도는 정신장해나 자살의 가능성이 근로자 개인의 스트레스에 대한 취약성에 좌우되는 경우가 크며, 개인에 따라 발병 가능성이 다르다는 것을 고려한 것으로 추측된다.

그러나 신체질환에 있어서의 판례는 근로자에게 기초질환이나 기존질병이 있는 경우 건강한 사회 평균인에 비하여 과로에 취약한 상태임을 감안하여 업무와 질병과의 인과관계 인정에서 완화된 해석을 하고 있다. 따라서 판례는 동일한 취지에서 정신질환과 자살도 업무상의 심리적 부하와 우울 친화적 성격의 영향으로 쉽게 발병할 수 있다는 점을 감안하여 '당해 근로자'를 기준으로 하는 것이 타당하고 형평성에 부합될 것이다. 다만, 최근의 판례[189)]에서 자살과 관련해 '당해 근로자의 건강과 신체조건'을 기준으로 판시하여 과중성의 판단기준을 변경한 것으로 보인다.

---

186) 대판 2008.1.31, 2006두8204 ; 대판 2007.4.12, 2006두4912 ; 대판 2006.3.9, 2005두13841 등.

187) 대판 2008.3.13, 2007두2029.

188) 대판 2003.10.24, 2003두7903.

189) 대판 2011.6.9, 2011두3944.

Ⅳ. 그 밖의 사항

판례[190]는 자살에 대한 판단에서 "회사 업무로 인하여 스트레스를 받기는 하였지만 업무상 스트레스로 인하여 우울증 등에 빠져 그 상태에서 자살한 것이라고 보기 어렵다"고 하고, 또 "우울증 등의 정신장해로 정신과 치료를 받거나 치료약을 복용한 적이 없었던 점에 비추어" 심신상실이나 정신착란의 상태에서 자살에 이른 것이라고 추단하기 어렵다고 한다.[191]

따라서 자살이 업무상의 사망이라고 인정되기 위해서는 먼저 업무상 스트레스로 인해 우울증 등에 빠져야 하고, 우울증 등의 정신과 치료를 받거나 치료약을 복용한 적이 있어야 하며, 우울증 등으로 인해 심신상실이나 정신착란 상태에서 자살에 이를 것을 판단기준으로 삼고 있는 것이다.

그러나 현실적으로 자살의 경우 우울증 치료 사실이 없을 때가 많으므로, 업무가 원인이 되어 정상적이지 않은 정신 상태에서 자살하였다고 보이는 경우에는 심신상실 등에 의한 자살로 보아서 업무상 사망으로 인정해야 할 것이다.

Ⅴ. 소 결

판례는 전술한 바와 같이 과로성 재해의 상당인과관계 판단에 있어서 발병촉진설 또는 과중부하설을 취하여 개별 사건 상호간에 형평성의 문제를 발생시키고 있다. 이는 뇌심혈관 질환의 발병 과정을 고려할 때 합리적인 측면도 있으나, 산재보험제도의 취지 및 목적이 피재근로자와 그 유족의 생활보장에 있으므로 과중부하설에 비하여 상대적으로 보호 범위를 넓게 인정하고 있는 발병촉진설로 통일하여 판단할 것이 요청된다.

그리고 과로성 재해는 그 입증에 있어서 의학적 인과관계를 명확하게 증명하기가 불가능한 경우가 많고, 특히 사망원인이 불분명한 경우에는 더욱 그러하다. 그런데 판례는 인과관계의 입증책임의 부담을 피재근로자 측에 지우고

---

190) 대판 2003.10.24, 2003두7903 ; 대판 2003.7.25, 2003두4492 등.
191) 대판 2004.3.11, 2004두60.

있으므로 이는 곤란한 문제라 할 것이다.[192)]

직업병의 경우 근로기준법 시행령 제44조 제1항 관련 별표 5에서 규정한 업무상 질병에 걸린 경우에는, 근로자가 업무수행 과정에서 유해 · 위험요인을 취급하거나 노출되는 등 일정한 요건에 해당하면 산재보험법 시행령 제34조 제1항에 의하여 업무상 질병으로 보고 있다.[193)]

이는 직업병의 성격상 업무기인성을 입증하기가 극히 어려우므로 피재근로자 측의 입증부담을 경감하고, 그 권리구제를 용이하게 하기 위하여 업무상 질병의 범위를 정한 것이다. 여기에 '예시된 질병'은 근로복지공단 측에서 업무기인성을 부정하는 반증을 하지 않는 한 업무기인성이 추정되는 것으로 본다.[194)] 과로성 재해의 경우에도 이와 같은 입증책임의 전환까지는 아니더라도 입증책임의 경감 내지 완화가 필요하다고 생각한다.[195)]

그리고 업무상 재해에 대한 판정의 본질은 '과연 해당 사건이 산업재해의 보상 제도를 적용하여 구제할 만한 것인가'를 판단하는 것이기 때문에, 의학상의 원인을 규명하는 것을 목적으로 하는 '의학판정'이 아니고 '법률판단'이라는 전제를 가지고 있다.

---

192) 대판 2007.4.12, 2006두4912. 피재근로자 측에 입증부담의 책임을 지우는 판례의 입장은 입증부담의 전환을 통하여 피재근로자 측의 산재보험 수급권을 보호하려는 사회법 원리에 위배되는 것이 아닌지 의문이 든다(이흥재, "업무상 재해의 인정기준에 관한 판례의 경향 -판례요지의 쟁점별 정리를 중심으로-", 『법학』 통권 제111호, 서울대학교 법학연구소, 1999, 204쪽).

193) 예시된 질병은 피재근로자가 일정한 업무에 종사하고 또한 그것에 대응하는 소정의 질병에 걸린 사실을 입증하면 업무기인성이 추정되므로, 청구를 받은 근로복지공단 측에서 해당 질병의 업무기인성을 부정하는 특별한 반증을 하지 않는 한 업무상 재해로 인정된다(김유성, 『한국사회보장법론』, 법문사, 2002, 310쪽 참고).

194) 이흥재, "업무상 재해의 인정기준에 관한 판례의 경향 -판례요지의 쟁점별 정리를 중심으로-", 204쪽.

195) 대판 2001.10.12, 2001두3723. "취업당시 건강상태, 발병경위, 질병의 내용, 치료경과 등 제반사정과 업무로 말미암아 받은 과로와 스트레스가 동맥경화의 촉발 내지 유발인자로 인정되는 점 등을 고려하면, 과로와 스트레스가 동맥경화를 유발하였다고 볼 수 없다거나 또는 기존에 있던 흡연이나 당뇨 등 다른 유발인자들만으로 동맥경화가 유발되었다고 볼 만한 사정이 드러나 있지 아니한 이 사건에서는, 근로자가 업무로 말미암아 받은 과로 내지 누적된 피로 및 과도한 스트레스와 질병 사이에 인과관계가 있다"고 판시하였는데, 이는 입증책임을 전환한 사례라고 할 수 있을 것이다.

그러므로 업무상 재해라는 법률판단을 할 때에는 의학상의 지식이 필요하고, 업무상 재해 인정이 의학상의 지식과 모순되지 않을 것이 요청되지만, 의학판정으로 그 원인을 과학적으로 엄격히 증명해야 하는 것은 아니라고 할 것이다.

따라서 어떤 질병의 발병 및 악화에 대한 업무상 재해를 판단함에 있어서 업무상 과로나 스트레스가 인정되고, 이들과 질병 사이의 인과관계가 의학상의 지식과 모순되지 않으며, 사적 위험요인이 질병을 유발하였다는 다른 사정이 없다면 업무상 재해로 인정하여야 할 것이다.

또 일반 근로자가 스스로 건강관리를 소홀히 한 경우에도 업무상 과로가 인정된다면, 피재근로자 자신이 건강관리를 소홀히 하였다고 하여 곧바로 인과관계를 부인할 것이 아니라 건강관리 소홀은 참작할 사유 정도로만 한정해야 할 것이다.

그리고 근로자의 정신질환이나 자살에 대한 업무 과중성 판단에 있어서도 평균적인 근로자를 기준으로 할 것이 아니라, 신체질환에 대한 판단에서와 같이 해당 근로자의 건강과 신체조건을 기준으로 하는 것이 정신질환에 취약한 피재근로자의 보호와 신체질환과의 형평성 면에서 합당할 것이다. 또 정신질환에 대한 과거의 치료 사실이 없더라도 자살과 업무 사이에 상당인과관계가 추단되면 업무상 재해로 인정하여야 할 것이다.

제5장

과로성 재해에서의 상당인과관계 판단

제1절 상당인과관계
제2절 상당인과관계에서의 업무 과중성 판단
제3절 그 밖의 고려사항

산재보험법은 제37조 업무상 재해 인정기준에서 업무와 재해 사이에 상당인과관계가 있어야 할 것을 요구하고 있다. 따라서 과로성 재해에 있어서도 업무상 재해로 인정되기 위해서는 과로와 재해 사이에 상당인과관계가 있어야 한다. 이하에서는 제1절에서 과로성 재해와 관련한 상당인과관계에 관하여 살펴보고, 제2절에서 상당인과관계에서의 업무 과중성에 대한 판단기준을 고찰한 후 제3절에서 그 밖의 고려사항을 검토해 보기로 한다.

제1절 상당인과관계

과로성 재해는 그 특성상 내적 요인 또는 사적 요인과 노동관계상의 요인이 결부되어 발병하거나 악화된다. 따라서 일반적으로 과로성 재해의 발생에는 다수의 원인 또는 조건이 경합하고 있고, 원인 또는 조건이 하나 밖에 존재하지 않는 경우는 현실적으로 거의 없다고 할 수 있다. 그러므로 업무상 재해 여부를 판단하기 위해서는 질병 등에 관계된 각 원인이나 조건에 대해서 각각의 경중을 평가하여 상당인과관계를 판단하는 것이 필요하다. 이하에서는 상당인과관계의 의의를 그 개념을 중심으로 살펴보고, 상당인과관계를 인정하는 유형을 살펴본 후 정신장해 및 자살에 있어서의 상당인과관계 판단방식도 살펴보고자 한다.

Ⅰ. 상당인과관계의 의의

1. 상당인과관계의 개념

인과관계란 어느 행위와 결과 사이에 존재하는 원인과 결과의 관계이고, 상당인과관계란 원인과 결과가 상당한 인과관계에 있는 것을 말하는 것이다. 상당인과관계설에 의하면 원인과 결과의 관계가 있는 사실 가운데서 객관적으로 보아 어떤 전행사실로부터 일반적으로 초래되는 후행사실이 있을 때에 양자는 상당인과관계에 있다고 한다.[1)]

---

1) 김형배, 『채권총론』, 박영사, 1999, 251쪽.

그런데 이 상당인과관계가 의미하는 내용이 민법 · 형법과 산재보험법에서 모두 동일하다고는 할 수 없다. 물론 원인과 결과의 관계가 상당한지를 경험법칙에 의해 판단한다고 하는 의미에서는 민법 · 형법의 경우와 산재보험법에 공통점이 있다고 할 것이다.

즉, 민법이나 형법의 경우에는 과실책임 또는 유책성을 문제로 하기 때문에, 귀책 가능성의 범위 내에서 결과 발생에 불가결한 조건이 된 사정 가운데 어느 범위의 것을 상당성 판단의 기초로 할지에 대하여 행위자 또는 일반인의 예견가능성의 유무가 쟁점이 된다. 민법이나 형법에서는 이러한 점에서 과실책임 또는 유책성의 문제가 인과관계의 문제와 분리될 수 없는 관계에 있고, 여기에서의 상당인과관계 확정은 객관적 예견가능성의 척도에 따라 그 '정도까지'를 손해배상책임에 포함시키는 것이 과실책임 원리에 기초할 때 적정한 것으로 보는 것이다.

반면, 무과실책임주의에 입각한 산재보험법에 있어서는 이와 같은 행위자(사용자) 또는 일반인의 예견가능성의 유무는 문제가 되지 아니한다. 따라서 산재보험법에서는 상병 등의 발생에 불가결한 조건이 된 모든 사정을 기초로 업무와 상병 등의 관계가 경험법칙상 상당한 인과관계가 있는지를 판단한다.[2)]

결국 산재보험법의 경우에는 상당인과관계를 판단할 때 결과 발생의 조건이 되는 사정에 대한 당사자의 예견가능성 또는 재해위험에 대한 관리가능성(결과방지 가능성)은 전혀 문제가 되지 않는 것이다. 산재보험법에서는 그 상황에 있는 순객관적인 결과의 태기가능성(개연성)만이 문제가 되는 것이어서, 불가항력적인 우연에 의한 재해도 업무에 내재하거나 부수하는 위험이 현재화한 것이라고 인정되면 '업무상'으로 보는 것이다. 따라서 해당 재해의 위험을 업무에 내재하거나 부수하는 위험이라고 파악할 수 있는지가 산재보험법의 상당인과관계 판단에 결정적인 의미를 갖는 것이라고 할 수 있다.[3)]

---

2) 厚生勞働省勞働基準局 編,『業務災害及び通勤災害認定の理論と實際 (上)』, 勞務行政研究所, 2001, 101~102쪽.

3) 西村健一郎, "業務上 · 外認定基準",『現代勞働法講座』12 勞働災害 · 安全衛生, 總合勞働研究所, 1983, 157쪽.

2. 상당성의 의미

일반적으로 상당인과관계에 있어서 '상당성'이란 개념은 조건관계[4]가 인정되는 모든 원인 중에서 '상당하지 못한 것'을 배제하는 것이다. 그리고 상당인과관계에서 문제가 되는 상당성이란 ① 해당 '업무'가 당해 '상병 등'의 결과를 발생시키는 개연성이 있는지의 문제, ② 해당 '상병 등'이라는 결과에 이르는 구체적인 경과의 상당성으로, 해당 업무의 위험성이 구체적 결과로 현실화한 것이라고 말할 수 있는지의 문제를 포함한다.[5]

전자는 업무와 재해라는 결과 사이에서 업무에 그 결과를 초래하는 위험이 내재하고 있는가, 즉 업무가 어느 정도의 원인이 되는지가 문제시되는 것으로 업무 그 자체의 객관적 성질의 문제이다.

이에 대해 후자는 구체적인 인과의 흐름 중에서 업무 이외의 원인 정도가 우월한 것이라면 업무의 원인력에 의한 결과로서의 상병 등이라고 하는 것이 부정된다. 즉, 이러한 경우에는 업무에 내재하는 위험의 현실화라고 할 수 없는 것이 되고 이는 보다 구체적으로 해당 인과관계를 파악하는 것이 된다. 예컨대, 본인의 특이한 선택행동 등으로 개인적인 사유가 결과에 대한 유력한 원인이 된다면 상당인과관계가 부정되는 것이다.[6]

그리고 상당성을 어느 범위의 사정을 기초로 판단할 것인가에 대해서는 주관적 상당인과관계설(행위당시 행위자가 인식하였거나 인식할 수 있었던 사정을 기초로 한다), 객관적 상당인과관계설(행위 당시 객관적으로 존재한 사정과 행위 후에 예견 가능한 모든 사정을 기초로 한다), 절충적 상당인과관계설(행위 당시 통상인이 인식하였거나 인식할 수 있었던 사정을

---

4) 조건관계란 일반적으로 선행사실과 후행결과의 사이에 '저것이 있지 않으면 이것이 없다'는 관계를 말하는 것이다. 상당인과관계가 가치평가의 문제인 것에 대하여 조건관계는 사실의 문제이고 그 판단은 사실인정의 영역이다. 그러므로 인과관계가 인정되기 위해서는 우선 조금이라도 이 조건관계가 인정되지 않으면 안 된다. 따라서 업무와 상병 등의 사이에 이러한 조건관계조차 없는 경우에는 업무기인성이 인정될 여지는 없다(法務省訟務局内勞災訴訟實務研究會 編, 『新・勞災訴訟の實務解說』, 商事法務研究會, 1998, 154쪽).

5) 松本光一郎, "業務起因性 –業務起因性の判斷基準–", 林 豊・山川隆一 編, 『勞働關係訴訟法 Ⅱ』, 青林書院, 2005, 238~239쪽.

6) 松本光一郎, 앞의 글, 239쪽.

기초로 한다)로 입장이 나뉜다.[7)]

먼저 업무가 상당한 것인지는 경험법칙에 비추어 해당 업무에 해당 상병 등을 발생시킬 위험이 있었다고 인정되는지에 의해 판단해야 한다. 즉, 인간의 모든 경험적 · 과학적 지식에 비추어 그 상병 등이 해당 업무에 수반하는 위험이 현실화한 것으로 볼 수 있는지가 중요한 문제이다. 이와 같은 위험의 유무는 해당 상병 등의 발생에 불가결한 조건이 되었던 모든 사정을 기초로 하여 해당 업무에 해당 상병 등을 발생시킬 위험이 있었다고 인정되는지에 의해 판단해야 하는 것이다.[8)]

따라서 '그 업무에 종사하고 있지 않았다면 그 상병은 발생하지 않았을 것' 이라고 인정되고, 동시에 이 상병 등의 발생에 불가결한 조건이 되었던 모든 사정 하에서 '그러한 업무에 종사하고 있었다면 이러한 상병 등이 발생하였을 것' 이라고 인정되는 경우에는 상당인과관계가 긍정되는 것이다. 여기에서 '…이면 …일 것' 이라는 가정은 상병 등이 발생한 후에 소급하여 본 객관적인 개연성을 말하고 있는 것으로, 소위 객관적 사후예측(objectivnachträgliche prognose)과 공통하고 있다.[9)]

결국 결과 발생의 조건이 되는 모든 사정이 객관적으로 존재하는 한 이것을 기초로 사후에 원인의 상당성을 판정하는 것이므로, 산재보험법에 있어서의 상당인과관계는 객관적 상당인과관계설에 속하고 객관적 사후예측설(행위 시에 존재한 모든 사정을 고려하고, 행위 후에 생긴 사정도 예견 가능하였던 것은 고려한다)에 통하는 것이라고 할 수 있다.[10)]

---

7) 福田晧一, "業務起因性の認定と相當因果關係說についての一考察", 『判例タイムズ』第714号, 判例タイムズ社, 1990, 31쪽.

8) 厚生労働省労働基準局 編, 『業務災害及び通勤災害認定の理論と實際 (上)』, 101쪽.

9) 厚生労働省労働基準局 編, 『業務災害及び通勤災害認定の理論と實際 (上)』, 101쪽에서 업무와 상병 사이의 인과관계가 이와 같은 것이라고 하면 원인과 결과가 경험법칙상 상당한 관계(적합관계)에 있다고 하는 의미에 서 이것을 상당인과관계라고 부를 수 있다고 한다.

10) 厚生労働省労働基準局 編, 『業務災害及び通勤災害認定の理論と實際 (上)』, 103쪽.

Ⅱ. 상당인과관계의 인정유형

상당인과관계의 내용은 '어느 원인이 보통 또는 일반적으로 그러한 결과를 발생시켜야 한다'는 것으로, 그 원인은 그러한 결과를 발생시킬 개연성을 가진 것이어야 하고(적극적 개념), 원인과 결과 발생 사이의 관계가 너무 멀어 그러한 '개연성'을 보통 또는 일반적으로 인정하기 어려울 때에는 그 원인과 결과 사이에 인과관계를 인정하지 않는 것이다(소극적 개념).[11)]

과로성 재해는 유해요인이 장기간에 걸쳐 신체에 작용한 결과로서 발병하는 것이 통상의 경우이다. 이때 동시에 업무 이외의 원인 등 각종 요인이 경합하는 경우에는 발병과 업무의 사이에 상당인과관계가 존재하는지를 판단하기가 매우 곤란하다. 일본에서는 종래부터 그에 대한 인정유형으로서 공동원인설과 상대적 유력원인설,[12)] 어느 쪽 견해도 취하지 않고 상당인과관계의 유무를 판단하는 입장이 존재하는데,[13)] 이는 우리나라의 판례에도 많은 영향을 미친 것으로 보인다.

1. 공동원인설

공동원인설은 업무의 수행이 기초질환 등 경합하는 다른 원인과 공동하여 질병의 원인이 되고, 이것이 질병의 발생이나 악화의 결과를 초래하였다고 인정되면 상당인과관계를 인정하는 견해로서, 앞서 살펴보았던 판례 중에서 발병촉진을 중시하는 입장이다.

이 견해는 독일의 '본질적조건설'[14)] 이론으로부터 큰 영향을 받았다.[15)] 이

11) 이상광, "산재보상보험법의 인과관계에 관한 고찰 -상당인과관계설과 중요조건설을 중심으로-", 『사회법연구』제1호, 한국사회법학회, 2003, 7~8쪽.

12) 齋藤 隆, "急性脳・心臓疾患と業務起因性", 林 豊・山川隆一 編, 『勞働關係訴訟法 Ⅱ』, 青林書院, 2005, 262~263쪽.

13) 小畑史子, "脳血管疾患・虛血性疾患の業務上外認定に関する裁判例 -共同原因と相對的有力原因-", 花見忠先生古稀記念論集, 『勞働関係法の國際的潮流』, 信山社, 2000, 99쪽.

14) 우리나라에서는 이상광 교수가 '중요조건설'(이상광, "산재보험법의 인과관계에 관한 고찰 -상당인과관계설과 중요조건설을 중심으로-", 20쪽)로 소개하고 있다.

15) 三柴丈典, "脳・心臓疾患事案における法的因果關係", 『勞働法律旬報』, 第1438号, 旬報社, 1998, 38쪽.

입장은 후생노동성에서 취해 온 재해주의나 과중부하주의와 표리일체 관계에 있는 상대적 유력원인설을 배제하며, 판단의 기초가 되는 원인을 넓게 파악하여 산재보험의 보호법적 취지를 실현하고자 하는 데 특징이 있다.[16)]

이 견해는 업무와 상당인과관계가 인정되기 위해서는 업무와 상병 등의 사이에 조건관계가 있는 것만으로는 충분하지 않지만, 상병 등의 원인 중에서 업무가 상대적으로 유력한 원인이면 그것으로 충분하며, 업무가 원인 중에서 유일하거나 가장 유력한 원인일 필요는 없다는 것이다. 즉, 상병 등에 대해 다른 공동(경합)하는 원인이 있고 그것이 동일하게 상대적으로 유력한 원인이라고 하여도 상당인과관계의 성립을 방해하지는 않는다는 것이다. 이러한 법리는 제2차 세계대전 전부터 독일에서 채용되어 왔던 본질적 인과관계설에 그 기초를 두고 있다.[17)]

또 이 견해에 의하면 피재근로자의 발병 등에서 업무와 관련성이 없는 소인, 기초질환이나 기존질병이 원인 또는 조건이 되어 발병한다고 하여도, 일반 경험법칙상 업무가 해당 근로자의 소인, 기초질환 등에 겹쳐서 질병을 유발시키거나 악화 또는 발병의 시기를 앞당기는 등 기초질환 등의 자연경과를 넘어 악화(급격한 악화일 필요는 없다)시켜 발병하였다고 인정되는 경우에는, 업무와 발병의 사이에 상당인과관계가 성립한다는 것이다.[18)]

따라서 근로자에게 질병이 발생하거나 악화된 경우에 업무에 의한 피로의 축적 등이 유일한 원인일 필요는 없고, 업무 이외의 원인과 함께 당해 질병의 '공동원인' 이라고 인정되면 그것으로 상당인과관계는 인정할 수 있다는 것이다.[19)]

그리고 이 입장은 양자가 공동원인이 되고 있는지에 대해 재해의 요건과 업무 강도의 정도를 상관적으로 연결시켜 판단한다. 즉, 격심한 업무가 없을 때

---

16) 三柴丈典, "脳・心臓疾患事案における法的因果關係", 32쪽.

17) 岡村親宜, "過勞死の勞災認定", 『勞働法律旬報』, 第1278号, 勞働旬報社, 1991, 14쪽.

18) 岡村親宜, 『過勞死・過勞自殺の理論と實務 −勞災補償と民事責任−』, 旬報社, 2002, 179쪽 ; 上柳敏郎, "過勞死の業務上外判斷", 日本勞働法學會 編, 『パートと均等待遇協約の擴張適用過勞死』, 總合勞働研究所, 1997, 195쪽.

19) 水野 勝, "業務上外の認定基準", ジュリスト『勞働法の爭點』, 有斐閣, 1990, 263쪽.

에는 종래의 엄격한 재해 요건의 충족을 요구하고, 과격한 업무가 있을 경우에는 그 정도에 따라 재해의 요건을 완화하는 것이다.[20]

2. 상대적 유력원인설

상대적 유력원인설이란 발병의 원인 중에서 업무가 상대적으로 유력한 원인이 될 것을 필요로 하는 견해이다.[21] 이 견해는 업무 외에도 결과에 대한 조건관계가 인정되는 요인으로 본인의 소인 · 기초질환, 본인의 특수 · 이례적인 선택행동, 제3자의 행위 등을 포함한다. 이 밖에도 일상생활상의 일반적 부하와 업무에 의한 부하를 비교하여 업무의 원인력 쪽이 상대적으로 유력할 때, 해당 상병 등은 업무의 위험성이 발현한 것으로서 상당성이 인정된다고 본다.[22]

상대적 유력원인설은 업무가 경합하는 원인 가운데 상대적으로 유력한 원인인 경우에 상당인과관계를 인정하여 업무상의 상병이라고 판단하는 것이므로, 의학 경험법칙상 해당 업무가 소인 · 기초질환 등의 자연경과를 넘어 '급격히' 또는 '현저히' 악화시켰다고 인정되는 경우에 비로소 상당인과관계가 인정된다고 한다. 이는 앞서 살펴보았던 판례 중에서 과중부하를 중시하는 입장이다.

그리고 이 입장은 업무가 해당 상병의 발생에 상대적으로 유력한 원인이었는지에 대한 판단을 인간의 모든 경험적 · 과학적 식견에 비추어 행하므로, 상병의 발생에 불가결한 조건이 되었던 모든 사정을 기초로 하여 업무와 상병 등과의 관계가 경험법칙상 상당한 인과관계가 있는지를 판단한다.[23]

이에 대해 '상대적'이란 양적 관념이고 질적 관념은 아니기 때문에, 상대적 유력원인을 문제로 하는 경우 질적으로 다른 원인을 상호 비교하여 상대적으로 유력한 원인을 탐구하여 보아도 의미를 찾기 어렵다는 비판이 있다.[24]

---

20) 岡村親宣, 『過勞死と勞災補償』, 勞働旬報社, 1991, 85쪽.

21) 厚生勞働省勞働基準局 勞災補償部勞災管理課 編, 『勞働者災害補償保險法』, 勞務行政硏究所, 1992, 183쪽 ; 安枝英訷 · 西村健一郎, 『勞働法』, 有斐閣叢書プリマ · シリーズ, 2006, 351쪽.

22) 松本光一郎, 앞의 글, 239쪽.

23) 西村健一郎, "業務上 · 外認定基準", 153쪽.

24) 水野 勝, "競合的原因と過勞死の認定に關する理論的主要問題", 『勞働法律旬報』, 第1358号, 勞

또 업무가 상대적으로 유력한 원인이 되었다고 하는 요건은 애초 그 입증과 판단이 곤란할 뿐만 아니라, 그 법적 근거도 산재보상의 성격으로 보아 의문시된다. 따라서 소인이나 기초질환 등이 존재하는 경우라도 발병 · 악화와 노동관계상의 여러 가지 사정을 종합적으로 고려하여 집단으로서의 사용자에게 보상책임을 지워 피재근로자나 그 유족의 손실전보 내지 생활보장을 행하는 것이 합리적인지를 판단해야 한다는 비판적인 견해도 있다.[25)]

3. 소 결

상당인과관계를 인정하기 위해서 재해와 업무 사이에 어느 정도의 인과관계가 있어야 할 것인가는 매우 중요한 문제이다. 업무가 공동원인이 되면 상당인과관계의 존재를 긍정할 수 있다고 하는 견해와 업무가 상대적으로 유력한 원인이 되어야 상당인과관계의 존재를 긍정할 수 있다고 하는 견해는 표현상으로 분명히 차이가 있다.

전자는 업무가 한 원인으로서 함께 작용하고 있으면 인과관계를 인정하는 것으로 업무가 상대적으로 유력한 원인이 될 것까지는 요구하고 있지 않지만, 후자는 업무가 모든 원인 가운데서 상대적으로 유력한 원인일 것을 요구하고 있는 것이다.

따라서 공동원인설과 상대적 유력원인설은 '업무상' 인정에서 양자 사이에 산재보험법의 목적에 대한 고려, 판단의 기초가 되는 원인적 요소의 광협 면에서 차이가 있다. 그러므로 공동원인설의 입장에 서면 상대적 유력원인설을 취하는 경우보다 상당인과관계를 인정할 가능성이 커질 것이다.

그러므로 개념적 측면에서 전자의 방법이 후자보다 상당인과관계를 긍정하는 범위가 넓게 될 것이지만, 업무가 발병에 관여하는 정도가 다른 요인과 비교하여 현저하게 적은 경우에는 애초 공동원인이 되지 않는다고 판단할 수 있다. 또 상당인과관계의 판단은 '발병 전에 종사하고 있던 업무의 과중성을 어떻게 평가하는지'와도 관련이 있기 때문에, 이와 같은 기초적인 이론이 실제

働旬報社, 1995, 19쪽.

25) 岡村親宣,『過勞死と勞災補償』, 90쪽.

의 결론에서 어떤 차이를 가져오는지에 대해서는 의문이 제기되고 있다.

그리고 실질적으로 공동원인설과 상대적 유력원인설 중 어느 설을 취하더라도 업무가 기초질환이나 기존질병을 자연적 경과를 넘어 악화시키고 있는지가 판단의 자료로서 사용되고, 상대적 유력원인설을 취하는 판례에서도 업무가 최유력의 원인일 것을 요구하고 있지는 않으므로 양설은 판단 결과에서 그다지 다르지 않다는 견해도 있다.[26)]

그런데 상병 등의 발생에는 다양한 원인이 경합하고 얽혀서 조건관계를 형성하는 경우가 많다. 또 업무와 발생한 사실과의 결부 정도도 다양하다. 따라서 업무와 상병 등의 결부를 고려하더라도 어느 정도의 결부에 대해 '업무에 내재하거나 통상 수반하는 위험의 현실화'라고 인정할 수 있는지는 개별적·구체적 사안에 따라 판단되어야 할 문제이다. 하지만 해당 업무가 해당 상병 등에 대해 다른 원인과 비교하여 상대적으로 유력한 원인이어야 하는 관계가 반드시 인정되어야 할 것은 아니라고 생각한다.

이에 대해 판례는 사안을 크게 두 가지 범주로 구분하여, 과로가 질병의 주된 발생 원인과 겹친 경우에는 과로를 재해의 공동원인으로 파악하고,[27)] 과로가 기존질병을 급속하게 악화시킨 경우에는 과로를 재해의 상대적 유력원인으로 파악하는 이분적 입장을 취하는 것으로 보인다.[28)] 그리고 이 두 입장 중 어느 입장을 취하지 않는 경우도 있다.[29)]

산재보험법 제37조 제1항은 업무와 재해 사이에 상당인과관계를 요구하면서 제1호 바목 및 제2호 다목에서 '업무와 관련하여 발생한 사고와 질병'을 업무상 재해로 보고 있다. 이는 종래의 업무기인성에 비하여 폭넓게 인과관계를 인정할 수 있는 여지를 둔 것이라고 할 수 있으므로, 앞으로는 상당인과관계를 공동원인설의 입장으로 통일하여 판단하는 것이 타당할 것이다.

---

26) 水島郁子, "業務上疾病と業務起因性", 『重要判例解說』 Jurist 第1291号, 2005, 231~232쪽에서 최근의 일본 최고재판소는 업무상 질병 사례에 있어서 공동원인설, 상대적 유력원인설의 어느 쪽 입장도 채택하지 않고 상당인과관계의 유무를 판단하고 있다고 한다.

27) 대판 2008.2.28, 2006두17956.

28) 대판 2005.11.10, 2005두8009.

29) 대판 2008.1.31, 2006두8204.

제2절 상당인과관계에서의 업무 과중성 판단

업무상 재해는 산재보상제도의 취지에 따라 업무에 내재하거나 수반하는 위험의 현실화로 보고 있다. 따라서 과로성 재해에 있어서도 업무상 재해란 과중한 노동에 의해 질병에 걸리거나 사망할 위험이 업무에 내재하거나 수반하고 있어 그것이 현실화한 것이라고 파악할 수 있을 것이다.

여기에서 '과중한 노동' 인지의 여부는 구체적으로 업무량, 근로시간, 노동강도, 작업형태, 난이도, 근무환경, 건강정도, 신체조건 등을 종합적으로 고려하여 판단하여야 한다.[30] 이때 ① 누구를 기준으로 할 것인가, ② 어느 기간을 대상으로 할 것인가, ③ 어떠한 업무와 비교할 것인지가 중요한 문제가 된다.

Ⅰ. 판단의 기준 근로자

1. 본인기준설

상당인과관계 판단의 중핵적 요소는 업무 과중성을 누구를 기준으로 판단할 것인지라고 할 수 있다. 본인기준설은 업무의 과중성을 판단할 때 본인을 기준으로 판단해야 한다는 견해로 근로자의 내적 상태인 '부담' 을 판단기준으로 삼는 입장이다. 이는 산재보험법이 피재근로자와 그 유족의 생활보장을 목적으로 하고 있으므로 '업무상' 을 판단하는 핵심은 업무가 개인에 미치는 '부담' 의 유무 내지 정도에서 파악해야 한다는 것이다. 그리고 이와 같이 '부담' 에서 생각하면 본인기준설을 채택하는 것이 타당하다고 한다.[31]

---

30) 정신질환이나 자살에서의 업무 과중성 평가에서 업무가 과중하였는지 여부는 업무의 특수성이나 전문성 등 업무에 내재하는 과중성, 장시간근로나 휴일근로라고 하는 업무 실태에 있어서의 과중성, 근로자의 서투름, 직장에서의 위치, 대인관계 스트레스의 유무, 돌발적인 사건 그 밖에 근로자의 심리적 부하를 증대시킬 요인의 존재 등에서 평가할 수 있다(上田達子, "ストレス関連疾患の法的救濟 −補償と賠償の課題−", 日本勞働法學會 編, 『勞働者の健康と補償・賠償』, 法律文化社, 2007, 40쪽).

31) 上柳敏郎, 앞의 글, 203쪽.

또한 의학적으로 인과관계를 논할 경우에도 주관적 '부담'을 고려하는 것이 옳다고 한다. 이는 동일한 '부하'라도 사람에 따라서 '부담'으로 느끼는 정도가 다르고, 또 같은 사람이라도 상황에 따라 '부담'으로 느끼는 정도가 다르기 때문이다.[32)]

그리고 본인기준설은 피재근로자 개인의 고유한 건강과 신체조건을 적극 감안하여 피재근로자의 권리를 보호하는 측면이 있다. 이는 개인적 감수성에 차이가 있고 유해인자에 동일한 정도로 노출되어도 이에 의해 발병하는 자와 그렇지 않은 근로자가 있으며, 특히 소인이나 기초질환 등을 가진 자는 일반인에 비해 과로성 질병의 발병·악화에 취약한 것이 사실이기 때문이다.

그런데 이 견해는 피재근로자 개인의 개별적 조건을 파악하는 데 있어서 객관적인 기준이 모호하고 주관적인 판단에 의존하는 경우가 발생한다는 문제점이 있다.[33)] 또 본인을 기준으로 판단한다면, 상병 등의 결과가 발생한 것에 미루어 업무는 무조건 과중하였던 것으로 된다는 결과론적 입장에 빠지기 쉽고, 이는 조건설과 같은 결과가 되는 것이라고 동료기준설에서는 비판하고 있다.[34)]

2. 동료기준설

업무의 과중성을 판단하는 경우에 본인과 같은 정도의 연령, 경험 등을 가지고 일상 업무를 지장 없이 수행할 수 있는 건강상태에 있는 동료 또는 동종 근로자를 기준으로 삼아, 이들에 있어서도 해당 업무가 과중한지를 판단해야 한다는 견해이다.

이는 외적상태인 '부하'를 기준으로 하는 관점으로, 주관적인 '부담'을 강조할 경우 기초질환이나 저항력 등에 대해 다양한 내적상태에 있을 수 있는

---

32) 上柳敏郎, 앞의 글, 203~204쪽에서 과로의 경계에는 개인 간에 상당한 차이가 있고, 동일인이라 하더라도 감기에 걸린 상태이거나 전일에 불면 또는 몸 상태가 나쁘다면 쉽게 피로하게 된다. 이는 외부적으로는 평소와 다름없이 보이더라도 바이오리듬(biorhythm)의 주기가 변하기 때문이라고 한다.

33) 최재욱, "뇌심혈관계 업무상 질병 인정기준과 법원판례", 『2004년 산재보험 자문의 세미나』, 근로복지공단, 2004, 41~42쪽.

34) 松本光一郎, 앞의 글, 242쪽.

피재근로자에 대한 '부담'을 명확하게 심사하는 것이 용이하지 않다는 점을 감안한 것이다.[35)]

이에 관련해 현행 인정기준에는 직접적인 명시규정이 없고, 다만 고용노동부 고시 제1호 나목에서 "업무강도 · 책임 및 업무환경 등이 유사한 업무를 수행하는 동종의 근로자라도 적응하기 어려운 정도로 바뀐 경우"로 규정하여, '동종 근로자'를 기준으로 하고 있다.

한편, 판례[36)]는 "업무와 질병과의 인과관계의 유무는 보통 평균인이 아니라 당해 근로자의 건강과 신체조건을 기준으로 판단하여야 한다"고 하여, 본인기준설을 일반적인 판단기준으로 거의 일관되게 제시하고 있다. 다만, 정신장해나 자살과 관련해서는 "사회 평균인으로서 충분히 감수하거나 극복할 수 있을 정도의 것"이라고 하여 '사회 평균인'을 기준으로 판시해 신체질환과 다른 기준을 제시하였으나,[37)] 최근에 우울증 악화로 자살한 사건에서 '당해 근로자의 건강과 신체조건을 기준'으로 판시한 사례가 있다.[38)]

Ⅱ. 판단의 대상 기간

업무의 과중성 판단에서 재해의 발병과 과중한 업무에 의한 신체적 · 심리적 부하의 시간적인 인접 문제로 대상 기간을 어떻게 설정할 것인지도 중요하다. 이와 관련하여 판례는 발병과 업무 사이의 시간적 관계를 형식적으로 구분하지 않고, 비교적 장기간에 걸쳐 업무량 등이 근로자의 신체와 정신에 주는 영향을 검토하고 있는 것으로 보인다.

다만, "상병의 발병 전 6개월 이상의 기간 동안 종전에 비하여 근로자의 업무가 특히 과중하였다거나 근로자가 업무적으로 감내할 수 없을 정도의 심한 스트레스를 받았다고는 보이지 않는 점"이라고 판시하여,[39)] 업무의 과중성을

---

35) 上柳敏郎, 앞의 글, 203쪽.

36) 대판 2008.1.31, 2006두8204 ; 대판 2007.4.12, 2006두4912 ; 대판 2006.3.9, 2005두13841 등.

37) 대판 2008.3.13, 2007두2029.

38) 대판 2011.6.9, 2011두3944.

39) 대판 2004.9.20, 2004두8576.

판단하는 대상 기간으로 6개월 이상을 명시한 사례가 있다.

또 "재해 발생 3개월 전부터는 동절기에 대비한 사전예방 작업과 동파로 인한 파이프 교체작업 등으로 평소보다 업무가 늘어난 점"이라고 하여,[40] 3개월의 기간을 과중성 판단의 대상으로 삼은 사례도 있다.

그리고 일반적으로 질병의 발생 및 악화와 가장 밀접한 관련을 갖는 부하는 발병 · 악화 전 약 24시간의 것이지만 1주일 정도 이내의 부하도 상당한 관련성을 갖는다고 한 판례[41]도 있어, 부하의 대상 기간을 사건마다 제각각 달리 보고 있는 듯하다.

한편, 인정기준과 관련한 고용노동부 고시 제1호의 나목 및 다목은 업무과중성의 판단기준을 '단기간 동안의 업무상 부담'과 '만성적인 과중한 업무'로 구분하고 있다. 여기에서 고용노동부 고시는 단기간 동안의 업무상 부담을 "발병 전 1주일 이내 업무량이나 업무시간이 일상 업무보다 30% 이상 증가"되는 경우로 정해 '1주일'을 단기간 과중의 판단기간으로 삼고, 만성적인 과중한 업무란 "발병 전 3개월 이상 연속적으로 과중한 육체적 · 정신적 부담"을 발생시킨 경우로 정해 '3개월 이상'을 만성적인 과중한 업무의 판단기간으로 정하고 있다.

그런데 '장기간의 과중노동'을 판단할 경우, 그 부서에 배치되기 전 또는 입사 전에는 건강한 상태를 유지하였으나 장기간 그 업무를 수행하는 가운데 발병 · 악화한 질병까지 포함한 판단이 가능하게 되어, 결과적으로 과로성 재해의 인정대상이 확대되었다고 할 수 있다. 다만, 경우에 따라서는 판례와 같이 6개월 이상의 기간을 업무 과중성의 판단기간으로 삼는 것이 타당할 것으로 생각한다.

Ⅲ. 판단의 비교 업무

과중한 노동의 유무가 업무상 재해의 판단에 직결하는 문제이기 때문에, '업무상' 인정의 판단에서 어떠한 업무를 기준으로 과중성을 판단할 것인지도 매우 중요하다.

40) 대판 2003.11.14, 2003두5501.
41) 대판 2004.8.23, 2004두6334.

판례는 이에 대해 "통상적인 업무의 범위를 크게 벗어나 과중한 부담이 될 정도",[42] "일상적이고 통상적인 업무의 범위를 벗어나 심적으로 특별히 부담이 되거나 육체적으로 과중한 정도",[43] "업무가 통상적인 범위를 벗어나 특별히 과중" 등으로 판시하여,[44] '통상적인 업무의 범위'를 과중성 판단의 기준으로 삼고 있다.

다만, 통상적인 업무 범위의 대상 근로자에 대해서는 동료 근로자들의 통상적인 업무를 기준으로 한 사례가 있고,[45] 같은 업종에 종사하는 근로자들의 통상적인 업무시간 및 업무내용을 기준으로 판단하고 있는 사례도 상당하며,[46] 나아가 같은 직위에서 같은 종류의 일을 하는 근로자를 기준으로 하거나[47] 유사한 다른 직종의 근로자를 기준으로 한 사례도 있다.[48]

한편, 인정기준과 관련한 고용노동부 고시 제1호의 나목에 의하면, "일상업무보다 30% 이상 증가"한 경우를 업무 과중성의 기준으로 정하고 있다.

이는 과로성 재해의 대부분 원인인 병변 등은 나이가 들거나 일상생활의 모든 요인에 의해 악화되거나 발병에 이른다는 점, 업무는 혈관병변 등의 형성 그 자체의 직접 원인이 되지는 않지만 업무에 의한 정신적 · 신체적 부하가 혈압변동이나 혈관수축에 관여한다는 점을 전제하고 있다. 따라서 일상생활상의 정신적 · 신체적 부하에 의한 영향은 혈관병변 등의 자연적 경과의 범위 내이고, 업무도 또한 그것이 일상적인 것인 경우에는 동일하게 해석해야 할 것이라고 보는 것이다.

그러므로 기초질환 등이 본인의 일상생활에서 발병 또는 악화된 것이라면 업무에 기인한다고 할 수 없고, 일상 업무에 의한 부하는 자연경과의 범위 내에 있다고 할 수 있으며, 인과관계의 판단이 구체적 · 개별적 문제라는 점에 비추어 보면 질병의 자연경과를 파악하는 기준은 본인의 일상이 되는 것이 타당하다고 한다.[49]

42) 대판 2002.4.26, 2002두745.
43) 대판 2001.4.24, 99두12137.
44) 대판 2005.8.19, 2005두4922.
45) 대판 2002.10.25, 2002두5566.
46) 대판 2002.6.14, 2002두3287.
47) 대판 2004.3.26, 2003두15324.
48) 대판 2004.9.20, 2004두8576.
49) 松本光一郎, 앞의 글, 240~241쪽.

이는 결국 업무 과중성을 종래의 업무 등에 비해 과중하였는지를 판단하는 것인데, 이와 같이 업무 과중성을 통상 또는 일상의 업무와 비교하여 판단한다면 평소 과중하거나 유해한 업무가 상태화하고 있을 경우에는 그 유해성이 간과될 우려가 있다.

즉, 판례의 '통상 업무'나 고용노동부 고시의 '일상 업무'라는 규정은 병변의 발생 시에 수행하고 있던 업무가 통상의 업무범위 또는 그 정도를 현저히 초과하고 있었던 경우에만 업무 과중성을 긍정한다는 취지로, 그것은 통상 또는 일상의 업무자체에 해당 병변 발생의 위험이 내재하고 있지 않은 직종에 대해서는 타당하지만 그렇지 않은 직종에 대해서는 타당하지 않게 되는 것이다.

또 이 입장이 과중한 업무이더라도 그것이 상태화하면 근로자가 이에 익숙해져 건강에 유해하지 않게 된다고 보는 것이라면, 이는 상태화한 업무자체의 과중성과 피재근로자의 건강을 무시 내지 경시하는 것이다.

결론적으로 판례와 인정기준은 업무 과중성의 판단에서 근로자의 통상 또는 일상 업무범위를 기준으로 하고 있는데, 일상의 업무내용 자체가 질적 또는 양적으로 격심한 것일 때에는 업무내용이 이전과 변동 없는 상태에서 발병에 이르렀다고 하더라도 업무가 질병의 유력한 원인인 경우가 있을 수 있다. 그러므로 경우에 따라서는 통상 또는 일상 업무만을 수행한 경우라도 상당인과관계를 인정하여야 할 것이다.

업무 과중성 판단의 비교

구 분	인정기준 등	판 례
기준 근로자	〈동종근로자〉 • 업무강도 · 책임 및 업무환경 등이 유사한 업무를 수행하는 동종의 근로자라도 적응하기 어려운 정도로 바뀐 경우	〈본인〉 • 인과관계 유무는 당해 근로자의 건강과 신체조건을 기준
대상 기간	• 급성과로 : 24시간 이내 • 단기과로 : 1주일 이내 • 만성과로 : 3개월 이상	• 6개월까지
비교 업무	〈일상업무〉 • 업무의 양이나 시간이 일상업무보다 30퍼센트 이상 증가	〈통상업무〉 • 업무가 통상적인 범위를 벗어나 특별히 과중

제3절 그 밖의 고려사항

Ⅰ. 치료기회의 상실

과로성 재해의 상당인과관계 판단에 있어서는 해당 질병을 발생시킬 수 있는 충분한 업무과중성이 인정되는지가 판단의 중심이 된다. 그런데 문제는 전조증상이 발현 또는 발병 후에 신속하고 적절한 치료기회를 상실하여 발병이 촉진되거나 질병이 악화되었을 때 상당인과관계가 인정될 수 있는가이다.

가령 발병 그 자체에는 상당인과관계가 인정되지 않는다고 하더라도 발병의 촉진이나 질병의 악화를 가져온 원인이 치료기회의 상실이라는 문제인데, 이러한 경우에는 어떠한 사정 하에서 치료기회를 상실하였는지가 중요한 쟁점이 된다.

이 문제에 대해서는 우선 발병 후 곧 치료하였으면 악화되지 않았을 것이라든가, 보다 좋은 결과가 초래되었을 것이라고 하는 것에 대한 상당한 개연성이 입증되어야 한다.

다음으로 문제가 되는 것은 발병하여 요양이 필요한 상태에서 근로자가 계속 근로할 법적의무가 없다고 할 것이나, 발병 이후에 근로자 측이 굳이 무리하여 근로한 경우에 질병의 악화가 업무에 내재하거나 통상 수반하는 위험이 현실화된 것이라고 할 수 있는가이다.

근로자가 초래되는 '결과의 발생을 예지하면서 무리하게 업무에 종사하는 등'의 행위가 인정되는 경우, 산재보상이 무과실책임이라는 점과 현실적으로 질병의 악화를 걱정하면서도 업무를 수행하지 않으면 안 되는 사정이 존재하는 경우가 적지 않은 점을 생각하면, 질병의 악화는 위험의 현실화로 인정해야 할 것이다. 다만, 사용자의 구체적인 지시를 위반하여 무리를 한 경우에는 제외될 수 있을 것이다.

그리고 피재근로자 이외에는 그 업무를 수행할 수 없는 등 피재근로자에게 근로의 필요성이 강하게 요청되고 피재근로자가 계속 근로하여 건강이 악화된 경우에도, 업무에 내재하는 위험의 현실화로 보는 것은 가능하며 상당인과관계가 인정된다고 볼 수 있다.

일본의 판례[50]에서는 발병 그 자체에는 상당인과관계가 인정되지 않았으나 기존질병을 악화시켜 치명적이 된 사건에서 '곧바로 안정을 유지하여 진찰 치료를 받는 것이 곤란하고 계속되는 업무에 종사하지 않을 수 없어 업무에 내재하는 위험이 현실화하였다고 할 수 있는 경우에는 상당인과관계가 인정된다' 는 취지로 판시하고 있다.

이 판결은 업무 자체의 과중성 판단에 그치지 않고, 치료기회의 상실을 '업무에 내재하는 위험의 현실화' 의 판단요소로 고려한 점에 특색이 있다. 즉, 계속되는 업무에 종사할 수밖에 없었던 '사실관계' 에 '업무상 내재하는 위험' 이 있었음을 인정하고, 업무계속에 의해 발병한 재해를 그 '위험의 현실화' 로 평가하고 있는 것이다.[51]

결론적으로 발병 그 자체에 상당인과관계가 인정되지 않더라도 해당 질병의 발병 후 종사한 업무로 치료기회가 박탈되고 그로 인해 질병이 자연적 경과를 넘어 악화되었다고 볼 수 있는 경우, 이는 업무의 계속에 의해 치료기회가 상실된 것이기 때문에 업무위험으로 판단할 수 있고, 따라서 상당인과관계가 인정되는 것이다.

그동안 질병의 '업무상' 인정에 있어서는 해당 질병이 기업에 내재하는 위험에 의한 것인지가 기본적인 문제였다. 그러나 이와 같이 상당인과관계를 근로자 개인의 건강상태와 그에 대한 사용자의 대응이라는 상관관계에서 판단하는 근래의 경향은, 전통적인 기업위험의 관념을 확대하는 것으로서 피재근로자에 대한 구제범위가 한층 넓어진 것이라고 할 수 있다.

---

50) 地公災基金愛知縣支部長 事件, 最三小判 1996.3.5. 勞働判例 第689号 16쪽 ; 地公災基金東京都支部長 事件, 最三小判 1996.1.23. 勞働判例 第687号 16쪽 등.

51) 良永弥太郎, "治療機會の喪失", 『勞働判例百選』, 別冊 ジュリスト 第165号, 有斐閣, 2002, 139쪽.

Ⅱ. 건강배려의무 위반

근로계약상 사용자가 근로자의 생명 · 건강에 대한 배려의무를 지고 있는 것에 대해서는 학설 · 판례도 인정하고 있지만, 이 배려의무는 주로 사용자의 주의의무 위반이 문제가 되는 손해배상청구사건에서 취급되어 온 법리이다.

따라서 근로자의 생명이나 건강에 대한 사용자의 주의의무 위반이나 노무관리상 결함의 결과로 발생한 위험에 의해 질병이 발병 · 악화된 경우, 본래 사용자의 주관적 귀책사유의 유무를 묻지 않는 '업무상' 인정에서 사용자의 건강배려의무 위반으로 파악하여 이를 인정의 판단기준으로 할 수 있는지가 문제된다.

산재보상에 관한 법의 출발점이 과실책임주의의 극복에 있었고, 이러한 점에서 '업무상'의 인정에 있어서는 노사의 주관적 귀책사유의 유무는 고려되지 않는다는 일반 명제는 원칙적으로 옳다. 여기에서 노사의 주관적 귀책사유의 유무가 원칙적으로 문제되지 않는다고 하는 것은 피재근로자 측은 사용자의 주의의무 위반을 입증할 필요가 없고, 근로자의 과실 역시 '업무상'에 대한 인정을 좌우하지 않는다고 하는 의미이다. 따라서 이는 사용자의 의무위반이 존재하는 경우, 이것을 '업무상' 인정의 기초에서 일체 배제하여야 한다는 것을 의미하는 것은 아니다.

오히려 '업무상' 인정이 해당 상병 등에 대해 노동관계상의 위험의 발현으로서 성격을 갖는지의 관점에서 파악되어야 하는 것이라면, 사용자의 건강배려의무 위반이라고 하는 요소는 상병 등의 원인이 된 노동관계상의 하나의 위험으로서 인정의 기초자료가 될 수 있다. 더욱이 기업에는 설령 사용자가 의무를 이행하고 있다고 하여도 재해 발생의 위험성이 내재하고 있기 때문에 사용자의 의무위반은 이러한 위험성을 증폭시킨다. 따라서 근로자의 생명이나 건강에 대한 사용자의 주의의무 위반은 근로자가 처한 객관적 상황의 위험성 유무나 정도를 판단함에 있어서 중요한 의미를 갖는 것이다.

그리고 소인이나 기초질환을 가진 근로자의 발병 · 악화에 대한 '업무상' 인정은 일반적으로 곤란하지만, 사용자 측에 이러한 의무위반이 존재하면 이로 인해 생긴 위험한 상태가 발병이나 악화로 연결될 수 있는 경우는 많을 것이다. 또 의무위반의 존재는 '업무상' 인정에서 과연 합리적인가에 대한 판단에 있어서도 중요한 역할을 할 것이다.

최근의 하급심 판례[52]는 "보호의무를 위반함으로써 근로자가 재해를 입은 경우라면 이러한 보호의무 위반과 근로자의 재해 사이에 상당인과관계를 인정하는 것이 타당하다"고 하고, "사업주의 지배관리하에 있는 근로자에 대하여 사업주로서 적절한 구호조치를 행하지 아니함으로써 발생하거나 그 피해가 확대된 재해에 대해서는 업무와 인과관계를 인정하는 것이 상당하다"고 판시하였다.

결론적으로 사용자의 건강배려의무 위반을 '업무상' 인정에서 중시하고 있는 경향은 생존권 법리가 산재보험법에 한층 더 침투한 것이라고 볼 수 있고, 전술한 치료기회의 상실과 함께 전통적인 기업위험의 관념을 확대하는 것이 되며, 상당인과관계론의 재검토를 촉구하는 내용이라고 할 수 있을 것이다.

한편, 이와 반대의 입장에서 "근로자가 업무량 등에 비추어 어느 정도 스트레스를 받았을 것으로 보이나 스스로 건강을 돌보지 아니하였다"고 하여 상당인과관계를 부인한 판례[53]가 있다. 또 다른 판례[54]에서도 "근로자의 업무가 장시간의 육체적 노동으로 다소 중하였다고 하더라도 업무와 무관하게 습관적으로 과도하게 음주하여 악화시켰다"고 하여, 업무상 과로가 인정되더라도 스스로 건강관리를 소홀히 한 경우에는 상당인과관계를 부인하고 있다. 따라서 같은 맥락에서 볼 때 사용자의 건강배려의무 위반에 대해서는 '업무상' 인정의 기초로 삼을 수 있을 것이다.

Ⅲ. 근로기준법 등의 위반

시간외 근로에 관한 근로기준법과 산안법의 법 규제는 근로자의 과도한 피로축적을 방지하여 건강장해를 예방하고 조기 발견하여 치료하는 것을 직접 또는

52) 서울행법 2008.9.10, 2008구합457.
53) 대판 2004.9.24, 2004두7030.
54) 대판 2002.2.15, 2001두10172.

간접의 목적으로 하는 것이다. 따라서 적어도 시간외 근로의 기준을 초과하여 업무가 수행되고 있다면 법 자체의 위반은 별개로 하더라도, 규제 목적에 비추어 그 자체가 근로자의 건강에 악영향을 미치고, 건강장해의 발생을 야기하며 산재보상의 대상이 되는 상당인과관계를 추정시킨다고 할 수 있다.[55)]

특히 법정의 연장근로시간을 초과한 과도한 장시간 근로나 격심한 업무로 정신적 · 육체적 피로가 상태화하고 있는 업종에서 일하는 근로자에게 과로성 재해가 발생한 경우에는, 사생활에 있어서 그 발병을 촉진할 특단의 사정이 없는 한 피로가 해당 질병의 유력한 원인이 되었다고 보아 상당인과관계를 인정해야 할 것이다.

하급심 판례[56)] 중에는 "주당 평균 근로시간이 56시간으로 근로기준법이 정한 근로시간의 한도에 이른 점에 비추어 업무상 과로와 스트레스가 기존질병을 급격히 악화시켜 급성 돌연사에 이르게 한 것으로 봄이 상당하다"고 한 사례가 있다.

산재보상에 있어 '업무상'의 개념은 과실의 존재를 요건으로 하지는 않지만 이것을 유해인자의 요소로서 인정의 기초로 삼는다고 하더라도 법의 취지에 어긋나지는 않을 것이다. 더욱이 근로기준법이나 산안법 위반이 없더라도 업무에 내재하는 위험은 존재할 것이고 그에 법규 위반이 더해지면 위험은 증폭된다고 할 수 있다.

따라서 근로기준법 제53조 또는 산안법 제46조에서 정한 상한선을 초과하여 시간외 근로를 시킨 경우나, 정신분열증 그 밖의 정신질환에 걸린 자나 심장 등의 질환이 있는 자로서 근로에 의하여 병세가 악화될 우려가 있는 근로자에게 산안법(법 제45조, 시행규칙 제116조 · 제117조)을 위반하여 계속근로를 시킨 경우에는, 그 위반사실을 상당인과관계를 인정하는 하나의 요인으로 삼을 수 있다고 생각한다.

---

55) 西森みゆき, "業務起因性 −業務起因性の立證責任−", 林 豊 · 山川隆一 編, 『勞働關係訴訟法 Ⅱ』, 青林書院, 2005, 255쪽.

56) 대구고법 2002.1.25, 2001누1254.

Ⅳ. 소 결

업무상 재해의 기본요건인 상당인과관계의 판단에 있어서 업무 과중성 판단 이외에 업무계속으로 인한 치료기회의 상실과 사용자의 건강배려의무 위반을 판단의 기초로 하는 것은 상호 공통의 성격을 갖는 것이고, 이는 질병의 업무상 재해 인정에 있어 새로운 동향으로 주목된다.

그리고 사용자 측의 건강배려의무 위반뿐만 아니라 근로자 자신의 건강관리 의무도 상당인과관계 판단의 한 요소가 된다고 할 것인데, 사용자의 건강배려 의무 위반과 근로자 측의 건강관리 소홀은 상당인과관계를 판단하는 하나의 요소로 볼 수 있지만, 그것이 판단을 좌우하는 요소는 아니라고 할 것이다.

또한 산재보험은 피재근로자와 그 유족의 생활보장이라는 보호법의 목적에서 보험제도로 다루기에 상당한 보상의 범위를 획정하려는 것이고, 그 판단이 해당 상병의 발병이나 악화의 원인이 되었던 모든 사정을 전제로 하는 이상, 판단기초의 하나로서 사용자의 근로기준법 위반 등이 고려되는 것은 오히려 필요 불가결하다고 할 수 있다.

따라서 기초질환이나 기존질병이 존재하고 있는 경우에 이를 상당인과관계를 부정하는 요인이라고 단정할 것이 아니라, 발병 그 자체에는 내인의 발현으로서 상당인과관계가 부인되더라도 그 후 발병의 촉진이나 악화에 있어서 사용자가 신속하고 적절한 치료기회를 박탈한 것은 아닌지, 적절한 건강관리상의 배려를 행하였는지 또는 근로기준법의 위반은 없었는지 등이 종합적으로 고려될 필요가 있다고 할 것이다.

제4절 입증책임

산재보험법상 입증책임에 관한 명문의 규정은 없으므로 소송법의 일반원칙에 따라 각 당사자는 자기에게 유리한 법률요건 사실의 존부에 대하여 입증책임을 져야 한다. 판례[57]도 "업무와 질병 사이의 인과관계에 관하여는 이를 주장하는 측에서 입증하여야 한다"고 판시하고 있으므로 피재근로자 측에서 입증책임을 부담하여야 하는 것이다.

먼저 과로성 재해의 경우 근로계약에 기초한 사용자의 지배하에서 업무에 내재하거나 수반하는 위험이 현실화한 것이 아닌 경우에는 업무상 재해가 부인된다. 따라서 과로성 재해에 있어서는 업무수행성의 판단은 의미가 없고, 피로가 장기간 축적되거나 잠복기간을 경과한 후에 질병이 발생하는 문제에서 업무기인성으로서의 상당인과관계의 입증이 종종 곤란하게 된다.

현행법상 업무상 재해 인정의 기본요건인 상당인과관계란, 업무와 상병 등의 사이에 법적으로 보아 산재보상을 행하는 것이 상당하다고 하는 관계를 말한다. 여기에서 상당인과관계의 유무는 산재보험제도의 취지에 비추어 '질병 등이 업무에 기인하여 발생하였다고 인정되는 것이 상당한지'라는 법적 가치판단에 기초한다.

상당인과관계가 인정되기 위하여 어느 정도의 입증이 필요한가에 대해 판례[58]는 "제반사정을 고려할 때 업무와 재해 사이에 상당인과관계가 추단되는 경우에도 입증이 되었다"고 하여, '추단'되는 경우에도 입증이 된 것으로 보고 있다.

여기에서 '추단'이란 입증책임론에서 말하는 경험법칙에 의한 사실상의 추정을 의미하고, 이와 같은 추단이 인정되는 경우에는 반대사실에 대한 명백한 입증, 즉 간접반증이 없으면 인과관계가 인정되는 것이다.[59]

---

57) 대판 2007.4.12, 2006두4912.

58) 대판 2007.4.12, 2006두4912 ; 대판 2006.3.9, 2005두13841 등.

59) 노동부, 『뇌 · 심혈관계 질환에 대한 업무상 재해 인정기준 개선방안』, 120쪽.

그리고 상당인과관계를 판단함에 있어서는 결과 발생의 조건이 되는 사정에 대한 당사자의 예견가능성이나 재해의 위험에 대한 관리가능성이 전혀 문제가 되지 않고, 해당 상황에 있는 순 객관적인 결과의 발생 가능성인 개연성만이 문제가 된다.[60] 따라서 업무와 재해 사이에 인과관계를 추단할 수 있는 개연성이 있으면 상당인과관계가 인정되는 것이다.[61]

그런데 과로성 재해와 같이 원인사실과 결과사실의 사실적 인과관계 판단이 곤란한 사안에 있어서는 그 판단은 '의학적인 판단이 아니라 법적판단'이 되지 않을 수 없다. 따라서 인과관계는 사안에 따라 각종의 요소, 즉 간접적인 모든 사실을 종합적으로 고려하여 일정한 증명도에 달한 것인지에 따라 판단되어야 할 것이다.[62]

---

60) 西村健一郎, "勞災補償責任の法的性質", Jurist『勞働法の爭點』, 有斐閣, 2004, 237쪽.

61) 대판 2004.4.16, 2003두13878 ; 대판 2003.12.29, 2003두11070 ; 대판 2001.2.27, 2000두8592 등.

62) 三柴丈典, "腦・心臟疾患事案における法的因果關係", 33쪽.

제6장

정신질환 · 자살과 상담인과관계

제1절 정신질환
제2절 자살

사회가 급속도로 변화하고 전문화됨에 따라 직무 스트레스가 증가됨으로써 이로 인한 우울증 등 정신질환도 증가하고 있다. 과중한 업무와 직무 스트레스는 과로성 재해로 대표되는 뇌·심혈관질환은 물론 우울증, 불안·수면장애, 신경성 두통과 같은 정신과적 문제를 발생시키고, 나아가 자살에 이르게 하기도 한다.

특히 감정규칙의 매뉴얼에 따라 자신의 내재적인 감정을 조절, 관리하는 작업을 수행해야 하는 감정노동은 우울증과 불안, 그리고 감정적 소진현상을 가져오거나 자살 등의 병리현상을 유발하고 있다.

과로성 정신질환이나 자살은 과중한 업무나 스트레스가 심신에 부담을 준 결과로서 나타난 재해이지만, 그 원인이 심인적 측면을 강하게 나타낸다는 점에서 뇌·심혈관 질병 등 신체적 질환으로 나타나는 과로성 재해와 구별된다. 이하에서는 정신질환과 자살을 차례로 살펴보고자 한다.

제1절 정신질환

Ⅰ. 의 의

정신질환이란 일반적으로 정신의 기능에 지장이 생겨 그 사람의 사회생활에 곤란을 야기한 경우라고 할 수 있다. 구체적으로는 뇌의 기질적 질환에 의한 정신증세나 정신분열증, 조울증 등의 정신병뿐만 아니라, 여러 유형의 신경증 등 다양한 심리적 장애를 폭넓게 포함하고 있다.[1)]

업무와 관련된 정신질환의 경우 크게 세 가지로 구분할 수 있다. 첫째, '신체적-정신적' 즉 신체적 상태가 정신적인 결함을 야기한 경우이다. 가령 사고나 중독 때문에 기질적 손상을 입어 정신기능에 장애가 나타나는 경우이다.

---

1) 이강숙, "정신과적 질환에 대한 업무상 인정기준", 『한국의 산업의학』, 제40권 제2호, 산업의학연구소, 2001, 55쪽 ; 한편, 정신보건법 제3조는 제1호에서 "정신질환자라 함은 정신병(기질적 정신병을 포함한다)·인격장애·알코올 및 약물중독 기타 비정신병적 정신장애를 가진 자를 말한다"고 규정하고 있다.

둘째, '정신적-신체적' 즉 정신심리적 장애가 신체상태에 영향을 미친 경우이다. 가령 정신적 충격 등이 기존질병의 악화요인으로 작용하는 경우이다. 셋째, '정신적-정신적' 즉 심리적 요인이 정신적 결함을 야기한 경우이다.[2] 업무상 과로성 정신질환은 주로 심인성 정신질환이므로 셋째의 경우에 해당된다고 할 것이다.

그리고 과로성 정신질환의 특징으로는 첫째로 스트레스가 많은 직업 또는 지위에서 발생하기 쉽다는 추정은 성립되지만 특정의 직업에만 나타나는 것은 아니라는 점, 둘째로 정신질환의 원인이 되는 직장에서의 부하는 반드시 신체에만 한정되지 않는다는 점, 셋째로 정신질환의 발병 가능성은 근로자의 스트레스 내성의 취약성에 좌우되는 경우가 크고 개인차가 크다는 점, 넷째로 질병 자체에 대한 인지의 어려움이 있는 점, 다섯째로 뇌 · 심장질병의 경우에 비하면 업무 이외의 요인에 관계하는 위험요소를 특정하기 어려운 점을 들 수 있다.[3]

Ⅱ. 원인으로서 과로 · 스트레스

산안법은 사업주가 근로자의 신체적 피로와 정신적 스트레스 등을 줄일 수 있는 쾌적한 작업환경을 조성하고 근로조건을 개선할 것으로 규정하고 있으나 (제5조 제1항), 근로자의 근로현실에서는 과중한 업무와 스트레스로 인해 정신질환이 유발되거나 악화되는 경우가 있다.

과로성 정신질환의 원인으로는 과중한 업무량, 장시간 근로, 교대제나 야간근무, 직무 스트레스 등 여러 가지가 있다. 장시간 근로는 피로축적이나 수면부족으로 인해 스트레스가 증가하고,[4] 교대제나 야간근무의 경우에는 신체리

2) 우종민 · 김경미 · 김성아, "업무전환 후 직무 스트레스로 인한 정신과적 질환 증례", 『대한산업의학회지』, 제15권 제2호, 대한산업의학회, 2003, 209~210쪽.
3) 上田達子, "ストレス関連疾患の法的救済 −補償と賠償の課題−", 日本勞働法學會 編, 『勞働者の健康と補償 · 賠償』, 法律文化社, 2007, 37~39쪽.
4) Shigeyuki Nishimura, "Work and Ischemic Heart Disease", Japan Medical Association Journal, Vol. 47 No. 5, 2004, p.219.

들에 역행하는 근무형태로 불면증이나 수면장해를 가져와 스트레스가 높아지게 된다.

또한 직무 스트레스는 직무가 요구하는 것이 근로자의 능력이나 자원, 요구와 맞지 않을 때 발생하는 유해한 신체적 · 정신적 반응으로 정의할 수 있는데, 이에 노출되면 감정과 수면장애, 위장장애와 두통, 정신질환 등과 같은 건강문제를 일으킨다.[5)]

직무 스트레스는 다음과 같이 정신건강에 악영향을 미친다. ① 생리적 반응 : 심박수 및 혈압의 증가, 근육긴장, 소화기계 활동저하 등을 가져온다. 심하면 두통, 소화기계 질환, 심혈관질환 등 신체질환으로 진행된다. ② 감정적 반응 : 만성적 스트레스가 지속되면, 감정적 손상이 계속되고 과민하게 되며 수면패턴에도 영향을 미친다. 혼란, 우울, 불안, 분노, 근심걱정 등의 반응이 있다. ③ 인지적 반응 : 지속되는 스트레스는 집중력에 영향을 미쳐 사고를 왜곡시키고 지적기능을 감퇴시킨다. ④ 행동적 반응 : 잠재적인 스트레스 상황을 피하거나 벗어나려는 경향으로 흡연이나 음주증가 등이다.[6)]

특히 최근에는 서비스 영역이 급속히 확대되면서 감정노동의 영역이 빠른 속도로 확장되고 있는데, 근로자가 가지고 있는 본원적 감정이 기업의 이익창출을 위해 인위적으로 구성된 감정규칙으로 관리됨으로써 근로자들의 본성이 왜곡 또는 과장되고 있다. 이러한 감정노동이 직무 스트레스의 원인이 되어 근로자는 정신적 · 육체적 질환은 물론 자살을 유발하기도 한다.[7)]

결국 업무상 과로 · 스트레스는 우울증, 수면장애 등 정신건강 문제, 위장장애와 두통 등 신체질환, 대인관계의 장애 및 그로 인한 정신질환을 유발시킨다. 연구결과에 따르면 직무 스트레스가 우울증상의 빈도를 4배 정도 증가시킨다고 한다.[8)]

---

5) 우종민 · 김경미 · 김성아, 앞의 글, 211쪽.

6) 한국산업안전공단, 『직무 스트레스 평가관리』, 2005, 4~5쪽.

7) 김왕배 · 이경용 · 이가람, "감정 노동자의 직무환경과 스트레스", 『한국사회학』, 제46집 제2호, 한국사회학회, 2012, 123~124쪽.

8) 한국산업안전공단, 『한국인 직무 스트레스 측정도구의 정확성 및 신뢰성 평가 연구』, 2005, 5~6쪽.

Ⅲ. 업무상 재해로의 법적근거

업무상 재해는 기본적으로 산재보험법 제5조의 정의규정에 따라 '업무상 사유에 따른 재해' 이고, 같은 법 제37조 제1항에서 정한 업무상 재해의 일반적인 인정기준인 '상당인과관계' 가 있어야 한다.

그리고 이어 제2호에서 업무상 질병에 대해 정하고 있으므로 과로 · 스트레스와 관련된 정신질환이 업무상 재해로 인정되기 위해서는 제2호 가목의 '업무수행 과정에서 신체에 부담을 주는 업무 등 근로자의 건강에 장해를 일으키는 요인을 취급하거나 그에 노출되어 발생한 질병' 에 먼저 해당되어야 한다.

그리고 같은 법 제37조 제3항은 '업무상 재해의 구체적인 인정기준은 대통령령으로 정한다' 고 시행령에 위임하고 있다. 그에 따라 시행령 제34조는 제1항에서 근로자가 근로기준법 시행령 제44조 제1항 및 그와 관련한 별표 5에서 정한 '업무상 질병' 에 걸린 경우, 업무수행 과정에서 유해 · 위험요인을 취급하거나 노출된 경력이 있고, 취급 · 노출된 업무시간이나 기간 및 업무환경 등에 비추어 질병을 유발할 정도여야 하며, 취급 · 노출과 질병 사이의 인과관계가 의학적으로 인정되면 업무상 질병으로 보고 있다.

그런데 '업무상 질병의 범위' 를 정한 근로기준법 시행령 별표 5는 제1호 아목에서 "업무와 관련하여 정신적 충격을 유발할 수 있는 사건으로 인한 외상후스트레스 장애"를 규정하고 있을 뿐이다.[9] 다만, 차목에서 '그 밖에 업무로 인한 것이 명확한 질병' 을 포괄규정으로 두고 있다.

한편, 산재보험법 시행령 제34조 제3항은 별표 3에서 「업무상 질병에 대한 구체적인 인정기준」을 정하고 있지만, 정신질환에 대해서는 정함이 없어 업무상 질병을 판단할 수 있는 직접적 기준을 찾을 수 없다. 결국 외상후스트레스 장애를 포함한 과로성 정신질환이 업무상 재해로 인정되기 위해서는 산재보험법 시행령 제34조 제1항에 의한 요건 모두를 갖추어 근로기준법 시행령 별표

9) 외상후스트레스는 거의 모든 사람에게 외상으로 작용할 만큼 극도의 충격적인 외상적 스트레스와의 원인적 연관성이 확립된 정신질환으로 불안장애의 일종으로서, 외국의 업무상 질병 목록에서 일부 채택하고 있고 ILO의 업무상 질병 목록에도 포함되어 있다(한양대학교 산학협력단,『업무상 질병 인정범위 및 기준에 관한 연구』, 고용노동부, 2012, 278쪽).

5 제1호의 아목이나 차목에 해당되어야 한다.

Ⅳ. 외국의 인정기준

1. 일 본[10)]

그동안 일본은 심리적 부하에 기인한 정신장해의 보상청구 시 「심리적 부하에 따른 정신장해 등에 관한 업무상외의 판단기준에 대해」에 기초하여 업무상 판단을 하였다. 그 후 2011년에 '정신장해의 노재인정의 기준에 관한 전문검토회 보고서' 의 내용을 포함하여 별도의 인정기준을 새롭게 정하였다.[11)]

먼저 인정기준에서 대상으로 하는 질병은 국제질병분류 제10회 수정판(이하 'ICD-10') 제V장 「정신 및 행동의 장해」에 분류된 정신장해로서 기질성의 것과 유해물질에 기인하는 것을 제외하고 있다. 대상질병 중 업무에 관련해 발병할 가능성이 있는 정신장해는 주로 ICD-10의 F2에서 F4에 분류되는 정신장해이다.[12)]

인정요건으로는 ① 대상질병을 발병하고 있을 것, ② 대상질병의 발병 전 대략 6개월 사이에 업무에 의한 강한 심리적 부하가 인정될 것, ③ 업무 이외의 심리적 부하 및 개인적 소인에 의해 대상질병을 발병한 것으로는 인정되지 않을 것이다.[13)]

여기에서 ②는 대상질병의 발병 전 대략 6개월 사이에 업무에 의한 사건이 있고, 당해 사건과 그 후의 상황에 따른 심리적 부하가 객관적으로 대상질병을 발병시킬 염려가 있는 강한 심리적 부하라고 인정되는 것을 말한다.

---

10) www.mhlw.go.jp.

11) 2011.12.26. 厚生勞働省 基發 1226 第1号.

12) 통합실조증, 통합실조형장해 및 망상성장해(F2), 기분(감정)장해, 신경증성장해, 스트레스 관련 장해 및 신체표현성장해(F4)이다(佐久間大輔, 『精神疾患 · 過勞死』, 中央經濟社, 2012, 139쪽).

13) 菅野和夫, 『勞働法 』, 弘文堂, 2013, 458쪽.

업무에 의한 심리적 부하 평가표

특별한 사건의 유형	심리적 부하의 종합평가를 「강」으로 하는 것
심리적 부하가 극도일 것	• 생사가 걸린 극도의 고통을 수반 또는 영구노동 불능으로 되는 후유장해가 남는 업무상의 질병이나 부상을 입은 경우 (업무상 상병으로 6개월을 초과해 요양 중 증상이 급변하여 극도의 고통을 수반하는 경우를 포함) • 업무에 관련해 타인을 사망시키거나 생사가 걸린 중대한 부상을 입힌 경우 (고의에 의한 것은 제외) • 강간이나 본인 의사를 억압해 행해진 음란행위 등의 성희롱을 받은 경우 • 상기에 준하는 정도의 극도의 심리적 부하가 인정되는 것
극도의 장시간노동	• 발병 직전의 1개월에 대략 160시간을 초과하거나 1개월 이내에 이와 같은 정도의(가령, 3주간에 대략 120시간 이상) 시간외 노동을 행한 경우

그리고 업무에 의한 심리적 부하의 강도는 강, 중, 약의 단계로 구분하는데, 업무에 의한 강한 심리적 부하가 인정되는 것은 '강'으로 표기한다. '중'은 '약'보다 심리적 부하가 있는 것이나 대체로 강한 심리적 부하로는 인정되지 않는 것이고, '약'은 일상적으로 경험하는 것으로 일반적으로 약한 심리적 부하밖에 인정되지 않는 것을 말한다.

그리고 ③은 업무 이외의 심리적 부하나 개인적 소인이 인정되지 않는 경우, 업무 이외의 심리적 부하 또는 개인적 소인은 인정되나 업무 이외의 심리적 부하 또는 개인적 소인에 따라 발병한 것이 의학적으로 명확하다고 판단할 수 없는 경우이다.

인정요건에 관한 기본적인 판단방식은, 대상질병의 발병에 이르는 원인으로 업무환경의 심리적 부하(스트레스)와 개인적 반응성, 취약성과의 관계에서 정신적 파탄이 생기는지가 결정된다. 심리적 부하가 심하게 강해지면 개인적 취약성이 낮더라도 정신적 파탄이 일어나고, 거꾸로 취약성이 커지면 심리적 부하가 적더라도 파탄이 생긴다고 하는 「스트레스-취약성 이론」에 따르고 있다.

이 때문에 심리적 부하에 의한 정신장해의 업무기인성을 판단하는 요건으로서는 대상질병의 발병 유무 · 시기 및 질환명에 대해 명확한 의학적 판단이 있어야 할 뿐만 아니라, 당해 대상질병의 발병 전 대략 6개월 사이에 업무에 의한 강한 심리적 부하가 인정될 것을 규정하고 있다.

그리고 강한 심리적 부하는, 정신장해가 발병한 노동자가 그 사건을 주관적으로 어떻게 받아들였는지가 아니라, 동종의 노동자가 일반적으로 어떻게 받아들이는가라고 하는 관점에서 평가되는 것이고, 「동종의 노동자」란 직종과 직장에 있어서의 입장이나 직책, 연령, 경험 등이 유사한 자를 말한다.

그리고 이러한 요건이 인정되는 경우라도 분명히 업무 이외의 심리적 부하나 개인적 소인에 의해 발병한다고 인정되는 경우에는 업무기인성이 부정된다.

심리적 부하에 의한 정신장해 인정기준의 개요

구 분	인정기준의 내용
평가방법	1단계에 의한 평가 사건 + 사건 후의 종합평가
특별한 사건	「극도의 장시간 노동」을 월 160시간 정도의 시간외 노동으로 명시 「심리적 부하가 극도인 것」에 강간이나 음란행위 등을 예시
구체적 사례	「강」, 「중」, 「약」의 심리적 부하의 구체적 사례를 기재
노동시간	강한 심리적 부하로 되는 시간외 노동시간 수 등을 기재 • 발병직전 연속적으로 2개월간, 1월 평균 약 120시간 이상 • 발병직전 연속적으로 3개월간, 1월 평균 약 100시간 이상 • 「중」의 사건 이후에 월 100시간 정도 등
평가기간	• 성희롱이나 따돌림이 장기간 계속하는 경우에는 6개월을 초과해 평가
복수의 사건	구체적인 평가방법을 기재 • 강 + 중 또는 약 ➔ 강 • 중 + 중 ➔ 강 또는 중 • 중 + 약 ➔ 중 • 약 + 약 ➔ 약
발병자의 악화	발병 후라도 특히 강한 심리적 부하로 악화한 경우에는 업무상으로 봄

2. 미 국

미국에서 정의한 정신과적 산업재해의 개념을 보면, ① 근로자에게 정신과 전문의가 진단한 명백한 정신과적 질병이 존재하고, ② 그 근로자가 작업과정에서 급성 손상이나 비일상적 스트레스를 경험해야 하며, ③ 그러한 사건 이후 정신과적 증상이 6개월 이내에 나타나야 한다. ④ 그리고 이러한 환경과 관련된 손상이나 스트레스가 질병의 발생이나 경과에 악영향을 미치는 경우에 해당되어야 한다.

여기에서 급성손상은 만성적이거나 반복적인 스트레스는 제외하며 시간적 발생요소와 연관되어 있는 반면, 비일상적 스트레스는 시간요소와 상관없이 정상적 작업의 요소가 아닌 어떠한 스트레스 요인도 포함할 수 있다. 손상이 '급성' 이거나 스트레스 요인이 '비일상적' 이라는 것은 개인의 관점에서와 동시에 특정 작업장의 통상적인 상태를 고려해 해석되고 있다.[14)]

워싱턴 주의 경우는 스트레스로 인한 정신적 상태 또는 정신질환을 직업병의 정의에 포함하고 있지 않지만 업무변경, 상사와의 갈등, 직장상실, 강등 또는 징계조치 등의 충격적인 사건에 노출됨으로써 생기는 스트레스는 직업병으로 인정하고 있다.

그리고 많은 주의 판결이 근로자의 자살에 대해 비교적 진보적 태도를 취하고 있고, 학설도 자살 사례에 있어 위험의 범위를 넓게 해석하여야 한다는 입장을 보이고 있다.[15)]

Ⅴ. 상당인과관계의 판단

1. 판단유형

산재보험법 제37조는 업무상 재해 인정기준을 정하면서 단서에서 업무와 재해 사이에 상당인과관계를 요구하고 있다. 따라서 정신질환이 업무상 재해로 인정되기 위해서는 상당인과관계, 즉 산재보상제도의 취지에 비추어 업무에 사회통념상 해당 정신질환을 발병 · 악화시키는 일정 정도 이상의 위험성이 내재하거나 수반하고 있을 것이 우선 필요하다. 그리고 이러한 업무의 위험성이 구체적 결과로 현실화한 것이라고 볼 수 있어야 한다.

따라서 '그 업무에 종사하고 있지 않았다면 그 정신질환이 발생되지 않았을 것' 이라고 인정되고, 동시에 정신질환의 발병에 불가결한 조건이 되었던 모든

---

14) Adler S. / Schochet R., "Workers' compensation and psychiatric injury definition", International Journal of Law and Psychiatry, 1999, pp603~616 : 우종민 · 김경미 · 김성아, 앞의 글에서 재인용.

15) 김소영, "미국의 근로자재해보상제도의 보상책임 구조와 업무상 재해의 요건", 『노동법학』, 제18호, 한국노동법학회, 2004, 216쪽.

사정하에서 '그러한 업무에 종사하고 있었다면 이러한 정신질환이 발생하였을 것' 이라고 인정되는 경우에, 상당인과관계가 긍정된다.

그러므로 업무와 정신질환의 발병이나 악화 사이의 상당인과관계 유무를 판단함에 있어서는, 발병 전의 업무내용과 근무상황 또는 이들이 근로자에게 줄 수 있는 심리적 부하의 유무나 정도, 덧붙여 당해 근로자의 정신질환에의 친화적인 성격 등 개인적인 소인까지 구체적이고 종합적으로 검토하여 사회통념에 비추어 판단해야 할 것이다.

한편, 상당인과관계의 판단유형으로는 뇌 · 심장질병의 업무상 재해 인정과 동일하게 공동원인설과 상대적 유력원인설이 있다.[16] 공동원인설은 정신질환을 업무상 질병으로 인정하기 위해서는 업무에 의한 '강한 정신적 부담' 이 다른 원인과 함께 공동원인이 되어 정신질환이 발병하였다고 인정되면 충분하다는 견해이다. 그리고 상대적 유력원인설은 정신질환의 발병 원인 중에서 업무에 의한 '강한 정신적 부담' 이 다른 원인인 '업무 이외의 정신적 부담' 이나 '정신질환의 기왕력 등 개인적 소인' 에 비해 상대적으로 유력한 원인이 되어 발병할 것을 필요로 한다는 견해이다.[17]

이 경우 '강한 정신적 부담' 인지를 판단하는 업무에 내재하는 위험성은 반드시 업무에 특유한 스트레스 요인일 필요는 없고, 서투른 업무로의 전환이나 해외출장 등의 업무명령, 징계처분 그리고 상사의 부주의한 언동이나 동료의 집단 괴롭힘 등이 포함된다.[18]

정신질환을 업무상 질병으로 인정하기 위해서는 업무에 의한 강한 정신적 부담이 다른 원인과 함께 공동원인이 되어 정신질환이 발병하였다고 인정되면 충분하다고 할 것이다. 따라서 정신질환을 발병시키는 데 충분한 정도의 정신적 부담이 업무와 관련하여 존재하되, 해당 질병의 유력한 발병 원인이 될 것 같은 업무 이외의 정신적 부담이 없어야 하지만, 정신질환의 기왕력 등 해당

---

16) 平田常子, "反復性うつ病性障害であつた勞働者による自殺と業務起因性", 『賃金と社會保障』, 第1435号, 旬報社, 2007, 37쪽.

17) 岡村親宣, 『過勞死 · 過勞自殺の理論と實務 −勞災補償と民事責任−』, 旬報社, 2002, 340쪽.

18) 上田達子, "ストレス関連疾患の法的救濟 −補償と賠償の課題−", 42~43쪽.

질병의 발병 원인이 될 것 같은 개인적 소인이 없어야 되는 것은 아니라고 할 것이다.

최근의 판례[19]도 "망인이 우울증을 앓게 된 데에 망인의 내성적이고 소심한 성격 등 개인적인 취약성이 영향을 미쳤다고 하더라도, 업무상의 과로나 스트레스가 그에 겹쳐서 우울증이 유발 또는 악화되었다면 업무와 우울증 사이에 상당인과관계를 인정함에 아무런 지장이 없다"고 판시하여, 공동원인설을 취하고 있다.

2. 판단방식

정신질환에 있어서 상당인과관계의 판단요소로는 업무에 의한 심리적 부하, 업무 이외의 심리적 부하 및 개인적 소인을 들 수 있는데, 정신질환과 업무의 상당인과관계에 관하여 일본에서는 다음의 네 가지 방식으로 판단하고 있다.[20]

첫째, 발병 전의 업무내용과 근무상황 및 이들이 근로자에게 주는 심리적 부하의 유무나 정도, 그리고 해당 근로자의 우울증에 친화적인 성격 등 개인적 소인을 구체적 · 종합적으로 검토하여, 사회통념에 비추어 업무가 정신질환을 발병시켰거나 악화시켰는지 그 위험성의 유무를 판단하는 것이다. 이는 종합판단설로서 일반적으로 인정하고 있는 방식이다.[21]

둘째, 근로시간과 업무의 질 및 책임의 정도 등이 과중하였기 때문에 해당 정신질환이 발병할 수 있을 정도로 심리적 부하가 가하여졌는지를 먼저 판단하고, 이것이 인정되는 경우에 2차적으로 업무 이외의 심리적 부하나 개인적 소인의 존재를 검토하는 방식이다. 그리하여 개인적 소인 등이 존재하지만 업무보다 발병의 원인이라고 인정되는 경우가 아니라면 상당인과관계가 긍정된다고 하는 2단계설이다.[22]

---

19) 대판 2011.6.9, 2011두3944.
20) 上原紀美子, "精神障害發病の業務起因性と退職一か月後の過勞自殺の勞災認定", 『勞働法律旬報』, 第1647号, 旬 報社, 2007, 51쪽.
21) 名古屋地判 2006.5.17. 勞働判例 第918号 14쪽 ; 岡村親宜, "過勞死 · 過勞自殺救濟の勞災補償法理", 『季刊勞働法』, 第209号, 勞働開發硏究會, 2005, 66쪽.
22) 東京地判 2003.2.12. 勞働判例 第848号 27쪽.

셋째, 객관적으로 보아 업무에 의해 해당 정신질환을 발병시킬 정도의 강한 심리적 부하가 주어지고, 업무 이외의 심리적 부하나 해당 근로자의 기왕력, 성격경향 등의 개인적 소인에 의해 해당 정신질환이 발병하였다고 할 수 없는 경우에 재해와 업무의 사이에 상당인과관계가 인정된다고 하는 2요건설이다.[23]

넷째, 업무에 의한 심리적 부하가 객관적으로 보아 정신질환을 발병시킬 정도로 과중하였는지 여부로 결정하는 것이고, 그것으로 충분하다는 1요건설이다.[24] 하지만 이러한 방식의 차이가 상당인과관계의 구체적 판단에 있어 어떠한 다른 결과를 가져왔는지에 대해서는 불분명하다.

정신질환의 발병에는 다양한 요인이 복잡하게 영향을 미치고 있고 발병 메커니즘(mechanism)은 아직 충분하게 해명되고 있지 않다. 따라서 업무와 정신질환의 발병·악화 사이의 상당인과관계를 판단하는 데 있어서는 발병 전의 업무내용과 근무상황 또는 이들이 근로자에게 줄 수 있는 심리적 부하의 정도 및 해당 근로자의 개인적 성향 등을 구체적이고 종합적으로 검토하여 사회통념에 비추어 판단하는 것이 타당하다고 할 것이다.

이와 관련해 판례[25]도 "당해 근로자가 업무상 스트레스 등으로 인한 정신질환으로 자살에 이를 수밖에 없었는지는 사회평균인 입장에서 모든 사정을 종합적으로 고려하여 판단해야 한다"고 하여, 종합판단설을 취하고 있는 것으로 보인다.

3. 판단기준

정신질환의 업무 과중성 평가에서 업무가 과중하였는지 여부는 업무의 특수성이나 전문성 등 업무에 내재하는 과중성, 장시간근로나 휴일근로라고 하는 업무 실태에 있어서의 과중성, 근로자의 서투름, 직장에서의 위치, 대인관계 스트레스의 유무, 돌발적인 사건 그 밖에 근로자의 심리적 부하를 증대시킬 요인의 존재 등에서 평가할 수 있다.[26]

---

23) 盛岡地判 2001.2.23. 勞働判例 第810号 56쪽.
24) 高知地判 2006.6.2. 勞働判例 第926号 82쪽.
25) 대판 2012.3.15, 2011두24644.
26) 上田達子, "ストレス関連疾患の法的救済 –補償と賠償の課題–", 40쪽.

먼저 정신질환은 기질성 정신장애(외상성 치매, 중독이나 약물에 의한 정신장애 등), 심인성 정신장애(신경증, 반응성 우울증 등), 내인성 정신장애(정신분열증, 조울증 등)가 있다. 이 중에서 업무상 과로 · 스트레스와 밀접한 질병은 심인성 정신장애라고 할 것인데, 구체적으로 어떠한 정신질환이 업무상 과로 · 스트레스와 관련되어 발생하거나 악화시킬 수 있는지 일정한 예시가 필요하다.

일본의 경우 정신의학 등의 전문가로 구성하는 토론회에서 업무상 정신질환의 대상문제를 검토하여 그 질병을 WHO에서 발표한 ICD−10 제5장의 「정신 및 행동의 장해」로 삼았다. 우리나라도 이에 준하여 대상질병으로 삼아도 무리가 없을 것이다.

한편, 근로기준법 시행령 별표 5에서 업무상 질병으로 규정하고 있는 외상후스트레스장애는 원인이 되는 외상적 사건이 반드시 있어야 한다. 이는 직무와 관련한 외상적 스트레스에 의해 발생될 수 있으며, 증상이 직무 스트레스에 의해 악화될 수 있다. 외상후스트레스장애는 DSM−IV−TR의 진단기준을 따르고 지속기간에 따라 급성(3개월 이내), 만성(3개월 이상), 지연성(6개월 이후)으로 나누어 판단할 수 있다.[27)]

그리고 업무 과중성 판단기간은 과로성 재해인 뇌 · 심혈관질환의 경우 고용노동부 고시에서 3개월을 과중한 업무의 판단기간으로 정하고 있으므로 과로성 정신질환도 이에 준해 3개월을 판단기간으로 정하되, 판례[28)]에서 '발병 전 6개월 이상의 기간 동안 업무가 특히 과중하였다거나 감내할 수 없을 정도의 심한 스트레스를 받았다고 보이지 않는 점'이라고 하였으므로, 장기적으로는 6개월을 판단기간으로 확장함이 바람직하다고 사료된다.

또한 업무상 심리적 부하에 따른 과중성 판단기준을 일상업무를 지장없이 수행하거나 일정정도의 스트레스를 견딜 수 있는 동료 또는 평균적 근로자로 할 것인지, 당해 근로자의 고유한 정신건강과 신체조건을 기준으로 할 것인지

---

27) 한양대학교 산학협력단, 『업무상 질병 인정범위 및 기준에 관한 연구』, 280쪽에서 외상후스트레스장애는 업무상 정신질환 중 그 동안의 인정사례들이 축적되어 있고, 업무관련성 평가에 있어서 이견의 소지가 적으며, 원인적 연관성이 확립되어 있는 질환이라고 한다.

28) 대판 2004.9.20, 2004두8576.

문제된다.

산재보험법 시행령 제34조 제4항은 "업무상 질병을 판정할 때에는 그 근로자의 성별, 연령, 건강정도 및 체질 등을 고려하여야 한다"고 규정하고 있다. 이는 정신질환의 기왕증을 가지고 있거나 심리적으로 취약한 근로자는 그렇지 않은 근로자에 비해 업무상 정신적인 부담에 민감하고, 동일한 스트레스에 노출되어도 내인력의 개인차에 따라 달라질 수 있기 때문에 이를 고려하도록 정하고 있는 것이다.[29]

그런데 고용노동부 고시에 의하면 과로성 재해인 뇌·심혈관질환의 경우 유사한 업무를 수행하는 '동종 근로자'를 기준으로 과중성 여부를 판단하도록 규정하고 있고, 정신질환에 대한 판례에서 "우울증이 평균적인 근로자로서 극복하기 어려울 정도로 과중한 업무상 스트레스로 인한 것이라고 하기 어렵다"고 판시하여,[30] 상위규범인 산재보험법 시행령의 취지에 반하고 있다.

한편으로 뇌·심혈관질환을 포함한 신체질환의 경우에 판례[31]는 거의 일관하여 '평균인이 아니라 당해 근로자의 건강과 신체조건을 기준'하여 과중성 여부를 판단하고 있고, 정신질환과 관련한 최근의 판례[32]에서 동일한 취지로 판시한 사례도 있다. 이는 근로자마다 개인적 감수성에 차이가 있어 유해인자에 동일한 정도로 노출되어도 발병되는 자와 그렇지 않은 자가 있으며, 특히 소인이나 기초질환 등을 가진 근로자는 일반인에 비해 과로성 정신질환의 발병·악화에 취약한 것이 사실이고, 의학적으로도 인과관계를 논할 경우에는 주관적 '부담'을 고려하는 것이 옳다고 보기 때문이다.

그리고 '동료근로자'를 기준 시 동료근로자들의 통상적인 업무내용이 질적으로나 양적으로 과도한 경우라면 피재근로자가 과중한 심리적 부하에 노출되었다고 보기 어렵게 된다. 따라서 산재보험법이 피재근로자와 그 유족의 생활

---

29) 최경숙, 『업무상 정신질환에 대한 실무지침서 마련을 위한 연구』, 대한신경정신의학회, 노동부, 2005, 69쪽.

30) 대판 2008.3.13, 2007두2029.

31) 대판 2008.1.31, 2006두8204 ; 대판 2007.4.12, 2006두4912 ; 대판 2006.3.9, 2005두13841 등.

32) 대판 2011.6.9, 2011두3944.

보장을 목적으로 하고 있으므로 과중성 판단에 개인적 차이를 중시해야 할 것으로 '본인' 을 기준하여 판단함이 타당하다고 생각된다.[33)]

한편, 산안법은 사업주에게 정신분열증에 걸린 자에게는 의사의 진단에 따라 근로를 금지하여야 하고, 정신신경증 등 정신신경계의 질병이 있는 자는 일정업무에 종사하지 못하도록 취업의 제한의무를 부여하고 있다. 따라서 사업주가 이를 위반해 계속 근로를 시킨 결과 근로자의 질병이 악화된 경우에는 그 위반사실을 상당인과관계를 인정하는 하나의 요인으로 삼을 수 있을 것이다. 또 근로자가 업무계속으로 인해 치료기회를 상실하였다든가 사업주의 건강배려의무 위반으로 악화되었다고 볼 수 있는 경우에도 상당인과관계를 인정하는 요소로 볼 수 있다.

그리고 산재보험법은 제한된 의학적 지식과 법적 가정 안에서 수행된다고 볼 수 있고, 그 판단은 절대적인 것이 아니라 합리적인 것이 될 수밖에 없다. 더욱이 정신질환에 대한 진단이나 평가는 신체질환보다 더 복잡하다고 할 수 있다. 가령 근로자의 정신질환 유무나 정도 진단 시 꾀병이나 과장 · 위조 진술하는 경우 이를 판별하는 법의학적 문제가 있다. 따라서 정신의학뿐만 아니라 심리학 전문가도 참여하는 복수의 전문가가 진단하거나 평가하도록 하는 것이 합리성을 높일 것으로 보인다.

---

33) 다만, 피재근로자 개인의 개별적 조건을 파악하는 데 있어서 객관적인 기준이 모호하고 주관적인 판단에 의존하는 경우가 발생한다는 점과, 질병의 결과가 발생한 것에 미루어 업무는 무조건 과중하였던 것이 된다는 결과론적 입장에 빠지기 쉽다는 문제가 있다.

제2절 자 살

Ⅰ. 의 의

자살은 자기의 생명을 끊는다는 것을 의식하고 그 목적으로 의도적으로 자기의 생명을 절단하여 사망의 결과를 발생케 하는 행위를 의미한다. 자살의 경우에도 산재보험법 제37조 제1항 단서에 의해 사회통념상 업무에 내재하거나 통상 수반하는 위험이 현실화되어 재해가 발생하였다고 법적으로 평가할 수 있는 관계의 존재, 즉 상당인과관계의 존재가 필요하다.[34)]

그런데 산재보험법 제37조 제2항에서는 "근로자의 고의 · 자해행위나 그것이 원인이 되어 발생한 재해는 업무상의 재해로 보지 아니 한다"고 규정하고 있다. 이는 자살이 통상 자유의사로 행해지는 것이기 때문에 일반적으로는 업무와 사망 사이의 인과관계를 자유의사가 단절시켜 업무외 재해가 된다는 것이다.

따라서 자살을 포함한 자상(自傷)행위는 자기의 의사가 개재하는 것, 즉 고의로 업무와의 인과관계를 중단시키는 것이 된다.[35)] 그리고 그것은 근로자의 자기책임 영역에 속하고 사용자의 보상책임을 발생시키는 이유로는 되지 않는데, 자살행위는 노동관계상 위험의 발현으로서의 성격을 갖지 않는 것으로 보기 때문이다.[36)]

여기에서 고의란 자신의 일정한 행위에 의해 부상 또는 그 직접의 원인이 된 사고를 발생시킬 것을 의도한 경우를 말하고, 미필적 고의는 포함하지 않는다

---

34) 대판 2001.9.26, 2001두6050.

35) 인과관계의 중단은 상황이 일반적인 경과로 특정한 결과를 이루었을 것이나 다른 상황에 의해 방해되어 그 스스로 결과를 미리 발생시키는 경우를 의미한다(Jochem Schmitt, SGB Ⅶ (Gesetzliche Unfallversicherung) (3. Aufl.), Verlag C . H . Beck, 2008, S.95).

36) 良永弥太郎, "ストレスによる精神神経疾患と自殺はどのような場合に業務上と認められるか", 保原喜志夫 · 山口浩一郎 · 西村健一郎 編, 『勞災保險 · 安全衛生のすべて』, 有斐閣, 1998, 206쪽.

고 해석된다.[37] 즉, 결과의 발생을 용인하고 있어도 결과의 발생을 의도하지 않는 한 고의의 요건은 충족되지 않으므로 미필적 고의는 인과관계 중단에서 제외되는 것이다.

가령, 신체의 위험을 돌볼 수 없는 긴급업무에 종사한 경우 또는 보다 중대한 사고를 회피하기 위해 가벼운 부상을 입게 되는 행동을 하는 경우가 그 예인데,[38] 이러한 경우에는 업무와 자상 사이의 상당인과관계가 인정된다고 할 것이다.

한편, 판례는 우울증을 보이던 자가 '회사일로 힘들다'라는 유서를 남기고 자살한 사건과[39] 근무지 전보조치에 불만을 품고 '사전에 휘발유를 준비'하여 분신자살한 사건에서,[40] 심신상실이나 정신착란의 상태에 빠진 상태에서 자살에 이른 것이라고 할 수 없다고 판시하여, 업무와 자살 사이의 상당인과관계를 부인하였다.

이처럼 사전에 각오를 하고 자살을 감행한 경우에는 심신상실이나 정신착란 상태를 부정하는 유력한 증거라고 보아 고의에 의한 행위로 인정된다. 하지만 이러한 경우라도 일의적으로 상당인과관계를 부정할 것이 아니라 자살에 이른 경위에 있어서 하나의 자료로 보고 종합적으로 판단해야 할 것이다.

결국 자살의 경우에는 일반적인 과로성 재해와 달리 업무상 과도한 스트레스나 업무 이외의 요인이 자살로 나아간 것에 대해 공동원인이 되었는지 또는 상대적 유력원인이 되었는지 하는 점보다, 해당 자살행위가 '고의'로 볼 수 있는지에 대해 중점이 두어져 있다고 할 수 있다.

Ⅱ. 업무상 재해로의 법적근거

산재보험법 제37조 제2항은 근로자의 고의 · 자해행위 또는 그것이 원인이

---

37) 上田達子, "自殺の業務上外認定", 別冊『ジュリスト』, 第153号, 有斐閣, 2000, 104쪽.
38) 水野 勝, "精神障害に基づく自殺と業務上外認定", 『勞働判例』, 第860号, 産勞總合研究所, 2004, 10쪽.
39) 서울고법 2006.1.25, 2004누25443.
40) 부산지법 2007.10.17, 2006구단3531.

되어 발생한 사망은 업무상의 재해로 보지 아니하나, "사망이 정상적인 인식 능력 등이 뚜렷하게 저하된 상태에서 한 행위로 발생한 경우로서 대통령령이 정하는 사유가 있으면 업무상의 재해로 본다"고 규정하고 있다.

그리고 이에 따라 산재보험법 시행령 제36조는, ① 업무상의 사유로 발생한 정신질환으로 치료를 받았거나 받고 있는 사람이 정신적 이상상태에서 자해행위를 한 경우, ② 업무상의 재해로 요양 중인 사람이 그 업무상의 재해로 인한 정신적 이상상태에서 자해행위를 한 경우, ③ 그 밖에 업무상의 사유로 인한 정신적 이상상태에서 자해행위를 하였다는 것이 의학적으로 인정되는 경우로 정하고 있다.

여기에서 ①의 경우는 과로 · 스트레스 등을 원인으로 정신질환이 발병, 그 결과 정신적 이상상태에서 자살하는 경우로 과중업무와 정신질환 발병과의 상당인과관계가 긍정되면 자살은 정신질환의 증상인 자살충동에 의해 행해진 것이니까 과중업무와 자살과의 상당인과관계가 긍정될 수 있다. 그리고 ②의 경우는 업무상 과로 · 스트레와 직접 관련이 없는 규정이고, ③의 경우는 업무상 과로 · 스트레스가 정신질환을 유발하지는 않았지만 과중업무가 원인이 되어 곧바로 자살한 경우라고 볼 수 있는데, 이 경우 자살이 정신질환 발병의 결과인 것으로 의학적으로 인정되면 고의는 없다고 보는 것이다.

Ⅲ. 외국의 인정기준

1. 일 본[41)]

노재보험법 제12조의 제2의 2 제1항은 '노동자가 고의로 부상, 질병, 장해 혹은 사망' 한 때에는 '정부는 보험급여를 행하지 않는다' 고 규정하여 자살을 업무상 재해로 인정하지 아니하고 있다. 이 규정이 마련된 것은 1965년의 법 개정 시이다.[42)]

---

41) www.mhlw.go.jp.

42) 石田 眞, "作業関連疾患", 日本勞働法學會 編集, 『健康 · 安全と家庭生活』, 21世紀の勞働法 第7卷, 有斐閣, 2000, 98쪽.

개정 이전에는 업무상 재해로 요양 중인 노동자가 정신장해로 자살한 경우에 관한 해석예규가 존재하였다. 이에 따르면 "자살이 업무상의 부상 또는 질병으로 발생한 정신이상이면서 심신상실 상태에서 행해진 경우 업무상의 사망으로 취급"하고 있었다. 따라서 당해 자살이 업무상으로 인정되기 위해서는 자살 시의 정신상태가 심신상실 상태일 것을 요건으로 하였던 것이고, 이는 결국 노동기준법 및 노재보험법의 제정 당시부터 자살이 자유의사의 상실상태에서 행해질 것을 요건으로 하였던 것이다.[43]

이후 1965년 법 개정에 의해 자살 관련 규정이 신설되었지만, 이 규정의 해석에서 후생노동성은 "업무상으로 인정되지 않는 사고에 대해 확인적으로 규정한 것이고, 노동기준법 제78조의 규정에서 결과의 발생을 의도한 고의에 의해 사고를 발생시킨 때에는 당연히 업무외 재해로 하는 것"이라고 하였다.

그리고 한편으로 "피재노동자가 결과의 발생을 용인하고 있어도 업무와의 인과관계가 인정되는 사고에 대해서는 동항의 적용은 없다"라고 하였다. 그리하여 노재보험법에서 말하는 '노동자의 고의'에는 '미필적 고의'는 포함되지 않는 것이 확인되었지만, 한편으로 '고의'란 어떤지에 대해서는 명확하지 않았다. 그 후 행정해석은 '반응성 우울병'에 따른 자살 사례에서 개정 이전과 동일하게 "자살한 노동자가 심신상실의 상태에 있어 자살을 인식하지 않은 상태였으므로 고의가 인정되지 않는 상태"라고 설명하였다.[44]

이와 관련하여 문제점이 지적되고 지나치게 엄격하다는 비판이 있게 되자, 후생노동성에서는 1998년 초부터 정신의학 등의 전문가로 구성한 '정신장해 등의 노재인정에 관한 전문토론회'를 통하여 문제를 토론해 왔다. 이를 바탕으로 후생노동성은 「심리적 부하에 의한 정신장해 등에 관한 업무상외의 판단지침」과 「정신장해에 의한 자살의 취급에 대해」서도 규정하였다.[45]

이후 2011년에 이를 폐지하면서 「심리적 부하에 의한 정신장해의 인정기준」을 새롭게 규정하고 자살에 대해서도 정하고 있다. 즉 업무로 ICD-10의

---

43) 石田 眞, 앞의 글, 98쪽.
44) 石田 眞, 앞의 글, 98~99쪽.
45) 1999.9.14. 厚生勞働省 基發 544号 · 545号.

F0에서 F4에 분류된 정신장해를 발병한 것으로 인정되는 자가 자살을 기도한 경우에는, 정신장해에 따라 정상의 인식이나 행위선택 능력이 현저히 저하되거나 혹은 자살행위를 생각에 그치는 정신적 억제력이 현저히 저하되고 있는 상태에 빠진 것으로 추정되어 업무기인성을 인정한다. 기타 정신장해에 의한 자살의 취급에 대해서는 종전의 기준[46]에 따르도록 정하고 있다.

2. 독 일

독일은 역사적으로 자살문제에 대해 다음과 같은 단계를 거쳤다. 제1단계는 '책임무능력' 상태일 것, 즉 의사결정의 계기가 없는 경우에 한해 자살을 산업재해로 인정할 여지를 준 시기이다. 제2단계는 의사결정이 개재되더라도 업무상의 사고가 의사결정에서 유일의 원인으로 되는 경우에 한해 자살을 산업재해로 인정한 시기이다. 제3단계는 의사결정에 있어 업무상의 사고 또는 부담이 공동원인으로 되면 자살을 산업재해로 인정한 시기이다.[47] 이와 같이 독일은 자살에 대한 산업재해 인정기준의 판례 법리가 세 단계의 전기를 거쳐 현재에 이르고 있다.

그리고 1990년 연방사회재판소는 '산업재해 사고의 결과가 자살이라고 하는 의사결정에 있어 유일한 원인이 아니더라도 자살을 산업재해로 인정한다'고 판단을 명확히 하였다. 즉, 자살의 사안에서 본질조건설을 채용하지 않을 특별한 이유는 없다고 하며, 산업재해나 직업병이 자살의 의사결정에 있어 본질적인 공동조건(원인)으로 되는 경우에도 산업재해로 인정할 여지가 있다고 보는 것이다.[48]

독일에 있어서 자살의 산업재해 인정 시 판단구조는 다음과 같이 볼 수 있다. 첫째, 자살의 의사결정 계기가 있어도 산업재해로 인정할 여지가 있는 것이 분명히 있다. 역사적으로는 산업재해 사고의 결과나 업무상의 부담이 의사결정(자살판단)에 영향을 줄 수 있다는 인식 등이 이러한 견해의 계기로 되었다.

---

46) 1999.9.14. 基發 第545号.

47) 根本 到, "自殺と勞災認定, 『勞働法律旬報』, 第1428号, 旬報社, 1998, 44쪽.

48) 根本 到, 앞의 글, 46쪽.

둘째, 어느 정도 업무상의 사유가 자살결정에 영향을 주면 인정할지에 대한 판단기준에도 특징이 있다. 독일에서는 자살에서 업무상의 사유가 유일한 원인이 아닌 한 산업재해로 인정할 수 없다는 판단을 보인 적도 있었으나, 현재에는 본질적인 공동원인으로 충분하다고 보고 있다. 이는 산업재해 사고나 직업병에 의해 선행적으로 업무상 상병에 이환되고 있는 경우만이 아니라, 업무상 정신적 부담이 공동원인으로 되고 있는 경우에도 자살을 산업재해로 인정할 여지가 있기 때문이다.[49)]

한편, 독일에서는 1996년까지는 제국보험법 제553조에서 '피재근로자가 고의로 노동재해를 일으킨 경우에는 피재근로자 및 그 유족은 청구권을 갖지 않는다' 라고 규정하여, 이 규정이 일견 '권리장해규정' 이었기 때문에 자살의 고의성 입증은 피재 근로자 측이 아니라 보험관장자에 있다고 해석될 여지가 있었다.

그러나 다수설은 자살에 있어 고의성의 입증책임은 피재근로자 측에 있다고 해석하고 있다. 그 논거로서 제국보험법 제553조는 특별히 '권리장해규정' 라고 할 수도 있지만, 고의에 있어 생긴 산업재해 사고라고 하는 것은 논리적으로는 이미 산업재해 보험사고 개념에 해당하지 않는다고 해야 한다. 따라서 보험사고를 규정하고 있는 동조는 사실상 '권리근거규정' 인 것이어서 입증책임은 피재근로자 측에 있다고 한다. 이러한 논리에서 다수설은 동법 제553조의 규정은 단지 선언적 혹은 확인적 의미밖에 갖지 않는다고 해석하였다.[50)]

Ⅳ. 상당인과관계의 판단

1. 판단유형

자살이 업무상 재해로 인정받기 위해서는 산재보험법 제37조 제1항 단서에 의해 업무와 자살 사이에 상당인과관계가 인정되어야 한다. 그리고 자살의 경우에도 정신질환의 업무상 재해 인정과 동일하게 상당인과관계의 판단유형으

49) 根本 到, 앞의 글, 46쪽.
50) 根本 到, 앞의 글, 47쪽.

로 공동원인설과 상대적 유력원인설의 입장이 있다. 공동원인설의 입장에서는 업무에 의한 강도의 정신적 부담이 다른 원인과 함께 공동원인으로 되어 발병하거나 자살에 이르렀다고 인정된다면 족하다고 보는 반면, 상대적 유력원인설의 입장은 업무에 의한 강도의 정신적 부담이 다른 원인인 업무 이외의 부담이나 정신질환의 기왕력이 없는 등 자살의 유력한 원인으로 될 것 같은 개인적 소인에 비해 상대적으로 유력한 원인으로 되어야 한다고 본다.

그동안 상당인과관계를 인정한 판례는 외국생활 중에 과중한 업무를 수행한 경우,[51] 개인적 취약성에 업무상 과로 등이 겹친 경우[52] 등이 있다. 그리고 상당인과관계를 부인한 판례로는 업무외 사정이 개재된 경우로 가정불화나[53] 친구의 분신자살 소식이 있은 경우,[54] 스트레스가 인정되나 감내할 수 있다고 보이는 경우,[55] 스트레스는 인정되나 정신병을 앓고 있지 않은 경우,[56] 우울증 등의 정신질환으로 정신과 치료를 받은 적이 없는 경우,[57] 우울증으로 요양 중 퇴직해 업무로부터 해방된 상태에서 발생한 경우[58] 등이 있다. 따라서 대체적으로 상대적 유력원인설의 입장에서 판단해 왔다고 볼 수 있다.

그러나 최근 자살관련 판례[59]는 "업무상 과로나 스트레스가 그 질병의 주된 발생원인에 겹쳐서 질병이 유발 또는 악화되고, 그러한 질병으로 인해 정상적인 인식능력 등으로 자살에 이르게 된 것이라고 추단할 수 있는 때에는 상당인과관계가 인정된다"고 하여, 공동원인설을 취한 것으로 판단된다.

산재보상제도의 취지가 근로자가 종사한 업무에 내재 내지 통상 수반하는

51) 대판 2001.3.23, 2000두10281.
52) 대판 2011.6.9, 2011두3944.
53) 대판 2000.6.13, 2000두2310.
54) 대판 2008.3.13, 2007두2029.
55) 대판 2003.5.16, 2002두10476.
56) 대판 2003.7.25, 2003두4492.
57) 대판 2004.3.11, 2004두60.
58) 대판 2013.3.15, 2011두24644.
59) 대판 2011.6.9, 2011두3944. 상당인과관계를 인정하기 위해서는 자살자의 질병 내지 후유증상의 정도, 그 질병의 일반적 증상, 요양기간, 회복가능성 유무, 연령, 신체적 · 심리적 상황, 자살자를 에워싸고 있는 주위상황, 자살에 이르게 된 경위 등을 종합적으로 고려해야 한다고 하였다.

위험이 현실화하여 산업재해가 발생한 경우 사용자의 과실유무를 묻지 않고 피재근로자의 손해를 보전함과 동시에 피재근로자 및 그 유족의 생활을 보장하는 것이므로, 공동원인설의 입장에서 판단하는 것이 타당하다고 본다.

2. 판단방식

가. 의 의

산재보험법 제37조 제2항 단서 및 같은 법 시행령 제36조에 따라 '업무상의 사유로 발생한 정신질환으로 치료를 받았거나 받고 있는 사람이 정신적 이상상태에서 자해행위를 한 경우, 업무상의 재해로 요양 중인 사람이 그 업무상의 재해로 인한 정신적 이상상태에서 자해행위를 한 경우, 그 밖에 업무상의 사유로 인한 정신적 이상상태에서 자해행위를 하였다는 것이 의학적으로 인정되는 경우'에 해당될 때에는 업무상 재해로 인정된다.

이는 업무상 사유로 정신질환이 있는 사람이 정신적 이상상태에서 자살하였거나, 업무상의 재해로 요양 중인 사람이 그로 인해 정신적 이상상태에서 자살한 경우 또는 업무에 따른 현저한 심리적 부하로 정신적 이상상태가 되어 자살한 경우에는, 정신적 이상상태의 결과 자살을 인식하지 못한 상태에서 행한 것이기 때문에 고의가 인정되지 않는 것으로 보는 것이다.

일반적으로 우울증 등의 정신질환은 강한 자살충동을 수반하기 때문에, 업무상 질병으로 정신질환이 있는 근로자가 자살을 기도한 경우에는 정신질환에 의해 정상적인 인식이나 행위선택능력이 현저하게 저해되고, 자살을 생각에 그치게 하는 정신적 억제력이 현저하게 결여된 상태에서 행한 것으로 추정하여 상당인과관계를 인정하는 것이다. 이와 관련해 일본에서는 다음의 두 가지 견해가 있다.[60]

제1설은 고의에 의한 행위가 개재하면 인과관계는 중단되는 것이기 때문에 고의로 사망한 경우에 업무상 재해로 인정하지 않는 것이 당연하다. 다만, 우울증에 이환된 경우에는 자살충동 · 자살기도의 증상이 높은 빈도로 수반되는

60) 島岡大雄, "自殺の業務起因性の判斷基準", 林 豊 · 山川隆一 編, 『勞働關係訴訟法 Ⅱ』, 青林書院, 2005, 287~288쪽.

데, 해당 자살이 우울증에 수반하는 자살충동이나 자살기도에 의한 경우에는 자유의사에 기한 것이라고 할 수 없기 때문에 고의가 아닌 것으로 보아 업무상 재해로 인정된다.

제2설은 자살을 일으킬 정도의 중증 우울증에 이환한 것에 대해 상당인과관계가 인정된다면, 자살은 우울증에 이환한 것에서 시작하는 인과의 흐름의 종점에 지나지 않기 때문에 업무에 내재하는 위험이 현실화한 것으로서 상당인과관계를 인정할 수 있다고 한다.

이러한 견해는 근로자의 자살원인이 정신질환 등에 의한 경우에는 상당인과관계의 적용범위를 한정하려고 하는 점에서는 일치하고 있다고 할 수 있지만, 그 범위를 파악하는 방식이나 입증책임의 주체 면에서 차이를 보인다고 할 수 있다.

나. 제1설(인과관계 중단론)의 검토

위의 제1설은 고의에 의한 행위가 개재하면 인과관계는 중단되지만, 해당 자살이 우울증에 수반하는 자살충동이나 자살기도에 의한 경우에는 해당 행위는 자유의사에 기한 것이라고 할 수 없기 때문에 고의가 아니라는 입장이다.

따라서 업무상의 정신질환에 의해 정상적인 인식, 행위선택능력이나 정신적인 억제력이 현저하게 저해된 상태에서 자살이 행해졌다고 인정될 경우, 고의에 의한 사망에 해당하지 않기 때문에 인과관계가 중단되지 않는 것으로 보는 것이다. 산재보험법 제37조 제2항은 이를 명시한 규정이라고 할 것이다.

또한 판례[61]도 자살에 대한 사건에서 "심신상실 내지 정신착란의 상태 또는 정상적인 인식능력이나 행위선택능력 또는 정신적 억제력이 현저히 저하된 상태에 빠졌다고 볼 증거가 없다"는 이유로 상당인과관계를 부인하고 있다. 이는 사고 발생 시에 심신상실 등의 상태에 없었기 때문에 자살을 인식한 상태, 즉 고의가 인정된다는 것이고 결국 자살 시의 고의를 조각하기 위해 판례는 심신상실 상태일 것을 요구하고 있는 것이다.

이와 같이 자살에서 상당인과관계를 인정하기 위해 근로자의 심신상실 상태

61) 대판 2003.5.16, 2002두1076 ; 창원지법 2004.4.8, 2003구합2722 등.

등 정신적 이상상태에서 자살을 행할 것을 요건으로 취하고 있는 것은 산재보험법에 '고의'에 의한 행위가 개입되면 인과관계를 중단시킬 수 있는 규정이 있고, 또한 자살은 통상 '고의에 의한 사망'이기 때문이다.

그러나 고의가 개재된 경우에 인과관계는 중단된다고 하는 인과관계 중단론이 현재에도 유용한지에 대해서는 의문이 제기된다. 산재보험법에 있어서 업무상 재해 여부는 결국 상당인과관계의 유무에 의해 결정해야 하므로 자살의 경우에도 동일하게 취급해야 한다는 측면에서 문제점이 있다.

즉, 인간의 의사결정은 현실적으로 주어진 제반 조건에 제약되어 있고, 의사의 개입이 있더라도 이는 인과관계의 전개에 있어서 하나의 계기에 지나지 않는다. 또 자살의 경우에는 이를 정상적인 의사라고 볼 수 없기 때문에 자살에 있어서 인과관계 중단론은 관념론에 불과하다고 할 것이다.

따라서 의사결정에 고의가 개재되어 인과관계가 중단된 것으로 보는 우리나라의 산재보험법 제37조 제2항은 업무상 스트레스나 부담이 직접적인 자살의 동기가 되는 현실에 비추어 사실적으로 적합하지 않을 뿐만 아니라, 법적 인과관계론에 있어서의 법적 논리로서도 타당하다고 보기 어렵다.

한편, 제1설에 의한 경우 자살이 발생하면 산재보험법 제37조 제2항에 의해 고의로 인정되어 원칙적으로 업무상 재해에서 배제된다. 다만, 예외적으로 정상적인 인식능력 등이 뚜렷하게 저하된 상태에서 한 행위라는 것을 유족 측에서 입증하면 업무상 재해로 인정받을 수 있으나, 결국 업무상 재해로의 인정범위는 좁게 될 것이다. 판례[62]는 "인과관계는 이를 주장하는 측에서 입증하여야 하는 것"이라고 판시하여 피재근로자 측에 입증책임을 부담시키고 있다.

다. 제2설의 검토

산재보험제도의 취지에 의하면 업무와 상병간의 상당인과관계의 유무는 경험칙에 비추어 그 상병 등이 당해 업무에 내재 또는 수반하는 위험의 구체적 현실화한 것이라고 할 수 있는 것인지에 의해 판단해야 하는 것이다.

따라서 자살이 업무상 과로 · 스트레스로 정신질환이 발병하여 자살에 이른

62) 대판 2011.6.9, 2011두3944 ; 대판 2001.3.23, 2000두10281.

경우, 정신질환의 발병이 당해 업무에 내재 또는 수반하는 위험이 현실화한 것이라고 할 수 있는지가 먼저 검토대상이 된다. 그리고 이것이 부정되는 경우 업무와 자살에 의한 사망과의 사이에 상당인과관계가 인정될 여지는 없겠지만, 긍정되는 경우에 정신질환과 자살과의 상당인과관계의 유무를 검토하게 된다.

그러므로 근로자가 업무상 과로 · 스트레스에 기인하는 정신질환을 발병하고 있고, 발병 전 상당기간 동안 객관적으로 당해 정신질환을 발병시킬 우려가 있는 업무로 강한 심리적 부하가 인정되며, 업무 이외의 심리적 부하 및 개인적 소인에 의해 당해 정신질환을 발병한 것으로 인정되지 않는다면, 그에 따른 자살도 업무상 재해로 인정될 수 있다.

그뿐만 아니라, 설령 피재근로자가 업무와 상당인과관계가 있는 어떤 정신질환에 이환되어 있지 않았고 결과의 발생을 의도한 고의가 다소 있다고 하더라도, 자살의 동기와 피재근로자가 자살 전에 종사하고 있던 업무 사이의 상당인과관계가 인정되면 업무상 재해로 인정될 수 있어야 한다.

이러한 입장을 취하는 경우 업무와 질병 또는 자살과의 상당인과관계가 인정되면 업무상 재해로 원칙적으로 인정되기 때문에 예외적으로 인과관계를 부인하기 위해서는 공단에서 입증책임을 져야 할 것이다.

라. 검 토

현행 산재보험법 제37조 제2항의 규정은 피재근로자 의사의 개재로 인과관계가 중단되는 결과 상당인과관계가 인정될 수 없다는 것을 명시적으로 규정한 것으로 제1설에 따른 입법이라고 할 수 있다. 따라서 인과관계 중단론에 따른 현행법 규정을 어떻게 보호법적 취지에 맞게 해석할 것인지가 중요하다.

현실적으로 자해행위 특히 자살에 행위자의 의사가 개재되고 있다고 하더라도 그 의사가 반드시 정상적인 판단력을 개재하는 것은 아니다. 오히려 외형적으로는 근로자의 의지적 행위로 보이는 자살이라고 하더라도 그 행위가 업무상 심리적 과중부하로 판단력이 흐려진 상태에서 발생하였다고 인정될 경우에는 자유의사에 기초한 정상적인 판단력의 개재 행위라고 할 수 없기 때문에 이 규정에서 말하는 고의에는 해당되지 않는다고 해야 할 것이다. 그리고 자살행위 그 자체는 이미 정상적인 정신상태라고 할 수 없고 행위 억제력을 잃은 것으로도 볼 수 있는 것이다.

그리고 업무상 재해의 인과관계는 규범적 관점에서 상당인과관계의 유무로써 판단하여야 할 것이므로,[63] 의사결정의 개재가 존재하더라도 그 결행 동기에 있어 업무상의 사유가 공동원인으로 인정되면 독일과 같이 업무상 재해로 인정하여야 할 것이다.[64] 다만, 보험급여를 사취하기 위한 자상(自傷)행위 또는 그에 유사한 행위를 기도한 경우에는 인과관계를 인정할 수 없을 것이다.[65]

3. 판례상 판단기준

가. 상당인과관계를 인정한 판단기준

(1) 개인적 취약성에 업무상 과로 등이 겹친 경우

업무와 재해 사이의 상당인과관계의 유무는 보통 평균인이 아니라 당해 근로자의 건강과 신체조건을 기준으로 하여 판단하여야 한다는 것이 대법원의 확립된 판례이므로 건설회사 팀장이 우울증을 앓게 된 데에 망인의 내성적이고 소심한 성격 등 개인적인 취약성이 영향을 미쳤다고 하더라도, 업무상의 과로나 스트레스가 그에 겹쳐서 우울증이 유발 또는 악화되었다면 상당인과관계가 인정되어야 한다.[66]

---

63) 대판 2003.5.16, 2002두10476 ; 대판 2003.10.24, 2003두7903 등.

64) 참고로 독일에서는 의사결정이 존재하더라도 그 동기부여에서 업무상의 사유가 법적으로 본질적인 공동원인으로 되고 있으면 자살도 업무상 재해로 인정하고 있다(根本 到, 앞의 글, 48쪽) ; 독일에서는 자살이 경영사정에 기초하여 자유로운 의지형성 능력을 현저하게 훼손하는 과중한 정신적 부담에 의해 야기된 것이라면 업무상 재해로 인정하고 있다(Peter Becker, Gesezliche Unfallversicherung (1. Aufl.), Deutscher Taschenbuch Verlag, 2004, S.73).

65) 여기에서의 '고의'란 결과의 발생을 의도한 의사가 아니라 거짓 기타 부정한 수단에 의해 보험급여를 받으려고 하는 의사로 해석하는 것이 상당하다(岡村親宜, "精神障害 · 自殺の勞災認定", 水野勝先生古稀記念論執勞働保護法の再生』, 信山社, 2005, 498쪽).

66) 대판 2011.6.9, 2011두3944.

(2) 외국생활 중에 과중한 업무를 수행한 경우

프로젝트 팀장이 회사에서의 직책, 업무내용과 외국의 특수사정 등으로 인하여 사망 직전까지 육체적 과로와 정신적 스트레스에 시달려 온 사실에 비추어, 외국생활과 과중한 업무에 따른 만성적이고 반복적인 스트레스로 인하여 일시적인 정신착란 상태에서 일시적으로 현실감을 상실한 채 뛰어내림으로써 결국 사망에까지 이른 것으로 추정된다.[67]

나. 상당인과관계를 부인한 판단기준

(1) 업무외 사정이 개재된 경우

① 가정불화

중공업 근로자의 업무상 상병이 상당기간 치료를 계속할 경우 완치가 가능한 상태였고, 추간판 수핵탈출증은 심신상실이나 정신착란을 특징적 증상으로 하는 질병이 아닌데다 입원기간 중 정신착란이나 정신분열 증세를 보인 적이 없었던 점, 근로자는 이전에도 가정불화 등으로 잦은 부부싸움 끝에 자살소동을 벌인 적이 있었던 점 등에 비추어, 상병과 사망 사이에 인과관계가 있다고 보기는 어렵다.[68]

② 친구의 분신자살 소식

순회점검팀장으로 근무하던 근로자가 업무와 관련하여 어느 정도의 정신적 부담과 스트레스를 받은 것으로 보이지만, 당일 자살 무렵에 친구의 분신자살 소식이 자살을 감행하는 결정적인 계기로 작용하였을 가능성이 있는 점 등에 비추어 자살이 과중한 업무상 스트레스로 인한 것이라고 할 수 없다.[69]

(2) 스트레스가 인정되나 감내할 수 있다고 보이는 경우

금융기관 지점장이 인사발령에서 서울로 전보가 나지 않았다 하여도 그의 나이와 경력 등에 비추어 충분히 감내할 수 있는 정도의 스트레스라고 보이며, 우울한 상태로 인하여 그가 심신상실 내지 정신착란의 상태 또는 정상적

---

67) 대판 2001.3.23, 2000두10281.
68) 대판 2000.6.13, 2000두2310.
69) 대판 2008.3.13, 2007두2029.

인 인식능력이나 행위선택능력 또는 정신적 억제력이 현저히 저하된 정신장해 상태에 빠졌다고 볼 증거가 없다.[70)]

(3) 스트레스는 인정되나 정신병을 앓고 있지 않은 경우

경영기획팀 팀장이 업무상 상당한 정도의 정신적 압박감과 스트레스를 받았을 것으로 추인되나 상황이 지속된 기간, 선택에 따라 사직할 수도 있었던 점, 회사에서도 근로자의 사직을 만류하고 부서 이동 등을 고려하고 있었던 점을 종합하면, 업무로 받은 스트레스로 인한 정신병 등을 앓고 있었다거나 자살로 인한 사망과 업무 사이에 상당인과관계가 있다고 보기 어렵다.[71)]

(4) 우울증 등의 정신장해로 정신과 치료를 받은 적이 없는 경우

생산직 근로자가 자신이 원치 않는 부서로 전보 발령이 나자, 자신이 집단따돌림이나 부당한 대우를 받고 있다고 오해한 나머지 난폭하고 비정상적인 행동을 하다가 자살을 하기에 이른 점, 사망 전 우울증 등의 정신장해로 정신과 치료를 받거나 치료약을 복용한 적이 없었던 점 등을 종합하여 볼 때, 업무상 인과관계를 인정하기 어렵다.[72)]

(5) 우울증으로 요양 중 퇴직해 업무로부터 해방된 상태에서의 경우

택시회사의 배차부장이 퇴직 후 50여일 만에 자살한 사안으로, 근무하면서 배차인원 부족으로 어려움을 겪었고 휴일 없이 새벽에 출근하여 저녁까지 근무하는 등 업무로 인한 스트레스를 받았다고 하더라도, 업무상 스트레스로부터 상당 기간 해방된 상태였던 점을 고려하면 사회평균인의 입장에서 도저히 감수하거나 극복할 수 없을 정도의 업무상 스트레스와 그로 인한 우울증으로 자살에 이르렀다고 단정할 수 없다.[73)]

다. 검 토

판례는 정신장해와 자살에 대한 상당인과관계의 판단에 있어서는 평균적인

---

70) 대판 2003.5.16, 2002두10476.
71) 대판 2003.7.25, 2003두4492.
72) 대판 2004.3.11, 2004두60.
73) 대판 2012.3.15, 2011두24644.

근로자나[74] 사회 평균인을 기준으로[75] 과중성의 유무를 판단하고 있었으나, 최근에 신체질환과 동일하게 당해 근로자의 건강과 신체조건을 기준으로 과중성 유무를 판단하고 있다.[76]

업무자체의 특성이나 본인이 받아들이는 방식에 따라 업무 과중도를 판단하거나 동종근로자의 업무량과의 비교 등으로 과중성을 객관적으로 평가한다는 고찰방법을 취할 수 있는데, 이는 업무 과중성의 평가에 대한 접근시각의 차이에 기한 것으로 상반되는 결과에 이르게 된다.

판례는 "업무와 질병과의 인과관계의 유무는 보통 평균인이 아니라 당해 근로자의 건강과 신체조건을 기준으로 판단한다"고 하여, 신체질환의 경우 거의 일관적으로 해당 근로자의 건강과 신체조건을 일반적인 판단기준으로 삼고 있다.[77] 기초질환이나 기존질병이 있는 근로자의 경우 건강한 일반 근로자나 사회 평균인에 비해 과중한 업무나 스트레스에 취약한 상태라 할 수 있다. 따라서 과로의 부담주체인 피재근로자 본인의 건강과 신체조건을 기준으로 하는 이러한 판단은 근로자 보호 차원에서 인과관계를 완화 해석하고 있는 것으로 생각된다.

그런데 상사와의 갈등 등으로 자살한 사건에서는 "회사업무로 인하여 스트레스를 받기는 하였지만 이는 사회 평균인으로서 충분히 감수하거나 극복할 수 있을 정도의 것"이라고 한 판례가 있다.[78] 그리고 다른 사례에서는 "근로자의 우울증이 평균적 근로자로서 극복하기 어려울 정도로 과중한 업무상 스트레스로 인한 것"이라고 판시하였다.[79] 이와 같이 자살의 경우에 판례에서 '사회 평균인' 또는 '평균적 근로자'를 기준으로 하는 것은, 자살의 가능성이 근로자 개인의 스트레스에 대한 취약성에 좌우되는 경우가 크며, 개인에 따라

74) 대판 2008.3.13, 2007두2029.
75) 대판 2003.10.24, 2003두7903.
76) 대판 2011.6.9, 2011두3944.
77) 대판 2008.1.31, 2006두8204 ; 대판 2007.4.12, 2006두4912 ; 대판 2006.3.9, 2005두13841 등.
78) 대판 2003.10.24, 2003두7903.
79) 대판 2008.3.13, 2007두2029.

발병 가능성이 다르다는 것을 고려한 것으로 추측된다.

그러나 신체질환의 경우에는 근로자에게 기초질환이나 기존질병이 있는 경우 건강한 사회 평균인에 비하여 과로에 취약한 상태임을 감안하여 업무와 질병과의 인과관계 인정에서 완화된 해석을 하면서, 자살에 있어 업무 과중성의 판단기준을 사회 평균인 등으로 보고 있어 과중성 판단기준에 있어 신체질환과의 형평성 문제가 있었다.

그런데 최근 자살사건에서 판례[80]는 상당인과관계의 유무는 "보통 평균인이 아니라 당해 근로자의 건강과 신체조건을 기준으로 판단한다"고 하여, 법원이 신체질환과 동일하게 업무과중성 판단의 기준을 결국 '본인'으로 한 것은 타당하다고 생각된다. 다만, 이후 판례[81]는 "자살 원인이 된 우울증 등 정신질환이 업무에 기인한 것인지는 당해 근로자의 건강과 신체조건 등을 기준으로 하여 판단하게 되나, 당해 근로자가 업무상 스트레스 등으로 인한 정신질환으로 자살에 이를 수밖에 없었는지는 사회평균인 입장에서 판단해야 한다"고 이분법적 판단기준을 제시하고 있다.

4. 산재보험법 시행령 제36조 관련

산재보험법 시행령 제36조는 제3호에서 "그 밖에 업무상의 사유로 인한 정신적 이상상태에서 자해행위를 하였다는 것이 의학적으로 인정되는 경우"에 자살을 업무상 재해로 인정하고 있다. 그동안 자살은 업무상 사유로 정신질환이 유발되고 그 심신상실 상태에서 이루어진 경우에 대해서만 업무상 재해로 인정하였으나, 2008년 법령 개정 시 업무상 사유가 원인이 되어 자살한 경우에도 의학적 소견이 있는 경우에는 업무상 재해로 인정할 수 있도록 근거규정을 신설한 것이다.

먼저 위 규정은 '정신적 이상상태'를 요건으로 하고 있는데, 이는 정신이 이상 상태로서 정상적인 상태와 다르다는 의미로 이해된다. 그런데 판례[82]는

80) 대판 2011.6.9, 2011두3944.
81) 대판 2012.3.15, 2011두24644.
82) 대판 2011.6.9, 2011두3944 ; 대판 2008.3.13, 2007두2029 등.

'심신상실 내지 정신착란 또는 정신적 억제력이 현저히 저하된 정신장애 상태에 빠진 경우' 라고 하여, 정신적 이상상태를 엄격히 보고 있는 듯하다. 그러나 피재근로자가 과도한 심리적 부하로 인해 자살에 이른 경우 심신상실 내지 정신착란까지는 아니더라도 정상적인 상태와 다르다고 볼 수 있다면, 즉 가벼운 정신적 이상상태라도 업무상 재해로 인정해야 할 것이다.

그리고 자살의 업무상 재해 인정은 상당인과관계의 유무이며, 반드시 의학적 · 자연과학적으로 명백히 증명되어야 하는 것이 아니고 규범적 관점에서 판단되어야 한다. 즉, 의학적인 소견중심이 아니라 산재보상제도에 의한 법적보호를 행하는 것이 상당한지의 법률판단이고, 자살에 관련된 제반 일체의 사정을 일반경험칙에 따라 종합판단해 피재근로자가 종사한 업무와의 관련성을 판단하는 것이다.

Ⅴ. 소 결

근로자의 건강은 신체건강뿐 아니라 정신건강도 중요하다. 그러나 업무상 과로 · 스트레스로 인한 정신질환이 많이 발생하고 제때 치료받지 못해 스스로 생을 포기하는 사례가 속출하고 있는데도 현재 업무상 정신질환에 대한 기준이나 지침이 마련되어 있지 않다.

따라서 이를 과로성 신체질환인 뇌 · 심혈관 질병과 같이 산재보험법 시행령 별표 3에서 구체적인 인정기준으로 정하고, 고용노동부 고시로 필요한 사항을 정해야 한다고 사료된다. 여기에서 질병대상은 WHO에서 발표한 ICD-10 Ⅴ장의 '정신 및 행동의 장해' 로 삼고, 과중성 평가기간은 뇌 · 심혈관 질병과 같이 우선은 '3개월' 로 정하며, 심리적 과중부하 기준은 '본인' 으로 정해 피재근로자나 유족의 생활보장이라는 산재보험법의 목적에 비춘 기준의 마련이 요청된다.

한편, 과로성 자살도 사회통념상 업무에 내재 내지 통상 수반하는 위험의 구체적 현실화로 사상병 등이 발생하였다고 법적으로 평가되는 관계의 존재, 즉 상당인과관계의 유무에 따라 결정되어야 한다. 따라서 자살과 관련된 모든 사정을 일반경험칙에 따라 종합적으로 판단하여 피재근로자가 종사한 업무내용과 자살 사이의 인과관계를 판단하는 것이 타당하다. 그리하여 업무에 의한 심리적 부하가 정신질환을 발병 · 악화시켰다고 볼 수 있는 공동원인이 있다면 비록 개인적으로 심리적 취약성이 인정된다고 하더라도 독일과 같이 공동원인설의 입장에서 상당인과관계를 인정하여야 할 것이다.

또 현행 산재보험법이 정하고 있는 인과관계 중단사유인 '고의'에 산재보험급여의 사취를 위한 자상(自傷)행위는 해당된다고 하더라도, 자살 행위가 업무에 따른 충격이나 과도한 스트레스에 기인해 발생한 경우에는 비록 정신질환이 개재되지 않았더라도 정상적인 판단력에 의한 행위라고는 할 수 없기 때문에, 상당인과관계의 중단사유인 '고의'에는 해당되지 않는다고 완화 해석하는 것이 타당하다고 사료된다.

제7장

과로성 재해의 보상절차

제1절 보상신청과 재해조사

제2절 심사 청구와 재심사 청구

제3절 행정소송

제1절 보상신청과 재해조사

Ⅰ. 보상신청

산재보험법에 따른 요양급여나 유족급여를 받으려는 피재근로자 또는 유족은 재해발생경위에 대해 사업주인 보험가입자의 확인을 받아 요양급여신청서나 유족급여청구서를 사업장을 관할하는 공단지사('원처분기관'이라 한다)에 제출하여야 한다. 이때 기본적으로 필요한 첨부서류는 다음과 같다.

• 재해발생경위서 • 사망진단서(사체검안서), 부검소견서 • 의무기록사본 • 주치의 소견서 • 목격자 진술서 • 건강검진 결과통보서(최근 3년간) • 건강보험 요양급여내역(10년간)	• 구조 · 구급 증명서 • 근로계약서 • 인사기록부 • 임금대장(1년간) • 가족관계증명서 • 주민등록등본 • 수급권자 은행통장 사본 등

그 외에 업무상 과로와 스트레스를 입증할 수 있는 자료를 증빙자료로 제출해야 하고, 보험가입자인 사업주가 날인을 거부 시에는 사업주 확인누락 사유서를 제출해야 한다.

사업주 확인누락 사유서

청 구 인 : 김○○
피재근로자 : 박○○

청구인 김○○는 피재근로자 박○○가 2013. 3. 15. 05:00경 자택에서 쓰러져 119로 병원에 후송되었으나 급성심근경색으로 사망하게 되었습니다. 이에 청구인은 유족급여및장의비 청구서를 근로복지공단에 제출하기 위해 사업주에게 사업주 확인을 요청하였으나, 사업주 조○○는 산업재해로 볼 수 없다며 사업주 확인날인을 거부하므로 부득이 사업주 날인을 받지 못하고 청구하게 되었음을 양해하여 주시기 바랍니다.

2013년 3월 30일

청구인 김○○ (인)

근로복지공단 군산지사장 귀중

산업재해보상보험

[✔] 유 족 급 여
[ ] 진폐유족연금 청 구 서
[✔] 장 의 비

※ 공통란은 모두 기재하시고, 해당 신청란에 [✔] 하고 기재하시기 바랍니다.

접수번호	접수일	처리기간 : 10일

공통			
산 재 근로자	성 명 박○○	주민등록번호 ○○○○○○-○○○○○○○	
	주 소 ☎전북 군산시 구암로 50의 3		직종 생산직
	재해발생일 2013년 03월 15일		채용년월일 2012년 2월 1일
	수령희망은행 및 계좌번호 (예금주 : 김○○)		

유족급여

수급방법 [ ] 일시금 [ ] 연금(진폐유족연금 포함) [ ] (일시금,연금)×1/2

재해발생원인 및 상황 ※ 최초 유족급여 청구에만 기재하며, 육하원칙에 의거 작성하여 주십시오.(별지첨부)

목격자	성명	주민등록번호		근로자와의 관계	
청구인 (수급권자)	성 명	주민등록번호	주 소	관계	장해 유무
	김○○	○○○○○○-○○○○○○○	전북 군산시 구암로 50의 3	배우자	무

〈구비서류〉	청구인 제출서류	담당 직원 확인사항
	1. 근로자의 사망진단서 또는 사체검안서 1부. 2. 근로자의 사체부검소견서 1부 (사인미상인 경우에 한합니다) 3. 「가족관계의 등록에 관한 법률」에 따른 증명서 1부 (주민등록등본만으로 수급권자 확인이 곤란한 경우에 한합니다. 4. 국공립병원이 발행하는 진단서 1부.(시행규칙 제51조에 해당하는 자)	1. 주민등록등본 1부. ※ 행정정보 공동이용에 동의하지 아니하는 경우 해당 서류제출

청구인은 본 민원의 처리와 관련하여 「전자정부법」 제21조제1항에 따른 행정정보의 공동 이용을 통하여 담당직원이 위의 담당직원 확인사항을 확인하는 것에 [동의/부동의] 합니다.

장의비

장제실행자 (비용부담자)	성명	사망자와의 관계	장제실행일 년 월 일	장의비 원
장제 실행 확인자	성명 (서명 또는 인)	※ 사업주가 장제를 실행하고, 사업주가 직접 청구하는 경우에만 유족급여 수급권자(유족)가 본란에 확인합니다.		

공통

본 재해와 동일한 사유로 민법 기타 법령의 규정에 의하여 수령한 보상 또는 배상내역 (산업재해보상보험법 제80조)	수령 일자	수령 금액	보상 또는 배상내역(수령근거)
	첨부 서류	1. 합의서 2. 판결문 3. 영수증 4. 기타	

위에 기재한 사실이 틀림없음을 확인합니다.	산업재해보상보험법 시행령 제21조제1항의 규정에 따라 위와 같이 청구합니다.
2013년 3월 30일	2013년 3월 30일
사업장명 ○○산업(주) ☎	청 구 인 : 김○○ (서명 또는 인)
소 재 지 전북 군산시 시청로 17	휴대전화 : 010-123-4567
사 업 주 조○○ (서명 또는 인)	

근로복지공단 지역본부(지사)장 귀하

Ⅱ. 원처분기관의 재해조사

1. 재해발생경위

요양급여신청서나 유족급여청구서가 원처분기관에 접수되면 재해자(유족) 문답조사, 사업장 및 의료기관에 관련 자료 요청을 통해 다음과 같은 사항의 확인으로 재해발생경위를 먼저 파악한다.

① 발병시간 및 장소, ② 발생 직전의 업무내용, 동작, 계속시간, ③ 발생 당시의 두통, 현기증, 시 · 청각장애, 흉통, 호흡곤란 등 자각증상과 구토, 의식장애, 호흡장애, 안면색, 발한 등 타각증상의 발생기간과 계속시간, ④ 발병 직후 조치사항이다.

2. 의학적 자료

원처분기관은 발병 및 사망의 의학적 원인을 파악하기 위해 ① 진료기록에 의한 초진소견 및 최종소견(발병일시, 병명 및 증상, 발병원인, 기초질환 및 자연경과 여부), ② 사망하였을 경우 사망진단서(사체검안서) 또는 부검소견, ③ 채용 시부터 발병 시까지 건강진단결과표, ④ 건강보험 과거자료 수진내역 등 과거병력 자료(특히, 고혈압 · 동맥경화증 · 뇌혈관의 기형 · 고지혈증 · 당뇨병 등), ⑤ 평소의 건강상태와 증상 및 가족력 등을 확인한다.

3. 일상생활

피재근로자의 일상생활 중에서 ① 식습관, 생활습관, 생활환경(가족관계, 가정환경 등), ② 숙식상태(사택 거주, 매식 여부 등), ③ 기호식품(흡연, 음주정도, 건강식품 복용 등), ④ 과도한 여가활동(밤낚시, 야간산행 등), ⑤ 부업(농사, 장사 등) 여부, ⑥ 특별한 업무외적 사건(교통사고, 가정불화, 금전채무 등) 유무를 조사한다.

4. 일반적 업무내용

피재근로자가 실제 수행한 업무의 구체적 내용을 파악하기 위해 ① 근무경력, 직전 타 직장 경력, ② 담당직책 및 정신적 책임 정도, ③ 작업방법 · 강도 · 책임 · 밀도, ④ 업무시간 및 강도를 파악하기 위해 출 · 퇴근 시간, 연장 · 야간근무시간, 교대제근무 여부 등, ⑤ 업무(작업) 형태로서 육체 · 정신노동, 내 · 외근 및 출장 여부, 휴게시간, 작업동작 등을 확인한다.

Ⅲ. 업무상 과중부하의 판단[1]

1. 돌발적 사건 또는 급격한 업무환경 변화(급성 과로)

가. 인정기준과 고용노동부 고시

인정기준	• 업무와 관련한 돌발적이고 예측 곤란한 정도의 긴장 · 흥분 · 공포 · 놀람 등과 급격한 업무환경의 변화로 뚜렷한 생리적 변화가 생긴 경우
고용노동부 고시	• 발병 전 24시간 이내에 업무와 관련된 돌발적이고 예측 곤란한 사건의 발생과 급격한 업무환경의 변화로 뇌혈관 또는 심장혈관의 병변 등이 그 자연경과를 넘어 급격하고 뚜렷하게 악화된 경우

나. 판단요령

• 시간적 · 장소적으로 돌발적인 사건의 발생상태가 명확하여야 하고, 그러한 상황과 발병과의 연관성이 있어야 한다.

• 업무와 관련하여 돌발적이고 예측 곤란한 비일상적인 사건으로서 업무환경의 급격한 변화가 있어야 한다.

• 돌발 상황 자체가 육체적 · 정신적인 부담을 초래한 경우로서 돌발사건 발생부터 질병 발생(객관적으로 확인되는 전구증상 포함)이 만 24시간 이내에 나타난 경우이고, 경과상 개연성이 있어야 한다.

• 대부분 즉각 발병하는 양상을 보이지만 병변의 발생과 그 악화로 인하여 자각 증상이 나타나기까지 시간이 걸리므로, 돌발적이고 예측 곤란한 상황의 발생으로부터 질병 발생까지 만 24시간이 넘어가는 경우에는 객관적이고 구체적인 정황 또는 사실기록에 따라 의학적 지식에 근거하여 판단한다.

---

1) 근로복지공단, 『뇌혈관질병 · 심장질병 조사 및 판정지침』, 2013, 5쪽 이하(공단은 뇌 · 심혈관 질병의 업무상 질병 인정여부를 결정함에 있어 공정성과 일관성을 확보하기 위해 판단요령과 조사방법 등을 구체적으로 정한 지침을 정하여 시행하고 있다).

• 돌발적인 사건과 급격한 업무환경의 변화는 뇌혈관 또는 심장혈관의 정상적 기능에 뚜렷한 영향을 줄 수 있는 정도의 긴장 · 흥분 · 공포 · 놀람 등으로 정신적 부담을 주거나 급격한 신체적 부담을 주는 정도이어야 한다.

다. 예 시

• 업무와 관련된 중대한 인사사고나 중대 사고에 직접 관여하거나 이러한 사고를 목격한 경우, 사고의 발생에 수반되어 구조 활동이나 사고 처리에 종사한 경우

• 교통사고 또는 사고가 일어날 수 있었던 상황의 발생으로 심리적으로 극도의 긴장 · 흥분 · 공포 · 놀람 등으로 육체적 · 정신적인 부담을 초래한 경우

• 업무와 관련하여 상사 · 동료 또는 고객과 과도한 말다툼 또는 폭행 등으로 육체적 · 정신적인 부담을 초래한 경우

• 갑작스런 공포감을 유발하는 상황이나 사건이 발생하여 육체적 · 정신적인 부담을 초래한 경우

2. 단기간 동안 업무상 부담(단기 과로)

가. 인정기준과 고용노동부 고시

인정기준	• 업무의 양 · 시간 · 강도 · 책임 및 업무환경의 변화 등으로 발병 전 단기간 동안 업무상 부담이 증가하여 뇌혈관 또는 심장혈관의 정상적인 기능에 뚜렷한 영향을 줄 수 있는 육체적 · 정신적인 과로를 유발한 경우
고용노동부 고시	• 발병 전 1주일 이내의 업무의 양이나 시간이 일상 업무보다 30퍼센트 이상 증가되거나 업무 강도 · 책임 및 업무환경 등이 유사한 업무를 수행하는 동종의 근로자라도 적응하기 어려운 정도로 바뀐 경우

나. 판단요령

종합검토원칙···

발병 전 1주일 이내 업무량 및 업무시간의 증가 또는 업무강도 및 책임, 휴일 · 휴가 등 휴무시간, 근무형태, 업무환경의 변화 및 적응기간 등이 그 근로자의 연령, 성별, 건강상태를 감안할 때 발병에 영향을 미쳤다고 인정되는지 여부를 종합적으로 평가

• 뇌심혈관 질병은 업무량 · 업무강도 등이 발병 전 단기간(1주일) 이내에 급격히 증가하는 경우 발병으로 이어질 가능성이 높아지므로 이 점을 고려하여 판단한다.

• 해당 근로자의 업무량 또는 업무시간을 기준으로 "업무량 또는 업무시간이 일상 업무 보다 30퍼센트 이상 증가"하였는지 여부는 다음과 같이 비교 · 평가한다.

- 발병 전 1주 이내 업무량을 계량화하여 발병 전 업무량과 비교
- 발병 전 1주 이내의 업무시간을 조사하여 발병 전 업무시간과 비교

• 업무강도 · 책임 및 업무 환경이 유사한 업무를 수행하는 동종의 근로자라도 적응하기 어려운 정도로 바뀐 경우"에 해당하는지 여부는 아래 사항을 고려하여 평가한다.

- 발병 전 1주일 이내 해당 근로자의 업무시간이나 업무량의 증가를 포함해 업무에 따른 책임의 변화, 정신적 긴장의 증가, 근무환경의 변화 및 내용 등
- 해당 근로자의 업무부담 등의 변화와 유사한 업무를 수행하는 동종 근로자의 업무시간이나 업무량 및 업무에 따른 부담 정도, 업무 부담의 변화 등과 비교

• 단기간 동안 업무상 부담 여부는 위와 같은 업무시간이나 업무량에 대한 평가 또는 업무강도 · 책임, 휴일 · 휴가 등 휴무시간, 근무형태, 업무 환경의 변화 및 적응기간 등에 대한 평가를 토대로 하되, 해당 근로자의 연령 · 성별 · 건강상태 · 체질 등을 고려하여 발병 영향 가능성 여부를 종합적으로 판단한다.

다. 예 시

• **(업무량의 변화)** 납품기일을 맞추기 위해 업무량을 한시적으로 늘려 업무를 수행한 경우, 연말이나 결산시기에 한시적으로 업무의 양이 늘어나는 경우

• **(업무시간의 변화)** 발병 1주일 전부터 발병일 전날까지 일상적으로 수행하여 왔던 근무시간에 비해 장시간 근무 수행

• (업무강도의 변화) 육체적으로 힘든 일을 수행하지 않던 근로자가 한시적으로 힘든 육체노동을 수행하는 등의 업무강도가 변한 경우, 단, 정신적 부담은 업무 난이도 또는 업무 책임의 변화에 따른 부담정도와 연계하여 판단

• (업무상 책임 · 의무 · 권한의 변화) 일시적으로 책임이나 특별업무가 주어진 경우나 통상의 업무 이외에 다른 업무를 한시적으로 취급하여 업무내용 변화에 따라 정신적으로 부담이 발생한 경우

• (근무형태의 변화) 주간근무에서 야간근무로 바뀌거나 주간근무만 하다가 주 · 야간 교대근무로 변화하여 수면시간이 불규칙해지고 생리적 리듬이 바뀌는 등의 육체적 부담을 유발한 경우

• (업무환경의 변화) 한여름의 무덥고 습한 날씨 등의 고온, 저온, 다습, 소음, 진동, 압력의 변화 등 업무환경이 갑작스럽게 변화되면서 육체적으로 적응하기 힘들거나 생리적 변화를 초래하는 경우

3. 만성적인 과중한 업무(만성 과로)

가. 인정기준과 고용노동부 고시

인정기준	• 업무의 양 · 시간 · 강도 · 책임 및 업무환경의 변화 등에 따른 만성적인 과중한 업무로 뇌혈관 또는 심장혈관의 정상적인 기능에 뚜렷한 영향을 줄 수 있는 육체적 · 정신적인 부담을 유발한 경우
고용노동부고시	• 발병 전 3개월 이상 연속적으로 과중한 육체적 · 정신적인 부담을 발생시켰다고 인정되는 업무적 요인이 객관적으로 확인되는 상태 • 이 경우 해당 근로자의 업무가 "만성적인 과중한 업무"에 해당하는지 여부는 업무의 양 · 시간 · 강도 · 책임, 휴일 · 휴가 등 휴무시간, 교대제 및 야간근로 등 근무형태, 정신적 긴장의 정도, 수면시간, 작업 환경, 그 밖에 그 근로자의 연령, 성별, 건강상태 등을 종합하여 판단하되, 업무시간에 관하여는 다음의 사항을 고려 – 발병 전 12주 동안 업무시간이 1주 평균 60시간(발병 전 4주 동안 1주 평균 64시간)을 초과하는 경우에는 업무와 발병과의 관련성이 강함 – 발병 전 12주 동안 업무시간이 1주 평균 60시간(발병 전 4주 동안 1주 평균 64시간)을 초과하지 않는 경우라도 업무시간이 길어 질수록 업무와 발병과의 관련성이 서서히 증가하며, 야간근무(야간근무를 포함하는 교대근무도 해당)의 경우는 주간근무에 비하여 더 많은 육체적 · 정신적인 부담을 발생시킬 수 있음

나. 판단요령

종합검토원칙…

업무의 양 · 시간 · 강도 · 책임, 휴일 · 휴가 등 휴무시간, 교대제 및 야간근로 등 근무형태, 정신적 긴장의 정도, 수면시간, 작업 환경, 그 밖에 그 근로자의 연령, 성별, 건강상태 등을 종합하여 판단

• 육체적 · 정신적인 부담 요인의 누적을 가져온 업무적인 부담 요인이 인정되는지 여부는 업무시간, 업무량, 업무내용, 업무강도, 업무환경 등을 고려하여 종합판단한다.

• 육체적 · 정신적인 부담 요인으로 먼저 업무시간을 확인하고, 업무상 부담요인 평가 시 그 이외의 업무상 부담요인(업무량, 강도 등)을 고려한다.

• 업무시간 평가는 발병 전 4주 동안의 업무시간을 확인한 후 그 다음 발병 전 12주 동안의 업무시간을 평가한다.

• 발병일에 가까운 시기에 업무시간이 길수록 업무상 부담이 증가되며, 발병일을 기준으로 이전 12주 동안을 평가한다.

- 발병 전 4주 동안 1주 평균 64시간을 초과하는 경우에는 업무와 발병과의 관련성이 강한 것으로 평가
- 발병 전 12주 동안 1주 평균 60시간을 초과하는 경우에는 업무와 발병과의 관련성이 강한 것으로 평가

• 발병 전 12주 동안 1주 평균 업무시간이 60시간(4주 동안 1주 평균 64시간)을 초과하지 않은 경우에는 업무시간이 길어질수록 업무관련성이 높아지는 점과 업무 부담 과중 요인 등을 종합적으로 고려하여 평가한다.

- 업무 부담 과중 요인은 야간근무, 정신적 긴장을 동반하는 업무, 육체적으로 강도가 센 업무, 교대제 근무, 출장이 많은 업무, 불규칙적인 근무형태, 고온 · 저온 또는 소음이 발생하는 작업환경에서의 업무 등
- 특히, 야간근무(오후 10시부터 오전 6시까지 사이의 근무)는 야간근무 시간이 길수록, 빈도가 높을수록 발병 영향이 높아진다는 점을 감안하여 평가

• 발병 전 12주 동안 1주 평균 업무시간이 60시간(4주 동안 1주 평균 64시간)을 초

과하면서 비교적 업무강도가 낮은 업무를 수행하는 경우에는 업무시간과 함께 업무량 · 업무 강도 · 책임 등 업무 부담 요인을 고려하여 평가한다.

• 단속적인 업무 또는 운전업무 등과 같이 근로형태의 특성상 발생하는 대기시간은 근로자가 작업을 위하여 사용자의 지휘 · 감독 아래에 있는 경우 근로시간에 산입한다.

• 경비직 등 감시적 업무를 수행하는 경우 본연의 업무와 함께 청소, 주차관리 등 다양한 업무를 병행하는 경우에는 병행업무의 내용 및 그 업무의 부담 정도, 수면의 시간 및 장소의 확보 여부, 휴게시설 유무 등을 고려하여 판단한다.

다. 예 시

• (업무강도가 높은 업무) 업무시간 중 무거운 물건을 들어 올리는 작업 등 육체적으로 노동 강도가 높은 업무를 지속적으로 하는 경우, 업무수행 방법 · 속도 등을 자율적으로 조절하지 못하고, 업무집중도가 높은 업무 등을 수행한 경우 등

• (정신적 긴장도가 높은 업무) 판매량 · 사납금 등 과도한 영업목표로 인한 정신적 스트레스, 업무시간 중 지속적인 사고의 위험 등으로 정신을 집중해야 하는 업무, 납품기한이 촉박한 작업, 극히 위험한 물질을 다루는 업무 등

• (책임 · 부담이 높은 업무) 회사에 중대한 손실을 초래할 수 있는 책임이 있는 업무, 회계 · 결산 · 감사 업무 등의 업무와 관련하여 책임자로서 일정기간 집중적으로 업무를 수행하여 과도한 심적 부담이 발생한 경우 등

• (만성적인 장시간 근로) 업무시간 조사 및 산정방법은 발병 전 4주 동안 1주 평균 근로시간이 64시간을 초과하거나, 발병 전 12주 동안 1주 평균 근로시간이 60시간 초과하는 경우

육체적 · 정신적인 부담 요인 판단방법

뇌혈관 · 심장질병에 영향을 줄 수 있는 업무상 부담 요인

돌발적인 사건과 급격한 업무환경의 변화 요인	단기간 동안 업무상 부담 요인	만성적 과중한 업무요인
발병전 24시간 이내에 업무와 관련된 돌발적이고 예측 곤란한 사건의 발생과 급격한 업무환경의 변화로 뇌혈관 또는 심장질병이 자연경과를 넘어 급격하고 뚜렷하게 악화된 경우	발병전 1주일 이내 업무량이나 시간이 일상 업무보다 30퍼센트 이상 증가되거나, 업무강도 · 책임 및 업무 환경 등이 유사한 업무를 수행하는 동종의 근로자라도 적응하기 어려운 정도로 변경된 경우	발병전 3개월 이상 연속적으로 과중한 육체적 · 정신적 부담을 발생시켰다고 인정되는 업무적 요인이 객관적으로 확인되는 상태를 말하며, '만성적인 과중한 업무' 해당 여부는 업무량 · 강도 등을 종합판단
평가시 고려사항	평가시 고려사항	평가시 고려사항
※극도의 긴장, 흥분, 공포, 경악, 놀람 등 강도 있는 정신적 충격을 일으키는 돌발적 또는 예측 곤란한 사건 발생 ※급격하고 뚜렷한 작업환경의 변화로 생리적 리듬을 정상적으로 유지하기 어려운 경우 발생	※업무량 또는 시간이 일상 업무보다 30퍼센트 이상 증가 여부 ※업무시간 · 강도 및 업무환경의 변화, 휴일 · 휴무 등 육체적 · 정신적 부담 정도	※발병 전 4주 동안 업무시간이 1주 평균 64시간을 초과하면 업무와 발병의 관련성 강함 ※발병 전 12주 동안 업무시간이 1주 평균 60시간을 초과하면 업무와 발병의 관련성 강함 ※발병 전 12주 동안 업무시간이 1주 평균 60시간(발병 전 4주 동안 1주 평균 64시간)을 초과하지 않는 경우라도 업무시간이 길어질수록 업무와 발병의 관련성이 서서히 증가. 야간근무(야간근무를 포함한 교대근무)의 경우에는 주간근무에 비하여 더 많은 육체적 · 정신적 부담을 발생시킬 수 있음

＋

계량적 평가 이외의 고려사항 (단기간 동안 업무상 부담 요인 · 만성적 과중한 업무요인)

※ 업무강도
※ 야간근무, 육체적으로 강도가 센 업무, 교대제 근무, 출장이 많은 업무, 불규칙적인 근무형태, 정신적 긴장을 동반하는 업무 등 과중부하 요인
※ 휴일 · 휴가 등 휴무시간, 적응기간
※ 해당 근로자의 성별, 연령, 건강상태, 체질 등

육체적 · 정신적인 부담 요인 종합판단

Ⅳ. 업무상 부담 요인의 조사 및 판정

1. 조사 원칙

뇌심혈관 질병을 유발하는 '육체적 · 정신적인 부담 요인'은 시간적 관점으로는 발병일에 가까울수록 영향이 강하며, 발병일과 멀어질수록 점점 약해지는 특성이 있으므로 다음의 순서에 따라 순차적으로 조사한다.

1단계

〈돌발적 사건 또는 급격한 업무환경의 변화〉

발병 전 24시간 이내에 업무와 관련된 돌발적이고 예측 곤란한 사건의 발생과 급격한 업무 환경의 변화 여부

2단계

〈단기간 동안 업무상 부담〉

발병 전 1주일 이내의 업무의 양이나 시간이 일상 업무보다 30퍼센트 이상 증가되거나 업무 강도 · 책임 및 업무 환경 등의 변화 여부

3단계

〈만성적인 과중한 업무〉

발병 전 3개월 이상 연속적으로 과중한 육체적 · 정신적인 부담을 발생시켰다고 인정되는 업무적 요인이 있었는지 여부

2. 업무상 부담요인 확인

가. 발병당일 및 전일 업무

발병 전 24시간 이내에 업무와 관련된 돌발적이고 예측 곤란한 사건의 발생과 급격한 업무 환경의 변화로 뇌혈관 또는 심장혈관의 병변 등이 그 자연경과를 넘어 급격하고 뚜렷하게 악화된 경우에 해당되는지 여부를 판단하기 위

해 다음 사항을 조사한다.

- 출근시간 이후 재해발생 시간까지의 시간대별 활동내용
- 업무상 또는 업무외적으로 만난 사람과 만난 사유 등
- 작업환경, 담당업무 및 업무량, 근로시간의 변동과 관련 특이사항
- 업무상 · 업무외 특별한 사건 또는 돌발 사태

나. 발병 전 1주 동안의 업무

발병 전 1주일 이내 업무량이나 업무시간이 일상 업무보다 30% 이상 증가되거나 업무강도 · 책임 및 업무 환경 등이 유사한 업무를 수행하는 동종의 근로자라도 적응하기 어려운 정도로 바뀐 경우, 즉 단기간 동안의 업무상 부담 여부를 확인한다.

- 매일 근로시간 및 시간대별 업무수행 내용
- 작업환경, 담당업무, 업무량, 근로시간의 변동과 관련 특이사항
- 심리적 압박 또는 육체적 부담을 초래한 특별한 사건 등

다. 발병 전 12주 동안의 업무

발병 전 3개월 이상 연속적으로 과중한 육체적 · 정신적 부담을 발생시켰다고 인정되는 업무적 요인이 객관적으로 확인되는 상태, 즉 만성적인 과중한 업무였는지를 파악한다.

- 4주 동안(28일 단위), 12주 동안 업무시간 및 변동 사항
- 시간외 근무(야간, 휴일근무 포함) 시간 및 횟수, 업무내용 등
- 불규칙적인 근무, 교대근무, 야간근무 상황
- 물리적으로 힘든 업무환경(온도환경, 소음, 시차 등) 여부
- 정신적 긴장을 수반하는 업무 여부
- 육체적으로 강도가 높은 업무, 특수직종 근무 등

3. 의학적 자문 및 심의의뢰

뇌 · 심혈관 질병에 대한 의학적 자문은 근로자의 질병상태, 의학적인 발병 원인 등에 대하여만 자문하고, 업무관련성 여부는 업무상질병판정위원회(이하 '판정위원회' 라 한다)에서 판단하므로 업무관련성 여부에 대한 소견은 기재하지 아

니한다.

원처분기관은 재해조사를 실시한 때에는 재해발생경위 등 재해조사 내용, 근로자의 질병에 대한 주치의 및 자문의의 소견을 포함하여 재해조사서를 작성하여야 한다.

그리고 관련 자료를 첨부하여 판정위원회에 심의 의뢰한다. 판정위원회는 재해조사 자료 및 주치의 · 자문의의 소견을 종합적으로 검토하여 상병과 업무와의 상당인과관계가 인정되는지 여부를 심의한다. 심의결과는 업무상질병판정서를 작성하여 원처분기관에 송부하면, 원처분기관은 판정위원회의 심의 결과에 따라 요양 승인 또는 불승인 결정(유족사건의 경우 부지급결정)하여 피재근로자나 유족에게 통보한다.

뇌혈관질병 또는 심장질병 조사 및 판정절차

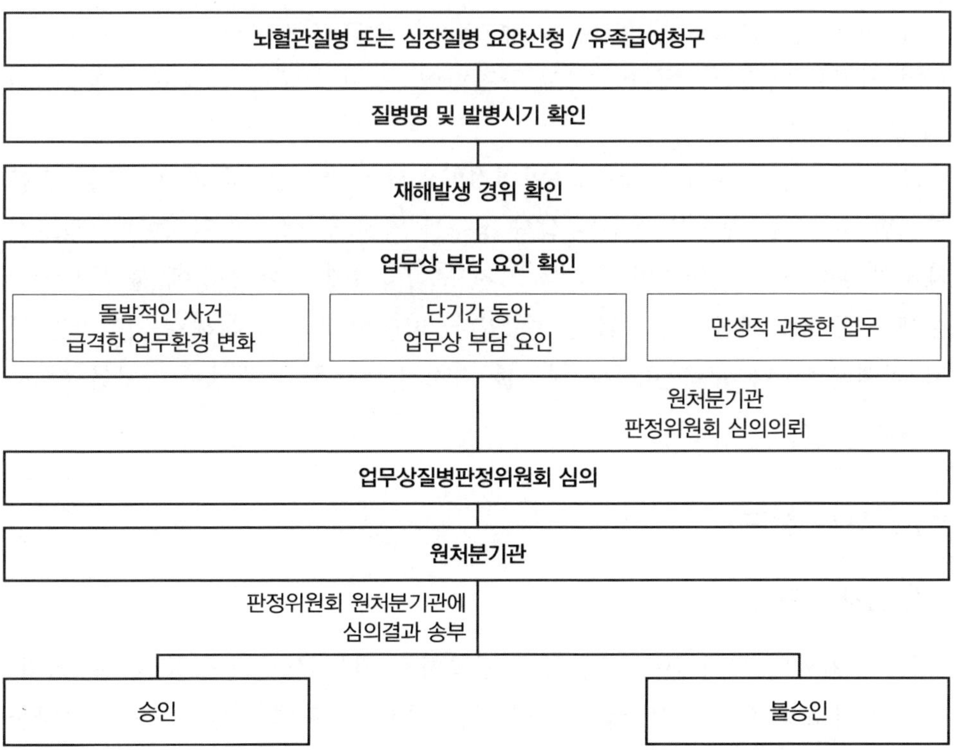

제2절 심사 청구와 재심사 청구

보험급여에 관한 결정 등 공단의 처분에 불복하는 자는 공단의 원처분기관을 거쳐 공단 이사장에게 심사 청구할 수 있고, 공단 이사장의 결정에 불복하는 자는 산업재해보상보험재심사위원회(이하 '재심사위원회' 라 한다)에 재심사 청구를 할 수 있다.

공단은 산재보험법에 의해 설립된 특수공법인이므로 고용노동부장관으로부터 위탁받은 사업범위 내에서 행한 보험급여의 결정 등은 그 결정을 받은 자의 권리와 이익에 영향을 미치는 행정처분에 해당된다.

따라서 산재보험법은 공단의 위법 · 부당한 결정에 대해 행정심판에 준하여 심사청구, 재심사 청구할 수 있도록 규정하고 있다. 그러므로 보험급여 결정 등에 대해서는 별도로 행정심판을 제기할 수 없고 산재보험법에서 정하지 아니한 사항은 행정심판에 따른다고 규정하여, 심사나 재심사 청구는 행정심판에 갈음되고 있다.

그리고 심사나 재심사 청구는 임의절차로서 이를 거치지 않고 행정소송을 제기할 수 있다. 재심사 청구는 심사 청구를 거친 후 행함이 원칙이나, 과로성 재해와 같이 판정위원회의 심의를 거친 보험급여에 관한 결정에 불복하는 경우에는 곧바로 재심사 청구를 할 수 있다. 따라서 과로성 재해로 인정받지 못한 피재근로자나 유족은 심사 청구를 거치지 아니하고 재심사 청구를 할 수 있다.

Ⅰ. 심사 청구

1. 심사 청구인

원처분기관의 보험급여 결정 등에 불복하는 자는 심사 청구를 할 수 있다. 따라서 과로성 재해로 요양급여 신청서를 원처분기관에 제출하였으나 요양불승인된 경우에는 피재근로자가, 유족급여 및 장의비 청구를 하였으나 부지급 처분을 받은 경우에는 유족이 심사 청구인이 된다. 심사 청구인이 사망한 경우 그 청구인이 보험급여의 수급권자이면 유족이, 그 밖의 자이면 상속인 또는 심사 청구의 대상인 보험급여에 관련된 권리 · 이익을 승계한 자가 각각 청구인의 지위를 승계한다. 한편, 보험급여의 결정에 대해 이해관계가 있는 보험가입자인 사업주도 심사 청구인이 될 수 있다.[2)]

2. 심사 청구의 기간

심사 청구는 보험급여 결정 등이 있음을 안 날부터 90일 이내에 그 보험급여 결정 등을 행한 원처분기관을 거쳐 공단에 제기하여야 한다. 결정 등이 있음을 안 날이란 과로성 재해의 경우 판정위원회의 심의를 거친 보험급여 결정이라고 하더라도 처분은 원처분기관에서 이루어지므로 원처분기관의 보험급여 결정내용이 청구인에게 도달된 날이다.

그리고 어느 때를 심사 청구가 있는 때로 볼 것인지에 관해 발신주의에 의하는 경우와 도달주의에 의하는 경우가 있다. 우리나라는 심사 청구일이 객관적인 명확성을 확보하는 뜻에서 심사 청구서가 원처분기관에 제출된 때에 심사 청구가 제기된 것으로 보는 도달주의를 취하고 있다.

3. 심사 청구의 방법

과로성 재해의 경우 심사 청구는 심사 청구서에 심사 청구의 취지 및 이유를 별지에서 구체적으로 주장하며 그에 따른 증빙자료를 첨부하여야 한다. 이 때 심사 청구서는 2부를 작성하여 그 보험급여 결정 등을 한 원처분기관에 접수하여야 한다. 심사 청구서를 받은 원처분기관은 5일 이내에 의견서를 첨부하여 공단 산재심사실로 송부하게 된다. 다만, 최근에 온라인 심사청구 시스템이 도입되어 심사청구 제기 및 사건진행 상황조회 등이 가능하도록 되었다.

---

2) 대판 1986.12.28, 85누127.

4. 심사 청구에 대한 심리

공단은 심사 청구서를 받은 날부터 60일 이내에 산업재해보상보험심사위원회(이하 '심사위원회'라 한다)의 심의를 거쳐 심사 청구에 대한 결정을 하여야 한다. 다만, 부득이한 사유로 그 기간 이내에 결정을 할 수 없으면 1차에 한하여 20일을 넘지 아니하는 범위에서 그 기간을 연장할 수 있다. 심사위원회는 위원장 1명을 포함하여 90명 이내의 위원으로 구성하되, 위원 중 2명은 상임으로 한다.

그러나 판정위원회의 심의를 거쳐 업무상 질병의 인정 여부가 결정된 경우에는 심사위원회의 심의 대상에서 제외 된다. 다만, 공단이 심사위원회의 심의를 거쳐 결정할 필요가 있다고 인정하는 경우에는 심사위원회의 심의를 거쳐 결정할 수 있다.

따라서 과로성 재해는 판정위원회의 심의를 거쳐 업무상 재해 여부가 결정되므로 원칙적으로 심사위원회의 심의 대상에서 제외되나, 심의위원회에서 심의를 거쳐 취소 여부를 결정하는 경우도 있다.

5. 결과 통지

공단은 심사 청구가 청구기간이 지나 제기되었거나 법령의 방식을 위반하여 보정할 수 없는 경우 등에는 각하결정을 하여야 한다. 그리고 심의 결과 그 심사 청구가 이유 없다고 인정하는 경우에는 기각하고, 원처분이 위법 또는 부당하다고 인정하는 경우에는 청구의 취지를 받아들이는 취소결정을 한다.

공단은 심사 청구에 대한 결정을 하면 심사 청구인에게 심사 결정서 정본을 송달해야 한다. 이 때 공단은 심사 청구인에게 심사 청구에 대한 결정에 관하여 재심사 청구를 제기할 수 있는지 여부, 제기하는 경우의 절차 및 청구기간을 알려야 한다.

<table>
<tr><td colspan="6" rowspan="2">심 사 청 구 서</td><td>처리기간</td></tr>
<tr><td>60일</td></tr>
<tr><td rowspan="3">청구인
(결정을
받은자)</td><td>① 성 명
(대표자명)</td><td>김○○</td><td>② 주민등록번호</td><td>○○○○○○-○○○○○○○</td><td rowspan="2">③ 근로자와
의 관계</td><td rowspan="2">배우자</td></tr>
<tr><td>④ 사업장명</td><td>○○산업(주)</td><td>⑤ 소 재 지</td><td>전북 군산시 시청로 17</td></tr>
<tr><td>⑥ 주 소</td><td colspan="5">□□□-□□□ ☎ 063) 123-4567
전북 군산시 구암로 50의 3</td></tr>
<tr><td rowspan="2">대리인</td><td>⑦ 성 명</td><td>이○○</td><td>⑧ 주민등록번호</td><td colspan="3">○○○○○○-○○○○○○○</td></tr>
<tr><td>⑨ 주 소</td><td colspan="5">□□□-□□□ ☎ 02)515-5377
서울 강남구 역삼동 705-9 삼흥빌딩 120호</td></tr>
<tr><td rowspan="2">근로자</td><td>⑩ 성 명</td><td colspan="2">박○○</td><td>⑪ 주민등록번호</td><td colspan="2">○○○○○○-○○○○○○○</td></tr>
<tr><td>⑫ 사업장명</td><td colspan="2">○○산업(주)</td><td>⑬ 사업장소재지</td><td colspan="2">전북 군산시 시청로 17</td></tr>
<tr><td rowspan="2">결정
내용</td><td>⑭ 결정기관</td><td colspan="2">군산지사</td><td>⑮ 결 정 년 월 일</td><td colspan="2">2013년 5월 15일</td></tr>
<tr><td>⑯ 결정내용</td><td colspan="2">부지급</td><td>⑰ 결 정 을 안 날</td><td colspan="2">2013년 5월 18일</td></tr>
<tr><td colspan="2">⑱ 결정기관의 고지
유무 및 그 내용</td><td colspan="5">결정이 있음을 안 날로부터 90일 이내에 심사 청구할 수 있음을 고지받음</td></tr>
<tr><td colspan="2">⑲ 청구취지 및 이유</td><td colspan="5">(별첨)</td></tr>
<tr><td colspan="7">산업재해보상보험법 제103조에 따라 위와 같이 청구합니다.

2013년 5월 30일

청구인 김○○ (서명 또는 날인)
위 대리인 이○○ (서명 또는 날인)

근로복지공단 이사장 귀하</td></tr>
<tr><td colspan="6" rowspan="2">첨부서류 :
1. 청구의 취지 및 이유
2. 위임장(대리인을 선임한 경우에 한합니다.)
3. 증거조사 신청서(증거조사를 신청할 때에 한합니다.)

※ 뒷면 작성방법을 참고하여 주시기 바랍니다.</td><td>수 수 료</td></tr>
<tr><td>없 음</td></tr>
</table>

Ⅱ. 재심사 청구

1. 재심사 청구인

심사 청구에 대한 결정에 불복하는 자는 재심사위원회에 재심사 청구를 할 수 있다. 다만, 판정위원회의 심의를 거친 보험급여에 관한 결정에 불복하는 자는 심사 청구를 하지 아니하고 재심사 청구를 할 수 있다. 따라서 과로성 재해는 판정위원회의 심의를 거친 경우이므로 심사 청구를 생략하고 곧바로 재심사 청구를 할 수 있다.

2. 재심사 청구의 기간

재심사 청구는 재심사 청구서를 2부 작성하여 보험급여 결정 등을 행한 원처분기관을 거쳐 재심사위원회에 제기하여야 한다. 재심사 청구는 심사 청구에 대한 결정이 있음을 안 날부터 90일 이내에 제기하여야 한다. 다만, 심사 청구를 거치지 아니하고 재심사 청구를 하는 경우에는 보험급여에 관한 결정이 있음을 안 날부터 90일 이내에 제기하여야 한다.

3. 재심사 위원회의 구성과 운영

재심사 청구서를 받은 원처분기관은 5일 이내에 의견서를 첨부하여 재심사위원회에 송부하게 된다. 재심사위원회는 재심사 청구서가 접수되면 그 청구에 대한 심리기일 및 장소를 정하여 심리기일 5일 전까지 당사자 및 원처분기관에 각각 문서로 알려야 한다.

그리고 재심사위원회는 재심사 청구서를 받은 날로부터 60일 이내에 심리 및 결정해야 하고, 부득이한 사유로 기간 내 결정을 할 수 없는 경우에는 1차에 한하여 20일 이내 범위에서 기간연장을 할 수 있다는 점은 심사 청구 시와 동일하다.

재심사위원회는 위원장 1명을 포함한 60명 이내의 위원으로 구성하되, 위원 중 2명은 상임위원으로, 1명은 당연직위원으로 한다. 당연직위원은 고용노동부장관이 소속 3급의 일반직 공무원 또는 고위공무원단에 속하는 일반직 공무원 중에서 지명하는 자로서 위원장이 된다. 그리고 상임위원 중 1명은 부위원장으로서 재심사위원회가 위원 중에서 선출한다.

위원장은 재심사위원회의 회의를 소집하고 그 의장이 된다. 다만, 재심사위원회의 원활한 운영을 위하여 필요하면 위원장의 명을 받아 부위원장이 재심사위원회의 회의를 주재할 수 있다. 위원장은 재심사위원회의 회의를 소집하려면 회의 개최 5일 전까지 회의의 일시 · 장소 및 안건을 위원들에게 서면으로 알려야 한다.

회의는 위원장 또는 부위원장, 상임위원 및 위원장이 회의를 할 때마다 지정하는 위원을 포함하여 9명으로 구성한다. 회의는 구성원 과반수의 출석과 출석위원 과반수의 찬성으로 의결한다. 이 경우 '판사 · 검사 · 변호사 또는 경력 10년 이상의 공인노무사' 의 자격이 있는 위원과 '사회보험이나 산업의학에 관한 학식과 경험이 풍부한 자' 의 자격이 있는 위원이 각각 1명 이상 출석하여야 한다.

4. 재심사 심리

재심사 심리는 서면 심리를 원칙으로 하되 재심사 청구인이나 보험가입자 또는 보험급여와 관계있는 자가 구술심리를 신청하면 구술심리를 할 수 있다. 재심사위원회는 심리를 공개하여야 하고, 재심사의 심리 경과에 관해 일정 사항을 적은 심리조서를 작성하여야 한다. 당사자 또는 관계인은 문서로 심리조서의 열람을 신청할 수 있다. 재심사위원회는 당사자 또는 관계인이 심리조서의 열람을 신청한 경우에는 정당한 사유 없이 거부하지 못한다.

5. 소위원회의 구성 등

재심사위원회는 재심사 청구의 효율적인 심리를 위하여 필요하다고 인정하는 경우에는 5명 이하의 위원으로 전문 분야별 소위원회를 구성 · 운영할 수 있다. 부위원장, 위원장이 아닌 상임위원, 위원장이 지정하는 위원으로 구성하고, 소위원회는 위원장이 지정하는 재심사 청구 사건을 검토하여 재심사위원회에 보고하여야 한다.

그리고 고용노동부장관은 산업재해보상보험, 산업의학, 산업간호, 유해물질 관리 및 방사선 등 재심사위원회의 재심사 업무에 필요한 전문적인 조사·연구를 위하여 5명 이내의 조사연구원을 둘 수 있다.

6. 재심사의 결정

재심사 청구에 대한 재결은 각하·기각 또는 취소로 이루어지는데 그 재결은 공단을 기속한다. 재심사위원회는 지체 없이 당사자에게 재결서의 정본을 송달해야 하고, 재결의 효력은 재결서의 송달이 있는 때에 발생한다. 그리고 재심사 청구에 대한 재결은 행정소송법 제18조를 적용할 때 행정심판에 대한 재결로 본다.

<table>
<tr><td colspan="6" rowspan="2">재 심 사 청 구 서</td><td>처리기간</td></tr>
<tr><td>60일</td></tr>
<tr><td rowspan="2">청구인
(결정을
받은자)</td><td>① 성 명</td><td>김○○</td><td>② 주민등록번호</td><td>○○○○○○-○○○○○○○</td><td>③ 근로자와의 관계</td><td>배우자</td></tr>
<tr><td>④ 주 소</td><td colspan="5">□□□-□□□ ☎ 063) 123-4567
전북 군산시 구암로 50의 3</td></tr>
<tr><td rowspan="2">대리인</td><td>⑤ 성 명</td><td>이○○</td><td>⑥ 주민등록번호</td><td colspan="3">○○○○○○-○○○○○○○</td></tr>
<tr><td>⑦ 주 소</td><td colspan="5">□□□-□□□ ☎ 02)515-5377
서울 강남구 역삼동 705-9 삼흥빌딩 120호</td></tr>
<tr><td rowspan="2">근로자</td><td>⑧ 성 명</td><td colspan="2">박○○</td><td>⑨ 주민등록번호</td><td colspan="2">○○○○○○-○○○○○○○</td></tr>
<tr><td>⑩ 사업장명</td><td colspan="2">○○산업(주)</td><td>⑪ 사업장소재지</td><td colspan="2">전북 군산시 시청로 17</td></tr>
<tr><td colspan="2">⑫ 결정기관</td><td colspan="2">군산지사</td><td>⑬ 결정년월일</td><td colspan="2">2013년 5월 15일</td></tr>
<tr><td colspan="2">⑭ 심사결정기관명</td><td>근로복지공단</td><td>⑮ 심사결정 한 날</td><td>2013. 8. 15.</td><td>⑯ 심사결정이 있음을 안 날</td><td>2013. 8. 17</td></tr>
<tr><td colspan="2">⑰ 심사결정기관의 고지 유무 및 내용</td><td colspan="5">심사결정이 있음을 안 날로부터 90일 이내 재심사청구 또는 행정소송제기 가능하다는 고지 받음</td></tr>
<tr><td colspan="2">⑱ 청구취지 및 이유</td><td colspan="5">(별첨)</td></tr>
<tr><td colspan="7">산업재해보상보험법 제106조에 따라 위와 같이 청구합니다.

2013년 9월 1일

청구인 김○○ (서명 또는 날인)
위 대리인 이○○ (서명 또는 날인)

산업재해보상보험재심사위원회 위원장 귀하</td></tr>
<tr><td colspan="6" rowspan="2">첨부서류 :
1. 청구의 취지 및 이유
2. 위임장(대리인을 선임한 경우에 한합니다.)
3. 증거조사 신청서(증거조사를 신청할 때에 한합니다.)

※ 이 용지는 무료로 배부하여 드립니다.(뒷면 참조)</td><td>수 수 료</td></tr>
<tr><td>없 음</td></tr>
</table>

청구의 취지 및 이유서 작성요령

청구의 취지 및 이유

청구인은 근로복지공단군산지사(이하 "원처분기관"이라 한다)에서 2013. 5. 15.자로 유족급여및장의비부지급처분을 받았으며, 이에 대하여 근로복지공단이사장(이하 "심사기관"이라 한다)에게 심사청구를 하였으나 이유 없다고 기각 결정하였으므로 이에 불복하여 다음과 같이 재심사를 청구합니다.

1. 청구취지

원처분기관이 2013. 5. 15.자로 청구인에게 행한 유족급여및장의비부지급처분을 취소한다는 재결을 구합니다.

2. 청구이유

가. 청구인은 2012. 2. 1. ○○산업(주)에 생산직으로 입사하여 근무하던 중 (언제, 어디서, 무엇을, 어떻게, 왜) 재해를 입고 사망원인 "심근경색"에 대해 유족급여및장의비를 청구하였으나, 원처분기관이 (업무상이 아니라는) 이유로 부지급처분은 다음과 같은 사유로 부당하다고 생각되므로 이 처분의 취소를 구하는 바입니다.
나. (그 이유를 설명하는 사실관계 및 의학적 인과관계 등을 객관적으로 기재하고 필요한 근거자료를 제시)

3. 결론

이상의 사실관계를 종합하여 볼 때 .... 업무상재해에 해당되므로 원처분은 취소되어야 합니다.

입증자료

증 제1호 ○○○ 사본 1부

제3절 행정소송

Ⅰ. 행정소송의 의의

행정소송은 소송절차를 통하여 행정청의 위법한 처분 그 밖에 공권력의 행사·불행사 등으로 인한 국민의 권리 또는 이익의 침해를 구제하고, 공법상의 권리관계나 법적용에 관한 다툼을 적정하게 해결함을 목적으로 하는 소송이다.

공단이 보험급여의 지급을 거부하는 결정은 피재근로자나 유족에게 급여청구권이 있는지의 여부를 공권적으로 확정하기로 하는 준법률행위적 행정행위로서 확인에 해당하는 행정처분이다. 따라서 공단의 위법한 처분 등에 불복이 있는 자는 이를 취소하여 줄 것을 청구하는 취소소송을 제기할 수 있다.

산재보험급여와 관련된 소송은 취소소송에 해당되고, 취소소송의 대상은 '처분 등' 으로 행정청이 행하는 구체적 사실에 관한 법집행으로서의 공권력의 행사 또는 그 거부와 그 밖에 이에 준하는 행정작용 및 행정심판에 대한 재결을 말한다(행정소송법 제2조 제1항 제1호).

여기에서 행정청에는 처분 등을 할 수 있는 권한이 있는 국가 또는 지방자치단체와 같은 행정기관뿐만 아니라, 법령에 의하여 행정권한의 위임 또는 위탁을 받은 행정기관, 공공단체 및 그 기관이나 사인이 포함된다. 따라서 특별한 법률에 근거를 두고 행정주체로서의 국가 또는 지방자치단체로부터 독립하여 특수한 존립목적을 부여받은 특수한 행정주체로서, 산재보험법에 따라 설립돼 특수공법인에 해당되는 공단은 행정소송법상 행정청의 지위에 있고, 공단의 보험급여에 관한 결정은 행정소송의 대상이 된다.[3]

그러나 공단의 진정사건 조사결과 회신은 산재보험급여 대상이 아니라는 행정청의 의견을 밝힌 것에 불과하고, 피재근로자나 유족의 권리·의무나 법률

3) 대판 1992.11.27, 92누3618.

상 이익에 구체적으로 어떠한 영향을 미치는 것이 아니므로 행정소송의 대상이 되는 행정처분이라 할 수 없다.[4)]

Ⅱ. 행정소송의 당사자

1. 원 고

원고는 처분 등의 취소를 구할 법률상 이익이 있는 자로서 소를 제기할 수 있다. 여기에서 소송의 원고는 산재보험법상 보험급여의 결정에 관해 처분을 받은 자이다. 그리고 취소소송이기 때문에 처분 등의 효과가 기간의 경과, 처분 등의 집행 그 밖의 사유로 인하여 소멸된 뒤에도 그 처분 등의 취소로 인하여 회복되는 법률상 이익이 있는 자도 원고적격을 가진다.

한편, 위법한 행정처분의 취소변경을 구하기 위하여 처분청을 상대로 행정소송을 제기할 수 있는, 즉 권리의 침해를 받은 자가 그 처분의 직접 상대방이 됨이 일반적이라고 할 것이다. 그러나 산재보험법에 의한 보험급여결정에 대하여는 보험가입자인 사업주도 보험료의 부담범위에 영향을 받는 자로서 그 적법 여부를 다툴 법률상의 정당한 이익이 있으므로 원고가 될 수 있다.[5)]

2. 피 고

피고는 다른 법률에 특별한 규정이 없는 한 그 처분 등을 행한 행정청이 된다. 다만, 처분 등이 있은 뒤에 그 처분 등에 관계되는 권한이 다른 행정청에 승계된 때에는 이를 승계한 행정청을 피고로 한다. 따라서 산재보험법상 보험급여의 결정에 관한 처분에 대해서는 공단 이사장을 상대로 소송을 제기하여야 한다.

한편, 원고가 피고를 잘못 지정한 때에는 법원은 원고의 신청에 의하여 결정으로써 피고의 경정을 허가할 수 있다. 이 경우 새로운 피고에 대한 소송은 처음에 소를 제기한 때에 제기된 것으로 본다(법 제14조).

---

4) 대판 1999.4.23, 99두1748.
5) 대판 1987.9.22, 87누176

Ⅲ. 행정소송의 제기

1. 소의 제기기간

취소소송은 법령의 규정에 의하여 당해 처분에 대한 행정심판을 제기할 수 있는 경우에도 이를 거치지 아니하고 제기할 수 있다(법 제18조 제1항). 따라서 피재근로자나 유족은 심사청구나 재심사청구 절차를 거치지 아니하고 곧바로 행정소송을 제기할 수 있다.

처분 등을 대상으로 하는 취소소송이므로 처분 등이 있음을 안 날부터 90일 이내에 제기하여야 한다. 다만, 행정심판청구가 있은 때의 기간은 재결서의 정본을 송달받은 날부터 기산한다(법 제20조 제1항).

여기에서 소송제기기간 기산점인 '처분이 있음을 안 날'이라 함은 당사자가 통지·공고 기타의 방법에 따라 당해 처분이 있었다는 사실을 현실적으로 안 날을 의미하고, 추상적으로 알 수 있었던 날을 의미하는 것은 아니다. 다만, 처분을 기재한 서류가 당사자의 주소에 송달되는 등으로 사회통념상 처분이 있음을 당사자가 알 수 있는 상태에 놓인 때에는 반증이 없는 한 그 처분이 있음을 알았다고 추정할 수 있다.[6)]

그리고 일반적으로 행정처분이나 재결이 불복기간의 경과로 인하여 확정될 경우, 그 확정력은 그 처분으로 인하여 법률상 이익을 침해받은 자가 당해 처분이나 재결의 효력을 더 이상 다툴 수 없다는 의미일 뿐, 나아가 판결에 있어서와 같은 기판력이 인정되는 것은 아니어서 그 처분의 기초가 된 사실관계나 법률적 판단이 확정되고 당사자들이나 법원이 이에 기속되어 모순되는 주장이나 판단을 할 수 없게 되는 것은 아니다. 따라서 요양불승인처분이 불복기간의 경과로 인하여 확정되었다 하더라도 그 불승인처분의 대상이 된 부상이 업무상의 사유에 의한 것인지의 여부까지 확정된 것은 아니므로, 그 부상으로 인한 신체장해가 업무상의 재해에 해당한다는 이유로 별도의 처분인 장해보상급여처분을 다툴 수 있다.[7)]

---

6) 대판 1995.11.24, 95누11535.
7) 대판 1994.11.8, 93누21927.

결국 요양불승인처분이 불복기간의 경과로 인하여 확정되었더라도 요양급여청구권이 없다는 내용의 법률관계까지 확정된 것은 아니므로, 소멸시효에 걸리지 아니한 이상 다시 요양급여를 청구할 수 있고 그것이 거부된 경우에는 새로운 거부처분으로서 위법 여부를 소구할 수 있는 것이다.[8)]

2. 재판관할

취소소송의 제1심 관할법원은 피고의 소재지를 관할하는 행정법원으로 한다. 다만, 중앙행정기관 또는 그 장이 피고인 경우의 관할법원은 대법원 소재지의 행정법원으로 한다(법 제9조 제1항). 따라서 공단 이사장이 피고가 되므로 서울행정법원이 원칙적으로 관할이 되나, 실제로는 원처분기관을 관할하는 행정법원이 관할법원이 되기도 한다.

그리하여 공단은 산재보상 관련 행정소송을 위해 서울, 인천, 부산, 대구, 광주, 대전 등 전국 6개 지역본부에 소송을 전담하는 송무부를 두어 이사장을 대리해 소송수행을 하고 있다. 소송수행자는 법무부장관의 국가소송 지휘를 받으며 소송을 수행한다.[9)]

3. 소장의 접수

법원에 소를 제기하려면 우선 소장을 작성하여 제출하여야 한다. 소장의 청구취지에는 소의 결론을 기재하고, 청구원인에는 원고가 구하는 소의 결론을 끌어내는 근거가 되는 사실관계와 법률관계를 기재한다. 그리고 행정소송의 경우 대개 행정청의 처분이 위법한지 여부가 쟁점이므로 행정청의 처분이 어떠한 점에서 위법한지를 구체적으로 기재한다.

---

8) 대판 1993.4.13, 92누17181.

9) 김태수, 『산재 손해배상 실무』, 제2권, 진원사, 2010, 361쪽.

소　　장

원고 : 김ㅇㅇ

피고 : 근로복지공단 이사장

–유족급여및장의비부지급처분취소–

청 구 취 지

1. 피고가 2013. 5. 15. 원고에 대하여 행한 유족급여및장의비부지급처분을 취소한다.
2. 소송비용은 피고의 부담으로 한다.

라는 판결을 구합니다.

청 구 원 인

1. 처분의 내용

2. 청구의 이유

3. 처분의 위법성

4. 전심절차

5. 결어

입 증 방 법

1. 갑 제1호증 유족급여및장의비부지급통보

첨 부 서 류

1. 위 각 입증방법 각 1부.
1. 송달료 납부서 1부.
1. 소장 부본 1부.

2013. 11. 25.

위 원고 김ㅇㅇ(인)

서울행정법원 귀중

Ⅳ. 법원의 심리

1. 변론기일 지정

원고가 소장을 법원에 제출하면 사건을 배당받은 재판부의 재판장은 우선 필요적 기재사항이 제대로 기재되어 있는지, 소장인지를 붙였는지 등을 심사한다. 그리고 소장이 제대로 갖춰졌으면 법원은 그 부본을 피고에게 송달하여 그를 상대로 소가 제기되었음을 알리고, 답변서의 제출을 요구하게 된다.

피고는 소장 부본을 송달받은 날로부터 30일 안에 답변서를 제출하여야 한다. 재판장은 답변서가 제출된 후 관련사건과의 관계상 신속한 기일지정이 필요하거나, 사건의 성질상 신속한 처리가 요청되는 경우 또는 법리문제만 쟁점이 되어 변론준비절차에 부칠 필요가 없는 사건의 경우 등에는 즉시 변론기일을 지정한다.

그러나 재판장이 서면공방을 진행하기로 결정한 사건에 대하여는, 참여사무관은 원고에게 발송일로부터 3주 정도의 기한을 정해 피고의 답변에 대한 반박 준비서면 및 입증자료를 제출하도록 최고하게 된다. 참여사무관은 원고의 반박 준비서면이 제출되면 이를 피고에게 송달한 후, 곧바로 기록을 정리하여 재판장에게 인계한다. 재판장은 답변서 제출 후 또는 서면공방 종료 후에 쟁점정리를 위한 변론준비 기일을 지정한다.

2. 증거조사

변론준비 기일에는 쌍방의 주장과 함께 증거관계도 정리하게 되는데, 먼저 변론준비기일 이전에 있었던 증거신청 중에서 아직 채택 여부를 결정하지 않았거나, 변론준비 기일에 추가로 제기된 증거신청에 대하여 채택 여부를 결정하게 된다.

또한 기존에 채택하여 실시된 검증, 사실조회, 감정촉탁 등의 결과에 대하여 고지하고 그 내용을 확인하며, 서증에 대한 조사를 시행하는 등 증거조사도 시행하게 된다. 다만, 위와 같은 증거조사는 반드시 변론준비 기일에 하여야 하는 것은 아니지만, 증인신문과 당사자 본인신문은 어느 경우든 변론기일에 시행하게 된다.

증 인 신 청 서

1. 사　건 : 2013구합○○○ 유족급여및장의비부지급처분취소
   원　고 : 김○○
   피　고 : 근로복지공단

2. 증인의 표시

성 명	정○○		직　업		회사원	
주민등록 번　호	○○○○○○-○○○○○○○					
회사주소	전북 군산시 시청로 17					
전화번호	자택	063)456-7890	사무실	063)123-4567	휴대폰	010-000-0000
원 · 피고 와의 관계	친인척 관계는 없음					

3. 증인이 이 사건에 관여하거나 그 내용을 알게 된 경위

이 사건 재해자와 같은 사업장에서 생산직으로 근무하고 있어 재해자의 근무실태에 대하여 소상히 알고 있습니다.

4. 신문할 사항의 개요

별지 '신문사항' 기재와 같습니다.

5. 증인 출석을 보장할 수 없으므로 소환하여 주시기 바랍니다.

2013. 12. 20.

V. 변론종결 및 판결 선고

1. 변론종결

재판장은 주장의 진술, 증인신청, 증거조사 등의 모든 과정이 종결되고 나면 변론을 종결하고 선고기일을 지정한다. 변론종결 이후에는 당사자가 준비서면을 제출하거나 서류에 번호를 매겨 제출하더라도 이는 변론에 현출되지 아니한 것이기 때문에 재판결과에 반영되지 못한다. 따라서 그러한 자료를 재판결과에 반영시키기 위해서는 변론 재개를 신청하여 변론기일에 진술, 제출하여야 한다.

2. 판결 선고

판결은 재판장이 판결원본에 따라 주문을 읽는 방식으로 선고하고, 필요한 때에는 이유를 간략히 설명할 수 있다. 판결은 당사자가 출석하지 않아도 선고할 수 있고, 선고에 의해 판결의 효력이 발생한다.

원처분기관의 요양불승인처분이나 유족급여부지급처분에 대한 행정법원의 취소 확정판결은 그 사건에 관하여 당사자인 행정청과 그 밖의 관계행정청을 기속한다(법 제30조). 소송비용은 취소판결인 경우에는 피고가, 기각이거나 각하된 경우에는 원고가 부담한다.

법원은 판결이 선고된 후 그 정본을 당사자에게 송달하는데, 판결에 불복이 있는 당사자는 판결서가 송달된 날부터 2주 이내에 항소장을 1심 법원에 제출하는 방식으로 항소할 수 있다.

행정소송 절차도

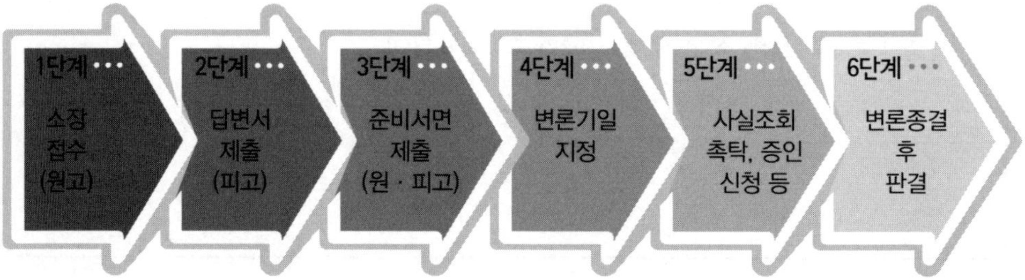

부록 1

심사 결정 사례

〈부록 1〉 심사 결정 사례

* 심사 결정 사례는 근로복지공단에서 2000년부터 2013년까지 발간한 산재보험심사결정사례집에 있는 것으로 발행연도 및 일련번호는 그에 따른 것임
* 기각으로 표기되지 아니한 것은 취소사례임

1. 뇌출혈

사인/질병명	직종	발병 경위	결정 요지	기초 질환/기호	발행 연도 및 일련번호
뇌출혈	일용근로자	내부인테리어 공사현장에서 해머로 철거작업을 하던 중 쓰러짐	수년간 일용근로자로 일을 해왔기 때문에 어느 정도 육체적인 노동에 적응이 되었던 것으로 보이고, 발병 이전 근무내역상 작업일수가 많지 않았으며, 업무와 관련해 돌발적인 사건 · 사고도 없었던 반면, 발병위험인자로 흡연과 음주, 당뇨병으로 치료받은 사실에 비추어, 업무와의 인과관계를 인정하기 어려움	당뇨/흡연,음주	2013-92 (기각)
뇌출혈	지게차운전기사	자택에서 출근준비를 하던 중 두통, 구토 등의 증상이 있어 119구급차로 내원함	철구조물을 상하차하는 업무를 수행해 오던 근로자로, 고혈압이 있었으나 그에 대한 치료는 받지 아니하였고, 작업일지에 의하면 재해발생 전 통상적인 업무를 수행하였을 뿐 업무상 과로 사실이 인정되지 아니하며, 급격한 작업환경의 변화도 없었던 점에 비추어, 발병의 원인은 고혈압으로 판단됨	고혈압/흡연	2013-91 (기각)
뇌출혈	생산직	야간 교대근무 중 두통과 구토증세로 후송됨	주 · 야간 교대근무자로서 7개월 전부터 다소 많은 초과근무와 발병 직전 3일간 특근 등이 관찰되나 감당키 어려울 정도로 극심하였다고 보기 어렵고, 발병 전 10일간 중 6일은 설 연휴로 휴무해 이전의 피로가 어느 정도 해소된 것으로 판단되며, 발병 직전 업무상 사유로 급격한 흥분상태에 놓인 사실이 없음		2013-90 (기각)
뇌출혈	택시운전기사	택시 안에서 의식을 잃고 있는 것이 다른 차량 운전기사에 의해 발견되어 후송됨	격일제 근무형태로 장단기 과로 사유는 미흡하나, 생체리듬에 영향을 줄 수 있는 시간인 2시간 이내에 술에 만취한 여성 승객의 보호자와 요금 및 성추행에 대한 논쟁으로 30~40분간 다툼이 있은 직후 뇌출혈이 발생한 사실에 비추어, 업무상 사유에 해당하는 돌발 상황으로 인해 발생한 것으로 인정됨	흡연	2013-20
뇌내출혈	택시운전기사	2일 전에 발생한 교통사고 사실을 회사에 보고하고 배차실에 내려온 직후 발병	발병 전 택시 운행일이 늘어났고, 장기간 계속된 야간근무로 만성적인 과로 상태에서, 발병 이틀 전의 교통사고와 그에 대한 합의금을 마련하는 등 스트레스를 받았음이 인정되며, 상무에게 교통사고 처리내용을 보고한 직후 뇌출혈이 발생한 사실에 비추어, 발병 전 뚜렷한 스트레스와 만성적인 과로가 원인이 되었음	고혈압/음주	2013-19
뇌실질내출혈	인쇄디자이너	출근하여 디자인 작업을 하다가 갑자기 의식을 잃고 쓰러짐	근무시간 중 발병하였고, 발병 2개월 전부터 업무량과 업무내용의 부담이 통상의 작업과 비교 시 34% 이상 모두 증가하였으며, 발병 일주일 전의 경우 업무량이 50% 이상 증가한 기록 등이 확인되므로, 급격히 증가한 업무상의 부담으로 인해 발병한 업무상 질병으로 판단됨	고혈압	2013-17

사인/질병명	직종	발병 경위	결정 요지	기초 질환/기호	발행 연도 및 일련번호
뇌지주막하출혈	선박보수작업감독자	컨테이너 선박에 승선해 항해하는 선박 내에서 보강작업을 하던 중 두통이 발생	유지보수작업을 약 2개월 예정으로 수행하고 있었고, 장비 및 자재 미비와 각종 부품이 세관통관 문제로 인해 작업 기일을 맞추기 어려운 상황이었으며, 작업 중 태풍을 만나 작업환경이 매우 좋지 않은 상황에서 업무수행 중 4차례에 걸쳐 쓰러진 점에 비추어, 열악한 작업환경에 의한 업무상 과로로 발병한 것임		2013-16
뇌출혈	건설현장소장	공사수주를 위해 협력사 임원과 골프를 하던 중 왼쪽 발바닥에 이상 증세가 발현되어 내원	골프행위는 사업주 지배관리 아래에서 행해진 업무로 보기 어렵고, 현장소장으로서 사전에 계획된 현장소장 회의에 참석한 것을 돌발적이고 예측곤란한 정도의 과로나 스트레스가 있었다고 인정하기 어려우며, 악성 고혈압으로 진단받은 이후에도 이에 대한 관리를 하지 않았던 점에 비추어, 기존질병의 기여도가 상당한 것으로 판단됨	고혈압/음주	2012-22 (기각)
대뇌경막외출혈	생산직반장	사업장 내 탈의실에서 목까지 이불을 덮고 누워있었던 채로 동료근로자에게 발견됨	업무상 과로나 스트레스는 확인되지 않으며, 두부 외상성 출혈이 발생할 만한 외상에 대한 목격자가 없을 뿐만 아니라, 의무기록상 '오늘 아침 갑자기 어지럼증이 와서 우측 눈에 피멍' 등의 기록이 확인되어, 사고의 원인이 업무 중 또는 업무 전 준비행위 중 발생한 사고에 기인한 것으로 인정하기 어려움	고혈압	2012-21 (기각)
뇌지주막하출혈	택시기사	점심식사를 하기 위해 식당에 들어가 식사를 하려던 중 쓰러짐	입사 이후 5년간 주간근무만 수행하다가 야간근무로 근무형태가 변경된 후 9일 동안 휴무없이 연속 근무하였던 바, 발병 전 단기간 동안 업무상 부담이 증가하여 뇌혈관의 정상적인 기능에 영향을 줄 수 있는 과로를 유발해 질병을 발생시킨 것으로 보임	뇌동맥류,고혈압,당뇨/흡연,음주	2011-21
뇌지주막하출혈	관리부장	자택 화장실에서 용변을 보던 중 쓰러져 119 구급대로 후송됨	자택에서 용변을 보던 중 발병하였으나, 발병 이전에 진행되었던 구조조정, 부하직원의 입찰단가 착오조정으로 인한 손실이 있었고, 주문량 납품 등에 따른 연장 및 휴일근무로 단기간 또는 만성적인 업무상 부담이 가중된 사실이 확인되어 업무상 재해임	뇌동맥류/흡연,음주	2011-20
뇌출혈	경비원	경비실 입구에 쓰러져 의식이 혼미하고 팔다리를 제대로 가누지 못하는 상태로 입주민에게 발견됨	발병 전 4일간 계속내린 눈 때문에 제설작업으로 인한 과로가 인정되고, 제설작업 중 발병하였으며, 관리하는 아파트 단지가 매우 넓어 항상 만성적인 과로상태였다고 판단될 뿐만 아니라, 달리 기왕증에 의한 발병이라고 판단할 뚜렷한 근거가 확인되지 아니함	고혈압	2011-18

사인/질병명	직종	발병 경위	결정 요지	기초 질환/기호	발행 연도 및 일련번호
뇌실질내출혈	경비원	아파트 관리사무소 소속 근로자가 입주자 차량 운전자와 주차권 문제로 말다툼을 한 후 이상증세가 있어 119로 후송됨	입주자 차량의 주차문제로 다투면서 상당히 흥분하였던 사실, 이후에 이상증세가 발생한 사실, 자문의 소견도 발병 전 명백한 업무상 과로나 작업환경의 변화는 관찰되지 않으나 업무상 다툼이 뇌출혈의 상당한 유발요인이 되었을 것이라는 소견으로 업무상재해임		2011-17
뇌출혈	생산직	18:30경 회사 작업장에서 마무리 정리를 하다가 두통 등 증세로 후송	재해발생 전 1주간 연장근무로 19:00~20:00경에 퇴근해 업무상 과로는 뚜렷하지 않으나, 정상근무 종료시점에 발병하여 업무 관련성이 크다고 볼 수밖에 없으며, 업무수행 중 상병이 업무와 무관하게 자연발생적 악화되었다고 입증할 명백한 근거가 없음	고혈압/음주	2010-16
뇌출혈	영업겸총무부장	07:00경 자택에서 출근준비를 하다가 재채기를 한 후 두통을 호소하며 쓰러짐	영업과장이 퇴직하는 바람에 재해 이전 3개월간은 월등히 업무량이 증가한 점, 1주일에 3일은 05:00경 회사에 출근한 점, 통상 22:00까지 연장근로를 수행한 점, 재해 직전 일요일에도 출근하여 근무한 점에 비추어 과로 및 스트레스가 상병을 유발한 것임		2010-17
뇌내출혈	증권사운용팀장	업무를 마치고 신입사원 환영회 겸 부서회식에 참석하여 식사하던 중 이상증세로 내원	재해일 이전 3~4개월 전부터 기존 업무 외에 옵션업무를 추가로 담당하면서 스트레스를 받아오다가 발병 당일 업무변동으로 긴장상태 및 급격한 스트레스를 받았고, 이후 피곤한 상태에서 회식에 참석해 발병한 점에 비추어 급성 또는 만성적 과로가 인정됨	고혈압/흡연	2010-21
지주막하출혈	건설일용직	도장작업에 필요한 도구 등을 옮긴 직후, 작업복으로 갈아입고 작업을 시작하려는 순간 쓰러짐	도장공으로 고용되어 첫날 현장에 출근해 작업장비 등을 작업장으로 옮기고 작업하려는 순간 발생한 재해로서, 작업도구를 옮기는 행위는 작업에 수반하는 필수적 행위이고, 기존증이 자연경과적으로 악화되었다는 반증이 없는 업무수행 중 뇌출혈임	음주, 흡연	2010-79
뇌실내출혈	꽃배달직	장례식장에 꽃 배달을 마치고 장례식장 화장실에서 의식을 잃고 쓰러진 채 발견	자신의 차량을 이용하여 꽃 배달업무를 수행하던 근로자로, 근무시간은 08:00~19:00까지이나 주문된 꽃 배달업무와 수거업무까지 하다보면 정해진 퇴근시간보다 늦게 일을 마쳤으며, 업무수행 중에 발병한 사실이 명백하여 업무상 재해임	고혈압, 당뇨	2009-24
뇌출혈	생산직	퇴근하여 집 근처 시장에서 장을 본 후 자신의 승용차 안에서 발병	발병시점이 퇴근 후이나, 기존질병이 없었을 뿐더러 술 · 담배도 전혀 하지 않았고, 발병 전월부터 하루의 휴일도 없이 근무하였으며, 대략 한 달 이상 법정근로시간 대비 30% 이상 연장근로를 하였음이 인정되어 업무상 재해임		2009-25

사인/질병명	직종	발병 경위	결정 요지	기초 질환/기호	발행 연도 및 일련번호
자발성뇌출혈	내근직	점심식사 후 사무실 문 앞에서 서서 이야기 하다가 주저앉음	업무내용은 전화응대 및 배차지시로서 석가탄신일을 앞두고 보름 전부터 주문량이 늘어났고, 그에 따른 전화통화, 지연배달에 따른 항의전화 등으로 스트레스를 받았음이 확인되며, 업무와 무관하게 발병되었다고 입증할 명백한 근거가 없음	고혈압, 당뇨	2009-30
뇌간출혈	은행차장	오전 민원고객과 심한 언쟁 후 머리가 아프다고 한 다음 점심시간에 식당에서 쓰러짐	재해 직전 펀드의 사후관리 업무가 추가되었고, 당일에는 오전 민원인과 업무적으로 다툼이 있었던 이후 중식시간에 발병해 뇌출혈의 전조증상을 인정할 수 있으며, 구조조정 등의 스트레스 요인이 있었던 상태에서 발병됨	고혈압/음주	2009-83
뇌지주막하출혈	경비원	전일 근무를 마치고 퇴근한 후 회사의 호출을 받고 사무실을 방문해 사직서를 제출하고 근무지로 돌아와 본인의 짐을 꾸리던 중 쓰러짐	근무지로 돌아와 짐을 꾸리는 행위는 비록 근무시간 외에 이루어졌다 해도 그 시점에는 회사 소속 근로자의 신분이 유지되는 시간이고, 또 사직서 제출 및 개인적인 소유물 등의 짐을 꾸리는 행위는 업무의 부수적인 행위에 해당하므로 업무수행성이 인정됨	고혈압	2009-90
뇌경막하혈종	통행료징수원	근무 중 08:30경 속이 미식하고 구토증세로 후송	업무수행 중 뇌출혈이 발병한 것이 분명하고, 뇌경막하혈종은 대부분 외상으로 발병되지만 머리(뇌)가 흔들리는 등의 외상이 아니라도 발생할 수 있으며, 뚜렷한 과로나 스트레스의 근거가 없더라도 업무수행성이 있으므로 업무상 재해임		2007-19
뇌내출혈	미장공	신축공사 현장에서 10:00경 도배 칠하던 중 머리가 아프다고 조퇴한 후 내원	근무시간은 07:00~17:00로 입사 이후 통상적인 근무를 수행하여 업무상 과로나 스트레스는 뚜렷하지 않으나 업무수행성이 인정되고, 이 업무와 무관하게 자연발생적으로 악화되었음을 의학적으로 명백하게 증명할 자료가 없음	고혈압/흡연, 음주	2007-21
뇌거미막하출혈	아파트경비원	18:00경 순찰업무를 하던 중 두통과 구토증상이 발생하여 조퇴하고 귀가하였으나 악화되어 내원	근무 중 심한 두통이 발생하였고, 조퇴 후에도 호전 없이 계속 지속되어 결국 뇌출혈로 진행되었음이 인정되며, 근무 중 발생한 두통은 전구증상에 해당돼 업무수행성이 인정되므로, 발생장소, 발생시간, 업무내용에서 업무수행 중 발병한 것임	고혈압/음주	2007-22
뇌출혈의심	수협지점장	전일 23:00경 까지 회식하였고, 익일 출근하여 12:00경 수협지점장실에서 의식을 잃은 채 책상에 엎드려 있는 것을 발견	과도한 업무량의 증가나 근무시간에서 과중함이 없었으나, 8차에 걸친 인력구조조정으로 상시적인 스트레스가 존재한 상태에서, 발병 무렵에도 명예퇴직 종용을 받아 상당한 정신적인 압박이 있었음에 비추어, 업무와의 상당인과관계가 인정됨	음주	2007-76

사인/질병명	직종	발병 경위	결정 요지	기초 질환/기호	발행 연도 및 일련번호
급성경막하출혈	시설관리직	사업장 내 구내식당에서 아침식사를 하기 위해 밥통에서 밥을 푸던 중 실신하여 머리를 부딪히는 두부외상을 입음	사업장에서 숙식하는 근무형태로 채용되어 통상 오전 4시에 기상하여 오후 9시까지 장시간 근로하였고, 휴무일은 월 2회로 적은 편이며, 재해발생 1주일 전 3일의 야간근로 및 시설물의 노후화로 잦은 고장과 이에 대한 수리 등에 따른 과로로써 실신이 유발된 것으로 보임	음주	2007-78
뇌출혈	매장관리자	근무 중 몸이 좋지 않아 소화제를 복용한 이후 19:50경 회사 화장실에서 쓰러진 채 발견	업무수행 중에 발병하였고, 입사한 지 10일 정도의 수습사원으로 누적된 업무상 과로는 없으나 새로운 환경에 대한 적응 스트레스는 있었을 것으로 추정되는 바, 기존질병인 모야모야병의 자연경과적인 악화에 의해 발병되었다고 판단할 명백한 근거가 없음	모야모야병	2007-79
뇌내출혈	공사현장직	작업장에서 세륜기에 세정제를 투입하는 과정에서 두통을 호소하며 쓰러짐	입사 이후 발병 시까지 1개월간 1일을 제외하고는 휴일에도 휴무없이 업무를 수행하였음이 인정되고, 본 상병은 업무수행 중에 발병한 뇌출혈로서, 만성적인 과로나 급격한 작업환경의 변화 여부는 업무상 재해로 인정함에 결정적인 기준은 아님	뇌경색	2006-19
뇌출혈	생산직	오전근무를 마치고 중식과 휴식을 취한 후 오후작업을 시작하던 중 쓰러짐	수행한 업무가 단순한 반복작업이나, 67세의 고령으로 발병 이전 1주일간의 업무가 월~금에는 30분씩 연장근무와 토요일 4시간 30분 연장근무, 일요일에는 대체근무로 정상근무한 점 등에 비추어, 만성적인 과로가 인정됨		2006-20
뇌실질내혈종	미싱공	점심식사 후 14:00경 작업 중 몸의 이상증세로 내원	발병 전 3일간 휴가를 사용한 사실 등에 비추어 업무내용상 과로를 인정하기 어렵고, 기존 고혈압에 대한 관리가 소홀하였음이 어느 정도 인정되나, 업무수행성 재해로서 업무와 무관하게 자연발생적으로 발생하였다고 입증할 명백한 증거가 없음	고혈압/음주	2006-21
뇌지주막하출혈	생산직	출근하여 약 3시간 정도 사업장에서 대리석 완제품에 테이프 감는 작업을 하던 중 발병	포장하는 단순 업무에 종사하고 특별히 연장근로를 한 사실이 없어 뚜렷한 과로는 없으나, 업무수행 중 발병하였음이 명백하고, 발병이 자연발생적으로 악화되었다는 구체적인 의학적 증거가 없으므로 업무상 재해임	고혈압	2006-22
뇌지주막하출혈	학원경비원	경비업무 수행 중에 화장실 바닥에 쓰러져 후송	24시간 격일제 형태의 일반적인 경비업무와는 달리 고령에 매일 야간근무만을 수행하였던 것이므로 과로 및 스트레스 요인이 어느 정도 인정되고, 업무수행 중에 발병하였음	고혈압	2006-23

사인/질병명	직종	발병 경위	결정 요지	기초 질환/기호	발행 연도 및 일련번호
뇌지주막하출혈	택시기사	승객을 태우고 주행하면서 전화 통화 하던 중 정신을 잃음	운행시간, 운행거리 등을 볼 때 업무가 과중하지는 않았던 것으로 보이나, 정식발령 후 불과 수 일밖에 지나지 않은 관계로 운전업무에 적응이 되지 않아 스트레스를 받았을 것이고, 업무수행성이 명백하므로 업무상 재해임	흡연	2006-83
뇌실질내출혈	생산직	자택에서 저녁식사 후 팔다리 마비증세로 후송	발병 직전 3주간의 작업수행 내용을 살펴보면, 10일간은 3시간 이상 연장근무를 하였고, 재해일 3일 이전을 보아도 법정근로시간을 매일 3시간씩 초과하여 근무하였으며, 발병 전 39일 동안 단 하루 휴식을 취해 일반인이 적응하기 힘든 업무량과 작업시간이었음	고혈압	2005-39
뇌교출혈	현장관리	건설현장의 협력업체 소속으로 근무하던 중 자택에서 쓰러짐	노임이 늦게 지급되는 관계로 작업인부 관리의 어려움, 작업인부들로부터의 항의, 작업공정과 관련해 이사와의 마찰 등으로 스트레스를 받았다고 보이고, 회사 직원과의 두 차례 전화 통화에서 노임관련 언쟁으로 순간적인 스트레스를 받아 혈압이 상승해 발병된 것임	고혈압/음주, 흡연	2005-40
뇌내출혈	기계주임	지붕 위에서 대못을 박던 중 무리한 힘을 가해 갑자기 머리를 감싸며 주저앉음	통상적인 휴무일 없이 약 9일간 계속하여 업무를 수행한 점, 재해 당시 업무는 지상 6m 높이에서 일과성으로 있었던 지붕공사로서, 불안정한 자세에서의 망치질 등이 일과성 혈압의 변화를 초래할 수 있는 점 등에 비추어 업무상 재해임	음주	2005-41
뇌실질출혈	총무과장	출근하여 작업을 수행하기 위해 인원체크를 한 후 갑자기 몸에 힘이 빠지는 등 이상증세로 내원	외국인 근로자 중 불법체류자를 선별하여 고용안정센터에 서류를 작성해 연장신고를 하느라 야근이 잦았고, 대부분 불법체류자들이 현장을 떠나 인력수급이 원활하지 않아 많은 스트레스를 받았으며, 업무수행 중에 발병함	고혈압/음주, 흡연	2005-42
뇌출혈	배관공	공사현장에 첫날 출근하여 근무하다가 11:40경 어지러운 증세로 후송	실질적인 업무시간이 1시간 남짓이나 재해 당일 07:40경 현장에 도착하여 안전교육 및 작업미팅 등을 수행하였고, 지하 1층에서 4층까지 오르내리며 작업준비 및 작업수행 도중 뇌출혈이 발병한 것이므로 업무상 재해임	고혈압	2005-83
뇌출혈	환경미화원	오전 작업을 마치고 자택으로 점심을 먹으러 가서 쓰러짐	정기적인 주휴일을 거의 사용하지 못하였고, 재해 2일 전에는 머리가 아프다고 이틀간 쉬었으며, 환경쓰레기 마대를 수거하는 일 등으로 평소보다 업무강도가 높았던 바, 회사 측의 배려로 자택에 점심 먹으러 갔다가 쓰러진 것이므로 업무의 연속석상에서 발생된 재해임	음주	2004-19
뇌출혈	생산직	사업장 내에서 동료직원과 언쟁 중 갑자기 쓰러짐	동료근로자와 사소한 말다툼 중 발병되었더라도 출근해 작업준비 중 발병하여 업무수행성이 인정되고, 발병 이전 5일간 계속적으로 1일 12시간씩 근무한 사실에 비춰, 사소한 언쟁보다는 누적된 업무상 과로가 발병원인으로 봄이 타당함	고혈압	2004-20

사인/질병명	직종	발병 경위	결정 요지	기초 질환/기호	발행 연도 및 일련번호
뇌실내출혈	경비원	03:30경 사업장 내 경비실에서 쓰러진 채 발견	재해발생 수시간 전 2시간 동안 지하실의 좁은 공간에서 전기누전 방지작업을 하였고, 지하실에서 옥상까지 점검을 해 극도로 피로해 하였으며, 사업장 내에서 업무수행 중 발병되었음	고혈압/흡연	2004-21
뇌거미막하출혈	버스운전기사	근무도중 두통이 발생해 조퇴신청 후 5일간 치료받은 뒤 진단	업무수행 중 발병한 것이 명백하고, 입사 이후 발병당시까지 격일제로 1일 평균 17시간 30분씩 버스운전 업무를 수행해 업무상 과로의 부분이 인정되어, 업무와 상당인과관계가 있다고 판단됨	고혈압/흡연	2004-22
뇌간출혈	생산직	교대근무자로 야간작업 중 화장실에 다녀오면서 이상증세로 후송	재해 이전 3개월간 1일 평균 근무시간이 10.88시간으로 만성적 과로가 인정되고, 주야 2교대로 근무하여 야간 특근일수가 11일이며, 추석연휴로 쉬고 야간근무 3일 만에 사망해 작업환경의 변화가 인정됨	고혈압, 당뇨	2004-98
뇌출혈	생산직	08:00경 출근하여 작업준비 후 08:20경 두통증세로 조립라인에 엎드려 있어 후송	사업장에서 업무수행 중 발병하였고, 근무시간이 약 10시간이며 흠집에 신경을 써야 하는 등의 스트레스, 급작스런 기온변화 등이 뇌동맥류 파열을 유발할 수 있는지에 대해 전적으로 부정할 수 없음	고혈압	2004-99
뇌실질내출혈	건설일용직	작업 첫날 건설현장에서 2시간 30분 정도 근무 후 점심식사를 하기 위해 작업기계를 멈추게 하려다가 쓰러짐	재해 첫날 짧은 시간 작업 후 발병하였으나, 철구조물 뿜칠 작업은 육체적으로 고된 작업에 해당하여 생리적인 부담을 줄 수 있고, 업무수행 중 발병하였으며, 뇌출혈은 단기간의 과중부하로도 촉발될 수 있는 질병임		2004-100
지주막하출혈	세무사사무소사무장	자택에서 출근하기 위해 옷을 갈아입다가 발병	1월에는 부가세 신고기간으로 다른 달에 비해 업무량이 증가되어 연장근로와 자택에서의 잔업이 피로를 가중시켰고, 양도소득세를 잘못 적용하여 금전적 손실을 입은 의뢰인으로부터 책임추궁을 받는 등 심적 부담이 컸음	고혈압	2004-101
뇌출혈	용접공	포장도로 공사현장에서 물탱크의 배관 연결작업을 하다가 휴식 중 정신을 잃음	07:00에 공사현장에 출근하여 물탱크의 배관작업을 하다가 잠시 휴식 중이던 08:20경에 뇌출혈이 발생하였으므로 업무수행성이 인정되고, 달리 업무외적 사유에 의해 재해가 발생되었다는 객관적인 증거가 없음		2004-102
뇌내혈종	보일러기사	회사에서 보일러를 가동 중 기기를 조작하다가 구토하면서 쓰러져 내원	보일러 보수공사를 함께 작업하였고, 보일러 보수공사로 인해 밀린 작업량을 재해 직전에 주·야간을 교대근무 없이 작업해, 생리적 변화를 초래한 후 근무 중 상병이 발병한 것임		2003년

사인/질병명	직종	발병 경위	결정 요지	기초 질환/기호	발행 연도 및 일련번호
지주막하출혈	생산직	일요일에 자택에서 아침 식사 중 쓰러져 후송	4.5년 전 업무를 변경하였고 재해발생 이전 5개월을 보면 시간외 근로가 많았으며, 재해발생 전일까지 1주일간 계속적으로 휴일특근 및 시간외근로를 수행하여, 기존질병이 있었던 것을 감안하면 만성적 · 육체적 과로가 누적되었다고 보임	고혈압	2003년
자발성소뇌출혈	미싱공	연장근무 중 갑자기 어지럽고 구토증세로 내원	정상근무를 마치고 저녁식사 후 연장근무 하던 중 상병이 발생한 것이므로 업무수행성이 인정되고, 의학적으로 상병이 자연발생적으로 악화되었음이 명백하게 증명되지 아니하는 경우에 해당되는 것으로 판단됨	고혈압	2003년
뇌실질내혈종	건설일용직	출근해 근무하던 중 08:30분경 얼굴이 창백해지고 식은땀을 흘려 후송	업무수행 중 발병하였고, 평소 위험인자가 없었던 것으로 보아 자연발생적으로 악화되었음이 명백하게 증명되지 아니하여 업무상 재해임		2003년
지주막하출혈	조리원	사업장에서 설거지와 뒷정리를 하던 중 발병	업무수행성이 인정되고, 피재자 혼자 하던 업무를 현재 2명이 하고 있음에 비추어, 평소 고혈압이 있던 피재자에게 조리업무가 업무상 부담이 되었다고 할 수 있음	고혈압	2003년
지주막하출혈	환봉절단공	작업을 끝내고 회사 내의 문을 닫으러 갔다가 넘어져 두통증상을 호소하고 퇴근한 후 익일 사망한 채 발견	업무수행 중 지주막하출혈이 발생하였음을 인정할 수 있을 뿐, 업무외적인 요인으로 발생하였다거나 기존질병이 자연발생적으로 악화되었다고 볼 만한 객관적이고 의학적인 타당성은 발견할 수 없음		2003년
뇌실질내출혈	생산직	18:00경 연장근무를 하기 위해 간식을 먹던 중 속이 메스껍고 체한 증상으로 내원	재해발생 이전 1주일간 매일 1시간씩 연장근무를 하였고, 당일에도 정상근무를 완료하고 뇌출혈이 발병한 점으로 미루어, 업무와 상병 간에 인과관계를 부정할 수 없음	고혈압/흡연, 음주	2002-13
두개강내출혈	생산직	작업 중 땀을 흘리며 어지럽다고 호소하고 피로회복제를 복용한 후에도 상태가 나아지지 않아 조퇴하고 자택으로 후송 중 쓰러짐	담당업무가 가마솥에 탕류나 양념류를 끓이는 일로서, 재해 당시 무더운 날씨에 고온 다습한 환경에서 일을 하면서 1일 2시간여 연장근무를 해 왔고, 뇌출혈의 발생 장소와 시간 등에서 업무수행성이 인정됨		2002-77

사인/질병명	직종	발병 경위	결정 요지	기초 질환/기호	발행 연도 및 일련번호
뇌내출혈	경비원	점심시간에 엘리베이터를 기다리던 중 앞이 보이지 않아 벽을 더듬는 등 이상행동으로 내원	24시간 근무하고 맞교대하는 격일제 근무자로서, 재해 1주일 이내에 업무수행 중 기존질병을 악화시킬 만한 업무내용이 없이 통상적인 근무를 하였으므로, 업무상 재해로 인정하기 어려움		2002-88 (기각)
뇌지주막하출혈	생산직	식품제조 회사내 배추처리 및 절단장에서 근무 중 갑자기 쓰러짐	재해발생 장소가 사업장 내로 사업주의 지배관리 아래에 있었고, 업무량과 작업내용에서 폐수처리장 및 전처리장의 이중근무로 통상적인 업무량과 근무시간을 초과한 과로 및 스트레스의 사실이 인정되며, 업무수행 중 발병한 것임		2002-89
지주막하출혈	노조위원장	노조의 단합행사를 하던 중 두통 등의 증세로 후송	행사가 노조 주관하에 실시된 행사임이 명백하여 업무수행성이 없고, 발병 무렵 육체적으로 과중한 부담이 될 만한 일이나 정신적으로 크게 충격받은 사실이 없어 기존질병의 악화에 의한 발병으로 보임		2002-93 (기각)
뇌지주막하출혈	관리사무소직원	사직서 제출하고 후임자에게 인수인계한 후 쓰러짐	관리주체가 변경되면서 이전에 맡았던 전기실 업무에다 추가적으로 기계실 업무를 겸직하여 업무가 늘어났고, 동료와 업무상 다투게 되어 그 책임으로 사직서를 제출하는 등 업무상 과로와 스트레스가 인정됨		2001-9
지주막하출혈	식당종업원	동료와 말다툼을 수차례 하고 휴식시간 중 사업주 주관하에 화해 도중 발병	발병 3일전 주방장과 행주문제 등으로 말다툼을 하고, 사업주의 남편이 당사자들을 불러 이야기 하던 중 발생한 재해로, 피재자가 아들의 여자문제로 어느 정도 스트레스를 받았을 것으로 추정하나 사업주의 지배관리 아래에서 발생한 재해임		2001-13
뇌실질내출혈	생산직	회사에서 점심식사 후 용변을 보던 중 정신을 잃음	재해전일에는 일요일로 휴무하였다고 하나 직전 토요일에는 오후 19:00경에 퇴근하였고, 평소 수행업무도 무겁고 깨지기 쉬운 유리를 절단하고 배달하는 업무로 어느 정도 육체적 과로가 요구되며, 재해 당일에는 회사대표로부터 충격으로 받아들일 수밖에 없는 말을 들었음		2001-15
지주막하출혈	생산직	회사에서 점심식사 후 머리가 아프기 시작해 퇴근 후 악화되어 내원	재해발생 2주전부터 몸이 좋지 않은 상태로 계속 출근하여 작업을 하였을 뿐만 아니라, 상병이 정신적·육체적 과로에 민감한 질병이며, 업무수행성이 인정됨		2001-110

사인/질병명	직종	발병 경위	결정 요지	기초 질환/기호	발행 연도 및 일련번호
지주막하출혈	방송국경비단장	20:00경 간담회에 참석하였다가 머리가 아파 익일 01:20경 귀가하였고 취침 후 출근 위해 일어난 뒤 실신	재해 2주 전에는 회사 을지연습기간으로 1주일간 귀가하지 못하고 회사에서 지냈으며, 연습이 끝나면 마무리 업무로 바빴는데 이는 통상의 경비업무를 수행하면서 하는 업무였기에 더욱 과중한 것이고, 사장으로부터 꾸지람을 들어 스트레스가 인정되며, 회사의 공식행사 중 발병됨	고혈압	2001-111
뇌내출혈	경매사	경매업무를 마치고 소주 한두 잔을 마셨으나 두통이 있어 아는 사람 집에 가서 누워있던 중 심한 두통으로 후송	평소 매일 17:00~18:00경 출근하여 익일 02:00경까지 맡은 경매업무를 하였고, 경매실적이 부진한 경우 08:30경에 퇴근하여 근무시간이 약 15시간이었고, 재해 전일에는 평상시보다 1~2시간 빨리 출근하였으며, 경매대금 미납으로 정신적 스트레스를 받았음	고혈압/음주	2001-112
뇌출혈	관리직	자금, 인사, 영업관리 책임자가 해외출장 다녀온 후 자택에서 쓰러짐	매일 2시간 30분의 연장근로를 수행하였고, 재해 1주일 전에는 수출한 기계가 문제되어 출장을 가서 24:00까지 업무를 수행하는 등 과로가 되었던 바, 과로의 축적이 상병의 직접 유발인자로 작용했을 가능성이 있음		2001-113
뇌지주막하출혈	현장관리자	공사현장의 구내식당에서 중식 도중 큰 기침을 3회 한 후 안면이 비틀어지는 현상으로 내원	현장 운영의 총괄관리자로 업무수행 중 발병되었고, 재해 당일 감리단장으로부터 업무관련해 스트레스를 받았으며, 당시 비상근무로 아침 6시 30분경부터 22시경까지 휴일도 없이 계속 업무를 수행해 온 사실로 보아 근로시간이 길어 과로가 인정됨	고혈압	2001-114
뇌지주막하출혈	영선반직원	아파트 화장실 누수관계로 보수작업을 하던 중 두통증세가 최초 발현하였고 이후 악화로 내원	화장실 천정누수에 따른 보수작업을 하던 중 1차 출혈이 있었던 것으로 추단되고, 익일 건축폐기물의 중량물을 상차하는 작업으로 인해 일시적인 혈압상승으로 2차 출혈되면서 상병상태가 악화된 것으로 추단됨	고혈압/흡연	2000-14
뇌동맥기형파열	은행원	19:40분경 연장근무중 경련과 함께 신체마비 증세가 발현	뇌동맥류의 기존질병과 과거 뇌출혈이 있었으나, 금전을 취급하는 업무를 수행함으로써 잦은 연장근무와 세밀한 계산을 요하는 업무의 성격상 육체적 · 정신적 피로가 기존질병을 악화시킴		2000-15
지주막하출혈	산부인과과장	수술실내의 남자탈의실에서 갑작스런 두통으로 진단	만성적인 과로의 유발이나 급격한 작업환경의 변화가 없었던 것으로 보이나, 사람의 질병을 다루는 특수한 직업으로 진료행위 및 수술한 환자의 사망 등으로 인한 스트레스가 기존질병에 영향을 미치었다고 볼 수 있음		2000-17

사인/질병명	직종	발병 경위	결정 요지	기초 질환/기호	발행 연도 및 일련번호
뇌실질내출혈	용접공	간식을 먹기 위해 작업을 마치고 식당으로 가던 중 쓰러짐	업무수행성이 인정되며, 업무관련 과로는 뚜렷치 않다 하더라도 작업 당일 영하 11도의 옥외작업에 갑자기 노출되었던 바, 과도한 추위는 혈압상승에 의한 뇌출혈을 유발시키는 요인임	고혈압	2000-18
뇌동맥류파열	공무부	3교대 근무자로 생산라인에서 정비하다 쓰러짐	재해발생 2일 전에는 평소 업무량의 2배에 해당하는 16시간의 근무를 하여 신체에 부담이 된 상태에서, 재해 당일 불편한 자세로 작업한 것이 피로와 스트레스를 증폭시켰고, 이에 따른 혈류변화로 업무수행 중 발병한 것임	고혈압	2000-19
뇌실질내출혈	미8군경비직	대치근무를 마치고 동료의 집을 방문하여 저녁식사 중 발병	주로 외국인을 상대하는 경비직으로 언어적 스트레스를 받았고, 발병 전 잦은 대치근무로 업무시간이 일상업무보다 현저히 늘어났으며, 발병 전 1주일 이내의 업무시간을 보더라도 평상시의 근무시간보다 급격히 증가하여 업무상 부담이 인정됨		2000-21
뇌지주막하출혈	보일러공	식품회사에서 근무하던 중 자택에서 쓰러짐	발병 3개월 전부터 장시간의 야간근무를 하였고, 재해무렵에도 1일 약 12시간의 야간근무로 업무상 과로가 인정되며, 재해 당일 에는 몸이 좋지 않아 조퇴하였으나 증세가 악화되어 쓰러진 것이므로 업무수행성이 인정됨		2000-22
뇌출혈	은행지점장	근무 중 지점 화장실에서 발병	차장에서 지점장으로 승진하면서 두 지점의 겸임발령을 받아 근무환경이 바뀌고 책임이 증가하였으며, 근무시간도 1일 13시간 정도의 근무를 수행하여 육체적 과로와 정신적 스트레스가 누적되었음이 인정되고, 업무수행성도 인정됨	고혈압	2000-89
뇌출혈	버스운전기사	차량 운행 중 정차문제로 다툰 후 귀사하여 대기실에서 쓰러짐	1일 2교대 근무형태로 운행 도중 정차문제로 약 30분간 혁대를 잡고 말다툼을 한 후 종점까지 가지 못하고 회사로 돌아온 후 발병하였던 바, 뇌정맥기형의 수술로 계속 출혈의 위험요인이 있었던 피재자에게 스트레스가 악화시켜 발병하였을 것임		2000-92

2. 뇌경색

직 종	발병 경위	결정 요지	기초질환/기호	발행연도 및 일련번호
택시 운전 기사	새벽 택시 운전 중 어지럼증과 구토가 발생하였고 4일 후에도 운행 중 상태가 호전되지 않아 내원	12시간 맞교대 근무자로 타코미터 기록상 30% 이상에 상당할 정도로 업무량의 증가는 확인되지 않으며, 발병 전 교통사고 등 특이할 만한 사고 또한 없었던 것으로 확인됨에 비춰, 연령이 60세의 고령이던 피재자의 내재적 동맥경화 요인에 의해 자연발생적인 발병으로 봄이 타당함		2012-20 (기각)
택시 운전 기사	운행 중 횡단보도 앞에서 보행자를 치는 사고를 낸 후 몸에 이상증세 발현으로 후송됨	발병 전 72일 동안의 휴일없는 근무로 과다한 업무량의 증가가 있었고, 발병 직전 교통사고와 이로 인해 조사를 받는 등 심한 스트레스가 있었음이 인정되며, 업무와 무관하게 전적으로 자연발생적 경과로 초래되었다고 볼 만한 명백한 객관적 증거가 없기에 업무상 재해로 인정됨	고혈압	2011-16
택시 운전 기사	02:00경 택시운전 중 일시적인 마비 증상으로 귀가하여 휴식을 취하였으나 증상 악화로 내원	1일 12시간 교대근무로 주로 야간에 근무하는 오후근무를 계속하였고, 재해발생 전일 20:00경에는 타이어 펑크로 추운 대로변에서 타이어를 교체한 후 운전하다가 익일 02:00경 상병이 발병한 것인 바, 혈관이 위축될 수 있는 추운 날씨에 노출되어 업무와 인과관계가 인정됨	당뇨/흡연	2010-18
고등학교 독서 실장	근무시간 중 의식을 잃고 쓰러짐	재해발생 이전 1주일간 근무시간은 68시간이고, 월간 휴일은 3일로 통상근로자들에 비해 적으며, 특히 수능시험 3주 남은 기간에 관계자들이 모두 신경이 예민한 상태에서 업무상 심적 독촉을 받았던 점 등에 비추어 과로가 인정됨	고혈압, 당뇨	2009-28
생산직	전기화상 등으로 요양 중 뇌경색 및 뇌출혈로 사망	당초 재해인 화상 치료와 관련하여 입원요양 중에 있었고, 치료과정에서 수차 합병증이 발생하는 등 일반 상병과 다르게 스트레스가 상당하였던 것으로 보이는 바, 당초 재해로 직접적으로 발병한 질병이 아니더라도 요양 과정에 기인해 이차적으로 발병한 질병임	전기화상, 화상 패혈증, 심부전증	2008-83
작업 반장	분뇨 수거작업 중 호스를 차량에 감다가 쓰러짐	입사 후 3개월간은 사업초기의 특성과 수행한 업무량으로 보아 신체에 부담을 받았다고 볼 수 없으나, 발병일 이전 45일 전부터는 그 이전에 비해 평균 60% 이상 작업량이 증가하였고, 동료근로자에 비해 현저한 업무량의 차이를 보여 만성적인 과로가 인정됨	고혈압	2005-43
택시 운전 기사	업무를 마치고 귀가하여 취침 중 발병	2일 일하고 하루 쉬는 근무형태로 근무일은 대부분 20시간을 초과하고 있고, 발병 4일 전부터 2일간 22~23시간씩 거의 휴식없이 연속근무를 한 후 하루 쉬고 다시 23시 30분을 근무 후 귀가 직후 발병해 과로가 뚜렷한 반면, 유발위험인자의 병력은 없음	흡연	2004-24
업무 이사	03:30경 자택에서 취침 중 이상증상 발현으로 내원	현장에 상주함으로써 작업환경의 변화가 있었고, 재해발생 직전에는 개장일에 맞추기 위해 21:00 ~22:00까지 연장근무를 하였으며, 발병 전일에는 트럭 3대분의 주방기구를 하차하여 지하 3층까지 운반해 업무량 등의 증가가 있었음	고혈압/흡연, 음주	2004-25
형틀 목공	증축공사 현장에 파견되어 파일항타 작업 중 쓰러짐	작업반장으로서 근무기간은 16일에 불과하나, 입사 이후 소음과 진동이 발생되는 현장에서 11일간 계속적으로 일하였고, 공사에 반발하는 민원인들로부터 집단항의를 받아 육체적 과로와 정신적 스트레스가 있었으며, 업무수행성도 인정됨		2003년

직 종	발병 경위	결정 요지	기초질환/기호	발행연도 및 일련번호
미장공	재개발아파트 신축현장에서 작업도중 나무에 걸려 넘어지면서 부상을 입고 진단	회사에서 제공한 기숙사에 기거하면서 매일 2시간 조기출근을 하였고, 발병 월에는 거의 매일 조기출근과 연장근무로 하루 13시간(실근로 11시간) 이상 근로해, 기존질병인 고혈압이 계속된 연장근무 등 과로로 인해 악화되어 발병되었다고 추단됨	고혈압/음주	2003년
시내버스운전기사	1일 2교대 근무하던 중 출근한 후 머리가 어지러워 사무실 소파에 앉아 있다가 쓰러짐	뇌경색의 직접적인 유발 위험요인인 고혈압 · 당뇨병 등이 없었고, 발병 1주일 전에는 3일간 심야근무 후 충분한 휴식을 갖지 못하고 바로 다음날 오전반에 투입돼 업무적인 과로에 의해 발병되었다고 추단되며, 달리 기존질병의 자연발생적 악화로 발병하였다는 소견은 희박함		2003년
환경미화원	작업을 마치고 16:00경 퇴근해 자택에서 잠을 자던 중 발병	재해발생 1주일 전 기간 동안 기온의 급강하, 우천, 거센 바람 등이 확인되고, 낙엽수거 작업량이 대폭적으로 증가되었을 것으로 추정되며, 실제 근무시간도 03:00부터 해질 녘까지 작업하였다는 진술 등에 비추어 업무상 과로가 인정됨		2003년
차량정비기사	몸이 피곤하고 아파서 회사 내 숙소에서 휴식을 취하였고 익일 아침에 일어나지 못해 내원	근무시간이 09:00~20:00이나 추가적으로 작업해 과로가 있었다고 보이고, 업무에 대한 기술이 부족할 뿐만 아니라 나이가 어린 동료가 입사하여 심적인 충격을 배제할 수 없으며, 재해발생 장소 등에서 업무수행성이 인정되어 업무관련성이 있음	고혈압/흡연, 음주	2002-15
생산직	17:00경 기계고장 수리 후 사무실에서 휴식 중 머리가 멍하면서 사지마비 증세로 퇴근한 뒤 내원	1주 단위로 주간근무 시 10시간 30분, 야간근무 시 12시간 30분 근무하는 형태이고, 여름휴가 5일을 마치고 복귀하였으나 기계고장으로 인해 본연의 업무가 아닌데도 60℃ 이상의 고온에서 발병 전까지 기계 수리를 한 것으로 볼때, 작업환경의 변화로 인한 업무상 스트레스가 있었음		2002-16
버스운전기사	운행 중 타 차량과 접촉사고를 낸 후부터 이상증세를 나타내 후송	발병 13일 전부터 휴무없이 근무함으로써 평소와 같은 신체리듬을 유지하지 못하였고, 접촉사고 후 상대차량의 도주로 인한 흥분과 충격 등이 예상되는 상황에서 이상증세를 나타냈으며, 결정기관에서 과로사실과 근무환경의 변화가 없었다고 봄은 검토가 미진한 것으로 보임	당뇨	2001-11
총괄이사	승용차로 출장 중 심한 두통으로 택시와 접촉사고를 낸 후 병원으로 후송	거래업체인 건설회사의 부도로 공사대금을 떼이게 되어 자금사정이 악화되자 정신적 스트레스를 많이 받아왔고, 기존질병이 없어 업무상 질병으로 인정된다는 의학적 소견이며, 사업주 지배관리하의 출장업무 수행 중 발생한 재해임		2001-18
은행원	일요일 자택에서 정신이 혼미하고 심한 구토증세로 후송	과장으로 근무하며 다른 팀보다 많은 업무를 수행하였고, 자금관리를 총괄하는 업무로 민원발생 등 정신적 부담이 항상 있었던 것으로 확인되며, 재해 전날 시재차액 발생이라는 돌발상황이 발생해 정신적 및 심적인 부담이 컸을 것으로 보임		2001-21
생산직	격주 주야간 2교대 작업형태로 근무하는 근로자가 작업 중 두통을 호소하며 쓰러짐	격주로 주야간이 바뀌는 근로형태에서 피로가 축적되었을 것으로 보이며, 주간근무 시 기본 8시간 외에 2시간 연장근로를 수행하고, 야간근무 시 철야근무로 5시간의 연장근무를 통상적으로 하는 등 과로가 인정되는 바, 과로가 고혈압의 자연적 증악 속도를 가속시켜 발병됨	고혈압	2000-16

3. 심근경색(추정)

직 종	발병 경위	결정 요지	기초질환/기호	발행연도 및 일련번호
시외버스운전기사	버스운행을 마치고 숙박을 하기 위해 터미널 식당에서 식사 후 숙소에서 발병	발병 전 12일간 연속근무를 하였으나 동료 근로자들도 연속근무를 수행하고 있음에 비추어 연속근무는 근무과정상 일상적인 것으로 보이고, 사망 이전 1년간 평균 근무일수가 20.3일로 통상의 업무범위 내에서 수행한 것으로 보이며, 발병 전 24시간 이내 업무와 관련된 사건이나 급격한 작업환경의 변화가 없었음	당뇨/흡연	2013-93 (기각)
덤프트럭운전기사	트럭에 흙을 담아주는 문제로 굴삭기 기사와 다투고, 20분 후 점심시간에 다시 식당에서 싸우다 그 자리에서 주저앉으며 의식을 잃음	자신의 트럭에 흙을 깨끗하게 담아주지 않는 것에 대한 불만표시가 발단이 되어 굴삭기 기사와 멱살을 잡고 싸웠던 것으로 업무와 상당인과관계가 있고, 짧은 시간 안에 이어진 2차 싸움도 업무와 상당인과관계가 인정되는 싸움으로 판단되어, 업무상 싸움으로 인한 돌발적이고 급격한 흥분과 스트레스가 기존질병을 급격히 악화시킴	고혈압, 당뇨/흡연	2012-90
은행차장	회사에서 주최한 송별회식을 마치고 귀가하던 중 아파트 엘리베이터 안에서 갑자기 의식을 잃고 쓰러져 병원 도착 전 사망	초기 당뇨소견과 고혈압 등의 위험요인이 존재하는 상태에서 생체리듬에 영향을 줄 수 있는 구조조정과 승진탈락, 갑작스런 인사이동으로 인한 정신적 스트레스와 재해 직전의 늦은 시각까지의 회식이 심혈관의 정상적 기능에 뚜렷한 영향을 주어 급성심근경색이 발병하여 사망한 것임	고혈압/흡연	2012-89
관리부이사	자진 퇴사한 근로자 남편으로부터 폭언을 들은 뒤 속이 좋지 않다며 내과를 방문한 후 심한 흉통을 호소하며 쓰러짐	재해 당일 퇴직한 근로자의 남편에게 협박성 전화를 받은 사실이 있으며, 발병 전 1주일 이내에 31시간 이상의 초과근무와 해외출장으로 인해 업무량, 업무시간 및 업무환경의 변화로 단기 동안 업무상 부담이 증가한 사실이 확인되어, 업무와의 인과관계가 있을 것으로 판단됨	소사구체 신염, 고혈압/흡연	2012-18
마트계산원	22:30경 업무를 마치고 사업주가 주관한 연말회식에 참석해 익일 00:40경 자택으로 돌아와 가슴통증을 호소하며 쓰러짐	통상 1일 근무시간이 11.5시간에 달하여 상시적인 만성과로가 인정되고, 발병일 10일 전부터 시행된 연말 세일행사로 인한 업무량의 증가, 발병 전 24시간 내에 고객과의 언쟁으로 인해 사과한 사실 등에 비추어, 업무와 상당인과관계가 인정됨	고혈압	2011-86
경비원	재활용 쓰레기 분리수거작업을 할 시점에 갑자기 가슴 통증으로 내원	재해 당일 야외에서 07:20~9:00까지 한파주의보의 발령속에 재활용품 분리작업을 수행하였고, 특히 설날 전후 기간으로 재활용 물품의 급격한 증가현상이 확인되어 급격한 작업환경의 변화를 볼 수 있으며, 업무수행 중 발병하였음	고혈압	2010-19
수석연구원	중국 출장 중 호텔에서 휴식을 취하던 중 발병	발병 전 1개월간은 월 136.5시간을 초과근무하고, 중국 출장 중에는 여러 가지 사유로 업무상 스트레스를 받았으며, 흡연력 외에 뇌심혈관 질병의 위험인자는 확인되지 아니한바, 업무상 스트레스나 과로가 원인이 되어 사망한 것으로 판단됨	음주, 흡연	2010-80
미화반장	병원 내 폐기물을 창고로 옮기고 휴게실에 의식불명 상태로 쓰러져 있는 것이 발견돼 후송	소속이 2번이나 바뀌고 관리업무 이외에 직접적인 육체노동인 미화업무가 증가되었을 뿐만 아니라, 폐기물 운반 등 육체적으로 힘든 일을 혼자 담당하였으며, 발병 이전 2주 동안 휴무없이 근무한 점에 비추어 과도한 스트레스 및 과로가 인정됨		2010-82

직 종	발병 경위	결정 요지	기초질환/기호	발행연도 및 일련번호
경비원	자택에서 극심한 흉통이 발생하여 불안정 협심증으로 통보받은 후 약물 복용으로 견뎌오다가 근무 중 발병	비록 기존질병이 있었으나 업무상 과로 및 스트레스에 접하기 전까지 정상적으로 생활해 오다가, 발병직전 승강기의 잦은 고장과 제설작업에 노출된 것이, 기존증의 기여보다 발병에 더 크게 작용한 것으로 보여 업무상 재해로 인정됨	당뇨/음주	2009-27
사무직	근무하던 중 가슴이 답답하고 어지럼증과 두통으로 내원	담당업무 외에 서무업무를 같이 수행하였고, 그 과정에서 업무량 증가 사실과 서무업무와 관련한 자료수집 및 통계업무 등으로 지속적인 스트레스를 받았음이 인정되어, 업무와 상병 사이에 상당인과관계가 인정됨	음주	2009-29
도장보조원	먼지, 페인트 냄새 등이 심한 작업장에서 근무하던 중 돌연사	가구공장에서 주 3~4회 정도 21:00까지 연장근무를 수행한 점, 환풍기는 있으나 작업장에 창문이 없는 등 작업환경이 전반적으로 열악한 것으로 보이는 점, 업무수행 중에 발병한 점 등에 비추어 만성적으로 과로를 유발하는 업무를 수행하다 사망한 것임	흡연	2009-80
전무이사	폐기물 비료제조 혐의로 11차례 이상 언론보도가 나간 후 근무하는 중 가슴통증으로 내원	회사의 업무전반에 대한 총괄책임자로서 연장근무를 하였다고 볼만한 자료는 없으나 재해전일 방문한 기자와 심한 언쟁이 있었고, 이사회에서의 관리책임을 지라는 질책과 추궁이 있은 후 몸이 안 좋다며 조퇴한 점 등에 비추어, 상당한 정신적 스트레스가 기존질병을 악화시켰다고 할 것임	고혈압	2007-23
관리자	사무실에 평상시와 같이 출근해 현장을 순찰하면서 작업지시 및 확인을 하고 11:00경 사무실에 돌아온 후 발병	도산 후 잔여 업무처리 및 신설 임대법인인 회사의 전국판매영업망 개설 등의 업무처리로 상당한 정신적 스트레스를 받았던 바, 비록 기존질병을 보유하고 있었으나 업무관련 스트레스가 기존질병의 자연경과를 현격히 악화시켰음	당뇨/흡연	2007-24
고속버스기사	회사에서 제공한 숙소에서 수면을 취하던 중 익일 06:15경 이상증세를 보여 후송	재해 직전 11일 동안의 연속적인 운행 및 2일 전의 무리한 운전업무는 기존질병을 가진 피재자에게 치명적인 사인을 일으킬 만한 위험요소이고, 특히 예정된 휴무일에 심야운행을 추가로 수행하면서 충분한 휴식없이 연속적으로 1일 15시간 이상의 운행 및 대기근무를 수행하여 업무와의 인과관계가 인정됨	고혈압	2007-80
지방사무소장	출장 도중 가슴에 답답함을 느낀 후 다음날에도 숨이 답답한 증상이 있어 내원	재해발생 이전 제품불량으로 납품지연에 따른 회사금전 손실이 발생하였고, 이로 인해 거래업체 등에서의 작업감독 및 검사업무로 지속적인 야간작업을 수행하게 되어, 육체적 과중부하 및 정신적 스트레스가 있는 상태에서 출장도중 발병한 것임	흡연	2006-24
채권추심업무	출장 중 업무를 마치고 회사가 제공한 숙소에서 저녁을 먹으면서 소주를 마시다가 갑자기 의식을 잃고 쓰러짐	재해 월초에 회사가 전산시스템을 개발해 자료를 다시 입력하는 작업으로 스트레스를 받았고, 출장 중 업무가 내근업무에 비해 육체적 · 정신적 부담을 가중시켰을 것이며, 전월에 직원 3명이 퇴사하면서 출장일수 및 관리대상자가 증가하였음	음주	2005-80
주차관리요원	노상주차 관리요원으로 18:40경 자전거를 타고 퇴근하던 중 갑자기 의식을 잃음	근무시간 내내 서서 입 · 출차를 예의주시해야 하고, 관리하였던 구간은 도로 폭이 좁고 가로수로 시야가 가려져 입 · 출차 확인이 어려우며, 노상주차 관리의 특성상 식사 · 용변 등도 마음 놓고 할 수 없는 등, 고혈압 치료를 받아오던 64세의 피재자에게는 과로 및 스트레스로 크게 작용한 것임	고혈압	2004-23

직 종	발병 경위	결정 요지	기초질환/기호	발행연도 및 일련번호
시설관리팀 반장	퇴근하여 휴식 중 직장 상사가 불러내 음주하고 돌아와 발병	발병 1주일 전부터 폭우로 인한 누수방지작업 등으로 업무량이 증가하였고, 2일 전에는 조립라인에서 화재가 발생하여 복구하는 과정에서 많은 스트레스를 받았으며, 당일에는 새로 부임한 이사의 호출을 받고 음식점에서 만나 업무협의 및 양주 한 잔을 마신 후 증세가 발생하였음	당뇨, 급성심근경색증	2004-103
사상공	회사에서 연마작업을 하다가 갑자기 의식을 잃음	작업내용상 정신적 스트레스는 없었으나 육체적으로 힘이 드는 상태였고, 발병 무렵에는 휴일이 거의 없이 근로하며 초과근무를 여러 차례 실시하는 등 작업량과 근무시간이 상당부분 증가하였음이 객관적으로 입증되며, 심근경색의 위험요인이 발견되지 않았을 뿐더러 업무수행 중 쓰러짐		2004-104
CD-ROM 업무총괄팀장	자택 화장실에서 쓰러져 후송	해외출장 업무 및 시간외 근무로 과로에 노출되고, 제출시한이 임박한 부품견적 등의 업무수행으로 2일간 휴가기간에도 업무를 수행하였으며, 발생 직전 2일간은 1일 4시간 이상 시간외 근무를 하여 만성적인 과로가 인정되는 반면, 고혈압 등에 대한 치료를 지속적으로 받아 건강상태가 좋지 않았음	고혈압	2004-105
가공부장	자택에서 새벽에 가슴통증을 호소하여 후송	선박건조의 인도기일을 맞추기 위해 스트레스를 받아 사직의사를 표명하였고, 휴일없이 22:00까지 근무할 때가 1개월에 20일 정도였으며, 목표 미달성 · 공정 미준수 등으로 상사로부터의 꾸지람을 많이 받아 항상 긴장상태로 반복된 근무를 수행하였음	음주, 흡연	2004-107
시내버스 운전기사	운행하던 중 가슴이 답답하여 조퇴한 후 익일 내원	기초질환이 합병된 상태에서 건강한 일반인도 부담이 되는 운전업무를 대기시간 포함하여 통상 15시간씩 수행함으로 만성적인 과로에 노출되었고, 누적된 만성적인 과로가 기존질병을 자연경과적 진행속도 이상으로 악화시켰음	고혈압, 당뇨/음주	2003년
영업직	사무실에 출근해 업무를 시작하던 중 08:15경 갑자기 쓰러져 후송	개인적 위험요인이 없는 반면, 재해발생 이전 백화점의 신규개점 및 추석대비 영업준비 관계로 24시 이후까지 연장근무를 하는 등 업무상 과로 및 스트레스가 인정되는 바, 업무가 심근경색의 촉발요인으로 작용하였을 것으로 인정됨		2003년
용접보조공	20:30분경 작업을 마치고 퇴근하여 자택에서 취침 중 익일 01:00경 몸이 굳은 상태로 발견	사망 당시 여름으로 매우 더웠고, 고층에서 작업이 이루어지는 관계로 피재자에게 심적 · 육체적 부담을 주었을 것이며, 사망 직전 2일간 연장근무를 수행하였을 뿐만 아니라, 업무외적 특이사항 없이 취침 중 사망하였으므로 업무와 인과관계가 인정됨		2003년
지점장	혈관조영술을 받고 퇴원 후 1주일간 정상 근무하던 중 22:00경 귀가하자마자 발병하여 내원	음료회사의 지점총괄업무를 수행하던 자로서 IMF 이후 전반적인 주변시장의 침체로 판매실적이 영업부 평균이하로 떨어지고, 판매사원의 이직 등 관리자로서 심한 정신적 압박감에 시달렸으며, 조기출근 및 늦은 퇴근에 따른 육체적 피로가 누적되어 업무와의 인과관계가 인정됨	당뇨	2002-79
항운노조원	휴식 중 선상에서 앉은 채로 쓰러져 후송됨	평소 육체적으로 부담이 되는 작업을 수행하였고, 주간 근무하다가 재해발생 3일 전부터 야간작업을 시작해 업무상 과로 및 스트레스를 인정할 근거가 명확하며, 작업환경 변화와 기온차로 심장에 무리가 있었을 것으로 판단될 뿐만 아니라, 근무 중 발병하였음	고혈압	2002-81

직 종	발병 경위	결정 요지	기초질환/기호	발행연도 및 일련번호
현장관리자	03:00경 자택에서 가슴이 답답하고 어지러움증을 호소해 후송	재해발생 이전 계속된 지방출장 등으로 작업환경의 변화가 있었고, 현장의 시공상 기술적인 문제와 기성금의 청구를 혼자 해결했어야 하는 등 육체적 · 정신적 과로 및 스트레스를 유발한 사실이 있으며, 심장질병으로 입원치료를 권유받을 정도였으나 계속근무해, 업무가 기존질병을 악화시켰을 가능성이 높음	심근경색	2002-84
택시운전기사	택시 운행 중 심한통증으로 후송	24시간 격일제 근무형태로 통상 05:00경 출근하여 익일 02:00경 종료되어 온 점으로 보아 다소 과로가 있었고, 업무수행성이 인정되며, 재해이전 10여일 이상 적설량이 10cm 이상 이었던 점으로 볼 때, 운행시 급격한 작업환경의 변화로 상당한 업무상 스트레스를 받았을 것으로 추측됨	고혈압, 심부전	2002-86
택시운전기사	휴무일인 일요일에도 월 2회 근무하던 중 교통사고 이후 발병	12시간 근무형태로 오전 · 오후 근무를 1주일 교대로 하고, 월 2회만 휴무하는 등 육체적 과로를 유발하였으며, 발병 8일 전에는 업무수행 중 교통사고가 발생한 후 합의관계로 스트레스를 받았을 뿐만 아니라, 업무수행 중 발병한 것임		2001-12
서무직	흉부 통증으로 응급가료 후 익일 정상 출근해 근무 중 가슴 통증으로 조퇴, 자택 현관문 앞에서 쓰러짐	30kg 이상 되는 인쇄물을 들고 20~30분간 걸어서 회사에 출근하고, 1일 2회 20kg 정도 되는 우편물을 들고 20분 정도 걸어서 우체국을 다녀오는 등으로 심장질병이 악화된 상태에서, 업무형편상 적절한 치료를 받지 못하고 또 다시 무리한 업무를 수행해 더욱 악화된 것임	고혈압	2000-86
농협직원	당직근무 중 화장실에서 갑자기 헛구역질을 하며 얼굴이 창백하게 돼 후송	양호하지 않은 건강상태에서 평소 다른 농협에서 두 사람이 해야 할 정도의 과중한 업무량을 혼자 수행하여 만성적 과로상태에 있었고, 발병전 잦은 당직근무와 경비당번 근무, 연말연시와 맞물린 과중한 업무수행, 상급자로부터 받은 스트레스 등이 인정되며, 업무수행성도 인정됨	음주, 흡연	2000-96

4. 사인미상, 돌연사

사인/질병명	직종	발병 경위	결정 요지	기초 질환/기호	발행 연도 및 일련번호
급성심장사	마트종사자	00:30경 마트 일을 마치고 귀가하여 취침 후 오전 11시경 반응이 없는 상태로 발견됨	고혈압 등 위험인자가 없고 1개월 전 직장변경한 후 1일 16시간의 근무형태를 유지한 점에서, 통상적인 업무형태와 비교해 지나치게 근무시간이 길어 장시간의 과로 등의 스트레스가 기존 심장이상과 합병되어 부정맥이나 일시적인 심근허혈의 유발가능성이 있어, 업무가능성을 배제하기 어려움		2012-91
급성심장사	건설현장소장	신축공사 현장에서 현장소장으로 근무해 오다가 현장 사무실 앞에서 갑자기 쓰러짐	고도의 위험인자와 기존질병이 존재한 상태에서, 재해발생 전 10일 동안 연속적으로 12시간씩 휴일근무를 포함해 근무한 사실과 재해발생 2일 전 공사과정에서 인근 주택의 지반 침하현상에 의한 강력한 민원제기로 인해 현장책임자로서 심리적 압박감이 심장질병을 급격히 악화시킴	협심증, 당뇨/흡연	2011-87

사인/질병명	직종	발병 경위	결정 요지	기초 질환/기호	발행 연도 및 일련번호
졸사	경영지원팀장	중국에서 출장업무를 마치고 숙소에서 거래처 직원과 음주 후 다음날 객실에서 의식이 없는 채로 발견	입사한 지 20여 일밖에 안되었으나 사업장이 신설법인으로 생산 및 관리조직을 구축하기 위해 연장과 휴일근무를 계속하였고, 일정상 주말을 포함해 4박 5일의 유럽출장을 다녀왔으며, 재해 당시에도 중국출장 중이었던 것으로 보아 업무가 과중하였음이 확인됨	음주, 흡연	2010-81
급성심장질병	공장책임자	회사에서 주최한 등반대회에 참석하여 등산 도중 쓰러짐	업무상 과로에 대해서는 객관적으로 입증되지 아니하나, 재해 당시 등산은 사업주 지배관리 아래에서 진행된 행사로서, 발병은 업무의 연속이라고 볼 수 있는 등산에 기인된 것이고, 재해 당일 날씨(기온,습도) 및 등산과 사망과의 사이에 인과관계가 있음	고혈압/음주, 흡연	2010-84
심장성급사	생산과장	퇴근하여 자택 화장실에서 쓰러져 있는 것이 발견	평소 수행하던 업무 이외에 재해발생 5일 전부터 추가적으로 매일 평균 4시간 정도의 잔업을 한 사실이 인정되고, 업무량과 업무시간이 일상 업무보다 30% 이상 증가한 경우에 해당되어, 과로가 기존의 심장질병을 악화시키는 데 기여한 것으로 판단됨	당뇨/음주	2009-79
사인미상	영업부장	출장 중 거래처 방문을 마치고 숙소로 들어간 후 익일 사망한 채로 발견	발병 수개월 전부터 주문량이 늘어나 발병 전월에는 190% 이상 업무가 증가된 점, 2개월 전부터 5회 동안 20일간 해외출장을 하고 사망당시에도 출장 중에 있었던 점을 감안하면, 비록 부검을 실시하지 않아 사인미상일지라도 업무상 재해임	고혈압/흡연	2009-81
심정지	목수	동료근로자와 함께 건축자재인 갈바늄(80Kg)을 들고 4층 계단을 오르던 중 쓰러짐	재해 전날 휴무를 하는 등 만성적인 과로에 노출된 사실은 없으나, 재해 당시 통상의 작업과는 달리 중량물을 운반하는 과정에서 순간적으로 육체적 무리한 힘이 가해져 심장혈관의 정상적인 기능에 뚜렷한 영향을 준 것으로 보여 업무상 재해임	음주, 흡연	2009-82
돌연사	기계부장	전일 회식 도중 흉통이 있은 후 익일 숙소에서 사망한 채로 발견	정전사태로 징계처분과 경찰서로부터의 조사로 스트레스를 받았고, 소속 노조원들의 파업으로 책임자로서 책임추궁을 받았으며, 노조의 파업으로 연장근무 및 휴일근로하고 노조원들에 대한 징계 관련 대책으로 고심하는 등 상당한 스트레스와 과로가 있었음	고혈압/흡연	2007-74
졸사	생산기술팀	중국현지 법인에 출장하여 근무하던 중 22:00경 야간근무를 하다가 이상증세를 호소하여 숙소로 이동하였으나 익일 사망	불량 발생으로 인한 개선대책 강구로 정신적 스트레스를 받았고, 발병 전 15일 이상 휴무일 없이 매일 야간근무 또는 철야근무를 하여 1일 평균 15시간 정도 근무한 것으로 보아 과로 사실이 인정되며, 근무환경이 외국으로 바뀌고 음식이 맞지 않는 등의 스트레스가 일부 원인을 제공하였을 것임	음주, 흡연	2007-75
돌연사	지하철부역장	01:30경 역무실 간이침대에서 취침을 하다 직원들에 의해 사망한 채 발견	비교적 젊은 나이에 특별한 기존질병이 없었다고 해도, 야간근무로 인한 피로상태에서 근무 당일 훈련계획 작성, 부정승차 단속과정에서의 스트레스가 더해져 심혈관의 정상적인 기능에 뚜렷한 영향을 주어 사망에 이르게 된 것임	음주	2007-77

사인/질병명	직종	발병 경위	결정 요지	기초 질환/기호	발행 연도 및 일련번호
사인미상	관리이사	대표이사에서 관리이사로 강등되어 근무하던 중 자택에서 수면 도중 호흡곤란 증상으로 후송	재해이전 약 3주간에 걸쳐 하루 3시간 이상의 연장근로를 수행하여 만성적인 과로가 인정되고, 강등되는 과정에서 상당한 정신적 스트레스가 인정되며, 비교적 젊은 연령(39세)과 뇌혈관 위험요인이 없었던 점 등을 고려하여 업무상 재해임	음주,흡연	2006-80
사인미상	형틀목공	대수선 및 증축 공사현장에서 작업 중 쓰러짐	잦은 비로 지연된 작업 공기를 단축하기 위해 1일 2시간의 연장근무를 거의 매일 하였고, 기온이 30도를 넘어 무더운 날씨에 충분한 휴식없이 작업을 수행하다 현장에서 쓰러졌던 바, 통상적인 작업과정에서 보다는 상당한 육체적 과로가 수반되었음		2006-84
사인미상	인사부장	휴무일에 동호회에서 개최한 산행에 참가하여 휴식을 취하던 중 쓰러짐	발병 7개월 전에 영업부서에서 인사부장으로 보직 변경된 이후 연장근무를 해왔고, 노동조합과의 마찰로 정신적인 스트레스가 누적된 상태였던 바, 비록 휴무일에 등산 중 발병하였으나 시간적 경과로 볼 때, 사망 직전까지 노출된 업무상 과로 및 스트레스가 등산과 병합요인으로 작용함	고혈압	2006-85
심장성돌연사	방산팀장	22:30경 퇴근하여 잠이 든 후 01:00경 주방에서 쓰러짐	통상 2~3시간 연장근무를 해오던 자로서, 사망 직전 팀장으로서의 일상적인 업무 이외에 계약체결 및 협의를 진행하면서 출장과 휴일근무 등을 수행해, 1주일 동안 69시간 이상 근무함으로써 법정근로시간 44시간에 비해 57% 이상 의 증가가 있었음	음주	2005-79
사인미상	형틀목공	건설현장 내 상판과 상판 사이에 쓰러진 채 발견	작업장이 지하 3층으로 폭우로 인해 물에 잠겨 작업환경이 열악하였고, 작업장에서 비를 맞으며 일한 관계로 심한 몸살감기를 앓아 9월 7, 8일 출근하지 못하다가, 공사기간이 촉박하여 9일 출근하여 10일에는 14시간 이상 무리하게 작업도중 사망한 것으로 업무상 재해임		2004-106
사인미상	버스운전기사	터미널에 도착한 후 화장실에서 용무를 보고 나오다가 쓰러짐	4일 근무 후 2일 휴무 근무형태로 업무수행성이 인정되고, 발병 무렵에는 12시간 이상 장시간 운행을 연속적으로 하였으며, 발병 10일 전에는 근무시간이 18시간이나 19시간인 점으로 볼 때, 심장돌연사한 것으로 추단될 뿐 다른 사망원인을 찾을 수 없음	고혈압	2004-108
급성심폐기능정지	공무직	03:00경 자택에서 쓰러져 후송 중 사망	사망 4개월 전부터는 근로기준법에서 정한 연장근로 제한시간보다 훨씬 많은 초과근무를 하였는데, 이는 일반인이 적응할 수 없을 정도의 육체적으로 과중한 부담의 과로를 하였던 것으로 현저한 신체적 · 생리적 변화를 초래케 하였음	흡연, 음주	2003년

사인/질병명	직종	발병 경위	결정 요지	기초 질환/기호	발행 연도 및 일련번호
사인미상	대리석가공총괄과장	21:30분경 퇴근하여 저녁식사를 한 후 쓰러짐	작업을 1일 10~15시간 정도 하였고, 동료근로자들을 출퇴근시키기 위해 회사차량을 3~4시간 정도 운전하였으며, 재해발생 1개월 전에는 직상급자가 병가를 내어 2명이 하던 일을 혼자서 하게 됨으로써 업무상 과로가 인정됨		2003년
심장성돌연사	제과점직원	18:00경 근무를 마치고 회사 인근 커피숍에서 동료직원들과 대화하던 중 쓰러짐	입사 후부터 3개월간 매일 12시간의 근무와 한달에 두 번의 휴무는 평소 과로에 노출되어 있었던 것이고, 매일 23:00~24:00까지 회사에 남아 제과기술을 습득한 것은 사업주의 지배관리를 벗어났거나 업무와 전혀 무관하다고 할 수 없어 육체적 과로가 인정됨		2003년
심장성돌연사	산업연수생	기숙사에서 잠을 자던 중 호흡소리 이상으로 병원으로 후송	입사 이후 거의 매일같이 연장근로를 3시간 이상 수행하였고, 4개월 전부터는 하루도 쉬지 않고 휴일특근을 하였으며, 사망 1주일 전에는 철야근무를 하는 등 피로 회복할 사이도 없이 계속근무하였을 뿐만 아니라, 기존질병이 자연발생적으로 악화되었다고 볼 만한 사유가 없음	흡연	2002-85
사인미상	전기기사	아파트 관리사무소 직원으로 제설작업 중 쓰러짐	평상시 1일 24시간 격일제 근무를 해 오면서 사망 이전 업무상 과로 및 스트레스는 없었던 것으로 보이나, 재해 당일 오전부터 영하의 기온에서 수행한 제설작업은 작업량, 작업강도, 작업환경의 변화 측면에서 볼 때, 급격한 작업환경의 변화로 인정함이 타당함		2002-97
청장년급사증후군	생산직	하계휴가 기간 중 처가에서 잠을 자다 사망	2~3교대 근무자로 중량물의 반복적인 로딩작업을 하였으나 단순노무이고, 여름휴가기간 4일째 발생하여 업무수행성이 없으며, 업무량 등이 증가하였다거나 작업환경이 바뀐 사실이 없어, 업무와 무관한 자연발생적 급사로 판단됨		2002-100 (기각)
사인미상	경비원	경비실 내 의자에 앉아 잠자고 있는 듯한 상태에서 교대자에 의해 발견	업무의 과중이나 급격한 작업환경의 변화를 인정할 만한 증거가 없고, 재해 전날 시말서 제출을 요구받아 다소 스트레스를 받았다고 볼 수 있으나 돌연사를 일으킬 만큼 과중한 것으로는 보이지 아니하며, 의학적으로도 사망원인을 알 수 없으므로 인과관계를 인정하기 어려움	흡연, 음주	2001-117 (기각)
사인미상	생산직대리	심방세동 등의 기존질병 소유자가 회사내에서 야간작업하기 위해 저녁식사 후 동료근로자와 장기를 두던 중 쓰러짐	발병 무렵 매일 3~4시간의 연장근로와 휴일근로가 있었고, 이는 정상근로시간에 비해 27시간을 더 근무한 것으로 보이며, 발송업무의 총괄지휘자인 점에 비추어 업무에 관한 책임이 상당하여 업무상 과로가 기존질병을 악화시켰음	심비대, 심장판막증, 심방세동	2000-87

5. 기타 뇌 · 심혈관 질병

사인/질병명	직종	발병 경위	결정 요지	기초 질환/기호	발행 연도 및 일련번호
심실세동	마을버스운전기사	출근하다 차로를 가로막고 있는 운전자와 언쟁을 하였고, 이후 다른 차량이 주차하지 못하도록 폐타이어를 옮긴 후 심한 흉통이 발생	운전업무에 상당기간 근무한 사람으로서 업무성격상 주차문제로 인한 시비 등은 수시로 접할 수 있는 상황으로 보이고, 재해 전 통상적인 업무수행 외 육체적 · 정신적 스트레스를 유발할 만한 과중업무를 수행한 사실이 없었던 것으로 확인되며, 심실세동은 일과성임	천식	2012-19 (기각)
뇌간부혈종	영업이사	컨트리 클럽에서 투자자와 골프를 치던 중 화장실에서 쓰러진 채로 발견됨	투자자의 투자규모 축소 이야기를 들은 직후 재해가 발생하였고, 투자축소는 상당한 부담으로 작용한 것으로 보이는 점, 재해 이전 3개월간은 통상근로대비 연장근로시간이 100% 이상 증가하였던 점, 재해 직전 1주일간은 144% 이상 증가한 점등에 비추어 업무상 재해임	고혈압/흡연, 음주	2011-19
심실세동	사내컨설턴트	팀장 주관 회의를 마치고 업무를 수행하던 중 몸이 뒤틀리는 등의 증세로 후송	평소 부정맥과 심부전으로 치료받고 있었음에도 팀원 3명 중 1명이 퇴직하여 업무강도가 높아졌고, 6시그마데이 등으로 업무가 늘어나는 등 과도한 업무에 따른 정신적 · 육체적 스트레스가 계속 쌓여 발생한 것임		2010-20
불안정협심증	영업부이사	해외 출장기간 중 카이로의 호텔에서 휴식을 취하던 중 가슴통증으로 후송	1주일 예정으로 해외출장을 갔으나 현지인의 약속 미이행 등으로 출장기간이 연장되었고, 이에 따라 상품선적이 지연되면서 본사의 독촉 등으로 인해 상당한 정신적 스트레스가 있었을 것으로 추단됨		2009-26
일과성뇌협심증	생산직근로자	점심식사 도중 어지럼증과 구토증상을 호소하여 후송	공휴일과 격주 토요일을 제외하면 계속해서 평일에는 2~3시간씩, 격주 토요일에는 4시간씩 초과근무를 하였고, 발병일 이전 3일간은 연속해서 3시간씩 초과근무를 하였던 바, 여름의 무더위 노출과 더불어 장시간 노동이 뇌혈역학적 흐름에 방해가 된 것임	고혈압, 당뇨	2007-18
대동맥박리증	병원조리원	사용업체 직원이 피재자에게 말을 쏘아 붙인 후, 피재자가 분을 못 참고 손짓을 하다가 쓰러짐	식수인원의 변경 없이 조리원의 숫자가 9명에서 6명으로 감소한 상태에서 주 6일 동안 12시간씩 근무한 점, 사용업체 직원과 다툰 후에 쓰러진 점 등에 비추어, 과로와 스트레스가 발병에 직접적으로 영향을 미친 것임	고혈압	2007-20
급성심장발작	생산직	휴게시간에 동료와 커피를 마시면서 이야기하던 중 의자에 앉은 자세에서 비스듬히 넘어짐	비교적 단순한 업무에 종사하였으나 입사 후 14시간 이상의 장시간 근무로 업무상 과로가 인정되고, 산재보험법에 의한 '일상업무'란 통상 소정근로시간 내의 소정업무내용을 말하는 것으로 상시적으로 시간외 근로가 실시되고 있는 경우에는 시간외 근로를 제외한 업무임	고혈압, 뇌경색	2007-25

사인/질병명	직종	발병 경위	결정 요지	기초 질환/기호	발행 연도 및 일련번호
급성심부전	검사업무	회사 주관 체육대회에 참석한 후 구토와 호흡부전을 일으키며 쓰러짐	야간근무가 많은 편이었고, 사망 5일 전에는 토·일요일로 휴무일이나 근무하였으며, 발병 직전에도 연속적으로 야간근무를 하였을 뿐만 아니라, 축구경기에 참석하게 된 경위 및 갑작스런 경기출전에 따른 사전 준비운동 부족 등 사망 당시 일련의 행위가 사업주의 지배관리 아래에서 발생한 것임	고혈압/음주	2007-82
급성대동맥박리	미화원	근무 중 가슴 밑에 통증이 있어 진통제를 복용하고 업무를 수행하였으나 통증이 심해져 내원	하루 근무시간이 약 15시간에 달하고, 지속적인 야간작업을 수행해 만성적인 과로가 인정되며, 상병은 고혈압과 관련이 있어 만성적인 과로 및 정신적 스트레스가 있을 경우 고혈압을 악화시킬 수 있다는 소견으로 업무관련성이 인정됨	고혈압	2006-25
심부전	책임연구원	아들과 함께 목욕탕에 가서 입욕하기 전 의자에 앉아 샤워하던 중 갑자기 쓰러짐	중증의 심혈관계 질병을 가지고 있는데도 재해발생 1개월 전부터 휴무일에도 출근해 매일 12시간 이상의 근무를 수행하였고, 특히 사망 2일 전에는 철야작업을 하는 등 육체적인 과로 및 정신적인 스트레스가 상당히 증가하였음	협심증, 심방세동	2006-81
대동맥박리	덤프트럭운전기사	트럭을 운전하여 차량에 흙을 실어 밭에 매립하는 작업 도중 차량에 쓰러진 채로 발견	평소 연장근무 없이 근무하다 재해 5일 전부터 덤프트럭이 전도되는 돌발적인 상황과 함께 사업주로부터 사고에 대한 질책, 사고차량의 수리를 지시받고 연장 및 특근을 수행하는 등 업무가 증가하였음이 인정됨	흡연, 음주	2006-82
대동맥박리	활석공	근무 도중 14:00경 현장 내에서 갑자기 쓰러짐	근무시간이 07:30~18:00으로 보이고, 재해 직전 18일 기간 중 하루만 휴무를 취하여 법정근로시간에 비해 약 40% 이상 근무시간이 길었으며, 의족을 착용한 채 작업하여 타 근로자에 비해 더한 부담이 되었을 것임	고혈압/음주	2005-82
대동맥박리	경비조장	05:20분경 순찰업무를 마치고 휴식도중 가슴의 통증을 호소하면서 쓰러짐	재해발생 1개월 전부터는 월드컵 행사에 대비한 경비강화로 평상시보다 긴장 및 업무적 부담을 많이 느꼈고, 재해 당시에는 야간근무를 12시간 수행한 상태이며, 발병 직전에 2시간 순찰근무를 하였던 점에 비추어 업무수행으로 인한 혈압상승을 고려하지 않을 수 없음	고혈압	2003년
심부전	소각작업인부	600~700도 상태에서 소각작업을 하던 중 심한 두통 등으로 약을 복용하고, 3일 후부터 소각작업을 계속하던 중 재발	한여름이나 한겨울에도 외기에 노출된 상태에서 하루 평균 4~5시간씩 수행한 소각작업이 심장에 부담을 주어 협심증이 발병하였고, 이에 대한 합병증으로 심부전이 발생하였다는 한국산업안전공단의 소견으로 업무와 인과관계가 인정됨		2002-9

사인/질병명	직종	발병 경위	결정 요지	기초 질환/기호	발행 연도 및 일련번호
관상동맥협착증	시설관리자	건물순찰 중 가슴이 조이는 듯한 통증으로 내원	연장근무는 거의 수행하지 않아 '업무상 질병 인정기준'에 해당하는 과로 및 스트레스를 받았다고 볼 수 없고, 기존질병의 위험요인을 기왕증으로 갖고 있으며, 업무상 과로나 스트레스가 인정되거나 질병발현에 관련되어 있다는 증거가 없음	당뇨/흡연	2002-17 (기각)
심부전	경비원	50여개의 가파른 계단을 내려가서 경비반장에게 인계하고 다시 계단을 모두 오른 후 쓰러짐	사업장 내에서 업무수행 중 재해를 입었고, 50여 개의 가파른 계단을 오르내리는 것은 기존질병을 악화시킬 수 있어 업무와 인과관계가 있다는 의학적 소견으로, 갑작스런 운동이나 계단을 빨리 다닌 것이 관련이 있을 것임	당뇨, 협심증	2002-80
대동맥류파열	견인차운전기사	점심식사 후 가슴이 답답하고 배가 아프자 동료와 함께 한의원에 가서 응급조치 후 요양 중 사망	사망원인은 동맥내벽 이상이 업무상 초래된 급격한 혈압상승과 동맥내압 증가가 대동맥류 파열을 촉발한 경우에 한하여 업무상 인정이 가능하나, 수상 당일 및 직전 업무상으로 급격한 혈압상승이나 생리적 부담을 초래할 수 있는 업무상 이상 상태가 없었음	고혈압	2002-83 (기각)
부정맥	택시운전기사	교통사고로 경찰에서 조사를 받고 귀가하였다가 인근 목욕탕에서 목욕 후 귀가 중 쓰러짐	1일 2교대의 택시운전을 함으로써 고충상담을 하는 등 평소 업무수행에 어려움을 겪어왔고, 재해 당일 돌발적인 교통사고에 따른 새벽 3시간 가량의 경찰조사는, 스트레스를 가중시켜 기존질병을 악화시켰을 것으로 추단됨	협심증	2000-88
급성심부전증	생산직계장	업무수행 후 20:30경 자택으로 돌아와 저녁식사 후 취침 중에 발병	평소 일찍 출근해 밤늦게 퇴근하는 경우가 많았으며, 발병 1주일 전부터는 물량급증에 따른 대응방안을 협의키 위해 격일제로 07:00부터 회의가 열리고 20:30부터는 생산회의가 운영되어, 평상시보다 더 일찍 출근하여 늦게 퇴근하였음이 인정됨	음주, 흡연	2000-93
확장성심근증	경비조장	근무 중 부하직원에게 스테인레스 파이프로 폭행당한 후 익일 아침에 쓰러짐	재해 전일 부하직원으로부터 기분 나쁘게 업무 지시한다는 이유로 어깨부분을 5회 가량 폭행당한 사실이 있고, 이로 인해 정신적 스트레스가 심하게 있었음이 확인되며, 이러한 스트레스가 확장성심근증의 악화를 초래하여 사망의 유발요인으로 작용함	고혈압, 당뇨/음주	2000-97

6. 간질환

사인/질병명	직종	발병 경위	결정 요지	기초 질환/기호	발행 연도 및 일련번호
간암	금융감독원직원	십여 년 전부터 B형 간염, 간경화 등 기존질병이 있는 자가 간암으로 사망	연장근로에 대한 객관적인 입증자료가 없고, 의학적으로도 B형 간염보균자가 십여 년의 시간적 경과는 자연경과적으로 간암을 유발할 수 있다는 것으로, 업무외적 발병으로 봄이 합리적이라고 할 것임	B형 간염, 간경화	2001-115 (기각)

7. 각종 암

사인/질병명	직종	발병 경위	결정 요지	기초 질환/기호	발행 연도 및 일련번호
위암	버스운전기사	노조지부장으로 재선되어 근무하던 중 몸이 좋지 않아 내원	단체협약 체결 등으로 과로와 스트레스가 쌓여 상병이 발병하였다는 것이나 객관적 근거가 미약하고, 위암은 발암물질의 섭취 등 개인적 요인에 의해 발생하는 것으로 알려져 있으며, 과로나 스트레스가 발병 및 악화요인으로 작용한다는 의학적 근거는 없음	고혈압, 협심증, 급성위염/흡연, 음주	2002-12 (기각)
위암	경비직	근무하던 중 속 쓰림과 피곤한 증세가 있어 내원	상병의 발생 원인에 대한 정확한 학설은 아직 미상이고, 업무상 과로에 의해 발생되거나 악화된다는 과학적 증거나 연구보고가 없으며, 업무상 요인 이외에 감염성·유전적 요인, 화학물질 가용성 등에 의해 발병되었을 것으로 판단함이 과학적인 결론임		2001-23 (기각)
방광암	서무직	과로 및 스트레스로 인해 발병되었다고 주장	상병은 직업적으로 벤지딘 염산염과 같은 유발물질에 노출되는 경우에 인정되나, 피재자는 의학적·과학적으로 알려진 물질에 직업적으로 노출된 사실이 없으며, 업무상 과로는 방광암 발생과 인과관계가 없어 의학적 소견이 희박함		2001-116 (기각)

8. 기타 신체질병

사인/질병명	직종	발병 경위	결정 요지	기초 질환/기호	발행 연도 및 일련번호
안면신경마비	사무직	인테리어 업체에서 근무 중 귀와 머리가 아파 진통제 복용 후 귀가하였으나, 새벽에 마비증세로 내원	발병 전 1주일간은 일요일을 포함해 연장근무를 수행하고 3일간은 철야근무를 수행하였던 바, 신체기능에 이상을 초래할 만한 극심한 업무상 과로 사실이 인정되며, 업무수행 중 전조증상이 발현되었음	음주, 흡연	2005-44
질식	생산부장	일요일에 출근하여 오전 작업을 마치고 점심식사 후 작업 중 쓰러진 채 발견	영세사업장의 생산관리자로 수요일과 토요일을 제외하면 1일 통상 12시간 30분씩 근무하였고, 휴일에는 거의 특근하여 적정휴식을 갖지 못해 만성적 과로가 추정되며, 열악한 작업환경으로 스트레스가 누적된 것으로 추정됨	음주, 흡연	2005-78
질출혈 및 혈괴	방송사 PD	임신 7개월째에 4일간의 연속적인 철야근무 후 출혈이 발생	프로그램 제작업무로 인해 철야작업을 계속해 과로가 인정되고, 전치태반이 과로로 인해 발생하지는 않으나 전치태반으로 인한 출혈이 있은 후에도 안정을 취하지 못하여, 결국 지속적인 업무상 과로가 질병을 유발한 것으로 보임		2002-11
급성호흡부전	관리소장	출근해 작업복으로 갈아입고 대기실에 있던 중 갑자기 호흡곤란 증세로 후송	괴사성 폐렴으로 입원 가료 받은 적 있고, 응급실에 입원 당시 폐렴이 재발된 것으로 보이며, 호흡부전을 초래하는데 폐렴 이외에 업무상 과로가 이를 초래하거나 악화하는데 전혀 인과관계 없으므로, 기존질병의 악화에 의한 재해임	폐렴, 폐결핵	2002-82 (기각)
십이지장궤양출혈	마트직원	신규 매장의 개장을 준비하다 작업 중 어지러움을 느끼며 쓰러짐	11월 초에 있을 개업 준비를 위해 10월 말부터 현장에 파견되어 전반적인 업무를 수행해 오면서 육체적 과로와 정신적 스트레스를 받은 사실이 인정되고, 상병은 과로에 의해 악화될 수 있음		2001-14
심낭염	공무담당	근무 중 고열로 내원	교착성 심낭염은 업무 중의 과로나 스트레스와는 관련이 없는 것이고, 과거력에 비춰 결핵에 의한 후유 합병증으로 발생한 것이 의학적으로 타당하며, 그 외의 원인은 업무상 과로와는 관련이 없음	결핵	2001-22 (기각)

9. 정신질환과 자살

사인/질병명	직종	발병 경위	결정 요지	기초 질환/기호	발행 연도 및 일련번호
우울기분장애	사무직	타 지역 전보발령을 받은 후 진단	약 30년을 근무한 회사로부터 부당하게 대기발령을 받았고, 이후 비연고지로의 전보발령과 직권면직에 이르는 과정에서 정신적 스트레스를 받았던 바, 업무와 관련한 분노감 등 업무환경적인 요인이 주된 발병원인이 되었다고 봄이 상당함		2009-19
자살	쓰레기수거차량운전원	가족 및 회사직원에게 전화한 후 청소차 적재함에서 사망한 채로 발견	동료들이 피재자가 회사일을 사업주에게 전부 고자질한다고 하였고, 전무를 상대로 탄원서를 받는 과정과 사업주에게 탄원서를 낸 일, 사망 전날에도 몹시 불안해하고 잠도 제대로 못 자는 등, 업무상 사유로 우울증이 발생하여 결국 자살에 이르게 된 것임		2007-87
적응장애	총무과장	회의실에서 사업주에게 업무보고 중 전신마비 증세로 후송	회사의 총무책임자로 2차례에 걸쳐 부당해고와 복직을 경험하였고, 총무부장과의 갈등, 경영권 다툼에 따른 고소 등에 대한 대응 및 피소로 상당한 스트레스를 받았으며, 당일에도 업무보고 중 질타를 받은 직후 증상이 발생된 것으로 상당한 스트레스에 노출되었음		2006-31
자살	기술직	직장에 근무하면서 적응하지 못하고 정신과 진료를 받던 근로자가 자택 창문으로 뛰어내림	인사이동 후 실근무일수가 10여일 정도이나, 인사이동 후 업무에 적응하지 못한 상태에서 정신과 치료를 받아오다가, 정상적인 인식능력 등이 현저히 저하된 상태에서 자살한 것으로 보일 뿐, 달리 다른 원인으로 인해 자살하였다는 근거가 발견되지 아니함		2006-86
적응장애	관리소장	대표이사로부터 근무지 변경 또는 사직을 종용받고 두통, 우울증 등의 증세로 내원	보직변경 및 강제퇴직 등을 당할 큰 결격사유가 없음에도 영업직으로의 보직변경이나 퇴직강요를 받는 것은 직장생활 및 생계에 커다란 영향을 주는 것으로서, 이는 일반적으로 직장인이 겪을 수 있는 스트레스보다 한 차원을 넘어선 정도가 심한 상당한 스트레스임		2005-46
자살	기술통신원	명예퇴직하고 정신과 치료를 받던 중 자택아파트에서 투신	잦은 전보이동에 따른 정신적 고통과 업무, 조직적응에 여러 어려움이 많았을 뿐만 아니라, 기술과장으로 보직되었다가 1년 만에 보직해임된 후 평직원의 업무를 수행함으로써 정신적인 스트레스로 우울증이 발생됨	우울성 에피소드	2005-84
불안장애의증	조리장	음식점 조리장으로 근무하다가 심한 스트레스로 발병	승진된 후 조리원이 회사를 노동부에 고발하여 스트레스를 받았고, 부하직원이 공금횡령으로 음해성 루머를 퍼뜨려 폭언과 폭력행사, 사업주의 재고조사에 따른 굴욕감 등이 인정되고, 이들로 인해 입원치료 사실이 있음	불안장애	2004-35

사인/질병명	직종	발병 경위	결정 요지	기초 질환/기호	발행 연도 및 일련번호
적응장애	가공반장	직제개편에 따른 하향 전보로 인해 스트레스를 받음	직제개편과 관련된 과정에서 실직위기감이 있었으며, 반장으로 있던 피재자가 현장의 일반사원으로 강등되고, 나이가 적은 직원이 반장이 됨에 따라 회사에 대한 배신감 및 수치감 등이 정신적 스트레스로 작용하여 나타난 증상임		2004-36
주요우울증	통근버스운전기사	교통사고 이후 회사에 대한 심적 부담과 스트레스 누적으로 발생	통근버스 운행 중 갑작스런 인사사고 이후, 사고 장소를 지날 때마다 불안 및 초조 등의 증세가 발생하여 노선을 바꿔 줄 것을 회사에 요구하였고, 사고 이후 지속되는 상황에서 우울증으로 빠졌으며, 개인적으로 유전적 이유 등이 없음		2004-37
자살	농협영농지도역	전근 이후에 직급에 맞지 않는 업무와 대우 등으로 인해 우울증 발생	중간관리의 지위에 있다가 다른 지점으로 발령받았고, 감사결과 구조조정 대상 우려로 잠을 이루지 못하였으며, 대출건으로 심한 스트레스를 받았을 뿐만 아니라, 달리 사적으로 심리적 부담을 받을 만한 사실이 없었던 점에 비추어 인과관계가 인정됨		2003년
자살	은행원	본점의 어학 실습실 탁자 위에 유서를 남겨두고 자살	폐쇄위기에 있던 자회사를 정상화시켜 놓았으나, 은행과의 의견대립으로 징계 및 퇴직강요에 불가항력적인 무력감을 느끼는 등 극심한 스트레스에 시달렸는데, 업무상 스트레스로 인해 정신과 치료를 받은 자에 해당되지 않아 업무상 재해로 볼 수 없음		2002-91 (기각)
자살	영업직	제약회사 직원이 자택 안방에서 자살	매달 영업실적 및 수금목표 달성에 대한 중압감으로 스트레스가 있었다고 하나 작업환경 등이 급격하게 변화한 사실이 없고, 약품공급 사기사건은 비정상적인 약품거래에 따른 것으로 정상적인 업무로 볼 수 없으며, 업무상 스트레스로 정신과적 치료를 받은 적이 없음		2002-92 (기각)

부록 2

재심사 재결 사례

〈부록 2〉 재심사 재결 사례

* 재심사 재결 사례는 고용노동부 산업재해보상보험재심사위원회에서 2000년부터 2013년까지 발간한 산재보험재심사재결사례집에서 발췌한 것임

1. 뇌출혈

사인/질병명	직종	발병 경위	재결 요지	기초질환/기호	주문	재결연월일 및 사건번호
뇌실질내출혈	철도기관사	회사 출근 준비를 위해 자택 화장실에 손을 씻으러 들어갔다가 왼쪽 몸에 힘이 풀리는 증상으로 쓰러짐	발병 전 일주일간 평소보다 근무시간이 증가하였다고 하나 동 기간에 2일간 휴무하였고, 근무시간도 총 47시간인 점으로 보아 신청 상병을 유발할 정도의 과로로 인정하기에는 무리가 있으며, 흡연력 등을 고려할 때 기저질환으로 발병되었을 가능성이 높음	음주, 흡연	기각	2012.7.6. 2012-1281호
지주막하출혈	식당종업원	주방에서 식기를 들던 중 갑자기 쓰러져 병원에 후송됨	비록 발병 1개월 전에 작업환경이 주간근로에서 야간근로로 전환되는 등의 변화가 있었던 것은 사실이나, 업무량이나 업무내용상 큰 변화가 없었고, 기존 고혈압을 앓고 있었던 점 등을 종합해 볼 때, 인과관계를 인정하기 어려움	고혈압	기각	2012.6.29. 2012-1081호
두개내출혈	택시기사	외국인을 상대로 택시 운전을 해 오던 중 자택에서 갑자기 말이 어눌해지고 사람을 알아보지 못하는 증세가 발현	사납금을 채우기 위해 입사 후 22일간 일평균 12시간 이상 계속 근무를 하였고, 발병 다음날 예정이었던 업무와 관련한 외국어 자격시험 준비로 인해 단기적 과로와 스트레스 누적이 적지 않았을 것으로 보여, 뇌혈관 기능의 악화에 영향을 미쳤을 것임	고혈압	취소	2012.5.31. 2012-1060호
뇌간출혈	기계실기사	노조 조합원 돌잔치에 참석해 맥주 서너 잔을 마신 후 갑자기 구토 증세와 함께 쓰러짐	태풍에 의한 피해로 아파트 단지 내 수목철거작업 등 재해 전 일주일간 연장근로가 있어 보이나, 그 내역을 입증하는 출 · 퇴근카드 등의 자료가 없어, 일상 업무에 비해 과중한 업무를 수행하였다는 사실이 객관적으로 확인되지 아니함	고혈압	기각	2012.1.6. 2011-3065호
두개내출혈	영업과장	몸의 이상증세로 직원 휴게실에서 휴식을 취하던 중 상태가 좋지 않아 긴급후송	근무시간이 1일 10시간이고, 휴무는 월 2회 비정기적으로 실시해 월 법정근로시간의 70~80%를 초과근무한 사실이 확인되고, 뇌경색으로 계속 치료받은 사실에 비추어, 만성적인 과로가 기존질병을 자연경과 이상으로 악화시킨 것으로 보임	뇌경색, 고혈압/흡연, 음주	취소	2011.10.20. 2011-2429호
뇌출혈	영업부장	극도의 흥분상태가 있은 후 자동차 안에서 의식이 처진 채로 졸고 있는 것을 행인이 발견	영업소장이 퇴사하여 발병 전 3개월간 업무부담이 어느 정도 증가하였을 것으로 추정되고, 발병 전 1주일간 휴무한 사실이 없으며, 발병 직전 극도의 흥분상태가 있었던 반면, 업무외적으로 다른 사정이 발견되지 않는 점 등에 비추어, 업무와 발병 사이에 개연성이 상당함	흡연, 음주	취소	2011.11.24. 2011-2146호

사인/질병명	직종	발병 경위	재결 요지	기초질환/기호	주문	재결연월일 및 사건번호
뇌지주막하출혈	주류배달원	주류 배달원으로 업무 준비 중 이상증세로 내원	발병 무렵 조기 출근하는 등 발병 전 3개월간 초과근로가 202시간으로 확인되고, 수행한 작업내용이 일반근로자에 비해 신체에 부담을 주는 내용으로 보이며, 만성적인 과로 및 스트레스가 객관적으로 확인되어 인과관계가 인정됨	고혈압 의심	취소	2011.10.14. 2011-1746호
뇌교출혈	창고관리	오전 작업 후 식사하려고 사무실을 나서던 중 갑자기 몸이 굳고 침을 흘리며 의식을 잃음	종합물품 임대업을 하는 사업장으로 재해 월은 성수기로 설치작업 및 회수 작업 건수가 전월에 비해 증가하였으나 업무량 증가에 따라 일용직을 사용하였고, 근무환경의 변화나 연장근로를 하였다는 객관적 자료가 없는 것으로 확인됨	고혈압	기각	2011.6.23. 2011-138호
뇌실질내출혈	미장공	공사현장에서 머리가 어지럽다고 하며 누워서 휴식을 취하다가 증상이 심해져 병원으로 후송	근무형태는 주 6일 근무, 근무시간은 07:00~18:00로 발병 당일 정상출근 후 업무를 수행하였고, 발병 전 1주일 이내 또는 1개월이나 3개월간 매일 2시간 정도의 연장근무를 한 사실에 비춰, 업무가 육체적 · 정신적인 부담을 과중하게 주었다고 보기 어려움	고혈압	기각	2010.12.17. 2010-3010호
뇌실질내출혈	간호사	병원 기숙사 옥상에 쓰러져 있는 것을 동료간호사가 발견	뇌혈관의 선천적인 기형인 모야모야병이 의심되고, 통상적으로 수행하던 간호사로서의 업무 외에 별다른 업무를 수행한 사실이 확인되지 않으며, 정규 근무시간 외에 과도한 연장근로도 없었던 것으로 확인되어, 뇌혈관의 선천적인 기형이 주 발병 원인으로 판단됨		기각	2010.11.25. 2009-2796호
지주막하출혈	용접공	용접하던 과정에서 가슴이 답답하고 머리가 아파 동료직원의 도움으로 병원 내원	건강검진에서 혈압이 정상소견과 개인적인 위험인자를 전혀 보유하고 있지 아니한 점, 여성으로서 상당한 부담감을 느낄 수 있는 업무라는 점, 발병 직전 1개월 동안 2일만 휴식하였고 20일 동안 휴무 없이 계속 근무한 사실에 비춰, 기존질병의 자연경과적 악화로 보기 어려움	뇌동맥류	취소	2010.7.30. 2010-1781호
뇌지주막하출혈	생산과장	사업장 내 문짝 조립작업 중 어지러움을 느끼면서 정신을 잃음	발병 당시 비규격 제품의 긴급한 납품 건으로 인한 긴장감 등이 부담이 될 수 있으나 뚜렷한 생리적 변화를 초래할 정도로 급격한 작업환경의 변화로 보기 어렵고, 단기간 동안 업무부담이 증가하였다거나 만성적인 과중업무를 수행하였다고도 보기 어려움	고혈압의심/흡연, 음주	기각	2010.6.14. 2010-1081호
뇌출혈	총무과장	사업장 내에서 근무 중 갑자기 현기증과 함께 두통 증상이 심하여 사업장에 비치된 두통약을 복용하고 근무하다 퇴근한 뒤 자택에서 증세악화	총무과장으로 승진한 이후 자재관리업무를 추가로 맡았고, 통상 07:40분경에 출근해 18:30경에 퇴근하였으나 업무의 종류가 많고 강도가 높아 퇴근 후 집에서 추가업무를 해야 할 정도였으며, 발병 무렵 납품과 관련한 긴장상황과 여직원과의 말다툼 등 과로와 스트레스가 있었음	고혈압/흡연	취소	2010.6.9. 2010-880호

사인/질병명	직종	발병 경위	재결 요지	기초질환/기호	주문	재결연월일 및 사건번호
뇌실질내출혈	트레일러운전원	전날 친구와 음주 후 속이 메스껍고 잠이 오지 않아 수면제를 먹고 잠을 잤으나, 익일에도 머리가 아프고 구토증세로 내원	잦은 야간운행 및 장거리 운행 등으로 업무적 과로가 누적된 상태에서, 발병 무렵 회사로부터의 업무지시 사항을 이행코자 휴식없이 운행을 강행하였을 뿐만 아니라, 주행 중에도 쉬지 못하고 계속 운전을 함으로써 뚜렷한 생리적 변화를 초래할 정도로 보임	고혈압/흡연, 음주	취소	2010.3.18. 2010-191호
뇌출혈	생산직	작업 중 안면마비와 언어장애로 내원	발병 전 1주일 이내 연장근무 및 휴일근로 등은 하지 않은 것으로 확인되고, 업무내용상 통상적인 수준의 범위를 넘어서는 연장근무가 없었으며, 일상업무에 비해 육체적 · 정신적 부담이 될 만한 업무를 수행하였다고 보기 어려움	음주, 흡연	기각	2009.9.24. 2009-2244호
뇌교출혈	제설작업일용직	제설작업 후 손과 뒷목이 아파 내원	재해 2일 전부터 눈이 내려 제설작업으로 과로가 누적되었다고 주장하나, 통상적인 수준의 범위를 넘어서는 연장근무를 하였다거나 업무와 관련하여 발생한 심리적 스트레스가 인정되지 않고, 개인질병인 위험인자가 원인이 되어 자연발생적으로 악화된 것임	고혈압/음주, 흡연	기각	2009.10.27. 2009-1791호
뇌지주막하출혈	생산직	사업장에서 근무 중 몸이 좋지 않아 22:00경 조퇴를 한 후, 악화로 익일 내원	발병 전 야간근무를 2주 하였던 점은 인정되나, 총 근무일 19일 중 10일만 연장근무를 하였고, 특히 발병 당일은 상가집에 다녀온 후 부인과 이야기하다가 쓰러진 점, 발병 전일은 2시간만 근무하고 조퇴한 점에 비추어 업무외임	흡연	기각	2010.2.24. 2010-3351호
뇌지주막하출혈	건설종사자	업무수행 중 두통증세가 있었으나 회사업무로 쉬지 못하다가 자택에서 쓰러짐	재해발생 이틀 전부터 두통, 어지럼증의 증상이 발현되었으나 쉬지 못하고 자재 하역작업 등 업무를 지속적으로 수행하였으므로, 단기간 동안 육체적으로 업무상 부담이 가중되어 뇌출혈을 유발한 것으로 판단됨	음주, 흡연	취소	2009.12.3. 2009-2966호
뇌지주막하출혈	판매영업직	업무를 마치고 직원들과 저녁식사를 하던 중 두통이 발생하였으며 귀가 후에는 더 심해져 익일 내원	발병 이전 소정 근로시간 외에 2~3시간 가량 연장근무를 계속하였고, 발병 전월에는 휴일근로로 인해 만성적인 과로상태에 있었다고 판단되어, 통상적인 범주를 초과하였기에 인과관계가 인정됨	음주, 흡연	취소	2010.3.19. 2010-145호
뇌내출혈	주방수타담당	주방에서 수타면을 뽑던 중 갑자기 어지러움증으로 내원	재해 하루 전 주방에서 찬모가 화상을 입은 사고 충격으로 잠을 이루지 못하는 등 화상사고의 스트레스로 발병하였다고 주장하나, 명확한 업무상 과로나 업무환경 변화로 인한 업무상 스트레스보다는 연령변화에 의한 신체적 자연경과에 의해 발병한 것임		기각	2010.1.22. 2009-2924호

사인/질병명	직종	발병 경위	재결 요지	기초질환/기호	주문	재결연월일 및 사건번호
뇌지주막하출혈	영업담당전무	거래처 사람을 만나기 위해 동부간선도로를 운행 중 발병	발병일 이전 영업활동과 야근 등으로 과로하였다고 입증할 만한 객관적 자료가 없고, 회사의 무인경비 셋팅 시간에서도 연장근무 및 특근을 하였음이 확인되지 않는 등 명백한 업무상 과로가 확인되지 아니함		기각	2008.1.30. 2008-2484호
우측시상부출혈	군청소속근로자	발바닥이 저린 증상과 두통증세로 진통제를 복용하던 중 자택에서 발병	발병 직전 이틀간 휴무를 취하였다 하더라도, 고혈압 등 과거병력이 있어 신체조건상 뇌출혈의 발병 위험성이 높은 상태에 있었던 점, 발병 전 약 2주 동안에는 업무시간과 업무량이 급격히 증가한 점에 비추어 만성적인 과로가 누적된 것으로 보임	고혈압, 당뇨	취소	2008.6.26. 2008-1056호
뇌출혈	건설현장일용직	신축공사 현장에서 휴식을 마치고 일어나던 중 발병	업무수행 중 발병한 것으로 볼 수 있고, 발병 전 38일 동안 다른 현장에서 계속 근무하여 피로와 스트레스가 누적된 상태에서, 재해 당일 현장에 늦게 도착해 쉬지 못하고 업무에 투입되어 신체적인 부담을 초래하였을 개연성이 큼		취소	2008.9.10. 2008-1638호
지주막하출혈	수습부지점장	사원 조회에 참석한 후 외출하였다가 회사에 돌아와 대성통곡하다가 쓰러짐	평소와 동일한 업무를 수행하면서 이전보다 업무상황이 좋아진 것으로 확인되고, 영업부진에 따른 경고장 등이 뇌혈관의 정상적인 기능에 뚜렷한 영향을 준 것으로 보이지 아니하며, 재해 당일 갑자기 대성통곡한 것은 업무와 관련이 없는 것으로 확인됨		기각	2007.11.9. 2007-1603호
뇌실질내출혈	생산과장	새벽에 자택에서 취침 중 거품을 물고 쓰러짐	잦은 출장 및 야근으로 어느 정도의 과로가 있었다고는 보이나, 발병 이전 1주일간 작업환경의 변화 또는 발병 이전 3일간 연속적으로 업무량이 증가한 사실이 없어 과중한 업무로 보이지 아니하고, 기존질병으로 고혈압이 있었으나 약을 복용하다 중단하였음	고혈압/흡연	기각	2007.11.22. 2007-1857호
뇌지주막하출혈	생산직근로자	지하철역 계단을 오른 순간 다리의 마비 증세와 현기증이 있어 내원	지하철 계단에서 다리 마비증세 등이 있었다는 재해경위로 보아 업무수행성을 인정하기 어렵고, 발병 전 특별한 연장근무 없이 담요를 개는 통상의 업무를 수행해 만성적 과로가 있었다고 보기 힘들며, 급격한 작업환경의 변화도 뚜렷하게 확인되지 아니함	고혈압, 협심증/흡연	기각	2007.12.18. 2007-2116호
뇌내출혈	품질검사원	퇴근하기 위해 자동차 시동을 거는 중 어지러움 증세로 사내 목욕탕에 들어가 누웠으나 두통으로 내원	3명이 수행하던 검사업무를 구조조정으로 감원한 후 혼자서 장기간 수행하여 다소 업무상 부담을 느꼈을 것으로 보이나, 평소 연장근로 없이 정상적인 출퇴근이 이루어져 과도한 업무수행이 있었다고 보기 어려움		기각	2007.11.16. 2007-1844호

사인/질병명	직종	발병 경위	재결 요지	기초질환/기호	주문	재결연월일 및 사건번호
뇌실질내혈종	단순노무종사자	근무 중 두통으로 일찍 퇴근 하여 자택근처의 목욕탕에 샤워하러 갔으나 옷을 잘 입지도 못해 귀가 후 내원	발병시점이 사업장 내에서 업무수행 중 발병한 것이 아닌 대중목욕탕에서 발병하여 업무수행성이 없고, 근무형태 및 업무환경 등을 보아도 업무상 심적 부담이나 육체적 과로가 있었다고 볼 수 없음	당뇨	기각	2007.6.8. 2007-82호
뇌지주막하출혈	학교조리장	자택에서 휴식 중 두통과 함께 왼쪽 눈이 처지는 증상이 있어 내원	통상의 조리업무를 수행하여 업무상 만성적인 과로가 있었다고 보기 어렵고, 발병 전 뚜렷한 업무상 과로나 뇌혈관의 생리적 이상을 초래할 정도의 급격한 작업환경 변화도 관찰되지 아니함		기각	2007.6.22. 2007-137호
뇌지주막하출혈	작업과장	자택에서 머리가 아프고 다리에 힘이 빠지는 증상이 발현하여 내원	새로운 10원 주화 발급과정에서 어느 정도의 스트레스는 있었을 것으로 보이나, 재해 8일 전 12일간의 사적 해외여행을 하였으며, 이후 기본근무 이외 연장근무 사실이 확인되지 않음	고혈압	기각	2007.11.15. 2007-1734호
뇌출혈	원무과장	자택에서 휴식 중 갑자기 머리가 아프고 팔에 마비증상이 있어 후송	원무과 업무를 총괄수행하면서 일평균 3시간 정도의 연장근로를 수행하고, 월말에는 공휴일에도 출근하는 등 동종근로자에 비해 근로시간이 다소 길어 업무상 부담을 느꼈을 것이나, 진료환자 수나 진료비 청구액에 비추어 업무량이 과다하다고 볼 수 없음		기각	2006.1.24. 2005-1628호
뇌내출혈	경비원	경비실 본부에서 경비일지 및 순찰시계를 수령한 후 자전거를 타고 근무장소인 경비실로 간 직후 발병	경비실 본부에 출근하여 작업지시를 받거나 일지 등을 수령하는 시점부터 사업주 지배관리 아래에 업무가 시작되는 것으로 판단되고, 재해 당일 정하여진 순로를 따라 이동한 직후 발병되어 업무수행 중 뇌출혈이 발병한 것이므로 업무상임	고혈압, 고지혈증	취소	2006.2.7. 2005-1784호
뇌실질내출혈	건설현장관리자	현장관리 및 기타 공사보조업무를 수행해 오던 중 공사현장에서 구토 등의 증세로 후송됨	사업주의 지배하에 현장관리자의 업무를 수행하던 중 발병한 것으로 보이고, 재해 당일 임금체불 등의 문제로 현장을 방문한 근로자를 대응하는 과정에서 일시적인 혈압상승으로 인해 상병이 발생되었을 가능성이 충분함		취소	2006.6.15. 2006-398호
뇌실질내출혈	건물관리직	전일 근무자와 경비실 전원의 차단문제로 심한 말다툼을 하다가 이상 증상으로 내원	직장 내의 인간관계 또는 직무에 내재하거나 통상 수반하는 위험의 현실화로서 업무와 상당인과관계가 있다고 보이고, 동료 간의 사적인 인간관계에 기인한다거나 직무한도를 넘어 상대방을 자극하거나 도발하여 유발되었다고 보기 어려움	고혈압	취소	2006.12.12. 2006-1496호

사인/질병명	직종	발병 경위	재결 요지	기초질환/기호	주문	재결연월일 및 사건번호
뇌실질내출혈	구급차운전및경비원	자택에서 취침 후 뒷머리가 무겁고 어지러우며 말이 나오지 않아 내원	순찰업무를 수행하던 중 두통 등을 호소하였던 점에서 업무수행성이 인정되고, 입사 이후 격일제 근무형태로서 주·야간 지속되는 업무수행 중 누적된 과로가 뇌혈관에 영향을 미친 것으로 보임		취소	2006.11.28. 2006-1542호
뇌실질내출혈	건설업종사자	폭파작업 중 어지러운 증세를 느끼고 쓰러짐	작업환경상 안전사고 발생 위험 등으로 어느 정도 스트레스를 받았을 것으로 보이나 이는 통상적인 업무이고, 재해발생 이전에 특별히 과다한 연장근로를 제공한 사실이 없으며, 업무내용이 비교적 단순업무가 많아 업무상 부담에 노출되었다고 보기 어려움		기각	2006.12.22. 2006-1567호
소뇌출혈	생산직	새벽 회사 기숙사에서 쓰러진 채 발견	입사 이래 약 3개월간 단지 4일을 휴무한 것에 비해 철야근무는 7회나 하였으며, 매일 3~5시간씩 연장근무를 해오는 등 만성적인 과로 사실이 확인될 뿐만 아니라, 재해발생 직전에는 동료근로자 1명이 퇴직함에 따라 1일 5~9시간씩 연장근로가 확인됨	해면상혈관종	취소	2005.3.16. 2005-9호
뇌지주막하출혈	주방절육원	자택에서 의식을 잃은 상태로 병원에 후송됨	발병일 이전 주방업무를 함께 수행하던 동료근로자 2명이 연이어 퇴사를 하고, 발병 20일 전에는 업무를 도와주던 사업주마저 다치면서, 고유 업무 이외에 여러 사람의 몫을 수행함으로써 신체에 현저한 생리적 변화를 초래할 정도의 작업환경의 변화가 있었음	흡연, 음주	취소	2005.3.16. 2005-40호
뇌지주막하출혈	소프트웨어개발직	음주 후 자택 화장실에서 대변을 본 후 바닥에 쓰러져 있는 것이 이틀만에 발견	업무특성상 일부 과로의 소지는 있으나 사망시간이 불명해 사망과의 시간적 인과관계를 인정하기 어렵고, 상병은 순간적인 혈압상승이 중요한 원인으로 음주 후 미상의 시간에 자가에서 배변자세로 발견되었음에 비춰, 배변외에는 순간적인 혈압상승의 요인을 발견하기 어려움		기각	2005.3.16. 2005-61호
뇌내출혈	경비원	근무 중 회사 빌딩 앞에서 왼쪽 다리에 힘이 빠지는 증상으로 내원	업무수행 중 발병한 것으로 확인되고, 재해발생 직전에는 휴무없이 5일간 연속적으로 근무한 사실은 65세 고령인 피재자에게 신체적 부담이 초래되었을 개연성이 큰 것으로 보이며, 기존질병인 고혈압성 심장병 등에 대해 꾸준히 건강관리를 해 왔음	고혈압/ 음주	취소	2005.4.12. 2005-158호

사인/질병명	직종	발병 경위	재결 요지	기초질환/기호	주문	재결연월일 및 사건번호
뇌기저핵출혈	물류센터장	업무종료 후 회사차량 판촉활동하려고 서울에 사는 지인을 만나기 위해 약속장소로 가던 중 쓰러짐	차량판매를 위한 출장업무를 수행하던 중 발병하였다고 하나 이를 입증할만한 객관적 근거자료가 없고, 근무내역에서도 과다한 연장근무나 휴일근무를 수행하였다는 객관적 근거자료가 미비한 것으로 보아 만성적 과로가 유발되었다고 보기 어려움	고혈압	기각	2005.9.6. 2005-885호
뇌지주막하출혈	주방종사원	회사 주방에서 쓰러진 채로 발견	소규모 참치횟집의 종업원으로 공식적인 휴일은 월 2일에 불과하고, 근무시간은 1일 10시간이며, 재해발생 무렵이 비록 비수기로 손님이 많지 않았다고 하나 종업원이 피재자 혼자로 상당한 업무상 과로가 있었음		취소	2005.10.26. 2005-982호
뇌지주막하출혈	생산관리자	자택에서 야간 출근을 준비하던 중 심한 두통이 발생하여 내원	정해진 휴무일에도 근무하며 8일간 연속근무를 하는 등 어느 정도 근무량이 증가하였으나, 중간관리자로서 생산관리나 지시 · 감독 등의 업무를 수행해 육체적인 무리를 유발할 만한 업무에 종사한 것으로 보기 어렵고, 발병일 이전 수개월간 통상적인 형태의 근무를 유지하였음		기각	2005.11.8. 2005-1018호
뇌출혈	소화물운송원	화물수수증을 정리하고 사무실에 설치된 정수기의 물을 마시다가 갑자기 기침을 하면서 마비 증세를 보여 후송됨	통상 16:00부터 익일 10:30까지 열차에 승차하여 소화물을 해당 역에 하차하는 업무를 하는 자로, 재해 당일 출근 직후 뇌출혈이 발생하였으나 업무수행 중 발생한 사실이 인정되어 업무상 재해임	고혈압	취소	2004.2.4. 2003-1421호
뇌내출혈	교회경비원	출근해 1시간 정도 빗자루로 주변청소를 한 후 경비실로 들어와 땀을 식히던 중 발병	교회 수위로서 출입인원에 대한 통제를 주된 업무로 수행하였으나 재해당일에는 경비업무 이외에 교회마당 청소업무를 수행하였고, 발병 직전 만성적인 과로나 현저한 생리적인 변화를 초래할 만한 요인이 없었다고 하더라도 업무수행 중 발병한 것이 명백함	고혈압	취소	2004.2.4. 2003-1424호
고혈압성뇌간출혈	철근공	출근하여 철근조립 작업을 수행하던 중 갑자기 팔이 저리다고 호소하면서 의식을 잃음	업무수행 중 뇌교출혈이 발병한 것이 확인되고, 무덥고 습한 날씨에 철근절단 등 신체기능에 부담을 줄 수 있는 업무를 수행한 사실을 감안할 때, 업무상 요인이 일부작용한 점을 배제하기 어려움	고혈압, 당뇨	취소	2004.4.28. 2004-339호
뇌동맥류파열	제품출하원	출근버스로 회사 도착 후 좌석에서 내리려고 몸을 일으키자 갑자기 헛구역질과 구토증세로 내원	내수 및 수출물량이 증가하는 월말과 연말이 겹친 12월 중 하루를 제외한 전일을 근무하면서 총 109시간을 연장 근로하였고, 발병 전 3일간에는 1일 평균 작업량보다 34.2% 증가하여 만성적 과로가 인정되며, 전일에는 평소 작업량의 3배에 달하는 작업이 이루어졌음	고혈압/음주	취소	2004.10.6. 2004-896호

사인/질병명	직종	발병 경위	재결 요지	기초질환/기호	주문	재결연월일 및 사건번호
뇌내출혈	상무	자재결정 문제로 시공기사와 상담 중 언어장애 등이 발생하여 내원	관리상무로서 회사전반에 대한 관리업무뿐만 아니라 영업활동으로 인한 수금업무도 직접 수행하고, 발병 무렵에는 22:00 이후까지 근무하였으며, 공사대금과 근로자들의 인건비 지급독촉 등으로 상당한 스트레스가 있었을 것으로 보여짐	음주	취소	2004.11.23. 2004-1182호
전뇌실출혈중증	마을버스기사	버스운행 중 신호가 바뀌기를 기다리다가 운전석에 앉은 채 의식을 잃음	업무수행 중 뇌출혈이 발생되었고, 재해 전 휴일 없이 28일간 연속 근로하였으며, 특히 재해발생 7일전에는 새벽까지 근무 후 휴식을 제대로 취하지 못한 채 동일 새벽에 다시 출근하여 근무하는 등 업무상 부담이 증가하여 과로 상태가 지속되었음	심장판막질병	취소	2004.12.21. 2004-1343호
뇌출혈	주방보조	주방에서 설거지를 하던 중 쓰러짐	업무수행 중 발병된 것이 명백하고, 고혈압을 적극적으로 관리하지 않은 점은 인정되나 고혈압이 직접적인 원인이 되어 발병된 것으로 볼 만한 명백한 의학적 근거가 없으며, 근무시간 중 제대로 휴식을 취하지 못하고 근무시간이 과다하였음	고혈압	취소	2004.3.3. 2004-71호
뇌동맥류파열	청소원	퇴근한 후 자택에서 대변을 본 후 쓰러진 것을 가족이 발견	발병 전 1주일간의 근무시간과 내용에 있어 평상시와 다른 점이 발견되지 않고, 다른 근로자에 비해 과중한 업무를 담당한 근거도 확인되지 아니하며, 위험인자인 고혈압에 대해 약물치료 등을 하지 않아 뇌혈관이 변성된 상태에서 용변 중 급격하게 혈관이 파열된 것임	고혈압	기각	2004.10.6. 2004-973호
뇌지주막하출혈	지게차운전원	퇴근 후 낚시터에 도착하여 승용차에서 내리려는 중 구토증상이 발생	업무수행성이 없고, 상사로부터 특별한 간섭없이 자율적으로 일해 왔으며, 재해 이전 3개월간의 월평균 근무일수 등을 볼 때 만성적인 과로를 인정할 만한 사정이 없을 뿐만 아니라, 구조조정으로 어느 정도 심리적인 부담은 인정되나 상병을 유발할 정도의 스트레스로는 보기 어려움	고혈압/흡연, 음주	기각	2004.12.21. 2004-1366호
뇌실질내출혈	영업직	자고 일어난 후 남편과 다툰 뒤에 머리 통증과 구토증상으로 내원	발병 이전 매일 4~5시간 이상 연장 근로하였고, 휴무 없이 14일을 계속 근무하는 등 업무량과 업무시간이 30% 이상 증가하였으며, 생산직에서 영업직으로 발령돼 새로운 업무로 스트레스를 받았을 것으로 보일 뿐만 아니라, 남편과의 다툼이 직접적인 발병원인으로 보기는 어려움	모야모야병	취소	2003.7.8. 2003-650호
뇌간출혈	쇄석기기사	야간근무를 마치고 기숙사에서 취침한 후 점심식사한 뒤 동료의 방에서 TV 시청 중 쓰러짐	주당 통상근무시간이 법정근로시간을 30% 이상 초과하여 과도하게 근무하였고, 주야 격주 2교대제로 쇄석채취 업무에 종사하였으며, 사망 전일에는 업무량이 평소에 비해 2배 가까이 증가함으로써 피로가 가중된 것으로 보임	음주	취소	2003.2.18. 2003-29호

사인/질병명	직종	발병 경위	재결 요지	기초질환/기호	주문	재결연월일 및 사건번호
뇌실질내출혈	기사식당조리원	식당주방에서 조리준비를 하다가 갑자기 쓰러짐	통상적으로 08:00 이전에 출근하여 반찬재료를 준비하는 등 주방업무를 22:00까지 수행하였으며, 주방에서 콩나물을 씻다가 증상이 나타나 업무수행 중 발병하였음이 확인되고, 기존 고혈압에 대한 진료도 지속적으로 받은 사실이 있음	고혈압	취소	2003.10.7. 2003-870호
뇌지주막하출혈	세차원	세차작업을 하던 중 두통으로 조퇴하였으나, 다음날 출근하여서도 계속 두통이 오고 정신이 혼미해 내원	업무수행 중 발병된 것으로 판단되고, 건강진단결과표상 정상의 소견으로 볼 때 기존질병인 뇌동맥류가 음주 및 흡연 등의 생활습관으로 인해 자연발생적으로 악화된 것인지 여부도 명백하게 증명되지 아니한다는 소견임	음주, 흡연	취소	2003.10.21. 2003-913호
뇌출혈	세무사사무소직원	출근준비 중 심한 두통과 현기증으로 쓰러져 내원	사업장은 법인결산 신고와 종합소득세 신고기간인 3월과 5월이 가장 바쁜 시기로 야근할 수 밖에 없고, 사무장을 제외하고는 두 번째로 경력이 많은 선임자로 업무량 및 업무난이도가 높았으며, 기존의 업무 이외에 방대한 자료를 처리한 점에 비추어 과로가 유발되었을 것임		취소	2003.12.23. 2003-1051호
뇌내출혈	세무사사무소사무장	자택에서 갑자기 주저앉으면서 어지러운 증세로 119 후송됨	담당해 온 업무는 입사 이후 일상적으로 해온 것으로 발병 전 특별히 업무상 부담이 증가된 것으로 볼만한 근거는 확인되지 않으며, 평소 연장근로를 하지 않았다는 내용이 확인되어 업무상으로 인정하기에 객관적인 근거가 미흡함		기각	2003.11.25. 2003-1090호
뇌실질내출혈	보급소과장	자택에서 갑자기 팔다리 마비증상과 언어장애가 발생	정부간행물 배송업무를 담당하는 과장으로 업무수행성이 인정되지 아니하고, 우편물 발송업무 수행 중 순번문제로 심한 다툼이 있었다는 것이 객관적으로 확인되지 아니하며, 발병 전 1주일간 연장근무를 하였다거나 보급량 증가 등 작업내용의 변화도 확인되지 아니함	음주	기각	2003.12.23. 2003-1258호
뇌출혈	정비사	저녁식사 후 휴식하던 중 손님이 왔다고 사장이 깨워 일어났으나 두통증세 등으로 내원	휴식시간 중 재해로 요양불승인 처분하였으나, 업무시작 상당시간이 지난 후 사업장에서 저녁식사를 마치고 대기시간 중 발병하였으며, 뇌출혈이 자연발생적으로 발병되었다고 의학적으로 명백하게 입증되지 아니한 경우로 봄이 타당함	고혈압	취소	2002.7.13. 201-1517호

사인/질병명	직종	발병 경위	재결 요지	기초질환/기호	주문	재결연월일 및 사건번호
뇌출혈	상무겸공장장	업무처리 중에 두통을 호소하여 내원	재해발생 전 통원치료 기간은 뇌출혈의 전구증상으로서 두통과 근육통이 발현되었고, 업무 중 두통이 발생하여 입원에 이른 점으로 미루어 두통발생 시점이 발병시점으로 판단됨		취소	2002.7.22. 2002-501호
뇌교출혈	설비보수공	작업 중 현기증으로 잠시 휴식을 취하다가 쓰러짐	상병이 업무수행 중에 발병한 것이 명백하고, 평소 고혈압 치료를 위해 지속적으로 약물을 복용하였으며, 발병 원인에 대해 의학적으로 명백하게 증명할 만한 소견이 제시되지 아니함	고혈압/ 흡연	취소	2002.8.2. 2002-539호
뇌지주막하출혈	그라인더공	신축공사 현장에서 견출작업 중 몸의 이상증세로 후송됨	업무수행 중에 발병하였음이 확인되고, 비록 업무내용상 과로가 인정되는 부분이 없었다고는 하나 견출작업 시 분진 · 소음이 발생되고, 팔에 급격한 힘이 소요된다는 것을 감안할 때 생리적 변화를 초래할 수 있음		취소	2002.10.1. 2002-668호
뇌교출혈	청소및세탁	회사 직원숙소에서 다림질 작업 중 쓰러짐	사망 이전 업무량 및 작업환경 변화 등으로 인한 육체적 과로 및 정신적 스트레스는 발견되지 아니하나, 근무시간 중에 통상적으로 업무를 수행하는 장소에서 발병하였고, 자연발생적으로 악화되었음이 명백하게 증명되지 아니함		취소	2002.10.20. 2002-717호
뇌지주막하출혈	자재담당	회사 내 식당에서 점심식사 후 휴게실에서 휴식하던 중 두통 증세 등이 발현	1주간은 정상적으로 근무하고, 1주간은 3시간씩 조기출근하는 과도한 근무형태 및 근무시간으로 인해 만성적인 과로 상태가 확인되고, 발병 3일 전부터 초겨울의 추운날씨에 3시간씩 조기 출근함으로써 근무환경이 급격하게 변화된 것으로 보임	고혈압/ 흡연, 음주	취소	2002.11.26. 2002-958호
뇌동맥류파열	택시운전기사	휴무일에 자택에서 부부관계후 쓰러짐	재해 1주일 전 근무내용을 보면 오전반원으로서 정상근무 외의 연장근로 등 특별히 과로했다고 볼 수 없고, 기온도 특별히 이상 고온이라고 할 수 없으며, 사망의 원인도 자택에서 사적관계 후 발생함		기각	2002.6.12. 2002-216호
뇌경막하출혈	환경미화원	청소하다가 갑자기 손으로 머리부분을 만지면서 통증을 호소 후 내원	작업반장으로 동료근로자에 비해 작업구역이 다소 좁고, 발병 당시 신규근로자의 작업구역을 함께 작업하여 육체적 피로가 증가하였다고 볼 수 없으며, 평소 초과근무한 사실도 없을 뿐만 아니라 외상의 흔적도 없음	고혈압, 당뇨/ 음주	기각	2002.12.17. 2002-1210호

사인/질병명	직종	발병 경위	재결 요지	기초질환/기호	주문	재결연월일 및 사건번호
뇌간출혈	경비원	신축공사 현장에 배치되어 근무하던 중 사무실 바닥에 쓰러짐	근무시간 중 회사 현장에서 발생하였음이 객관적으로 인정되는 점, 과거력상 상병의 주요 발병 원인인 고혈압으로 진료받은 사실이 없는 점, 검사상 상병을 유발할 수 있는 질병이 없었다는 점 등에 비춰 업무상 재해임		취소	2001.8.22. 2001-687호
대뇌출혈	건설일용직	출근하여 작업복으로 갈아 입던 중 쓰러짐	작업복을 갈아입던 중의 재해로서, 이는 작업준비 과정으로 작업에 수반되는 필요적 부수행위라 할 수 있고, 주치의 또한 과로 및 업무상 과다한 작업에 의해 순간적 혈압상승으로 인한 재해로 보인다는 소견임	흡연, 음주	취소	2001.9.7. 2001-777호
뇌실질내혈종	건설일용직	퇴근 후 동료와 식사를 하고 귀가해 취침 중 마비증세가 나타나 후송됨	아파트 건축현장의 건물내부를 청소하는 근로자로, 재해발생 전 현저한 생리적 변화를 유발시킬 만한 급격한 작업환경의 변화가 없었고, 재해 당시 업무는 근무일수의 증가나 연장근로 등이 없었으며, 평소 고혈압의 기존질병으로 인해 상병을 일으킨 것으로 판단됨	고혈압	기각	2001.7.5. 2001-555호
뇌출혈	배차원	자택에서 세면을 하던 중 쓰러짐	정상적으로 업무를 마친 후 귀가하여 발생한 재해이므로 업무수행성이 인정되지 아니하고, 재해발생 전 통상적인 업무를 수행해 왔을 뿐 질병을 유발할 정도의 과로나 스트레스, 급격한 작업환경의 변화사실이 없음	고혈압	기각	2001.12.11. 2001-1252호
뇌교출혈	작업반장	작업 중 머리가 아프다고 호소하고 퇴근한 후 자택에서 두통증세로 내원	간경변증으로 인한 혈소판 감소가 뇌출혈 등의 자발성 출혈을 일으킬 가능성은 떨어져 보인다는 소견으로 보아 기존질병의 자연발생적 악화로 보기는 어렵고, 오히려 작업 중 이미 전구증상이 발현된 점에 비추어 업무상 재해임	간경변증	취소	2001.9.7. 2001-836호
뇌지주막하출혈	생산직	포장 김치 투입 도중 화장실에 다녀오다가 공장 내에서 쓰러짐	비교적 추운 날씨의 근무로 일시적인 혈압상승이 뇌동맥류가 파열될 수 있는 여건 하에서, 작업 중 피로도가 높은 상태에서의 배변행위가 의학적으로 일시적인 혈압상승을 유발해 뇌동맥류 파열을 초래한 것으로서, 업무수행성이 인정됨		취소	2001.11.28. 2001-1183호
뇌간출혈	상무	출장 후 자신의 차량이 견인되어 견인료와 보관료를 납부하고 이동 중 두통 발생으로 내원	차가 견인당하고 나서 격분하여 부인차로 내원하였고, 내원 직전 화가 나서 흥분하다가 두통을 호소하였으며, 3개월 전부터 두통약을 복용하였던 것으로 발병원인이 회사의 업무와 관련이 없다고 할 것임		기각	2001.4.18. 2001-241호

사인/질병명	직종	발병 경위	재결 요지	기초질환/기호	주문	재결연월일 및 사건번호
급성경막하출혈	운전기사	회사 주차장 대기실 의자에 앉아 휴식 중 갑작스런 두통과 어지러운 증상으로 쓰러짐	재해 당일 및 이전 일주일 동안 업무수행 중 외상이나 외부충격에 의해 두부에 부상을 입은 사고 사실을 확인할 수 없고, 상병은 강력한 외력이 두부에 가해져야 발생하는 외상성 상병이므로, 의자에 앉아 있다가 자연적으로 발생하였다는 재해경위로 보아 업무와 무관한 것임		기각	2001.6.1. 2001-369호
뇌출혈	공장장	조기축구회 심판을 보던 중 머리가 아프다면서 심판을 인계하고 화장실에 간 후 쓰러짐	휴무일 날 사업장 밖에서 취미활동 중 발병한 재해인 점, 평소 연장근무는 하지 않았고 생리적 부담을 초래할 정도의 작업환경 변화나 돌발적인 상황도 없었던 점, 회사의 영업과 관련된 조기축구회라 하더라도 업무의 계속으로 볼 수 없으므로 업무외임		기각	2001.9.7. 2001-771호
뇌실내혈종	건설일용직	오후 간식 후 미장책임자와 이야기를 하던 중 쓰러짐	비록 업무내용이 특별히 과로나 스트레스를 유발할 만한 것이 아니었더라도, 근무시간 내 달리 업무이탈이나 사적행위 등이 발견되지 않고, 작업장 내에서 재해가 발생되었다는 사실에 비추어 업무수행성이 인정됨	음주, 흡연	취소	2000.9.22. 2000-804호
자발성뇌출혈	지점장	귀가한 후 몸 상태가 좋지 않아 약국에서 약사와 면담 중 의식을 잃고 쓰러짐	매출실적 저조로 받게 될 신분상 불이익 때문에 고민하던 중 재해 이전 반품이 과다 발생해 업무 부담이 심하였고, 발병 1주일 전부터 설날 매출을 올리기 위해 약 3시간씩 초과 근무하였으며, 발병 당일 영업실적 부진으로 공개회의석상에서 심한 질책을 받았음		취소	2000.10.27. 2000-916호
뇌지주막하출혈	용접공	자고 일어나 머리가 아프다며 거실을 오가다 화장실에서 쓰러짐	피재자뿐만 아니라 해고예고된 근로자들 전원이 새로운 도급사에 전직이 예정되어 있었기에 그로 인해 특별히 스트레스를 받았다고 볼 수 없고, 그 밖에 특근이나 연장근무 등을 발견할 수 없어 업무상 과로가 인정되지 아니함	고혈압/ 음주, 흡연	기각	2000.12.1. 2000-1965호
지주막하출혈	건축사사무소직원	스키장에서 가족과 휴가 중 스키장 숙소에서 쓰러짐	연장근로 사실을 확인할 수 있는 출력현황, 회사 내 팀제와 성과급제 도입으로 다소간의 육체적 과로나 심리적 부담은 있었을 것으로 보이나, 2~3일간의 휴가 중 발생한 재해로 업무와 상당인과관계를 인정하기 어려움		기각	2000.7.20. 2000-649호
뇌출혈	생산관리직	퇴직 후 자택에서 TV를 시청하며 휴식 중 이상 증세가 발현	재직 중 업무와 관련하여 상당한 과로가 있었음이 확인되고, 퇴사 후 7일이라는 물리적인 기간이 누적된 과로와 스트레스로부터 회복되는데 부족한 기간이 될 수 있으며, 건강상태가 좋지 않은 상태에서 휴일 없는 근무를 수행해 기초질환이 자연경과 속도 이상으로 증악된 것임	음주	취소	2000.3.24. 2000-95호

사인/질병명	직종	발병 경위	재결 요지	기초질환/기호	주문	재결연월일 및 사건번호
뇌출혈	경리과장	사무실 내 숙직실에서 쓰러짐	재해발생 장소가 11:00경 사무실로 업무수행성이 인정되고, 뇌출혈은 과로나 작업환경의 변화 여부 등에 크게 구애됨이 없이 자연발생적으로 악화되었음이 의학적으로 증명되지 아니하는 한 업무상 재해로 인정되고 있음	고혈압, 만성 신부전	취소	2000.12.20. 2000-1129호
뇌지주막하출혈	미화원	파견되어 청소업무를 수행하던 중 점심식사 후 화장실에서 쓰러짐	사망 직전의 업무수행성 여부에 대해 다툼이 있으나 발병시간이 13:10경으로 통상적인 점심시간이 지난 오후 근무시간대이고, 발병장소가 평소 근무장소인 화장실로 업무수행성을 배제할 수 없으며, 고혈압의 자연경과적 악화에 의한 사망이라는 의학적 소견이 명백하지 아니함	고혈압	취소	2000.11.14. 2000-1001호

2. 뇌경색

직종	발병 경위	재결 요지	기초질환/기호	주문	재결연월일 및 사건번호
기계공학기술자	중국 법인 출장 중 오른쪽 팔과 다리 쪽에 일시적 마비 증상과 말이 어눌해지는 현상이 발생	여러 차례 해외출장 경험이 있고, 동일한 업무를 수행하여 업무에 익숙한 점, 과로여부를 입증할 수 있는 자료로 휴일특근에 대한 현금지급대장과 동료근로자들의 진술서 이외에는 객관적인 증거자료가 없는 상황으로 업무와의 인과관계를 인정하기 미흡함	고혈압/음주, 흡연	기각	2012.6.15. 2012-1140호
책임감리원	자택에서 출장을 위해 짐을 챙기던 중 발병	재해 당일과 전일 휴무하였고, 일반적으로 현장에서 8시경 출근하고 저녁 19시경 퇴근하는 등 통상적인부담을 넘는 과중한 업무상 부담으로 보이지 아니하며, 68세의 고령 등 개인적인 소인에 의해 발병된 것으로 보임	음주, 흡연	기각	2011.11.4. 2011-2517호
경비직	분리수거 작업 중 갑작스럽게 어지럼증과 두통이 심해지면서 의식이 나빠짐	24시간 격일제 근무자로 발병 무렵 48시간 근무하였으나 이후 36시간 휴무해 연장근로에 따른 피로회복 시간을 충분히 가졌던 것으로 보이고, 제설작업을 하였다는 기록은 확인되지 않으며, 택배물 오배송 사건은 수일 전에 발생한 통상적인 업무로 보여짐	고혈압, 당뇨	기각	2011.12.23. 2011-3013호
생산관리및영업총괄	사무실에서 현장직원을 동석시키고 업무협의 중 갑자기 언어이상이 발생함	사업주가 연장근로로 인한 과로 사실을 부인하고 있는 점, 피재자와 사업주가 제출한 참고인들의 확인서 내용이 상이하여 신빙성이 있다고 보기 어려운 점, 과로 주장을 뒷받침할 수 있는 근태기록 등 객관적인 자료가 없는 점에 비추어 업무상 과로를 인정하기 어려움	고혈압	기각	2010.12.17. 2010-3071호

직종	발병 경위	재결 요지	기초질환/기호	주문	재결연월일 및 사건번호
기계조작원	토요일 퇴근 후 메스껍고 머리가 무거운 증세로 기숙사에 계속 누워 있다가 월요일에 쓰러진 채 발견	격주로 주야간 2교대제인 점을 감안하면 신체리듬의 변화는 물론 과로가 누적되었을 것으로 보이고, 발병 전 3일간은 총 9.5시간의 연장근로를 하여 과로 및 스트레스가 상당하다고 볼 수 있으며, 젊은 연령대(27세)에 심장질병으로 치료받은 병력도 없었던 점 등에 비추어, 업무와 인과관계가 인정됨	흡연, 음주	취소	2010.11.18. 2010-2541호
관리직	출근과 함께 인근 체육센터 내 수영장에서 수영강습을 받던 중 오른쪽 팔과 다리 마비 증세가 발현	08:30 출근하여 20:00 퇴근하였고, 재해발생 1개월 이내에는 2만 가입자 달성을 위한 업무활동 등으로 업무량이 평소보다 많아 부담도 일부 있었을 것으로 보이나, 직책이 업무를 총괄하는 임원이었던 점과 연장근무시간 등으로 볼 때 과중한 업무였다고 인정하기 어려움	고혈압, 당뇨	기각	2010.10.14. 2010-2229호
관리직	등반대회 후 단합대회에서 얼굴근육의 이상증상 및 언어장애로 내원	산행을 기획하고 산행과정을 점검하는 과정에서 2배 이상의 어려움으로 정신적 스트레스와 과로를 주장하나, 경영기획 총괄업무 및 CDP 활동책임자로서 26년간의 경력을 감안할 때 업무적인 스트레스를 인정하기에는 무리가 있음	흡연, 음주	기각	2010.10.1. 2010-2111호
택시기사	출근을 하기 위해 일어나려던 중 어지러워 넘어져 내원	10년간의 택시운전 경력이 있고, 5일 근무 후 1일 휴무하는 형태로 근무하였으며, 발병 전일은 운행시간이 10시간 23분으로 평소와 비슷하게 운전하였을 뿐만 아니라, 발병 당일은 집에서 휴식하였음에 비추어, 과로 · 스트레스가 있었다고 보기 어려움	고혈압/ 흡연	기각	2010.8.19. 2010-1730호
연구개발직	아침에 두통 등의 증세를 보이다가 오후에 상하지 마비증세로 후송됨	맡은 업무 외 추가업무를 정해진 기간 내에 수행하여 정신적 압박과 과로가 있었다고 주장하나, 발병 전 근무현황에서 급격한 업무환경의 변화 또는 업무시간의 변화는 확인되지 않고, 당뇨 · 고혈압 관리의 부주의에 따른 합병증으로 발병된 것으로 판단됨	고혈압, 당뇨	기각	2010.3.23. 2010-258호
농협과장	사무실에서 농민고객과 상담 중 갑자기 의식을 잃으며 쓰러짐	기술직으로 근무하다가 발병 무렵 연고지가 아닌 곳에서 금융업무를 수행하는 과정에서 어느 정도의 업무환경 변화가 보이나, 업무내용상 과로 및 스트레스의 객관적 요인이 미미하여 업무와의 인과관계가 인정되지 아니함	음주, 흡연	기각	2010.1.26. 2009-3049호
조립팀직장	재해 전날 팀회의 후 평소와 달리 컨디션이 좋지 않았으며 다음날도 호전되지 않아 내원	재해 당시 작업공기 지연 등으로 업무수행에 다소 부담은 느꼈을 것으로 보이나, 작업 1~2시간 근무형태로 근로 제공하였으며, 특별히 과도한 연장 근로한 사실도 없어 작업수행으로 만성적인 과로가 유발되었다고 보기 어렵고, 급격한 작업환경의 변화도 없었음	고혈압, 당뇨/ 흡연, 음주	기각	2008.12.12. 2008-2232호
현장출동요원	현장출동을 마치고 다른 장소로 이동 중 도로상에서 의식을 잃음	고객만족도 하락으로 회사로부터 특근명령을 받고 장시간의 특근업무를 수행하던 중 발병하였고, 발병 전 3일간 1일 평균 6시간 이상의 연장근무를 수행한 것으로 볼 때, 업무상 부담이 증가하여 업무수행 중 발병한 것으로 보임	고혈압	취소	2008.7.25. 2008-1315호

직종	발병 경위	재결 요지	기초질환/기호	주문	재결연월일 및 사건번호
제관및용접공	일요일에 제관작업을 하던 중 발병	발병 1주일 이내 업무량 및 업무시간이 연속적으로 30% 이상 증가하였고, 작업환경도 더운 여름에 제관 및 용접작업 시 발생하는 열기 등으로 열악한 작업환경에서 작업을 수행한 것으로 보여 업무상 재해임	흡연, 음주	취소	2008.7.25. 2008-1327호
생산직	재단작업 중 팔에 힘이 빠져 합판을 놓치거나 말이 어눌한 증세 등으로 내원	작업내역상 재해발생 전 일주일간 통상적인 업무를 수행하여 상병을 유발할 정도의 과도한 업무량의 증가나 작업환경의 변화가 없었으며, 고혈압, 고지혈증, 흡연, 고령 등의 위험인자를 보유한 점에 비추어 업무와 무관함	고혈압, 고지혈증/흡연	기각	2007.10.18. 2007-1139호
택시기사	자정 무렵 택시 운행 중 의식을 잃고 쓰러짐	1년간의 월별 근무상황이 동일한 분포를 보이고 있어 업무의 양, 강도에 있어 객관적인 업무상 과로가 발견되지 아니하고 작업환경의 변화도 없으며, 과거력, 흡연력 등과 같은 뇌졸중 위험인자들이 확인되어 이들에 의해 업무와 무관하게 유발된 것임	고혈압/흡연	기각	2007.11.30. 2007-1925호
채석장현장소장	원석 발파작업을 감독하기 위해 현장으로 오르던 중 쓰러짐	숙소에서의 생활, 현장기계음 등 열악한 근무환경으로 어느 정도 스트레스는 인정되나, 발병 이전 1일 근무시간이 10시간으로 통상적인 근무 이외의 근무시간 증가는 없어, 만성적으로 육체적 · 정신적 과로를 유발하였다고 볼 수 없음	고혈압, 심장세동	기각	2007.12.18. 2007-1771호
품질관리원	출근 후 1시간 지나 어지러움증 등으로 기숙사에서 휴식하였으나 상태의 진전이 없어 내원	생산품에 대한 단순한 품질관리가 대부분이고, 연장근로시간도 하루 2시간 정도로 자율적으로 실시한 것으로 보이며, 재해발생 전 2일간 휴무한 것으로 보아 과도한 업무상 부담이 있었다고 보기 어려움		기각	2007.6.29. 2007-229호
관리직	자택 화장실을 다녀온 후 소파에서 신문을 읽던 중 어지러움증 등으로 쓰러짐	업무내용의 변경없이 통상의 관리업무 등을 수행하였고, 합병에 대비한 대리점 공동판매 시범실시에 따른 수수료 배분문제 등으로 일정부분 스트레스가 있었으리라 추정되나, 재해 직전 뚜렷한 과로의 근거가 보이지 아니함		기각	2007.9.28. 2007-1120호
작업반장	작업 중 몸의 중심을 잡지 못하면서 구토와 어지럼증으로 내원	발병일 이전 통상적으로 1일 평균 2시간 이상의 연장근무를 수행한 것으로 확인되고, 정해진 휴일에도 휴무를 하지 못하고 48일간 연속적으로 근무하던 중 발병된 점에 비추어, 과중한 업무에 기인한 것으로 보임	고혈압	취소	2006.1.24. 2005-1554호
버스운전기사	자택에서 마비가 오면서 쓰러짐	2일 근무 1일 휴무 형태의 근무방식에 따라 1일 17시간 장시간 운행을 해 업무상 부담의 증가로 정신적 · 육체적 과로 상태가 지속되었을 것으로 보여 지고, 뇌경색의 위험인자인 술과 담배를 하지 않았으며 뇌심혈관계 질병으로 진료 받은 기록도 없음		취소	2006.5.9. 2006-341호

직종	발병 경위	재결 요지	기초질환/기호	주문	재결연월일 및 사건번호
버스운전기사	출근준비 중 이상증세가 발현해 하루 결근한 다음 출근하였으나 머리가 혼미하여 퇴근 후 내원	재해발생 이전 노선버스가 변경된 점은 있으나, 버스운전기사로 통상적인 업무를 수행하여 만성적 과로가 누적되었다고 볼 수 없을 뿐만 아니라, 일반인이 적응하기 어려운 급격한 작업환경의 변화로 볼만한 근거가 미흡함	고혈압, 당뇨/음주,흡연	기각	2006.5.30. 2006-361호
건물관리원	공사현장에서 순찰 중 쓰러짐	아파트 신축공사 현장의 야간 경비원으로 입사하여 약 7개월 동안 휴무없이 경비업무를 수행하였고, 순찰 회수가 6번에서 8번으로 증가하였던 것으로 볼 때, 감시적 업무인 통상의 경비업무라고 보기 어려울 뿐만 아니라 만성적인 과로가 있었다고 보임	고혈압	취소	2006.6.15. 2006-397호
공장장	작업장에서 의식을 잃고 쓰러짐	재해 이전 일주일간 근무내역이 3일간 휴무한 것으로 볼 때 업무와 관련된 특이사항 없이 일상적인 업무를 수행하였고, 연장근무 등 없이 통상적인 업무를 수행하였음에 비춰, 뇌졸중 유발인자들에 의해 업무와 무관하게 발생된 것임	고혈압/흡연	기각	2006.9.8. 2006-913호
사무직	창고에서 자재 및 장비를 정리한 후 자택에서 발병	재해발생 직전까지 현장에서 18일간 휴무없이 1일 11시간의 근무로 인해 업무상 과로가 누적되었고, 아파트 하자보수 현장의 책임자로서 아파트 입주민의 하자보수에 대한 민원으로 인해 어느 정도 업무상 스트레스를 받았을 것으로 보임	고혈압	취소	2006.9.19. 2006-1054호
상무이사	근무 중에 사무실에서 쓰러짐	일상적인 기계산업의 정보화계획 기본업무 이외에 6개의 사업과 교육수강으로 업무상 부담이 크게 증가하였고, 재해발생 3일전에는 산업자원부에서 발주한 지능형 홈네트워크 사업과 관련해 계약금액이 감액되어 사업주로부터 심한 질책을 받았음		취소	2006.10.31. 2006-1243호
통근버스운전기사	운행 중 정신혼미, 어지러움증의 이상증세가 발현	회사에 입사한 후 10개월 동안 1일 실운행시간이 10시간에 이르고, 발병 15일 전부터는 새로운 거래처가 추가되어 1시간 정도 추가로 운행한 점 등에 비추어, 장기간의 운전업무 수행으로 인한 과로가 누적된 것으로 보여짐	고혈압	취소	2006.11.28. 2006-1499호
택시운전기사	자택에서 취침 중 모친이 출근을 시키기 위해 깨웠으나 일어나지 못함	타 지역에 비해 상대적으로 취객이 많고 도로가 험준한 등 다소 열악한 근무환경으로 보이나 이는 장기간 근무하면서 적응했을 것으로 보이고, 3일 근무 1일 휴무의 근무형태로 사납금만 입금시키면 출퇴근 시간 등 자유로웠을 것으로 판단됨	고혈압	기각	2005.3.29. 2005-111호
학원운전강사	학원 내에서 수강생에게 운전교습을 시키던 중 의식을 잃고 쓰러짐	자동차운전 전문학원의 운전코스 강사로서 입사 후 재해발생 일까지 1일 12시간씩 계속적으로 업무를 수행하여 왔고, 월 2회 휴무를 실시하여 1개월에 2주는 휴무없이 연속적으로 장시간 근무를 수행한 것으로 볼 때 업무상 부담이 누적됨	고혈압	취소	2005.5.10. 2005-169호

직종	발병 경위	재결 요지	기초질환/기호	주문	재결연월일 및 사건번호
고압검침원	사무실에서 일하던 중 두통 증세로 조퇴한 후 집에서도 증상이 계속돼 내원	통상적인 업무를 수행한 점, 인원감축 상황이 있었다고는 하나 이로 인해 피재자가 정리해고되거나 전직되는 등의 사실이 확인되지 않는 점, 발병 1주일간 연장근로 없이 평소처럼 근무한 점 등에 비추어 육체적 · 정신적인 과로를 유발하였다고 보기 어려움	고혈압/음주, 흡연	기각	2005.5.17. 2005-352호
전산직	승진자 축하 회식에 참석하였다가 2차 회식장소로 이동하던 중 이상증세가 발현	금융기관의 전산프로그램을 유지 · 보수하는 전문직으로 업무의 특성상 항상 긴장상태에서 일하였고, 발병 전에는 시스템 통합프로그램을 개발하면서 거의 매일 23:00까지 내지는 공휴일도 근무하였으며, 일주일 전에는 분식회계 건으로 3일간 철야 근무하였음		취소	2005.5.31. 2005-368호
드릴보조공	업무수행 중 갑자기 오른팔에 힘이 빠지는 증세로 조퇴한 후 내원	소음, 먼지 및 낙석 등의 위험요인이 상존하는 채석장에서 1일 평균 실근무시간이 11시간 이상이었던 점, 발병일 직전 1주일간에는 1일 평균 근무시간이 12시간 이상으로 증가된 점, 이러한 근무내용이 수개월간에 걸쳐 장기간 지속된 점에 비춰 만성적인 과로 상태가 인정됨		취소	2005.8.23. 2005-760호
프레스공	12시간 야간근무 후 퇴근해 자택에서 TV 시청 중 갑자기 의식을 잃고 쓰러짐	발병 3개월 전에 입사하여 야간근무만을 수행하였고, 프레스 작업은 제품생산부터 품질관리 등 제반업무를 책임지고 맡아 수행하였으며, 발병 전 1개월간은 한여름의 무더위와 열대야에 냉방시설도 없는 작업장에서 근무해 과로 상태에 있었던 것으로 판단됨	고혈압/음주, 흡연	취소	2005.8.23. 2005-761호
현장소장	공사현장 사무실에서 업무준비를 하던 중 갑자기 말이 나오지 않아 내원	공사현장 측량 및 토석반입 등 공사전반에 대한 관리업무를 수행하였는데, 이는 현장소장의 직위에서 수행하는 통상적인 업무내용이고, 재해발생 이전 2개월 동안 연장근로시간도 1일 1~2시간 정도로 과다하지 않아 업무상 부담이 있었다고 보기 어려움	고혈압, 당뇨/흡연,음주	기각	2005.12.20. 2005-1364호
전무이사	출근해 근무하던 중 몸에 이상이 있었고 퇴근 후 집에서 TV 시청하다가 쓰러짐	업무수행 중 전조증상이 있다가 퇴근 후 발병한 것으로 보이고, 발병 전 1주간은 주문량의 급격한 증가로 설 연휴 3일 중 이틀을 출근한 사실이 확인되고 나머지 3일은 관련회사에 출장하여 밤늦게까지 업무를 협의한 것으로 보여, 만성적인 과로 상태에 있었다고 보임	협심증/흡연	취소	2004.11.10. 2004-1122호
택시운전기사	업무를 마치고 동료근로자와 식사하던 중 토하기 시작해 내원	휴식시간 및 식사시간을 감안하더라도 차량입고 시부터 출고 시까지 근무일 평균 12시간 정도 운행하였고, 실제 주행시간에 있어서도 11시간 이상 확인되며, 전월의 운행내역과 비교하더라도 주행시간 등이 증가한 것으로 보임	고혈압, 당뇨/음주, 흡연	취소	2004.10.26. 2004-1018호
아파트경비원	경비초소 내 의자에 앉은 채 의식불명인 것을 동료가 발견	24시간 격일제로 아파트 경비업무를 수행하는 감시적 · 단속적 근로자로 과로를 유발하였다고 볼 만한 객관적 근거가 보이지 않고, 고혈압이 있었으나 치료를 기피하는 등 적절히 관리한 사실이 확인되지 아니함	고혈압/음주, 흡연	기각	2004.4.28. 2004-350호

직종	발병 경위	재결 요지	기초질환/기호	주문	재결연월일 및 사건번호
설비관리담당	직장동료와 난방설정 문제로 말다툼한 후 몸의 이상증세로 익일 휴식하였으나 호전되지 않자 내원	8년 정도 같은 업무를 수행하면서 연장 및 야간근무없이 통상적인 업무를 수행하였고, 재해당일 말다툼은 의견 차이에서 발생할 수 있는 의견 수렴 과정으로서, 신체에 현저한 생리적 변화를 초래할 정도의 급격한 작업환경의 변화로 보기에는 미흡함	당뇨/흡연	기각	2004.12.21. 2004-1374호
상무이사	잠에서 깨어났으나 왼쪽팔과 다리가 움직이지 않아 내원	토요일을 포함해 하루에 12시간 내지 13시간 30분을 근무함으로써 법정근로시간을 70% 이상 초과근무하였고, 일요일도 격주로 근무하는 등 만성적인 과로 상태에서 불법매립을 이유로 사업장이 형사사건에 피소되었으며, 소송업무와 경매업무를 수행해 업무상 부담이 증가하였음	고혈압, 당뇨/음주	취소	2003.9.9. 2003-713호
경비원	야간순찰 도중 피곤하여 사내 숙소에서 잠깐 휴식하던 중 발병	공식적인 근무시간이 휴일없이 1일 15시간으로 일반 사업장의 동종근로자에 비해 약 3시간 이상 길고, 출입차량의 통제 및 관리로 야간근무시간 중 수면이 불가능하며, 사업장의 청소는 물론 상 · 하차 작업까지 도와왔던 사실 등을 고려할 때 만성적인 과로 사실이 인정됨	흡연	취소	2003.10.28. 2003-973호
정비업무	퇴직 후 헬스장에서 의자에 앉은 채 쓰러짐	퇴직한 지 4개월이나 경과하여 발병하였고, 재직 당시 업무내용도 생산팀에서 통상적인 기계정비를 담당하면서 본인이 원할 경우 월평균 40시간 정도의 시간외근무에 종사한 것으로 볼 때, 만성적인 과로나 작업환경의 변화를 인정하기 어려움	고혈압/흡연	기각	2003.2.25. 2003-89호
단순노무직	높이 30cm 정도의 술통박스 위에 올라가 냉장고 윗부분을 닦던 중 넘어지면서 옆벽에 머리가 부딪히는 사고로 내원	두부외상은 찰과상 정도로 경미하였고, 두부외상 발생 직후에도 작업에 임하고 의식소실 등 뇌경색으로 인한 신경증상은 없었던 것으로 보아 두부외상이 직접적인 원인이 되었다고 보기 어려우며, 발병 전 급격한 작업환경의 변화나 만성적인 과로가 확인되지 아니함	당뇨	기각	2003.9.9. 2003-641호
기능직보조원	전화국 시험실에서 민원인과 전화통화 하던 중 안면이 창백하고 침을 흘리며 쓰러짐	구조조정에 따른 과정에서 전혀 다른 분야에다 작업환경도 열악하며 작업강도 또한 높은 부서로 인사조치되어 육체적 · 정신적 스트레스가 가해졌고, 상급자들이 지속적으로 강압적인 수단으로 퇴직을 압박한 사실로 볼 때 업무상 사유에 의한 질병임		취소	2002.8.1. 2002-313호
영선담당	고등학교 야간당직 근무 중 말을 못하고 왼쪽 상하지가 마비됨	50대 중반의 연령에 본연의 업무인 영선업무 외에 당직근무를 하면서 법정근로시간의 90% 이상을 초과하였고, 3일 주기로 이틀 연속 당직근무하고 하루는 정상근무하는 방식의 과중한 근무형태였으며, 발병 전일에는 쌀쌀한 날씨에도 야간에 4차례에 걸쳐 순찰하였음	고혈압/흡연	취소	2002.10.28. 2002-788호
관리이사	중국 출장 중 주재원 전용 숙소에서 발병	혼자서 해외출장을 가서 중국 현지에서 직접 업무를 수행하였고, 귀국 예정일 이전 1주간은 귀국 일정에 쫓겨 매일 07:00~21:00까지 연장 근무하였다는 점에 비추어, 3일 이상 연속적으로 30% 이상 업무가 증가한 것으로 보임	음주, 흡연	취소	2002.12.20. 2002-1198호

직종	발병 경위	재결 요지	기초질환/기호	주문	재결연월일 및 사건번호
경비원	순찰근무 중 오른손의 마비증세로 내원	통상적인 경비업무 수행으로 재해 이전 기온이 다소 낮았던 점은 인정되나, 현저한 생리적인 변화를 초래할 정도의 급격한 작업환경의 변화나 만성적으로 과로하였다는 내용은 없으며, 고혈압과 40년간의 흡연경력이 있음	고혈압/흡연	기각	2002.10.28. 2002-904호
항운노조원	근무 중 현기증을 느껴 휴식하였으나 호전되지 않아 퇴근 후 내원	40Kg의 시멘트를 하루 평균 1,400여 포씩 운반하는 상차작업을 하였고, 3일 근무 후 하루 쉬는 형태의 작업하는 육체적인 노동인데도, 근무내역상 5월은 24일간 근무하였고 6월은 재해일인 6월 9일까지 8일간 근무해 육체적인 과로가 누적된 것으로 판단됨	고혈압	취소	2001.3.28. 2001-210호
생산직	회사에서 갑자기 팔에 힘이 빠지면서 마비증세가 발현해 귀가 후 내원	발병 전 3개월간의 임금대장상 연장근로시간에 대한 기록에서 특별히 동종직종의 근로자에 비해 과로했다고 인정할 만한 부분이 발견되지 않고, 발병 직전 상병 유발에 기인될 만한 돌발적이고 예측곤란한 상황 역시 없었으며, 만성적인 스트레스도 없었음		기각	2001.7.5. 2001-525호
생산직	소금포대 상·하차작업을 하던 중 비틀거리고 멍한 상태에서 기계적인 동작만을 수행해 후송	08:00에 출근하여 소금차가 입고되면 이를 하차하고 19:00경에 퇴근하였으므로 발병 전 평소와 다름없이 일상적인 업무를 계속하였고, 업무와 관련해 스트레스나 상사·동료와의 마찰이 없었으며, 뇌혈관의 정상적인 기능에 뚜렷한 영향을 줄 수 있는 과중부하가 없었음	고혈압, 당뇨/음주, 흡연	기각	2001.7.21. 2001-613호
생산직	포장작업을 수행하기 위해 이동하던 중 말이 어눌한 등 이상증세로 후송	고령이면서 기존증을 감안하여 사업주가 근무시간을 탄력적으로 조정해 주었던 점, 연장근로도 하지 않는 통상적인 업무수행인 점 등을 고려할 때, 비록 근무시간 중에 발생하였으나 기존질병의 자연발생적 악화 가능성이 높음	고혈압, 당뇨	기각	2001.12.11. 2001-1282호
생산직	회사의 구내식당으로 가기 위해 계단을 내려가던 중 갑자기 비틀거리며 쓰러지려고 해 후송	발병 이전 현저한 생리적 변화를 초래할 수 있는 정도의 과중한 업무를 수행하였다고 볼 수 없고, 업무상 부담의 증가없이 통상적인 업무를 계속 반복적으로 수행하였으며, 유발요인인 고혈압이 있었으나 별다른 치료없이 음주와 흡연습관을 계속 유지해 왔음	고혈압/음주, 흡연	기각	2000.4.21. 2000-344호
사무관리직	자택에서 현기증 및 두통 등의 증세가 발현되어 내원	상사와의 언쟁은 확인되지 아니하고, 명예퇴직은 신청자에 한해 적격자 여부를 심사하는 것으로 스트레스 주장은 객관성이 없으며, 연장근무나 휴일근무 없이 통상적인 업무를 수행하여 왔을 뿐만 아니라, 과도한 음주 후 발병된 상병으로 업무와의 인과관계를 인정하기 어려움	고혈압/음주	기각	2000.5.19. 2000-361호
생산주임	추석연휴기간 다음날 아침 조회 시간에 두통증세로 귀가하였으나 악화돼 내원	수행업무는 제작된 특장차를 조립검사하는 작업으로 정신적인 업무가 많았고, 1일 3~4시간의 연장근로 사실과 재해발생 월에는 주문량의 증가로 연장·야간근무 및 철야근무한 사실이 확인되며, 연휴 전 뇌경색의 발병 초기증상인 두통이 있었음이 확인됨	음주	취소	2000.6.16. 2000-496호

직종	발병 경위	재결 요지	기초질환/기호	주문	재결연월일 및 사건번호
건설근로자	공사현장에서 오후간식 후 휴식도중 어지럽다고 하며 쓰러짐	재해 이전 운전면허가 정지된 상태에서도 화물차 운전을 해 왔고, 재해 일까지 총 38일 중 3일의 휴무일 외에 35일을 근무하여 어느 정도 부담은 있었을 것으로 보이나, 통상적인 업무를 특별한 연장이나 야간근로 없이 반복적으로 실시해 왔음		기각	2000.7.20. 2000-642호
도로주행강사	휴식시간 중 화장실에 갔다가 강사 대기실로 들어온 후 어지러운 증세 등으로 후송	수행업무가 피재자에게 다소간의 신체적 부담을 줄 수 있는 업무라 하더라도, 동일한 업무를 1년여 동안 계속하여 반복적으로 수행하여 온 사실, 재해발생 10일 전부터는 오히려 통상근무시간보다 적게 근무한 것에 비추어 기존질병이 자연악화된 것임	고혈압	기각	2000.10.27. 2000-915호
버스운전기사	이상증세로 3일간 휴식하고 출근해 근무 중 기억상실 등의 증세가 발현	발병 이전 만근일수를 초과해 근무하였던 점으로 보아 업무량 증가로 충분한 휴식을 취하지 못한 상태에서 발병된 것으로 보이고, 차량수입금 등의 문제로 회사로부터 여러 차례 추궁을 받는 등 정신적 스트레스도 촉발요인으로 작용한 것으로 판단됨	흡연	취소	2000.10.27. 2000-959호
공장장	공장에서 작업 중 갑자기 마비증세가 나타남	주된 업무는 생산관리와 장비검사 등으로 연장근로나 특근 없이 정상근로를 수행하여 업무상 과로나 스트레스가 관찰되지 아니하고, 뇌경색의 호발인자인 고혈압을 가지고 있어 기존질병이 자연발생적으로 악화 · 발병된 것으로 추단됨	고혈압	기각	2000.12.20. 2000-1091호
제관공	현장에서 작업하다가 잠시 휴식을 취하던 중 팔 · 다리에 마비증상이 나타남	재해 3일 전 회사에 입사하여 새로운 작업환경의 변화로 상당한 긴장과 스트레스를 받았고, 입사 이후에는 연속하여 1일 11시간 이상의 작업을 수행하여 육체적 과로가 인정되며, 작업현장에서 상병이 발병하여 업무수행성이 인정됨		취소	2000.12.20. 2000-1099호
미화원	청소작업 중 심한 두통과 구토증세로 조퇴해 휴식하였으나 악화되어 내원	재해 당시 통상적인 근무를 수행하였고, 재해 전 2일간을 휴무한 후 출근해 2시간 정도 경과 뒤에 발병하여 업무상 과로나 스트레스를 인정하기 어려우며, 기존질병인 심방세동이 뇌경색의 가장 가능성 있는 직접원인이라는 의학적 소견 등에 비추어 업무외임	당뇨, 심방세동	기각	2000.11.14. 2000-972호
택시운전기사	지정차량을 배차받아 운행 중 회사에 들어와 동료와 탁구치다가 쓰러짐	운전업무의 특성과 1일 2교대 등을 감안할 때 육체적 · 정신적 부담이 수반될 수 있으나, 발병 무렵 통상적인 업무를 반복적으로 수행하였을 뿐이고, 오히려 여타 근로자들보다 근무일수가 적고 재해발생 전 3일 동안은 추석연휴로 차량운행을 하지 않았음	흡연	기각	2000.7.7. 2000-566호

3. 심근경색(추정)

직종	발병 경위	재결 요지	기초질환/기호	주문	재결연월일 및 사건번호
헬기조종사	아침 운동 후 숙소에서 의식이 없는 상태로 발견됨	업무특성상 자택에서 대기하다 상황 발생 시 출장업무를 수행하였고, 운항기록상 월 13일 정도의 출장근무였으며, 재해 월에는 운항한 날이 7일에 불과한 점 등 발병 전 업무상 과로나 스트레스 또는 작업환경의 변화가 확인되지 아니함	흡연, 음주	기각	2011.5.26. 2011-1092호
고속버스기사	휴게실에서 휴식 대기하다 운행을 위해 차량으로 이동 후 몸 상태가 좋지 않아 내원	근로시간이 9시간 30분 정도로 다소 긴 편에 해당하나, 업무내용 및 근로시간을 볼 때 운전기사들의 통상적인 수준을 넘어선 것으로는 보이지 않으며, 부검결과상 고도의 관상동맥경화가 있었던 것으로 보아 개인질병의 자연적 악화로 인한 사망임	당뇨/ 흡연, 음주	기각	2011.4.29. 2011-843호
건설일용직	봉고 차량을 타고 현장으로 출근하다가 의식을 잃고 쓰러짐	거푸집 해체 작업하는 근로자로 07:00~18:00까지 근무하였고, 근무 일수는 월 13~15일 정도가 되어, 평소 수행한 업무내용 및 근로시간이 공사현장의 일용근로자로서 통상적인 수준을 넘어서 과로를 초래하였다고 보기 어려움	고혈압	기각	2011.3.23. 2011-560호
청소원	사업장 내에 위치한 화장실에서 용변 중 사망	발병일 이전에 통상적인 청소업무를 수행하여 급격한 작업환경의 변화로 현저한 생리적 변화가 있었다거나, 업무의 양 등 업무상 부담의 증가에 따른 만성적인 과로로 인한 사망으로 보기 어려움	협심증	기각	2008.12.10. 2008-2199호
베이커리공장장	퇴근 후 직장동료와 함께 자신이 기거하는 원룸에서 맥주를 2잔 마신 후 쓰러짐	퇴근 후 집에서 쓰러져 업무수행성이 없고, 발병 전 통상수준 범위 이내의 업무를 수행하였으며, 재해 전날 휴무하여 급격한 작업환경의 변화나 만성적인 과로가 인정되지 아니한 반면, 부검을 실시하지 아니해 사인을 알 수 없음		기각	2008.12.19. 2008-2250
택시운전기사	새벽에 승객을 태우고 운행 중 갑자기 가슴통증이 발생하여 승객이 119구조대에 신고	재해발생 6개월 전부터 야간근무를 하였으나 이는 사업주의 지시와는 무관하게 아들과의 합의에 의해 행해진 것이고, 다른 운전기사와 비교하여 업무량은 비슷하며, 발병 1주일 전 및 1달 전이나 3일 전과 비교하여 업무량의 변동이 없었음	고혈압, 당뇨/ 흡연	기각	2007.10.18. 2007-1722호
주방장	아침 자택 화장실에서 세면을 하고 나오다가 식은땀과 함께 흉통 등의 증상으로 내원	발병 직전 작업내용의 변화없이 통상의 주방장 업무를 수행하였고, 업무는 입사 이후 수행해 오면서 충분히 적응된 것으로 보이며, 새벽 2~3시까지 근무하였다는 진술은 보이나 이를 인정할 만한 과로의 근거는 확인되지 아니함		기각	2007.12.21. 2007-2186호
생산직	퇴근하여 숙소에서 취침하던 중 발병	사망 이전 수개월간 76시간 정도의 연장근로를 수행한 것으로 보이고, 특히 사망 이전 8일 중 6일간 4시간씩의 연장근무를 수행하였다는 내용과 사망 전날도 휴일이었으나 휴무하지 못하고 휴일근무를 하였다는 점에서 만성적 과로가 인정됨	고혈압, 천식	취소	2006.7.7. 2006-637호

직종	발병 경위	재결 요지	기초질환/기호	주문	재결연월일 및 사건번호
상무이사	신축공사 현장답사를 위해 승용차를 운전 중 현기증과 가슴이 답답하여 내원	기왕증과 위험요인이 있었고, 재해 당시 회사 내에 특별한 변화가 없었으며, 공사량도 평균적이어서 급격한 작업환경의 변화나 돌발적인 상황이 없었으므로, 만성적 과로를 인정하기 어려움	고혈압, 협심증/흡연	기각	2006.10.31. 2006-1161호
아파트경비원	아파트 경비실 의자에 앉아 사망한 채로 발견	24시간 격일제 근무를 해왔고, 재해 전일 주민과의 다툼, 제설작업, 결빙구간에 대한 동파방지작업 등으로 어느 정도 업무상 과로 등이 있었던 것으로 보이나, 이는 아파트 경비원의 통상적인 업무로서 사망에 이를 정도의 극심한 과로로는 보기 어려움	고혈압, 고지혈증, 협심증	기각	2005.5.31. 2005-414호
택시운전기사	택시영업 도중 불법정차문제로 다른 택시회사 운전기사와 말다툼을 하던 중 발병	운행 도중 방해가 되고 있는 불법주차 차량에 대해 욕설을 함으로써 다툼에 직접적인 원인을 제공한 것으로 보이나, 택시 운행의 특성상 흔히 발생할 수 있는 상황이고, 상대방이 약 2Km를 따라와 다툼이 심하게 된 사실을 고려할 때 다툼의 책임이 피재자에게만 있다고 보기 어려움	협심증	취소	2005.6.15. 2005-486호
생산직	동료들과 점심식사 중 가슴이 답답하다며 중도에 회사로 돌아온 후 병원으로 갔으나 얼마 지나지 않아 노상에서 사망한 채 발견	공장의 생산관리를 총괄하였고, 사망에 이르기까지 근무일에 통상 11시간을 근무해 업무상 만성적인 과로가 인정되며, 발병 전 근로자가 연이어 퇴사해 업무가 점차 가중되었을 것으로 추정될 뿐만 아니라, 사업주로부터 질책을 받는 등 심리적 스트레스도 추정됨		취소	2005.6.15. 2005-498호
주방장	주방에서 작업준비를 한 후 가슴이 답답하니 쉬겠다고 한 뒤 쓰러짐	음식 주방을 관리하면서 통상 08:30~09:30에 출근하여 22:00~23:00까지 근무하였고, 매월 1~2일 정도밖에 휴무하지 않았으며, 사망 이전 1주일간에도 하루도 휴무하지 않은 것으로 보아 업무로 인해 만성적 과로상태에 있었던 것으로 판단됨	고혈압, 당뇨/음주	취소	2005.6.28. 2005-517호
방사선과장	자택에서 취침 하던 중 신음소리를 내며 깨어나지 못해 119구급대로 후송	추정소견으로 사인이 명확하지 않아 업무와 사망 간의 상당인과관계를 인정하기 어렵고, 재해발생 1주일 동안 급격한 업무량의 증가를 발견할 수 없으며, 3개월 동안에는 평소보다 1~2시간 정도 근로시간이 늘어났으나 이는 일반인이 적응하기 어려울 정도로 과중하다고 보기 어려움		기각	2005.6.28. 2005-539호
택시운전기사	귀가하여 휴식하던 중 몸살기운이 있은 후 발작증세로 후송됨	1인 1차제로 비특정시간에 차량을 운행함으로써 신체적인 리듬에 영향을 주었을 것이고, 발병 전에는 설 연휴로 인해 주행시간과 주행거리가 급격하게 증가되었으며, 사망 전일 휴식을 취하였더라도 3일간 급격하게 누적된 과로가 해소된 것으로 볼 수 없음	흡연	취소	2004.12.8. 2004-1269호
생산직병역특례자	퇴근해 동료들과 술을 마신 후 귀가하여 잠을 자던 중 발병함	재해발생 3개월간 1일 평균 12시간 이상을 근무하였고, 1주일간에도 매일 2~5시간씩 연장근무한 사실이 확인되며, 4개월 전에는 담당업무가 변경되었을 뿐만 아니라, 당일 회식자리는 직장 상사의 송별회식으로 업무와 전혀 무관하다고 할 수 없음	음주	취소	2004.8.31. 2004-764호

직종	발병 경위	재결 요지	기초질환/기호	주문	재결연월일 및 사건번호
조립부과장	동창이 운영하는 노래방에서 동창회장 선거문제를 상의하던 중 갑자기 숨을 쉬지 못하고 쓰러짐	담당업무는 입사 이후 일상적으로 해 온 것으로 사망 전 작업환경이 변화되었다거나 업무상의 부담이 증가된 것으로 볼 수 없고, 평상시 연장근로에 있어서도 동료근로자의 평균시간보다 적었을 뿐만 아니라 특근도 하지 않은 것으로 확인됨		기각	2004.7.6. 2004-613호
생산직(검사요원)	야간근무를 마친 후 숙소에서 사망	사망하기 2주일 동안 휴일도 없이 1일 12시간씩 장시간의 근로에 시달려왔고, 사망 직전 7일 동안에는 24시간 철야작업을 포함하여 매일 12시간씩 연속적으로 야간작업에 종사하여 법정근로시간의 30% 이상 초과근무하였음	흡연, 음주	취소	2003.3.11. 2003-168호
생산직	회사 내 컨테이너 박스(기숙사)에서 수면 중 사망한 채로 발견	사망 직전 4일 동안 생산제품의 개발향상을 위한 배합기 및 생산라인 시험가동으로 매일 4시간에서 4시간 30분씩 연속적으로 연장근로를 한 사실이 확인되어, 발병 전 3일 이상 연속적으로 업무량 · 근로시간이 30% 이상 증가한 경우에 해당됨	음주	취소	2003.4.8. 2003-266호
염색작업반장	현장사무실에서 야간작업 인수인계를 위해 야간작업 계획서를 작성하던 중 가슴 통증으로 병원에 후송됨	염색반장의 직분이나 인력부족으로 인해 감독업무도 병행하였고, 현장에서 계속 주야간 격주 교대근무를 수행하여 주간에는 11시간, 야간에는 13시간을 종사하여 온 사실이 확인되며, 발병 전에는 휴무일에도 불구하고 근로하였음		취소	2003.4.8. 2003-272호
생산직	고용승계 투쟁에 참여하여 오던 중 발병	피재자가 참여한 고용승계 투쟁은 사용자의 사업에 관련된 활동으로 보기 어려우며, 고용승계를 위한 법적투쟁과 농성 등 복직투쟁은 사업주의 지배관리 아래에서 업무를 수행한 것으로 보기도 어려움	당뇨/ 흡연	기각	2003.11.11. 2003-999호
사출공	회사에서 근무를 마치고 귀가한 후 친구들과 친목모임을 갖던 중 갑자기 쓰러짐	1개월에 평균 10일 정도를 24시까지 근무하는 등 사망 전 4개월 동안 1일 평균 4.7시간을 연장 및 심야근로를 하였고, 재해발생 전 3일간을 보면 54.2%나 초과근로하였음이 확인되어 만성적인 과로가 유발되었음을 알 수 있음		취소	2002.11.26. 2002-1033호
버스운전기사	회사 내 식당에서 물을 마시다 쓰러짐	버스운행 중 승객의 항의 등은 통상의 애로사항이라 하더라도, 상여금 미지급 및 운행 중 발생한 교통사고 처리로 인한 경제적 어려움과 발병 이전 25일간 휴무없이 버스를 운행하였고, 발병 직전에는 밤늦게 종료되는 오후반 근무를 수행해 업무상 부담이 증가됨	당뇨	취소	2002.12.13. 2002-1224호
택시운전기사	가슴이 답답하고 피곤함을 느껴 교대운전자와 교대 후 내원	업무내용 및 근무상황을 살펴볼 때, 통상적인 업무를 수행한 것일 뿐 현저한 생리적인 변화를 초래할 정도의 급격한 작업환경의 변화가 있었다고 보기 어렵고, 과거 진료기록부상 협심증 증상으로 진료받은 사실로 보아 개인적인 원인에 의해 발병된 것임	고혈압, 당뇨, 협심증	기각	2002.10.10. 2002-745호

직종	발병 경위	재결 요지	기초질환/기호	주문	재결연월일 및 사건번호
고속버스운전기사	고속버스 터미날 숙소에서 취침 중 가슴이 답답해오는 증세로 내원	통상적인 업무를 수행한 사실 외에 급격한 작업환경의 변화나 업무상 부담이 증가하여 만성적인 과로를 유발하였다고 볼 객관적 사실이 확인되지 않고, 업무와 무관하게 장기간 진행된 기초질환이 자연경과적으로 악화된 것임	당뇨/흡연, 음주	기각	2002.11.26. 2002-1037호
호텔관리이사	근무하던 중 갑자기 가슴통증을 호소한 후 내원	업무외적으로 출강도 하는 등 근무형태를 조절할 수 있는 위치로 보이고, 세무조사가 원인이 되어 현저한 생리적 변화를 초래하였다고 볼만한 근거가 없으며, 만성적인 과로 등을 유발하였다고 볼 근거도 발견할 수 없음	고혈압, 만성신부전/흡연, 음주	기각	2002.12.13. 2002-1147호
조리원	식당 내에서 조리하던 중 갑자기 가슴통증을 호소한 뒤 내원	직원 점심식사 및 익일 식단준비 등 통상적인 근무만을 해왔고, 더욱이 고도의 비만 · 고지혈증 · 고혈압이 있음에도 이를 적절히 치료한 사실이 확인되지 아니하는 점 등으로 보아 기초 · 기존질병의 자연경과 과정에서 악화된 것임	고혈압	기각	2002.12.13. 2002-1207호
정비책임자	택시회사에 출근해 정비업무를 수행하던 중 가슴의 통증으로 내원	평소 근무시간이 08:30부터 18:30로 일주일에 2회 정도 1회 약 2시간의 연장근로를 해왔고, 재해발생 전 업무가 평소보다 증가한 것은 아니었으며, 평소업무가 과로를 느낄 정도는 아니었음	협심증/흡연, 음주	기각	2001.3.9. 2001-109호
미화원	숙직실에서 취침 중 가슴통증을 호소하여 후송	전동차량을 청소하는 미화원으로 24시간 격일제 근무를 하기는 하나 단순 반복업무이고, 발병 전 1개월간은 반복청소라는 다소 쉬운 업무를 수행하였던 점 등으로 보아, 업무상 과로나 급격한 작업환경의 변화 등에 따른 스트레스가 인정되지 아니함	고혈압	기각	2001.4.18. 2001-278호
선로정비반원	자택 화장실에서 가슴이 답답하다고 호소하며 쓰러짐	재해 장소가 자택 화장실로 업무수행성이 없는 점, 재해발병일 이전부터 중증도의 고혈압 등 과거병력이 있고 평소 연장근무한 사실은 없는 점, 업무적으로 스트레스를 받을 만한 일은 없었음에 비추어 업무외임	고혈압/흡연	기각	2001.8.22. 2001-700호
응급실장	병원 내에서 피곤해 잠시 쉬겠다며 초음파실 소파에 누워 쉬었으나 이후 숨진 상태로 발견	응급실은 응급실장이 1일 24시간 격일제 근무형태로, 발병 전월에는 동료근로자의 퇴사로 인해 6일간만 휴무하고 보름동안 연속적으로 근무한 사실이 확인되는 점에 비추어, 재해발생 직전 정상적으로 휴무를 취하지 못해 과로가 누적되어 업무수행 중 발병한 것임	흡연 ,음주	취소	2001.3.28. 2001-157호
건설근로자	신축공사 현장 에서 오전 작업을 마치고 중국집에서 배달된 볶음밥을 먹던 중 갑자기 쓰러짐	작업현장은 앞부분이 개방되고 환풍기를 작동중에 있었기 때문에 작업환경은 좋은 편이었고, 도장작업은 처음이 아닌 통상적인 업무였으며, 관상동맥 내강의 협착이 95%에 달하는 점에 비추어 업무상 과로와 무관함		기각	2001.2.20. 2001-19호

직종	발병 경위	재결 요지	기초질환/기호	주문	재결연월일 및 사건번호
건설현장총무	현장 내 콘테이너 숙소에서 일어나 식당에서 식사를 한 뒤 부근의 간이 화장실 앞에서 쓰러짐	재해발생 전에도 평소와 다름없는 일상적인 근무상황에서 통상적인 근무를 하였고, 재해 전 스트레스를 받은 일도 없었으며, 급격한 작업환경의 변화나 업무상 부담도 증가하지 아니하였음		기각	2001.7.5. 2001-530호
환경미화원	역구내에 있는 휴게실에서 땀을 흘리며 방뇨한 상태로 누워있는 것이 발견돼 후송함	재해발생 이전 업무량 등이 통상의 업무를 수행하는 등 업무상 부담이 증가하지 아니하였고, 재해 전일에는 휴무하였으며, 재해 당일 출근 후 20~40분 만에 상병이 발생한 것으로 보아 업무와 관련한 상병으로 보이지 아니함	고혈압, 당뇨/ 흡연	기각	2001.11.1. 2001-1046호
생산직	회사에서 작업도중 복통을 호소하면 쓰러짐	업무내용으로 보아 급격한 작업환경 변화로 인한 스트레스나 육체적 과로를 인정하기 어렵고, 당일 새벽부터 자택에서 전구증상을 보인 바 있으며, 업무량이 심혈관질병의 생리적인 변화를 초래하였다는 시간적 · 장소적인 연관성을 찾을 수 없음		기각	2000.10.12. 2000-854호
생산관리차장	생산라인에서 제품생산을 하다가 갑자기 가슴에 통증을 느껴 내원	업무수행 중 발병하였고 발병 무렵 수출품의 클레임이 발생한 사실은 인정되나, 업무와 관련한 급격한 작업환경의 변화나 업무상 부담의 증가로 만성적인 과로 등이 있었다고 볼 수 없으며, 기존질병의 위험인자인 흡연 등에 의한 자연악화로 보임	허혈성심장질병/ 흡연	기각	2000.4.21. 2000-276호
생산직	자택에서 취침 중 말을 걸어도 대답이 없고 상태가 이상하여 후송	근무 종료 후 동료들과 함께 게임장에서 3~5시간씩 게임을 즐겼다 하더라도, 재해 이전 1주일간 휴일도 없이 특근하였던 사실, 08:30에 근무를 시작하여 거의 매일 익일 01:00 내지 02:00까지 연장근로를 실시하였던 사실에 비추어 상당한 과로가 사망의 주된 선행요인으로 작용됨		취소	2000.12.1. 2000-1063호
방사선실장	자택에서 취침 중 사망한 채로 발견	평상시 보다 다소 업무량이 증가된 점은 인정되나 과중부담을 가질 만한 특별한 상황이 없고, 기존질병이 직무수행에 지장이 없는 상태에서 업무과중으로 인해 사망에 이르렀다고 인정할 만한 의학적 소견도 없으므로, 업무외적 사유에 의한 재해임	고혈압, 뇌실내출혈/흡연	기각	2000.4.21. 2000-290
주방장	근무 중 몸이 무겁고 가슴이 답답하다는 증세로 조퇴하였으나 자택에 도착한 후 가슴통증으로 후송	구내식당 주방장으로 식당 종업원을 통솔하여 직원용 중식을 제공하였으나, 점심식사 이후에는 설거지 이외에 특별한 근무내용 없이 휴식시간을 가질 수 있는 것으로 보아, 업무상 부담이 증가하여 만성적인 과로나 스트레스를 유발하였다고 보기 어려움	흡연	기각	2000.3.24. 2000-220호

4. 사인미상, 돌연사

사인/질병명	직종	발병 경위	재결 요지	기초질환/기호	주문	재결연월일 및 사건번호
급성심장사	연구원	자택에서 양팔의 경련 등 이상증세로 후송	일에 대한 열정이 대단하였으며, 연구소 내에서도 다른 연구원에 비해 약 50% 이상 많은 일을 담당해왔고, 재해발생 무렵에는 개발업무로 사실상 휴일도 없이 근무한 사실이 확인되어 업무상 만성적인 과로 및 스트레스가 인정됨		취소	2005.6.15. 2005-506호
급성심장사	LPG충전소소장	업무를 마치고 취침을 위해 사업장 내 2층 숙소로 올라간 후 익일 사망한 채 발견	근무시간 중 외출 등의 자유행동이 가능하다고 하더라도 1일 15시간 정도 업무에 종사하고, 안전관리업무의 특성상 숙소에서 생활하는 등 24시간 회사에 상주하면서 충분한 휴식을 취하지 못한 점에서, 업무량 증가 및 작업환경의 변화가 있었음	음주	취소	2004.4.13. 2004-268호
사인미상	경비원	경비실 바닥에 엎드려 있는 채로 발견	사망 전 급격한 작업환경의 변화 등 현저한 생리적 변화를 초래할 만한 상황이 확인되지 않고, 입사 이후 일상적인 경비업무를 수행하여 왔을 뿐 만성적인 과로를 인정할 만한 객관적인 근거 또한 발견되지 아니함	협심증, 고혈압, 당뇨/ 흡연	기각	2002.12.17. 2002-1176호
심폐부전	소방차운전기사	소방차를 운행하여 현장에 도착한 후 소방차 위에서 살수 등 진화작업을 하다가 쓰러짐	회사는 페인트를 제조하는 관계로 화재를 예방하기 위해 소방차 운전기사를 교대로 격일제로 사용하고, 피재자가 본연의 업무인 소방업무에 충실하다가 재해를 입은 사실이 인정되며, 기존질병이 있는 상태에서 과로 등이 악화시킨 것으로 보임	고혈압, 당뇨	취소	2001.7.27. 2001-679호
사인미상	광업소보안관리자	갱내에서 원인미상으로 쓰러져 있는 것이 발견돼 후송	사업장은 작업이 중지된 상태로 사업주의 작업지시가 없었고, 사망 당일 오전에 갱내에 들어갔다 나온 사실로 보아 갱내의 유해가스로 인해 사망하였다고 볼 수 없으며, 사망 당시 음주를 많이 한 상태로서, 중증도의 동맥경화로 사망에 이른 것임	음주	기각	2001.2.20. 2001-60호
사인미상	경비원	점심식사 후 제초작업을 시작한 지 약 15분 경과 뒤에 쓰러짐	비록 업무수행성이 인정된다고는 하나 사인이 '미상'으로 업무와의 인과관계를 객관적으로 확인할 수 없고, 재해 이전 통상의 경비업무를 수행하다가 재해 당일 점심식사 후 제초작업을 수행한 것으로 볼 때, 업무상 부담이 객관적으로 인정되지 아니함		기각	2001.6.21. 2001-464호
사인미상	경비원	가족에 의해 근무장소인 공장 앞 야산에서 사망한 채로 발견	발견된 장소가 야산으로 업무수행성이 없고, 주요업무는 부도난 회사의 공장 방문자 안내, 도난방지 등으로 한 달에 한두 번 정도 사람이 찾아오기 때문에 업무의 강도나 과로는 없으며, 사망원인이나 재해경위도 알 수 없는 상태이므로 업무외임		기각	2001.7.5. 2001-541호

사인/질병명	직종	발병 경위	재결 요지	기초질환/기호	주문	재결연월일 및 사건번호
돌연심장사	공장책임자	자택에서 취침 중 갑자기 호흡을 몰아쉬는 등 이상증세를 나타냄	통상업무 수행 후 퇴근하여 자택에서 취침 중 발병한 것이므로 업무수행성이 없고, 초과근로에 대한 사실이 객관적으로 파악되지 아니하며, 발병 3일 전 이틀간 휴무하는 등 만성적 과로 및 급격한 작업환경의 변화 등이 인정되지 아니함		기각	2000.11.14. 2000-906호
급성심장사	운전기사	퇴근 후 자택에서 감기약을 복용하고 누워있던 중 안색이 변하면서 호흡이 곤란해져 후송	회사에 입사하여 3년간 공동배차에 의한 운행을 해 왔으므로 노선에 대해서는 익숙한 상황이었고, 재해발생 전 특별히 급격한 근무환경의 변화나 업무량의 증가 없이 통상적인 근무를 해 왔으므로, 업무상 과로를 인정하기 어려움	음주	기각	2001.1.19. 2000-1189호
급성심장사	관광버스운전기사	차고지에서 배정받은 차량의 시동을 걸고 잔디밭에서 소변을 보려다 쓰러짐	재해발생 경위에 비추어 업무수행성은 인정되나, 업무내용으로 보아 사망을 유발할 정도의 과로나 급격한 작업환경의 변화로 현저하게 생리적 변화를 초래하였다고 인정할만한 객관적 입증자료나 내용이 없음		기각	2000.8.25. 2000-710호
돌연사	농협직원	귀가하여 승진대비 공부를 하던 중 쓰러짐	발병 전 1주일은 토 · 일요일에도 평일과 다름없이 계속 근무하였고, 2일간은 설날특수를 위한 물량공급으로 연장 근로하였으며, 전일에도 16:00까지 연장 근로하여 어느 정도의 과로는 인정되나, 발병 장소가 자택이고 부검을 하지 아니하여 발병원인이 불분명함	고혈압	기각	2000.4.21. 2000-299호
사인미상	목공	작업을 마치고 동료근로자 차량에 동승하여 퇴근하던 중 의식을 잃음	발병 당일 비를 맞으며 작업을 함으로써 추위로 다소 피로한 사실은 인정된다고 할지라도, 근무시간 및 근무량이 증가된 사실없이 통상적인 업무를 수행하여, 기존질병의 자연경과적 악화에 의한 재해로 판단됨	울혈성 심부전	기각	2000.4.21. 2000-345호
사인미상	품질검사원	동료직원과 낚시를 떠나 식사 및 음주 후 휴게소 주차장에 쓰러진 채 발견	업무량은 적당한 편으로 시간적인 구속을 받지 않는 업무이고, 발병 무렵 급격한 업무량의 증가나 근무환경의 변화는 없었으며, 야유회가 사업주의 지배관리 아래에서 이루어진 것으로 볼 수 없을 뿐만 아니라 사인미상임		기각	2000.9.22. 2000-799호
심장성돌연사	재단사	귀가하여 술을 약간 마시고 취침 후 사망	업무수행성이 인정되지 않고, 재해 전 3일간의 업무내용을 볼 때 정상근무로서 특별한 과로를 인정하기 어려우며, 1주일 이내에도 일반인이 적응하기 어려운 정도로 바뀌었다는 객관적 근거가 없을 뿐만 아니라 사인미상임	음주	기각	2000.10.12. 2000-873호
사인미상	야간경비원	신축공사 현장 경비실에서 근무 중 쓰러져 있는 것이 발견	통상적인 경비 본연의 업무만을 반복 수행해 온 것으로 업무상 과로나 스트레스 또는 급격한 작업환경의 변화가 있었다고 보기 어렵고, 사망원인이 미상으로 업무와의 인과관계 판단이 불가능해, 미상의 업무외적 요인에 의한 것으로 추단됨		기각	2000.12.20. 2000-1127호

5. 기타 뇌 · 심혈관 질병

사인/질병명	직종	발병 경위	재결 요지	기초질환/기호	주문	재결연월일 및 사건번호
급성심부전	사무관리직	회사 내에서 각 부서별 현장점검 중 심장압박 증세로 현장에서 졸도	재해발생 전날 사장이 직원들에게 구조조정과 임금삭감을 이야기해 피재가가 극도의 긴장감과 스트레스를 받았다고 하나, 업무량 등의 급격한 변화가 없어 기존질병이 자연경과적으로 급성심부전을 초래한 것임	고혈압, 당뇨/음주	기각	2010.1.26. 2009-3113호
대동맥박리	형틀목공	거푸집 벽면 앞에 주저앉았다가 실외에서 휴식을 취하였으나 회복되지 않아 내원	통상적인 수준의 범위를 넘어서는 연장근무로 과로를 초래했다고 인정할만한 사항이 없고, 업무와 관련하여 혈역학적 변화를 초래하는 심리적 스트레스로 인정할 만한 사항이 없으며, 급격한 작업환경의 변화도 없음		기각	2007.9.28. 2007-874호
대동맥박리	연삭작업자	사업장에서 작업 중 갑자기 가슴에 심한 통증이 발생해 내원	좁은 파이프 안에서 사상작업을 수행한 사실은 인정하나, 업무상 평상 수준 이상으로 과도한 업무상 부담에 노출되었다고 보기 어려우며, 고혈압 및 심비대는 의학적으로 대동맥박리증의 위험요인임	고혈압, 심비대/흡연, 음주	기각	2007.9.7. 2007-1218호
대동맥박리	음료수배송원	상하차 작업을 하던 중 갑자기 숨이 차고 가슴에 통증을 느껴 내원	업무내용을 보면 통상 08:00경 출근하여 22:00경 퇴근함으로써 다른 직원들보다 평균 1~2시간 이상 실근로시간이 많았으며, 업무량에 있어서도 발병 이전 6개월간 판매실적 및 3개월간 출고량이 다른 근로자들보다 월등하게 높아 상당한 과로와 스트레스에 노출됨	마르팡증후군	취소	2005.3.29. 2005-96호
급성관상동맥증후군	택시운전기사	택시 운행 중에 갑자기 가슴에 심한 통증을 느껴 내원	교대자가 없는 전일근무제 기사로서 사납금을 일반기사보다 더 많이 납부해 왔고, 업무특성상 중간에 어느 정도의 휴식이 가능하더라도 교대제 차량에 비해 훨씬 많은 사납금을 확보하기 위해서는 장시간 근무가 불가피하였을 것임	당뇨	취소	2004.12.8. 2004-1241호
협심증	생산설비	작업 중 흉통이 발생하여 내원	발병 전 2교대 근무비율이 약간 증가하여 다소 과로의 소지는 보이나, 발병 전 휴무일이 많고 업무내용 또한 일상적으로 해온 업무이며, 발병 이틀 전에는 2일간 휴무를 하였을 뿐만 아니라 회사에 구조조정도 없었음	고혈압/흡연	기각	2004.4.13. 2004-237호
급성심부전	채권관리담당	퇴근 후 친척집을 방문해 이야기하던 중 쓰러짐	정규근무시간을 훨씬 초과해 근무하거나 퇴근 후에도 채무자 독촉을 하는 등 평소 정신적 · 육체적인 과로상태에 있었고, 재해 이틀 전에는 설 연휴 후 1시간 조기출근하고 21:30까지 연장근무하였으며, 당일에는 출장업무를 수행한 사실이 있음		취소	2002.12.20. 2002-1240호

사인/질병명	직종	발병 경위	재결 요지	기초질환/기호	주문	재결연월일 및 사건번호
협심증	현장소장	근무하던 중 흉통이 있어 내원	현장업무의 총괄관리를 하고 있고, 근무시간은 일정하지 않으나 07:00~18:00이고, 크리스마스 전후로 2~3일 쉬었을 뿐만 아니라, 신정으로 3일간을 휴무하고 1월 5일에 상병이 발병한 점 등에 비추어 과로를 인정하기 어려움		기각	2001.6.21. 2001-454호
불안정성협심증	실험분석직	해고된 후 9개월이 경과되어 진단	퇴사 이전 업무내용 및 근무형태로 보아 연장근로를 한 사실은 인정되나 만성적인 과로가 있었다고 보기 어렵고, 업무상 취급한 시약과 상병간 연관성을 입증할 만한 객관적 자료가 없으며, 퇴사 이후 상당한 시간이 경과하였음	흡연	기각	2001.11.1. 2001-1026호
급성심부전	생산관리부장	업무종료 후 직원들과 회식 후 나이트클럽으로 자리를 옮겨 여흥을 즐기다 사택으로 귀가한 뒤 사망	사택에서 사망한 채로 발견되어 업무수행성이 인정되지 않는 점, 재해 직전 모임이 친목도모를 위한 사적인 행사로 확인된 점, 재해발생 이전 1주일 동안에 3일간 휴무하였던 점 등에 비추어, 전일의 음주 등이 기존질병을 악화시켰을 가능성이 큼	고혈압/흡연, 음주	기각	2001.7.5. 2001-592호
급성심부전	공무계직원	통근버스를 놓치게 되자 다음 정류장까지 뛰어가 탑승한 후 고통을 호소해 후송	수행업무는 통상업무를 수행해 왔던 근무형태로서 업무량 등 업무상 부담이 증가하였다고 인정할 만한 사실이 없으며, 사인이 질주 등 갑작스런 운동으로 발병될 수 있다는 주치의의 소견에 비추어 업무외임	흡연, 음주	기각	2001.11.16. 2001-1150호
중증뇌좌상	프레스공	직원들과 회식 후 지하계단 바닥에서 의식이 없는 상태로 발견됨	사업주가 회식의 주체 및 비용부담자로 보이나, 회식 후 약속이 있다며 먼저 회식장소를 떠났으므로 사업주의 지배관리 하에 있었다고 볼 수 없고, 피재자가 퇴근 중에 원인미상으로 재해를 입은 것으로 보임		기각	2001.1.19. 2000-1170호
불안정성협심증	현장책임자	상차작업을 돕던 중 숨이 차고 가슴이 답답하다며 귀가 뒤 증세 악화로 내원	직책상 어느 정도의 심적 부담은 있었을 것으로 추정되나, 재해 이전 업무의 양 등이 객관적으로 입증되지 않고, 당뇨병 등이 상병의 주요한 발병원인으로 작용할 수 있다는 주치의 소견에 따라 업무외임	당뇨/음주	기각	2000.12.1. 2000-1137호
심부전	시설관리직	족구경기 중 1세트를 마치고 경기장 옆에 앉아 나머지 세트를 구경 뒤 일어서다가 쓰러짐	합병으로 업무가 증가하였고, 보고 · 단속 등 대관업무로 스트레스가 많았으며, 정규업무시간을 약 43.75% 초과하여 매일 연장근로를 하였을 뿐만 아니라, 재해 이전 3~4일간은 연휴이나 상사의 지시로 출근한 점 등에 비춰 과중한 업무였음	고혈압	취소	2000.9.22. 2000-808호
급성심부전증	상무	시내버스를 타고 귀가하다가 버스 안에서 갑자기 쓰러짐	재해발생 전 근로조건의 급격한 변화없이 통상의 업무를 수행하여 과로나 스트레스가 있었다고 인정하기 어렵고, 사망 전일부터 추석연휴로 휴무 중에 있었으며, 사망 당일 또한 휴무임에도 임의로 사무실에 들렀다가 귀가 도중 발병한 것임		기각	2000.4.21. 2000-257호

6. 간질환

사인/질병명	직종	발병 경위	재결 요지	기초질환/기호	주문	재결연월일 및 사건번호
전격성간염	세무팀과장	구토와 두통으로 내원해 치료받던 중 생체 간이식 수술을 받은 후 치료 중 사망	세무조사 준비기간 및 수감기간 중 휴일에도 거의 출근하면서 1일 평균 6시간 이상의 초과근무를 한 사실이 있어 어느 정도 업무상 과로가 인정되나, 의학적으로 간염이 과로로 인해 발생한다고 알려진 바가 없기 때문에 인과관계를 인정하기 어려움	음주	기각	2012.2.7. 2012-2961호
간세포암	해외영업팀차장	업무특성상 발생하는 과로 및 스트레스로 인해 사망한 것이라고 주장	고객을 상대로 접대하였다는 사실을 증명할 만한 명확한 자료가 부족하고, 연장근로를 확인할 수 있는 자료도 없어 구체적인 과로 사실을 확인할 수 없을 뿐만 아니라, 과로는 간암의 직접적인 원인으로 알려져 있지 않음에 비추어 B형 간염의 자연경과에 의해 발생된 것임	B형 간염/흡연, 음주	기각	2011.6.28. 2011-1124호
간경화	택시기사	B형 간염이 누적된 피로로 간경화가 되었다고 주장	1인 1차제 운전기사로 본인의 재량에 의해 차량을 운행하였고, 뚜렷한 업무상 과로나 스트레스 등이 존재하지 않으며, 어렸을 때 만성 B형 간염 진단된 자로서 자연경과로 보는 것이 의학적으로 타당해, 업무와의 상당인과관계를 인정하기 어려움	B형 간염	기각	2011.2.25. 2011-242호
간암	금융관리직	과도한 음주접대 및 과로가 기존질병인 B형 간염에 악영향을 미쳐 간암이 발병되었다고 주장	거래처 음주접대가 간암발병에 영향을 주었을 수 있겠으나, 접대 시 음주여부 및 음주량은 피재자가 조절가능하다고 보이고, 업무수행상 음주가 불가피하였다고 하기는 어려우며, 그 외에 과로 · 스트레스 등 업무상 요인으로부터 비롯되었다는 객관적 근거가 미흡함	B형 간염	기각	2011.2.24. 2011-154호
급성알콜성간염	건설현장소장	공사기한 단축요청에 따른 업무상 음주와 회식이 잦아지면서 주 3회 가량의 업무상 음주로 급성 알콜성 간염이 유발되었다고 주장	법인카드의 주 사용시간이 점심이고, 발병 이전 건강검진결과 간질환 등의 결과가 나온 것으로 보아 알콜성 간염은 개인질병으로 판단되며, 기존질병이 있는 상태에서 음주를 하고 검증되지 아니한 물질(하수오)을 복용해 독성 간염이 합병되어 간이식 상태까지 발생한 것임	간질환	기각	2010.3.11. 2010-376호
간세포성암종	사무관리직	거래처 관리차 잦은 업무상 술자리를 갖고, 회사의 재무구조 악화로 스트레스를 받던 중 발병	음주로 인해 간암이 발병 또는 간염이 간암으로 악화된다는 의학적 근거가 없고, 피재자는 십여 년 전부터 B형 간염보균자로 내과진료를 주기적으로 받아온 기록이 확인되어, 만성간염에서 간암으로의 악화는 자연경과적 진행이라고 봄이 타당함	B형 간염/흡연	기각	2009.8.26. 2009-1775호
간경화	사무관리직	2001년 활동성 B형 간염으로 진단, 간성혼수 발생 후 2007년 간이식 수술받음	상병은 업무수행과 인과관계가 적어 과로나 스트레스 등 업무상으로 오는 질병이 아니고, 만성간염에서 간경화로의 악화는 자연적인 진행과정으로, 피재자의 경우 예외적으로 급작스러운 악화가 있었다고 보기 어려움	B형 간염/음주	기각	2009.8.26. 2009-1764호

사인/질병명	직종	발병 경위	재결 요지	기초질환/기호	주문	재결연월일 및 사건번호
간경변(알콜성)	판매영업직	주류회사에서 영업업무를 15년 이상 근무하고 퇴직한 뒤 발병	업무와 관련하여 반드시 음주를 해야 하거나 업무로 인해 일반인보다 과도한 음주를 하였다고 인정할 만한 객관적인 근거가 희박한 반면, 알콜성 간질환이 있어 왔고 흡연과 음주를 지속적으로 해온 점에 비춰 업무로 발병되었다고 보기 어려움	알콜성 간질환/음주, 흡연	기각	2009.7.24. 2009-1317호
간암	경비직	1993년 B형 간염보균자, 2000년 간경화 진단, 2005년 근무 중 간암 진단	교대근무를 수행하면서 간이 많이 나빠졌다고 주장하나, 간암은 B형 간염 바이러스의 만성간염 및 간경변의 자연경과로 인한 진행으로 판단된다는 것이 다수의 의학적 소견이고, 간학회의 유권해석에 비춰서도 업무와의 관련성을 인정하기 어려움	B형 간염	기각	2009.5.25. 2009-0851호
만성간염의급성악화	생산관리책임자	감기 몸살 증세로 치료를 받았으나 호전이 없이 극심한 피로감이 지속되어 내원	만성적인 과로와 스트레스 상태에서 계속적인 업무수행 등은 상당한 육체적 · 정신적 피로를 누적시켰을 것으로 보이나, 사망원인인 만성B형, 만성신부전은 과로나 스트레스로 인해 자연경과적 이상으로 악화된다는 의학적 보고나 문헌이 확인되지 아니함	고혈압, B형 간염	기각	2008.4.10. 2008-525호
간경변	연구원본부장	기존질병이 있었으나 극도의 과로 및 스트레스, 잦은 출장이 있은 후 발병	기존질병인 B형 간염의 자연경과로 발병하였을 가능성이 높으며, 음주력과의 관련성도 높지 않아 업무와의 인과관계를 인정하기 어렵고, 상병명은 업무와 인과관계를 인정할 만한 객관적 근거나 의학적 소견이 미흡함	B형간염	기각	2008.9.19. 2008-1709호
간경변증	관리및장비과장	건강검진 시 간장질환 의심판정을 받고 정밀검사결과 진단	직책 및 업무를 고려할 때 노동쟁의로 인해 어느 정도 스트레스나 과로가 있었을 것으로 추정되나, 노조원의 설득을 위해 술을 마신 것도 객관적인 자료가 없으며, 의학적으로 과로 등이 B형 간염의 자연경과적 악화에 영향을 준다는 근거가 미약함	B형 간염	기각	2008.9.26. 2008-1733호
간세포암종	자동차회사파견근무	파견근무 중 과중한 업무와 스트레스로 발병되었다고 주장	재고관련 업무를 수행하는 과정에서 유해물질에 노출되거나 병원체에 감염되었다고 볼 만한 객관적 근거는 희박한 반면, 입사 당시 건강진단상 간기능 이상 소견이었던 점에 비추어 업무와 관련하여 발생한 것으로 볼 수 없음		기각	2009.2.6. 2008-2546호
만성B형간염	외과전공의	B형 만성간염 환자 채혈 후 바늘에 찔려 수년 뒤에 진단	본인이 알지 못하는 사이에 일상생활에서의 감염을 배제할 수 없고, 주사바늘에 찔렸을 당시 환자의 B형 간염사실도 확인되지 않은 상태이며, 검사 등 예방조치를 위한 노력의 기록도 확인되지 않는 등, B형 간염의 감염경로가 명백하지 않음		기각	2007.10.19. 2007-1335호

사인/질병명	직종	발병 경위	재결 요지	기초질환/기호	주문	재결연월일 및 사건번호
간세포암종	호텔세탁요원	세탁작업 시 세제약품 퍼클로로에틸렌을 장기간 흡입하고, 의류 훼손 위험에 따른 정신적 스트레스로 B형 간염이 악화되었다고 주장	업무수행 중 노출된 퍼클로로에틸렌은 독성간염을 유발하는 물질로는 알려져 있으나 발암성 유무는 알려져 있지 않고, 작업환경측정을 근거로 할 때 허용기준치 이하이며, 가족력이 있었음을 감안할 때 B형 간염의 수직감염임	B형 간염	기각	2007.9.14. 2007-948호
간경변	전산프로그램개발부서장	장시간 근로, 업무상 접대자리와 회의참여 등 과로 및 스트레스가 지속되어발병되었다고 주장	평소 만성 B형 간염바이러스의 만성감염 상태에 있었음이 확인되고, 단순한 업무상 과로나 스트레스는 B형 간염의 감염과는 아무런 상관이 없으며, 또한 기존 간질환의 경과악화에도 직접적인 연관성이 없다고 알려져 있음	B형 간염	기각	2007.10.24. 2007-1505호
간암	소각시설검사업무	잦은 출장업무로 유해물질에 노출되어 간암을 진단받았다고 주장	이전에 간질환 의심을 진단받았고, 병원의 의무기록상 1주일에 소주 1병 정도 음주력이 확인되며, 소각시설 검사원으로 통상적인 근무를 하였을 뿐만 아니라, 의학적으로 과로 등이 기존질병을 악화시켜 간암을 촉진하였다고 할 수 없음		기각	2006.9.5. 2005-1932호
간부전	토목부장	기존 간질환을 가지고 있는 상태에서 과로와 스트레스로 급격히 악화되었다고 주장	업무상 과로나 스트레스 등은 미흡한 것으로 보이고, 혈관 상피종의 원인과 악화인자는 알려져 있지 않으며, 전암성 병변 또는 양성 병변이 악성화 하는데 과로 및 스트레스가 관여한다고 알려진 사실도 없음	간악성혈관상피종	기각	2006.6.27. 2006-268호
간부전	영업직	영업직으로 근무하면서 잦은 접대, 업무상 과로 등으로 인해 기존질병이 악화되었다고 주장	출장 중 업무의 양이나 강도 등을 확인할 수 있는 객관적인 입증자료가 확인되지 않고, 휴일에는 쉬었으며, 업무상 사유에 의해 잦은 음주를 한 것으로 보기 어려울 뿐만 아니라, 간기능 관리를 요한다는 진단을 받은 후에도 음주를 계속하는 등 건강관리에 소홀하였음	B형 간염	기각	2006.3.31. 2005-1488호
간경변및간암	사무직	새벽 자택에서 쓰러져 실신한 상태로 누워있는 것을 발견	관리직으로 일시적인 업무겸직 및 통폐합 관련 접대, 구조조정 등으로 업무특성상 다소간의 업무상 음주 및 스트레스가 있을 수 있었겠으나, 정신적 스트레스 및 육체적 과로가 B형 간염에서 간암으로 진행하는데 영향을 미친다는 의학적 보고나 문헌이 확인되지 아니함	B형 간염	기각	2005.6.15. 2005-452호
간경화	아파트경비원	과도한 순찰업무를 수행하여 발병되었다고 주장	업무내역을 보면 오전에는 외곽청소 등 경비원의 일반업무를 하고, 오후부터 야간에는 매 1시간 30분 단위로 모두 8회를 순찰하여, 감시단속적인 업무로 보기 어려울 정도의 만성적인 과로와 스트레스가 있었던 것으로 보이나, 과로와 상병 사이에 의학적 인과관계가 규명되지 아니함	음주	기각	2005.7.13. 2005-630호

사인/질병명	직종	발병 경위	재결 요지	기초질환/기호	주문	재결연월일 및 사건번호
간암	영업팀장	입사 이후 B형 간염에 감염되었고, 격무와 고객접대로 인한 과도한 음주가 급격히 악화시켰다고 주장	영업팀장과 관리팀장으로서 통상적인 업무를 수행한 것으로 보여 업무상 과로 및 스트레스가 과중하였다고 보기 어렵고, 업무상 음주 근거도 확인되지 않으며, 간암을 유발할 만한 유해물질에 노출된 사실도 확인되지 아니함	B형 간염	기각	2005.7.13. 2005-642호
간경화	영업사원	퇴사한 후 회사 근무 당시 업무상 음주 및 과로로 발병 주장	주류를 판매하는 영업사원으로 업무상 과로 및 스트레스가 과중하였다고 보기에 미흡하고, 업무상 음주도 과도하였다고 보기 어려우며, 설사 업무상 과로나 스트레스가 있었다고 하더라도 과로나 스트레스가 B형 간염의 자연경과적 악화에 영향을 준다는 의학적 근거가 없음	B형 간염	기각	2005.11.17. 2005-1117호
간경변증	자재과장	갑자기 배가 아픈 증상으로 후송됨	자재의 입출고, 재고관리는 물론 직접 지게차 운전까지 해왔으며, 특히 월 평균 70여 시간 이상 연장근로를 해온 사실을 볼 때 상당한 정도의 과로사실은 인정되나, 간경화 등 간질환의 경우 과로나 스트레스와의 의학적 인과관계가 규명되지 아니하였음	B형 간염	기각	2004.2.4. 2003-1392호
간경화	국내판매팀장	자택에서 잠을 자다가 사망	영업부서의 팀장으로서 통상적인 업무를 벗어났다고 보이지 아니하고, 통상 08:00~19:00까지 근무한 것으로 보아 업무상 특별히 과로나 스트레스가 과중하였다고 볼 수 없으며, 접대업무가 많았을 개연성은 있으나 본인의 의사에 반해 음주하였다는 사실이 확인되지 아니함	음주	기각	2004.3.3. 2004-86호
간암	생산직	도금기술자로 유해한 환경에서 연장 및 야간근로를 반복적으로 수행해 간염이 간암으로 급속히 악화되었다고 주장	매일 10시간씩 근무하였고, 한 달에 10일 정도는 22:00까지 연장근무를 한 것으로 보아 어느 정도의 과로가 있었을 것으로 보이나, 과로 및 스트레스가 B형 간염의 자연경과적 악화에 영향을 준다는 의학적 연구결과가 없으며, 작업 중 취급하였다는 화학약품들 또한 상병과 인과관계가 인정되지 아니함	B형 간염	기각	2004.4.13. 2004-255호
간경변	환경미화원	병원 내 오물 등 유해물질이 발생하는 작업환경에서 근무하던 중 발병	환경미화원으로 근무기간은 대략 1년 2개월이고 하루 7시간 정도 근무한 것으로 보이며, 담당업무는 쓰레기를 수거하여 상하차 하는 작업으로, 유해한 작업환경 아래에서 과중한 업무로 질병을 얻었다고 볼 수 없음	고혈압, 당뇨/음주	기각	2004.10.26. 2004-1000호
간경변	공장장	퇴비공장에서 근무하던 중 발병	퇴비발효 과정에서 생성되는 암모니아가스 등의 유해가스가 기존질병을 악화시켜 간경변을 유발한다는 의학적인 근거가 없고, 업무상 과로 및 스트레스와의 인과관계도 명확하게 밝혀진 사실이 없으며, 재직 시 업무상 과로 등이 있었다고 보기에도 객관적 근거가 미흡함	B형 간염	기각	2003.2.11. 2002-1334호

사인/질병명	직종	발병 경위	재결 요지	기초질환/기호	주문	재결연월일 및 사건번호
간경화	생산부장	납분진이 발생하는 생산현장에서 근무하던 중 발병	생산부 업무관리 전반을 총괄하면서 1일 9시간씩 통상적인 근무만을 하여 과로하였다고 볼 수 없고, 연중독이 간경변을 일으킨다는 의학적인 보고가 없으며, 상병의 주요원인인 과도한 음주의 계속 등 건강관리 부주의와 기존질병이 복합적으로 작용한 것임	고혈압/음주, 흡연	기각	2003.6.17. 2003-551호
간세포암	건설현장소장	퇴직 후 6개월 경과 뒤 진단	퇴직 후 발병하여 근무기간 중에 상병이 나타나지 아니하였고, 업무상 만성적 과로를 하였다거나 급격한 작업환경의 변화사실을 입증할 수 있는 근거자료가 미흡하며, 의학적으로도 B형 간염이 진단된 후 12년이 경과되면 간암으로 진행되고 있음	B형 간염/음주	기각	2003.10.28. 2003-983호
간경변증	직물업과장	몸이 쉽게 피로하고 몸상태가 좋지 않아 내원	입사 이전부터 이미 간경화의 가장 직접적이고 중요한 원인인자인 만성 B형 간염을 보유하고 있었고, B형에 이환된 상태에서 16년이 지난 뒤 발생한 것이므로 자연경과적 진행이며, 과로에 대한 객관적 자료도 미흡함	B형 간염	기각	2002.12.13. 2002-1067호
간암	건축설계부장	만성 B형 간염에 대한 추적검사를 받아오던 중 진단	업무와의 상당인과관계를 인정할 만한 의학적 소견이 보이지 아니하고, 업무가 간암의 발생요인으로 작용되었다는 어떠한 객관적 · 의학적 근거자료를 발견할 수 없으며, 업무수행 중 업무가 상병을 유발했다는 사실도 확인할 수 없어, 자연적 경과에 의한 재해로 보임	B형 간염	기각	2002.12.5. 2002-1070호
만성B형간염	현장소장	사업장 하청업체 정문 앞에서 갑자기 토혈하면서 쓰러짐	이미 15년 전에 B형 간염보균자임이 확인되므로 실제로는 그 이전부터 감염되었을 것으로 추정되고, 이후 적절한 치료 및 금주 등 자기관리가 이루어지지 않은 것으로 보아, 시간경과 과정에 따른 간경화 진행과 그 합병증으로 발생한 위장관출혈로 판단됨	B형 간염/음주	기각	2002.12.20. 2002-1204호
간경화	금융감독원과장	외환위기 이후 가중된 업무상 부담과 정신적 긴장의 누적으로 기초질환이 악화되었다고 주장	건강진단 기록표에 의하여도 이미 만성간염 및 간종양이 의심되는 등 기존질병이 있었고, 과로나 스트레스가 만성간염을 악화시키는지에 대해 의학적 보고도 없으며, 연장근로에 대한 객관적 입증자료도 제시하지 못하고 있음	B형 간염	기각	2001.1.19. 2000-1197호
간경변	기중기기사	불규칙적이고 과중한 업무와 스트레스가 원인이 되었다고 주장	업무내용 및 근무상황으로 보아 육체적 · 정신적으로 어느 정도 부담이 있었다고 볼 수는 있겠으나, 만성간염으로 치료를 받아왔고 간염이 있는 경우 간경화의 발병원인은 100~300배 이상 증가한다는 점에 비춰 기존질병이 자연경과 과정에서 악화됨	B형 간염	기각	2000.4.21. 2000-308호

7. 각종 암

사인/질병명	직종	발병 경위	재결 요지	기초질환/기호	주문	재결연월일 및 사건번호
백혈병	전기과장	출장 중 심한 두통이 발생하여 내원	잦은 지방출장과 휴일근무 등으로 다소 업무에 부담을 느꼈을 것이나, 업무가 전기관리직으로 사망원인인 급성 백혈병을 일으킬 정도의 작업환경 및 유해물질을 취급하는 업무로 보기 어렵고, 유전자 이상이 주요원인으로 보임		기각	2007.9.14. 2007-1102호
위암	영업부장	회사업무를 마치고 귀가하여 휴식하던 중 이상증세로 내원	출장으로 인한 차량운전, 거래처 접대 등으로 어느 정도의 과로 및 스트레스를 받았다고 보이나, 통상근무 이외에 연장근무를 하였다는 객관적인 사실이 확인되지 않으며, 과로나 스트레스로 인해 위암이 유발되거나 악화된다는 의학적 근거가 확립되어 있지 아니함	음주	기각	2004.3.16. 2004-141호
양안증식성당뇨망막증	총무부장	근무해 오던 중 수 차례에 걸쳐 안과출혈이 발생	인수 · 합병된 회사의 총무부장으로 경영권 분쟁 및 이질적인 두 회사의 통합과정에서 상당한 정도의 과로와 스트레스에 노출된 것으로 보이나, 과로 등이 상병의 급격한 악화를 초래한다고 보기 어렵고 기존질병인 당뇨병의 합병증으로 나타난 질병임	당뇨	기각	2004.8.31. 2004-787호
부르가다증후군	공정설계팀장	공사 지연에 따른 대책회의 후 사무실로 돌아와 컴퓨터로 메일을 보내려는 순간 갑자기 가슴에 불쾌감을 느끼면서 실신	발주처에 파견된 총괄팀장으로 근무일에는 연장근무를 포함해 통상 11시간 근무한 점, 발병 2~3일 전 잦은 설계변경으로 인해 어느 정도 과로 및 스트레스가 있었을 것으로 보이나, 상병이 과로나 스트레스 등 원인과 관련 해 과학적으로 입증되지 아니한 상태임		기각	2004.9.14. 2004-856호
우측신우신염	영업관리직	오전 납품준비를 위해 자동차 부품 세척작업을 하던 중 갑자기 옆구리 통증이 발생하여 내원	상병은 신장에 세균이 감염되어 발병하는 질병으로 과로나 스트레스와의 인과관계가 규명되지 않은 질병이므로, 장시간 근로 등에 따라 어느 정도 과로는 있었을 것으로 인정되나, 상병과 업무와의 상당인과관계를 인정하기 어려움		기각	2004.11.23. 2004-1180호
레버씨시신경병증	생산직	작업라인을 컨트롤하는 진행업무에 종사하던 중 우측 눈의 시력이 저하됨	담당한 진행업무의 특성상 라인 전체의 업무내용을 숙지하여 관리해야 하는 스트레스와 타 근로자에 비해 연장근무가 다소 많았던 것으로 보이나, 과로가 상병을 유발할 정도였다거나 상시적으로 시신경의 자극이 있었다고 보기에는 객관적인 근거가 미흡함		기각	2004.12.21. 2004-1375호

사인/질병명	직종	발병 경위	재결 요지	기초질환/기호	주문	재결연월일 및 사건번호
위암	지원팀장	회사의 법정관리하에서 육체적 · 정신적 부담으로 인해 발병되었다고 주장	간부사원으로서 회사가 법정관리에서 벗어나도록 성실히 업무를 수행한 것은 추정되나, 만성적인 과로를 인정할 만한 근거자료를 발견할 수 없고, 과도한 업무와 상병과의 인과관계는 밝혀지지 않았으며, 헬리코박터파이로의 감염 등에 의해 발병되는 질병임		기각	2003.9.23. 2003-771호
췌장암	연구원	학술서비스업체에서 근무하던 중 업무상 과로와 스트레스로 발병되었다고 주장	국가적인 프로젝트에 참여해 다소 과로는 있었을 것으로 보이나, 주치의도 과로와 상병과의 인과관계를 명확하게 규명하지 못하고 있으며, 의학계에서도 발병에 과로나 스트레스와의 기인성이 명백하지 않다는 일반적인 견해임		기각	2003.9.23. 2003-777호
위암	총무국장	B형 간염 진단받고 약물치료를 해오다가 간경화로 진행된 이후 위암 진단	위암은 여러 가지 원인으로 발병되는 질병이고, 선행사인으로 작용한 발병원인이 명확하게 밝혀지지 않았으며, 과로 또는 스트레스와 관련이 있다는 근거도 확인되지 않을 뿐만 아니라, 가족력이 있어 유전적인 요인을 배제할 수 없음	B형 간염	기각	2002.12.13. 2002-1080호
골수성백혈병	도금공	피부의 발진증상과 피로를 호소하여 내원	도금실에서 연장근무 등으로 과로에 시달린 사실은 확인되나, 작업공정에 직접적으로 벤젠을 사용한 사실은 없어 화학물질노출량은 미미하고, 도금실에 근무한 시기와는 상당기간 경과된 후 발병된 것으로 업무상으로 보기 어려움		기각	2001.9.21. 2001-879호

8. 기타 신체질병

사인/질병명	직종	발병 경위	재결 요지	기초질환/기호	주문	재결연월일 및 사건번호
벨마비	노래연습장근로자	자택에서 기상한 후 왼쪽 얼굴이 뻣뻣하게 굳고, 양칫물이 입 한쪽으로 흘러내리는 증상으로 한의원 내원	상병은 단순히 과로나 스트레스에 의해 발병하는 경우는 적고 바이러스나 원인 불명으로 발생하는 경우가 많은 질환이며, 야간근무 등의 스트레스 요인이 있지만 과도한 업무량의 증가나 스트레스 등 과로를 인정하기에도 미흡함	흡연	기각	2012.12.21. 2012-2807
수모세포종	철도승차권매표	피로와 스트레스 누적으로 면역기능이 저하되어 뇌종양이 발병하였거나 자연경과 이상으로 악화되었다고 주장	상병은 과로나 스트레스와 무관하게 발생하는 뇌종양으로 발병원인을 알 수 없고, 과로나 스트레스 또는 환경적 요인 모두 발병요인으로 고려할 수 없으므로, 업무내용이나 근무환경과의 인과관계를 인정하기 어려움		기각	2012.7.13. 2012-1304호

사인/질병명	직종	발병 경위	재결 요지	기초질환/기호	주문	재결연월일 및 사건번호
다발성경화증	생산직	폴란드 현지법인에 파견되어 현장관리업무를 수행 중 양쪽 다리의 위약감이 발생함	해외에서의 근무여건 및 연장근로 등으로 인해 업무적인 스트레스가 없었다고 할 수 없으나, 질병이 업무상 과로 및 스트레스와 관련되어 발병될 수 있다는 의학적 근거를 찾기 어렵고, 작업환경 등이 발병과 관련이 있음을 인정할 만한 객관적 요인도 없음		기각	2011.6.1. 2011-747호
안면우측마비	사무관리직	출장업무 수행 후 복귀하던 중 두통증상이 있었고, 이후 입이 돌아가는 마비 증세가 발현됨	연장근무와 휴일근무로 피로가 누적된 상태에서 출장업무 수행 중 바이러스에 의한 감염을 주장하나, 의학적으로 과로나 스트레스에 의해 유발된다고 볼 수 없고, 지속적으로 찬바람에 노출되는 경우 발병 가능성이 있지만, 발병원인이 불명해 업무와의 인과관계를 인정하기 어려움	음주	기각	2010.8.26. 2010-1262호
폐결핵	감리원	준공 무렵 집중된 과도한 업무량에 따른 과로 및 스트레스로 몸살기운이 있어 내원	폐결핵은 결핵균의 감염으로 유발되는 전염성 질병으로, 피재자에게 상병을 유발할 만한 생물학적 요인, 감염환자, 주변환경에서의 결핵균 검출 등이 명확하게 확인되지 않은 상태이므로, 업무상 과로와 상병과의 인과관계를 인정할 수 없음		기각	2009.10.28. 2009-1606호
폐렴	사무관리직	갑자기 옆구리가 결리고 숨쉬기가 곤란해 병원으로 후송	근무환경이 폐렴균에 직접 노출된 상황이 아닌 것으로 판단되고, 의학적으로도 폐렴은 업무와는 상관없이 원인균이 인체에 들어가 병을 일으키는 것으로, 기관지 확장증 등을 치료받은 이력에 비춰 다른 사람에 비해 감염될 가능성이 높음	흡연	기각	2009.5.20. 2009-1001호
안면신경마비	청소직	점심식사 중 입이 약간 돌아가는 것을 느낀 후 내원	발병 전 업무상 부담이 증가하거나 만성적인 과중한 업무로 과로를 유발하였다고 단정하기에 객관적인 자료가 미흡하고, 의학적으로 벨마비는 업무 또는 과로와는 관계없이 바이러스 감염 또는 혈액순환장애 등의 내재된 요인으로 발생됨		기각	2009.4.24. 2009-675호
기타뇌염	한약제조업무	한약제조 업무를 수행하던 중 사람을 알아보지 못하는 등 이상증세로 내원	약제실 업무를 10여 연간 수행하면서 어느 정도의 과로 및 스트레스는 있었을 것이나, 급격한 작업환경의 변화나 만성적인 과로를 유발하였다고 인정할 만한 객관적 근거가 미흡하고, 약제실에서의 업무이므로 감염균에 노출되거나 접촉한 사실도 발견하기 어려움		기각	2008.2.22. 2008-120호
바이러스성뇌염	고객팀장	안면경련이 발생하고 가족을 못 알아보는 등 이상징후를 보여 후송	질병을 유발할 정도의 과도한 스트레스나 과로가 관찰되지 않아 업무와의 인과관계를 인정하기 어렵고, 급격한 작업환경의 변화 등으로 신체에 현저히 생리적인 변화가 유발되었다고 보기도 어려워, 기존질병의 자연경과로 인한 발병임		기각	2008.10.24. 2008-1901호

사인/질병명	직종	발병 경위	재결 요지	기초질환/기호	주문	재결연월일 및 사건번호
왈덴스트롬마크로글로불린혈증	사무직	퇴직한 지 1개월여 경과한 후 진단	회사 퇴직시점보다 2개월 이상 경과하여 진단받았고, 재직 시 업무상 과로나 스트레스는 뚜렷하지 않았으며, 업무상 과로나 스트레스가 있었다 하더라도 상병의 발병원인으로 보기 어려워, 인과관계를 인정할 객관적인 근거나 의학적 소견이 미흡함		기각	2008.11.5. 2008-2059호
패혈증	생산직근로자	자택 근처 미용실에서 이발을 하던 중 의식을 잃고 쓰러짐	무거운 작업을 반복적으로 수행하였고, 입사 이후 평일은 거의 매일 4시간 이상 시간외 근로를 하였으며, 토요일도 4~8시간의 특근을 한 것으로 확인될 뿐만 아니라, 도장에 따른 페인트 냄새와 기계의 소음 등으로 매우 열악한 작업환경에서 근무함	선천성 심장질병	취소	2006.3.7. 2005-1839호
안면신경마비	자동차생산직	퇴근하여 취침 후 얼굴과 혀 등의 마비증세로 내원	발병 전 평소보다 과중한 업무로 인해 만성적인 과로 상태에 있었다고 볼 수 없고, 상병은 통상의 경우 외상이나 감염 등에 의해 유발되는 것으로 과로로 발병된다고 인정할 의학적인 근거가 없으며, 한랭한 작업환경으로 인해 유발되었다고 단정하기도 어려움		기각	2006.3.28. 2005-2069호
폐의악성신생물	생산직	사료를 생산하는 제조원으로 작업 중 정신을 잃고 쓰러짐	사료의 포장작업을 주로 수행하였고, 최근 6개월간은 동료직원의 보조업무 등으로 주간근무만 수행하여 업무상 부담이 증가하였다고 보기에 미흡하고, 과로가 상병의 발생 및 악화에 영향을 미친다는 의학적 보고도 없음		기각	2005.4.12. 2005-207호
전정신경염(추정)	보일러기사	회사 내에서 점심식사 후 심한 어지럼증과 구토증상으로 내원	통상의 업무를 수행하다가 격일제 근무형태로 전환되어 작업환경의 변화가 있었으나, 24시간 근무한 일수는 이틀뿐으로 이로써 상병이 발생하였다고 보기 어렵고, 폐기물 소각 작업으로 인한 유해물질 노출과 발병 사이에 관련이 있다는 의학적 보고도 없음		기각	2005.6.15. 2005-470호
안구건조증	사무직	컴퓨터 사용과 스트레스 등으로 눈에 통증이 발생한 후 진단	육체적 현장근무를 계속하고 만성적인 스트레스로 인해 발병하였다고 주장하나, 상병은 통상 누액의 감소 등으로 인한 개인적 질병으로 발병하고, PC작업으로 인해 발병되거나 악화된다는 의학적 증거가 없음		기각	2005.11.17. 2005-1080호

사인/질병명	직종	발병 경위	재결 요지	기초질환/기호	주문	재결연월일 및 사건번호
바이러스성뇌염	생산기술직	납 등 유해물질이 비산하는 작업장에서 근무 중 안색이 창백한 상태에서 현기증으로 쓰러짐	재해발생 전일까지 주문량이 많아 거의 매일 21:00까지 연장근무 및 휴일근무로 업무상 과로 와 스트레스가 어느 정도 있었을 것으로 보이나, 과로 등이 면역력을 저하시켜 뇌염을 발병시킨다는 의학적 근거가 없고, 업무내용상 감염성 질병을 유발할 만한 업무로 볼 수 없음		기각	2004.11.10. 2004-1150호
세균성뇌수막염	택시운전기사	수면 중 몸에 이상증세가 발현하여 병원에 후송	상병은 주로 B형 인플루엔자균 등의 세균에 의해 감염되는 질병이고, 운전업무가 세균 등 병원체에 감염될 우려가 있는 업무는 아니며, 근무내역을 보더라도 발병 전 급격한 작업환경의 변화나 업무상 만성적인 과로상태에 있었다고 보기 어려움	고혈압, 당뇨	기각	2003.4.8. 2003-287호
세균성폐렴	용접공	감기증세로 자택에서 쉬던 중 쓰러짐	일반적으로 발병원인이 감염성 질병으로 확인되고, 작업환경과 업무내용에서 감염을 유발한 만한 원인균 등 위험요인이 발견되지 않아, 상병과 업무와의 상당인과관계를 인정할 근거가 객관적 · 의학적 근거가 없음		기각	2002.12.20. 2002-1120호
급성척수염	영업전무	회의를 진행하던 중 양쪽다리에 힘이 빠지면서 마비증상이 발병해 병원으로 후송	상병은 바이러스 감염에 의한 질병이고, 영업 및 관리업무를 수행해 세균 · 바이러스 등의 병원체에 감염될 우려가 있는 업무에 종사하지 않았으며, 영업 및 거래처 접대로 업무상 과로나 스트레스를 입증할 만한 구체적 사실도 발견할 수 없음	흡연, 음주	기각	2002.11.26. 2002-995호
급성진행성신부전	업무팀장	자신의 승용차로 출근하다가 갑자기 호흡곤란과 현기증의 발현으로 내원	요로결석 제거술 후에도 급성신부전으로 발병되기 전까지 계속 업무를 수행하였고, 업무겸직으로 업무량이 증가하였으며, 대부분 선수들과 함께 생활하는 관계로 잦은 출장 등에 따른 업무상 과로와 정신적 스트레스를 받았을 것임	고혈압	취소	2001.8.22. 2001-690호
패혈증	주임연구원	몸이 무기력해지고 다리와 얼굴이 붓는 등의 증세로 내원	발병 전 만성적 과로를 유발하였거나 급격한 작업환경의 변화가 없었고, 기존질병으로 고혈압이 있어 선행사인인 만성신부전의 발병원인으로 보이며, 과로와의 연관성은 없는 것으로 판단됨	고혈압	기각	2001.2.20 2001-58호
속립성폐결핵	상차작업원	장기간의 입원치료로 인해 허약한 건강상태에서 먼지가 많이 발생하는 창고 내 작업장에서 작업해 발병하였다고 주장	제품 상차원으로 실제 작업시간이 4~5시간이며, 작업시간 이외는 대기시간으로 휴식을 취해 업무상 과로를 인정하기 어렵고, 근무환경이 분진을 유발하는 작업장에 해당되지 아니할 뿐만 아니라 상병은 전염성 질병임		기각	2001.7.27. 2001-671호

사인/질병명	직종	발병 경위	재결 요지	기초질환/기호	주문	재결연월일 및 사건번호
바이러스뇌염	쇄석기술공	작업장에서 배관작업 중 의식을 잃고 쓰러짐	현장의 총체적인 책임자로서 현장을 순회하면서 주로 작업지시 및 감독 등의 업무를 하였으며, 특별히 정규근무시간 외에 연장·야간근로한 사실이 없고, 바이러스성 감염에 의한 질병이므로 업무와는 인과관계가 없음		기각	2001.1.19. 2000-1155호
중첩성간질	기술직	기계부 터빈과에서 근무하던 중 두통 및 한기증세로 감기약을 복용하였으나 호전되지 아니하고 호흡곤란 등으로 내원	발병 이전 발전소 정기점검 공사 준비로 통상적인 근무시간 이외에 과다근로를 수행한 사실이 추정되나, 사인의 발병원인은 내인성, 신경계 질병 등이므로 업무상 과로 등과는 인과관계가 없는 질병임		기각	2000.2.22. 2000-72호

9. 정신질환과 자살

사인/질병명	직종	발병 경위	재결 요지	기초질환/기호	주문	재결연월일 및 사건번호
자살	생산직	타 부서로 전보를 가게 된 시점부터 새로운 업무에 적응하지 못하면서 우울증이 발병, 치료 중 재해라고 주장	도장생산부에서 품질개선직으로 전보되면서 새로운 업무에 적응하지 못한 스트레스로 우울증 치료를 받은 사실이 있으나, 보직변경은 일반적인 것으로 볼 수 있어, 사회평균인의 입장에서 자해행위를 할 정도의 극도의 스트레스 상황으로 인정하기 어려움		기각	2012.10.25. 2012-2232호
급성스트레스반응	시외버스대체기사	누적된 만성 과로와 동료기사의 무고한 욕설 등으로 발병되었다고 주장	평소 초과근무를 하였다고는 하나 근태관리표상 발병일 이전 3일간 휴무하였고, 차량 유리 파손과 관련해 불이익을 주거나 제재를 한 사실이 확인되지 않으며, 급성스트레스반응은 의학적 진단명이 아닌 점 등에 비추어 업무와의 관련성이 낮음		기각	2012.5.18. 2012-964호
우울병에피소드	설비및공정엔지니어	교대 근무제와 최소 공정을 다루는 반도체 업무로 인해 정신적 스트레스가 가중되어 발병하였다고 주장	라인 상황과 인력 여건에 따른 주·야 교대, 4조 3교대, 변형 근무제 등이 수면 장애를 일으킬 수도 있다는 점은 인정되나 상병의 발병 요인으로 보기는 어렵고, 업무 내용면에 있어서도 정신적 스트레스가 크다고 보기 어려움		기각	2012.5.3. 2012-815호

사인/질병명	직종	발병 경위	재결 요지	기초질환/기호	주문	재결연월일 및 사건번호
외상후스트레스	사무관리직	입사 후 회사의 노사관계 악화로 발생된 분쟁을 해결하면서 받은 스트레스로 인해 발병하였다고 주장	상병은 심한 정신적 외상 후 발생하는 질병으로, 업무수행 도중 상병을 유발할 만한 심각한 외상을 경험한 사실이 없으므로, 업무와 상당인과관계가 있다고 인정할 만한 객관적 근거나 의학적 소견이 미흡해 업무상 재해로 볼 수 없음		기각	2011.5.19. 2011-1022호
외상후스트레스	기타	타이어 펑크 사고 발생 10일 정도 이후부터 속이 울렁거리는 등 증세가 발현됨	버스에 가스를 충전하던 중 타이어가 터지면서 발생한 소음은 일반적인 타이어 펑크로 인한 소음량 정도였고, 사고 당시 옆에 있었던 버스기사는 아무런 이상이 없었으며, 사고 후 이전과 동일하게 업무에 종사하였던 점에 비춰 사고가 원인이라고 보기 어려움		기각	2011.2.18. 2011-140호
혼합형불안우울장애	사무직	조직개편으로 보직이 부장에서 담당으로 강등되는 등 회사의 부당인사와 비인간적인 행위로 인해 발병되었다고 주장	보직해임 및 강등하고 업무배제, 왕따 등 부당행위는 발병 개연성이 있다는 소수의견이 있으나, 상병 진단 후 부당행위 받은 사실을 감안하면 업무에 따른 스트레스보다 난청 등의 발병으로 인한 스트레스 등 개인의 내적요인에 의해 발병 가능성이 높음		기각	2011.2.11. 2011-19호
불안장애	전기관련종사자	광케이블 철거작업을 사다리차를 이용해 작업하던 중 높이 10m 정도의 사다리차가 좌,우로 흔들리자 공포감이 생기면서 대변까지 보는 상황이 발생하여 내원	업무내용 및 단 1회의 바스켓 탑승으로 상병이 유발되었다고 보기 어렵고, 다른 동료 근로자들도 교대로 바스켓을 타고 근무하였으나 아무 문제가 없었음에도 피재자만 심한 공포감을 느꼈다는 것은 개인적인 취약성이 기인했다고 볼 수 있음		기각	2010.8.27. 2010-2070호
정신분열증	병역특례병	특례병이라는 이유로 비인격적인 부당대우를 받고, 육체적으로 과중한 업무, 정신적 스트레스로 발병되었다고 주장	동일 방위산업체에 근무하는 특례병들에 비해 특이하게 심각한 스트레스를 받았다는 증거가 없고, 업무강도와 업무환경 등을 고려할 때 업무상 과로 및 스트레스와의 연관성을 인정하기 미흡하며, 개인의 정신적 취약성에서 기인한 것으로 판단됨	우울성 에피소드/음주	기각	2010.8.23. 2010-1425호
재발성우울증장애	미화직	작업 중 뒤로 넘어진 재해가 산재 불승인되고, 상사와 동료직원들로부터 질책을 받고 따돌림 당하는 등의 정신적 스트레스로 발병 주장	재해 이전부터 우울성 장애로 치료받아 온 사실이 있어, 세제 통을 운반하던 중 발생한 사고가 산재로 승인받지 못하였거나 동료들로부터의 왕따 등으로 우울성 장애가 발생하였다는 주장은 업무와의 연관성을 인정하기 미흡하다고 보임	우울성 장애	기각	2010.8.23. 2010-1418호

사인/질병명	직종	발병 경위	재결 요지	기초질환/기호	주문	재결연월일 및 사건번호
적응장애	조리사	부당해고로 인한 복직 이후 영양사로부터 부당한 대우 등 정신적 스트레스를 심하게 받아 발병되었다고 주장	해고통보에 따른 구제신청 등 원직복직되어 근무하기까지의 과정 등으로 보아 해고로 인한 스트레스, 학교 및 직원과의 갈등 등이 추단되나, 이후 상병 진단일까지 2년여간 상병을 유발할 만한 특정정황이 인정되지 아니함		기각	2010.4.9. 2010-152호
공황장애	건설장비기사	과다 업무로 인한 스트레스로 발생하였다고 주장	작업환경에서 공황장애를 일으켰다고 볼 만한 주된 요인이 보이지 않고, 업무상 과로나 스트레스로 인해 상병이 발생하였다고 보기 어려우며, 수행업무나 작업환경으로 인해 악화되었다고도 볼 수 없음		기각	2009.10.29. 2009-2085호
우울성장애	목수	근무환경 변화, 고용불안에 대한 스트레스 등의 사유로 인해 자살시도하였으나 실패한 상태로 발견되어 후송됨	근무편성이 바뀌고 동료의 휴가로 혼자 목공실 업무를 수행하는 등 일부 스트레스 요인이 있었던 것으로 보이나, 팀 내에서 소외를 당하거나 인원감축에 대해 구체적 계획이 객관적으로 나타난 바 없어, 개인적 성격의 취약성이 크게 작용한 것임		기각	2009.7.3. 2009-1430호
적응장애	고등학교행정직	노조가입 이후 학교와의 마찰로 극심한 스트레스에 시달려 발병되었다고 주장	학교 측으로부터 상당한 정도의 스트레스를 받은 것으로 추단되나, 피재자의 주관적 심리변화가 상병의 발생에 더 많은 영향을 미친 것으로 판단되어, 상병이 업무로 인해 발병되었다고 보기 어려움		기각	2009.9.4. 2009-1418호
공황장애	생산직	열악한 작업환경과 야간근무로 인한 정신적 · 육체적 스트레스 및 후유증으로 발병되었다고 주장	업무나 작업환경의 변화가 없는 상태에서 발병한 것으로 보아 스트레스와 발병과의 인과관계를 유추하기 어렵고, 재해를 일으킬 유발요인도 없으며, 개인적 취약성에서 발병한 것으로 보이므로 업무와의 인과관계를 인정할 수 없음		기각	2009.6.12. 2009-1223호
공황장애	컴퓨터보조원	잦은 연장근로와 철야근로에 의한 업무상 과로와 거래처 관계자의 폭언 등에 의한 스트레스로 발병되었다고 주장	공황장애 등을 시사하는 증상이 지속되고 있으나 업무상 과로나 스트레스에 의해 발생하였다는 객관적인 근거가 불분명하고, 개인적 취향에 의해 나타난 질환으로 업무상 질병으로 인정하기 어려움		기각	2008.4.30. 2008-712호
우울증에피소드	버스운전기사	노동조합 간부들에게 운행하려던 버스를 탈취당한 사건이 있은 후 불면증이 발생	버스탈취 사건 이전부터 동일한 상병으로 주기적으로 진료를 받아왔고, 버스탈취 사건은 노노사건에 해당해 회사에서 사건에 개입된 객관적 자료가 없으므로, 사업장에서 기인하였다기보다는 기왕증에 의한 개인적 요인이 더 큼		기각	2008.10.17. 2008-1895호

사인/질병명	직종	발병 경위	재결 요지	기초질환/기호	주문	재결연월일 및 사건번호
외상후스트레스장애	시내버스운전기사	버스 안에 비치된 불편엽서를 뽑은 여자 승객과의 다툼과정에서 폭행을 당한 후 불안 등의 증세로 내원	외상후스트레스는 대형사고 등으로 신체적인 손상 및 생명의 위협을 받은 후 발생하는 질환이나, 폭행사건은 상병을 일으킬 만한 대단한 사건은 아니며, 피재자의 성격유형과 연관이 있는 것으로 보임		기각	2008.11.5. 2008-2023호
우울장애	생산직근로자	업무상 재해로 요양을 끝내고 복귀 후 파트장과 발생한 업무상 다툼 등으로 발병되었다고 주장	업무상 재해로 요양하다 치료종결 후 복직하여 근무 중 추가상병을 신청하였으나, 재해와 연관성을 입증하기 어렵고 수술 등 치료과정에서 발병하였다는 인과관계가 명확하지 않으며, 상병은 직장 내의 일시적 모욕감에 의해 쉽게 발병하는 것이 아님		기각	2007.2.14. 2006-1936호
공황장애	생산직근로자	후임반장의 횡포에 스트레스를 받았고, 그로 인해 따돌림을 당하는 등 정신적인 스트레스로 발병되었다고 주장	일반적으로 공황장애는 스트레스보다는 개인적, 생물학적 취약성에서 나타나는 질환이며, 업무상 스트레스가 정신장애를 일으킬 정도로 볼 수 없어 업무와의 관련성을 인정하기 어려움		기각	2007.12.18. 2007-2357호
공황장애및우울병에피소드	피부관리사	업무상 과로 및 스트레스, 의욕상실, 우울, 불안감으로 정신적 스트레스가 가중되어 발병되었다고 주장	피부관리를 위한 화장품 상담 및 판매 등을 하는 업무로서 고객을 상대하는 업무에 어느 정도 적응된 것으로 보이고, 스트레스 또한 서비스 업종의 일반화된 스트레스로 상병을 유발할 정도라고 보기 미흡하며, 근본적인 원인은 개인의 생물학적 취약성으로 추정됨		기각	2006.5.19. 2006-304호
적응장애·우울증	사무관리직	구조조정 시 기혼여성을 대상으로 명예퇴직을 강요하면서 발생하였다고 주장	발병의 경과상 정리해고로 인한 스트레스가 일부 유인효과로 작용하였을 것으로 판단되지만 그 정도는 20% 미만으로 미미하고, 개인적 성격의 특징상 주관적 성격의 장해가 증상발현에 더 많이 작용한 것으로 판단됨		기각	2006.10.31. 2006-1242호
양극성정동장애	간호사	계약기간 1년이 끝난 후에도 정규직으로 전환되지 않고 부서가 변경되어 정신적인 고통을 받아왔으며, 동료들의 비방 등으로 스트레스가 가중되어 발병되었다고 주장	계약기간 종료 후에 정규직으로 전환되지 않고 부서도 변경되어 어느 정도 업무상 스트레스가 인정되나, 부서변경 이후 약 2개월여의 비교적 단기간 근무이고 업무내용도 과중하다고 보기 어려울 뿐만 아니라, 동료들과의 마찰이나 부당한 대우도 확인되지 아니함		기각	2005.4.12. 2005-170호

사인/질병명	직종	발병 경위	재결 요지	기초질환/기호	주문	재결연월일 및 사건번호
우울증	자재보전 및 검수원	회사 측의 부당한 대우와 직장 동료들과 잘 어울리지 못한 스트레스의 가중으로 발병되었다고 주장	파견근무 당시 협력사 관리문제로 직장상사와 싸운 후 진단받았고, 상사의 꾸중 내지 다른 관리처 배치로 어느 정도 업무상 스트레스를 받았던 것으로 보이나, 이는 통상 발생할 수 있는 정도의 수준이며 장기간에 걸쳐 지속적으로 가해진 스트레스로 보기 어려움		기각	2005.5.4. 2005-242호
강박장애	상무이사	공장의 신축 및 이전, 경영난 등 업무상 스트레스로 인해 발병되었다고 주장	임가공업체의 총괄책임자로서 어느 정도 업무상 부담이 있었을 것으로 보이나, 이는 기업경영자들의 통상적인 업무영역으로 정신질환을 초래할 정도로는 보기 어려우며, 매사에 완벽을 추구하는 꼼꼼한 성격 등 개인적인 요인에 의한 것으로 보임		기각	2005.6.15. 2005-448호
공황장애	현장관리직	인원관리업무로 인한 현장 부서장들과의 잦은 충돌로 심적부담감이 생기면서 발병되었다고 주장	업무상 만성적인 스트레스가 있었다고 볼 만한 근거가 명확하게 제시되지 않고, 업무내용이 일반인이 받는 정도에 비해 과중한 것으로 보이지 아니하여, 발병원인에 체질적인 요소가 주된 원인으로 작용한 것임		기각	2004.3.3. 2004-90호
자살	출하담당	업무상 과로 및 스트레스 등으로 우울증을 앓다가 재해발생 전일 고객으로부터 인간적인 모멸감과 협박을 받았다고 주장	재해 전 연장근무 및 전날 고객과의 다툰 사실 등으로 보아 다소 과로 및 스트레스를 받은 것으로 보이나, 다툼은 통상적인 수준으로 보이고, 업무상 스트레스로 정신과 치료를 받았다거나 요양한 사실이 확인되지 아니함		기각	2004.4.13. 2004-217호
자살	택시운전기사	택시운행 중 무단으로 횡단하던 행인을 치는 사망사고를 유발한 다음날에 음독함	교통사고 유발 이후의 행적을 보면 사고로 상당한 정도의 심리적 고통을 받아온 것으로 보이나, 과거 정신과 치료를 받았다거나 업무상 재해로 요양한 사실이 없고, 통화내용으로 보아 정신장해로 인한 것으로 보기 어려우며, 순간적인 충동에 의해 발생된 것으로 보임		기각	2004.7.6. 2004-595호
정신분열증	생산직	정신분열증으로 정기적으로 치료를 받아 오던 근로자가 퇴직 후 신청	퇴사한 후 1년이 지난 상태이고, 입사 이전부터 정신분열증으로 치료를 받아왔으며, 작업내용이 단순반복 작업으로 이로 인해 과로나 스트레스를 받았다는 객관적 사실을 발견할 수 없음	정신분열증	기각	2003.2.18. 2003-32호
자살	목공	업무상 재해로 7개월간 요양하던 중 자살하자 최초 상병의 요양 중 스트레스로 발생한 정신적 질환과 인과관계가 있다고 주장	낙하물에 머리를 맞을 당시 안전모를 착용해 경미한 재해로 보여 최초 재해로 인한 뇌기질상 뇌장애로 자살하였다고 보이지 아니하고, 뚜렷한 우울증 병력이나 치료병력이 없었으며, 치료기간도 짧고 향후 장해에 대한 두려움도 없는 상태였음	우울증, 고혈압/음주	기각	2003.10.21. 2003-909호

사인/질병명	직종	발병 경위	재결 요지	기초질환/기호	주문	재결연월일 및 사건번호
우울증에피소드	증권회사직원	부서 이동 후 업무에 적응하는 과정에서 상사의 질책과 동료의 집단적 따돌림으로 인한 심리적 압박감과 과도한 스트레스로 유발되었다고 주장	새로운 부서전환 및 상사의 업무지시 방식 등으로 스트레스를 받았을 것으로 보이나, 직장인들이 통상 받을 정도를 크게 넘어선다고 보기 어렵고, 과거 자살을 시도한 과거력이 있으며, 과로 사실도 입증할 만한 근거나 과로와 상병 사이에 관련성이 확인되지 아니함		기각	2003.12.23. 2003-1284호
분열형장애	도료배합공	공장 내에서 갑자기 정신이상을 일으켜 건조로 안의 알루미늄 봉(섭씨 100도)을 손으로 잡고 입에 무는 행위를 함	학교 졸업문제로 고민해 왔다는 진술과 입사 후 2개월 만에 발병하였고, 작업장의 유기용제 작업환경측정 결과치는 허용기준치 미만으로, 업무량을 포함한 업무적 스트레스보다는 졸업문제 등의 개인적 요인에 의해 유발되었음		기각	2002.7.12. 2002-409호
자살	생산직	퇴사 후 정동장애(조울정신증)로 치료 중 자살하자 해고통보를 받고 정신적인 충격으로 인해 자살하였다고 주장	재해발생과 회사의 근무기간과는 상당기간 차이가 나고, 우울증의 원인이나 경과에 업무로 인한 과로 · 스트레스 등이 관여되었다는 객관적 사실이 없으므로, 개인적 요인으로 발생된 정신질환이 원인이 된 것임		기각	2002.9.26. 2002-610호
우울증	보험회사과장	일반직으로 입사하였으나 영업소 소장으로 발령받은 후 실적부진으로 강등발령이 되자 자살	회사로부터 구조조정을 당하거나 불이익을 당하여 일반인이 적응하기 힘들 정도의 상황이라고 보기 어렵고, 정신장해로 인해 정상적인 인식능력이 현저히 떨어졌다고 볼만한 근거가 없으며, 업무와 관련없이 체질적 · 환경적 요인에 따른 우울증으로 인한 것임		기각	2002.10.10. 2002-783호
자살	열처리공	유서에서 인력관리에 문제가 있으며, 현장관리직이 공정하지 못하고, 동료와의 폭행사건은 결백하다고 남김	업무적 스트레스로 정신과적 치료를 받은 자가 아니고, 회사 인력문제는 이미 2년 전의 일로 피재자의 요구에 따라 관련자들에게 징계조치를 취하여 종료된 사건으로 보이며, 동료와의 폭행사건도 피재자가 고소를 취하하였음이 확인됨		기각	2002.11.26. 2002-934호
우울신경증	은행원	직장상사들의 가혹한 냉대, 무리한 업무지시, 사직 유도 등으로 인해 발병되었다고 주장	여신관리팀에서의 연장근무는 통상적인 업무수행으로 과로가 있었다고 보기 어렵고, 회사의 전반적인 인력재배치 필요성에 의해 인사가 단행되었을 뿐 피재자를 배제하기 위한 불합리한 인사라고 보기 어려우며, 구조조정 또한 명예퇴직 신청을 받아 실시한 것임		기각	2002.11.13. 2002-972호
공황장애	호텔월급제사장	자택에서 조간신문을 보던 중 갑자기 어지럽고 쓰러질 것 같아 내원	출 · 퇴근이 자유롭고 일본에 거주하는 회장의 지시 외에 어느 누구의 지시도 받지 않은 자유로운 위치에 있었던 점을 감안할 때, 일선 근로자와 같이 업무로 인해 육체적 과로나 정신적 스트레스가 있었다고 보여지지 아니함		기각	2001.9.7. 2001-825호

사인/질병명	직종	발병 경위	재결 요지	기초질환/기호	주문	재결연월일 및 사건번호
양극성정동장애	생산직	근무기간 중 과다한 업무지시, 상급자로부터의 누명, 기숙사 생활 중 왕따로 몸이 아프기 시작하였다고 주장	발병 원인은 의학적으로 아직 명백히 밝혀져 있지 않으나 체질적인 요인이 주로 관여하는 것이고, 동료 근로자들의 진술상 회사생활에서 스트레스 및 과로 등 특이한 점을 찾을 수 없으므로, 업무와의 인과관계를 인정할 수 없음		기각	2001.9.21. 2001-882호
급성스트레스장애	감리업무	건축공사 현장에 파견되어 근무하던 중 감리업무의 특성상 장기 외부파견 및 상사와의 갈등 등으로 발생되었다고 주장	건설업종에 재직하는 업무특성상 무연고 지역에서 근무한다는 것은 직장 내의 인사발령에 따라 통상적으로 이루어지는 업무환경이고, 업무상 정신적 스트레스 역시 객관적으로 인정할 만한 증거가 발견되지 아니하며, 기존질병의 자연적인 악화임	상세불명의 정신분열증	기각	2001.10.16. 2001-1014호
우울증	전화국직원	자택에서 자살하자 구조조정에 따른 불안감 등의 업무상 스트레스로 발병해 자살하였다고 주장	업무외적인 스트레스가 존재한 것으로 보이나, 내근직에서 외근직으로의 업무변경으로 스트레스가 인정되는 점, 구조조정에 대한 불안이 심화된 점, 보직변경을 요청하였으나 별다른 조치가 없었던 점에 비춰, 업무상 스트레스가 더 많이 작용한 것으로 보임		취소	2001.6.21. 2001-491호
우울증	택시운전기사	운행차량 안에서 소사체로 발견되자 업무상 스트레스로 인한 우울증으로 자살하였다고 주장	내성적인 성격이며, 업무상 스트레스로 인해 정신과적 치료를 받았거나 우울증 등을 호소한 사실은 없어 원인미상의 이유로 자살한 것으로 보이고, 업무와 인과관계를 인정할 만한 의학적 소견도 발견되지 아니함		기각	2001.7.27. 2001-539호
대인공포증·우울증	생산직	업무에 기인한 집단 따돌림과 회사의 부당대우로 인해 대인공포증, 우울증이 발생하여 자살하였다고 주장	유서내용상 업무 및 직장생활로 스트레스를 많이 받은 것으로 보이나, 이로 인해 정신과 치료를 받은 사실이 없고, 유서를 남긴 것으로 보아 명료한 의식 상태에서 그 결과를 적극적으로 실현시키려고 하는 자살의 고의가 있었다고 보임		기각	2001.11.1. 2001-1045호

참고문헌

〈국내 문헌〉

1. 단행본

권순한, 『민법 Ⅱ』, fides 도서출판, 2006.

권영성, 『헌법학원론』, 법문사, 2007.

김상호, 『21세기를 대비한 한국과 독일의 산재보험제도』, Fredrich Ebert Stiftung, 1999.

김승택, 『사회안전망체계의 국제비교연구(Ⅰ) -영국-』, 한국노동연구원, 2002.

김수근, 『뇌심혈관 질환 인정기준의 적용실태와 개선방안』, 한국경영자총협회 기업안전보건위원회, 2005.

김수복, 『산업재해보상보험법』, 중앙경제, 2006.

김영문, 『사회법연구 Ⅰ』, 도서출판 fides, 2007.

김유성, 『노동법 Ⅰ』, 법문사, 2005.

______, 『한국사회보장법론』, 법문사, 2002.

김태수, 『산재 손해배상 실무』, 진원사, 2010.

김치선 · 이상덕 · 이상희, 『산업재해보상보험법제와 법리의 제고』, 한국노사발전연구원, 1995.

김형배, 『노동법』, 박영사, 2007.

______, 『근로기준법』, 박영사, 2001.

______, 『채권총론』, 박영사, 1999.

김호경, 『산재보험과 사회안전망』, 한국노동연구원, 2002.

박상범, 『사회보험론』, 세종출판사, 1999.

박종희, 『출퇴근 재해의 업무상 재해 인정관련 입법론적 개선방안에 관한 연구』, 노동부, 2005.

박찬임 외 3명, 『주요국의 통근재해보상제도 연구』, 한국노동연구원, 2004.

백도명, 『현행 업무상 질병 인정기준의 적정성에 관한 연구』, 서울대학교 보건대학원, 1996.

심창학, 『프랑스 산재보험제도 연구』, 한국노동연구원, 2003.

이병태, 『최신 노동법』, 중앙경제, 2007.

이상광, 『사회법』, 박영사, 2002.

이상국, 『산재보험법』, 대명출판사, 2012.

이승길, 『미국의 노동법제』, 한국경영자총협회, 2005.

이영석 등, 『간질환 관련 업무상 질병 인정기준』, 대한간학회, 2002.

이영희, 『노동법』, 법문사, 2001.

이은영, 『민법 Ⅱ』, 박영사, 2005.

이인재 외 3인, 『사회보장론』, 나남출판, 2002.

이흥재 · 남효순 편저, 『노동법 강의 –기업구조조정과 노동법의 중요과제–』, 법문사, 2002.

임종률, 『노동법』, 박영사, 2013.

윤조덕 외 8명, 『비정규직 근로자 산재보험 적용실태와 특수형태 근로종사자에 대한 적용 확대』, 한국노동연구원, 2004.

최경숙, 『업무상 정신질환에 대한 실무지침서 마련을 위한 연구』, 대한신경정신의학회, 노동부, 2005.

한용식, 『근로기준법』, 형설출판사, 1983.

허 영, 『한국헌법론』, 박영사, 2007.

홍완식, 『사회보험료 관련 입법에 있어서 헌법원칙의 적용에 관한 연구』, 한국법제연구원, 2005.

고려대학교, 『근골격계 질환 및 뇌심혈관계 질환 등 작업관련성 질환 예방의무 규제순응도 조사연구』, 노동부, 2005.

국민건강보험공단, 『2008 사업장 업무 편람』, 2007.

국민연금공단, 『알기 쉬운 국민연금』, 2007.

근로복지공단, 『뇌혈관질병 · 심장질병 조사 및 판정지침』, 2013.

__________, 『산재보험 판례집 Ⅳ』, 2008.

__________, 『산재보험 판례집 Ⅲ』, 2005.

__________, 『산재보험 판례집 Ⅱ』, 2003.

__________, 『산재보험 판례집 Ⅰ』, 2001.

__________, 『프랑스 사회보장법전』산재보험편, 2004.

고용노동부, 『2011년도 산재보험 사업연보』, 2012.

_________, 『뇌 · 심혈관계 질환에 대한 업무상 재해 인정기준 개선방안』, 2005.

_________, 『산재보험 40년사』, 2004.

사법연수원, 『노동특수이론 및 업무상 재해 관련 소송』, 2007.

연세대학교, 『뇌심혈관계 질환 과로 기준에 관한 연구』, 2008.

연세대학교 의과대학 뇌 연구소, 『뇌 및 심장질환의 업무상 질병 인정기준』, 1993.

한국사회보험연구소, 『산재보험 급여체계의 합리적 개선방안에 관한 연구』, 노동부, 2005.

한국산업안전공단, 『작업관련 뇌 · 심혈관 질환의 발병위험도 평가 및 사후관리』, 2005.

______________, 『직무 스트레스 평가관리』, 2005.

______________, 『한국인 직무 스트레스 측정도구의 정확성 및 신뢰성 평가 연구』, 2005.

______________, 『과로와 질병』, 2004.

한국 ILO 협회, 『국제노동』, 통권 제106호, 2006.

한양대학교 산학협력단, 『업무상 질병 인정범위 및 기준에 관한 연구』, 고용노동부, 2012.

2. 논 문

계희열, "헌법상 인간의 존엄과 가치", 『법학논집』, 제32집, 고려대학교 법학연구소, 1996.

권일훈, "작업관련 뇌혈관 및 심장질환", 『작업관련 뇌혈관 및 심장질환에 관한 심포지엄』, 한국산업안전공단 산업보건연구원, 1997.

김상용, "엄격책임", 『사법행정』, 통권 제325호, 한국사법행정학회, 1988.

김성환, 「선원의 재해보상제도에 관한 연구」, 한국해양대학교 박사학위논문, 2002.

김소영, "미국의 근로자 재해보상제도의 보상책임 구조와 업무상 재해의 요건, 『노동법학』, 제18호, 한국노동법학회, 2004.

김승조, 『생존권에 관한 연구』, 고려대학교 박사학위논문, 1990.

김양호, "과로 또는 스트레스에 의한 뇌혈관 질환 및 심장질환", 『근로복지』, 제121호, 근로복지공단, 1999.

김영문, "사업주를 위한 활동으로서의 업무의 개념과 통근재해", 『비교사법』, 통권 제6호, 한국비교사법학회, 1997.

김왕배 · 이경용 · 이가람, "감정노동자의 직무환경과 스트레스", 『한국사회학』, 제46집 제2호, 한국사회학회, 2012.

김진국, "기업의 구조조정과 과로사", 이흥재 · 남효순 편저, 『노동법강의』, 법문사, 2002.

김진수 · 박수경, "사회보험의 중복급여체제 개선방안에 관한 연구", 『사회보장연구』, 제19권 제2호, 한국사회보장학회, 2003.

김진웅, "현행 노동재해보상제도의 구조와 법적 성격", 『노동법과 노동정책』, 탄은 김진웅박사 화갑기념논문집 편찬위원회, 1985.

김홍영, "근무도중 타인폭력에 의한 재해가 사적관계에 기인한 재해인지의 판단", 『노동법률』, 11월호, 중앙경제, 2008.

민경식, "현대국가에 있어서의 사회보장권의 보호", 『공법연구』, 제20호, 한국공법학회, 1992.

문성현, "주요 선진국 산재보험제도의 동향", 『산재보험의 과거, 현재 그리고 미래』, 근로복지공단. 2004.

박상훈, "과로와 업무상 재해", 『노동법연구』, 제12호, 서울대학교 노동법연구회, 2002.

박용구, "작업관련 뇌혈관 및 심장질환 : 임상의학적 측면", 『작업관련 뇌혈관 및 심장질환에 관한 심포지엄』, 한국산업안전공단 산업보건연구원, 1997.

박정선, "업무상 질병으로서의 뇌 · 심혈관 질환", 『한국의 산업의학』, 제40권 제2호, 산업의학연구소, 2001.

______, "과로에 의한 뇌심혈관 질환의 판정", 『1999년도 제22차 춘계학술대회 초록집』, 대한산업의학회, 1999.

______, "한국의 작업관련 뇌혈관 및 심장질환 발생 현황", 『작업관련 뇌혈관 및 심장질환에 대한 심포지엄』, 한국산업안전공단, 1997.

박종태, "돌연사에 대한 고찰", 『대한법의학회지』, 제30권 제2호, 대한법의학회, 2006.

박종희, "통근도상의 재해에 관한 제 문제 -업무상 재해 인정여부를 중심으로-", 특별소송실무연구회편, 『특별법연구』, 제8권, 박영사, 2006.

______, "통근도상의 재해", 『산재보험의 과거, 현재 그리고 미래』, 근로복지공단, 2004.

방동식 · 이윤철, "선원 재해보상제도의 개선방안에 관한 연구", 『해사법연구』, 제19권 제2호, 한국해사법학회, 2007.

백도명, "작업관련 뇌혈관 및 심장질환 : 산업의학적 측면", 『작업관련 뇌혈관 및 심장질환에 관한 심포지엄』, 한국산업안전공단 산업보건연구원, 1997.

성인환, "관상동맥 질환(허혈성 심장병)", 『2004년 산재보험 자문의 세미나』, 근로복지공단, 2004.

신 홍, "산업재해보상보험제도에 관한 법제도적 비교연구", 『노동법의 제 문제』, 가산 김치선박사 화갑기념논문집 편찬위원회, 1983.

오선균, “개정 산재보험법의 내용과 쟁점 및 평가”, 『산업재해보상보험법의 쟁점과 실무』, 노동법이론실무학회, 2008.

오종한, “미국 산재보상제도의 역사적 전개와 현황”, 『노동법연구』, 제4호, 서울대학교 노동법연구회, 1994.

______, “산재보험법 40년 법제사”, 『산재보험의 과거, 현재 그리고 미래』, 근로복지공단, 2004.

우에하타, “과로와 돌연사” (심포지엄 주제 관련 자료, 출처 : Medicina), 『작업 관련 뇌혈관 및 심장질환에 관한 심포지엄』, 한국산업안전공단 산업보건연구원, 1997.

우종민 · 김경미 · 김성아, “업무전환 후 직무 스트레스로 인한 정신과적 질환 증례”, 『대한산업의학회지』, 제15권 제2호, 대한산업의학회, 2003.

유성재, “산재보험법제의 현황과 과제 -업무의 개념과 인과관계를 중심으로-”, 『법제연구』, 통권 제27호, 한국법제연구원, 2004.

윤현숙 · 조영채, “대학병원 간호사의 직무 스트레스 및 사회 심리적 요인과 정신건강과의 관련성”, 『예방의학회지』, 제40권 제5호, 대한예방의학회, 2007.

이강숙, “정신과적 질환에 대한 업무상 인정기준”, 『한국의 산업의학』, 제40권 제2호, 산업의학연구소, 2001.

이강옥, “스트레스가 인체에 미치는 영향”, 『안전보건』, 통권 제91호, 한국산업안전공단, 1997.

이관형, “과로와 스트레스의 관련 질환과 위험요인”, 『안전보건』, 통권 제86호, 한국산업안전공단, 1996.

이달휴, “근로자의 자살과 산재인정”, 『노동법논총』, 한국비교노동법학회, 2010.

______, “산업재해보상보험법에서의 보험관계의 특질과 보험료”, 『중앙법학』, 제8집 제3호, 중앙법학회, 2006.

______, “사회보험의 원리”, 『복지행정논총』, 제10집, 한국복지행정학회, 2000.

이상광, "산재보상보험법의 인과관계에 관한 고찰 -상당인과관계설과 중요조건설을 중심으로-", 『사회법연구』, 제1호, 한국사회법학회, 2003.

______, "통근 길의 재해", 『인권과 정의』, 제188호, 대한변호사협회, 1992.

이상윤, "우리나라 사회보장법의 법적체계 및 주요내용", 『법제연구』, 제7호, 한국법제연구원, 1994.

이용식, "상당인과관계설의 이론적 의미와 한계", 『서울대학교 법학』, 통권 제128호, 서울대학교 법학연구소, 2003.

이재명, "사회보장을 받을 권리에 관한 연구", 『헌법학연구』, 제11권 제2호, 한국헌법학회, 2005.

이학춘, "업무상 재해의 구제제도에 관한 연구", 『한국법학논문총서』, 노동법 제1권, 일신, 2001.

이헌석, "사회보장수급권과 사회보장청구권", 『공법연구』, 제26호, 한국공법학회, 1998.

이흥재, "과로사의 인정기준에 관한 판례의 경향", 『법학』, 통권 제117호, 서울대학교 법학연구소, 2001.

______, "업무상 재해의 인정기준에 관한 판례의 경향 -판례요지의 쟁점별 정리를 중심으로-", 『법학』, 통권 제111호, 서울대학교 법학연구소, 1999.

______, "사회보험수급권의 범위에 관한 소고 -보장의 불평등에 대한 비판적 검토-", 『법학』, 제31권 제3 · 4호, 서울대학교 법학연구소, 1990.

______, 「해고제한에 관한 연구」, 서울대학교 박사학위논문, 1988.

임현술, "소위 '과로사'란 무엇인가", 『대한의사협회지』, 통권 제509호, 대한의사협회, 2002.

임화영, 「산재보험 인과관계론에서의 기여도 도입에 관한 연구 -업무상 심혈관질환을 중심으로-」, 고려대학교 박사학위논문, 2007.

유명윤, "선원법의 문제점과 개선방안에 관한 연구", 『노동법학』, 제14호, 한국노동법학회, 2002.

장세진 등, "피로와 의료이용, 업무상 사고 및 질병결근", 『대한산업의학회지』,

제17권 제4호, 대한산업의학회, 2005.

전광석, "산재보험의 법적 성격과 역할", 『연세법학연구』, 연세법학회, 2005.

전영우, "현행 선원 재해보상제도의 한계와 그 개선을 위한 국제적 동향", 『해사법연구』, 제13권 제1호, 한국해사법학회, 2001.

정진주, "여성 근로자의 직무 스트레스와 감정노동", 『안전보건 연구동향』, 제5권 제8호, 산업안전보건연구원, 2011.

조정진, "과로사 판례의 의학적 고찰과 과로와 관련된 질병에 대한 연구 동향", 『과로사 판정 행정처분의 문제점과 개선책』, 노동과 건강 연구회, 1998.

최재욱, "뇌심혈관계 업무상 질병 인정기준과 법원판례", 『2004년 산재보험 자문의 세미나』, 근로복지공단, 2004.

______, "업무상 질병 인정기준의 확대", 『산재보험의 과거, 현재 그리고 미래』, 근로복지공단, 2004.

______, "과로에 대한 업무상 질병 판례의 의학적 고찰", 『근로복지』, 제113호, 근로복지공단, 1999.

하은희, "뇌 · 심혈관계 질환에 대한 업무상 재해 인정기준 개선방안", 『산재보험제도 개선방안』, 노동부, 2006.

______, "과로사 및 뇌 · 심혈관 질환", 『산업보건과 직업병 예방』, 한국노동조합총연맹, 2003.

홍한표, "업무수행 중 뇌출혈 관련 업무상 질병 인정기준의 재검토", 『2004년 심사관 연찬회 발표자료』, 산업재해보상보험심사위원회, 2004.

의약세계사 편, "예기치 않은 내인성 질환 돌연사", 『의약세계』, 제16권, 의학세계사, 2004.

Prof. Dr. Wolfhard Kohte, "독일 산재보험과 실업보험의 변화와 노동조합의 역할", 『사회보험 발전과 노동조합의 역할』, 한국노동연구원, 2007.

Richard J. Butler, "미국의 근로자 산재보상제도", 『21세기 산재보험 발전방향』, 노동부 · 한국노동연구원, 2002.

〈東洋 文獻〉

1. 單行本

加藤智章・菊池聲實・倉田 聰・前田雅子,『社會保障法』, 有斐閣アルマ, 2003.
岡村親宜,『過勞死・過勞自殺の理論と實務 −勞災補償と民事責任−』, 旬報社, 2002.
________,『勞災補償・賠償の理論と實務』, エイデル研究所, 1992.
________,『過勞死と勞災補償』, 勞働旬報社, 1991.
岡村親宜 等, 水野勝先生古稀記念論執,『勞働保護法の再生』, 信山社, 2005.
堺鉱二郎,『勞働法』, 創成社, 2002.
郭成伟,『中国社会保障法学』, 中国法制出版社, 2001.
郭成伟・王广彬,『公平良善之法律规制−中国社会保障法制度探究』, 中国法制出版社, 2003.
菅野和夫,『勞働法』, 弘文堂, 2013.
菅野和夫・土田道夫・山川隆一・大內伸哉,『ケースブック勞働法』, 弘文堂, 2006.
廣見和夫,『職業性疾病の豫防と補償』, 勞働省勞働基準局, 2005.
大野正化,『過勞死・過勞自殺の心理と職場』, 靑弓社, 2003.
大地直美,『過勞死の豫防對策』, 有斐閣, 2001.
瀨川信久,『過勞自殺についての使用者の不法行爲責任』, 判例タイムズ社, 2001.
保原喜志夫・山口浩一郎・西村健一郎,『勞災保險・安全衛生のすべて』, 有斐閣, 1998.
本沢巳代子・新田秀樹 編,『トピック社會保障法』, 不磨書房, 2007.
冨田武夫・牛嶋 勉,『最新實務勞働災害 −勞災補償の安全配慮義務−』, 三協法規, 2006.

山口浩一郎,『労災補償の諸問題』, 信山社, 2008.

山路克文・加藤博史 編,『現代社會保障・福祉小事典』, 法律文化社, 2007.

三柴丈典,『過労自殺につき本人要因を理由に8割の減額を認めた例』, 有斐閣, 2005.

桑原昌宏,『労働災害と日本の労働法』, 法律文化社, 1971.

上畑鐵之丞,『過労死の研究』, 日本プランニンダセンター, 1993.

西谷 敏・萬井隆令,『労働法 2 −個別的 労働關係法−』, 法律文化社, 2005.

西原道雄,『社會保障法』, 有斐閣, 2002.

西村健一郎,『社會保障法』, 有斐閣, 2005.

________,『労災補償と損害賠償』, 一粒社, 1988.

西村健一郎・岩村正彦・菊池馨實,『社會保障法』, 有斐閣, 2005.

石嵜信憲,『健康管理等の法律實務』, 中央經濟社, 2006.

石松亮二・宮崎鎮雄・平川亮一,『現代労働法』, 中央經濟社, 2006.

小西國友,『社會保障法』, 有斐閣, 2001.

小西國友・渡辺 章・中嶋士元也,『労働關係法』, 有斐閣, 2004.

小畑史子,『最新労働基準判例解說』, 日本労務研究會, 2006.

________,『過労死の業務上外認定』, 有斐閣, 2001.

松尾政太,『使用者の健康配慮義務』, 芸林書房, 1998.

松丸 正,『過労・ストレスによる消化器系疾患の労災認定』, 日本評論社, 2005.

水野 勝・岡村親宜・畠中信夫,『労災・職業病・通勤災害 −補償法制と企業責任−』, 總合労働研究所, 1979.

安枝英訷・西村健一郎,『労働法』, 有斐閣叢書プリマ・シリーズ, 2006.

岩出 誠, (論点・争点)『現代労働法』, 民事法研究會, 2006.

________,『社員の健康管理と使用者責任』, 労働調査會, 2004.

外尾健一,『労働法入門』, 有斐閣, 2005.

外井浩志,『健康・安全・衛生と補償・賠償』, 中央經濟社, 2006.

有泉 亨,『労働基準法』, 法律學全集 47, 1990.

林 豊・山川隆一 編,『勞働關係訴訟法 Ⅱ』, 青林書院, 2005.
王东进,『中国社会保障制度的改革与发展』, 法律出版社, 2001.
佐久間大輔,『精神疾患・過勞死』, 中央經濟社, 2012.
田小宝等,『中国社会保障』, 五洲传播出版社, 2006.
田中淸定,『勞働基準法』, 勞働法令協會, 2006.
井上英夫・高野範城,『實務社會保障法講義』, 民事法硏究會, 2007.
井上 浩,『勞災補償法詳說』, 經營書院, 2008.
______,『勞災補償法入門』, 經營書院, 2004.
井上 浩・吉川照芳,『安全衛生・勞災補償』, 中央經濟社, 2007.
佐藤 進,『勞働法と社會保障法』, 信山社, 2001.
______,『安全・衛生・災害補償』, 總合勞働硏究所, 1979.
佐藤 進・河野正輝,『新現代社會保障法入門』, 法律文化社, 2005.
中窪裕也・野田 進・和田 肇,『勞働法の世界』, 有斐閣, 2007.
川人 博,『過勞自殺と企業の責任』, 旬報社, 2006.
青木宗也 編,『勞働災害・職業病』, 勞動判例大系 第8巻, 勞働旬報社, 1992.
淸汀 寛・良永彌太郎,『社會保障法』, 中央經濟社, 2005.
河野順一,『勞働災害・通勤災害認定の理論と實際』, 中央經濟社, 2007.
下井隆史,『勞働基準法』, 有斐閣法學叢書, 2007.
______,『勞働法』, 有斐閣, 2004.
黄乐平,『最新工伤处理操作实务』, 工伤职工权益保护指南, 法律出版社, 2004.
荒木誠之,『社會保障法讀本』, 有斐閣, 2002.
______,『社會保障の法的構造』, 有斐閣, 2001.
______,『勞災補償法の硏究 −法理と制度の展開−』, 總合勞働硏究所, 1981.
工伤办案常用手册编写组,『工伤办案常用手册』, 中国法制出版社, 2006.
勞働省勞働基準局 編,『業務災害及び通勤災害認定の理論と實際 (上・下)』, 勞務行政硏究所, 2000.
勞働調查會,『業務上疾病認定基準の醫學的解說(腦・心臟疾患)』, 2006.

__________, 『業務上疾病の認定』, 2005.

__________, 『過勞死 Q&A 豫防と勞災補償』, 2004.

勞災保險情報センター, 『過勞死腦・心臟疾患の勞災認定のしくみ』, 2006.

____________________, 『精神障害(過勞自殺)の勞災認定のしくみ』, 2006.

東京大學勞働法硏究會, 『註釋勞働基準法 (下)』, 有斐閣, 2003.

法務省訟務局內勞災訴訟實務硏究會 編, 『新・勞災訴訟の實務解說』, 商事法務硏究會, 1998.

日本勞働法學會 編, 『健康・安全と家庭生活』, 21世紀の勞働法 第7卷, 有斐閣, 2000.

_______________, 『パートと均等待遇協約の擴張適用過勞死』, 總合勞働硏究所, 1997.

日本勞働硏究機構, 『勞災補償制度の國際比較硏究』, 2002.

厚生勞働省勞働基準局 勞災補償部補償課, 『業務上疾病の認定』, 勞働調査會, 2005.

___編著, 『わかりやすい業務上疾病の認定』, 勞務行政, 2004.

______編, 『勞災保險制度の詳解』, 勞務行政, 2003.

________, 『腦・心臟疾患の新認定基準の解說』, 勞働調査會, 2002.

________, 『業務災害及び通勤災害認定の理論と實際 (上・下)』, 勞務行政硏究所, 2001.

______編, 『勞働者災害補償保險法』, 勞務行政硏究所, 1992.

National Defense Counsel for Victims of Karoshi, KOROSHI, 窓社, 1990.

Testsunojo Ueahta, A Medical Study of Karoshi, Karoshi 國際版, 1990.

2. 論 文

岡村親宜, “過労死・過労自殺救済の労災補償法理”, 『季刊労働法』, 第209号, 労働開發研究會, 2005.

________, “精神障害・自殺の労災認定”, 水野勝先生古稀記念論執, 『労働保護法の再生』, 信山社, 2005.

________, “業務上・外の認定基準”, Jurist 『労働法の争點』, 有斐閣, 2004.

________, “過労死裁判の展開と労災補償の動向”, 『労働法律旬報』, 第1551号, 労働旬報社, 2003.

________, “改正過労死労災認定基準の意義と問題点”, 『労働法律旬報』, 第1523号, 労働旬報社, 2002.

________, “過労死の労災認定”, 『労働法律旬報』, 第1278号, 労働旬報社, 1991.

高藤 昭, “労災補償における社會保障原理”, 『社會労働研究』, 第17巻 第1・2号, 1971.

溝上憲文, “過労死認定基準の緩和をめぐる動き”, 『労務事情』, 第1003号, 産労總合研究所, 2002.

堀江正知, “労働者の健康情報の取扱い −産業医の觀點−”, 『季刊労働法』, 第209号, 労働開發研究所, 2005.

宮島尚史, “ドイツにおける過労死問題”, 『労働法律旬報 』, 第1253号, 労働旬報社, 1990.

近藤昭雄, “労災保險の社會保障化と認定基準”, 『日本労働法學會誌』, 第76号, 總合労働研究所, 1990.

根本 到, “自殺と労災認定”, 『労働法律旬報』, 第1428号, 旬報社, 1998.

根岸 忠, “過労自殺の業務起因性を判斷する際に基準労働者は必要なのか”, 『労働法律旬報』, 第1589号, 旬報社, 2004.

吉田美喜夫, “疾病労働者の處遇”, Jurist 『労働法の争點』, 有斐閣, 2004.

大石 玄, “基礎疾患の存在と業務(公務)上外認定”, 日本労働法學會 編, 『労働者の健康と補償・賠償』, 法律文化社, 2007.

大地直美, "過勞死の豫防對策 −勞動災害補償保險法の改正等について−", 『ジュリスト』, 第1197号, 有斐閣, 2001.

大喜多啓光, "損害の範圍", 林 豊・山川隆一 編, 『勞働關係訴訟法 Ⅱ』, 青林書院, 2005.

島岡大雄, "自殺の業務起因性の判斷基準", 林 豊・山川隆一 編, 『勞働關係訴訟法 Ⅱ』, 青林書院, 2005.

渡邊 章, "健康配慮義務に関する一考察", 花見忠先生古稀記念論集, 『勞働関係法の國際的潮流』, 信山社, 2000.

藤木清次, "バーンアウトと業務上外認定の法理", 水野勝先生古稀記念論執, 『勞働保護法の再生』, 信山社, 2005.

藤本 茂, "過勞自殺と使用者の損害賠償責任", 菅野和夫・西谷 敏・荒木尚志 編, 別冊ジュリスト, 『勞働判例百選』, 有斐閣, 2002.

藤原精吾, "治療機會の喪失と腦內出血死の業務起因性", 別册, 『ジュリスト』, 第153号, 有斐閣, 2000.

藤川久昭, "使用者は安全配慮義務をどこまで尽せばいいのか", 『新時代の勞働契約法理論』, 信山社, 2003.

望月浩一郎, "過勞死と安全配慮義務の履行請求", 日本勞働法學會 編, 『パートと均等待遇協約の擴張適用過勞死』, 總合勞働研究所, 1997.

保原喜志夫, "勞災認定の課題", 日本勞働法學會 編集, 『健康・安全と家庭生活』, 21世紀の勞働法 第7巻, 有斐閣, 2000.

＿＿＿＿＿, "勞災補償責任の法的性質", 『現代勞働法講座』, 12 勞働災害・安全衛生, 總合勞働研究所, 1983.

＿＿＿＿＿, "勞災補償の法理論", 『季刊勞働法』, 第99号, 總合勞働研究所, 1976.

福田晧一, "業務起因性の認定と相當因果關係說についての一考察", 『判例タイムズ 』, 第714号, 判例タイムズ社, 1990.

濱口桂一郎, “過勞死·過勞自殺と個人情報”,『季刊勞働法』, 第208号, 2005.

山口浩司, “安全配慮義務の內容”, 林 豊 · 山川隆一 編,『勞働關係訴訟法Ⅱ』, 青林書院, 2005.

山田耕造, “勞災給付と損害賠償の調整”, 菅野和夫 · 西谷 敏 · 荒木尙志 編, 別册ジュリスト,『勞働判例百選』, 有斐閣, 2002.

三柴丈典, “勞災保險給付と損害賠償の調整”, Jurist,『勞働法の爭點』, 有斐閣, 2004.

________, “第三者行爲災害と示談”, 菅野和夫 · 西谷 敏 · 荒木尙志 編, 別册ジュリスト,『勞働判例百選』, 有斐閣, 2002.

________, “長時間勞働と過勞自殺との相當因果關係”,『勞働法律旬報』, 第1492号, 旬報社, 2000.

________, “腦 · 心臟疾患事案における法的因果關係”,『勞働法律旬報』, 第1438号, 旬報社, 1998.

森戶英幸, “勞災保險と損害賠償”, 林 豊 · 山川隆一 編,『勞働關係訴訟法Ⅱ』, 青林書院, 2005.

上柳敏郎, “過勞死の業務上外判斷”, 日本勞働法學會 編,『パートと均等待遇協約の擴張適用過勞死』, 總合勞働硏究所, 1997.

上原紀美子, “精神障害發病の業務起因性と退職一か月後の過勞自殺の勞災認定”,『勞働法律旬報』, 第1647号, 旬報社, 2007.

桑原昌宏, “災害補償法論”,『勞働法の基本問題』, 沼田稱次郎先生還曆紀念 (下巻), 總合勞働硏究所, 1974.

上田達子, “ストレス関連疾患の法的救濟 –補償と賠償の課題–”, 日本勞働法學會 編,『勞働者の健康と補償 · 賠償』, 法律文化社, 2007.

________, “使用者の安全配慮義務”, Jurist,『勞働法の爭點』, 有斐閣, 2004.

________, “自殺の業務上外認定”, 別册,『ジュリスト』, 第153号, 有斐閣, 2000.

上畑鐵之丞, “多發する管理職の過勞死と勞災認定”,『季刊勞働法』, 第124号, 總合勞働硏究所, 1982.

西森みゆき, "業務起因性 －業務起因性の立證責任", 林 豊・山川隆一 編, 『勞働關係訴訟法Ⅱ』, 青林書院, 2005.

西村健一郎, "勞災補償責任の法的 性質", Jurist, 『勞働法の爭點』, 有斐閣, 2004.

_________, "業務上疾病", 菅野和夫・西谷 敏・荒木尙志 編, 別冊ジュリスト『勞働判例百選』, 有斐閣, 2002.

_________, "法的問題としての過勞死について", 『ジュリスト』, 第1197号, 有斐閣, 2001.

_________, "業務上・外認定基準", 『現代勞働法講座』, 12 勞働災害・安全衛生, 總合勞働研究所, 1983.

_________, "勞災保險の社會保障化と勞災補償・民事責任", 『日本勞働法學會紙』, 第40号, 總合勞働研究所, 1972.

石田 眞, "作業関連疾患", 日本勞働法學會 編集, 『健康・安全と家庭生活』, 21世紀の勞働法 第7巻, 有斐閣, 2000.

石井保雄, "使用者の職場いじめによる勞働者の會社内における自殺は勞働災害にあたるか", 『勞働法律旬報』, 第1514号, 旬報社, 2001.

仙波啓孝, "業務遂行性 －業務中の傷害事故と業務災害－", 林 豊・山川隆一 編, 『勞働關係訴訟法 Ⅱ』, 青林書院, 2005.

星野雅紀, "安全配慮義務をめぐゐ諸問題", 林 豊・山川隆一 編, 『勞働關係訴訟法Ⅱ』, 青林書院, 2005.

小畑史子, "過勞死の因果關係判斷と使用者の責任", 日本勞働法學會 編, 『勞働者の健康と補償・賠償』, 法律文化社, 2007.

_______, "過勞死の因果關係判斷と使用者の責任", 『日本勞働法學會誌』, 第109号, 法律文化社, 2007.

_______, "精神障害發病後の自殺の業務起因性", 『Jurist』, 第1282号, 有斐閣, 2005.

_______, "過勞死・過勞自殺", Jurist, 『勞働法の爭點』, 有斐閣, 2004.

________, “過勞死の業務上外認定”, 『ジュリスト』, 第1197号, 有斐閣, 2001.

________, “安全配慮義務”, 林 豊 · 山川隆一 編, 『勞働關係訴訟法Ⅱ』, 青林書院, 2001.

________, “過勞死の業務上外認定”, 別冊『ジュリスト』, 第153号, 有斐閣, 2000.

________, “脳血管疾患 · 虚血性疾患の業務上外認定に関する裁判例 −共同原因と相對的有力原因−”, 花見忠先生古稀記念論集, 『勞働関係法の國際的潮流』, 信山社, 2000.

松尾政太, “定期健康診斷における醫師の注意義務と使用者の健康配慮義務”, 『季刊勞働法』, 第189号, 總合勞働研究所, 1999.

松本光一郎, “業務起因性 −業務起因性の判斷基準−”, 林 豊 · 山川隆一 編, 『勞働關係訴訟法 Ⅱ』, 青林書院, 2005.

松丸 正, “過勞 · ストレスによる消化器系疾患の勞災認定”, 『法學セミナー』, 通巻 第601号, 2005.

水島郁子, “勞働者の安全 · 健康と國の役割”, 日本勞働法學會 編, 『勞働者の健康と補償 · 賠償』, 法律文化社, 2007.

________, “業務上疾病と業務起因性”, 『重要判例解説』, Jurist 第1291号, 2005.

________, “社外勞働者に對する安全配慮義務”, 菅野和夫 · 西谷 敏 · 荒木尙志 編, 別冊ジュリスト, 『勞働判例百選』, 有斐閣, 2002.

________, “ホワイトカラー勞働者と使用者の健康配慮義務”, 『日本勞働研究雜誌』, 第492号, 2001.

水野 勝, “精神障害に基づく自殺と業務上外認定”, 『勞働判例』, 第860号, 産勞總合研究所, 2004.

______, “過勞死をめぐる法律問題”, 『日本勞働法學會誌』, 第90号, 總合勞働研究所, 1997.

______, “競合的原因と過勞死の認定に關する理論的主要問題”, 『勞働法律旬報』, 第1358号, 勞働旬報社, 1995.

______, "労災補償制度の理論的課題 −補償と豫防の統一的把握の視點から−", 『日本勞働法學會誌』, 第76号, 總合勞働研究所, 1990.

______, "業務上外の認定基準", ジュリスト, 『勞働法の爭點』, 有斐閣, 1990.

______, "過勞死をめぐる勞災認定の問題點", 『季刊勞働法』, 第153号, 總合勞働研究所, 1989.

______, "保険事故", 窪田準人教授還曆記念論文集, 『勞働災害補償法論』, 法律文化社, 1985.

矢崎博一, "安全配慮義務と履行補助者", 林 豊・山川隆一 編, 『勞働關係訴訟法Ⅱ』, 青林書院, 2005.

神尾真知子, "事故二日後に發症した腦血管疾患の業務起因性", 別册, 『ジュリスト』, 第153号, 有斐閣, 2000.

安西 愈, "企業の健康配慮義務と勞働者の自己保健義務", 『季刊勞働法』, 第124号, 總合勞働研究所, 1982.

岩村正彦, "安全配慮義務", 菅野和夫・西谷 敏・荒木尙志 編, 別册ジュリスト『勞働判例百選』, 有斐閣, 2002.

_______, "勞災保險給付の要件", 林 豊・山川隆一 編, 『勞働關係訴訟法Ⅱ』, 青林書院, 2001.

_______, "勞災保險政策の課題", 日本勞働法學會 編集, 『健康・安全と家庭生活』, 21世紀の勞働法 第7巻, 有斐閣, 2000.

岩出 誠, "健康配慮義務を踏まえた勞働者の處遇・休職・解雇", 日本勞働法學會 編, 『勞働者の健康と補償・賠償』, 法律文化社, 2007.

______, "過勞死・過勞自殺をめぐゐ近年の判例動向", 『季刊勞働法』, 第209号, 勞働開發研究會, 2005.

野田正彰, "文明轉換のなかの過勞死", 『季刊勞働法』, 第153号, 總合勞働研究所, 1989.

良永弥太郎, "治療機會の喪失", 『勞働判例百選』, 別册 ジュリスト 第165号, 有斐閣, 2002.

__________, “労災補償と損害賠償の新たな關係”, 日本労働法學會 編集, 『健康・安全と家庭生活』 21世紀の労働法 第7巻, 有斐閣, 2000.

__________, “ストレスによる精神神経疾患と自殺はどのような場合に業務上と認められるか”, 保原喜志夫・山口浩一郎・西村健一郎 編, 『労災保険・安全衛生のすべて』, 有斐閣, 1998.

__________, “過労死問題の労働法的側面”, 『季刊労働法』, 第153号, 總合労働研究所, 1989.

__________, “職業病の認定”, 『現代労働法講座』, 12 労働災害・安全衛生, 總合労働研究所, 1983.

窪田準人, “労災補償責任の法的性質”, ジュリスト, 『労働法の爭點』, 有斐閣, 1990.

________, “労災補償の本質”, 窪田準人教授還曆記念論文集, 『労働災害補償法論』, 法律文化社, 1985.

遠山廣直, “過労死と使用者の損害賠償”, 林 豊・山川隆一 編, 『労働關係訴訟法Ⅱ』, 青林書院, 2005.

有泉 亨, “労災補償と労災保險”, 労働基準法と労働政策, 『日本労働法學會誌』, 第36号, 總合労働研究所, 1970.

林 豊, “労働者災害補償保険法上の労働者の意義”, 林 豊・山川隆一 編, 『労働關係訴訟法Ⅱ』, 青林書院, 2005.

畠中信夫, “業務上災害”, 菅野和夫・西谷 敏・荒木尙志 編, 別冊ジュリスト『労働判例百選』, 有斐閣, 2002.

田中清定, “労災補償における業務災害の制度的 枠組 −いわゆる過労死問題と關連して−”, 『日本労働研究雜誌』, The Japan Institute of Labour, 1990.

井上正範, “使用者と代表者の責任”, 林 豊・山川隆一 編, 『労働關係訴訟法Ⅱ』, 青林書院, 2005.

齋藤 隆, “過失相殺”, 林 豊・山川隆一 編, 『労働關係訴訟法Ⅱ』, 青林書院,

2005.

______, “急性腦・心臟疾患と業務起因性”, 林 豊・山川隆一 編, 『勞働關係訴訟法Ⅱ』, 青林書院, 2005.

佐久間大輔, “過勞自殺と勞働者のメンタルヘルスケアをめぐる諸問題 －豫防, 補償, 判例動向－”, 東京辯護士會辯護士研修センター運營委員會 編, 『勞働法の諸問題』, 商事法務, 2005.

佐藤敏子, “就勞者の精神的な健康障害に起因する7つの觀點と支援”, 『季刊勞働法』, 第209号, 勞働開發研究所, 2005.

佐藤 進, “ILOの社會保障條約・勸告”, 『現代社會保障・福祉小事典』, 法律文化社, 2007.

______, “勞災事故と補償制度の保障化の課題”, 有泉亨先生古稀記念, 『勞働法の解釋理論』, 有斐閣, 1976.

中嶋士元也, “業務上の過重負荷と民事賠償責任 －いわゆる過勞死・過勞自殺と使用者の措置義務－”, 『ジュリスト』, 第1197号, 有斐閣, 2001.

________, “職業性疾病・作業関連疾病と安全配慮義務”, 花見忠先生古稀記念論集, 『勞働関係法の國際的潮流』, 信山社, 2000.

中本敏嗣, “業務遂行性 －就業時間外の事故と業務災害－”, 林 豊・山川隆一 編, 『勞働關係訴訟法Ⅱ』, 青林書院, 2005.

池田直樹, “過勞死・過勞自殺事件における自宅殘業の法的諸問題 －自宅殘業の業務遂行性－”, 『勞働法律旬報』, 第1583号, 旬報社, 2004.

川人 博, “勞働者の自殺を生み出す社會的背景 －勞働者の自殺の勞働經濟學的考察－”, 『激增する過勞自殺』, 酷星社, 2000.

______, “過勞死をめぐる勞災認定の問題点”, 『季刊勞働法』, 第153号, 總合勞働研究所, 1989.

春田吉備彦, “職場における精神疾患者をめぐる判例分析と勞働法上の課題”, 水野勝先生古稀記念論執, 『勞働保護法の再生』, 信山社, 2005.

湯木知史, “勞働者のくも膜下出血豫防に對する勞働法制度と醫學的知見との齟

齬”, 『季刊勞働法』, 第219号, 勞働開發研究會, 2007.

平田常子, “反復性うつ病性障害であつた勞働者による自殺と業務起因性”, 『賃金と社會保障』, 第1435号, 旬報社, 2007.

品田充儀, “勞働安全衛生と勞災補償の現代的課題”, 日本勞働法學會 編, 『勞働者の健康と補償・賠償』, 法律文化社, 2007.

_______, “使用者の健康配慮義務”, Jurist『勞働法の爭點』, 有斐閣, 2004.

_______, “勞災保險法の法的性格とその將來像“, 『新時代の勞働契約法理論』, 信山社, 2003.

_______, “使用者の安全・健康配慮義務”, 日本勞働法學會 編集, 『健康・安全と家庭生活』21世紀の勞働法 第7巻, 有斐閣, 2000.

_______, “アメリカにおける急性心臓死と勞災補償”, 『季刊勞働法』第153号, 總合勞働 研究所, 1989.

厚生勞働省, “改正過勞死認定基準に關する通達”, 『勞働法律旬報』第1523号, 勞働旬報社, 2002.

Fumio Kobayashi, “Job Stress and Stroke and Coronary Heart Disease”, *Japan Medical Association Journal*, Vol. 47 No. 5, 2004.

Kenji Iwasaki / Masaya Takahashi / Akinori Nakata, “Health Problems due to Long Working Hours in Japan : Working Hours, Workers' Compensation(Karoshi), and Preventive Measures”, *Industrial Health*, Vol. 44 No. 4, 2006.

Masahiko Okudaira, “Karoshi(Death from overwork) from a Medical Point of View”, *Japan Medical Association Journal*, Vol. 47 No. 5, 2004.

Norihiko Basugi, “Subarachnoid Hemorrhage and Work”, *Japan Medical Association Journal*, Vol. 47 No. 5, 2004.

Shigeyuki Nishimura, “Work and Ischemic Heart Disease”, *Japan Medical Association Journal*, Vol. 47 No. 5, 2004.

Shunichi Araki / Kenji Iwasaki, “Death due to Overwork(Karoshi) Causation, Health

Service, and Life Expectancy of Japanese Males", *Japan Medical Association Journal*, Vol. 48 No. 1, 2005.

〈구미 문헌〉

Arthur Larson James B. Duke, *Larson's Workmen's Compensation Desk Edition*, Matthew Bender, 1983.

Bernd Baron von Maydell / Franz Ruland(Hrsg.), *Sozialrechtshandbuch*(SRH) (3. Aufl.), Nomos Verlagsgesellschaft, 2003.

Bertram Schulin, *SGB Sozialgesetzbuch*, Beck-Texteimdtv, 2002.

C. Arthur Williams, Jr., *An International Comparison of Workers' Compensat-ion*, Kluwer Academic Publishers, 1991.

David Durbin / Philip S. Borba ed., *Workers' Compensation Insurance : Claim Costs, Prices, and Regulation*, Kluwer Academic Publishers, 1993.

David Lewis, *Essentials of Employment Law* (5th ed.), Institute of Personnel and Development, 1997.

David P. Twomey, *Labor & Employment Law Text and Cases* (13th ed.), Th-omson, 2007.

Edgar Franke / Thomas Molkentin, *Sozialgesetzbuch VII* (2. Aufl.), Nomos, 2007.

George E. Rejda, *Social Insurance and Economic Security* (5th ed.), Prentice Hall, 1994.

Horst Kater / Konrad Leube, *Gesetzliche Unfallversicherung SGB VII*, Verlag Franz Vahlen München, 1997.

Jack B. Hood / Benjamin A. Hardy, Jr. / Harold S. Lewis, Jr., *Workers' Com-pensation and Employee Protection Laws in a Nutshell* (4th ed.), Thomson West, 2005.

______, *Workers' Compensation and Employee Protection Laws* (3rd ed.), West Group, 1999.

_____, *Workers' Compensation and Employee Protection Laws in a Nutshell* (2nd ed.), West Publishing, 1990.

James Chelius ed., *Current Issues in Workers' Compensation*, W. E. Upjohn Institute for Employment Research, 1986.

Jeffrey V. Nackley, *Primer on Workers' Compensation* (2nd ed.), The Bureau of National Affairs, 1989.

_____, *Primer on Workers' Compensation*, The Bureau of National Affairs, 1987.

Jochem Schmitt, *SGB VII(Gesetzliche Unfallversicherung)* (3. Aufl.), Verlag C. H. Beck, 2008.

Johannes Siegrist et al., "Low Status Control, High Effort at Work and Ische-mic Heart Disease : Prospective Evidence from Blue-collar Men", *Soc Sci Med*, Vol. 31 No. 10, 1990.

Joseph W. Little / Thomas A. Eaton / Gary R. Smith, *Cases and Materials on Workers' Compensation* (5th ed.), Thomson West, 2004.

_____, *Cases and Materials on Workers' Compensation* (3rd ed.), We-st Publishing, 1993.

Jürgen Nehls, *SGB VII Gesetzliche Unfallversicherung* (3. Aufl.), Beck Textei-mdtv, 2001.

Leena Tenkanen et al., "Shift Work, Occupation and Coronary Heart Disease over 6 Years of Follow-up in the Helsinki Heart Study", *Scand J work Environ Health,* vol. 23, 1997.

Lex K. Larson / Arthur Larson, *Workers' Compensation Law : Cases, Materials, and Text* (3rd ed.), Lexis Publishing, 2000.

Margaret C. Jasper, *Workers' Compensation Law* (2nd ed.), Oceana, 2008.

Michele Campolieti / Douglas E. Hyatt, "Further Evidence on the 'Monday Effect' in Workers' Compensation", *Industrial and Labor Relations Review,* Vol. 59 No. 3, 2006.

Patrick J. Cihon / James Ottavio Castagnera, *Employment & Labor Law,* Thomson, 2005.

Peter Becker, *Gesezliche Unfallversicherung* (1. Aufl.), Deutscher Taschenbuch Verlag, 2004.

Peter M. Lencsis, *Workers Compensation -A Reference and Guide-,* Quorum Books, 1998.

Peter S. Barth / H. Allan Hunt, *Workers' Compensation and Work-Related Illnesses and Disease,* Mit Press, 1982.

Price V. Fishback / Shawn Everett Kantor, *A Prelude to the Welfare State : The Origins of Workers' Compensation,* The University of Chicago Press, 2000.

Richard J. Butler, *The Economics of Social Insurance and Employee Benefits,* Kluwer Academic Publishers, 1999.

Richard Lewis, *Compensation for Industrial Injury,* Professional Books, 1987.

Robert Karasek / Töres Theorell, *Healthy Work, Stress, Productivity, and the Reconstruction of Working Life,* Basic Books, 1990.

Steven Babitsky / James Mangraviti, *Litigating Stress Cases in Workers' Co-mpensation,* John Wiley & Sons, 1993.

Terry Thomason / Timothy P. Schmidle / John F. Burton, Jr., *Workers' Co-mpensation Benefits, Costs, and Safety under Alternative Insurance Arrangements,* W. E. Upjohn Institute for Employment Research, 2001.

Victoria L. C. Holstein, "The Overlap Preclusion Trap Between the Jones Act and the Longshore and Harbor Workers' Compensation Act", *Tulane Law Review,* Vol. 76 No. 3, 2002.

감수 **김 수 근**

- 한양대학교 의과대학 졸업
- 동국대학교 대학원 박사
- 동국대학교 의과대학 교수
- (현)성균관대학교 의과대학 직업환경의학교실 교수

저자 **이 희 자**

약 력

- 제2회 공인노무사 시험 합격
- 고려대학교 노동대학원 졸업(노동법 석사)
- 성균관대학교 대학원 졸업(노동법 박사)
- (현)세명공인노무사 소장
- (현)노동법이론실무학회 부회장
- (현)가천대학교 법학과 겸임교수
- (현)근로복지공단 선진기업복지 컨설턴트
- (현)과로성 재해 전문상담소 소장
- 한국공인노무사회 부회장

저서 및 논문

- 휴업급여제도의 개선방안(한국학술정보)
- 산업재해보상보험법상 업무상 재해의 인정기준에 관한 연구
  – 과로성 재해를 중심으로 – (박사학위논문)
- 산업재해보상보험법상 과로성 재해에서의 상당인과관계 판단(한국노동법학회)
- 과로성 정신질환 · 자살과 업무상 재해(한국노사관계학회)
- 과로성 재해에서의 건강배려의무(성균관 법학)

뇌출혈, 뇌경색, 심근경색, 대동맥박리, 돌연사, 자살 등 과로성 재해의 산재보상과 관련된 상담은 「과로성 재해 전문상담소」로 해 주시기 바랍니다.

전화 : 02)515-5377
팩스 : 02)515-5366
http : sanjaero.com